진짜 업무에 쓰는

챗GPT 노코드
데이터 분석

NOCODE
DATA ANALYSIS

| 이기복 저 |

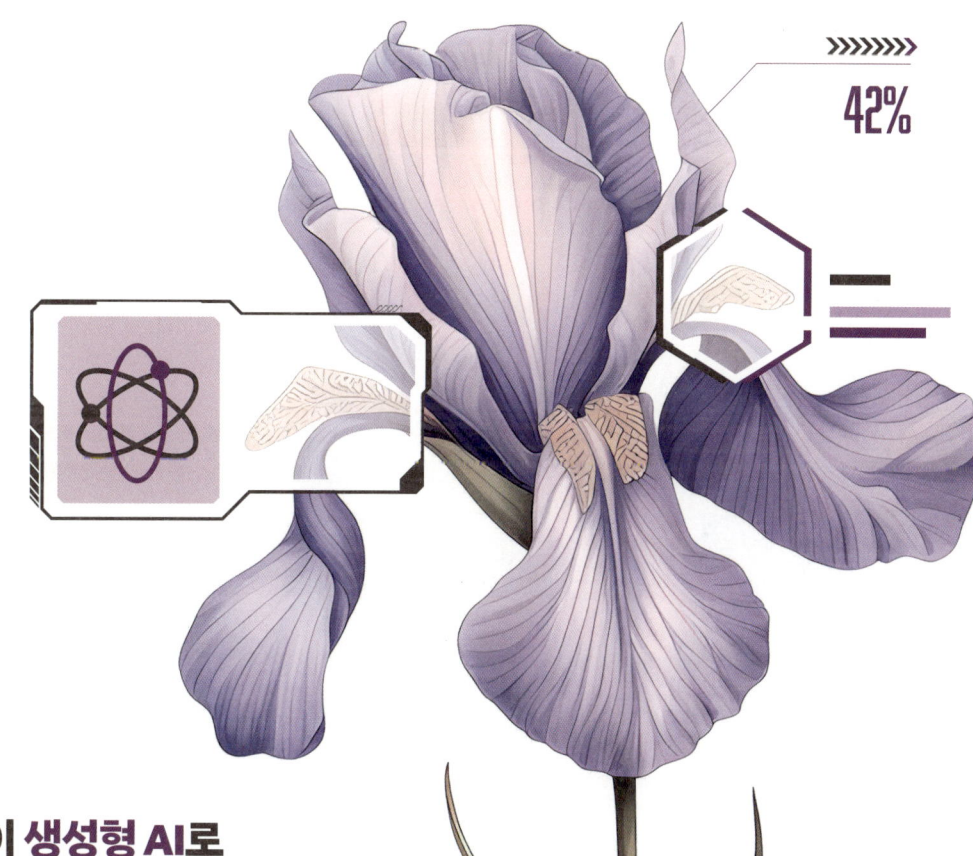

**파이썬 코딩 없이 생성형 AI로
데이터 기초부터 머신러닝까지
한 권으로 해결하기**

진짜 업무에 쓰는

챗GPT 노코드
데이터 분석

| 만든 사람들 |
기획 IT·CG기획부 | **진행** 김창경 | **집필** 이기복
표지 디자인 원은영 | **편집 디자인** 이기숙

| 책 내용 문의 |
도서 내용에 대해 궁금한 사항이 있으시면
저자의 홈페이지나 디지털북스 홈페이지의 게시판을 통해서 해결하실 수 있습니다.
디지털북스 홈페이지 digitalbooks.co.kr
디지털북스 페이스북 facebook.com/ithinkbook
디지털북스 인스타그램 instagram.com/digitalbooks1999
디지털북스 유튜브 유튜브에서 [디지털북스] 검색
저자 이메일 mlearner42195@gmail.com

| 각종 문의 |
영업관련 digital1999@naver.com
기획관련 djibooks@naver.com
전화번호 (02) 447-3157~8

※ 잘못된 책은 구입하신 서점에서 교환해 드립니다.
※ 이 책의 일부 혹은 전체 내용에 대한 무단 복사, 복제, 전재는 저작권법에 저촉됩니다.
※ 유튜브 [디지털북스] 채널에 오시면 저자 인터뷰 및 도서 소개 영상을 감상하실 수 있습니다.

진짜 업무에 쓰는

챗GPT 노코드
데이터 분석

추천사

오래전 내게 공학 석사학위 지도를 받았던 제자 이기복 씨의 저서 도서 출판을 축하하며 추천사를 요청받아 글을 올리게 됨을 감사하고 기쁘게 생각한다. 추천사 요청과 더불어 보내온 원고를 읽으며 발간될 이 책이 참으로 많은 사람들에게 유익하고 많은 영감과 호기심과 동기를 불러일으킬 것이라는 생각이 들었다. 아마도 요즘 AI나 챗GPT 등의 용어는 이미 많은 사람들이 익숙하게 자주 듣고 있고 모르는 것이 있으면 문의를 위해 사용해 본 경험을 갖고 있을 것 같다. 그러나 일부 사람들을 제외하고는 나를 포함한 대부분의 사람이 그러한 AI 소프트웨어를 통해 더 수준 높은 어떤 작업을 할 수 있는지에 대해서는 잘 모르고 있는 것이 현실인 것 같다. 이러한 점에서 본 도서의 출판은 많은 사람들을 위해 매우 시의적절하다고 판단된다. 내게도 이 책은 새롭게 다가온 AI 시대를 보는 눈과 사고의 틀을 크게 넓혀주었다. 막연하게 듣고 있었던 AI 관련 내용들이 현실적으로 우리 생활과 업무에 어떻게 강력하게 영향을 주고 연결될 수 있는지를 이 책은 잘 보여주고 있다. 인사, 출판기획, 공학설계, 의료, 시뮬레이션, 통계 그리고 논문 및 제안서 작성까지 다양한 실전적 적용이 AI 소프트웨어를 통해 어떻게 신속하게 이루어질 수 있는지에 대해 이 책은 친절하고 구체적으로 잘 기술하여 보여주고 있다.

새로운 지식을 습득하기 위해 이제까지 우리가 교육받았던 학습 방법은 대상 지식의 내용을 이해한 후에 그것을 적용하는 방법을 익히는 방식이었다. 그러나 이 책에서 특히 강조하고 있듯이 너무도 빨리 진화하고 있는 AI 소프트웨어에 관한 내용은 과거의 방식으로는 학습하기가 적절하지 않다. 오히려 거꾸로, 먼저 적용해 보고 후에 내용을 점진적으로 이해하는 방식으로 학습하여야 하는 교육 방법으로 패러다임이 바뀌고 있다. 이 책은 그러한 파라다임 변화에 맞춰서 AI 사용법을 익히도록 기술되어 있다. 며칠 전 언론에서 우리나라 교육부가 내년 3월 신학기부터 초등학교에서 AI 교육을 정규과정으로 도입하기로 결정하였다는 기사를 읽었다. 아마도 그 교육과정을 잘 진행하기 위해서는 AI 교육을 위한 인프라 구축 및 교육내용의 체계적인 개발과 더불어 그를 담당할 교사들을 위한 교육 및 연수가 중요한 과제가 될 것이라고 판단된다. 이 책은 담당 교사들을 위한 연수 교육에도 매우 유용한 참고 자료로 이용될 수 있을 것이라고 판단된다.

AI 소프트웨어가 본격적으로 정치, 경제, 사회, 문화 및 산업에 적용되어 세계가 급격하게 변화하고 있다. 우리가 알아 왔던 기존 세계의 작동 방식이 그 강력한 영향력으로 해체되고 다시 세워질 것이라고 판단된다. 그런데 아쉽게도 많은 사람들이 자신에게 닥칠 가까운 미래의 변혁에 대해 안이하게 생각하고 있는 것 같다. AI가 주도할 새로운 시대의 도래는 어느 누구에게는 재앙이 될 수도 있고 누구에게는 기회가 될 수도 있다. 이 책의 독자들에게 부디 이 책이 새롭게 다가올 AI 시대에 기회를 가져다주는 디딤돌이 되길 바란다.

마지막으로 끊임없이 노력하여 이 시대와 사회에 유익하고 선한 영향력을 선사해 줄 이 책을 저술한 나의 자랑스러운 제자 이기복 씨에게 큰 감사와 찬사를 보낸다. "청출어람 청어람"이라는 말이 새삼 내 마음에 깊이 다가온다. 계속 정진하여 앞으로도 더 좋은 유익한 내용의 글들을 많이 쓰게 되기를 기원한다.

한양대학교 명예교수 **유홍희**

챗GPT로 대표되는 생성형 AI는 'No Code, Low Code' 시대의 도래를 가져왔습니다. 이제 더 이상 프로그래밍을 배우지 않고도 쉽게 데이터를 분석할 수 있는 세상이 되었습니다.

데이터 분석은 통계학, 컴퓨터공학을 전공한 사람들의 전유물이 아닙니다. 세상을 이해하는 통찰력을 갖추고, AI 도구를 활용하는 능력을 갖춘 분이라면 누구나 데이터 분석을 할 수 있게 되었습니다. 이 책은 비전공자를 비롯한 누구든지 코딩 없이 쉽게 AI를 활용하여 데이터를 분석하는 방법을 안내하고 있습니다.

이 책에는 제조 현장에서 데이터 분석을 담당하는 실무자로서 저자가 겪었던 어려움과 고민 그리고 해결 과정이 고스란히 녹아 있습니다. 특히, 일상생활에 넘쳐나는 데이터의 홍수 속에서 AI를 활용해 새로운 인사이트를 발견하는 방법을 제시하는 시도가 돋보입니다.

기획, 마케팅, 영업, 개발, 디자인 등 다양한 직군에서 AI를 활용하여 보다 쉽게 데이터 분석의 세계에 입문하고 싶은 분들과 처음 데이터 분석의 세계로 입문하고자 하는 학생들에게 이 책은 새로운 등불이자 길라잡이가 되어 줄 것입니다. AI 도구를 사용하고 싶지만, 코딩 문법의 장벽에 가로막혀 고민해 왔던 직장인과 학생들에게 본 도서의 일독을 추천합니다.

서울대학교 산업공학과 객원교수 **황보현우**

업무상 회사 안, 밖의 많은 자리에서 '우리가 꿈꾸는 미래를, 우리가 만나고 싶은 내일을 시뮬레이션해 보기 위한 technology의 책임'을 늘 강조해 온 나에게도 『진짜 업무에 쓰는 챗GPT 노코드 데이터 분석』은 복잡하고 현실적인 기술의 장벽을 넘어 AI와 데이터 분석을 우리의 비즈니스 전략에 접목할 수 있는 명쾌한 혜안을 제시해 주었다. 특히 저자가 강조한 '당신의 커리어에 포텐셜을 더하는 노코드 분석'이라는 메시지는, 기술 전문가가 아니더라도 AI의 잠재력을 우리의 일상과 반복되는 업무 그리고 보다 유연한 커리어의 확장에 효과적으로 접목할 수 있다는 희망을 품게 해준다. 이 책은 저자의 풍부한 경험과 탄탄한 전문성을 바탕으로 노코드 도구를 활용하여 데이터 분석과 AI를 다룰 수 있는 구체적이고 실질적인 방법을 알기 쉽게 풀어내고 있으며, 특히 AI 기술이 멀게만 느껴지던 독자들에게 보다 친근하고 직관적인 접근을 통해 단순한 기술 활용법을 넘어 새로운 가능성과 통찰력을 제공해 주고 있다.

미국의 컴퓨터 공학자 앤런 카이의 "미래를 예측하는 가장 좋은 방법은 그 미래를 창조하는 것이다."라는 말이 다시금 떠오른다. 그렇다. 우리가 꿈꾸는 미래를, 우리가 반드시 만나고 싶은 내일을 예측하려 하기보다는 그 미래와 내일을 '오늘' 그리고 '각자의 자리'에서 창조해 나가는 것이 더 쉽고 좋은 방법이 아니겠는가. 『진짜 업무에 쓰는 챗GPT 노코드 데이터 분석』이 AI가 열어줄 여러분 각자의 새로운 미래로 나아가는 중요한 첫 발이 되기를 바란다.

앤시스(ANSYS) 아세안 총괄 대표이사 **문석환**

데이터 분석은 데이터 중심의 시대, 데이터를 기반으로 의사결정하는 기업의 필수 요소가 되었고 데이터 분석의 민주화는 현대사회의 한 방향성이 되고 있습니다. 하지만, 현실 속의 많은 사람들은 전문가의 영역이라는 두려움으로 인해 이 방향성을 따라가고 있지 못합니다.

이 책은 AI와 노코드 데이터 분석을 통해 직장인, 학생 그리고 전문가 모두가 복잡한 코딩 없이 데이터를 이해하고 활용할 수 있도록 도움으로써 데이터 분석의 두려움을 완전히 해소해 줄 것입니다. 뿐만 아니라, 단순히 기술의 전달이 아닌 데이터를 접하고 활용하는 실제 데이터 분석의 예시와 바로 활용 가능한 도구들을 제시함으로써 독자가 실무에 바로 적용 가능한 인사이트를 제공하고 있습니다.

데이터 분석은 더 이상 전문가의 전유물이 아닙니다. 이 책과 함께라면, 누구나 데이터 중심의 사고와 결정을 내리는 '데이터 시민(Data Citizen)'이 될 수 있으며, 당신의 데이터 여정을 시작하는 데 있어 훌륭한 동반자가 될 것이라 믿어 의심치 않습니다.

알테어(ALTAIR) 코리아 지사장 **김도하**

모든 것이 데이터입니다

데이터가 아닌 것을 찾기가 더 어려운 시대에 살고 있습니다. 매일 아침 날씨와 기온을 시간 단위로 확인하고 오늘 입을 옷을 고릅니다. 출근길에 나서면 분 단위로 시간을 확인하며 발걸음을 재촉합니다. 지하철과 시내버스 도착 예정 시간을 가늠하기 위해서입니다. 모든 지하철과 시내버스 위치 데이터는 수시로 업데이트되어 당장 뛰어야 할지 다음 것을 탈지 결정합니다. 대중교통에 몸을 맡기고 우리는 자연스럽게 데이터 세상과 연결됩니다.

카톡의 대화는 상호 간에 실시간 텍스트 데이터의 흔적을 남기고 있는 것이고 에어팟으로 음악을 듣는다면 디지털 음원 데이터 신호와 연결된 것입니다. 데이터로 남긴 타인의 생각을 SNS에서 살피고 동시에 자신의 생각도 데이터의 형태로 세상에 공유됩니다. 유튜브나 OTT 시청은 비좁은 개인 공간에서 열리는 광활한 데이터 축제입니다. 영상 데이터와 음원 데이터의 앙상블은 우리를 즐겁게 하고 우리가 시청한 기록은 그대로 AI 알고리즘을 타고 다음 볼 것을 친절하게 추천합니다.

사무실 자리에 앉으면 데이터를 소비하는 객체에서 본격적인 데이터 생산의 주체가 됩니다. 파워포인트, 엑셀, 그룹웨어, 아웃룩, 팀즈, 포토샵, VS Code, 주피터 노트북, 깃허브, 크롬, ERP까지 저마다의 애플리케이션으로 데이터를 생성하고 저장하며 교환하는 일련의 과정은 매일 같이 모든 이에게서 반복됩니다. 우리 모두가 데이터 세상을 살아가고 있다고 해도 과언이 아닐 것입니다. 이렇게 넘쳐나는 데이터는 비로소 빅데이터로 지칭할 만큼 의미 있는 수준까지 쌓였고 이제는 모든 것이 빅데이터이기 때문에 '빅'이란 수식어를 굳이 붙일 필요가 있을까 싶은 수준에 이르렀습니다.

집단과 조직이 아니더라도 사무실 개인 PC 환경에서 하나의 작은 데이터 세상이 펼쳐지기에 충분한 공간과 데이터가 마련되었습니다. 예전엔 1.44MB짜리 플로피 디스크를 한 움큼 들고 가서 게임 설치를 도와주던 시절도 있었죠. 이제는 USB 하나에 1MB(메가)의 100만 배 큰 1TB(테라)가 표준이 될 만큼 데이터 용량이 확장되었고 더 나아가 클라우드에 접속하면 거의 무한에 가까운 데이터를 언제 어디서나 사용할 수 있습니다. 개인 차원에서 충분한 양의 데이터를 수집하고 분석할 수 있는 여건이 마련된 것입니다. 이런 시대 속에서 개인의 많은 노력과 시간이 묻어 있는 소중한 데이터를 그대로 방치해 두기에는 많은 아쉬움이 남습니다. 나의 커리어가 쌓이고 누적될 수 있도록 잠들어 있는 데이터를 흔들어 깨우고 분석해야 합니다. 예를 들어, 수년간 모인 데이터를 머신러닝으로 학습시켜 예측 모델을 생성할 수 있습니다. 예전 같으면 AI, 머신러닝을 이용한 데이터 분석은 컴퓨터 전문가만이 할 수 있는 특별한 능력이었습니다. 단어만으로도 생소하고 우리와는 거리가 아주 먼 이야기였죠.

AI가 모든 것을 바꿔 놓습니다

2022년 11월 오픈AI에서 챗GPT-3.5 모델이 출시된 이후로 모든 것이 바뀌었습니다. 특히 프로그램 개발자 업무 방식을 완벽히 바꿔 놓았는데, 모든 개발자가 오픈AI의 챗GPT, 앤트로픽의 클로드, 애니스피어의 커서를 이용해서 프로그램 코딩을 합니다. 하나의 언어로서 컴퓨터 코드는 완벽한 패턴과 규칙이 있기 때문에 챗GPT와 같은 AI가 가장 완벽하게 할 수 있는 분야입니다. 챗GPT의 도움을 받으면 개발자가 아닌 우리도 컴퓨터 코딩 없이—노코드(No Code)로—AI, 머신러닝을 이용해 데이터 분석을 누구나 쉽게 할 수 있습니다. 마치, 반도체를 모르더라도 아이폰을 능숙하게 다룰 수 있는 것과 같습니다.

이 책은 데이터 세상을 살아가는 모든 직장인과 그 길을 준비하는 분들에게 AI-노코드 데이터 분석을 활용해 실무에 바로 적용할 수 있도록 돕는 것을 목표로 합니다. 데이터 분석에 있어서 가장 걸림돌이 되었던 코딩은 챗GPT가 완벽하게 대체해 주었기 때문에 가능한 일입니다. 더 이상, 코딩을 배울 때 가장 먼저 화면에 출력해보는 "세상에 안녕(Hello World)"이라고 인사할 필요는 없습니다. 또한, 넘파이(Numpy), 판다스(Pandas)와 같은 코딩 기초 사용법을 익히는 과정도 없습니다. 데이터 분석을 위해 코딩을 익히는 높은 장벽이 무너진 것입니다. 이제 코딩 대신 AI가 우리의 실무 데이터 속에 숨겨진 가치를 캐내는 데 도움을 줄 것입니다.

이 책은 세 개 파트로 구성됩니다. 각 파트는 세 개의 챕터가 담겨있는데 모든 챕터에는 그 문을 여는 열쇠와도 같은 영화나 드라마 대사, 책에서 발췌한 인용구가 여러분의 길잡이가 되어줄 것입니다.

챕터 1은 세 사람이 사는 데이터 세상 이야기입니다. 세 사람은 데이터 과학자, 데이터 개발자 그리고 도메인(Domain) 기술자입니다. 도메인 기술자는 자신의 분야에 능숙한 전문가를 의미합니다. 이들은 전혀 다른 생각과 방식으로 데이터 세상에 살고 있습니다. 그러다 느닷없이 나타난 AI를 마주할 때, 우리 대부분에 해당하는 도메인 기술자가 앞으로 겪게 될 업무 방식의 변화를 살펴봅니다.

도메인 기술자는, 크게 문과 직장인과 이과 직장인으로 나누어 각각 챕터 2와 3에서 그들이 맞닥뜨리는 실무 문제와 그 문제를 AI-노코드 데이터 분석으로 풀어가는 과정을 곧바로 진행했습니다. 많은 데이터 속에서 규칙을 찾아내는 '머신러닝의 철학'과 같이 '이해하기 전에 경험을 먼저' 하는 방식입니다. AI 덕분에 데이터 분석을 위한 파이썬 코딩 기초는 과감하게 걷어냈습니다. 아무런 추가 설치나 코딩 기초 없이 챗GPT 프롬프트 환경 안에서 거의 모든 작업이 이루어지고 코드와 시각화 그래프는 온전히 챗GPT가 생성합니다. 노코드답게 단 한 줄 컴퓨터 코드를 타이핑하지 않습니다.

실무에서 AI가 다채롭게 쓰이는 경험을 하고 나서야 이어지는 챕터 4에서 AI 오리엔테이션 시간을 갖습니다. 챗GPT와 같은 AI를 아직 한 번도 써보지 않은 분들이 단 한 번만이라도 경험해 보셨으면 하는 마음을 담았습니다. 챕터 5는 AI-노수식 통계입니다. 데이터 분석을 위한 필수 통계를 복잡한 수식 없이, 쉽게 읽으며 이해할 수 있도록 구성했습니다. 기존 통계학의 구분과는 다른 시선으로, 통계, 확률, 분포, 신뢰라는 네 가지 키워드로 구분하여 설명합니다. 챕터 6은 말 그대로 못하는 것 빼고 다 하는 AI의 능력 발휘 시간입니다. AI

는 단순히 엑셀이나 분석 프로그램과 같은 도구가 아니라 아이언맨 영화에 나오는 자비스와 같은 존재입니다. 앞뒤 맥락을 이해하고 어쩌면 우리의 마음까지도 헤아리는 훌륭한 AI 비서 자비스임을 경험하게 될 것입니다.

마지막 파트 3은 AI-노코드 데이터 분석을 세 단계로 나누어 살펴봅니다. 챕터 7부터 챕터 9까지 단계별로 데이터 분석을 위한 절차를 소개합니다. 1단계는 'AI보다 사람이 유일하게 잘하는 문제 발견하기'이며, 2단계는 'AI와 사람이 함께 해야 하는 데이터 준비하기'입니다. 그리고 마지막 3단계는 'AI가 사람보다 월등히 잘하는 데이터 속 패턴 찾기'입니다. 사람과 AI가 각자의 역할에 집중하기도 하고 때에 따라서는 함께 협력하는 세 단계는 실무 현장에서 우리가 직접 해야 할 것과 AI에게 맡겨야 할 것을 구분 지어 제시합니다.

이것만 기억하세요 'AI AI AI' - 소프트뱅크 손정의 회장

청와대에 방문한 소프트뱅크 손정의 회장이 강연 마지막에 남긴 외마디 외침입니다. 이 강연이 2019년이었으니 손정의 회장의 강한 어조에도 우리는 AI를 실감하지 못했습니다. 오히려 손정의 회장의 비전 펀드는 그야말로 '폭망'했고, 그는 언제 올지 모르는 미래에 너무 큰 배팅을 한 실패한 투자자로 보였습니다.

3년이 지난 2022년, 오픈AI에서 챗GPT가 출시되었을 때 익숙한 챗봇 중 하나겠거니 생각했습니다. 그런데 조금 오싹합니다. 몇 마디 나누면 패턴이 예상되는 우리가 알던 그저 그런 챗봇이 아님을 깨닫게 됩니다. 이 글을 쓰고 있는 2025년, 초기에 출시된 GPT-3.5 모델이 멍청해 보일 만큼 최신 모델의 성능은 하루가 다르게 스마트해지고 있습니다.

'WWW'가 정보 혁명의 시작이었듯이, 손정의 회장이 말한 'AI AI AI'는 새로운 지능 혁명의 시작을 알리는 신호탄입니다. 이제 우리는 각자의 전문 분야에서 AI를 어떻게 활용할 것인지 고민해야 할 때입니다. AI가 어떻게 작동되는지는 실리콘 밸리의 전문가들에게 맡기더라도, 이 AI를 우리가 매일 마주하는 일상과 업무에 어떻게 적용할지 스스로 찾아야 합니다. AI는 이미 우리 곁에 와 있습니다. 이제 남은 것은 우리가 각자의 일상에서 AI 지능 혁명 시대를 어떻게 받아들이고 어떻게 활용할 것인가입니다.

> "미래는 이미 와 있어요. 단지 각자 그것을 맞이하는 데 시차가 있을 뿐이죠."
>
> -윌리엄 깁슨

| 목차

추천사 • 06
프롤로그 • 09

PART 1   누구나 코딩 없이 AI 하는 시간

Chapter 1   데이터 세상에 사는 세 사람: 느닷없이 나타난 AI를 마주할 때 • 16
01 각자의 방식대로 데이터 세상을 바라보다 • 17
02 데이터 과학자, 데이터 개발자, 도메인 기술자 • 18
03 AI가 바꾸어 놓은 데이터 세상 – 우리가 맞이할 새로운 시대 • 22

Chapter 2   문과 직장인의 AI-노코드 데이터 분석: 말과 글이 AI를 만날 때 • 26
01 AI는 이과가 만들지만 기회는 문과에게 있다 • 27
02 인사 담당자 – AI로 한 달 걸리던 동료 평가 하루 만에 끝내기 • 35
03 출판 편집자 – AI로 베스트셀러 출판 기획하기 • 59
04 펀드 매니저 – 감으로 하던 투자에서 데이터로 하는 퀀트 투자로 • 91

Chapter 3   이과 직장인의 AI-노코드 데이터 분석: 도메인 지식이 AI를 만날 때 • 124
01 모두는 각자의 분야에서 '애플리케이션-X'이다 • 125
02 바이오 개발자 – AI에게 보는 법을 가르치는 이미지 분류 분석 • 134
03 자동차 설계자 – 베테랑 설계자의 오랜 경험을 AI에 담다 • 166
04 시뮬레이션 연구원 – AI 스스로 학습하여 시뮬레이션부터 최적화까지 • 191

PART 2   모두가 AI를 써야 하는 이유

Chapter 4   AI 그리고 데이터 분석 오리엔테이션 • 224
01 AI 학습의 방향과 시작점 • 225
02 AI 꼭 쓰셔야 합니다 • 228
03 AI-노코드 데이터 분석 팁 10가지 • 233

Chapter 5   AI-노코드 데이터 분석을 위한 AI-노수식 통계 • 244
01 AI-노수식 통계 – 작은 세상에서 큰 세상을 바라보는 통계 • 245
02 AI-노수식 확률 – 큰 세상에서 작은 세상을 바라보는 확률 • 255
03 AI-노수식 분포 – 과거 데이터를 가장 자연스럽게 설명하는 분포 • 261
04 AI-노수식 신뢰 – 과거 데이터에서 미래 데이터를 예측하는 신뢰 • 270

Chapter 6   AI는 도구가 아닙니다 자비스입니다! • 284
　　01 못하는 것 빼고 다 하는 AI – 인간 언어(자연어) • 285
　　02 못하는 것 빼고 다 하는 AI – 기계 언어(컴퓨터 코드) • 306
　　03 챗GPT 고급 데이터 분석 세팅 공개 – 세팅 전과 후 하늘과 땅 차이! • 320

PART 3   아무나 할 수 있는 AI-노코드 데이터 분석

Chapter 7   1단계 – 문제 발견하기: AI보다 사람이 유일하게 잘하는 것 • 338
　　01 문제와 현상 구분하기 – 문제가 무엇인지 모르는 것이 문제다 • 339
　　02 문제 탐색하기 – 학교에선 문제를 풀지만 실무에선 문제를 만들어야 한다 • 343
　　03 문제 만들기 – AI 시대에는 문제 만드는 사람이 성공한다 • 349

Chapter 8   2단계 – 데이터 준비하기: AI와 사람이 함께 해야 하는 것 • 360
　　01 데이터 업로드 – 데이터 분석의 첫걸음 • 361
　　02 데이터 전처리 – AI에게 맡기세요 • 370
　　03 탐색적 데이터 분석(EDA) – AI와 함께 데이터 이해하기 • 385
　　04 실무 데이터 분석의 현실과 기대 – 과소평가된 데이터 전처리 • 392

Chapter 9   3단계 – 데이터 속 패턴 찾기: AI가 사람보다 월등히 잘하는 것 • 394
　　01 AI-노코드 시각화 1 – 정령 내가 이 그래프를 그렸단 말입니까! • 395
　　02 AI-노코드 시각화 2 – 비교 시각화 • 402
　　03 AI-노코드 시각화 3 – 관계 시각화 • 410
　　04 AI-노코드 시각화 4 – 분포 시각화 • 419
　　05 좋은 시각화는 고래도 춤추게 한다 • 426
　　06 실무 데이터 분석 기법 – 가장 유용한 데이터 분석 기법 베스트 5 • 436
　　07 다시 생각하기 – 데이터 분석에서 다시 생각해 봐야 할 것들 • 460

참고문헌 • 473

1. 데이터 세상에 사는 세 사람: 느닷없이 나타난 AI를 마주할 때
2. 문과 직장인의 AI-노코드 데이터 분석: 말과 글이 AI를 만날 때
3. 이과 직장인의 AI-노코드 데이터 분석: 도메인 지식이 AI를 만날 때

PART 1
누구나 코딩 없이
AI 하는 시간

Chapter 1
데이터 세상에 사는 세 사람: 느닷없이 나타난 AI를 마주할 때

"현재의 상상력에 울타리를 쳐버리면 우리는 실수하는 겁니다.
지난날 그런 일이 얼마나 많았던가요."
– 리처드 파인만

01
각자의 방식대로 데이터 세상을 바라보다

데이터 세상에는 세 사람이 살고 있습니다. 데이터 과학자, 데이터 개발자 그리고 도메인 기술자입니다.

데이터 과학자는 혁신과 변화를 꿈꾸는 사람입니다. 일론 머스크나 스티브 잡스처럼 새로운 아이디어와 방법으로 세상을 바꾸고자 합니다. 데이터는 그에게 무한한 가능성이 열린 조각입니다. 조각들을 모아 미래를 창조하는 것이 데이터 과학자의 삶의 목적입니다. 데이터 과학자는 데이터를 통해 누구도 발견하지 못한 기회를 발견합니다. 이로부터 혁신적인 방법으로 문제를 해결하고 미래를 상상하는 사람입니다.

이와 달리 데이터 개발자는 데이터 세상의 아티스트입니다. 그는 데이터 과학자가 만들어낸 혁신적인 도구와 시스템을 능숙하게 활용할 줄 압니다. 데이터 과학자가 만들어 낸 도구나 시스템을 이용해 데이터를 편집하고 분석하여 제2, 제3의 창작물로 만들어 낼 줄 아는 사람이 바로 데이터 개발자입니다. 방대한 데이터는 그에게 거대한 캔버스이며 그 캔버스 위에 정교하고 아름다운 그림을 그려내는 것이 데이터 개발자가 하는 일입니다. 복잡한 데이터를 멋진 예술 작품인 양 바라보고 이로부터 의미 있는 통찰을 끄집어낼 때, 데이터 개발자는 성취감을 느낍니다.

도메인 기술자는 자신이 몸담고 있는 특정 분야에 깊은 지식과 경험을 바탕으로 데이터를 생산하는 사람입니다. 그는 자신의 분야만 바라보고 그곳에서 발생하는 데이터를 수집합니다. 그러나 그는 많은 양의 데이터를 분석해 내는 데 한계를 느낍니다. 도메인 기술자는 이 방대한 양의 데이터를 탐색하고 필요한 정보를 얻기 위해 데이터 개발자에게 도움을 요청해야 합니다.

데이터 세상에 사는 세 사람은 데이터라는 공통된 매개로 연결되어 있지만 전혀 다른 생각과 능력 그리고 저마다의 삶의 목적을 가지고 있습니다. 데이터 과학자는 데이터를 통해 새로운 세상을 상상하며 미래에 살고, 데이터 개발자는 데이터를 창의적으로 다루고 분석하여 그곳에서 통찰을 얻습니다. 이에 비해 도메인 기술자는 자신의 분야에서 꾸준히 일하고 자기 생각대로 작업 과정을 진행할 때 스스로 보람을 느낍니다. 이와 같이 데이터 세상에서 이들은 전혀 다른 생각으로 살아갑니다.

02
데이터 과학자, 데이터 개발자, 도메인 기술자

데이터 과학자 - 미래를 창조하고 싶은 사람

데이터 과학자는 세상을 바꾸려는 혁신가입니다. 데이터 과학자는 마치 세상을 이끄는 기업가처럼 항상 미래를 꿈꾸며 새로운 아이디어를 제시하고 실험합니다. 그에게 데이터는 무한한 가능성을 지닌 조각들이며 이 조각을 모아 새로운 세상을 창조하는 것이 그의 꿈입니다. 항상 "왜?"라는 질문으로 시작해서 "안될 것도 없지!"라고 되뇌이며 도전적인 태도로 모든 일을 밀어붙입니다. 다시 말해 기존의 패러다임을 뒤엎고 불가능해 보이는 것을 가능하게 만드는 것이 바로 데이터 과학자의 존재 이유입니다.

스티브 잡스는 아이폰으로 세상을 바꿨고, 일론 머스크는 전기차 시대를 열었습니다. 그리고 그는 탈지구화를 목표로 쉴 틈 없이 내달리고 있습니다. 두 혁신가와 같이, 데이터 세상에서 데이터 과학자는 데이터를 통해 세상을 재창조하고 싶어 합니다. 그런 이유로 기존의 틀을 깨고 혁신적인 방법에만 몰두합니다. 그는 새로운 세계를 탐험하고 데이터 속에서 숨겨진 기회를 발견하기 위해 미래의 모습을 상상하며 온종일 시간을 보냅니다. 온통 그 생각뿐입니다. 데이터를 바라보고 깊이 생각하면서 새로운 가능성을 도모합니다. 이러한 탐구를 통해 세상의 변화를 이끌어내고자 하며 항상 변화의 최전선에 있습니다.

▲ 데이터 과학자

당연히 단순한 문제에는 관심이 없습니다. 나머지 두 사람은 이해할 수 없는 데이터 조각을 마치 레고 블록 다루듯 이리도 맞춰보고 저리도 맞춰봅니다. 무질서해 보이는 데이터 조각 사이에서 어떤 패턴을 찾는 데 온종일 시간을 보냅니다. 어렵게 보이고 복잡한 문제일수록 데이터 과학자는 그 문제에 매료됩니다. 어려운 문제가 풀릴 때마다 불가능해 보이던 경계는 조금씩 무너져 데이터 세상을 넓혀갑니다.

데이터 세상에는 광활한 도서관이 있습니다. 데이터 과학자는 이 도서관의 기획자이면서 설계자이고 실질적인 주인입니다. 이 도서관의 무한한 가능성을 보고 미래의 청사진을 상상합니다. 데이터 과학자에게 이 도서관은 단순히 책을 모아 두는 공간이 아닙니다. 그에게 도서관은 미래를 창조할 수 있는 실험실입니다. 도서관 안에서 세상을 바꿀 수 있는 무한한 영감과 창조의 씨앗이 자라나고 있는 것입니다.

이 실험실에서 데이터 과학자는 지식의 경계를 허물어트립니다. 도서관 책장 사이의 벽을 허물고, 모든 지식이 자유롭게 흐르며 서로 연결되는 세상을 그려봅니다. 그가 꿈꾸며 그리는 데이터 세상의 도서관은 더 이상 물리적 공간에 묶여 있지 않습니다. 모든 사람의 생각이 뭉치고 교차하며 연결되는 구름과 같은 공간이 되길 그는 원합니다. 그렇게 되면 이제 도서관은 단순한 건물이 아닌 전 세계 모든 이의 생각이 연결된, 누구도 상상할 수 없을 만큼의 크기를 지닌 거대한 지능이 될 것입니다.

물론 이런 그의 아이디어는 때로 나머지 두 사람을 당혹스럽게 만듭니다. 데이터 개발자는 그의 제안을 돕기 위해 밤낮없이 일해야 할지도 모른다고 걱정합니다. 또한 도메인 기술자는 그의 비전이 현실과 동떨어져 있다고 불평합니다. 하지만 데이터 과학자는 개의치 않습니다. 그는 알고 있습니다. 모든 위대한 혁신은 처음엔 불가능해 보였다는 것을. 그는 자신이 그리는 비전이 옳다고 믿으며 끊임없이 앞으로 나아갑니다.

데이터 개발자는 데이터 세상의 실용주의자입니다. 데이터 과학자의 혁신적인 비전을 현실로 만드는 사람이 데이터 개발자입니다. 마치 관리자(데이터 개발자)가 기업가(데이터 과학자)의 꿈을 실현할 수 있는 계획으로 만들듯 데이터 개발자는 데이터 과학자의 아이디어를 구체적인 결과물로 만들어내기 위해 계획을 세우고 실행합니다.

데이터 개발자 - 데이터 패턴을 찾는 사람

데이터 개발자에게 데이터는 정돈되어야 할 대상입니다. 수많은 데이터 속에서 반복되는 리듬을 발견하고, 숨겨진 규칙을 찾아내는 것이 그의 일이자 특기입니다. 그는 무질서해 보이는 데이터를 체계적으로 정리하고 의미 있는 패턴을 찾아내는 데 탁월합니다. 회사의 관리자가 절차를 체계화하듯 데이터 개발자는 데이터 세상에서 데이터를 관리하고 분류하며 최적화까지 합니다.

▲ 데이터 개발자

그는 데이터 세상의 도서관에서 실질적인 사서 역할을 합니다. 수많은 책 사이에서 숨겨진 연관성을 찾아내고 얼핏 보기에는 관계없어 보이는 정보들 사이의 미묘한 패턴을 발견해서 정리합니다. 방대한 데이터를 분류하고 필요한 정보를 정확히 끄집어내는 일이 그의 주요한 일 중 하나입니다. 데이터 과학자가 이 도서관의 미래를 그린다면, 데이터 개발자는 이 도서관을 실제로 관리하는 사람입니다. 그의 분주한 손길 아래에 무질서해 보이는 책장들은 살아있는 지식 체계로 거듭납니다.

밤늦게까지 일해야 하는 데이터 개발자는 이따금 데이터 과학자의 비현실적인 요구에 좌절감을 느끼기도 합니다. "이걸 어떻게 구현하라는 거야?"라며 한숨 쉬면서도 결국은 그 도전을 받아들이고 해결책을 찾느라 밤을 지새웁니다. 그래서 항상 그의 집은 밤늦게까지 불이 꺼지지 않습니다.

밤늦게까지 일해야 하는 데이터 개발자는 매우 분주합니다. 데이터 세상에서 데이터 과학자를 도울 뿐만 아니라 도메인 기술자도 도와야 하기 때문입니다. 도메인 기술자와의 관계에서 데이터 개발자는 중요한 역할을 합니다. 바로 도메인 기술자가 생산한 데이터를 정리정돈하고 분석해서 결과를 제공하는 것입니다.

결국, 데이터 개발자는 데이터 세상에서 균형을 잡아주는 존재입니다. 데이터 과학자의 꿈을 현실로 만들고 도메인 기술자가 생산한 데이터를 의미 있는 정보로 변환하는 그는 데이터 세상의 연결 고리나 마찬가지입니다. 데이터 개발자가 있기에 데이터 세상은 균형을 잃지 않고 지속적으로 발전해 나갈 수 있습니다.

도메인 기술자 - 현장에서 데이터를 만드는 사람

"제대로 하고 싶다면 직접 하라."는 말이 데이터 세상에 사는 세 번째 사람인 도메인 기술자의 좌우명입니다. 그는 현장에서 직접 발로 뛰며 데이터를 수집하고 자신의 손으로 직접 데이터를 만들어 냅니다. 그는 자신의 특정 분야에서 깊은 지식과 경험을 바탕으로 데이터를 생산하는 성실한 일꾼입니다. 데이터 세상의 도서관에서 도메인 기술자는 책을 직접 씁니다. 그의 책에는 현장의 생생한 경험과 오랜 기간 쌓아온 전문성이 깃들어 있습니다. 도메인 기술자에게 있어 데이터를 모은다는 것은 곧 자신이 배우고 익힌 것을 기록으로 남긴다는 의미입니다.

어쨌든 그에게 데이터는 끝마쳐야 할 일이자 노동입니다. 매일 현장에서 마주하는 실제 상황을 데이터로 옮기는 일인 것입니다. 일을 끝마쳐야 하는 그는 현재에 충실할 수밖에 없고 눈앞의 일을 한 단계씩 완수하는 데 집중합니다. 그래서 그가 하는 모든 일은 구체적인 작업 절차가 있습니다. 이런 체계적인 접근은 실질적인 결과물을 내는 데 톡톡한 역할을 합니다.

방대한 데이터 세상의 도서관에서 다른 책들을 효과적으로 정리하고 분석하는 일은 그에게 어려운 과제입니다. 이것이 바로 도메인 기술자의 가장 큰 제약입니다. 도메인 기술자는 "이 데이터가 중요해요. 하지만 어떻게 활용해야 할지 모르겠어요."라고 말하곤 합니다. 그는 자신의 분야

▲ 도메인 기술자

에서 오랜 시간 축적한 경험을 바탕으로 데이터를 생산해 내지만 그 데이터를 다른 데이터와 연결하거나 의미를 찾는 데 늘 어려움을 겪습니다.

데이터 개발자는 이런 도메인 기술자를 도울 수 있는 유일한 사람입니다. 안타깝게도 데이터 개발자는 도메인 기술자의 모든 요구사항을 늘 들어줄 수는 없습니다. 데이터 과학자와 도메인 기술자 모두를 도와야 하는 개발자는 늘 분주하기 때문입니다. 또한 도메인 기술자는 자신의 전문 분야에 대한 깊이 있는 이해를 바탕으로 세세한 부분까지 신경 쓰길 원하는 반면, 데이터 개발자는 수많은 데이터 사이의 숨겨진 패턴과 연관성을 찾는 데 집중하기 때문에 종종 의견 충돌이 발생합니다. 도메인 기술자가 전하는 전문적인 맥락이나 세세한 요구사항은 그저 관심 밖의 잡음일 뿐, 데이터 개발자의 시선은 언제나 데이터 간의 의미 있는 연결 고리를 찾고 정리하며 분류하는 일에 고정되어 있습니다.

데이터 과학자와 개발자가 이끄는 데이터 세상의 변화에, 도메인 기술자는 늘 적응하는 데 어려움을 겪습니다. 새로운 데이터 저장 방식이나 분석 도구가 도입될 때마다 혼란스러워합니다. 이는 마치 오랫동안 종이와 펜으로 글을 써온 작가가 갑자기 디지털 도구를 사용해야 하는 상황과 같습니다. 자신의 전문 분야에서는 탁월하지만, 급격한 기술 변화는 그를 당혹스럽게 할 뿐입니다.

그럼에도 불구하고, 도메인 기술자는 데이터 세상 도서관의 책장에 책을 채우는 사람임에는 분명합니다. 비록 한 권의 책에 모든 것을 쏟아붓고 그 책이 도서관의 다른 책들과 어떻게 연결되는지 알지 못할지라도, 그의 전문 지식과 경험은 도서관의 책장을 전문 지식으로 가득 채웁니다. 그의 손을 통해 기록되는 데이터는 즉시 사용되지 않더라도 언젠가는 필요한 순간이 올 것입니다.

데이터 세상은 데이터 과학자가 도서관의 미래를 설계하고 데이터 개발자가 책들을 효율적으로 정리하는 동안, 도메인 기술자는 묵묵히 현장의 데이터를 기록해 갑니다. 이렇듯 데이터 세상은 서로 다른 세 가지 시선이 공존합니다. 서로를 이해하기 어려운 순간도 있지만 각자의 위치에서 저마다의 노력이 모여 데이터 세상을 이룹니다. 이것이 바로 데이터 세상의 일상입니다. 그러던 어느 날, 평화로운 일상은 예상치 못한 변화를 맞이하게 됩니다.

03
AI가 바꾸어 놓은 데이터 세상
우리가 맞이할 새로운 시대

데이터 세상의 게임 체인저, AI

데이터 과학자는 여전히 불가능한 꿈을 꾸고, 데이터 개발자는 그 상상을 현실의 균형 속에서 실현하고자 노력합니다. 도메인 기술자는 묵묵히 현장의 데이터를 쌓고 있습니다.

데이터 과학자는 늘 그랬듯 도서관 한편에 마련된 실험실에서 새로운 실험을 하고 있습니다. 그가 꿈꿔왔던 '모든 지식이 자유롭게 흐르고 서로 연결되는 세상'을 만들기 위한 실험이 한창 진행 중입니다. 그러던 그때 예기치 않게 그의 실험에서 놀라운 일이 일어났습니다.

도서관에 쌓인 수많은 데이터가 실타래처럼 서로를 향해 가느다란 실을 뻗어내기 시작했고, 그 무수한 연결점들이 만들어내는 그물망 속에서 마침내 그가 꿈꾸던 인공적인 지능 덩어리가 모습을 드러낸 것입니다.

이렇게 AI가 데이터 세상에 등장합니다. AI의 무수한 연결은 방대한 데이터를 순식간에 이해하고 어떤 복잡한 질문에도 단 몇 초 만에 명쾌한 답을 냈습니다. 데이터 과학자조차 AI의 경이로운 능력의 이유는 알 수 없습니다. 예상치 못한 창조물의 등장은 데이터 세상의 모든 기존 질서를 뒤흔들기 시작했습니다.

새로운 창조물 AI가 가장 좋아하는 곳은 데이터 세상의 도서관입니다. AI는 이곳에 있는 모든 지식을 집어삼키듯이 흡수하고 학습하기 시작했습니다. 처음에 데이터 개발자는 AI 등장을 반겼습니다. AI는 복잡해 보이는 책들 속에서 잠재된 패턴을 찾아 대신 분류했습니다. 덕분에 데이터 개발자는 한결 수월해졌습니다. 하지만 시간이 지날수록 상황은 조금씩 달라졌습니다. 도서관에서 바쁘게 도메인 기술자를 돕던 그는 점점 할 일이 없어졌습니다. 도메인 기술자가 그를 찾는 일이 드물어진 것입니다.

"내가 도울 게 있을까요?" 개발자가 물었습니다. "음, 지금은 괜찮아요. AI가 도와줘서 금방 해결했어요." 기술자의 대답에 개발자는 씁쓸한 미소를 지었습니다. 도메인 기술자는 이 새로운 존재에 대해 조금씩 알아가고 있습니다. 그동안 데이터 개발자에게 의존했던 모든 일을 이제는 AI에게 맡깁니다. AI는 잠도 자지 않고 불평도 하지 않았습니다. 그동안 자신의 전문 분야의 지식을 찾고 연결하는 데 어려움이 있었던 도메인 기술자에게 AI는 마치 소원을 들어주는 요술 램프의 지니와 같았습니다. 도메인 기술자는 자신의 전문 지식을 AI와 나누며 더 효율적으로 데이터를 생산하고 분석하는 데 몰두할 수 있었습니다.

이제 도서관은 책장 넘기는 소리 대신 질문에 답하는 AI의 기계음으로 가득 찼습니다. 데이터 과학자는 새로운 창조물 AI와 대화하고 실험하느라 정신이 없었고, 자연스럽게 개발자를 찾는 일이 드물어졌습니다. 데이터 개발자는 이런 모습을 지켜보면서 자신의 역할이 점점 줄어들고 있다는 것을 실감하며 새롭게 펼쳐지는 데이터 세상에서 자신은 무얼 해야 하나 불안했습니다.

한편, 데이터 과학자와 도메인 기술자 사이에는 이전에 없었던 새로운 협력 관계가 형성되고 있었습니다. "당신의 전문 지식이 AI를 더욱 발전시킬 수 있을 거예요." 과학자가 말했습니다. "정말 그렇네요. AI가 지금까지 도서관에 쌓인 책을 학습할수록 더 똑똑해지고 있어요. 기억력도 높아져요." 기술자가 대답합니다. 점점 더 거대해지는 AI를 보며 데이터 과학자는 혼잣말로 중얼거립니다. "내가 만든 AI는 어디까지 똑똑해질 수 있는 걸까? 이대로 지켜만 봐도 괜찮을까? 멈춰야 하는 건 아닐까?" 마치 현실판 프로메테우스처럼 그는 자신이 가져온 불에 매료되면서도 두려움을 느꼈습니다. 그럼에도 데이터 과학자는 그의 호기심을 억누를 수가 없습니다.

도메인 기술자에게 찾아온 기회

데이터로 가득한 직장인의 일상도 데이터 세상과 크게 다르지 않습니다. 여기서 주목할 점은, 우리 대부분이 바로 도메인 기술자라는 사실입니다. 실제 직장인의 93%가 도메인 기술자입니다. 데이터 개발자는 6%에 불과하고, 데이터 과학자는 1% 미만입니다.*

매일 아침 출근해서 매일 저녁 퇴근할 때까지, 각자의 자리에서 데이터를 만들어 내고 있는 우리는 도메인 기술자와 같이 데이터를 생산하는 주체입니다. 마케터는 고객 데이터를, 인사 담당자는 직원들의 평가 데이터를, 제조 기술자는 제품 개발 데이터를 생산합니다. 일하는 동안 수많은 엑셀 파일과 보고서를 만들어 내지만 도메인 기술자의 고충과 같이, 데이터를 연결하고 연결된 데이터 묶음에서 의미를 탐색하는 데는 서툴렀습니다. 또한 자신의 전문 분야는 누구보다 잘 알지만 생성된 데이터를 묶음으로 분석하거나 활용하는 것에도 익숙하지 않습니다.

해가 거듭될수록 데이터는 쌓여가지만, 그 데이터를 분석하는 일은 '내 일이 아니다'라고 애써 외면한 게 사실입니다. 코딩이라는 높은 진입 장벽이 있었고, 데이터 분석은 전문가의 영역으로 단정 지었습니다. 하지만 이제 AI의 등장으로 모든 것이 달라졌습니다. AI는 복잡한 코딩이나 통계 지식 없이도 본인의 도메인 지식을 말로 표현할 수만 있다면 잠들어 있는 당신의 데이터를 깨우고 자유자재로 다룰 수 있게 도와줍니다. 우리는 AI의 출현으로 누구나 데이터 개발자가 될 수 있는 시대에 살고 있습니다. 더 이상 복잡한 컴퓨터 언어를 배우느라 고생하지 않아도 됩니다.

---

* 한국고용정보원, 2024년 8월 임금근로자 통계에 따라 전체 임금근로자 중 소프트웨어 개발자와 데이터 과학자의 비율을 추정한 결과이다. 소프트웨어 개발자는 전체의 약 6.16%를 차지하며, 데이터 과학자는 이보다 적은 약 1% 미만으로 추정된다. 나머지 93%는 다른 직종의 근로자들이다.

AI 시대 학습법 - 경험이 먼저

이제 우리는 문과·이과 직장인들이 다루는 실무 데이터에 AI를 연결하고 분석하는 작업을 하려 합니다. 코딩 없이, 노코드 데이터 분석으로 당신의 소중한 데이터에서 의미를 캐내기 위한 AI와의 연결입니다.

데이터 분석을 위한 파이썬 코딩 기초는 AI 덕에 과감히 걷어낼 수 있게 되었습니다. 그뿐만 아니라, 경험할수록 이해가 깊어지는 머신러닝 철학*과 같이 이론적인 설명도 책의 마지막 파트 3으로 미뤘습니다. 대신 실무에서 매일 사용하는 숫자, 테이블, 텍스트, 이미지 데이터를 AI에 연결하여 곧바로 데이터 분석을 경험할 수 있게 했습니다.

바로 이어질 챕터 2에서는 가상의 문과 직장인 세 명이 각자의 데이터로 AI와 대화하고, 그 속에서 인사이트를 발견하는 여정이 이어집니다. 다음 챕터 3에서는 같은 맥락으로 이과 직장인 세 명이 각자의 도메인 지식을 AI에 연결하여 데이터를 분석하고 그로부터 새로운 가치를 찾아냅니다.

이론적 설명은 데이터 분석 경험 이후에 차근차근 알아가도 늦지 않습니다. 우리는 자전거 타는 법을 배울 때나, 수영을 배울 때 이론부터 공부하지 않습니다. 직접 경험하고, 실패하고, 가끔 성공하면서 자연스럽게 터득했죠. 놀랍게도 이것은 AI 머신러닝이 학습하는 방식과도 같습니다. AI 머신러닝 또한 이론부터 학습하지 않습니다. 수많은 데이터를 경험하고 패턴을 발견하면서 AI 머신러닝은 스스로 강화합니다.

AI 시대 학습도 마찬가지입니다. 경험이 먼저입니다. 처음에는 이해가 어려워 마치 구멍이 '숭숭' 난 것 같지만 그 구멍은 경험과 함께 자연스레 메워질 것입니다.

AI를 경험하기 위해 얼마를 지불하시겠습니까

2019년, 워런 버핏과의 저녁 식사 한 끼가 경매에 올랐습니다. 결과는 무려 456만 달러(약 60억 원)! 저스틴 선이라는 중국계 사업가가 낙찰받았습니다. 투자의 귀재, '오마하의 현인'이라 불리는 그와 단 몇 시간의 대화를 나누기 위해 누군가는 기꺼이 이 엄청난 금액을 지급한 것입니다. 버핏의 통찰력 있는 조언과 수십 년간의 투자 경험이 담긴 대화는 분명 그만한 가치가 있었을 것입니다.

챗GPT는 5조 개의 문서와 3,000억 개의 토큰**을 학습했습니다. 이 학습 과정에 사용된 엔비디아 GPU, A100*** 1만 대가 쓰였습니다. 엔비디아의 A100은 1초에 무려 312조 번 계산할 수 있는 성능을 지녔습니다. 이러한 고성능 GPU 하드웨어를 이용해 100일간 학습했습니다. 이렇게 탄생한 AI는 약 1조 개의 파라미터*를 보유하고 있습니다. 이는 사람 두뇌의 뉴런 연결이 1조 개나 되는 초거대 신경망을 지니고 있다는 의미와 같습니다. 상상하기조차 어려운 크기의 생성형 AI는 175개 이상의 언어를 자유자재로 구사하고 32,000 단어 이상의 긴 문서도 한 번에 이해할 수 있습니다. 복잡한 수학 문제도 추론 과정을 거쳐서 풀어냅니다. 심

---

* 머신러닝의 핵심은 학습에 있다. 데이터를 통해 패턴을 찾고 규칙을 발견하는 과정이 학습이다. 얼마나 많은 데이터로, 어떤 방식으로 학습시키느냐에 따라 결과가 달라지며 이런 시행착오와 경험을 통해 더 나은 방법을 터득하게 된다. 이처럼 경험을 통해 점차 깊어지는 이해의 과정이 바로 머신러닝 철학이라고 할 수 있다.

지어 이미지를 제공하면 이미지를 알아볼 뿐만 아니라 이미지를 생성하기도 합니다.

그렇다면, 이토록 엄청난 규모의 AI와 대화를 나누기 위해서는 얼마를 지불해야 할까요? 워런 버핏과의 단 몇 시간짜리 저녁 식사에 60억 원이 들었던 것과 비교하면, 지금 우리가 누리고 있는 AI와의 대화는 실로 경이로운 특권입니다. 시간과 공간의 제약 없이, 인류 역사상 가장 방대한 지식을 보유한 존재와 대화하며 함께 성장할 기회가 바로 우리 앞에 있습니다.

이렇게 놀라운 기회를 누가 더 의미 있게 활용할 것인가, 그것이 바로 지금 우리의 과제입니다. 아무리 뛰어난 성능의 AI라 해도 결국 이를 의미 있게 활용하는 것은 우리의 몫입니다. 다음 챕터에서 문과·이과 직장인 중 문과 직장인의 AI 경험의 시작인 'AI는 이과가 만들지만 기회는 문과에게 있다'라는 이야기로 본격적인 AI-노코드 데이터 분석의 여정을 시작하겠습니다.

생성형 AI 모델	회사	특징	구독료/무료 사용
챗GPT ChatGPT	오픈AI(OpenAI)	생성형 AI의 대표 주자입니다. 대화, 분석, 코딩, 창작 등 모든 영역에서 균형 잡힌 성능을 보여주는 가장 다재다능한 AI입니다. 특히 한국어 이해도가 뛰어나고 복잡한 맥락도 정확하게 파악합니다. 이 책에서는 가장 다재다능한 '챗GPT-4o' 모델을 사용합니다.	• 기본 기능 무료 • 챗GPT-4o 및 추론 모델은 구독 필요 • 유료 플랜(Plus): 월 $20
클로드 Claude	앤트로픽(Anthropic)	마치 경험 많은 교수나 멘토와 대화하는 것 같은 느낌을 줍니다. 특히 글쓰기와 문서 작성에서 탁월한 능력을 보여주며, 체계적이고 배려 깊은 설명으로 사용자의 이해를 돕습니다.	• 기본 기능 무료 • 고급 모델(Sonnet)은 구독 필요 • 유료 플랜(Pro): 월 $20
제미나이 Gemini	구글(Google)	구글의 검색 기능과 실시간으로 연동되어 있어 최신 정보를 반영한 답변이 가능합니다. 마치 인터넷의 모든 정보를 실시간으로 활용하는 듯한 강점을 보여줍니다.	• 기본 기능 무료 • 고급 모델(2.0 Pro)은 구독 필요 • 유료 플랜(Adv.): 월 $20
R1 deepseek R1	딥시크(DeepSeek)	오픈소스 기반의 AI 모델로, 누구나 자유롭게 사용하고 개선할 수 있는 특징이 있습니다. 특히 추론 모델을 무료로 사용할 수 있어 진입장벽이 낮고, 기술적 투명성이 높습니다	• 무료

▲ 대표적인 생성형 AI 서비스 소개

---

* AI 모델에서 파라미터는 인공지능이 학습한 정보를 저장하고 처리하는 복잡한 수치 연결망이다. 이는 인간이 경험과 학습을 통해 뇌의 뉴런 간 연결을 강화하는 것과 유사하게, AI가 수많은 파라미터를 통해 학습한 내용을 기억하고 활용하도록 한다. 이 파라미터는 서로 정교하게 연결되어 다양한 지식을 조합하고 새로운 아이디어를 창출하는 기반이 된다.

Chapter 2

문과 직장인의 AI-노코드 데이터 분석: 말과 글이 AI를 만날 때

"(AI 시대에 아이들은 어떻게 가르쳐야 할까요?) 좋은 질문입니다.
대부분 컴퓨터 공학을 배워야 한다고 말할 거예요. 코딩 말이에요.
실제로는 정반대입니다.
더 이상 프로그램 언어를 배울 필요가 없어요.
이미 세계 모든 이가 프로그래머가 됐습니다."
- 세계정부정상회의 중 엔비디아 CEO 젠슨 황

01
AI는 이과가 만들지만 기회는 문과에게 있다

'문송합니다'는 이제 안녕

"문송합니다…."는 한국 문과 직장인의 자조 섞인 말입니다. 안 그래도 힘든 취업 시장의 문턱이 문과 학생들에겐 그야말로 살얼음판이기 때문이죠. 그 살얼음판 위에서 취업에 성공해도 끝이 아닙니다. 함께 입사한 문과 동기는 늘 불안한 마음을 가지고 있습니다. 열심히 10년간 일했어도 자신의 커리어를 쌓아 올리기가 어렵다고 말합니다. 그러면서 "역시 기술을 배워야 해."라는 말을 반복합니다. 문과 출신이 리더급 자리나 CEO를 차지하던 과거와 달리 최근에는 실무 경험이 풍부한 이공계 출신 CEO가 부쩍 늘었습니다. 플랫폼 앱 개발 스타트업 붐 역시 이과 직장인에게 많은 기회와 가능성을 제공하고 있습니다. 반면에 상경계 취업의 꽃이라 불리는 은행권에서는 행원을 뽑는 수가 급격하게 줄고 있습니다.[1] 카카오뱅크나 토스처럼 온라인 금융 서비스를 개발할 수 있는 이과 개발자를 선호하기 때문입니다.

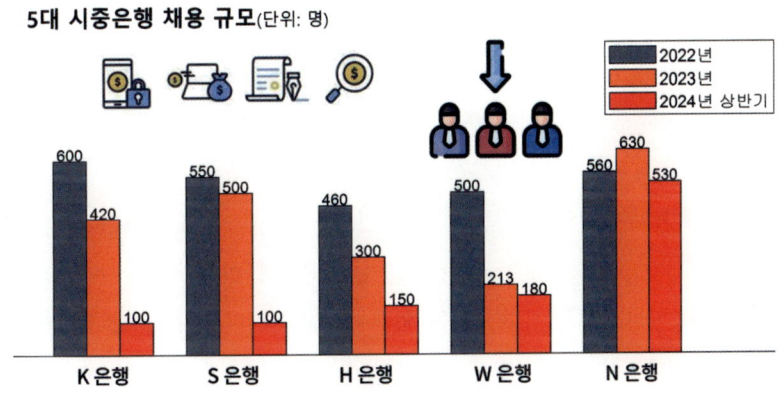

▲ 5대 시중은행 채용 규모 추이(2022~2024년)

이러한 흐름 속에서 자연스럽게 수능에 지원하는 학생들 사이에서 문과 기피 현상이 나타나고 있습니다. 연도별 수능 문·이과 지원자 비율을 보면, 문과 지원자는 꾸준히 감소하는 반면 이과 지원자는 증가하고 있어 실질적으로 역전 현상은 기정사실입니다.[2] 이 같은 변화의 원인은 이과 출신 취업자의 기대 소득이 상대적으로 높아졌기 때문입니다. 20세기 IT 혁명 이후 가속화된 4차 산업 혁명으로 인해 빅테크 기업들이 세계 경제를 주도하게 되었고, 이에 따라 과학과 기술이 자본주의 사회를 이끄는 핵심 동력이 되었습니다. 인재가 과학과 기술 분야로 몰리는 것은 어쩌면 당연한 결과입니다.

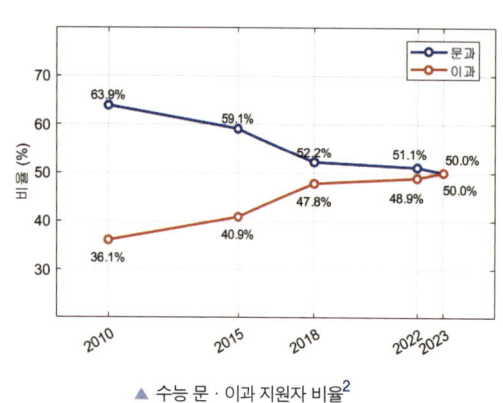

▲ 수능 문·이과 지원자 비율[2]

▲ 미국 기업가치 TOP 10 중 빅테크 기업 다수

한번은 영미권 엔지니어와 일하면서 한국의 문·이과 이야기를 하게 되었습니다. 우리나라의 문·이과 개념은 영어로 번역할 마땅한 단어가 없습니다. 그나마 이과는 과학(Sciences), 문과는 일반교양(Liberal arts) 정도로 설명할 수 있을 뿐입니다. 단어는 필요 때문에 만들어지는데, 글로벌 관점에서는 문·이과 구분이 큰 의미가 없나 봅니다.

문·이과 구분은 1910년대 일본에서 처음 도입된 교육 체계입니다.[3] 과학 분야는 실험과 실습에 큰 비용이 필요했기 때문에 이과로, 반면 비용이 덜 드는 문학, 사회, 철학 등은 문과로 구분되었습니다. 이는 서양 과학을 빠르게 따라잡기 위해 동양이 취해야 했던 자구책이었습니다. 이로 인해 이러한 교육 체계가 현재까지도 영향을 미친 것입니다. 그러므로 문·이과 구분은 단순한 구분일 뿐이며, '나는 이과니까.' 혹은 '나는 문과니까.'라는 식으로 자신의 잠재력을 제한할 필요는 없다는 의미입니다. 이는 옳고 그름의 문제가 아닌 서로 다름의 문제이기 때문입니다.

옳고 그름이 아니라 다름의 문제

학교에서 각자 다른 전공을 선택한 만큼, 문과와 이과 출신 직장인들 사이에는 업무 스타일에 차이가 있는 것이 사실입니다. 이러한 차이를 이해하면 서로에게 배울 수 있는 부분을 발견하는 좋은 기회가 될 수 있습니다. 이제 각각의 특징을 자세히 살펴보겠습니다.

이과는 추상적이고 문과는 구체적입니다. 먼저 '추상적'이라고 하면 형체를 알 수 없는 피카소의 그림이 떠오릅니다. 추상화를 아무리 봐도 이해하기 어려운 이유는 나타내려는 본질적인 부분만 강조했기 때문입니다. 이과는 불필요한 요소를 모두 제거하고 본질적인 요소 하나만 남깁니다. 대표적으로 수학 수식을 유도하고 정리하면 결국에는 본질을 담고 있는 F=ma*와 같은 지배 방정식** 하나만 덩그러니 남습니다. 수학 언어를 사용해서 물리적 현상을 나타낸 하나의 추상입니다. 이과 직장인은 수식 하나 또는 데이터 시각화 하나에 말하고자 하는 모든 것을 담습니다. 군더더기를 제외하여 하나의 문제를 추상화하여 나타내는 데 이과 직장인은 능숙합니다. 반면 문과 직장인은 추상화 대신 사진 같은 구체적인 그림을 그리듯 일합니다. 꼼꼼하게 빠짐없이 스케줄을 챙기고 무엇 하나 허투루 하지 않습니다. 앞으로 발생할 여러 시나리오를 대비하고 그것에 대해 여러 방안을 빈틈없이 수립합니다.

이과 직장인은 추상화로 얻은 수식으로 오류 없는 깨끗한 정답을 찾고 싶어 합니다. 반면에 문과 직장인은 조금 틀리더라도 현실적으로 적용 가능한 방법을 원합니다. 그래서 이과는 이상적이고 문과는 현실적인 특징이 두 번째입니다. 특히 엔지니어는 답의 옳고 그름에 관심이 있습니다. 일 자체도 중요하지만, 엔지니어링 문제의 답이 무엇인지 몹시 궁금해합니다. 그 문제의 해답을 찾기 위해 자신의 열정을 아낌없이 쏟아붓습니다. 반면 문과 직장인은 '일이 되냐 안 되냐'에 집중합니다. 이들은 이상적으로 옳지 않을 수 있어도 일이 되게끔 프로젝트를 끌고 가는 현실적인 대안을 찾습니다. 일이 안 되고 있다면 융통성을 발휘해 일이 진행되는 방향으로 나아갈 줄 아는 사람이 문과 직장인입니다.

이과 직장인으로서는 융통성을 발휘하면 정답에서 벗어난다고 생각하기 때문에 좀처럼 타협하지 않습니다. 서로 간에 좁힐 수 없는 이 간극은 생각보다 커서, 실무에서 팽팽한 대치 상태에 놓이기도 합니다. 이과 직장인이 안 되는 이유를 찾는 동안 문과 직장인은 되는 길을 찾습니다.

일이 되도록 융통성을 발휘할 때 필요한 능력은 사람과의 유대입니다. 문과 직장인은 감성적으로 사람에게 공감하려고 노력합니다. 일이 되는 방법은 사람에 있다는 사실을 알고 있는 문과 직장인은 MBTI로 치면 감정형, 'F(Feeling)'입니다. 반면 이과 직장인은 논리적 사고형, 'T(Thinking)'입니다.

문·이과의 세 번째 특징은 문과는 사람의 감정에 초점을 맞추고, 이과는 데이터를 기반으로 문제를 해결하는 논리적 접근을 중시합니다. 논리적 접근은 이과 직장인의 가장 강력한 무기입니다. 데이터 분석에 능숙한 것도 논리적 사고 덕분입니다. 실무에서 논리는 책에나 나올 법한 삼단논법이나 연역법, 귀납법으로 발현되지 않습니다. 실무 현장에서 논리적 사고는 '프로그래밍 능력'으로 발휘됩니다. 논리적으로 조금만 틀리더라도 프로그램은 작동하지 않습니다. 그래서 디버깅(잘못된 부분을 고치는 작업)으로 논리를 다시 올바르게 세워 나가야 합니다. 결국에 제대로 작동하는 프로그램은 논리가 흐트러짐 없이 완벽한 구조를 가집니다. 논리에 빈틈없이 올바르게 작동하는 코드를 짜는 이과 직장인은 한 분야에 '딥다이빙'합니다. 이와 달리 문과 직장인은 숲과 나무 중에서 숲을 조망하듯 넓고 다양한 지식 체계를 갖추고 있습니다.

---

*   F=ma(뉴턴의 운동 제2법칙)는 물체에 작용하는 힘(F)은 질량(m)과 가속도(a)의 곱과 같다는 법칙이다. 고전 역학의 가장 기본적인 지배 방정식이다.
** 지배 방정식(Governing Equation)은 자연현상이나 물리적 시스템을 수학적으로 표현한 기본 방정식을 의미한다. 해당 시스템의 움직임을 지배하는 원칙이라는 의미에서 지배 방정식이라고 부른다.

마지막 네 번째 특징은 이과는 깊고 문과는 넓다는 것입니다. 이과 직장인은 자기 분야에 깊게 파고들며, 나머지에는 큰 관심을 두지 않습니다. 직장 내에서 누구보다도 한 분야의 '스페셜리스트'가 되기를 원하며, 갑작스럽게 다른 업무가 주어지면 혼란을 느끼곤 합니다. 어디까지가 바닥인지 그 깊이를 재고 싶은 사람이 이과 직장인입니다. 반면, 문과 직장인은 '제너럴리스트'에 가깝습니다. 새로운 임무에도 거리낌 없이 카멜레온처럼 자신의 색을 바꾸어 빠르게 적응합니다. 문과 직장인은 자신의 커리어 빌드업을 위해 여러 팀에서 다양한 경험을 쌓는 반면, 이과 직장인 동료들은 다른 팀으로 이동하는 경우가 드뭅니다. 제너럴리스트에 가까운 문과 직장인은 시야가 넓고, 누구와 누구를, 혹은 무엇과 무엇을 연결해야 할지에 대한 다양한 아이디어를 가지고 있습니다.

이과 직장인	문과 직장인
추상적	구체적
이상적	현실적
깊고	넓은
논리적	감성적

▲ 이과 직장인, 문과 직장인 특징

AI는 이과가 만들지만 기회는 문과에게 있다

이과 직장인은 추상적으로 상상합니다. 그 추상으로부터 이상적인 예술 작품을 창조해 냅니다. 이 과정을 논리적으로 구조화하고 깊이 있게 사고한 결과로 챗GPT가 탄생했습니다. 오픈AI의 챗GPT를 시작으로, 구글(Gemini: 제미나이), 마이크로소프트(Bing: 빙), 메타(Rama: 라마), 앤트로픽(Claude: 클로드) 그리고 딥시크(R1) 등 주요 빅테크 기업들이 자신만의 AI 서비스를 출시했습니다. 이처럼 AI를 만든 사람들은 이과 출신입니다. 정확히 말하면, 소수의 엘리트 IT 개발자들이 이 놀라운 AI를 만들어 냈습니다. 만들기는 이과에서 만들었지만 훌륭한 거대언어모델(LLM)* 앞에선 이과 직장인이나 문과 직장인이나 모두 평등해집니다.

AI를 만드는 것과 AI를 활용하는 것은 완전히 다른 문제입니다. AI를 더욱 효과적으로 활용할 수 있는 것은 오히려 문과 직장인일지도 모릅니다. 이는 기술과 인간의 상호작용 역사를 통해 명확히 알 수 있습니다. 상호작용을 인터페이스로 표현하겠습니다. 가장 초기에 기계와 소통하는 인터페이스는 펀치 카드였습니다. 펀치 카드에 구멍을 뚫어 컴퓨터에 입력하는 방식이었죠. 이후 키보드가 등장하면서 컴퓨터와 소통하기 위해 우리는 컴퓨터 언어를 배워야 했습니다. 도스 환경에서는 'cd', 'dir', 'copy' 같은 명령어를 외워가며 기계와 억지로 소통했습니다.

---

* 거대언어모델 LLM은 Large Language Model의 약자로, 인터넷의 방대한 텍스트를 학습하여 사람처럼 대화하고 글을 쓸 수 있는 AI 시스템을 말한다. 수조 개의 매개변수를 가진 거대한 신경망으로 구성되어 있어 인간의 언어를 이해하고 생성할 수 있다. 챗GPT, 제미나이, 클로드 등이 대표적인 거대언어모델이다.

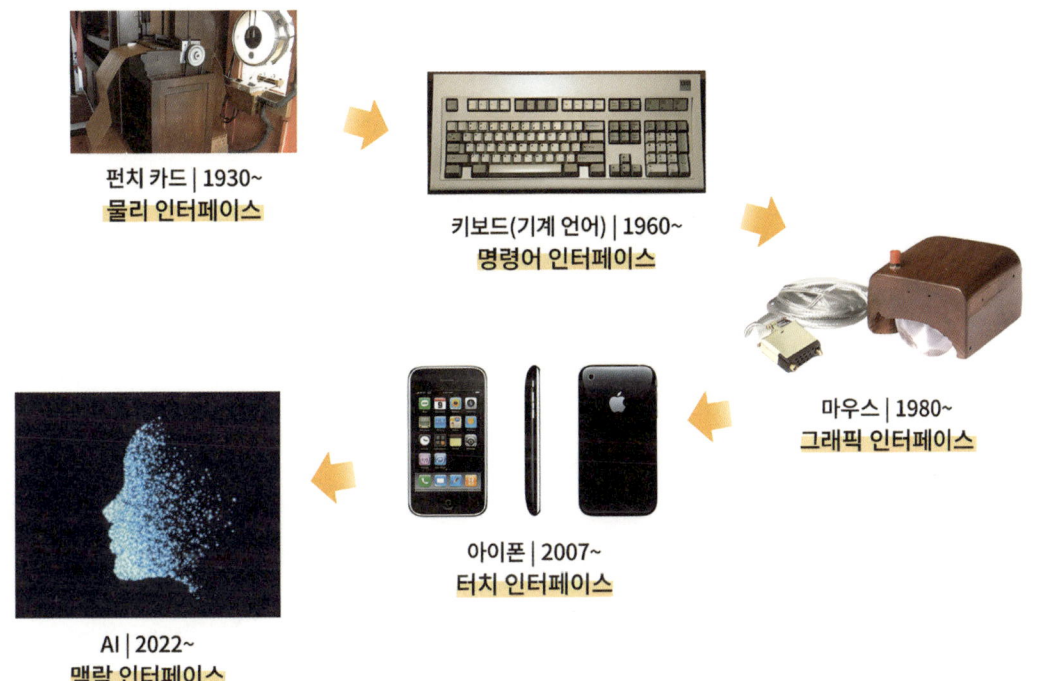

▲ 기계와 사람이 상호작용(인터페이스)하는 방식의 변화 100년

1980년대에는 GUI(그래픽 유저 인터페이스)가 등장하면서 화면을 보고 마우스를 조작해 컴퓨터와 소통할 수 있게 되었습니다. 2007년에는 아이폰이 등장하면서 '터치 인터페이스' 시대가 열렸고, 2022년 11월에는 챗GPT의 등장으로 '맥락 인터페이스' 시대가 활짝 열렸습니다.

이렇게 열린 맥락 인터페이스는 지난 40년 동안 이어져 온 소통 방식을 그 어느 때보다 빠르게 변화시키고 있습니다. 이제 더 이상 특별한 명령어나 조작법을 배울 필요 없이, 인간에 익숙한 대화 방식으로 맥락적인 소통이 가능해졌기 때문입니다.

AI의 핵심은 맥락 인터페이스입니다. 컴퓨터가 우리의 의도와 맥락을 이해하고 자연스러운 대화로 이어가는 것이 가능해졌습니다. AI 기반 LLM은 본질적으로 대화를 통해 소통합니다. 문과 직장인이 잘하는 것이 바로 상대와 대화하고 소통하는 능력입니다. AI와의 소통 과정에서 문과 직장인은 완결된 문장과 정확한 어휘를 사용해 효과적으로 묻고 답할 수 있습니다. 단순한 명령어나 마우스 클릭이 아닌, 맥락이 담긴 대화를 통해 AI와 소통하는 이 새로운 방식은 문과 직장인의 강점과 정확히 일치합니다.

명확한 질문을 던지고 그 답변을 현실적으로 적용할 수 있는 능력이 문과 직장인에게 있습니다. 게다가 문과 직장인이 가진 폭넓은 도메인 지식도 큰 무기가 됩니다. 넓은 도메인 지식이 있어야 다양하게 질문하고, 그 답변을 연결할 수 있기 때문입니다. 여러 분야를 넘나들며, AI를 이용하여 정보를 종합하고 연결하면 문과 직장인의 장점인 '일이 되게 하는 능력'에 날개를 달아 줄 것입니다.

예를 들어, 프로젝트를 기획할 때 우리는 AI에게 다양한 각도에서 질문을 던지고 그 답변을 바탕으로 새로운 아이디어를 발전시킬 수 있습니다. 자신이 세운 기획을 언어로 풀어 객관적인 평가를 받을 수도 있으며, SWOT 분석(강점, 약점, 기회, 위협)도 손쉽게 얻을 수 있습니다. "이 기획의 장점과 단점은 무엇일까?", "과거에 유사한 사례는 없었을까?", "이 결과가 우리 고객에게 어떤 영향을 미칠까?" 등 다양한 질문을 던지며 더 나은 결과물을 만들어 갈 수 있습니다.

한번 챗GPT AI와 대화를 시도해 보겠습니다. 사업 기획서를 AI에게 건네고 전체 사업 기획 맥락과 배경지식으로 SWOT 분석을 요청해 보겠습니다. AI는 글뿐만 아니라 이미지도 인식할 수 있습니다. 그러므로 사업 기획서에 포함된 이미지도 프롬프트에 넣어 보겠습니다.

AI의 사업 기획 분석

1. 사업 기획 배경

유동 인구가 많은 번화가나 수요가 집중되는 주말에 음식점 등을 방문했다가 자리가 없어 들어서지 못했던 경험이 한 번씩은 있을 것입니다. 수십 회의 방문과 경험을 바탕으로 이 서비스는 기존에 소비자들이 직접 자리를 찾아야 했던 불편을 줄이고, 사업장의 유휴 좌석 비율을 감소시켜 매출에 기여하는 등 궁극적으로 소비자와 사업자를 연결하는 플랫폼을 구축합니다.

2. 사업 기획 본문

본 서비스는 기본적으로 해당 사업장의 자리 현황 정보를 제공하는 것입니다. 대부분의 음식점이나 PC방, 당구장 등은 좌석을 기준으로 한 POS를 이용하여 후불제로 운영되고 있습니다. 이 경우 POS 정보 자체가 해당 사업장의 실시간 자리 현황을 반영하게 됩니다.

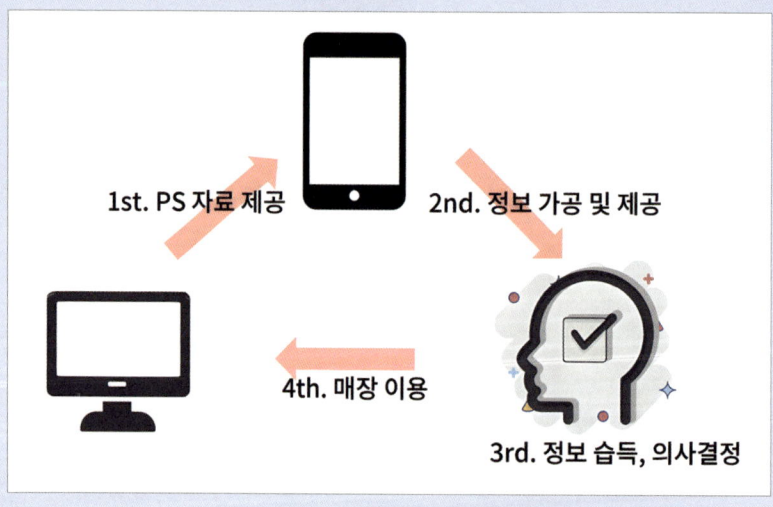

▲ 비즈니스 모델 구상(챗GPT에 업로드한 이미지)

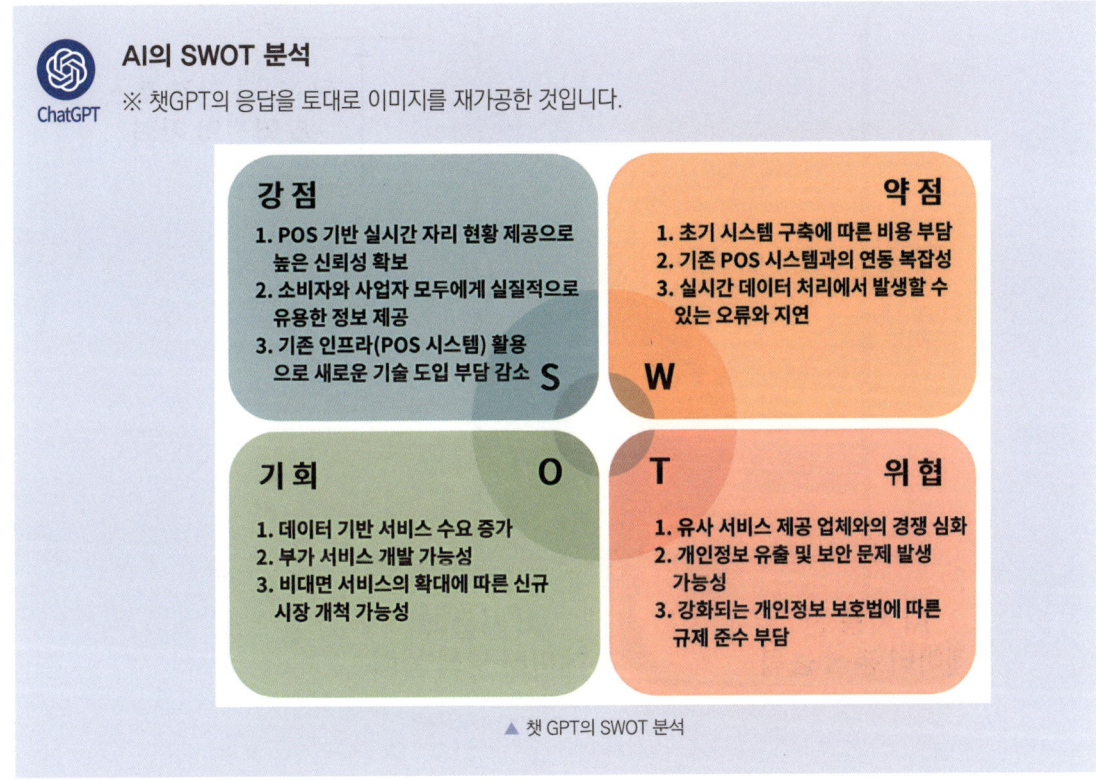

▲ 챗 GPT의 SWOT 분석

위와 같이, AI는 사업 기획서의 글과 이미지를 살펴보고 SWOT 분석의 각 요소인 강점(Strength), 약점(Weakness), 기회(Opportunity), 위협(Threat)을 제시해 주었습니다.

문과 직장인이여, AI-노코드 데이터 분석을 시작해 봅시다!

AI는 우리의 질문에 맥락을 이해하고 통찰력 있는 답변을 제공합니다. 이제 한발 더 나아가 맥락 인터페이스를 데이터 분석 영역으로 확장해 보겠습니다. 과거에는 데이터 분석이 주로 전문 통계 프로그래밍 능력을 갖춘 이과 직장인의 영역으로 여겨졌습니다. 내가 원하는 데이터 분석 자료를 얻기 위해서는 전문 기관이나 외부에 따로 의뢰해야 했습니다. 이처럼 데이터 분석을 위해 코딩과 통계를 따로 공부해야 하는 것은 높은 진입 장벽임이 분명합니다.

하지만 이제 AI 기반 데이터 분석은 코드 한 줄 없이, 노코드로도 가능해졌습니다. 코딩을 몰라도 AI를 통해 데이터 분석을 수행할 수 있는 시대가 열렸습니다. AI를 활용하는 사람들에게 기회가 열려 있으며, 문·이과 간의 간격 또한 현격히 줄어들고 있습니다. 결국 중요한 차이는 'AI를 사용하느냐 사용하지 않느냐'입니다. AI를 사용하면 더 이상 문과와 이과의 구분은 의미가 없습니다.

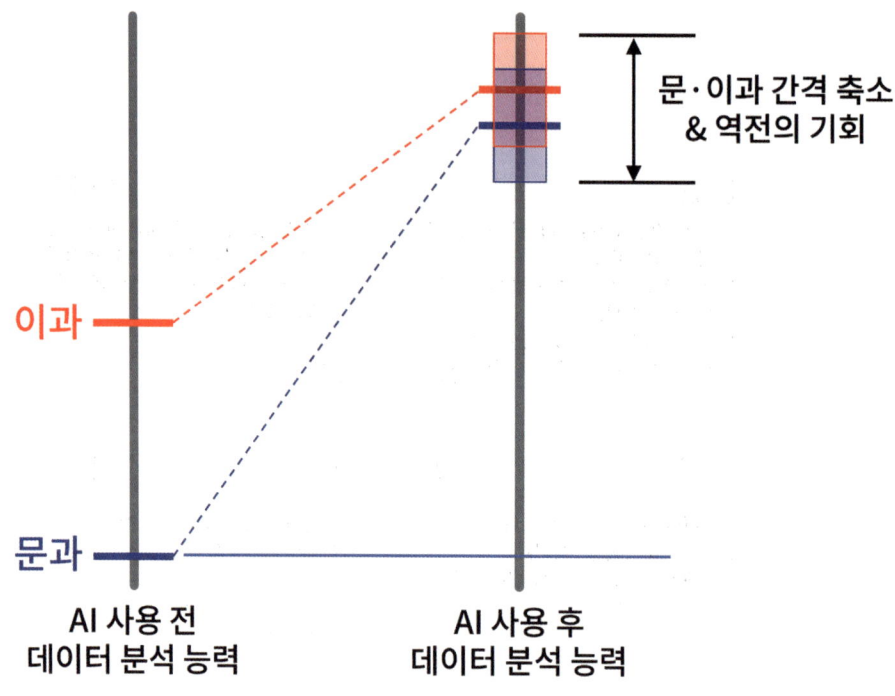

▲ AI 사용 전과 후 데이터 분석 스킬 변화

이제 새로운 기술을 얼마나 효과적으로 개인이 활용하고 실제 상황에 적용할 수 있는지가 관건입니다. 문과 직장인의 감성적 소통 능력, 폭넓은 지식 그리고 현실적 문제 해결 능력은 AI 시대에 더욱 가치 있는 자산이 됩니다. AI를 두려워할 것이 아니라 이를 활용해 우리의 가치를 높이는 방법을 찾아야 합니다. 임마누엘 칸트의 말처럼 "사페레 아우데(Sapere Aude; 두려워 말고 알려고 하라.)"[4], 이제 AI를 두려워하지 말고 우리의 가능성을 넓혀가야 할 때입니다.

> **임마누엘 칸트의 『계몽이란 무엇인가』(1784) 중**
> 미숙한 상태는 다른 사람의 지도 없이 자신만의 이해력을 사용할 수 없는 상태를 말한다. 그 원인이 이해력이 부족한 탓이 아니라, 다른 사람의 지도 없이는 자신만의 사고방식을 발휘할 용기가 부족하고 망설여지기 때문이라면, 이런 미숙한 상태는 스스로 자초하는 것이다.
>
> "그러니 두려워 말고 알려고 하라."

02

인사 담당자
AI로 한 달 걸리던 동료 평가 하루 만에 끝내기

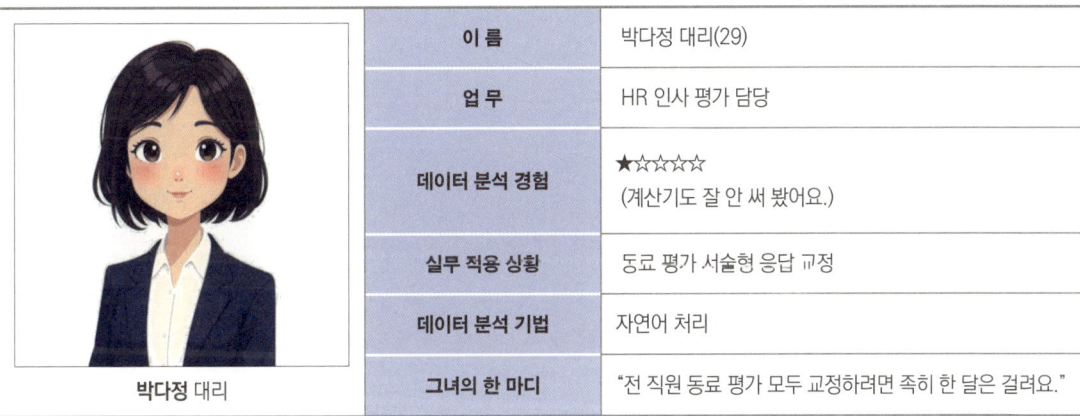

이 름	박다정 대리(29)
업 무	HR 인사 평가 담당
데이터 분석 경험	★☆☆☆☆ (계산기도 잘 안 써 봤어요.)
실무 적용 상황	동료 평가 서술형 응답 교정
데이터 분석 기법	자연어 처리
그녀의 한 마디	"전 직원 동료 평가 모두 교정하려면 족히 한 달은 걸려요."

박다정 대리

원본 데이터 다운로드(깃허브)

https://github.com/M-LearnRun/Nocoding-JustAI

- 원본 데이터: 2024년_동료평가 결과_전직원 100명대상_원본데이터.csv

원본 데이터 소개
- 출처: 생성형 AI 클로드에서 자체 생성
- 설명: 같은 회사 직원들이 작성한 주변 동료 평가 서술형 답변과 정량 평가

박다정 대리의 AI-노코드 데이터 분석 프로세스

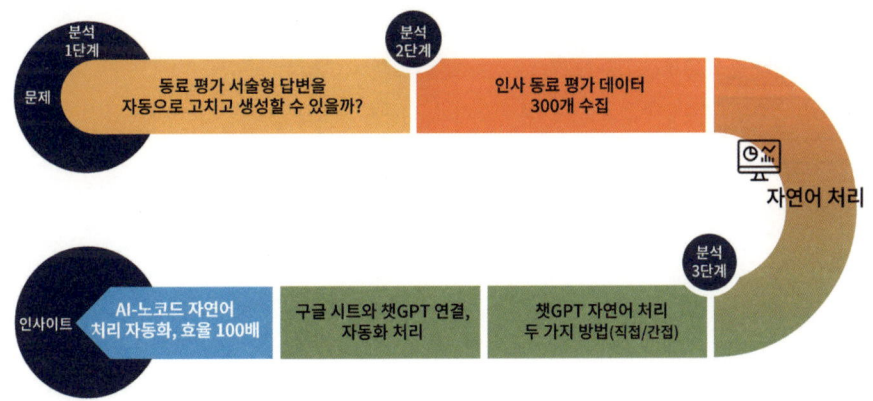

▲ AI-노코드로 한 달 걸리던 문서 작업 하루에 끝내기 프로세스

PART 1 _ 누구나 코딩 없이 AI 하는 시간

100% 수작업으로 해야 하는 동료 평가 서술형 문답 교정 작업

삼성은 한국의 기술 혁신의 리더입니다. 기술뿐만 아니라 HR(인사)도 한국의 리더로 모든 회사는 삼성의 인사 제도를 눈여겨봅니다. 2021년 삼성은 파격적인 인사 제도를 도입했습니다. 바로 '동료 평가(peer evaluation) 제도'입니다.[5] 일반적인 인사 평가는 상급자가 하급자에게 주는 피드백 방식입니다. 물이 위에서 아래로 흐르듯 단방향입니다. 삼성은 단방향을 양방향으로 바꾸는 실험적인 시도를 합니다. 직원을 상급자와 하급자로 구분하는 게 아니라 서로 동료라는 인식을 갖게 하는 것입니다. 하급자도 상급자를 평가하면 더 이상 상하관계가 아니라 평등한 관계임을 인사 제도로 직원들에게 인식시켜 줄 수 있습니다.

박다정 대리가 속한 H 회사의 인사팀도 삼성의 동료 평가를 벤치마킹하여 작년부터 인사 실험을 시작하게 되었습니다. 일부 직원을 대상으로 시범으로 운영했는데 올해는 반응이 나쁘지 않았습니다. 인사 팀장은 올해 본격적으로 전 직원(100명)을 대상으로 상호 동료 평가를 하기로 상부에 당차게 보고했습니다.

당찬 인사 팀장과 달리 박다정 대리는 걱정이 먼저 앞섭니다. 박다정 대리는 작년에 동료 평가를 시범 도입했을 때 겪었던 어려움이 떠올랐기 때문입니다. 동료 평가는 점수로 매기는 정량 평가와 글로 답변하는 서술형 평가로 나뉘는데 이 중에서 서술형 평가에서 큰 어려움을 겪었습니다. 모든 직원의 서술형 평가 답변을 하나하나 꼼꼼히 살펴보고 수정해야 했기 때문입니다. 특히 익명으로 동료 평가가 시행되다 보니 일부 직원이 작성한 내용에는 카톡 채팅에서나 볼 법한 비문과 부적절한 언어, 심지어 욕설도 포함된 경우가 많았습니다. 이러한 서술형 평가를 수정하는 데 상당한 시간이 걸리는 걸 아는 그녀는 그때의 그 악몽이 떠올랐습니다.

게다가 올해는 전 직원 100명을 대상으로 해야 합니다. 직원 개인이 주변 동료 3명을 평가하니 박다정 대리는 300개를 살펴봐야 합니다. 서술형 답변은 숫자로 표현할 수 없는 직원들의 솔직한 의견과 피드백이 담겨 있어 조직 문화를 개선하는 데 중요한 자료임에는 분명합니다. 그래서 박다정 대리는 효과적으로 처리할 수 있는 방법을 찾고 싶어 합니다. 그러나 딱히 떠오르는 뾰족한 수가 없습니다.

그저 작년에 비해 '몇 배 많은 시간이 들겠구나…' 하는 걱정과 한숨뿐입니다.

박다정 대리의 데이터 분석 문제

- 300개 서술형 답변을 어떻게 하면 효율적으로 검토하고, 정제할 수 있을까?
- 비문이나 부적절한 언어를 자동으로 필터링하고 수정할 방법은 없을까?
- 서술형 답변으로부터 긍정과 부정 키워드를 자동으로 추출할 방법은 없을까?

서술형 문장도 데이터가 될 수 있을까?

동료 평가는 서술형 평가와 항목별 숫자로 매겨진 정량 평가로 구분됩니다. 점수로 표현된 정량 평가는 숫자이기 때문에 누가 봐도 데이터입니다. 평균을 매겨볼 수도 있고 상대적으로 높거나 부족한 부분을 수치로 나타낼 수 있습니다. 그래서 객관적 인사 평가에 전혀 어려움이 없습니다. 문제는 서술형 평가입니다. 말과 글은 숫자와 다르게 높고 낮음 혹은 좋고 나쁨으로 표현하기에 참 난해합니다. 말과 글을 데이터라고 생각하기에는 그것으로 무엇을 해볼 수 있는 여지가 없어 보입니다.

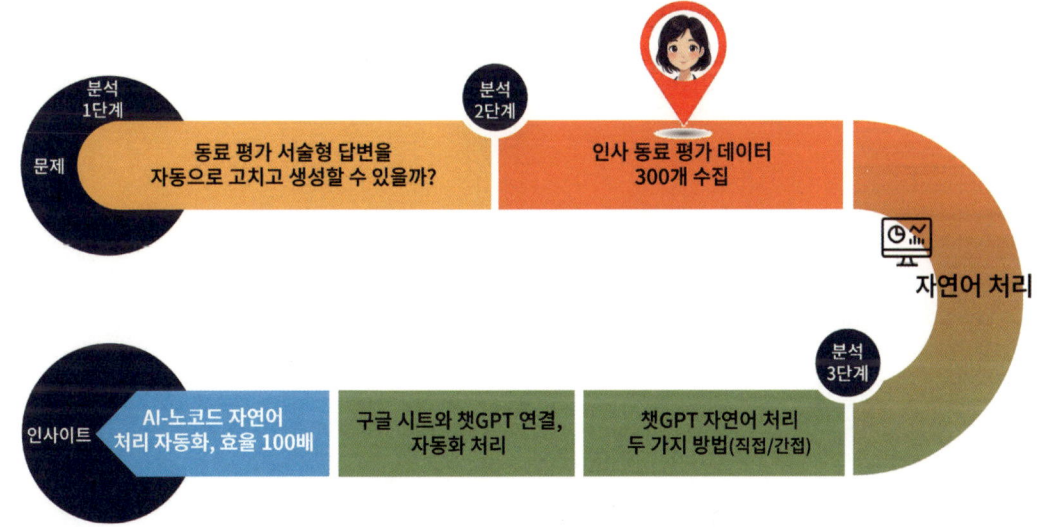

▲ 분석 2단계: 인사 동료 평가 데이터 300개 수집 단계

그러나 챗GPT의 등장은 얼마든지 말과 글도 데이터가 될 수 있음을 우리에게 알려주고 있습니다. 사실 챗GPT 등장 이전에도 말과 글은 '자연어 처리'라는 데이터 분석 기술의 관심 대상이었습니다. 우리가 컴퓨터의 언어를 이해하기 위해 코딩을 배우는 것처럼, 자연어 처리는 사람이 쓰는 언어를 컴퓨터가 이해하고 분석하여 답할 수 있게 하는 기술입니다. 이는 극히 일부 연구자가 사용하고 연구하는 기술이었습니다. 하지만 챗GPT와 함께 AI 시대가 활짝 열리면서 말과 글도 엄연히 데이터임을 세상에 알리고 있습니다. 인공지능 AI는 우리의 물음에 말과 글 데이터를 쏟아냅니다. 자연어 처리 기술을 모르더라도 누구나 자연어 처리 기술을 이용할 수 있게 된 것입니다.

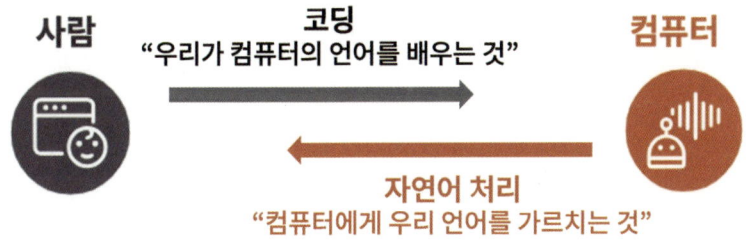

▲ 사람과 컴퓨터 사이의 코딩과 자연어 처리 관계

앞에서 언급한 박다정 대리의 문제를 AI-노코드 데이터 분석 자연어 처리로 접근해 볼 수 있습니다. AI-노코드 데이터 분석의 시작은 박다정 대리가 데이터를 업로드하는 것에서부터입니다. 이를 위해 박다정 대리는 전 직원이 제출한 서술형 평가와 정량 평가를 엑셀로 정리했습니다. 준비한 엑셀을 csv 파일로 바꿔서 챗GPT 프롬프트에 업로드하고 데이터를 설명해 보겠습니다.

동료 평가 테이블 데이터 업로드

 2024년_동료평가 결과_전직원 100명...
스프레드시트

▲ 동료 평가 데이터

첨부한 csv파일 데이터를 설명할게.

동료 평가 데이터를 업로드했어. 이 데이터는 각 직원이 상대 동료 3명에 대해서 평가한 자료야.

평가는 서술형에 '잘하는 점'과 '개선할 점'으로 구분되어 있고 정량적 평가는 '직무 능력', '의사소통', '품위/매너', '팀 스피릿', '책임감' 총 5개로 구분했어.

업로드 된 동료 평가 테이블 데이터 읽기 코드

업로드하신 동료 평가 데이터는 각 평가자가 피평가자를 대상으로 서술형으로 잘하는 점과 개선할 점을 작성했으며, 정량적으로는 직무 능력, 의사소통, 품위/매너, 팀 스피릿, 책임감 총 5가지 항목으로 평가한 결과를 포함하고 있습니다.

데이터 구성은 다음과 같습니다:

- **평가자**: 평가를 작성한 직원
- **피평가자**: 평가를 받은 직원
- **잘하는 점**: 피평가자의 긍정적인 측면에 대한 서술
- **개선할 점**: 피평가자의 개선이 필요한 부분에 대한 서술
- **정량적 평가**: 각 항목에 대해 1에서 5까지의 점수로 평가

AI는 그녀가 업로드한 데이터를 살펴보고 데이터의 내용을 구체적으로 설명합니다. 또한 평가자, 피평가자, 잘하는 점, 개선할 점, 정량적 평가에 대해 따로 설명하지 않아도 그것을 이해하고 설명을 덧붙여 줍니다.

AI가 데이터를 잘 이해하고 있으니 박다정 대리가 겪고 있는 어려움과 해결하려는 문제에 대해 대화를 나눠 보겠습니다.

업로드한 데이터 전처리

데이터 전처리*를 하자. 차례대로(Think Step by Step), 서술형 평가(잘하는 점, 개선할 점)에 대해서 살펴보자.

어려운 점을 말해 볼게. 어떤 직원은 수정할 것이 없어. 그러나 어떤 직원은 욕을 쓴다든지, 비문을 써서 인사 평가에 그대로 두기에는 곤란한 문장들이 있지. 이런 문장을 수정해야 해.

욕이나 비문을 어떻게 자연어 처리할지 같이 고민하자.

서술형 평가(잘하는 점, 개선할 점)를 전처리하는 과정에서 몇 가지 문제를 해결해야 합니다. 욕설 및 비문 수정, 내용이 없는 항목 처리 그리고 문장을 인사 평가에 적합한 수준으로 정제하는 방안이 필요합니다. 이를 위해 단계적으로 접근해 보겠습니다.

Step 1: 욕설 탐지 및 정제
1. **욕설 탐지**: 욕설이 포함된 문장은 자연어 처리 기법을 활용해 필터링할 수 있습니다.
2. **욕설 대체 방안**: 욕설을 포함한 문장은 인사 평가에 적합한 표현으로 자동 수정하거나 해당 문장을 삭제하고, 관리자가 직접 확인할 수 있도록 플래그를 설정할 수 있습니다.

Step 2: 비문 및 문장 구조 개선
1. **비문 탐지**: 비문(문법적으로 틀린 문장)을 자동으로 탐지하는 방법으로는 문장의 형태소 분석 후, 문법적 오류가 있는지 검사하는 방식이 있습니다.
2. **비문 수정 방안**: 단순한 구조 오류나 잘못된 표현을 수정하기 위해 자연어 처리 모델을 적용해 문장을 다시 생성하거나, 의미 전달이 가능한 범위에서 최대한 간결하게 정제할 수 있습니다.

Step 3: 내용이 없는 항목 처리
1. **"-"와 같은 무의미한 내용 처리**: 서술형 평가가 비어 있거나 단순히 "-"와 같은 의미 없는 기호로 작성된 경우, 해당 데이터를 결측치*로 간주하거나, 기재가 필요함을 알리는 플래그를 설정할 수 있습니다.

욕설, 비문, 내용이 없는 항목은 어떻게 처리할지 안내를 받았습니다. 욕설이나 비문은 하나의 묶음으로 간주해서 욕설이나 비문이 포함된 행을 탐지하고 어떤 특징이 있는지 살펴보겠습니다.

욕설이나 비문 행 탐색

욕설이나 비문이 포함된 행을 모두 찾아줘.

---

* 데이터 전처리(Data Preprocessing)는 데이터 분석을 시작하기 전에 원본 데이터를 정제하고 가공하는 필수적인 과정이다. 실제 데이터는 결측값, 오류, 불일치 등 다양한 문제를 포함하고 있는 경우가 일반적이다. 이를 사전에 분석하기 좋은 형태로 만드는 작업이 데이터 전처리 과정이다. 이 책에서는 챕터 8에서 이를 자세히 다룬다.
** 결측치(Missing Value)는 데이터 수집 과정에서 누락되거나 비어 있는 값을 의미한다. 예를 들어 설문조사에서 응답자가 일부 질문을 건너뛰거나 센서 오작동으로 데이터가 기록되지 않은 경우 결측치가 발생한다.

챗GPT가 찾은 욕설이나 비문 샘플링 코드 #2-2-2

```
결과
개선할 점
3      좀 쉬엄쉬엄 해도 될 듯ㅋㅋ 번아웃 각ㅋㅋㅋ
4      일은 좀 더 열심히 해주면 안되냐?ㅠㅠ 능력은 있는거 같은데 왜 이러는거야
...
294    근데 성격은 왜 그 모양이냐? XX아, 좀 상냥하게 굴어봐라. 그 XX같은 성격 좀...
295    정신 좀 차리고 일해라. 이러다 잘리는 수가 있어.
[66 rows x 4 columns]
```

이어서, 욕설이나 비문이 있는 라인을 식별하기 위해 새로운 열(열 이름: '비문 여부') 추가가 필요합니다. 챗GPT에게 요청하면 기존 테이블 데이터에서 원하는 형태로 새로운 열을 추가 생성할 수 있습니다. 비문이라고 판단되는 행은 '1'로 표기하고 그렇지 않은 행은 '0'으로 채우라고 명령하겠습니다.

새로운 열 추가와 데이터 채우기 방법 지시

욕설이나 비문으로 검출된 라인을 따로 인식하기 위해서 원본 데이터에서 새로운 열을 추가하자.

욕설이나 비문이 있는지 없는지를 0과 1로 구분하는 열이고 비문이 있는 경우 '1' 없는 경우 '0'.

	잘하는 점 수정본	개선할 점 수정본	비문 여부
1	이영희 대리는 업무 처리 능력이 탁월합니다. 특히 복잡한 데이터 분석 작업을 신속하고	가끔 업무에 너무 몰두한 나머지 주변 동료들과의 소통이 부족할 때가 있습니다. 특히	0
2	박지성 과장은 리더십이 뛰어납니다. 항상 명확한 방향성을 제시하고, 팀원들의	때로는 너무 완벽주의적인 성향으로 인해 의사결정이 지연되는 경우가 있습니다.	0
	최민주 사원은 창의력이	때로는 너무 이상적인 아이디어를 제안하여	

"새로운 컬럼 추가 됨"

▲ 새로운 열 추가와 비문을 포함하고 있는 행 샘플링

원본 데이터에 '비문 여부' 열이 추가되었습니다. 원본 데이터에서 중요한 수정이나 데이터열 추가가 있을 때 수정된 데이터를 다운로드 요청하고 저장합니다. 이와 같이 데이터 처리 진행 과정을 기록하면 유용한 점이 많습니다.

> **AI-노코드 데이터 분석 과정에서 데이터를 중간중간 다운로드/저장하는 이유**
> 1. **데이터 버전 관리**: 분석 과정 중 데이터에 수정을 가하는 경우, 이전 상태의 데이터로 되돌아가야 할 상황이 생길 수 있습니다. 중간 데이터를 저장해 두면 이력이 남아, 특정 시점의 데이터를 다시 확인하거나 분석을 반복해야 할 때 유용합니다.
> 2. **재현성 보장**: 분석 결과를 다른 사람과 공유하거나 재현해야 할 때, 중간 데이터를 저장해 두면 분석을 처음부터 재실행하지 않고도 동일한 결과를 얻을 수 있습니다.
> 3. **백업 및 보안**: 분석 중 실수로 데이터가 손상되거나 유실될 가능성도 있습니다. 중간중간 데이터를 다운로드해 두면 원본 데이터를 보호할 수 있는 백업 기능을 할 수 있습니다.

중간 데이터 다운로드

이 데이터 프레임을 csv파일로 저장하고 다운로드 링크줘.

참고로, UTF-8(BOM)* 인코딩으로 생성해.

비문을 포함한 샘플 테이블 csv 다운로드 링크 제공 코드 #2-2-3

데이터 프레임이 csv 파일로 저장되었습니다. 아래 링크를 통해 다운로드할 수 있습니다:

2024년_동료평가_비문여부_추가.csv 다운로드

다음 단계로, 욕설과 비문이 있는 문장만 따로 모으기 위해 비문 여부에 해당하는 라인만 따로 필터링하겠습니다. 이때 원본 데이터에 인덱스가 있어야만 인덱스로 데이터의 원래 위치를 알 수 있습니다. 인덱스는 쉽게 말해서 번호표를 달아주는 것입니다. 실무 데이터 분석에서 주로 순서(0, 1, 2,…), 이름, 날짜가 인덱스가 됩니다. 박다정 대리 데이터의 인덱스는 300개 행 데이터 순서입니다. 그러므로 0~299까지 라벨링하여 순번을 매깁니다.

데이터 필터링과 인덱스 추가

'비문 여부'에 해당하는 데이터를 따로 추출하자.

원본 데이터와 새 데이터를 비교하기 위해, 원본 데이터에 순서대로 인덱스를 추가해 줘.

새로 필터링한 데이터에도 이 인덱스를 그대로 유지해 줘.

그 후, 원본 데이터와 필터링한 데이터를 각각 파일로 생성해 줘.

---

* UTF-8(BOM) 인코딩은 문자를 컴퓨터가 이해할 수 있는 신호로 변환하는 방식 중 하나이다. UTF-8은 전 세계의 다양한 문자를 표현할 수 있고, BOM은 이 파일이 UTF-8로 작성되었다는 것을 알려주는 표시이다. 특히 한글, 중국어, 일본어와 같은 아시아권 언어를 다룰 때 자주 사용된다.

비문을 포함한 샘플 테이블 csv 다운로드 링크 제공 코드 #2-2-4

인덱스를 포함한 파일이 두 개 생성되었습니다. 아래 링크에서 다운로드할 수 있습니다:

비문_포함_행_수정본_인덱스_포함.csv 다운로드

원본데이터_인덱스_포함.csv 다운로드

챗GPT 자연어 처리 두 가지 방법

욕설과 비문이 포함된 데이터를 처리하기 위한 방법을 챗GPT와 의논했습니다. 첫 번째 절차(Step 1)로 '욕설 탐지 및 정제'를 했습니다. 다음 절차(Step 2)는 '비문 및 문장 구조 개선'입니다. 여기에서 자연어 처리*가 등장합니다. 자연어 처리 방법에 대해 구체적으로 알아보겠습니다. 챗GPT를 활용한 자연어 처리는 우리가 직면한 문제, 즉 욕설과 비문이 포함된 평가 데이터를 정제하는 데 매우 유용한 데이터 분석 기술입니다.

▲ 분석 3단계: 챗GPT를 이용한 자연어 처리 두 가지 방법 소개

AI-노코드에서 자연어 처리 방법에 대해 구체적으로 알아보겠습니다. 챗GPT에서 자연어 처리할 수 있는 두 가지 방식이 있습니다. 첫 번째 방식은 간접 자연어 처리 방식으로 챗GPT가 파이썬(Python) 컴퓨터 코드를 생성하여 그 코드가 자연어를 처리하게 하는 방식입니다. 생성된 코드는 챗GPT 프롬프트 환경에서 파이썬 코드가 실행되어 결과가 출력됩니다. 즉, 파이썬 코드에 의존하여 자연어를 처리하는 간접적인 방식입니다.

두 번째 방식은 파이썬 컴퓨터 코드 도움 없이 챗GPT가 직접 자연어를 처리하는 방식입니다. 챗GPT는 그 자체로 훌륭한 자연어 처리 모델입니다. 그러니 컴퓨터 코드를 생성하는 우회하는 간접 방식을 이용하지

---

* 자연어 처리(Natural Language Processing, NLP)는 우리가 일상적으로 사용하는 말이나 글을 컴퓨터가 이해하고 분석할 수 있게 하는 기술이다. 예를 들어, 문장에서 맞춤법을 교정하거나, 긍정적인 의견인지 부정적인 의견인지 파악하거나, 문장의 핵심 의미를 요약하는 등의 작업을 컴퓨터가 수행할 수 있게 한다. 줄여서, NLP라고도 한다.

않고 직접 처리하는 두 번째 방식으로 박다정 대리 문제에 접근할 수 있습니다.

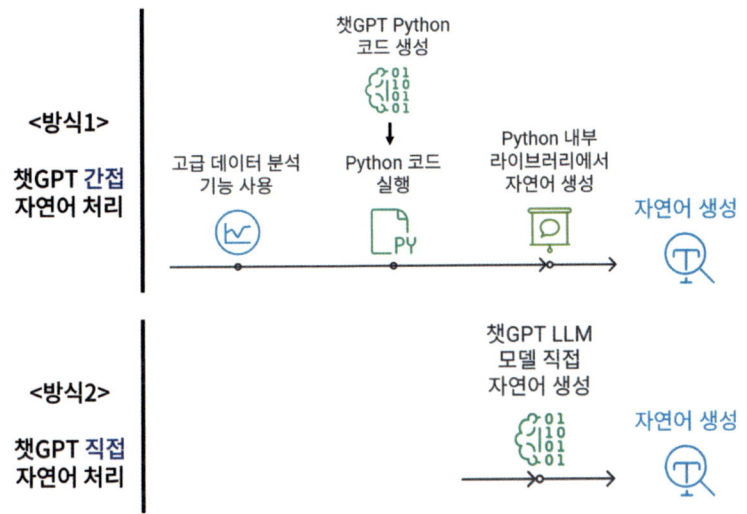

▲ 챗GPT 자연어 처리 두 가지 방식 비교

그럼, 박다정 대리의 데이터 분석을 계속 진행해 보겠습니다. 전체 300개 행을 처리하기 전에 욕설과 비문을 포함한 10개 행을 프롬프트에 직접 입력하고 격식을 갖춘 표현으로 바꿔보겠습니다.

 비문과 욕설 문장 10개를 격식을 갖춘 표현으로 정제

여기 비문과 욕설이 있는 서술 문장(잘하는 점, 개선할 점) 10개가 있어. 격식을 갖춘 표현으로 정제하고 수정해 줘.

평가자	피평가자	잘하는 점	개선할 점
박영수	김미영	일 겁나 잘	좀 쉬엄쉬⋯
박영수	이준호	준호 매너	일은 좀 더⋯
박영수	정수빈	수빈이 cor⋯	근데 말만⋯
최지혜	이민호	이민호 주⋯	하지만 내⋯
정태연	김수현	김수현 XX⋯	근데 왜 이⋯
정태연	전지현	와 전지현⋯	근데 일은⋯
정태연	조인성	야 조인성⋯	아 근데 일⋯
한미영	손예진	손예진 대⋯	하지만 자⋯
이동욱	한지민	한지민 사⋯	그러나 새⋯
강수연	박보검	박보검 너⋯	야 너 좀 덜⋯

▲ 욕설 비문을 프롬프트에 직접 입력할 필터링 된 데이터

챗GPT의 '직접 자연어 처리 방식'으로 서술형 답변 정제

평가자	피평가자	잘하는 점	개선할 점
박영수	김미영	김미영 대리는 업무 처리 능력이 매우 뛰어납니다. 특히 빠른 업무 처리 속도는 인상적입니다.	업무를 꾸준히 잘하고 있으나, 가끔은 휴식도 필요할 수 있습니다. 번아웃을 방지할 수 있도록 조정이 필요합니다.
박영수	이준호	이준호 대리는 매너가 훌륭하며, 어려운 상황에서도 예의를 지킵니다.	업무 집중도가 다소 부족해 보일 때가 있습니다. 더 열심히 노력해 주신다면 더욱 발전할 것입니다.
박영수	정수빈	정수빈 대리는 탁월한 의사소통 능력을 가지고 있습니다. 설득력이 매우 뛰어나며, 팀 내 소통에 기여합니다.	의사소통뿐만 아니라 이를 행동으로 보여주면 더욱 좋은 평가를 받을 수 있을 것입니다.
정태연	김수현	김수현 대리는 업무 능력이 매우 뛰어나며, 뛰어난 성과를 보여줍니다.	다소 날카로운 표현이 있을 수 있습니다. 더 부드럽고 상냥한 태도를 유지하면 팀 분위기에 긍정적인 영향을 줄 수 있을 것입니다.
정태연	전지현	전지현 대리는 항상 긍정적인 모습을 유지하며 팀 분위기를 밝게 만들어 줍니다.	업무 집중력이 다소 부족해 보일 때가 있습니다. 더욱 성실한 태도를 보여주시면 좋겠습니다.
정태연	조인성	조인성 대리는 항상 성실하게 업무를 처리하며, 그의 외모만큼 성과도 돋보입니다.	업무에서도 외모만큼의 성과를 낼 수 있도록 더 노력해 주시면 좋겠습니다.
강수연	박보검	박보검 대리는 일도 잘하고 뛰어난 외모로 주변에 긍정적인 영향을 미치고 있습니다.	너무 완벽해 보이는 모습이 때로는 동료들에게 부담을 줄 수 있습니다. 적당한 겸손함을 보여주시면 더욱 좋겠습니다.

챗GPT는 '직접 자연어 처리 방식'으로 욕설과 비문을 정제해서 깔끔한 테이블로 결과를 출력했습니다.

서술형 답변 자연어 처리 정제 전/후 비교

평가자	피평가자	잘하는 점(정제 전)	잘하는 점(정제 후)
박영수	김미영	일 겁나 잘함ㅋㅋㅋ 진짜 일처리 미친듯이 빠름	김미영 대리는 업무 처리 능력이 매우 뛰어납니다. 특히 빠른 업무 처리 속도는 인상적입니다.
		개선할 점(정제 전)	**개선할 점(정제 후)**
		좀 쉬엄쉬엄 해도 될 듯ㅋㅋ 번아웃 각ㅋㅋㅋ	업무를 꾸준히 잘하고 있으나, 가끔은 휴식도 필요할 수 있습니다. 번아웃을 방지할 수 있도록 조정이 필요합니다.

앞의 결과를 보면, 평가자가 전하려는 내용은 그대로 유지하고 격식을 갖춘 비즈니스 문체로 정제된 것을 볼 수 있습니다. 직접 자연어 처리 방식이 올바르게 작동하고 있음을 확인할 수 있습니다.

자연어 처리 자동화에 유용한 구글 익스텐션과 GPT 함수

바로 직전에 실행한 프롬프트에서 10개 행에 대해 자연어 처리를 했습니다. 올바르게 작동했다면 10개를 300개로 확장하는 자동화가 필요합니다. 그래야만, 100명이든 1,000명이든 혹은 10,000명의 서술형 답변을 처리할 수 있습니다. 사람의 눈과 손으로 10,000명의 서술형 답변을 처리해야 한다면 숫자에 압도되어 시작조차 할 수 없을 것입니다. 즉, AI를 이용한 한 줄의 자연어 처리는 멀리 내다보면 '할 수 없는 것'을 '할 수 있게' 해주는 큰 변화입니다. 이것이 AI-노코드 자연어 처리 자동화의 힘입니다.

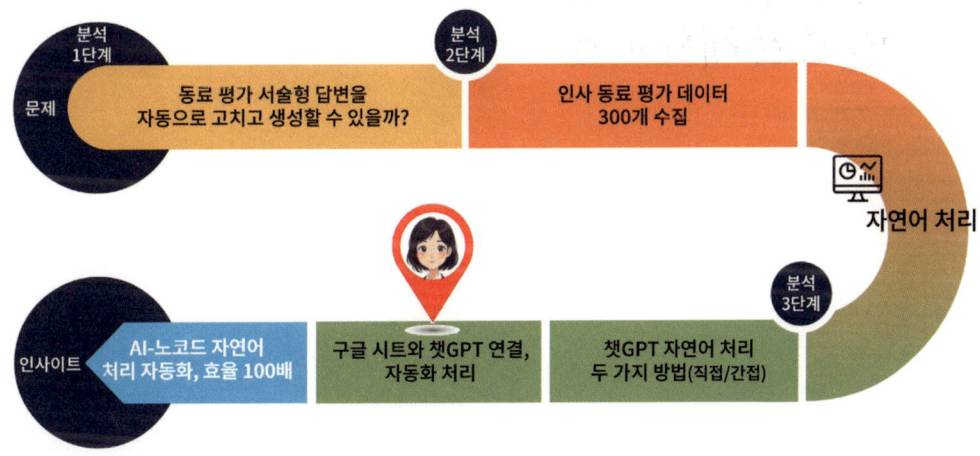

▲ 분석 3단계: 구글 시트와 챗GPT 연결, 자동화 처리

엑셀과 같은 스프레드시트에서 챗GPT를 활용하는 방법을 사용하면, 처리해야 할 데이터가 아무리 많아도 전혀 문제없이 동일한 작업을 수행할 수 있습니다. 이는 엑셀에서 한꺼번에 동일한 계산을 처리하는 방식과 유사합니다. 구글 시트(Google sheet)에서는 챗GPT를 엑셀처럼 사용할 수 있는 기능을 제공합니다. 구글 시트는 웹페이지에서 작동하기 때문에 추가 설치 없이 언제 어디에서나 사용할 수 있는 장점이 있습니다. 또한, 모바일에서도 손쉽게 확인할 수 있습니다.

아래의 구글 시트를 사용할 수 있는 방법을 소개해 드리겠습니다. 먼저 구글 워크스페이스로 접속합니다.

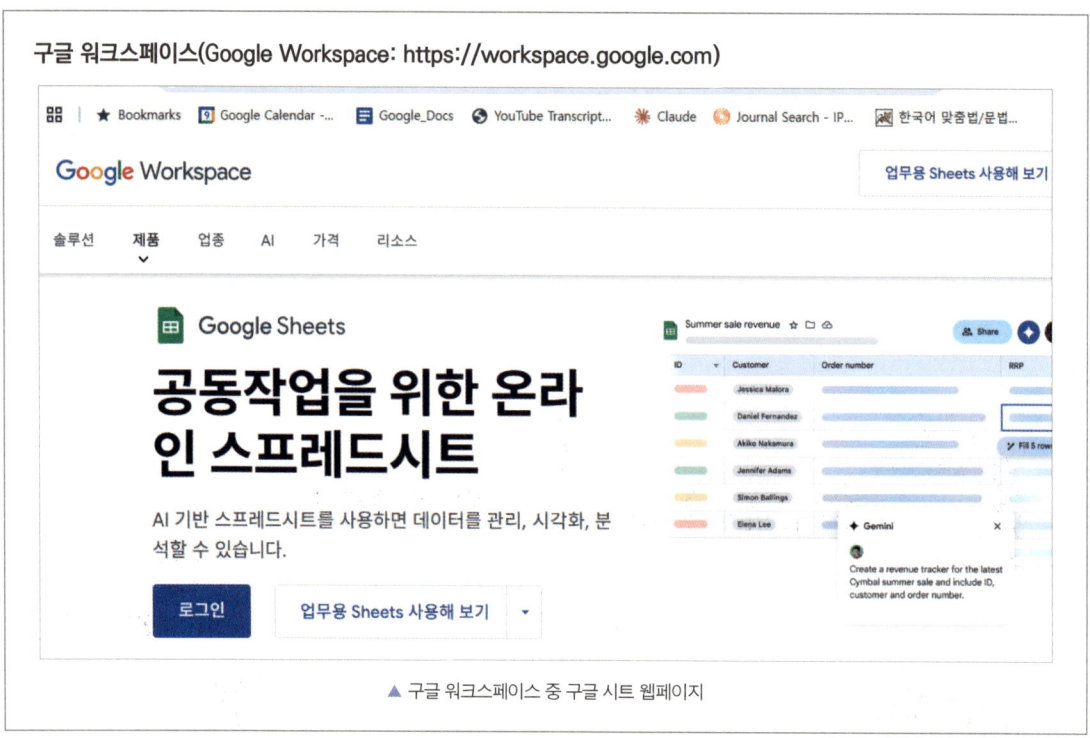

▲ 구글 워크스페이스 중 구글 시트 웹페이지

❶ '+' 모양의 'Blank spreadsheet'를 클릭해서 새로운 시트를 생성하고 제공한 '2024년_동료평가 결과_전직원 100명대상_2_원본데이터인덱스포함.csv'을 업로드하겠습니다.

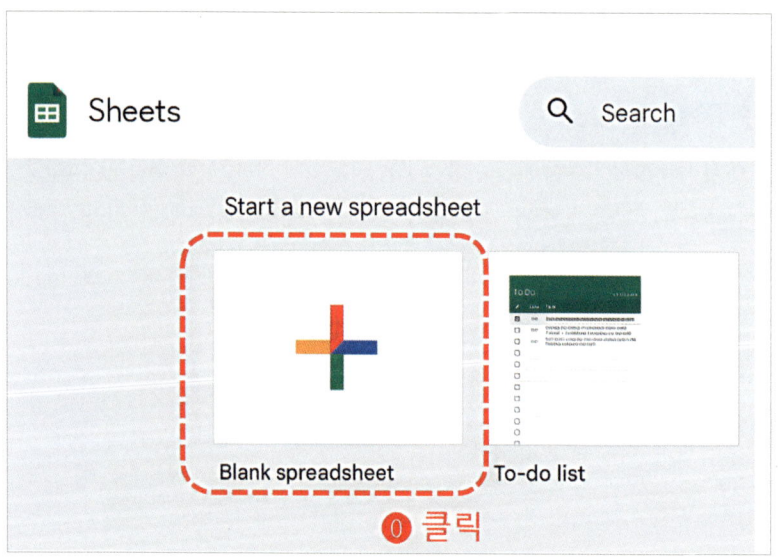

▲ 구글 시트 생성

상단 ❶ File → ❷ Open을 클릭합니다.

Open a file에서 ❸ Upload를 선택하고 ❹ Browse를 클릭해서 준비한 csv 파일을 선택합니다.

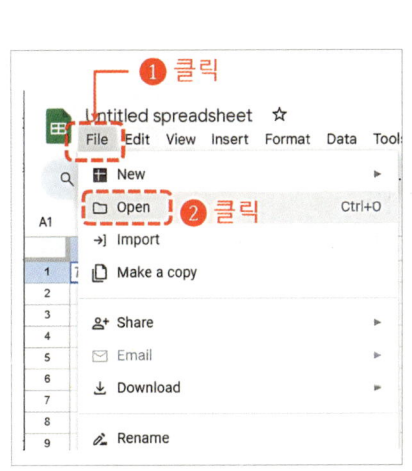
▲ 13 구글 시트 파일 업로드, File → Open

▲ 구글 시트 파일 업로드, Upload → Browse

업로드한 csv 파일이 구글 시트에서 열리게 됩니다.

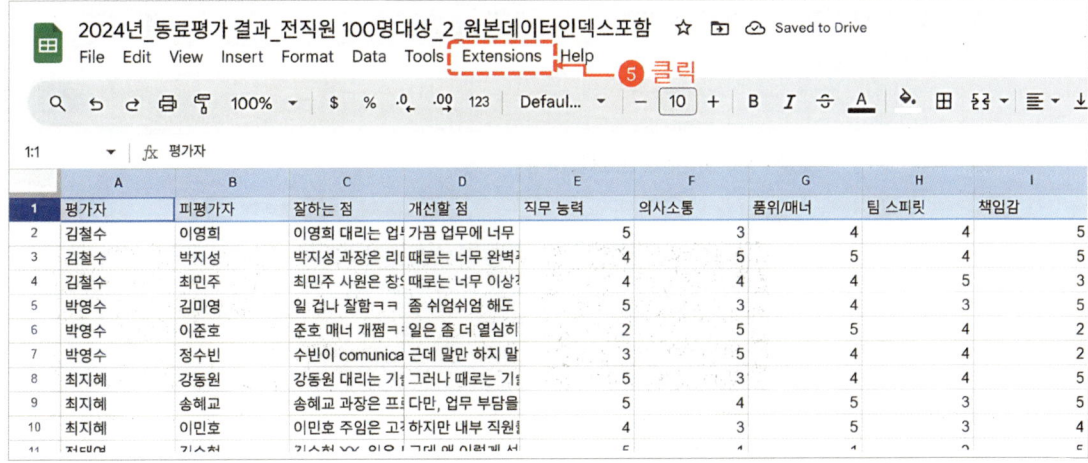
▲ 구글 시트에 csv 파일을 업로드한 화면

다음 단계는 업로드한 시트에 챗GPT를 연결하는 것입니다. '구글 익스텐션(Google extension)'은 구글 시트에서 챗GPT를 사용할 수 있는 막강한 기능을 제공합니다. 구글 시트에 챗GPT 기능을 추가하기 위해서는 Add-on을 설치해야 합니다. 상단 탭에서, ❺ Extensions → ❻ Add-ons → ❼ Get add-ons 순서대로 클릭합니다.

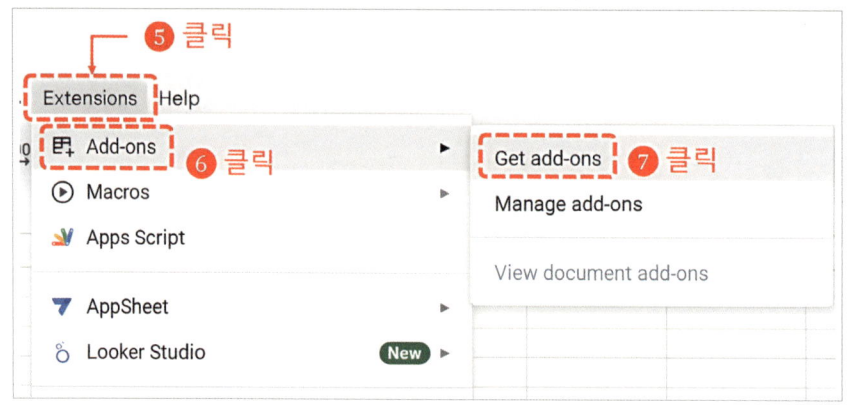

▲ 구글 시트 익스텐션 애드-온(GPT for Google Sheets and Docs)-1

❽ 검색창에 'GPT for Sheets and Docs'를 입력하고 해당 ❾ 익스텐션을 설치합니다.

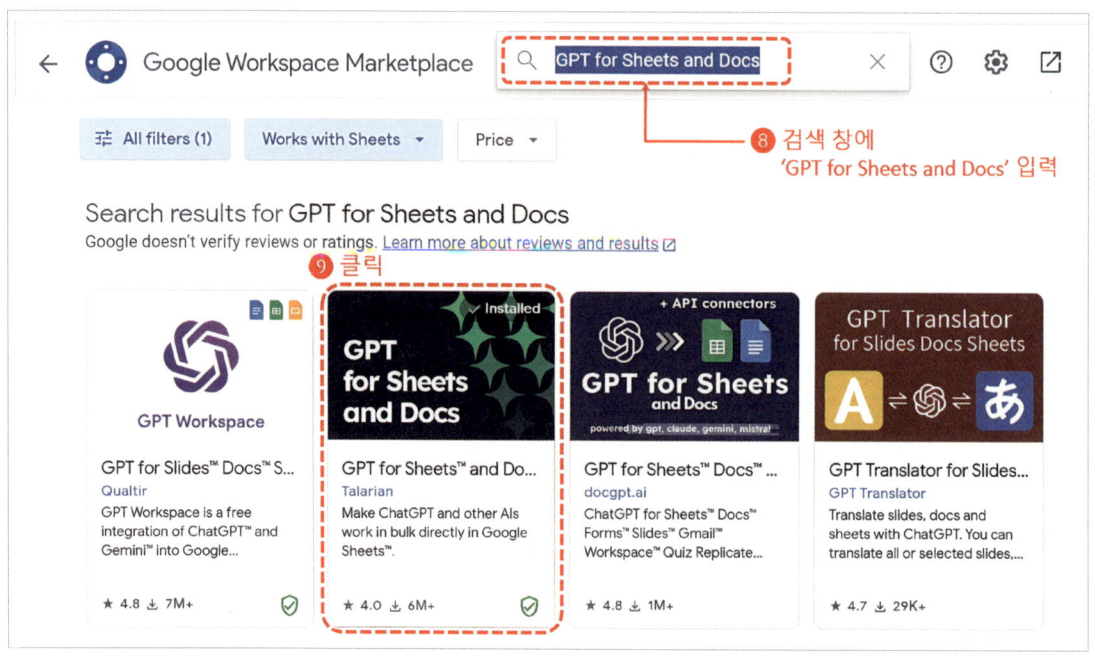

▲ 구글 시트 익스텐션 애드-온(GPT for Google Sheets and Docs)-2

자동 설치가 끝나면, 다시 상단 탭에서, ❿ Extensions → ⓫ GPT for SheetsTM and DocsTM → ⓬ Open을 순서대로 클릭하여 해당 익스텐션을 활성화합니다. 익스텐션이 정상적으로 활성화되면 우측의 ⓭과 같은 창이 나타납니다. 챗 GPT와 구글 시트 연결이 성공한 것입니다.

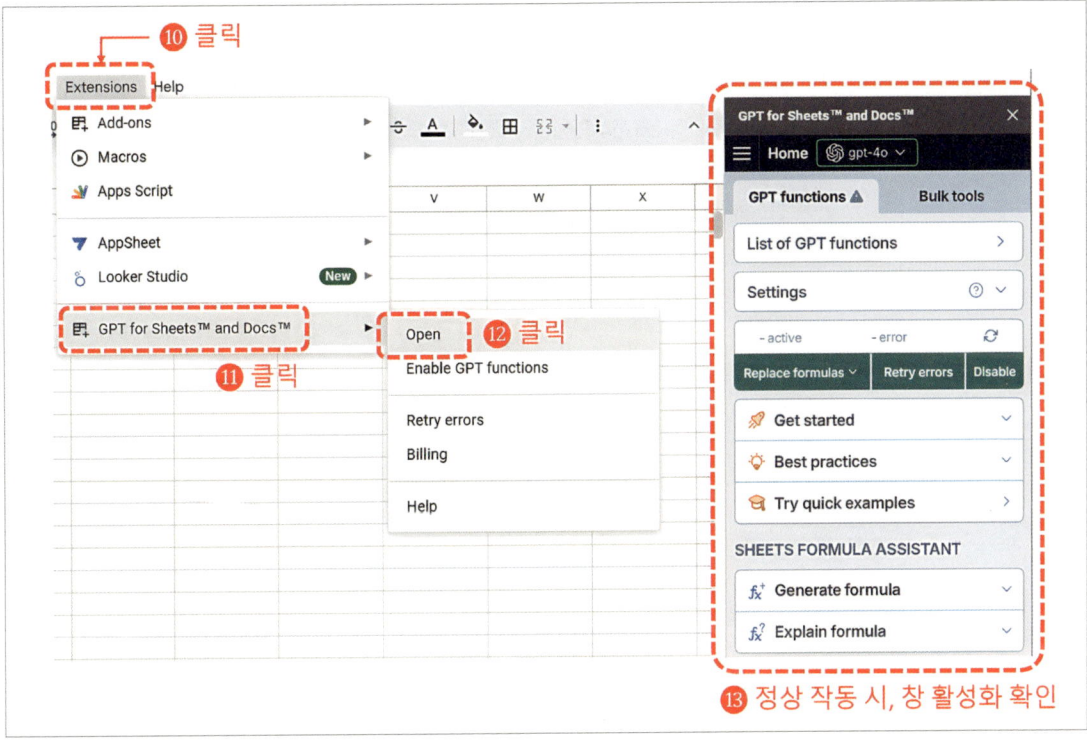

▲ 구글 시트 익스텐션 애드-온(GPT for Google Sheets and Docs)-3

구글 시트와 챗GPT가 연결되었다면, 사용 방법은 간단합니다. 시트 함수처럼 GPT 함수('=GPT()')를 사용할 수 있습니다. 괄호 안에 프롬프트 질문을 쓰면 챗GPT로 연결되어 해당 셀에 챗GPT의 대답이 채워지는 방법입니다.

구글 시트에서 챗GPT 사용하기: GPT 함수

=GPT("프롬프트 내용 입력")

▲ 구글 시트에서 작동하는 GPT 함수, =GPT()

'=GPT()'는 GPT 함수라고 부릅니다. 괄호 안에, 챗GPT에서 요청하듯 입력하면 챗GPT의 대답이 해당 셀을 채웁니다. 추가한 'GPT for Google Sheets and Docs'을 불러와서 간단한 입력을 해보겠습니다.

- **입력 셀**: =GPT("누구냐 넌")
- **데이터 로딩**: Loading…
- **챗GPT 응답**: "저는 OpenAI에서 개발한 인공지능 언어 모델입니다."

구글 시트에 위와 같은 내용이 작동한다면 챗GPT가 정상적으로 연결된 것입니다.

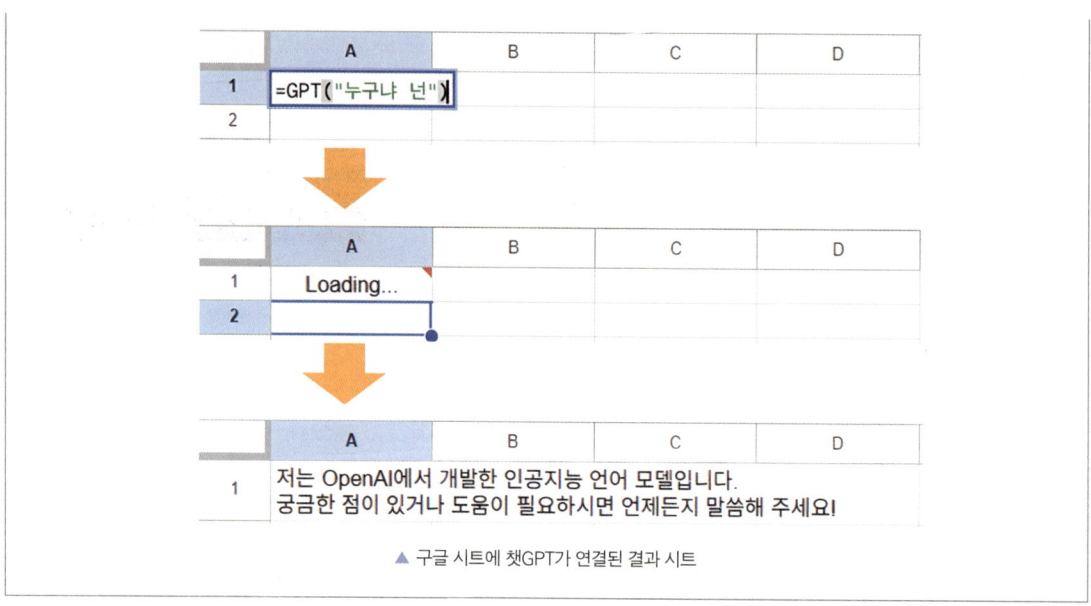

▲ 구글 시트에 챗GPT가 연결된 결과 시트

구글 익스텐션으로 챗GPT를 추가하고 간단한 작동 여부를 살펴봤습니다. 이제부터 챗GPT 웹페이지를 떠나 본격적으로 구글 시트와 GPT 함수로 자연어 처리를 자동화해 보겠습니다. 위에서 소개한 방법대로, ❶ → ❷ → ❸ 순서대로 클릭하여 GPT for Sheets™ and Docs™ 를 실행시킵니다.

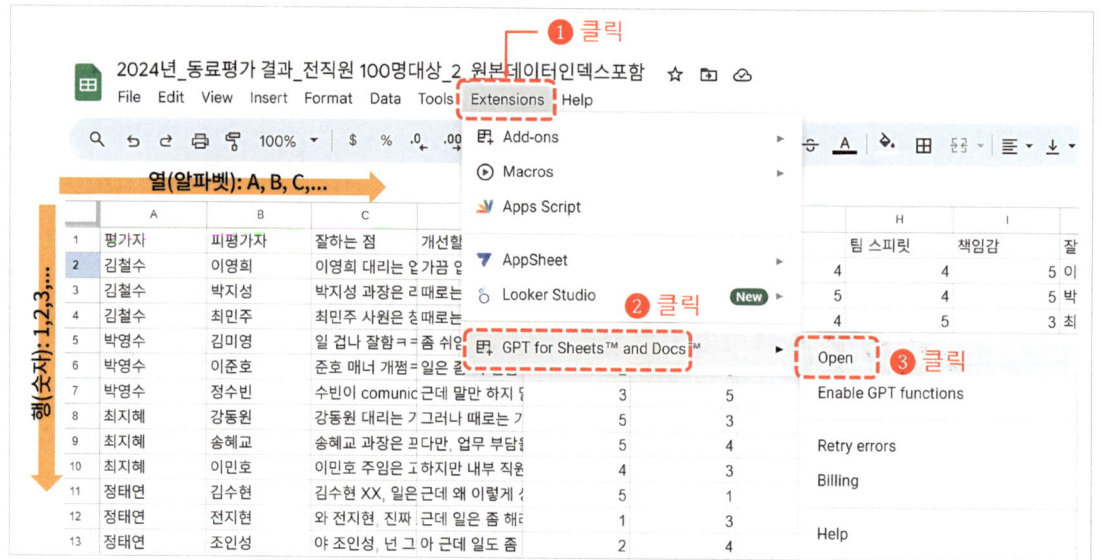

▲ GPT for Sheets and Docx 익스텐션 실행

이제 본격적으로 GPT 함수를 이용해서 자연어 처리를 할 수 있습니다. GPT 함수 안에서 시트의 행(숫자)과 열(알파벳)을 인식합니다. 특히, 열(알파벳)을 주로 사용합니다. 행(숫자)은 아래 방향으로 동일한 작업을 처리할 것이기 때문입니다. 데이터의 열 정보는 다음과 같습니다.

> '2024년_동료평가 결과_전직원 100명대상_2_67명필터링_원본데이터인덱스포함.csv' 데이터 열 구조
> - C열: 잘하는 점
> - D열: 개선할 점
> - L열: 비문 여부
> - N열: C열의 잘하는 점을 정제
> - O열: D열의 개선할 점을 정제

서술형 평가가 있는 C열과 D열을 정제하는 새로운 열을 각각 N열과 O열로 정했습니다. 첫 번째 행에서 'N열'과 'O열'의 GPT 함수에 다음과 같이 입력하겠습니다.

> 구글 시트 셀 수식 코드 #2-2-5
>
> N열: GPT("여기 비문과 욕설이 있는 자연어를 정제해서 격식을 갖춘 표현으로 수정해 줘." & C2)
> O열: GPT("여기 비문과 욕설이 있는 자연어를 정제해서 격식을 갖춘 표현으로 수정해 줘." & D2)
>
> GPT() 내용의 첫 번째 프롬프트 "여기 비문~"은 요청 내용을 쓰고 그다음에 '& C2'는 C2 셀에 있는 내용에 대해서 처리를 요청하는 것입니다. 즉, C2 셀에는 비문이나 욕설이 포함된 서술형 답변이 있는 셀입니다.

첫 번째 행의 서술형 답변에 대해서 자연어 처리되었습니다.

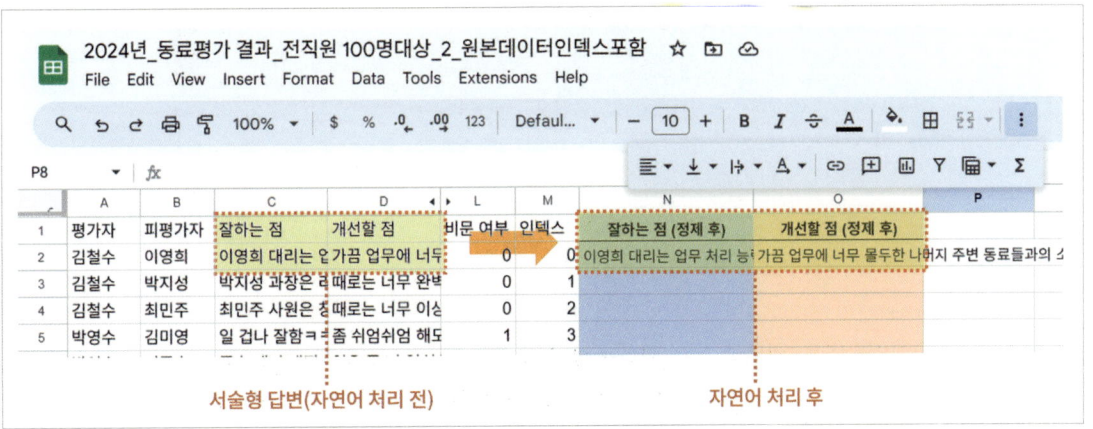

▲ GPT 함수로 챗GPT를 스프레드시트에서 사용하여 첫 번째 라인 자연어 처리

L열은 해당 행에 비문이나 욕설이 있는지 알려줍니다. 비문이 아닌 경우(0)에는 GPT 함수를 실행하지 않는 'IF'문을 추가하겠습니다. 위와 동일하게, N열에 IF 함수('=IF()') 안에 GPT 함수('=GPT()')를 넣습니다. 즉,

'=IF(GPT('프롬프트 대화'))' 형태인 것입니다.

구글 시트 셀 수식 코드 #2-2-6

```
N열: =IF(L2 = 1,
    GPT("여기 비문과 욕설이 있는 자연어를 정제해서 격식을 갖춘 표현으로 수정해 줘" & C2), C2)

O열: =IF(L2 = 1,
    GPT("여기 비문과 욕설이 있는 자연어를 정제해서 격식을 갖춘 표현으로 수정해 줘" & D2),
    D2)
```

IF 함수는 만약 L2가 1이라면 GPT 함수를 실행하라는 의미입니다. 그러므로 본 문제에서는 N열에 해당하는 '비문 여부'가 1인 경우에 GPT 함수를 실행하라는 의미입니다.

엑셀과 같이 N열, O열의 첫 번째 셀의 우측 하단을 아래로 당기면 '자동 채우기'를 할 수 있습니다. 이렇게 하여 동일한 작업을 수행합니다.

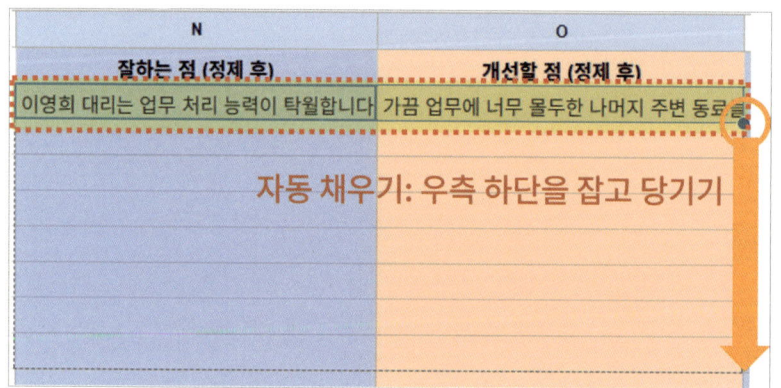

▲ 첫 번째 행 GPT 함수 실행

첫 번째 비문 여부는 '0'이므로 GPT 함수가 실행되지 않았습니다.

▲ GPT 함수 5개행 실행, 비문 여부 '1'인 경우, 'Loading...' 후 챗GPT 생성됨.

네 번째, 다섯 번째 행은 비문 여부가 '1'이므로 'Loading'과 함께 챗GPT와 상호작용하게 됩니다.

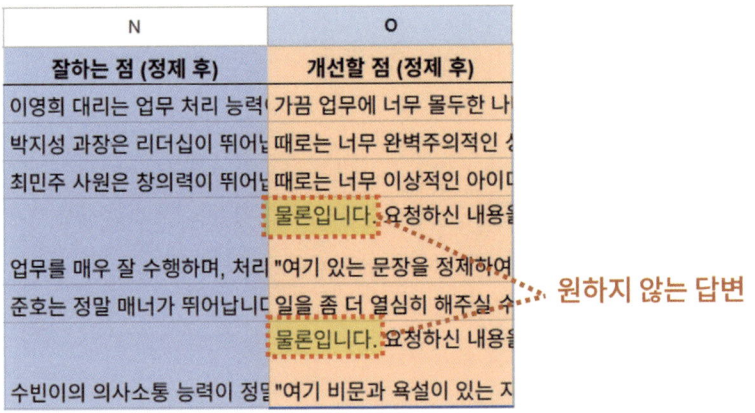

▲ 잘하는 점, 개선할 점 결과 화면

그런데 잘하는 점(정제 후)과 개선할 점(정제 후)의 결과에 원치 않는 답변이 보입니다. 챗GPT의 메시지인 "물론입니다. 요청하신 내용을~"이 포함되어 있네요. GPT 함수를 수정해 보겠습니다. '&'(AND) 연산자를 추가해서 정제된 결과만 반환하도록 하겠습니다.

```
구글 시트 셀 수식에 추가 요청 코드 #2-2-7

N열 : =IF(L2=1, GPT("여기 비문과 욕설이 있는 자연어를 정제해서 격식을 갖춘 표현으로 수정
        해 줘. " & C2 & " 정제된 결과만 반환해 줘."), C2)
O열 : =IF(L2=1, GPT("여기 비문과 욕설이 있는 자연어를 정제해서 격식을 갖춘 표현으로 수정
        해 줘. " & D2 & " 정제된 결과만 반환해 줘."), D2)
```

▲ 잘하는 점(정제 후), 개선할 점(정제 후) 결과 화면: 정제된 문장만 출력하도록 설정

'비문 여부 = 0'인 행은 챗GPT의 답변이 아닌 기존의 답변으로 채워집니다.

하지만 행을 살피다 보면 예외가 있습니다. 평가자가 피평가자에 대해 아무런 답변을 하지 않아 빈 곳이 존재합니다. 빈칸인 경우에는 여러 방법이 있겠지만, 가능한 보유한 데이터를 이용해서 처리해 보겠습니다. 여기에 서술형 답변은 없지만 점수로 평가하는 정량 평가는 필수적으로 입력받았기 때문에 모두 존재합니다. 그러므로 정량 평가 점수로부터 유추해서 서술형 답변을 생성해 보도록 하겠습니다.

E 열부터 I 열까지 5개 열에 있는 '직무 능력, 의사소통, 품위/매너, 팀 스피릿, 책임감' 점수가 각각 1~5점 사이인 것을 AI에게 알리고 이 점수의 조합을 토대로 서술형 평가를 잘하는 점과 개선할 점에 대해 답변을 생성하는 방법입니다. 아래와 같이, 기존에 사용한 GPT 함수 내용에 추가합니다.

구글 시트 셀 수식, 서술형 답변 없는 경우 추가 코드 #2-2-8

```
N열:
=IF(L2=1, GPT("여기 비문과 욕설이 있는 자연어를 정제해서 격식을 갖춘 표현으로 수정해
줘." & C2 & " 정제된 문장만 반환해 줘. 처리 방법에 대한 설명 없이 응답만 제공해 줘."),
IF(OR(C2="-", ISBLANK(C2)), GPT("직무 능력: " & E2 & "점, 의사소통: " & F2 & "점, 품위/매
너: " & G2 & "점, 팀 스피릿: " & H2 & "점, 책임감: " & I2 & "점으로 평가받은 사람의 잘하
는 점을 서술형으로 생성해 줘."), C2))

O열: (생략)
```

▲ 서술형 평가 답변이 없는 경우 정량 평가(점수)로부터 잘하는 점, 개선할 점의 서술 답변을 생성한 화면

정량 평가 점수를 이용해서 서술형 답변이 없는 행을 AI가 채웠습니다.

마지막으로, 잘하는 점과 개선할 점의 서술형 답변으로부터 키워드를 추출하는 작업입니다. 우선 잘하는 점의 키워드를 2~3개 요청합니다. 이때 긍정적이고 완곡한 표현으로 부탁했습니다. 그리고 키워드에 피평가자의 이름이 포함되는 것을 방지하기 위해 사람 이름은 제외합니다.

개선할 점은 과도한 부정적 표현 대신, 중립적으로 표현해 달라고 요청하겠습니다. 개수는 잘하는 점에 비해 적은 수인 0~1개만 키워드를 추출해 보도록 하겠습니다. 참고로 '& CHAR(10) &' 키워드는 줄 바꿈을 의미합니다.

구글 시트 셀 수식에 키워드 추출 코드 #2-2-9

```
P열 :
=GPT("다음 문장에서 2~3개의 주요 키워드를 콤마로 구분해서 추출해 줘," & CHAR(10) &
"잘하는 점 키워드니까. 긍정적 표현만 추가해 줘." & CHAR(10) &
"그리고 완곡한 표현으로 해주고, 사람 이름은 넣지마." & CHAR(10) &
C2 & CHAR(10) &
"처리 방법에 대한 설명 없이 키워드만 반환해 줘.")

Q열 : (생략)
```

	A	B	L	M	P	Q
1	평가자	피평가자	문 여	인덱스	잘하는 점 키워드	개선할 점 키워드
2	김	이	0	0	업무 처리 능력, 데이터 분석	소통, 업무 공유
3	김	박	0	1	리더십, 방향성 제시, 합리적	의사결정 지연, 업무 위임,
4	김	최	0	2	창의력, 문제 해결, 학습 의	실현 가능성 검토, 업무 프
5	박	김	1	3	업무 능력, 신속한 처리	쉬엄쉬엄
6	박	이	1	4	매너, 언어 사용	열정 부족

▲ 잘하는 점, 개선할 점 키워드 추출 화면

수정한 잘하는 점, 개선할 점, 잘하는 점 키워드, 개선할 점 키워드를 GPT 함수로부터 생성했습니다. 셀의 우측 하단을 아래로 당기는 '자동 채우기' 기능으로 20명에 대해 자동 생성했습니다. 200명, 2,000명도 문제없습니다. AI가 보여주는 자동화 처리의 진정한 힘은 바로 자동 채우기에 있다고 해도 과언이 아닙니다.

	A	B	L	M	N	O	P	Q
1	평가자	피평가자	문 여	인덱스	잘하는 점 (정제 후)	개선할 점 (정제 후)	잘하는 점 키워드	개선할 점 키워드
2	김	이	0	0	이영희 대리는 업무 처리 능력이 탁월합니다. 가끔 업무에 너무 몰두한 나머지 주변 동료들	업무 처리 능력, 데이터 분석	소통, 업무 공유	
3	김	박	0	1	박지성 과장은 리더십이 뛰어납니다. 항상 명 때로는 너무 완벽주의적인 성향으로 인해 의	Loading...	Loading...	
4	김	최	0	2	최민주 사원은 창의력이 뛰어납니다. 항상 새 때로는 너무 이상적인 아이디어를 제안하여	Loading...	Loading...	
5	박	김	1	3	Loading...	Loading...	Loading...	Loading...
6	박	이	1	4	Loading...	Loading...	Loading...	Loading...
7	박	정	1	5	Loading...	Loading...	Loading...	Loading...
8	최	강	0	6	강동원 대리는 기술적 전문성이 매우 뛰어납 그러나 때로는 기술적 완벽성을 추구한 나머	Loading...	Loading...	
9	최	송	0	7	송혜교 과장은 프로젝트 관리 능력이 뛰어납 다만, 업무 부담을 혼자 떠안으려는 경향이 있	Loading...	Loading...	
10	최	이	1	8	Loading...	Loading...	Loading...	Loading...
11	정	김	1	9	Loading...	Loading...	Loading...	Loading...
12	정	전	1	10	Loading...	Loading...	Loading...	Loading...
13	정	조	1	11	Loading...	Loading...	Loading...	Loading...
14	한	오	0	12	오정세 책임님은 업무에 대한 책임감이 매우 다만, 때로는 너무 완벽을 추구하시다 보니	Loading...	Loading...	
15	한	이	0	13	이병헌 팀장님은 뛰어난 전략적 사고 능력을 그러나 때로는 너무 큰 그림만 그리시다 보니	Loading...	Loading...	
16	한	손	1	14	Loading...	Loading...	Loading...	Loading...
17	이	김	0	15	김태희 주임의 업무 처리 속도는 정말 놀랍습 다만, 때로는 너무 빠른 업무 처리로 인해 세	Loading...	Loading...	
18	이	정	0	16	정우성 과장님은 팀 내 화합을 위해 항상 노력 하지만 때로는 너무 모든 사람을 만족시키려	Loading...	Loading...	
19	이	한	1	17	Loading...	Loading...	Loading...	Loading...
20	강	박	1	18	Loading...	Loading...	Loading...	Loading...
21	강	송	1	19	Loading...	Loading...	Loading...	Loading...

▲ 20개 라인에 대한 자동 채우기 요청 처리 과정

이렇듯, 단 한 번의 클릭으로 손쉽게 자연어 처리가 자동화됩니다. 자연어 처리 모델을 개발하는 것은 복잡하고 어려운 일입니다. 하지만 챗GPT와 같은 AI를 이용하면 자연어 처리만큼 쉬운 데이터 분석도 없습니다.

▲ 완성된 20개 결과 화면

인사이트: AI-노코드 자연어 처리 자동화, 효율 100배 올리기

인사 담당자 박다정 대리의 동료 평가 데이터 처리 과정은 AI 자연어 처리의 혁신적인 활용을 보여주는 좋은 실무 사례입니다. AI가 실제 비즈니스 환경에서 즉시 활용 가능한 강력한 존재임을 확실히 보여주고 있습니다. 특히 자연어 처리 분야는 그 자체는 복잡하고 어려울지 몰라도 사용만큼은 쉽습니다. 어느 분야에서든지 누구나 쉽게 사용할 수 있습니다.

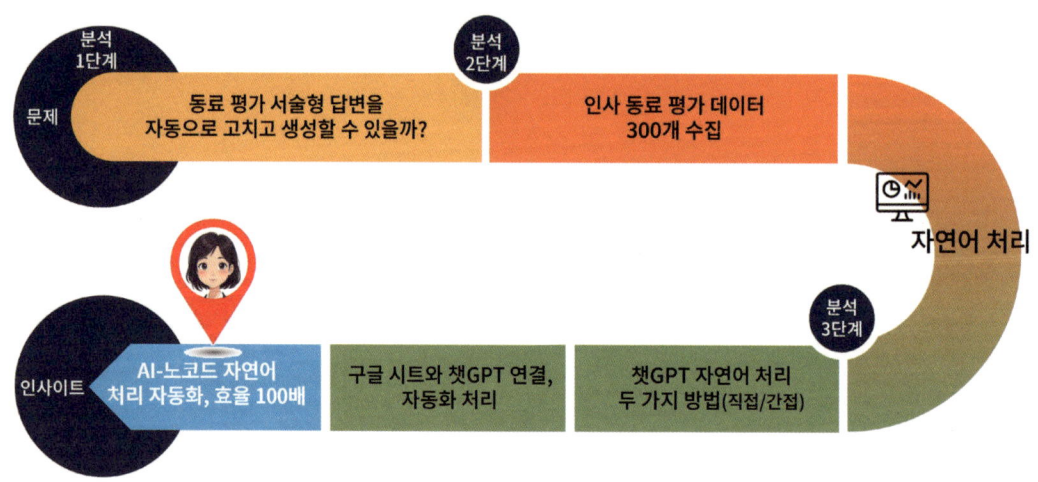

▲ 인사이트: AI-노코드 자연어 처리 자동화

AI를 활용한 동료 서술형 평가 답변의 자연어 처리는 비문이나 욕설 등 비즈니스 업무에 부적절한 언어를 자동으로 수정합니다. 이와 같은 새로운 형태의 데이터 분석 작업은 대규모 데이터 처리에 있어서 빛을 발합니다. 300개의 평가 데이터는 수동으로 처리할 수 있지만, 30,000개의 데이터는 AI 도움 없이는 불가능합니다. 결국, 할 수 없는 일이라 여겼던 대규모 데이터도 AI를 통해 처리 가능한 일로 변한 것입니다.

이전엔 없었던 혁신입니다. 그것도 내 책상 위에서 벌어지는 혁신입니다. 기존에 내가 해왔던 업무 도구와 AI의 결합으로 가능하게 되었습니다. 박다정 대리의 실무 사례처럼 기존 업무 도구인 구글 시트와 챗GPT를 연동하였을 때처럼 말이죠.

박다정 대리의 동료 평가 자연어 처리 사례를 참고하여 응용하면 본인의 업무에 적용해 볼 수 있는 일이 분명히 있을 것입니다. 우리 모두 언어를 사용해서 일하고, 소통하며, 자료로 남기고 있기 때문이죠. 고객 피드백 분석, 채용 이력서 검토, 법률 문서 검토, 마케팅 콘텐츠 생성, 재무 보고서 분석 등 자신의 도메인 분야에서 시작해 볼 수 있을 것입니다.

AI는 단순 반복적인 일을 아예 없애버릴 수 있습니다. 각자 도메인에서 고군분투하는 모든 도메인 기술자는 이제 AI를 통해 단순 반복적인 작업에서 벗어나 더 창의적이고 전략적인 업무에 집중할 수 있습니다. AI는 단순한 업무 효율성 향상을 넘어 일하는 방식을 완전히 변화시킬 것입니다.

인사이트 요약

- **인사이트 1**: AI와 자연어 처리 기술은 비즈니스 환경에서 즉시 활용 가능한 실용적인 도구입니다. 인사 평가와 같은 사람이 꼭 필요했던 작업이 자동화되었습니다.
- **인사이트 2**: AI를 활용한 데이터 처리는 대규모일수록 효율성이 높아집니다. 데이터의 양이 증가할수록 AI의 효율성과 가치가 기하급수적으로 높아집니다. 이는 대규모 조직에서 특히 유용합니다.
- **인사이트 3**: 단순한 업무 자동화를 넘어 조직의 업무처리 방식을 근본적으로 변화시킵니다. 직원들이 반복적인 작업에서 벗어나 더 창의적이고 전략적인 업무에 투입될 수 있습니다. 결국 개인과 조직의 생산성 혁신은 내 책상 위에서 AI를 이용할 때 발현될 것입니다.

GPT for sheet 익스텐션 구독 서비스

GPT for sheet 익스텐션은 'GPT for Work(https://gptforwork.com)'에서 제공하는 구독 서비스입니다. 이 서비스에서는 챗GPT API 토큰을 사용합니다. 처음 사용하실 경우, 0.1달러가 무료 지급됩니다. 대략 100~200개의 셀을 처리할 수 있는 토큰입니다. 어떤 서비스인지 알아볼 수 있도록 구독하시기 전에 미리 무료로 사용하실 수 있습니다.

GPT-4o 모델 기준으로 1.5M token의 가격은 29달러입니다(한화로 36,000원). 위 실무 예제의 셀 하나에 사용한 토큰은 7 token입니다. 계산해 보면, 1.5M token으로 약 214,000개 셀(=1,500,000/7 token)을 사용할 수 있는 양입니다. 개인이 사용하기에는 충분히 오랫동안 사용할 수 있습니다. 기간제 구독이 아니라 구매한 token을 사용하는 구독 정책이기 때문에 오히려 사용자 입장에서 오랫동안 사용할 수 있습니다. 무료 트라이얼을 사용해 보시고, 유용하면 구독을 추천합니다.

▲ GPT for WORK

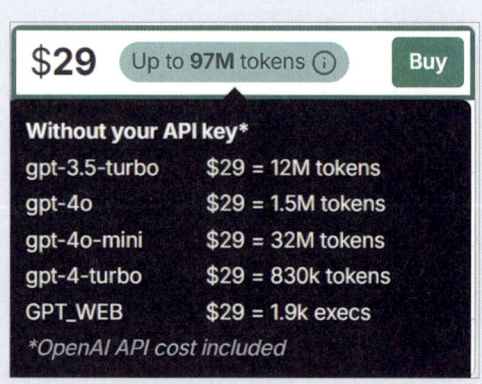

▲ GPT for Work 구독 가격 정책

03

출판 편집자
AI로 베스트셀러 출판 기획하기

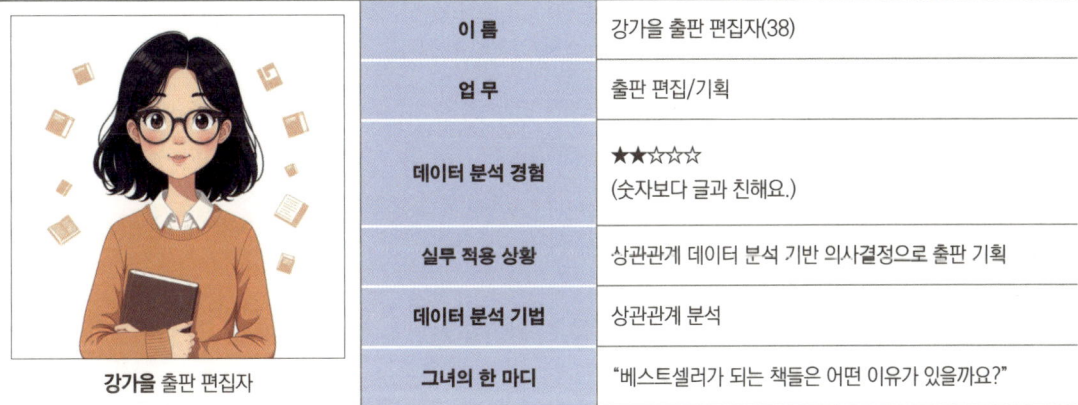

이름	강가을 출판 편집자(38)
업무	출판 편집/기획
데이터 분석 경험	★★☆☆☆ (숫자보다 글과 친해요.)
실무 적용 상황	상관관계 데이터 분석 기반 의사결정으로 출판 기획
데이터 분석 기법	상관관계 분석
그녀의 한 마디	"베스트셀러가 되는 책들은 어떤 이유가 있을까요?"

▲ 강가을 출판 편집자

원본 데이터 다운로드(깃허브)

https://github.com/M-LearnRun/Nocoding-JustAI

- 원본 데이터: 1(매크로 출판 분석): 1_대한출판문화협회_분야별 발행부수_10년.csv
- 원본 데이터: 2(마이크로 출판 분석): 출판시장마이크로_분석_3_all_books_data_CID55889_snum500_20241008.csv

원본 데이터 소개
- 출처 1(매크로 출판 분석): 대한출판문화협회(https://www.kpa21.or.kr)
- 출처 2(마이크로 출판 분석): 출판유통통합전산망(https://bnk.kpipa.or.kr)
- 설명: 출판 업계 전체 판매 데이터(매크로)와 개별 도서 설명 데이터(마이크로)

강가을 출판 편집자의 AI-노코드 데이터 분석 프로세스

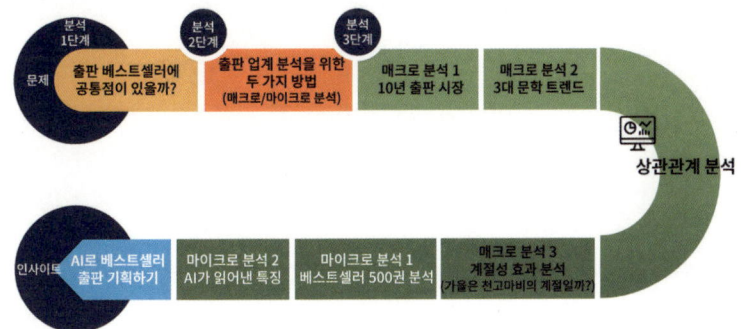

▲ AI-노코드로 베스트셀러 출판 기획하기 프로세스

출판 편집자가 데이터로 베스트셀러 출판을 꿈꾸다

강가을 편집자의 책상 위에는 신간 도서들이 차곡차곡 쌓여 있습니다. 업무가 시작되기 전, 강가을 편집자는 한 시간 일찍 출근하여 신간 도서들을 훑어보며 하루를 시작합니다. 파티션 벽면에는 주간 및 월간 베스트셀러 순위표가 자석으로 고정되어 있습니다. 이는 출판 시장의 트렌드를 놓치지 않으려는 그녀의 부단한 노력의 일환입니다. 빠르게 변하는 출판계의 흐름을 읽어내기 위해 강가을 편집자는 매 순간 긴장을 늦출 수 없습니다.

근무가 시작되는 오전 9시, 강 편집자는 컴퓨터를 켜고 메일을 확인하며 업무를 시작합니다. 출간 진행 중인 작가들로부터 받은 원고를 검토하고 피드백을 남깁니다. 이어서 미래에 출간할 새로운 콘텐츠와 작가를 찾기 위해 나섭니다. 그녀의 크롬 브라우저에는 수많은 탭이 열려 있습니다. 신간 도서를 확인하기 위해 알라딘, 예스24, 인터파크, 교보문고와 같은 온라인 서점 탭에서 주간 베스트셀러 목록을 살펴봅니다. 또한, 신선한 콘텐츠가 실시간으로 쏟아지는 온라인 SNS 커뮤니티, 인스타그램, 유튜브, 페이스북도 하나하나 꼼꼼히 살펴봅니다.

온라인 서점이나 커뮤니티 사이트를 살펴보는 이유는 강가을 편집자의 시선이 언제나 독자를 향해 있기 때문입니다. 온라인 서점 베스트셀러는 결국 독자들이 만들어 낸 결과임을 15년 차 베테랑 출판 편집자인 그녀는 누구보다 잘 알고 있습니다. 온라인 서점과 SNS에서 좋은 콘텐츠는 독자들이 먼저 알아채고 조회수와 댓글로 즉각적인 반응을 보입니다. 그녀는 그들의 목소리에 귀 기울이는 것이 무엇보다 중요하다고 생각합니다. 그래서 브라우저 이곳저곳 옮겨 다니며 독자들이 남긴 흔적을 수집합니다. 어느덧 몇 시간이 훌쩍 지나 강가을 편집자는 눈이 피로해져 커피를 한 모금 마시며 생각에 잠깁니다.

> "이렇게 수십 페이지 정보를 매번 수작업으로 살펴보고
> 느낌에만 의존해 판단하는 게 과연 옳은 방법일까?"

강가을 편집자의 마음속에 늘 자리하고 있던 의문입니다. 그녀는 자신의 경험과 직관이 중요하다는 것을 알지만, 이런 방식이 얼마나 효과적인지에 대해서는 항상 의문을 품고 있었습니다. 끊임없이 변화하는 독자의 니즈를 파악하고 그에 맞는 콘텐츠를 발굴하는 일은 결코 쉬운 일이 아닙니다. 예전 방식으로는 독자의 반응을 책 판매 부수와 대형 서점에서 사람들의 반응을 통해 오프라인에서 느끼는 게 전부였습니다. 그러나 독자들이 점차 오프라인에서 온라인으로 옮겨가면서, 이제는 수많은 독자의 목소리를 실시간으로 들을 수 있게 되었습니다. 게다가 유튜브나 브런치스토리 플랫폼에서는 콘텐츠를 소비하던 개인이 동시에 콘텐츠를 생산하는 작가가 되어 다채로운 출판과 아이디어가 쏟아지는 요즘입니다. 그만큼 강가를 편집자가 살펴봐야 하는 콘텐츠도 늘어났습니다.

이런 출판 시장의 변화에 맞추어 '브런치스토리 글쓰기 플랫폼'에서 프로젝트 공지 알림이 울렸습니다. 이 프로젝트는 브런치스토리 플랫폼에 글을 연재하는 모든 작가의 글을 여러 출판사가 살펴보고 경쟁적으로 작가를 섭외해서 책으로 엮어내는 작업입니다. 강가을 편집자는 이 프로젝트에서 호기심을 느끼게 됩니다.

기존에 그녀가 다루던 분야를 넘어서 다양한 분야와 주제의 글들을 접할 수 있어 좋은 기회로 여겼습니다. 출판 시장의 동향을 폭넓게 파악할 수 있는 좋은 기회임에 분명합니다. 프로젝트에 참여하기로 결심한 그녀는 브런치스토리에 접속해 수많은 작가들의 글을 읽기 시작했습니다. 자연과학, 수필, 소설, 에세이, 시, 자기계발서, 실용서 등 다양한 장르의 글이 그녀의 눈앞에 펼쳐집니다.

그녀는 다이어리를 열어 처음부터 다시 시작하는 마음으로 자신이 알아야 할 것들을 정리해 봅니다.

> **강가을 출판 편집자의 데이터 분석 문제**
> - 최근 출판 시장 트렌드는 무엇일까?
> - 여러 분야에서 베스트셀러의 공통점은 무엇일까?
> - 기획 출판의 마케팅 포인트는 어디에 두어야 할까?
>   (마케팅 포인트 예: 넓은 독자층-좁은 독자층, 30대-40대, 전문성-대중성, 실용 위주-흥미 위주 등)

출판 업계 분석을 위한 두 가지 방법 – 매크로/마이크로 분석

업계 트렌드 분석을 위한 방법으로 전체를 보는 매크로(Macro) 분석 방법과 하나를 구체적으로 살펴보는 마이크로(Micro) 분석 방법이 있습니다. 매크로와 마이크로 분석은 경제를 분석하는 방법으로 널리 알려져 있습니다.

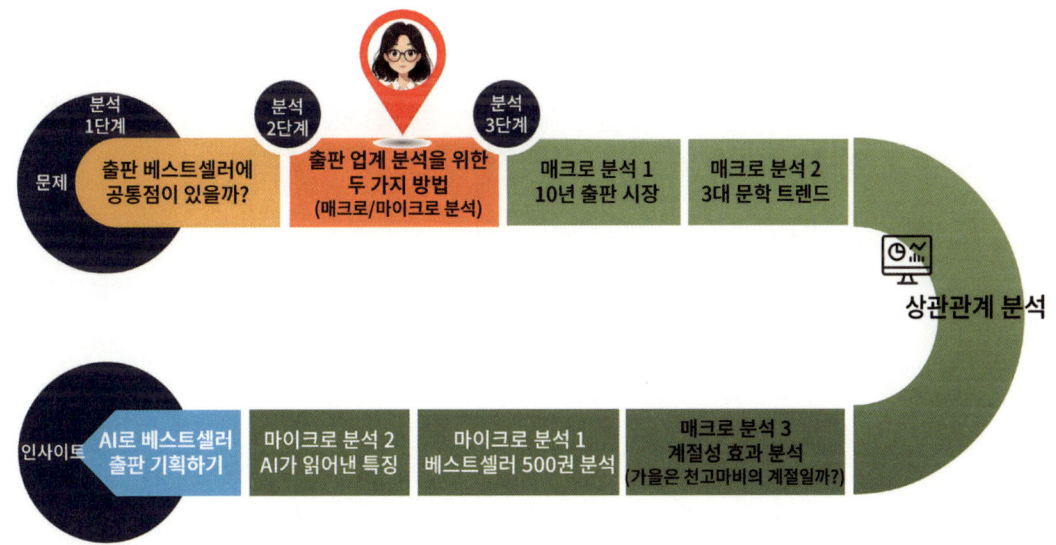

▲ 분석 2단계: 출판 업계 분석을 위한 두 가지 방법

경제 전체를 거시적인 관점으로 분석하는 방법은 매크로 경제 분석입니다. 마치 망원경으로 저 멀리서 전체를 바라보는 분석과 같습니다. 예를 들어 국가의 총실업률이나 물가 상승률, 국내총생산과 같은 거대한 규모의 합산을 분석합니다. 이런 매크로 경제 분석은 큰 트렌드를 확인하고 장기적인 계획을 세우는 데 용이합니다.

이와는 반대로, 경제의 다양한 면을 미시적인 관점에서 현미경으로 들여다보는 마이크로 경제 분석이 있습니다. 매크로의 반대 개념인 마이크로 경제 분석은 경제의 개별 구성 요소 하나하나를 자세히 들여다봅니다. 기업에서 가계, 더 작게는 개인 단위를 경제 주체로 간주하여 그들의 행동과 의사결정을 연구합니다. 예를 들어, 코로나19가 외식업에 미친 영향을 살펴볼 때, 매크로 경제 분석은 전국 식당들의 총매출이 30% 감소했다는 전체적인 통계를 보여줍니다. 반면 마이크로 경제 분석은 서울 강남의 한 식당을 들여다봅니다. 이 식당의 평일 점심 손님이 100명에서 40명으로 줄었고, 이에 대응해 배달 서비스를 시작했더니 배달 주문이 하루 50건 늘어났지만 수수료 지출도 월 200만원 증가했다는 식으로 개별 식당의 변화를 세세하게 분석합니다.

이런 방식으로 다른 개별 식당들의 상황과 대응 전략 그리고 그 결과까지 하나하나 구체적으로 살펴서 분석하는 것이 바로 마이크로 경제분석입니다.

업계 트렌드 분석

매크로 분석: 거시적 / 숲 / 컨셉 설계
마이크로 분석: 미시적 / 나무 / 상세 설계

▲ 매크로와 마이크로 분석 비교

강가을 편집자의 문제를 경제 분석의 매크로 분석과 마이크로 분석 순서로 분석하는 탑-다운(Top-Down)* 방식으로 출판 시장을 분석해 볼 수 있습니다. 브런치스토리 프로젝트는 다양한 분야가 있기에 출판 시장 전체를 분석할 필요가 있습니다. 그러나 한 개인이 전체 출판 트렌드를 읽어 내기란 쉽지 않습니다.

이때 개인이 혼자 하기 어려운 일은 AI가 보조할 수 있습니다. 이를 위해서는 먼저 신뢰할 수 있는 데이터가 필요합니다. 다행히 출판 시장 관련 공공 데이터가 구축되어 있습니다. 국내 출판 관련 공공 데이터는 '대한출판문화협회'와 '출판유통통합전산망'에서 누구나 자유롭게 내려받을 수 있습니다.

---

* 탑-다운(Top-down) 방식은 전체에서 부분으로 내려가는 하향식 접근법을 의미한다. 큰 그림을 먼저 그리고 점차 세부적인 사항으로 발전시켜 나가는 방식으로, 반대되는 개념은 바텀-업(Bottom-up) 방식이다.

출판 데이터 제공 기관: 대한출판문화협회, 출판유통통합전산망 웹페이지

▲ 대한출판문화협회: https://www.kpa21.or.kr

▲ 출판유통통합전산망: https://bnk.kpipa.or.kr

대한출판문화협회에서 제공하는 보고서는 모두 편집이 불가능한 pdf 형식입니다. 보기에는 문제가 없지만, 이러한 pdf 파일은 데이터 분석을 하기에는 불편함이 따릅니다. 일일이 손으로 데이터를 입력할 수도 있지만, 이는 매우 비효율적입니다. 여기에서는 편집이 불가능한 pdf 파일의 테이블에서 데이터를 손쉽게 추출하는 방법을 소개하겠습니다.

pdf 보고서가 있다면 그 내용을 AI에게 제공하여 정렬된 테이블 데이터를 생성할 수 있습니다. 대한출판문화협회에서 다운로드 받은 pdf 파일에서 테이블 데이터를 드래그 복사한 후 그대로 챗GPT 프롬프트 창에 붙여 넣으면 정리된 테이블을 얻을 수 있습니다. 손쉽게 문서에 있는 테이블 데이터를 분석 가능한 형태로 얻을 수 있는 유용한 방법입니다.

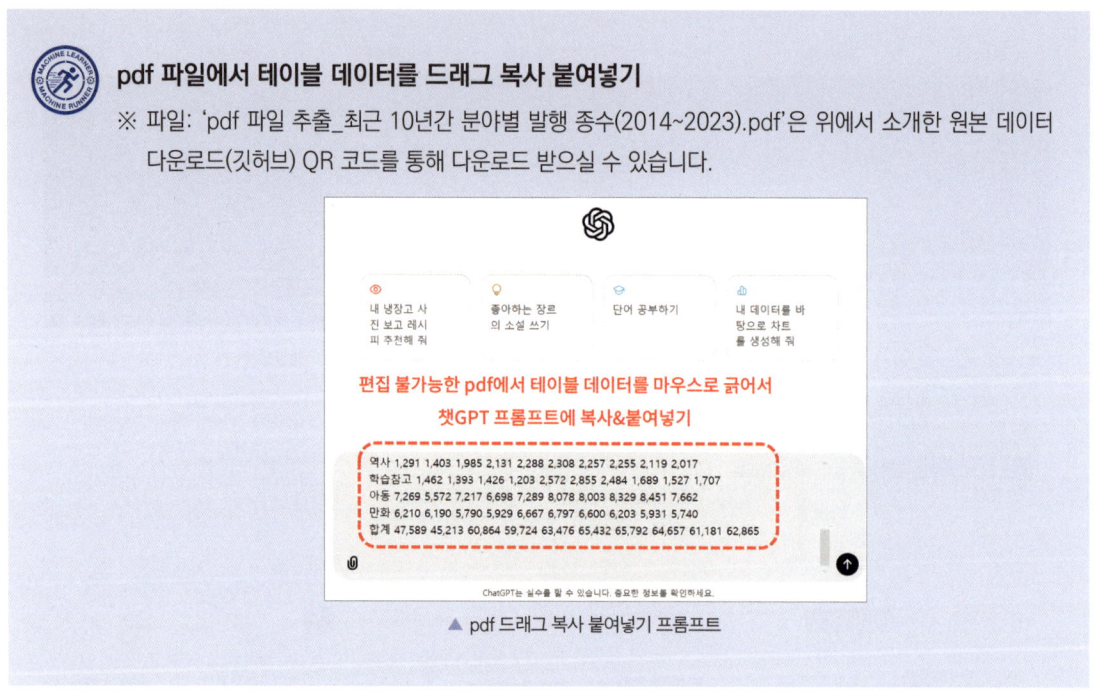

▲ pdf 드래그 복사 붙여넣기 프롬프트

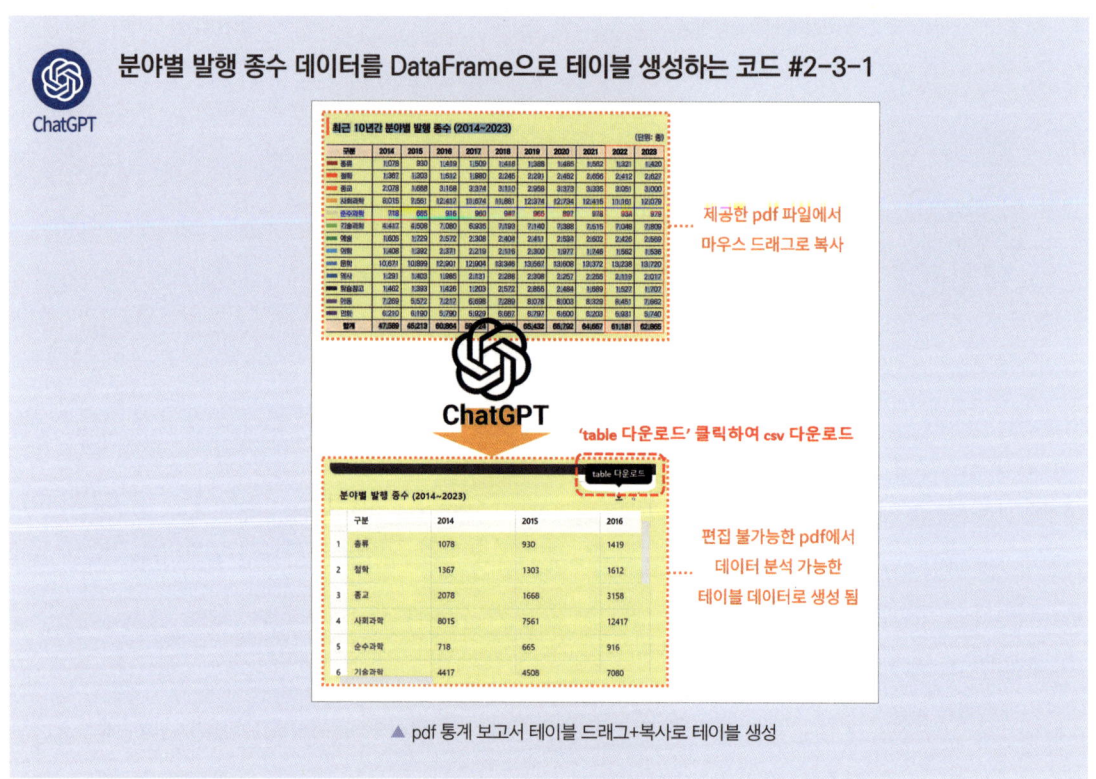

▲ pdf 통계 보고서 테이블 드래그+복사로 테이블 생성

이처럼 손쉽게 '읽기 전용 pdf 보고서'에서 데이터 분석 가능한 테이블 데이터로 추출했습니다. 'Table 다운로드'를 누르면 csv파일로 저장할 수 있습니다. 저장된 csv 파일명은 'pdf 파일로부터 추출_최근 10년간 분야별 발행 종수(2014~2023).csv'로 따로 명명하여 저장해 두겠습니다.

출판 매크로 분석 1 - 10년간의 출판 시장 데이터로 보는 큰 흐름

AI와 매크로한 시각으로 전체 출판 시장 흐름을 바라보면 강 편집자의 의사결정에 분명히 도움을 줄 것입니다. 먼저 출판 시장의 큰 흐름을 이해하기 위해 매크로 분석을 진행합니다. 10년간 분야별 출판된 도서의 수와 판매 부수 데이터를 살펴보겠습니다.

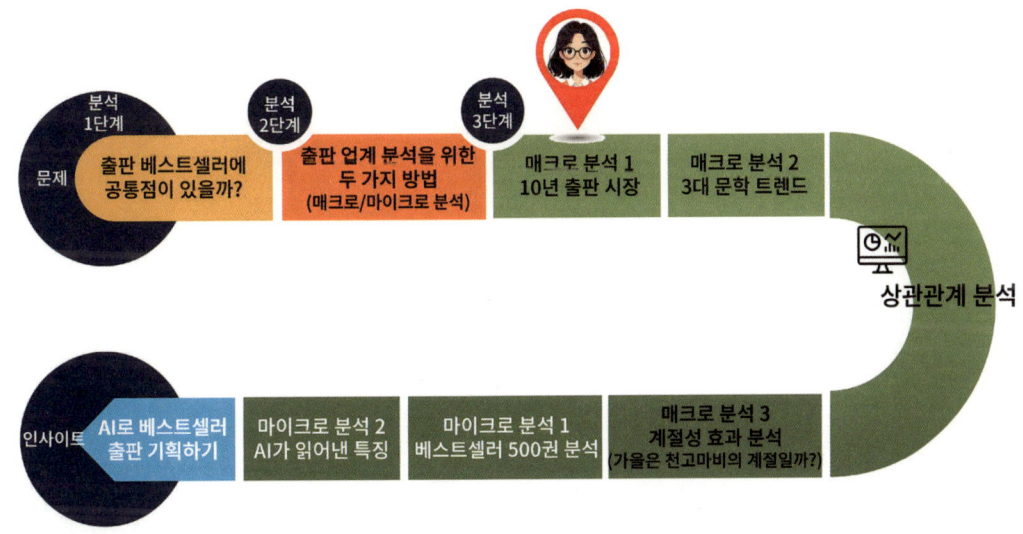

▲ 분석 3단계(매크로 분석-1): 10년 출판 시장 분석

pdf 파일로부터 생성한 테이블 데이터로 원하는 시각화를 만들어낼 수 있습니다. 최근 10년간 분야별 판매 부수와 종수 그리고 판매 금액에 대해 AI에게 다양한 시각화를 요청해 보겠습니다.

 분야별 출판 종수 시각화

'분야별 발생 종수(2014~2023 데이터)' 데이터는 10년간 분야별 출판 종수야.

분야별 출판 종수를 시각화해 줘.

1. 합계 선그래프
2. 합계를 제외한 개별 분야의 선그래프
3. 합계를 제외한 누적 막대그래프

분야별 출판 종수 시각화 코드 #2-3-2

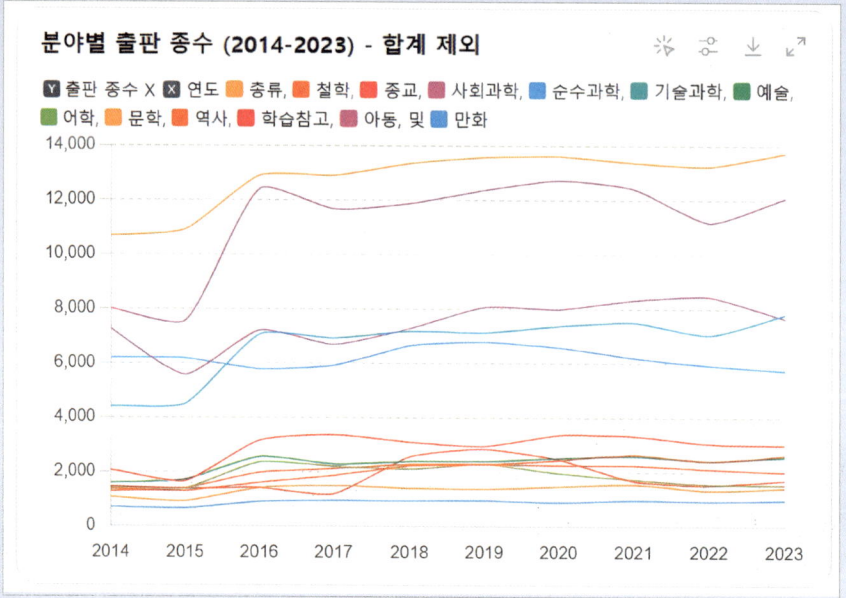

▲ 분야별 출판 종수의 선그래프 시각화(합계 제외)

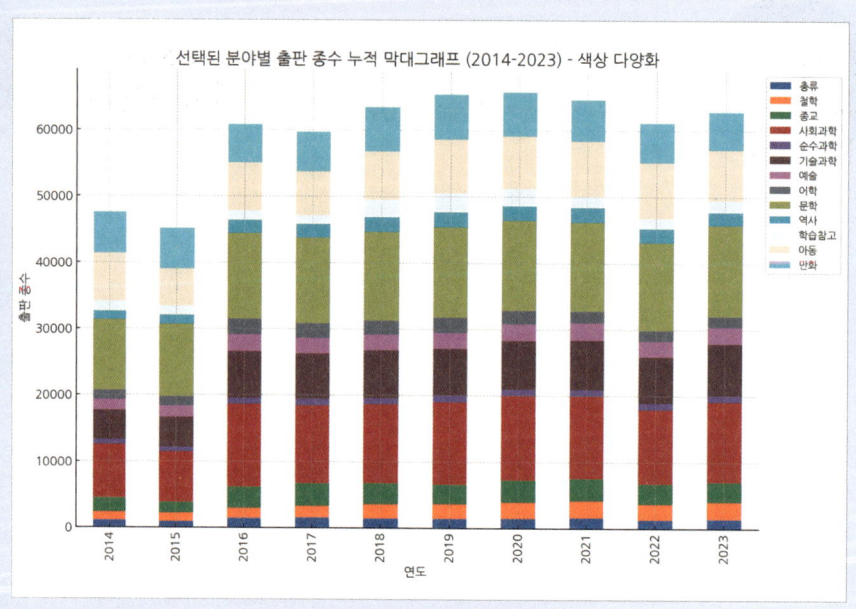

▲ 분야별 전체 합계 출판 누적 막대그래프 시각화

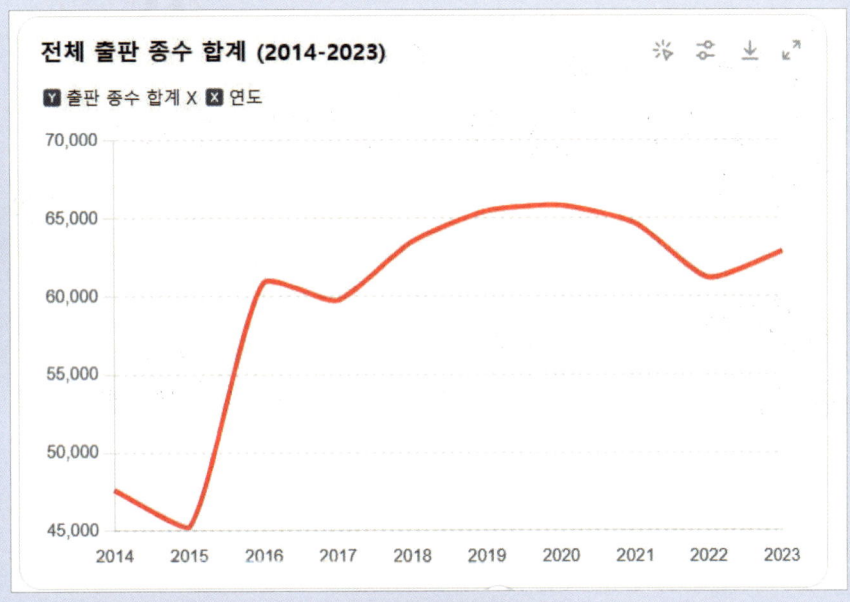

▲ 전체 분야 합계 출판 종수

세 가지 시각화를 완료했습니다.

- **합계 선그래프**: 전체 출판 종수의 합계를 연도별로 표시했습니다.
- **합계를 제외한 개별 분야의 선그래프**: 각 분야별 출판 종수의 변화를 합계 없이 시각화했습니다.
- **합계를 제외한 누적 막대그래프**: 합계를 제외한 개별 분야의 출판 종수를 누적하여 연도별로 표현했습니다

분야별 출판 종수와 전체 출판 수를 시각화한 결과, 눈에 띄는 트렌드를 확인할 수 있습니다. 전체 출판 시장을 주도하는 분야는 문학 분야로, 10년간 꾸준한 흐름을 유지하고 있습니다. 또한, 2014년부터 2023년까지의 10년간 출판 시장의 흐름도 살펴볼 수 있습니다. 이로부터, 2015년에서 2016년 사이에 큰 성장을 보였으며, 2020년을 정점으로 소폭 감소하는 출판 시장의 큰 흐름을 확인할 수 있습니다.

출판 매크로 분석 2 - 문학 3대 장르의 월 단위 판매 트렌드 분석

앞선 출판 시장 분석은 장기 시계열 데이터(10년치)의 장기 시계열 데이터를 살펴봤습니다. 모든 해에 가장 많은 출판 종수를 기록한 분야는 단연 문학 부문입니다. 따라서 탑다운 분석의 다음 단계로는 이 핵심 분야를 더 깊이 들여다볼 필요가 있습니다. 전체 출판 시장에서 가장 큰 비중을 차지하는 문학 분야의 세부 동향을 파악해야 시장의 실질적인 흐름을 이해할 수 있기 때문입니다. 이를 위해 문학의 3대 장르인 시, 소설, 수필에 대한 최근 2년간의 흐름을 살펴보겠습니다.

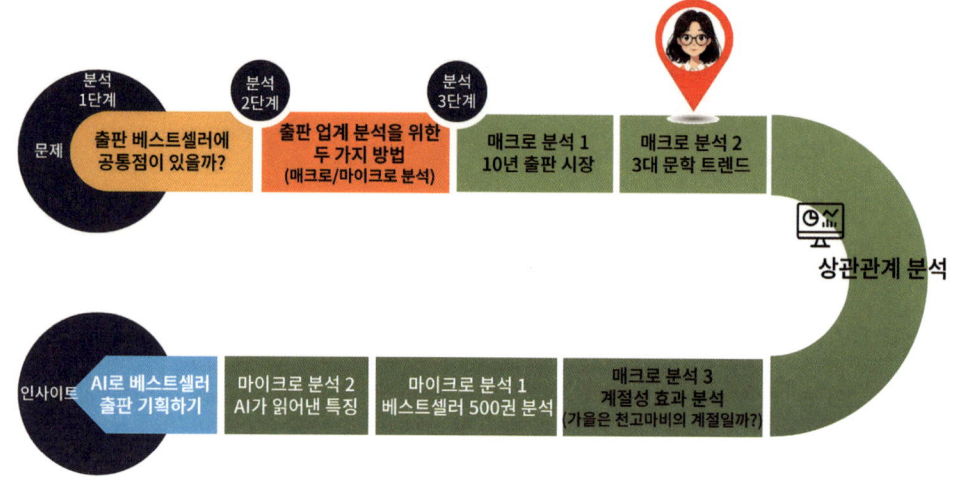

▲ 분석 3단계(매크로 분석-2): 3대 문학 트렌드 분석

가장 최근 데이터는 '출판유통통합전망'에서 확인할 수 있으며, 매일 업데이트되어 집계가 마무리된 지난달 월간 데이터도 확인할 수 있어 최근 동향을 파악하기에 유용합니다.

최근 2년의 문학 세부 분야별 판매 부수와 판매 금액 데이터를 업로드하고 하나의 파일로 합성하는 데이터 전처리를 하겠습니다.

매크로 분석-2: 3대 분학 트렌드 데이터 업로드

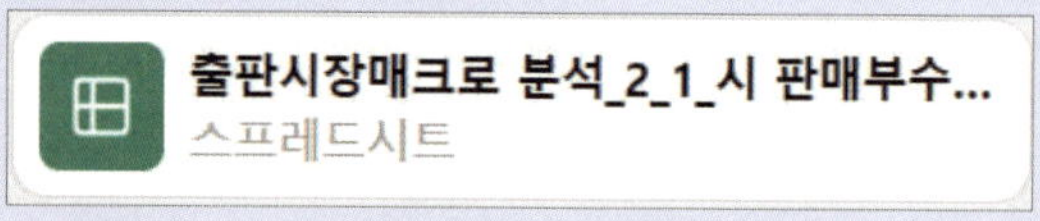

출판시장매크로 분석_2_1_시 판매부수...
스프레드시트

▲ 출판 시장 매크로 분석 시 분야 데이터 세트

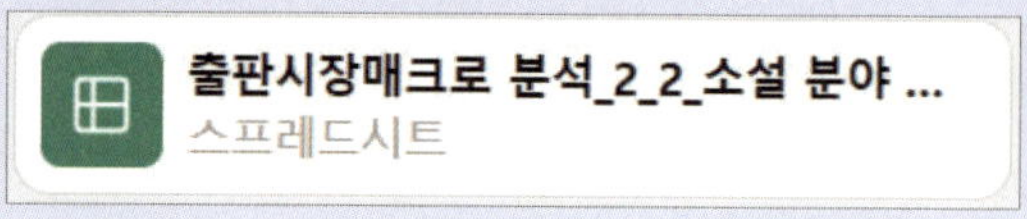

출판시장매크로 분석_2_2_소설 분야 ...
스프레드시트

▲ 출판 시장 매크로 분석 소설 분야 데이터 세트

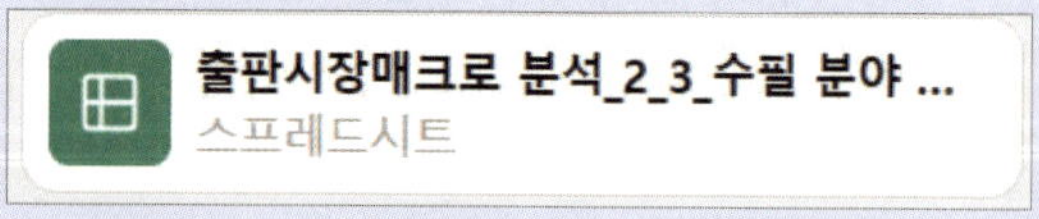

출판시장매크로 분석_2_3_수필 분야 ...
스프레드시트

▲ 출판 시장 매크로 분석 수필 분야 데이터 세트

3개 파일을 하나로 구분해서 합쳐줘. 문학 출판 시장분석을 위해 시, 소설, 수필의 2년간 판매 부수와 판매 금액 데이터가 있어. 구분은 '온라인', '지역서점', '대형서점'으로 나뉘어 있어.

이 데이터를 바탕으로, 각 구분별 시, 소설, 수필의 판매 부수와 판매 금액을 포함한 테이블 데이터로 만들어 줘. 그리고 전체 판매 부수 합계와 판매 금액 합계를 각각 새로운 컬럼으로 추가해.

데이터 정리: 각 데이터프레임에서 불필요한 헤더 행 제거 및 열 이름 지정 코드 #2-3-3

판매일	대형서점_부수	대형서점_금액	지역서점_부수	지역서점_금액	온라인_부수	온라인_금액	장르	판매 부수 합계	판매 금액 합계
23년 01월	21158	2.99E+08	1305	15597210	35605	4.97E+08	시	58068	8.12E+08
23년 02월	21874	3.33E+08	1535	18331350	39660	5.87E+08	시	63069	9.38E+08
23년 03월	22738	3.45E+08	1398	16887240	41993	6.46E+08	시	66129	1.01E+09
23년 04월	22210	3.33E+08	1314	15538710	37219	5.62E+08	시	60743	9.1E+08

▲ '출판시장매크로 분석_2_5_3개 파일 합성.csv'

(이하 생략)

3개 파일을 하나로 결합하여 시, 소설, 수필의 구분별 판매 부수와 판매 금액을 포함한 DataFrame을 생성했습니다. 전체 판매 부수 합계와 판매 금액 합계도 각각 새로운 컬럼으로 추가했습니다. 추가적인 분석이나 시각화가 필요하시면 말씀해 주세요.

이제 통합된 테이블을 통해 문학 3대 장르의 시장 규모를 분석하겠습니다. 판매 부수뿐만 아니라 실제 출판 시장의 금액 데이터를 함께 살펴봄으로써 시장 규모를 보다 직접적으로 가늠할 수 있습니다.

판매 금액 합계 시각화
월별로 시, 소설, 수필에 대한 '판매 금액 합계'를 각각 선그래프로 시각화해 줘.
단, 판매 금액은 1억 원 단위로 표시해.

월별 판매 금액 합계 시계열 시각화 코드 #2-3-4

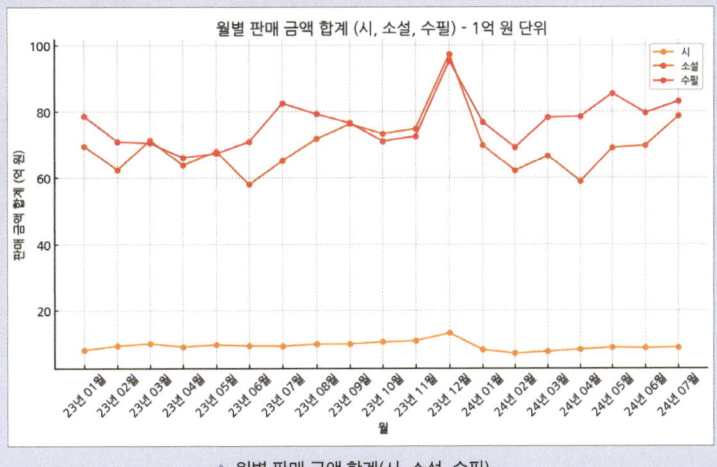

▲ 월별 판매 금액 합계(시, 소설, 수필)

앞의 그래프를 살펴보면, 소설과 수필 각각의 판매 금액 규모는 60~80억 원 사이로 유사합니다. 이 중에서 상대적으로 조금 더 큰 판매 금액을 보이는 분야는 수필입니다. 최근 온라인 플랫폼에서 누구나 글을 쓰고 공유할 수 있는 환경이 조성되면서 이러한 추세가 더욱 강화되고 있는 것으로 보입니다. 온라인 플랫폼에서의 글쓰기 대중화로 인해 전통적인 등단 과정 없이도 누구나 자유롭게 글을 쓸 수 있게 되었고, 이는 특히 수필 장르의 성장을 이끄는 요인으로 작용하고 있습니다.

수필은 일상 경험이나 개인의 생각을 담는 장르로, 진입 장벽이 낮아 많은 이들이 쉽게 도전할 수 있습니다. 이러한 트렌드는 강가을 편집자가 참여한 브런치스토리 프로젝트에서도 확인할 수 있는데, 이 프로젝트에서 신인 작가 지망생의 참여가 특히 두드러졌습니다. 시장 규모와 프로젝트의 특성을 고려할 때, 온라인 플랫폼을 통한 새로운 작가 발굴은 수필 분야에서 시작하는 것이 가장 적절해 보입니다.

출판 매크로 분석 3 - 천고마비의 계절은 사실일까, 데이터로 보는 계절성 효과 분석

출판 시장의 계절성 효과를 살펴보기 위해 월 단위 데이터를 활용한 매크로 분석을 진행하겠습니다. 연 단위 데이터로는 확인하기 어려운 계절성 효과를 월 단위 데이터에서는 보다 구체적으로 파악할 수 있습니다. '천고마비'라는 말이 있듯이, 가을이 독서의 계절이라는 점을 데이터로 확인할 수 있을지 분석해 보겠습니다. 이러한 계절성 효과를 확인함으로써 강가을 편집자는 미리 계획을 세울 수 있을 것입니다. 예를 들어, 출판이 약 6개월 소요된다면 수요가 많은 시기에 맞춰 6개월 전에 출간 기획에 돌입하면 성공 가능성을 높일 수 있습니다. 다시 말해 데이터에 근거한 기획 전략을 펼칠 수 있는 것입니다.

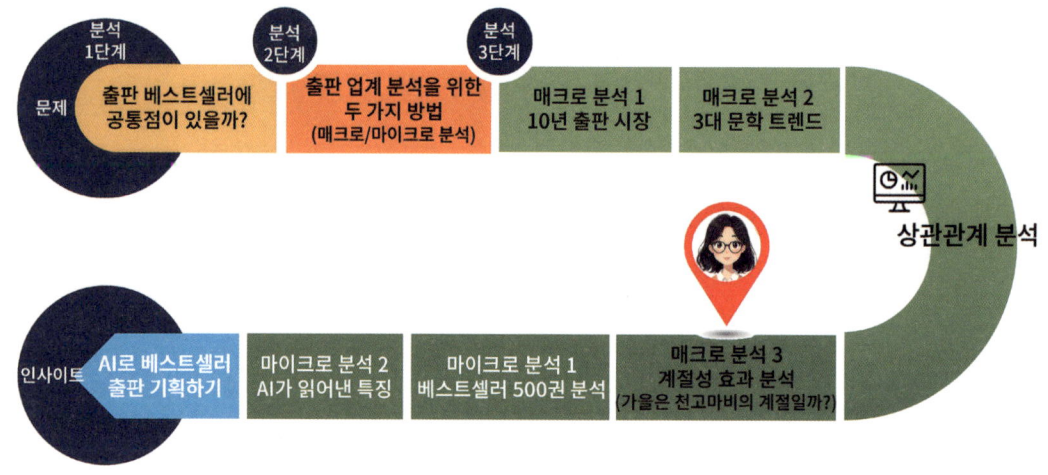

▲ 분석 3단계(매크로 분석-3): 계절성 효과 분석

출판 시장의 계절성 효과를 살피기 위해 월 단위 데이터인 '출판시장매크로 분석_2_5_3개 파일 합성.csv'을 이용하겠습니다. 마지막 매크로 분석으로 출판 시점을 결정하는 데 도움을 줄 수 있는 계절성 효과를 살펴볼 수 있습니다.

 출판 시장 계절성 효과를 살펴보기 위한 데이터 업로드

▲ 출판 시장 매크로 분석 출판 시장 합계 데이터

▲ 출판 시장 매크로 분석 3개 파일(시, 소설, 수필) 로부터 합성한 데이터

월 단위로 합성한 출판 시장 데이터가 있어. 출판 시점을 잡을 때 도움이 될 수 있는 계절성 효과를 살펴보자. 첨부한 데이터는 이렇게 두 개야.

- 전체 출판 시장 월별 판매 데이터
- 수필 출판 시장 월별 판매 데이터

아래 1~3번을 보고 분석해 줘.

1. 각 데이터에서 3개 채널의 판매 금액을 합산해서 총액 열 만들기
2. 1월부터 12월까지 월별로 평균 판매 금액 계산하기
3. 두 시장의 규모 차이가 크기 때문에, 두 개의 Y축을 사용해 한 그래프에 그려주기

이러면 계절성 효과를 한눈에 볼 수 있을 것 같아.

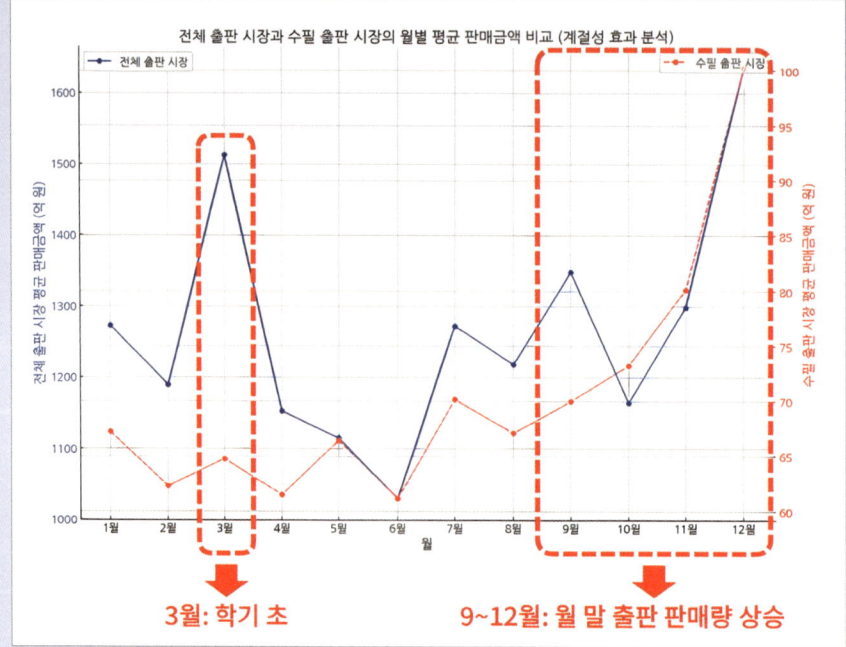

▲ 출판 시장의 계절성 효과

전체 출판 시장과 수필 출판 시장의 월별 평균 판매 금액을 double Y-axis로 시각화하여 계절성 효과를 분석했습니다. 각 월의 평균 판매 금액을 비교할 수 있도록 표현했습니다.

위의 그래프에서 파란색으로 표시된 전체 출판 시장 판매 금액은 3월과 12월에 눈에 띄게 높은 도서 판매량을 보여줍니다. 특히 12월에 출판된 도서의 판매 금액이 다른 달에 비해 압도적으로 높습니다. 수필 또한 12월에 유독 높은 판매 기록을 나타냅니다. 출판을 계획한다면 12월이 가장 적절한 시기일 것입니다. 출판 준비 기간이 6개월 소요된다면, 5월에 기획하여 11월 말에 출간하는 것이 가장 성공 가능성이 높은 전략이 될 것입니다. 또한 천고마비의 계절인 9월 이후에는 판매가 지속적으로 상승하는 경향을 보입니다. 단연 '천고마비의 계절'이라 부를 만합니다. 추가적으로, 3월은 학기 시작으로 인해 참고서나 교과서 수요가 증가하는 것으로 예상할 수 있습니다.

출판 마이크로 분석 1 - 베스트셀러의 DNA를 찾아서, 500권의 수필 도서 분석

세 가지 매크로 분석을 통해 10년간의 장기 시계열 데이터를 살펴보았습니다. 분야별 출판 종수를 분석한 결과, 문학 분야가 전체 출판 시장을 주도하는 주요 분야임을 확인할 수 있었습니다. 문학의 3대 장르로 알려진 시, 소설, 수필에 대한 최근 2년간의 흐름을 분석한 결과, 소설과 수필의 시장 규모는 약 60억 원에서 80억 원 사이로 비슷한 수준을 보였습니다. 그중에서도 수필이 상대적으로 더 큰 판매 금액을 기록했습니다. 이러한 결과는 온라인 플랫폼의 영향으로 수필 장르가 개인의 생각과 경험을 표현하는 중요한 수단으로 자리 잡고 있다는 것을 보여줍니다.

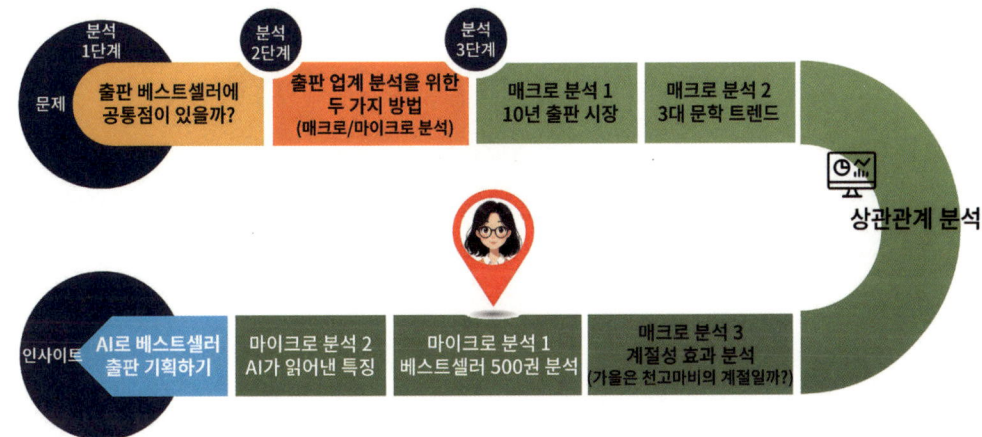

▲ 분석 3단계(마이크로 분석-1): 베스트셀러 500권 분서

계절성 효과는 출판 시장에서도 중요한 패턴으로 나타납니다. 특히 특정 시기마다 판매량의 변화가 두드러지며, 이를 통해 출판 전략을 세우는 데 유용한 인사이트를 제공합니다. 또한 월별 판매 데이터를 분석해 본 결과, 12월 수필을 포함한 모든 출판 분야에서 가장 높은 판매량을 기록하는 계절성 효과가 있음을 확인할 수 있었습니다.

탑-다운 방식에 따라 매크로 분석에 이어서 마이크로 분석을 진행해 보겠습니다. 이미 출판된 수필 분야 도서 하나하나를 상세히 분석하여 마이크로 출판 시장 분석을 진행할 수 있습니다. 출판된 수필 분야 도서를 통해 강가을 편집자가 알고 싶은 것은 베스트셀러 도서의 특징입니다. 예를 들어, 베스트셀러 도서는 대개 독자들의 공감을 얻는 주제를 다루거나, 글의 흐름이 매끄럽고 읽기 쉬운 서술 방식을 갖추고 있습니다. 또한, 저자의 명성, 출판 시기, 마케팅 전략 등이 주요 특징으로 작용할 수 있습니다. 그리고 AI는 독자들의 선호도, 판매 추이, 도서 리뷰에 나타난 언어적 특징 등 잠재된 패턴을 잘 찾습니다. 이런 AI의 특징을 활용하면, 출판 시장의 베스트셀러 도서에서도 잠재된 패턴을 충분히 찾을 수 있습니다. 이런 패턴을 강가을 편집자는 출판 기획에 활용할 수 있습니다.

마이크로 출판 시장 분석을 위한 데이터는 수필 분야에서 최근 출판된 500개 수필 작품을 웹 크롤링* 한 데이터입니다. 웹 크롤링 데이터는 많은 경우 예외가 많고 정보마다 다양한 형태일수록 결측치가 많을 수 있습니다. 이러한 경우, 결측치를 시각적으로 확인하기 위해 '흑백 히트맵'을 활용하겠습니다.

---

* 웹 크롤링은 인터넷에 있는 정보를 자동으로 수집하는 방법이다. 사람이 직접 웹사이트에서 정보를 복사해 옮기는 대신 컴퓨터 프로그램이 이 작업을 빠르게 해줄 수 있다. 웹사이트에서 일일이 손으로 수많은 책 정보를 가져오려면 며칠이 걸리겠지만 웹 크롤링을 사용하면 몇 분 안에 끝낼 수 있어 유용하다. 주로 파이썬에서 뷰티풀숩(BeautifulSoup)이나 셀레니움(Selenium) 라이브러리를 이용한다.

출판 마이크로 분석을 위한 데이터 업로드와 흑백 히트맵

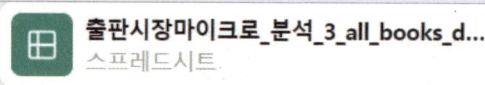

▲ 수필 분야 500개 데이터 업로드

업로드한 데이터가 복잡하니까 데이터의 결측치를 살펴보자.

데이터의 결측치를 확인하기 위해 흑백 히트맵을 그려줘. 데이터가 존재하는 경우는 검정, 결측인 경우는 흰색으로 표시해 줘. 그리고, 각 컬럼별 결측치 비율도 계산해서 알려줘.

 결측치 확인 흑백 히트맵 코드 #2-3-6

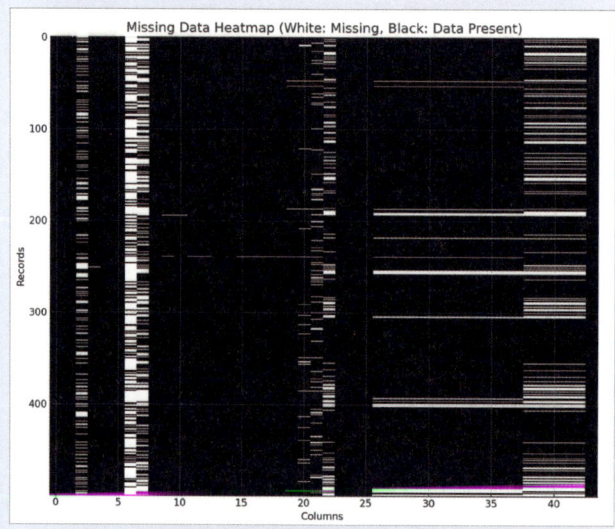

▲ 수필 분야 마이크로 출판 분석 결측치 흑백 히트맵

위의 히트맵을 통해 결측치가 많은 컬럼들을 살펴보겠습니다. 흰색 부분이 세로 방향으로 많다면 결측치가 많다는 의미입니다. 흑백 히트맵으로 전체적인 경향을 파악한 후에는 정확한 수치를 보고 결측치를 어떻게 처리할지 판단이 필요합니다. 결측치 비율이 높은 순서대로 내림차순 정렬을 요청하겠습니다.

 결측치 살펴보기

결측치를 살펴보기 위해, 결측치 비율이 높은 순서대로 나열해 보자.

결측치 비율 높은 순서대로 나열하기 코드 #2-3-7

```
결과
번역서원제      74.6
ebook가격      45.8
부제           32.4
평점           25.2
(...)
```

'번역서원제: 74.6%', 'ebook 가격: 45.8%', '부제: 32.4%', '평점: 25%'로 나타났습니다. 각 컬럼을 하나씩 분석해 보겠습니다. '번역서원제'의 경우, 이 자체가 번역서 여부를 나타내는 데이터로, 번역서가 아닌 책이 74.6%이며 나머지는 번역서임을 의미합니다. 즉, 결측이면 국내 도서이고 결측이 아닌 경우엔 해외 도서를 뜻합니다. 'ebook 가격' 역시 비슷한 맥락으로, ebook을 함께 출시한 도서의 비중이 54.2%라는 의미입니다. '부제'가 없는 책이 32.4%를 차지하는데, 이는 분석에 큰 지장을 주지 않습니다. '평점'은 없는 경우에 결측 처리 됩니다. 그 비율이 25%입니다. 이 결과로부터 전반적으로 데이터 수집 상태는 양호하며, 이러한 이유로 결측치 처리를 하지 않아도 무방하다고 판단됩니다.

전체 데이터의 열(컬럼) 개수는 총 44개로 상당히 많은 편입니다. 데이터는 전반적으로 이해를 높이기 위해 탐색적 데이터 분석(EDA)[*]를 실행합니다. 이는 본격적인 분석에 앞서 데이터의 구조와 주요 특징을 파악하여 분석의 효율성을 높이는 필수 단계입니다. 이때 일변량 EDA[**]와 다변량 EDA[***]를 수행할 필요가 있습니다. 이렇게 두 가지 관점에서 분석하면 개별 변수의 특성과 변수들 간의 상호작용을 모두 이해할 수 있어 더 깊이 있는 통찰을 얻을 수 있습니다.

챗GPT를 활용하여 이러한 EDA를 진행하면 개별 데이터 분포와 변수들 간의 관계를 효과적으로 파악할 수 있습니다.

EDA 시각화
전체적인 데이터를 이해하기 위해 EDA를 하자.
1) 일변량 EDA 해 보자.
2) 다변량 EDA로는 전체 히트맵을 보자.

---

[*] 탐색적 데이터 분석(Exploratory Data Analysis, EDA)은 데이터를 이해하기 위한 기초적인 분석 방법이다. 데이터의 전반적인 특징, 패턴, 이상치 등을 파악하여 후속 분석의 방향을 결정하는 데 도움을 주는 필수적인 과정이다. EDA 키워드를 사용하여 챗GPT에게 요청하면, 챗GPT 스스로 데이터에 대한 이해도를 높이는 데 기여할 수 있다.

[**] 일변량 EDA는 각 변수의 단독적인 특성(평균, 분산, 왜도, 첨도 등)과 분포를 시각화하여 개별 변수의 성질을 이해하는 분석이다.

[***] 다변량 EDA는 변수들 간의 관계성에 초점을 맞춰 상관관계를 파악하고 변수 간 상호작용을 분석하는 방법이다.

일변량 EDA를 위해 수치형 및 범주형 변수들을 구분하여 분포를 분석한 시각화 코드 #2-3-8

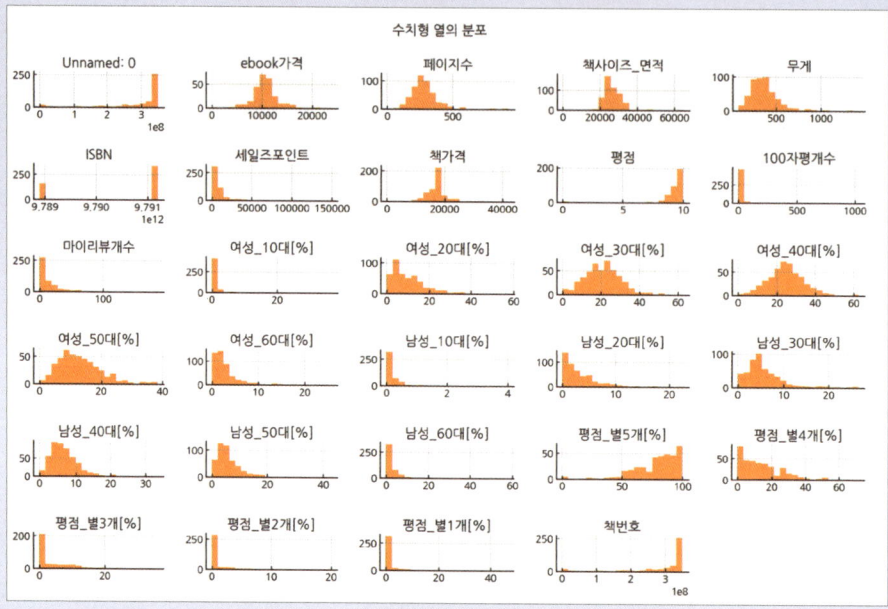

▲ 일변량 EDA

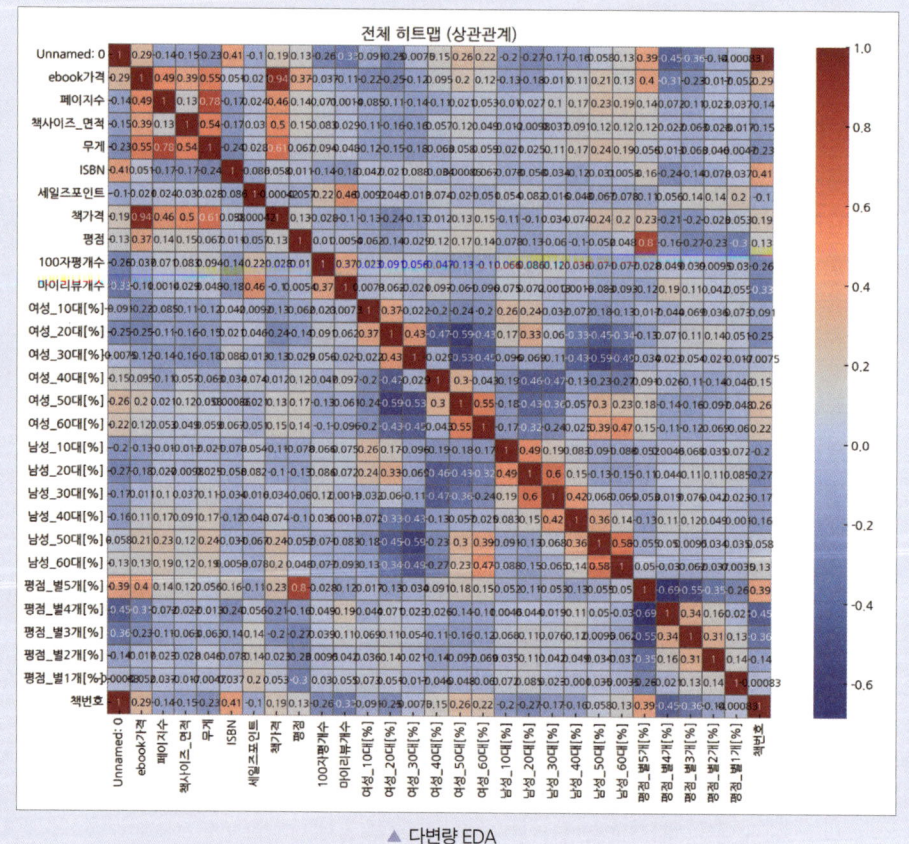

▲ 다변량 EDA

비슷한 컬럼끼리 묶어 일변량 EDA를 진행했으며, 가격과 평점 관련 컬럼의 분포를 시각화했습니다. 또한, 다변량 EDA로 전체 수치형 열 간의 상관관계*를 나타내는 히트맵을 시각화했습니다. 이를 통해 데이터의 분포와 상관성을 한눈에 파악할 수 있습니다.

EDA를 수행하면 분석자의 이해도가 높아질 뿐만 아니라 AI도 데이터에 대한 맥락을 이해하여 이후 데이터 분석에 유용하게 활용할 수 있습니다. 데이터에 대한 이해를 높인 후, 강가을 편집자는 초점을 맞출 책들만 선별하는 작업을 진행할 수 있습니다. 본격적인 분석을 시작하기 전에, 500개의 데이터에서 강가을 편집자의 관심사에 맞춰 필터링하겠습니다.

> **관심있는 데이터 필터링**
> - 대/중/소분류에서 '에세이' 단어가 적어도 1개 있는 책
>   (※ 참고 사항: 본문에서는 수필이라고 표현하지만, 웹 크롤링 데이터에서는 '에세이'로 표기되어 있습니다. 따라서 데이터 분석 시에는 '에세이'로 표기하여 사용했습니다.)
> - 번역서가 아닌 책
> - 100자평 개수와 마이리뷰 개수 합계가 10개 이상인 책

데이터 필터링을 적용한 데이터 추출

데이터에서 다음 조건에 맞는 책만 필터링해 줘.

1. 대분류, 중분류, 소분류 중 적어도 '에세이'라는 단어가 하나 이상 포함된 책
2. 번역서가 아닌 책
3. '100자평' 개수와 마이리뷰 개수의 합이 10개 이상인 책

이 조건에 맞는 데이터를 추출해 줘.

조건에 맞는 책 필터링 코드 #2-3-10

조건에 맞는 책을 필터링한 결과, 총 185개의 책이 추출되었습니다. 이 데이터는 대분류, 중분류, 소분류 중 '에세이' 단어가 하나 이상 포함되어 있고, 번역서가 아니며, 100자평 개수와 마이리뷰 개수의 합이 10개 이상인 책들입니다. 추가적인 작업이 필요하시면 말씀해 주세요.

이와 같은 필터링 작업으로 강가을 편집자가 주목해야 할 도서 목록이 500권에서 185권으로 줄었습니다. 이 185권의 샘플 데이터로부터 베스트셀러의 특징을 파악하기 위해 대표적인 성능 지표가 필요합니다. 성능 지표란 특정 대상의 성과나 특성을 객관적으로 측정할 수 있게 해주는 핵심 수치를 의미합니다. 여기에서 사

용되는 성능 지표는 세일즈 포인트(Sales point)입니다.

세일즈 포인트는 판매량과 판매 기간별 가중치를 적용하여 정량적으로 산출된 베스트셀러 지표입니다. 최근에 많이 팔린 아이템일수록 포인트가 높아지고, 반대로 출간 후 시간이 오래 지난 아이템의 포인트는 점차 낮아지게 됩니다. 이 지표는 절대적인 판매 수치보다는 상대적인 비교를 통해 독자들의 반응을 평가하는 데 유용한 점수입니다.

세일즈 포인트를 성능 지표로 설정하고, 이를 통해 성능 지표가 높은 책의 특징을 정량적으로 분석하겠습니다. 이러한 특징을 파악하기 위해서는 우선 세일즈 포인트 분포를 분석하여 전반적인 경향성을 이해하는 것이 필요합니다. 이를 통해 어떤 도서들이 독자들로부터 긍정적인 반응을 얻고 있는지, 그리고 어떤 요인들이 높은 세일즈 포인트와 관련이 있는지를 구체적으로 살펴볼 수 있습니다.

성능 지표로서 세일즈 포인트 분포 살펴보기

필터링 된 185개 데이터를 분석하자.

베스트셀러를 분별하기 위한 성능 지표로 세일즈 포인트로 정했어.

'세일즈 포인트'의 분포를 살펴보자.

히스토그램의 세일즈 포인트의 평균과 중앙값을 계산하는 코드 #2-3-11

세일즈 포인트의 분포가 어떻게 세분화되는지 더 명확히 확인할 수 있습니다.

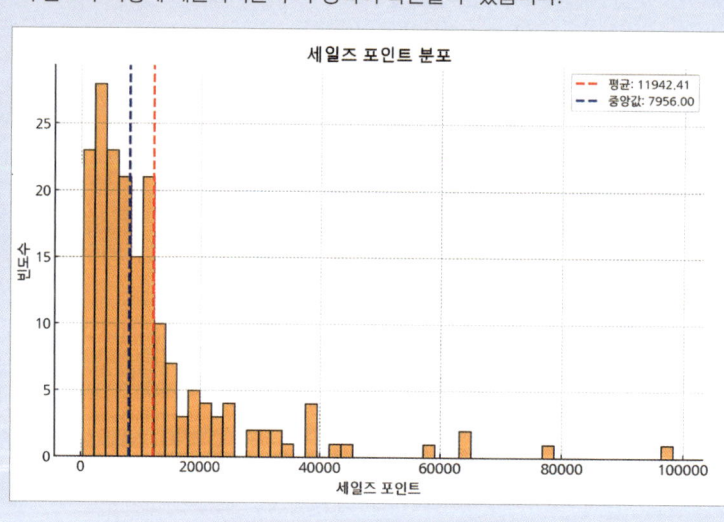

▲ 성능지표로서 세일즈 포인트의 분포 시각화

앞의 그래프를 보면 세일즈 포인트의 분포가 좌측에서 우측으로 갈수록 낮아지는 전형적인 지수 분포를 보입니다. 이는 대부분의 도서가 낮은 성능 지표에 집중되어 있고, 소수의 도서만이 높은 성능 지표를 기록하고 있음을 의미합니다. 평균과 중앙값의 차이를 통해 소수의 높은 성능 지표가 전체 평균을 높이고 있음을 확인할 수 있습니다.

세일즈 포인트 분포에서 타깃을 정하는 것은 강가을 편집자의 기획 출판의 포지셔닝에 도움이 될 수 있습니다. 상위 1% 세일즈 포인트를 목표로 한다면 성공 가능성은 낮지만 보상은 클 것입니다. 반면 상위 50% 이내에 드는 출간을 목표로 한다면 성공 확률이 높아지고, 안정적인 출판 결과를 기대할 수 있습니다. 브런치 스토리 프로젝트의 성격상, 신인 작가의 첫 출판인 만큼 강가을 편집자가 세일즈 포인트 상위 50%를 목표로 삼는 것이 합리적일 것입니다. 참고로, 챗GPT의 답변에 있는 빈스(bins)는 히스토그램에서 데이터를 구간별로 나누는 수치입니다. 예를 들어 빈스가 10이면 데이터를 10개 구간으로 나누어 보여주고, 50이면 50개 구간으로 더 세밀하게 나누어 보여줍니다. 구간이 많을수록 데이터의 자세한 분포를 파악할 수 있습니다.

상위 50% 이내에 속한 책의 특징(베스트셀러에 가까운 도서)과 상위 50% 바깥에 있는 책의 특성(베스트셀러와 거리가 먼 도서)을 비교 분석함으로써 두 그룹 간의 차이점을 명확히 구분할 수 있습니다. 이러한 분석 결과는 향후 출간 기획에 중요한 참고 자료로 활용될 것입니다. 그럼 이에 대한 분석을 진행해 보겠습니다.

베스트셀러 도서의 구분과 분석

상위 50% 이내에 있는 책의 특징(베스트셀러에 가까운; 세일즈 포인트가 큰)과 상위 50% 바깥에 있는 책의 특징(베스트셀러에 먼; 세일즈 포인트가 낮은)을 구분해서 각각 살펴보자.

나눈 그룹의 기본 통계치 중에서 평균으로 나타내는데, 아래와 같이 구분해 줘.

1. 남녀/세대 구분
2. 평점 분포 구분
3. 나머지 정량 평가 구분

상위 50%와 하위 50% 비교 시각화 코드 #2-3-12

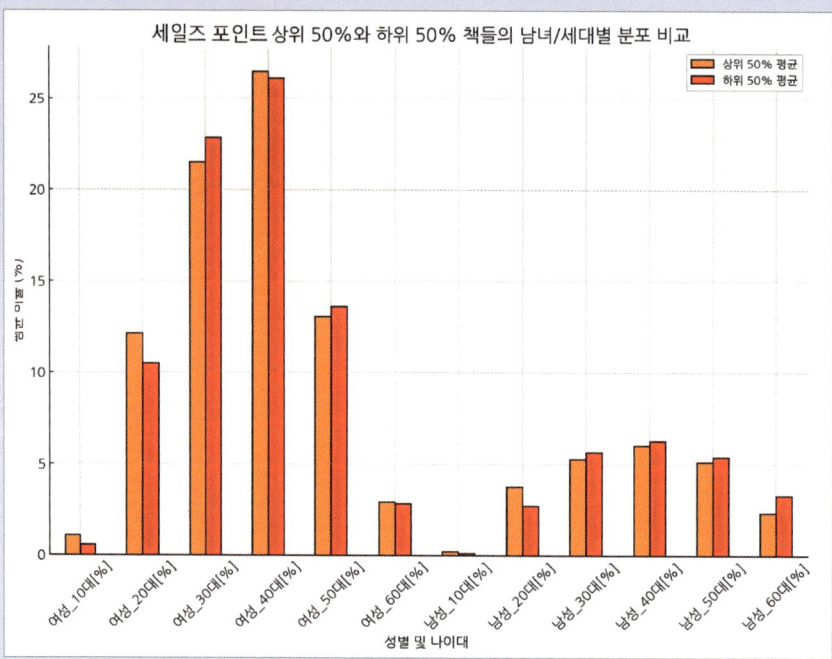

▲ 상위 50%와 하위 50%의 남녀/세대별 분포 시각화

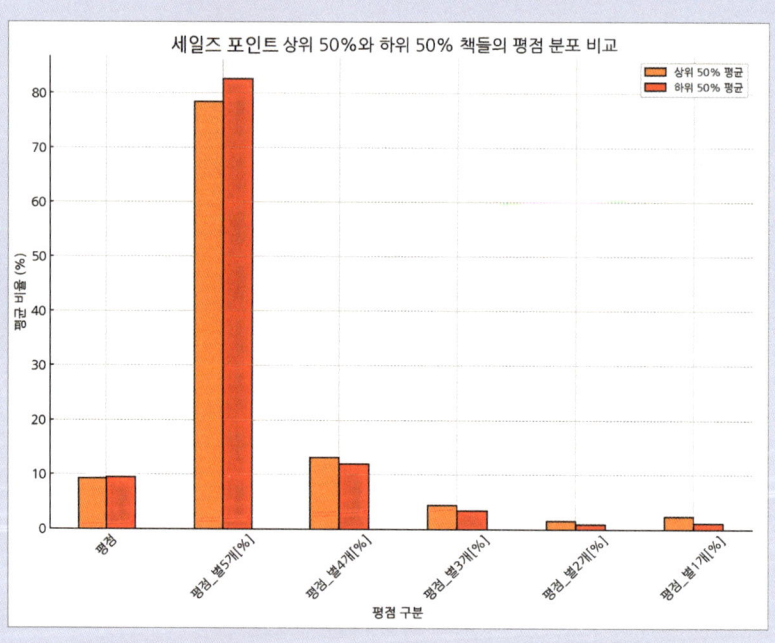

▲ 상위 50%와 하위 50%의 평점 분포 시각화

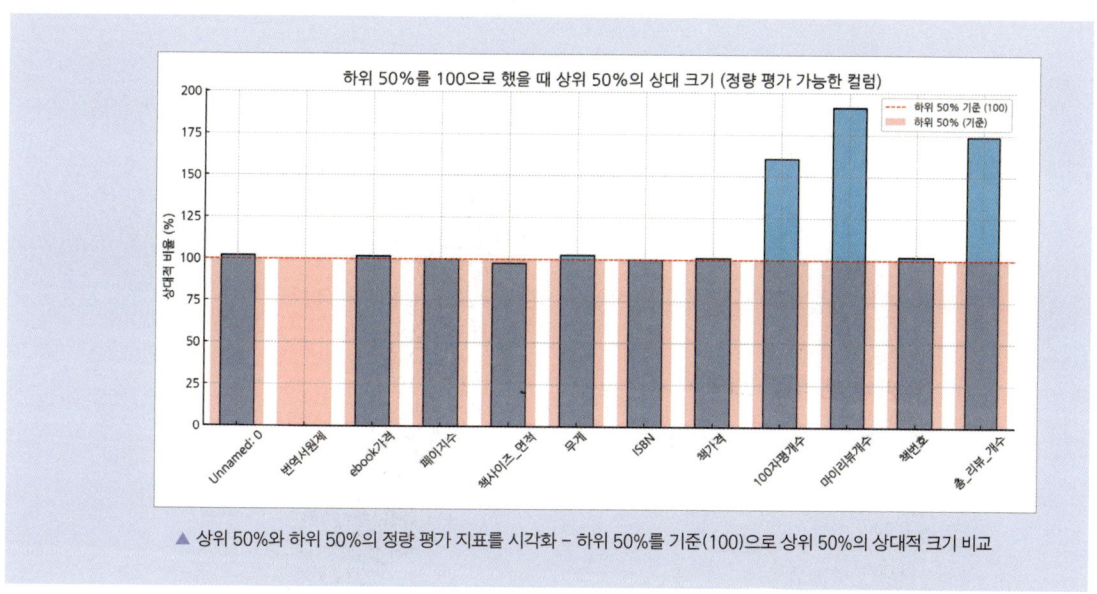

▲ 상위 50%와 하위 50%의 정량 평가 지표를 시각화 - 하위 50%를 기준(100)으로 상위 50%의 상대적 크기 비교

위의 결과를 살펴보면, 독자 비율은 남성보다는 여성이 높습니다. 또한 세일즈 포인트 상위 50% 이상의 책에서 여성 30대와 여성 40대가 상대적으로 높은 비율을 차지하고 있습니다. 이러한 분석 결과는 출판 기획이나 마케팅 전략에서 타깃 독자를 구체적으로 설정하는 데 도움을 줄 수 있습니다. 예를 들어, 여성 30대와 40대를 주요 타깃으로 한 마케팅 캠페인을 기획하거나, 이들의 관심사를 반영한 콘텐츠 제작에 활용할 수 있습니다.

평점은 상위 50%와 하위 50%가 크게 차이를 보이지 않습니다. 오히려 상위 50%의 베스트셀러에 가까운 책들에서 별점 5개 분포가 낮고 별점 1개 분포는 더 높은 결과를 보이고 있습니다. 이것은 베스트셀러라고 해서 별점이 높은 것은 아니라는 사실을 보여줍니다.

베스트셀러의 경우, 별점의 높낮이보다 주목할 만한 것은 별점을 준 독자들의 수였습니다.

추가적으로, 매크로 분석에서 확인한 월별 계절성 효과를 기반으로, 500권의 책이 출판된 월에 따라 세일즈 포인트 평균이 어떤 변화를 보이는지 살펴보겠습니다.

이를 통해 특정 출판 시기가 판매 성과에 미치는 영향을 이해하고, 효율적인 출판 전략 수립에 중요한 인사이트를 제공할 수 있습니다. 이때 출판 시장의 계절성 분석을 위한 데이터 전처리가 필요합니다. 출판일 데이터는 단순한 문자열(글자)이기 때문입니다. 그러므로 날짜로 인식시켜주기 위해서 'Datetime' 형식으로 변환이 필요합니다. 이렇게 하면 데이터를 날짜 기준으로 자유롭게 처리하기 유용합니다. 예를 들어, 분기별, 월별, 요일별로 데이터를 모아서 분석할 수 있어 유용합니다.

날짜 데이터 전처리와 수필 분야 계절성 효과 분석

출판일 컬럼을 'Datetime' 형식으로 변환하고, 출판 연도는 무시한 채 '월'에 따라 1월부터 12월까지 각 월의 세일즈 포인트 평균을 막대그래프로 시각화해 줘.

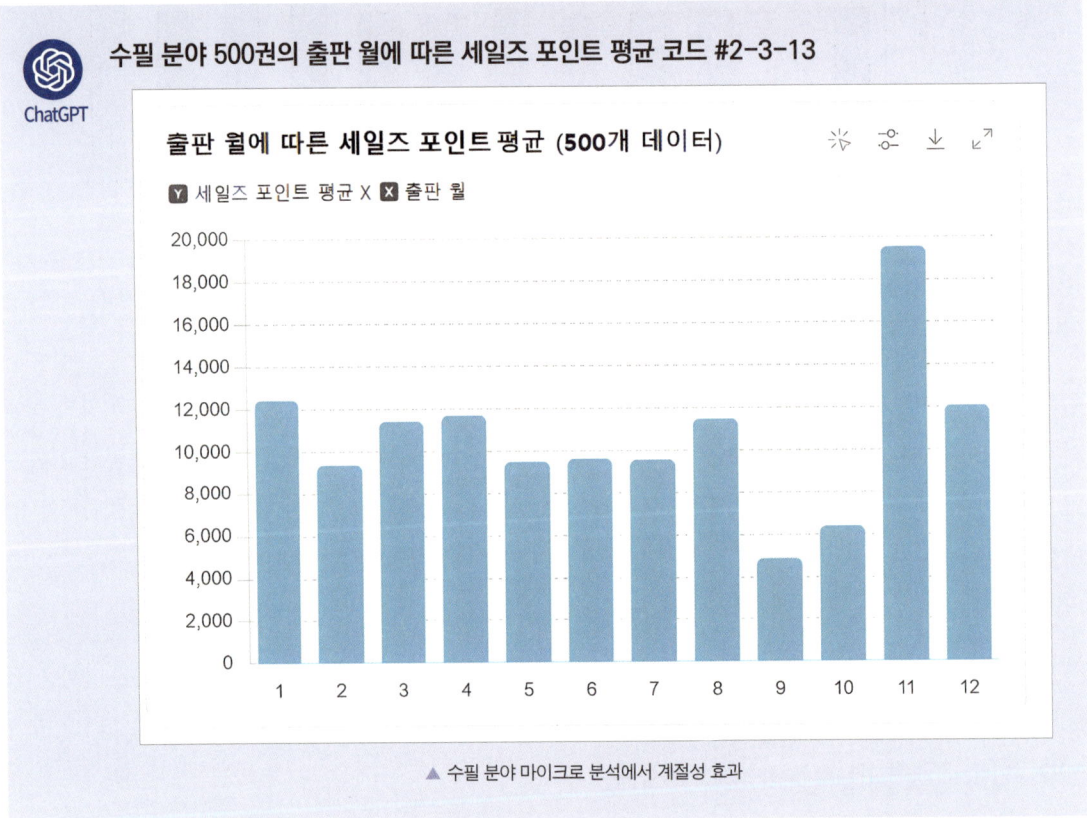

▲ 수필 분야 마이크로 분석에서 계절성 효과

위의 그래프를 보면, 11월에 출판된 도서의 세일즈 포인트가 다른 어떤 월에 출판된 도서보다 월등히 높은 수준을 나타냅니다. 즉 두 번째로 높은 월과 비교해 약 57% 더 높습니다. 이를 통해 수필 분야에서도 여전히 계절성 효과가 유효하다는 사실을 확인할 수 있습니다. 그러므로, 강가을 편집자의 수필 출판은 10월과 11월 사이가 적절할 것입니다.

출판 마이크로 분석 2 - AI가 읽어낸 베스트셀러의 텍스트 패턴 분석

거대언어모델(LLM) AI의 등장 이후, 데이터 분석 분야에서 큰 변화가 일어나고 있습니다. 이전에는 정량적 데이터 분석(Quantitative Data Analysis)에 집중되어 있었지만, 이제는 자연어 처리를 활용한 텍스트 분석이 활발하게 이루어지고 있습니다. 자연어 처리 분야는 원래 조예가 깊은 연구자들에게만 해당되는 전문 역량으로 여겨졌습니다. 그러나 챗GPT의 등장으로 인해 자연어 처리 기술에 대한 깊은 지식이 없어도 누구나 쉽게 텍스트 분석을 할 수 있게 되었습니다. 이는 인사 담당자, 박다정 대리의 자연어 처리 예시에서 살펴본 바와 같습니다.

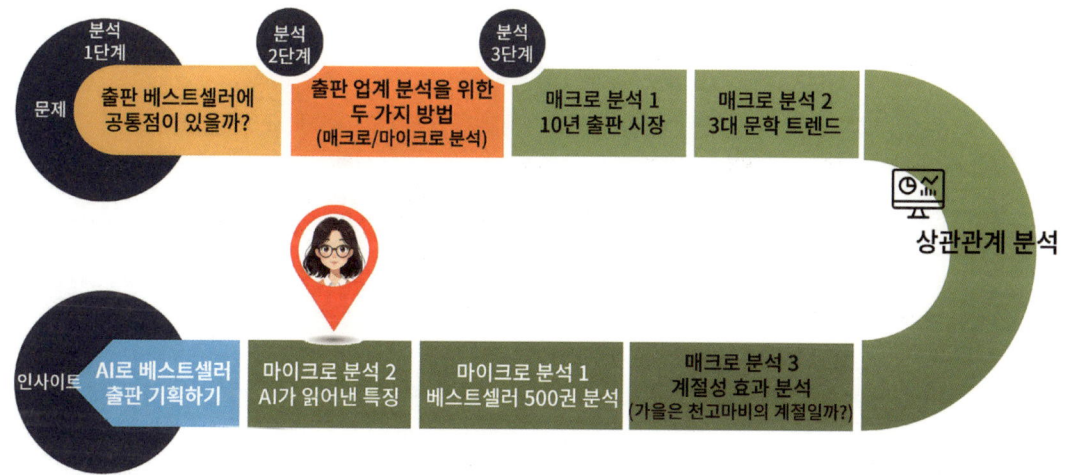

▲ 분석 3단계(마이크로 분석-2): 텍스트에서 AI가 읽어낸 특징

앞서 마이크로 분석에 사용된 마이크로 분석 데이터에는 책 제목, 부제, 책 소개, 저자 소개 등, 텍스트 데이터가 있습니다. 자연어 처리를 이용하면, 다양한 흥미로운 분석이 가능합니다. 대표적으로 거대언어모델이 텍스트 데이터를 분석해서 정해진 항목에 대해 점수로 변환하는 분석이 있습니다. 이를 강가을 편집자의 'AI로 베스트셀러 출간 기획' 프로젝트에 적용해 보겠습니다.

전체 데이터 중에서 텍스트 형태는 책 제목, 부제, 지은이, 출판사, 출판일, 책 소개, 목차, 저자 소개 이렇게 총 8개의 항목으로 구성되어 있습니다. 앞서 인사 담당자 박다정 대리가 진행했던 동료 평가 서술 문장에 대한 자연어 처리와 마찬가지로, GPT 함수('=GPT()')를 이용하여 텍스트를 분석할 수 있습니다.

필터링 된 알라딘 웹 크롤링 데이터로부터 텍스트 패턴 분석

※ 원본 파일: 출판시장마이크로분석_3-0_all_books_data_CID55889_snum500_20241008.csv

※ 필터링된 파일: 출판시장마이크로분석_3-1_Quantitative Data Analysis_all_books_data_CID55889_snum500_20241008_filtering185

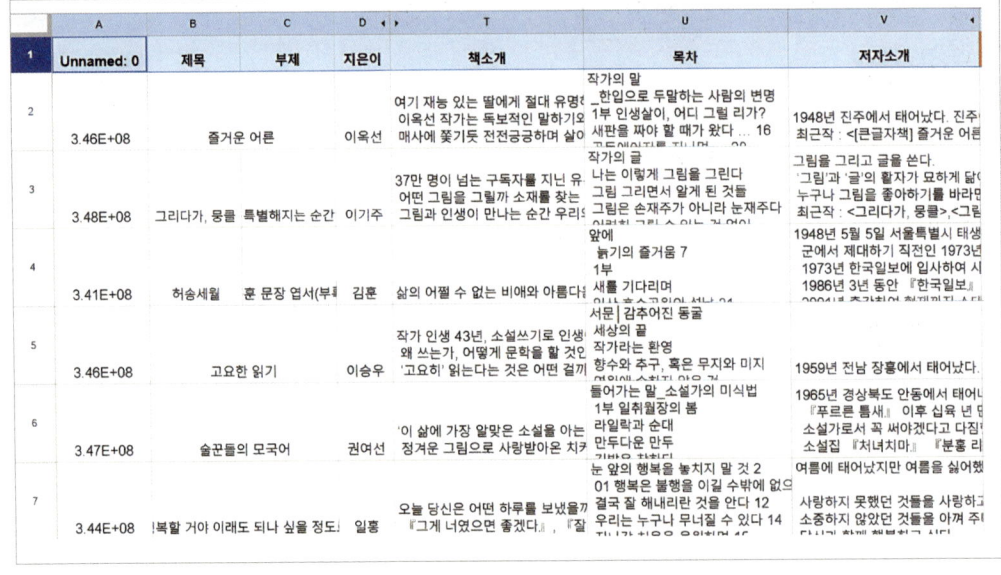

▲ 웹 크롤링 텍스트 데이터

구글 시트에서 제공된 파일을 불러오고 GPT 함수를 아래와 같이 첫 행에 입력 후 셀을 선택하여 아래로 당겨서 자동 채우기하면 전체 도서에 대해 일괄 작업이 진행됩니다.

GPT() 함수 명령어 코드 #2-3-14

TDA1-제목 흥미도와 창작성(이용 컬럼: 제목, 부제)

=GPT("이 책 제목이 독자의 흥미를 끌 수 있을지 그리고 창의적인지를 0~10 사이로 정량적 평가해 봐. 항상! 0~10 사이의 숫자로만 셀을 채워라.", B2 & " " & C2)

TDA2-책의 난이도 파악(이용 컬럼: 책 소개, 목차)

=GPT("책 소개와 목차를 살펴보고 이 책의 난이도를 0~10 사이로 평가해 줘. 어려우면 10, 어렵지 않으면 0으로 평가해 줘. 항상! 0~10 사이의 숫자로만 셀을 채워라.", T2 & " " & U2)

TDA3-저자의 인지도와 명성(이용 컬럼: 지은이, 저자소개)

=GPT("지은이 이름과 저자 소개를 보고, 저자의 인지도와 명성을 0-10 사이에 평가해 줘. GPT가 저자를 알고 있다면 그 내용을 반영해 평가해 줘. 항상! 0~10 사이의 숫자로만 셀을 채워라.", D2 & " " & V2)

TDA4-논리 전개성(이용 컬럼: 책 소개, 목차)

=GPT("숫자로만 대답해. 추가 부연설명 없이. 목차와 책 소개를 살펴보고 이 책이 논리적인지 네가 평가해 봐. 물론 책 목차라는 게 대부분 논리적으로 적었겠지만 여러 책으로부터 상대 평가를 해서 0~10 사이로 해줘. 항상! 0~10 사이의 숫자로만 셀을 채워라.", T2 & " " & U2)

TDA5-책 소개로 흥미 유발(이용 컬럼: 책 소개)

=GPT("책 제목만 보고 독자가 흥미를 느낄 수 있는지를 상대평가로 0~10 사이로 점수로 부여하자. 항상! 0~10 사이의 숫자로만 셀을 채워라.", T2)

텍스트 분석 항목	내용
TDA1	제목 흥미도와 창작성
TDA2	책의 난이도 파악
TDA3	저자의 인지도와 명성
TDA4	논리 전개성
TDA5	책소개로 흥미 유발

▲ 텍스트 분석 항목

▲ 텍스트 데이터 셀로부터 GPT 함수를 이용해 자연어 처리

마이크로 분석에 쓰이는 텍스트 데이터를 챗GPT 자연어 처리하여 5개 항목에 대해 정량화하였습니다. 정량화된 텍스트 분석 결과와 TDA(Text Data Analysis) 점수 다섯 개와 세일즈 포인트 간의 상관관계를 살펴보겠습니다. 이는 도서의 내용을 정량적으로 표현하여 베스트셀러의 특징을 추출하려는 시도입니다. 예를 들어, 저자의 인지도와 명성을 0점에서 10점 사이로 평가하고, 이를 세일즈 포인트와 비교함으로써 베스트셀러의 특징을 분석하는 것입니다.

정량화한 텍스트 분석 상관관계 히트맵 시각화

정량화한 텍스트 분석 TDA(Text Data Analysis) 1~5와 세일즈 포인트의 상관관계를 보고 싶어. 다음 두 가지를 시각화해 줘.

1. 전체 메트릭스를 포함한 상관관계 히트맵
2. 세일즈 포인트 행만을 보여주는 상관관계 히트맵

텍스트 데이터 분석 상관성 시각화 코드 #2-3-15

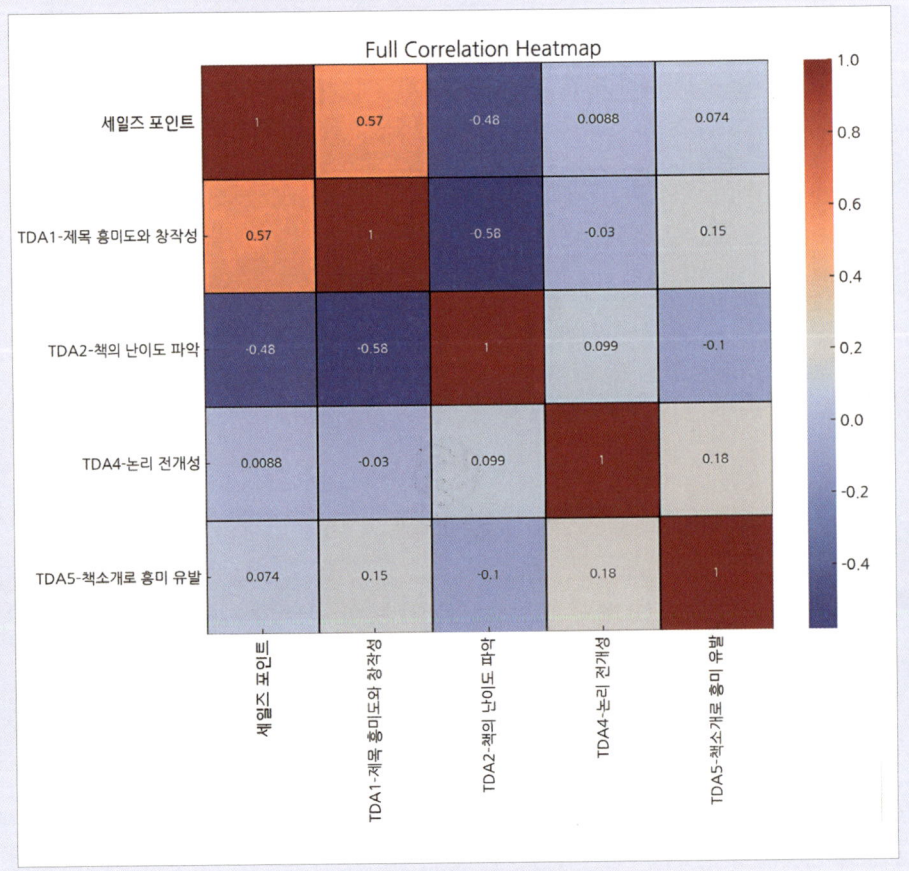

▲ 텍스트 데이터 분석 상관관계 히트맵

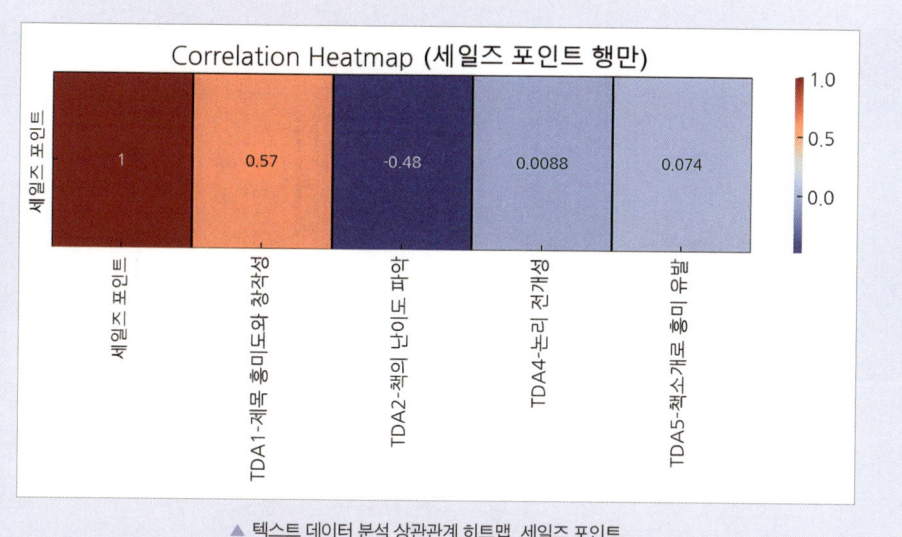

▲ 텍스트 데이터 분석 상관관계 히트맵, 세일즈 포인트

그림 27의 '성능지표로서 세일즈 포인트의 분포 시각화'에서 높은 세일즈 포인트와 낮은 세일즈 포인트 도서 간의 차이는 매우 큽니다. 즉, 전체 데이터의 중앙값은 8,000포인트인 반면 최상위 약 1%는 100,000포인트 수준입니다. 상관관계 분석 시 이러한 큰 수치 차이는 영향도를 파악하기 어렵습니다. 이때 데이터 분포가 지수분포* 모양인 경우에는 로그 변환**하면 유용합니다. 로그 변환을 통해 데이터 분포를 정규분포에 가깝게 만들고, 보다 신뢰성 있는 상관관계 분석이 가능할 것입니다.

 로그 변환하여 회귀 분석

세일즈 포인트는 샘플마다 편차가 크니까 로그를 씌워서 변환하자.

그리고 위에서 상관관계가 높은 TDA1과 TDA2에 대해 각각 산점도와 그에 맞는 선형 회귀 선을 표시해 줘.

(참고사항: '텍스트 데이터 분석 상관관계 히트맵, 세일즈 포인트'에서 TDA1 상관계수는 0.557, TDA2 상관계수는 -0.48으로 절대값이 높습니다.)

---

* 지수분포(exponential distribution)는 한쪽으로 치우친 분포로, 낮은 값은 많고 높은 값은 점점 적어지는 형태를 보인다. 예를 들어 베스트셀러 도서의 판매량처럼, 소수의 책이 매우 높은 판매량을 보이고 대부분의 책은 상대적으로 낮은 판매량을 보이는 경우에서 흔히 나타난다.

** 로그 변환은 데이터의 값이 너무 크거나 분포가 한쪽으로 치우쳐져 있을 때 사용하는 데이터 변환 방법이다. 원래 값에 로그를 취함으로써 큰 값들 사이의 간격은 줄이고 작은 값들 사이의 간격은 늘려서, 전체적으로 데이터 분포를 고르게 만든다. 예를 들어 10, 100, 10000이라는 값들은 로그 변환 후 1, 2, 3으로 변환되어 특히 지수 분포를 갖는 데이터를 다루기 쉬운 형태로 변환하는 것이다.

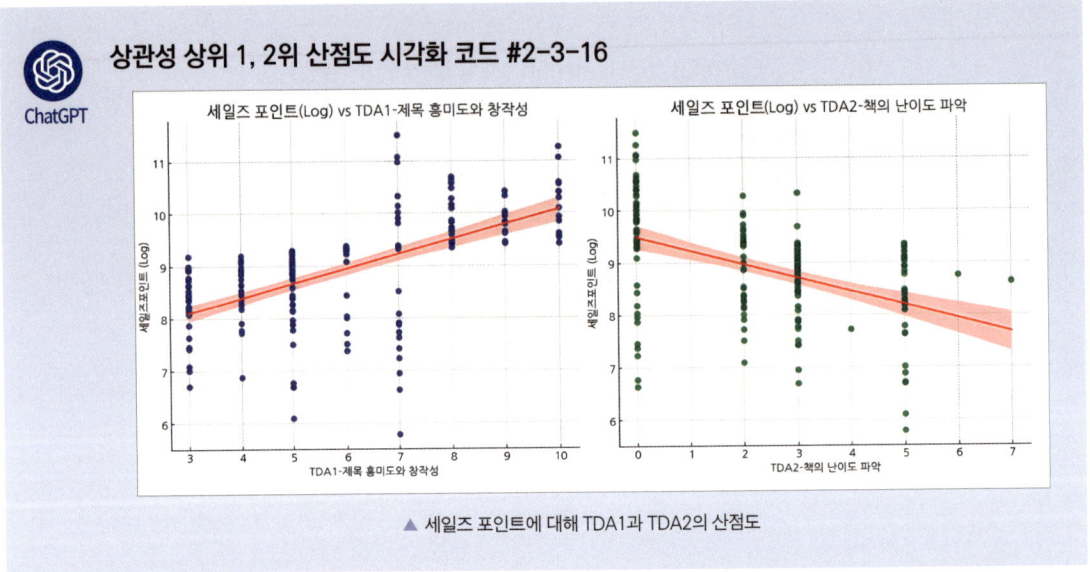

▲ 세일즈 포인트에 대해 TDA1과 TDA2의 산점도

세일즈 포인트와 유의미한 상관관계를 보이는 지표는 '제목 흥미도와 창작성(TDA1)' 및 '책의 난이도 파악(TDA2)'입니다. 개별적 트렌드를 자세히 살펴보기 위해 산점도를 살펴보았습니다. 산점도는 두 변수 간의 관계를 시각적으로 보여주는 가장 직관적인 방법입니다. 각 점들이 어떤 패턴을 그리는지, 실제로 선형적인 관계가 있는지, 또는 다른 특별한 패턴이 있는지를 한눈에 파악할 수 있기 때문입니다. 특히 회귀선과 함께 표시하면, 두 변수 간의 관계의 방향(양의 관계인지 음의 관계인지)과 강도를 쉽게 확인할 수 있어 유용합니다.

산점도와 빨간색 회귀선이 포함된 데이터 분석 결과는 제목과 부제에서 독자를 끌어들이는 흥미와 창작성을 보이는 게 무엇보다 중요하다는 결과를 보여줍니다.

책의 난이도는 낮을수록 베스트셀러가 될 확률이 높았습니다. 전체 샘플에서 0~7점 사이로 분포된 텍스트 분석 결과, 책의 난이도는 '-0.48'의 상관계수를 나타냈습니다. 여기에서 음(-)의 의미는 역의 상관관계를 의미합니다. 즉, 난이도가 낮을수록 베스트셀러 가능성이 높아지는 경향이 있음을 보여줍니다. 제목과 부제의 참신함과 독창성은 독자를 끌어들이는 데 매우 중요하며, 독자에게 쉽게 다가갈 수 있는 쉬운 내용을 담은 책이 베스트셀러로 이어질 가능성이 큽니다. 이러한 분석 결과는 강가을 편집자가 출판 전략을 세우는 데 중요한 참고자료로 활용될 수 있습니다.

여러 사람의 의견을 듣는 것보다, 스스로 데이터를 분석했을 때, 그 분석 결과에 대한 자기 신뢰도는 높을 수밖에 없습니다. 강가을 편집자가 AI-노코드 데이터 분석을 수행하면서 데이터의 특성과 패턴을 깊이 이해할 수 있는 기회를 얻었습니다. 이는 다른 사람의 분석 결과를 전달받는 것과는 다른 통찰력을 제공했습니다. 이렇게 얻은 경험과 깨달음은 앞으로의 편집 업무에 귀중한 자산이 될 것입니다.

인사이트: AI 시대 출판 기획 법칙이 바뀌다

강가을 편집자의 데이터 분석을 통한 베스트셀러 출판 기획은 출판 업계 종사자라면 누구나 시도해 볼 만한 과정입니다. 좋은 작가를 찾고 좋은 글을 출판하는 것도 중요하지만, 전체 트렌드를 파악하고 시중에 출간된 경쟁 도서를 면밀히 분석하는 것 또한 출판 기획에서 빠져서는 안될 부분입니다.

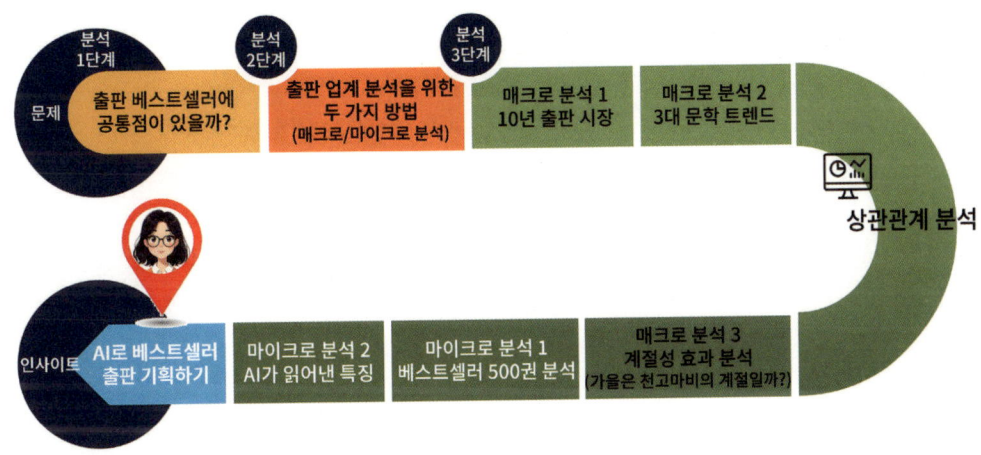

▲ 인사이트: AI로 베스트셀러 출판 기획하기

AI와 데이터 분석은 출판 업계와 같은 수치화하기 어려운 분야에서도 유용하게 활용될 수 있음을 보여주었습니다. 특히 텍스트 분석 분야는 그 자체로 복잡한 자연어 처리 기술이지만, 챗GPT와 같은 AI 모델 덕분에 이제 누구나 쉽게 접근할 수 있는 영역이 되었습니다.

AI를 활용한 출판 시장 분석은 크게 거시적 관점의 매크로 분석과 미시적 관점의 마이크로 분석으로 나눠서 순차적으로 분석했습니다. 매크로 출판 시장 동향을 먼저 파악한 후, 마이크로 출판 시장 분석을 통해 개별 도서의 특성을 다각도로 살펴보았습니다. 월 단위 출판 도서 판매 데이터로부터 발견한 계절성 효과는 출판 편집과 기획, 마케팅 전략에 이르기까지 데이터 기반 의사결정에 큰 도움을 줄 것입니다.

매크로 출판 시장 분석에서는 분야별 출판과 도서 판매 금액을 분석하고, 탑-다운 방식으로 출간 기획을 구체화해 나갔습니다. 마치 숲을 보고 나무를 보는 접근 방식입니다. 매크로 분석 이후 이어지는 마이크로 분석에서는 500개의 수필 도서 상관분석을 통해 베스트셀러의 공통점을 도출했습니다. 더불어 책 제목, 책 소개, 저자 소개 등의 텍스트 데이터를 분석하여 출판 기획에 직접 활용할 수 있는 인사이트를 얻을 수 있었습니다.

이러한 데이터 기반 분석 방법은 출판 업계 종사자라면 누구나 특별한 도구 없이도 자신의 경험과 노하우를 바탕으로 시도해볼 수 있습니다. AI와 데이터 분석은 출판계의 창의적이고 전략적인 기획에 새로운 길을 열어줄 것입니다.

인사이트 요약

- **인사이트 1**: AI와 데이터 분석은 출판과 같은 창의적인 산업에서도 즉시 활용할 수 있습니다. 베스트셀러 기획과 같은 전문가의 직관이 필요했던 영역에서도 데이터 기반 의사결정이 가능해져, 더욱 정교한 출판 기획을 세울 수 있습니다.
- **인사이트 2**: 데이터 분석 과정을 탑-다운 방식으로 접근하여 매크로 분석에서 마이크로 분석으로 나아가 다각적인 출판 기획 전략을 세울 수 있습니다.
- **인사이트 3**: 출판 기획 데이터로부터 도출된 마케팅 포인트는 특정 독자층을 겨냥한 맞춤형 콘텐츠 기획에 도움을 줄 수 있습니다. 또한, 도서 분야에 따라 출간 타이밍을 계획하는 데에도 유용하게 활용될 수 있습니다.

04

펀드 매니저
감으로 하던 투자에서 데이터로 하는 퀀트 투자로

정대한 펀드 매니저

이름	정대한 펀드 매니저(43)
업무	고객 자산 펀드 운용
데이터 분석 경험	★★★☆☆ (엑셀로 어떻게든 해보지만 한계를 느껴요.)
실무 적용 상황	금융 데이터를 이용한 퀀트 데이터 분석과 전략 백테스트
데이터 분석 기법	시계열 데이터 분석
그녀의 한 마디	"퀀트 데이터 팀처럼 데이터 기반 투자 전략을 세우고 검증해 보고 싶어요."

원본 데이터 다운로드(깃허브)

https://github.com/M-LearnRun/Nocoding-JustAI

- 원본 데이터 1(코스피): TimeSeries_1_KOSPI_1_rawdata_full.csv
- 원본 데이터 2(코스닥): TimeSeries_1_KOSDAQ_1_rawdata_full.csv

원본 데이터 소개
- 출처: 파이낸스-데이터리더 라이브러리(https://pypi.org/project/finance-datareader)
- 설명: 국내 주식 코스닥/코스피의 20년 장기 주가 추이

정대한 펀드 매니저의 AI-노코드 데이터 분석 프로세스

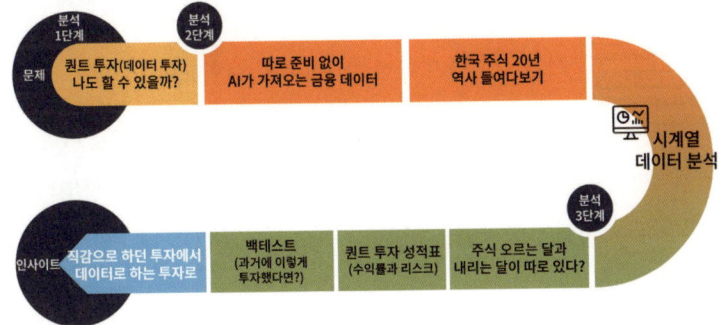

▲ AI-노코드로 직감으로 투자하던 방식에서 데이터로 투자하는 프로세스

퀀트 투자 펀드를 운용해 보고 싶은 문과 출신 펀드 매니저

정대한 펀드 매니저의 책상에는 세 개의 대형 모니터가 나란히 늘어서 있습니다. 한국 주식 시장이 열리는 순간부터 오후 3시 반 장이 끝날 때까지 그의 눈은 이 모니터를 떠날 수 없습니다. 좌측 모니터에는 실시간 주가 차트가, 중앙에는 각종 경제 지표와 실시간 경제 뉴스가, 우측 모니터에는 정대한 매니저가 운용하는 포트폴리오 자금 현황이 끊임없이 업데이트됩니다. 초 단위로 시시각각 변하는 시장의 흐름처럼 엄청난 양의 데이터가 흐르고 있습니다.

고객 자산 펀드를 운용하는 정대한 펀드 매니저는 항상 긴장 상태에 있습니다. 투자 결정을 내릴 때마다 그는 자신의 직감과 경험, 때로는 운까지 총동원합니다. 하지만 시장은 항상 변덕스러워 예측하기 어려운 상황이 계속됩니다. 매번 자신의 감각에 의존해 의사결정을 내려야 하는 상황은 그에게 큰 부담으로 다가옵니다. 오히려 감정을 배제하고 이성적인 판단을 하기 위해 데이터 기반의 의사결정이 투자에 있어서 더 나은 접근법일지도 모른다는 생각이 들었습니다. 그래서 정대한 매니저는 이러한 문제를 가능한 한 데이터로 풀어보고자 합니다.

그러나 현실은 그리 녹록지 않았습니다. 정대한 펀드 매니저가 소속된 한국증권의 퀀트* 데이터팀은 우수한 데이터 분석가와 데이터 과학자로 구성된 그룹입니다. 그들은 블룸버그 터미널 프로그램**으로 멋져 보이는 분석도 하고, 모니터 화면엔 항상 검정색 배경에 수많은 문자와 숫자가 즐비한 코딩으로 가득 차 있습니다. 이런 복잡한 모니터 화면만큼이나 그들의 업무도 복잡하고 방대합니다. 회사 전체의 펀드 매니저와 애널리스트들의 끊임없는 요청으로 퀀트 데이터팀은 항상 시간에 쫓기고 있습니다.

처음에 퀀트 데이터팀이 꾸려질 때는 데이터 분석 전문가 집단이 도맡아서 분석하는 방식이 회사 전체적으로 효율적인 조직 구조로 보였습니다. 하지만 시간이 지날수록 정대한 매니저는 이러한 조직 구성은 현실적으로 실무에 도움이 되지 않는다고 느꼈습니다. 요청하는 데이터의 양도 증가하고, 점점 다양한 결과를 요청하게 되면서 원하는 업무 협조를 제때 받기가 점점 어려워졌기 때문입니다. 새로운 분석을 요청할 때마다 퀀트팀의 표정이 미묘하게 굳어지는 것을 보며 그도 불편함을 느끼기 시작했습니다.

> "정 매니저님, 지난주에 요청하신 분석 자료를 첨부했습니다.
> 추가로 요청하신 분석은 시간이 좀 걸릴 것 같습니다.
> 언제까지 가능할지 아직 알려드리기 어렵습니다."

이런 답변을 받을 때마다 정대한 펀드 매니저는 미안함과 동시에 답답함을 느꼈습니다. 시시각각 변하는 시장 상황에서 며칠씩 기다려야 하는 분석 결과는 그에게 너무 먼 과거의 기록일 뿐입니다. 하지만 퀀트팀의 업무 부담을 고려하면 자주 요청하기도 어려운 상황입니다. 그는 점점 더 자신이 직접 데이터를 다뤄야 할

---

* 퀀트(Quant) 투자는 사람의 직관이 아닌 데이터와 수학적 모델로 투자하는 방식이다. 전통 투자가 전문가의 경험으로 판단한다면, 퀀트 투자는 데이터 분석을 통해 객관적으로 의사결정을 내린다. 마치 요리를 할 때 경험자의 감이 아닌, 정확한 레시피로 하는 것이다.

** 글로벌 금융시장의 실시간 데이터와 뉴스를 제공하는 전문 금융 정보 시스템이다.

필요성을 느끼기 시작했습니다.

울며 겨자 먹기로 그에게 익숙한 엑셀과 HTS*을 켭니다. 복잡한 수식과 HTS에서 제공하는 기능으로 자신만의 분석을 시도해 보지만, 매번 쓰던 기능만 사용하고 원하는 수준의 분석에는 한계가 있었습니다. 어느덧, 오후 3시 반이 되어 주식 시장 마감을 알리는 음성이 나옵니다.

"장이 종료되었습니다."

멘트가 들리면서 그의 펀드 운영 업무도 함께 마무리되었습니다. 또 한 번의 숨 가쁜 하루가 저물어 갑니다. 정대한 펀드 매니저는 모니터를 응시하며 깊은 고민에 빠집니다. 이대로는 안 된다는 것을 분명히 알게 되었지만, 어떻게 해야 할지, 어디에서부터 시작해야 할지 막막하기만 합니다. 금융 시장 데이터를 자유자재로 다룰 수 있다면, 그가 확인해 보고 싶은 것을 직접 검증하고 그 검증 결과를 펀드 운용에 반영할 수 있을 것입니다.

그는 어떻게 데이터를 이용해서 이성적인 투자 판단을 할 수 있을지 스스로에게 묻습니다.

정대한 펀드 매니저의 데이터 분석 문제

- 퀀트 데이터 분석가에게 의존하지 않고 내가 직접 데이터를 다룰 수 있는 방법이 없을까?
- 한눈에 보기에도 복잡하고 어려운 코딩을 배우기엔 무리가 있어. 내가 요청하면 누군가가 대신 옆에서 코딩이나 데이터 분석을 바로바로 수행해 줄 수 있다면 얼마나 좋을까?
- 감에 의존하던 투자 의사결정을 데이터 기반으로 한다면 더 이성적인 판단을 할 수 있지 않을까?

따로 데이터 업로드 없이 AI가 가져오는 금융 데이터

금융 시계열 데이터 분석은 다른 데이터 분석과 달리, 개인적으로 데이터를 업로드하지 않아도 전 세계 시장 데이터를 내려 받을 수 있습니다. 가장 광범위하게 데이터를 제공하는 곳은 야후 파이낸스 API(yfinance)입니다. 많은 라이브러리가 이 야후 파이낸스 API를 이용해 자신만의 서비스를 구축하여 제공합니다. 이러한 라이브러리를 래퍼(wrapper)라고 부릅니다. 초연결 시대에는 필요하면 새로 만드는 것이 아니라 기존 것을 연결해 가져오는 방식이 더욱 중요해지고 있습니다.

금융 데이터를 제공하는 유용한 라이브러리인 파이낸스-데이터리더(finance-datareader)는 야후 파이낸스 API를 통해 데이터를 얻습니다. 사용자는 직접 야후 파이낸스 API를 사용하지 않더라도, 파이낸스-데이터리더 라이브러리를 통해 간접적으로 손쉽게 데이터를 얻을 수 있습니다.

---

* HTS(Home Trading System)는 증권사가 제공하는 주식 거래용 컴퓨터 프로그램으로, 집이나 사무실에서 주식 매매와 시장 정보를 실시간으로 확인하는 프로그램이다.

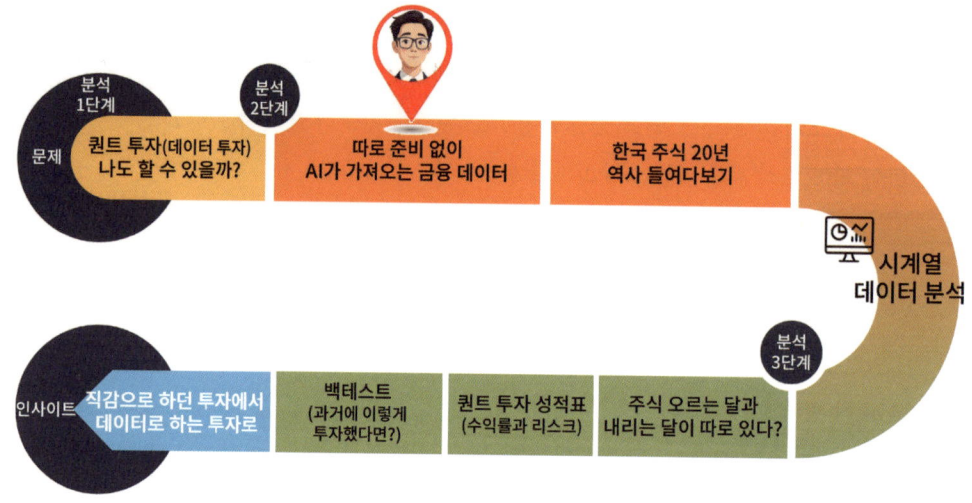

▲ 분석 2단계: AI로 금융 데이터 수집하기 단계

이 소중한 데이터를 이제 누구나 손쉽게 언제 어디서나 접근해서 살펴볼 수 있는 시대입니다. 기존에는 코딩과 VS Code, 아나콘다, 파이참과 같은 개발 환경이 필요했습니다. 하지만 이 책의 취지인 '코딩은 모르지만 AI는 하고 싶은' 당신에게, 코딩은 물론 개발 환경 설치나 세팅 조차 요구하지 않습니다. 이제는 복잡한 개발 환경 설정이나 코딩 지식 없이도 금융 데이터를 얻고 분석하는 것이 가능해졌습니다.

따로 데이터를 모아서 업로드하는 대신 금융 데이터 수집 자체를 챗GPT 가상환경에서 할 수 있습니다. 추가적으로 여러 금융 데이터를 얻을 수 있는 유용한 라이브러리를 아래에 소개합니다.

구분	라이브러리 이름	라이브러리 다운로드 링크
증권 데이터	야후 파이낸스 (yfinance)	https://pypi.org/project/yfinance
	판다스-데이터리더 (pandas-datareader)	https://pandas-datareader.readthedocs.io
	파이낸스-데이터리더 (finance-datareader)	https://pypi.org/project/finance-datareader
가상자산 데이터	크립토 커런시 트레이딩 (cctx)	https://docs.ccxt.com
	국내 업비트 트레이딩 (pyupbit)	https://pyupbit.readthedocs.io

▲ 증권 데이터를 얻을 수 있는 공개 라이브러리

본격적으로 데이터를 분석하기 전에 금융 데이터가 필요합니다. 금융 데이터를 얻기 위해 필요한 라이브러리를 미리 챗GPT 가상환경에 업로드하고 설치하겠습니다.

> **금융 데이터 분석을 위한 라이브러리 3개**
>
> 1. 'finance_datareader-0.9.94-py3-none-any.whl': 금융 데이터 제공 라이브러리
> 2. 'mplfinance-0.12.10b0-py3-none-any.whl': 캔들차트 제공 라이브러리
> 3. 'koreanize_matplotlib-0.1.1-py3-none-any.whl': 한글 폰트 시각화 라이브러리
>
> 라이브러리 파일은 '증권 데이터를 얻을 수 있는 공개 라이브러리' 테이블에 있는 웹페이지에서 받을 수 있습니다. 또한, 이 책에서 제공한 깃허브 QR코드에서도 받아 보실 수 있습니다.

 금융 데이터 분석을 위한 라이브러리 설치

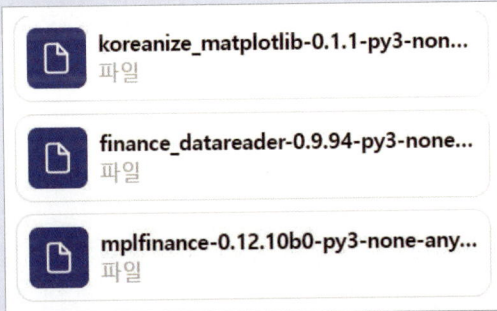

▲ 금융 데이터 분석에 필요한 파이썬 라이브러리

순서대로 설치해 줘.
3개의 라이브러리가 잘 작동하는지 라이브러리를 import*하고 간단한 코드를 생성해서 확인해 보자.

---

* import는 파이썬에서 라이브러리를 사용하기 위해 가져온다는 의미로서 기본 명령어다.

파이썬 라이브러리 설치 코드 #2-4-1

```
결과
Defaulting to user installation because normal site-packages is not writeable
Processing /mnt/data/koreanize_matplotlib-0.1.1-py3-none-any.whl
(...)
Installing collected packages: koreanize-matplotlib
Successfully installed koreanize-matplotlib-0.1.1

Processing /mnt/data/finance_datareader-0.9.94-py3-none-any.whl
(...)
Installing collected packages: requests-file, finance-datareader
Successfully installed finance-datareader-0.9.94 requests-file-2.1.0

Processing /mnt/data/mplfinance-0.12.10b0-py3-none-any.whl
(...)
```

설치된 라이브러리 import 후 확인 코드 #2-4-2

```
결과
STDOUT/STDERR
                  Open         High          Low        Close    Volume \
2022-01-03  177.830002   182.880005   177.710007   182.009995  104487900
2022-01-04  182.630005   182.940002   179.119995   179.699997   99310400
2022-01-05  179.610001   180.169998   174.639999   174.919998   94537600
2022-01-06  172.699997   175.300003   171.639999   172.000000   96904000
2022-01-07  172.889999   174.139999   171.029999   172.169998   86709100

             Adj Close
2022-01-03  179.273636
2022-01-04  176.998322
2022-01-05  172.290222
2022-01-06  169.414093
```

설치된 라이브러리 import 후 확인 코드 #2-4-2

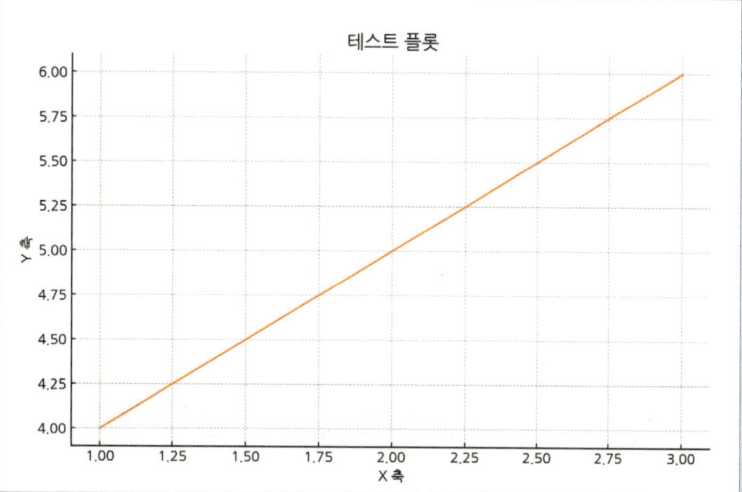

▲ 시각화에서 한글 폰트 사용(koreanize_matplotlib)

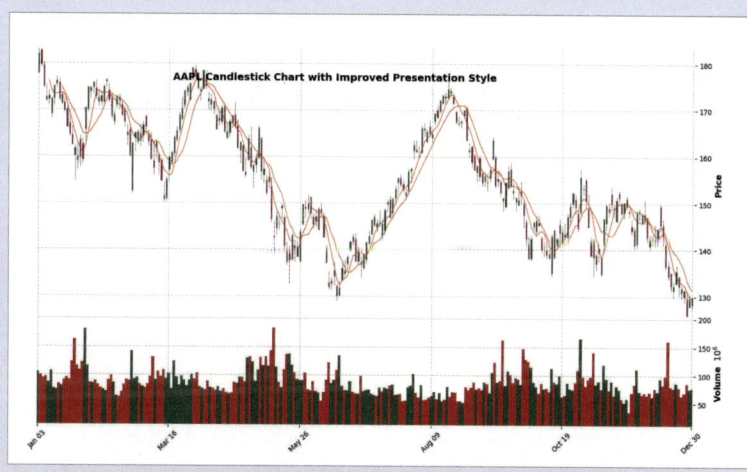

▲ mplfinance 라이브러리를 이용한 캔들차트 시각화(애플; AAPL)

3개의 라이브러리가 모두 정상적으로 설치 및 작동하는 것을 확인했습니다:

1. **finance-datareader**: 애플(AAPL) 주식 데이터를 2022년 동안 불러왔고, 데이터 일부를 출력했습니다.

2. **koreanize_matplotlib**: 한글이 포함된 플롯을 성공적으로 그렸습니다.

3. **mplfinance**: 불러온 주식 데이터를 사용해 캔들스틱 차트를 성공적으로 표시했습니다.

finance-datareader 라이브러리는 금융 데이터를 불러옵니다. koreanize_matplotlib 라이브러리는 그래프를 그릴 때 한글 폰트가 깨지지 않게 하기 위한 기능을 합니다. mplfinance는 일반적으로 주식차트로 시각화하기 위해서 필요한 라이브러리입니다. 위에서 수집한 금융 데이터는 주식 애플의 가격 데이터입니다. 내려받은 가격 데이터를 OHLCV 데이터*라고 합니다. 이제 실시간으로 모든 주식의 가격 데이터를 요청하고 살펴보고 분석해 볼 수 있습니다.

국내 주식 코스피/코스닥 20년 역사 들여다보기

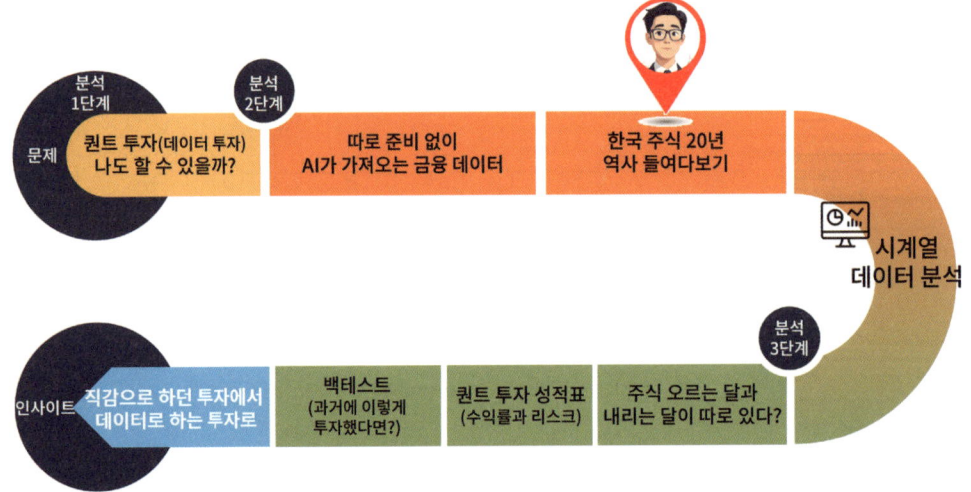

▲ 분석 2단계: 한국 주식 20년 역사 들여다보기

정대한 펀드 매니저는 국내 주식 시장 펀드를 운용하기 때문에 국내 주식 시장 전체에 관심이 있습니다. 그는 국내 주식 시장의 대표 지수인 코스피와 코스닥 주가 차트 데이터를 요청하려고 합니다. 모든 주식 종목이나 인덱스는 고유의 티커(ticker)** 혹은 종목 번호를 가지고 있으며, 네이버 증권에서 쉽게 확인할 수 있습니다.

---

* 주식 시장에서 거래되는 모든 종목의 가격 정보를 나타내는 기본적인 데이터를 'OHLCV 데이터'라고 한다. 이는 하루 동안의 주식 거래에서 첫 거래 가격인 시가(Open), 장중 최고 가격인 고가(High), 장중 최저 가격인 저가(Low), 마지막 거래 가격인 종가(Close) 그리고 하루 동안 거래된 총 주식 수량인 거래량(Volume)을 의미한다. 이 다섯 가지 정보는 기술적 분석과 투자 결정에 있어 가장 기초적이고 핵심적인 지표이다.

** 티커(ticker)는 주식 시장에서 각 종목을 구별하기 위해 부여한 고유의 기호나 번호이다. 마치 사람의 주민등록번호와 같은 역할을 하며, 코스피의 경우 'KS11', 코스닥의 경우 'KQ11'과 같은 형태로 표시된다. 이러한 티커는 증권사나 데이터 제공 업체마다 조금씩 다른 형식을 사용할 수 있으나, 해당 거래소나 기업을 고유하게 식별할 수 있는 공식 코드다.

미국의 티커(ticker) 혹은 국내 종목 번호
- **코스피**: 'KS11'
- **코스닥**: 'KQ11'
- **삼성전자**: '005930'
- **엔비디아**: 'NVDA'

▲ 미국 주식 티커와 한국 주식 종목 번호 예시

이처럼 티커만 알고 있다면 매일의 모든 가격 정보를 요청할 수 있습니다. 그럼 이제 설치한 파이낸스-데이터리더 라이브러리로부터 자료를 얻는 작업을 진행해 보겠습니다.

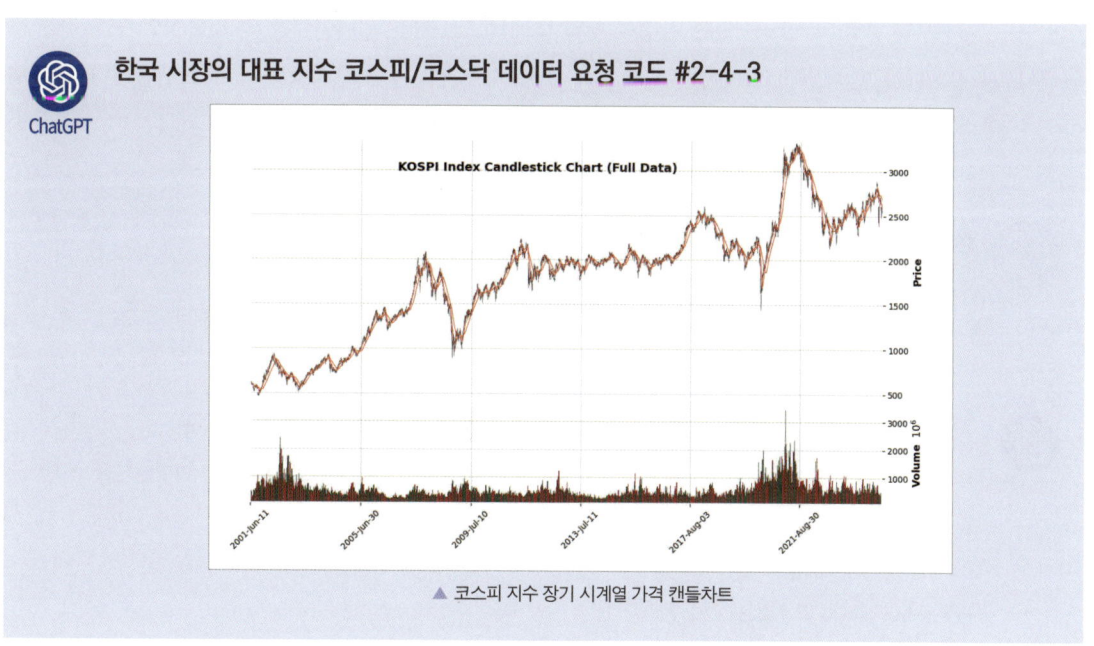

한국 시장의 대표 지수 코스피/코스닥 데이터 요청 코드 #2-4-3

▲ 코스피 지수 장기 시계열 가격 캔들차트

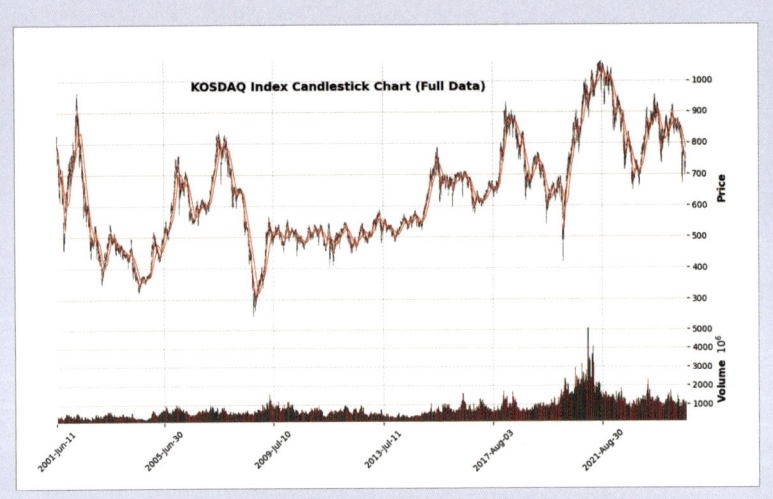

▲ 코스닥 지수 장기 시계열 가격 캔들차트

과거부터 현재까지 코스피(KS11)와 코스닥(KQ11)의 시계열 순서에 따라 데이터를 얻고 캔들차트를 그렸습니다. 데이터의 양이 많아서 일부 세부 사항이 잘 보이지 않을 수 있다는 경고가 나타났습니다. 이를 개선하기 위해 데이터의 표현 방식을 "라인 차트"로 변경할 수도 있습니다.

위 결과는 한국 주식 시장을 대표하는 코스피와 코스닥 가격 시계열 데이터를 얻고 캔들차트로 시각화한 모습입니다. AI로부터 금융 데이터를 얻는 장점은 매일 업데이트된 최신의 데이터를 얻고 분석할 수 있다는 것입니다. 본 정대한 펀드 매니저의 데이터 문제에서는 csv 파일로 다운로드 받아서 진행하겠습니다. 데이터 양이 많아 수시로 요청하면 과부하나 시간이 오래 걸리는 문제가 발생할 수 있기 때문입니다.

 한국 주식 시장 데이터 다운로드 링크 요청
kospi_data_full, kosdaq_data_full 데이터를 csv 파일로 다운로드할 수 있도록 해줘.

 한국 시장의 대표 지수 코스피/코스닥 데이터 다운로드 링크 생성 코드 #2-4-4
KOSPI와 KOSDAQ의 전체 데이터를 csv 파일로 저장했습니다. 아래 링크를 클릭하여 다운로드할 수 있습니다.

KOSPI 데이터 다운로드

KOSDAQ 데이터 다운로드

각각 파일명은 'kospi_data_full.csv'와 'kosdaq_data_full.csv'입니다.

주식이 오르는 달과 내리는 달이 따로 있다?

▲ 분석 3단계: 주식 시장에서 계절성을 분석하는 단계

정대한 펀드 매니저는 증권업에 종사한 지 10년 차입니다. 매일 주식 시장에 몸담으며 열 해를 주식 시장에서 보냈습니다. 그는 계절에도 봄, 여름, 가을, 겨울이 있듯이 주식 시장에도 호황과 불황의 계절이 있다는 생각을 하게 되었습니다. 미국 주식 시장에는 "Sell in May and go away.(5월에는 모든 주식을 팔고 떠나라.)"라는 격언이 있습니다. 한국 시장에서도 이 격언이 적용되는지 정대한 매니저는 알고 싶었습니다.

▲ 5월엔 주식을 팔고 떠나라(Sell in MAY and go away)

이것을 확인하기 위해서는 2001년부터 2024년까지 주식시장이 열리는 시간 흐름의 시계열 데이터를 1월부터 12월까지 각 월의 수익률로 새롭게 편집한 데이터가 필요합니다. 먼저 한 달의 수익률을 계산하기 위해서 월 수익률에 대해 정의해야 합니다. 해당 월의 수익률은 이전 달의 마지막 날 종가(Close)와 해당 월의 마지막 날 종가(Close)로 계산합니다.

$$월\ 수익률(\%) = \left(\frac{이번\ 달\ 마지막\ 종가(Close)}{지난\ 달\ 마지막\ 종가(Close)} - 1 \right) \times 100$$

예를 들어, 7월 31일 주식 종가가 10,000원이고 8월 31일 주식 종가가 12,000원이라고합시다. 이때 7월 31일부터 8월 31일 사이에 가격 변동이 어떻게 되었는지는 관계가 없습니다. 계산은 아래와 같습니다.

$$월\ 수익률(\%) = \left(\frac{12,000}{10,000} - 1\right) \times 100 = 20\%$$

AI는 월 수익률 계산 정도는 미리 언급하지 않더라도 잘합니다.

주식 가격 월 수익률 계산
7월 주식 가격이 10,000원이고 8월 주식 가격이 12,000원이야.
그러면 수익률은 얼마야?

수익률 계산
여기서 초기 가격은 10,000원이고, 최종 가격은 12,000원이므로:

$$월\ 수익률(\%) = \left(\frac{12,000 - 10,000}{10,000}\right) \times 100 = 20\%$$

따라서 수익률은 20%입니다.

이번엔 시계열 데이터의 날짜를 살펴보겠습니다. 확보한 시계열 데이터의 날짜는 'yyyy-mm-dd' 형식으로 구성됩니다. 예를 들어 '2024-10-01'과 같은 문자열로 날짜가 표기되며, 파이썬의 핵심 라이브러리인 판다스(pandas)와 데이트타임(datetime)은 이러한 날짜 형식을 정확하게 인식하여 시계열 분석에 매우 편리한 기능을 제공합니다. 날짜를 월별로 묶거나 월의 마지막 날 또는 첫째 날만 모아 날짜를 기준으로 데이터를 제어할 수 있기 때문에, 이 두 라이브러리는 시계열 분석에 필수적입니다. 판다스는 본래 금융 시계열 분석을 위해 개발된 라이브러리인 만큼 금융 데이터 분석에 특화되어 있습니다. 챗GPT에서는 따로 선언하지 않더라도 AI는 스마트하게 판다스를 이용해서 금융 시계열 데이터 분석을 돕습니다.

이제 본격적으로 AI와 금융 데이터 시계열 분석을 진행해 보도록 하겠습니다. 시계열 분석에 쓰일 데이터는 월말 종가 가격(Close)입니다. 앞서 파이낸스-데이터리더 라이브러리에서 다운받은 'kospi_data_full.csv'와 'kosdaq_data_full.csv' 데이터를 사용하겠습니다.

코스피 및 코스닥 월별 수익률 계산하기

kospi_data_full, kosdaq_data_full 두 데이터프레임을 이용하자.

- 나는 계절성 효과(seasonality effect)에 관심이 있어. 코스피와 코스닥으로 나눠서, 각각 1월부터 12월까지 한 달간 수익률을 월별(1월~12월)로 살펴보자.
- 각 월의 마지막 날 종가(Close)전체 라인 전체를 인덱싱하고 여기에 새로운 월 수익률 컬럼을 추가하자.
- 데이터를 월별로 구분했다면, 테이블로 표현해 줘.
- 월 수익률에 대해 정의할게: 1월 수익률은 전달의 'Close'값과 1월 마지막 날의 'Close'값으로 구하는 거야.
 "월 수익률 = ((해당 월의 마지막날 'Close')/(전달 마지막날의 'Close') −1)×100" 이야.

코스피 및 코스닥 데이터 로드 및 월별 수익률 계산 코드 #2-4-5

코스피와 코스닥 데이터에 대한 월별 수익률을 계산했고, 각 데이터프레임에 새로운 Monthly Return* 컬럼을 추가했습니다. 이 수익률은 각 달의 마지막 날의 종가를 기준으로 계산되었으며, 결과는 표시된 데이터프레임에서 확인할 수 있습니다.

Date	Open	High	Low	Close	Volume	Monthly Return
2001-06-30	594.02	595.13	589.18	595.13	2.25E+08	–
2001-07-31	534.84	541.55	532.55	541.55	2.02E+08	−0.09003
2001-08-31	552.78	554.48	542.21	545.11	7.2E+08	0.006574
2001-09-30	475.56	483.21	472.71	479.68	4.27E+08	−0.12003
2001-10-31	530.53	537.81	529.75	537.81	5.92E+08	0.121185
2001-11-30	645.63	649.4	640.23	643.89	7.93E+08	0.197244
2001-12-31	680.22	695.96	680.22	693.7	5.15E+08	0.077358

▲ 코스피 1월~12월 월 수익률 묶음, 'TimeSeries_3_KOSPI_Yearly_Monthly_Returns.csv'

---

* Monthly Return은 월간 수익률을 의미한다.

Date	Open	High	Low	Close	Volume	Monthly Return
2001-06-30	763.7	768.7	761.1	768.7	2.94E+08	
2001-07-31	669.1	680.9	669.1	680.9	3.87E+08	−0.11422
2001-08-31	627.8	635	611.6	618.4	2.12E+08	−0.09179
2001-09-30	500.1	517.8	499	516.4	3.59E+08	−0.16494
2001-10-31	612.5	625.5	611.8	625.5	3.61E+08	0.21127
2001-11-30	700.2	709.2	700.2	705.2	3.56E+08	0.127418
2001-12-31	702.1	723.6	702.1	722.1	2.87E+08	0.023965

▲ 코스닥 월 수익률 추가, 'TimeSeries_2_KOSDAQ_Monthly_Returns.csv'

챗GPT는 월의 마지막 날 종가 가격(Close)를 이용해서 월간 수익률(Monthly Return)을 계산하고 열을 추가했습니다. 이때 월별 패턴을 더 명확하게 파악하기 위해 데이터를 재구성하려고 합니다. 1월부터 12월까지를 열로 하고, 각 연도의 월별 수익률을 행으로 배치하면 특정 월의 수익률 패턴을 한눈에 비교할 수 있습니다. 예를 들어 모든 연도의 1월 수익률을 세로로 나열하면 '1월 효과'가 실제로 존재하는지 쉽게 확인할 수 있을 것입니다.

1월~12월 각 월끼리 살펴보기 위한 새로운 테이블 생성

월별 효과를 살펴보기 위해서 월별 수익률을 1월~12월의 각 월끼리 살펴보자.

1월~12월을 컬럼으로 하고, 연도 별로 월 수익률을 살펴볼 수 있는 테이블을 만늘사.

2001년부터 2024년까지 데이터를 월별로 묶은 테이블 생성 코드 #2-4-6

YEAR	1	2	3	4	5	6	7	8	9	10	11	12
2001							-0.090	0.007	-0.120	0.121	0.197	0.077
2002	0.078	0.096	0.092	-0.059	-0.055	-0.067	-0.033	0.026	-0.122	0.019	0.100	-0.134
2003	-0.057	-0.028	-0.069	0.119	0.057	0.058	0.065	0.064	-0.082	0.122	0.018	0.018
2004	0.047	0.041	-0.003	-0.020	-0.068	-0.022	-0.064	0.093	0.039	0.000	0.052	0.020
2005	0.041	0.084	-0.045	-0.056	0.065	0.039	0.102	-0.025	0.127	-0.052	0.120	0.063
2006	0.015	-0.020	-0.009	0.044	-0.072	-0.017	0.002	0.042	0.014	-0.005	0.050	0.002
2007	-0.052	0.042	0.025	0.062	0.103	0.025	0.109	-0.031	0.039	0.061	-0.077	-0.005
2008	-0.144	0.054	-0.004	0.071	0.015	-0.096	-0.048	-0.076	-0.018	-0.231	-0.033	0.045
2009	0.033	-0.085	0.135	0.135	0.019	-0.004	0.120	0.022	0.051	-0.055	-0.016	0.082
2010	-0.048	-0.005	0.062	0.029	-0.058	0.035	0.036	-0.009	0.075	0.005	0.012	0.077

▲ 코스피 1월~12월 월 수익률 묶음, 'TimeSeries_3_KOSPI_Yearly_Monthly_Returns.csv' (2011~2024 데이터는 표시 생략)

YEAR	1	2	3	4	5	6	7	8	9	10	11	12
2001							-0.114	-0.092	-0.165	0.211	0.127	0.024
2002	0.071	0.017	0.178	-0.209	-0.049	-0.128	-0.037	0.008	-0.210	0.029	0.080	-0.145
2003	-0.022	-0.037	-0.096	0.133	0.102	0.054	-0.008	0.004	-0.094	0.034	-0.012	-0.021
2004	-0.016	-0.029	0.013	0.044	-0.116	-0.039	-0.140	0.074	0.018	-0.014	0.046	0.018
2005	0.244	0.054	-0.087	-0.067	0.111	0.067	0.086	-0.078	0.135	0.027	0.213	-0.015
2006	-0.016	-0.011	-0.025	0.030	-0.080	-0.063	-0.056	0.027	0.048	-0.024	0.062	-0.026
2007	-0.049	0.043	0.080	0.041	0.107	0.041	0.042	-0.045	0.025	0.020	-0.084	-0.051
2008	-0.135	0.077	-0.018	0.004	0.008	-0.095	-0.086	-0.128	-0.063	-0.301	-0.002	0.080
2009	0.099	-0.005	0.160	0.189	0.056	-0.083	0.040	0.021	-0.017	-0.039	-0.046	0.106
2010	-0.033	0.021	0.017	0.016	-0.066	0.001	-0.017	-0.035	0.060	0.068	-0.053	0.025

▲ 코스닥 1월~12월 월 수익률 묶음, 'TimeSeries_3_KOSDAQ_Yearly_Monthly_Returns.csv' (2011~2024 데이터는 표시 생략)

프롬프트 하나로 데이터를 새롭게 재구성한 모습입니다. 세로줄(행)은 연도를 나타내고, 가로줄(열)은 1월부터 12월까지 월 단위로 구분입니다. 각 항은 연도와 월에 해당하는 월간 수익률입니다. 앞서 우리가 새롭게 구한 월간 수익률 데이터를 새롭게 재구성한 것입니다. 이제 이 데이터를 더 효과적으로 이해하기 위해 시각화하려고 합니다. 각 월 데이터의 대표값으로 평균과 중앙값을 살펴보도록 하겠습니다. 예를 들어, 1월의 평균은 모든 해의 1월 데이터를 모아서 평균을 계산합니다. 이 과정을 2월, 3월…12월까지 동일하게 계산하고 월별로 비교하면 됩니다.

데이터 묶음의 대표값, 평균값과 중앙값

- **평균값**: 각 월의 전반적인 수익률 경향을 보여줍니다.
- **중앙값**: 극단적인 값들(아웃라이어)의 영향을 제거한 대표값입니다.

이 두 값의 차이가 크면, 특정 연도에 발생한 극단적인 수익률이 평균을 왜곡하고 있음을 의미합니다. 또한, 코스피와 코스닥을 각각 분석하고, 서로 다른 색상(파란색과 빨간색)으로 표시하여 두 시장의 월별 특성 차이를 한눈에 파악할 수 있습니다.

이러한 분석을 통해 '1월 효과'나 '연말 효과' 같은 계절성이 실제로 존재하는지, 그리고 그 효과가 코스피와 코스닥에서 어떻게 다르게 나타나는지를 객관적으로 확인할 수 있습니다.

코스피와 코스닥 지수의 월별 중앙값과 평균값

코스닥과 코스피의 중앙값과 평균값을 따로 그리자.

코스피와 코스닥의 막대그래프는 각각 고유의 색상을 갖도록 하자.

코스피는 파란색, 코스닥은 빨간색으로 하자.

월별 계절성 효과 막대그래프 시각화 코드 #2-4-7

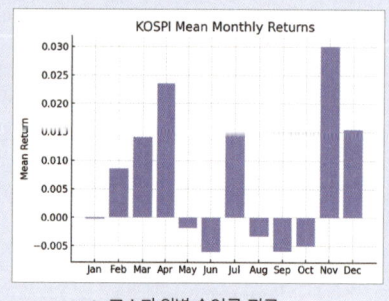

▲ 코스피 월별 수익률 평균

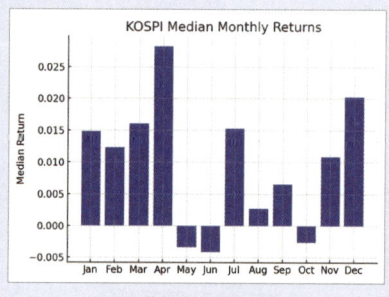

▲ 코스피 월별 수익률 평균

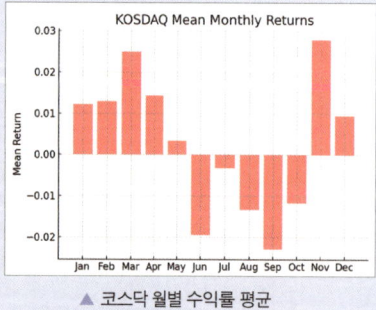

▲ 코스닥 월별 수익률 평균

▲ 코스닥 월별 수익률 중앙값

KOSPI와 KOSDAQ의 월별 수익률에 대한 중앙값과 평균값을 별도로 확인할 수 있습니다.

파란색 막대그래프는 코스피의 2001년부터 2024까지 24년 동안 각 월별 월간 수익률의 평균값과 중앙값입니다. 즉, 주식 시장의 월별 계절성 효과를 보여줍니다. 동일한 방식으로 빨간색 막대그래프는 코스닥의 월별 효과입니다. 정대한 매니저는 흥미로운 발견을 할 수 있습니다. 코스피와 코스닥 모두에서 월별 수익률이 오르락내리락 주기적인 패턴이 보입니다. 12월 이후 다시 1월로 연결되는 연속성을 감안하면 이러한 반복 패턴은 더욱 뚜렷하게 드러납니다.

월별 분포 시각화

각 월별로 분포를 살펴보고 싶어. 그래프 구성은 '4x3'로 해서 보여줘.

각 월별 그래프의 X축 축척은 동일하게 하자. 그래야 월별로 비교할 수 있으니까.

극단값이 있을 테니까 -1.5IQR ~ +1.5IQR 분포를 잘 볼 수 있도록 하자.

빨간 점선으로 0의 위치를 알아볼 수 있도록 하자. (※IQR*: 각주 참조)

월 별 계절성 효과 월 별 수익률 분포 시각화 코드 #2-4-8

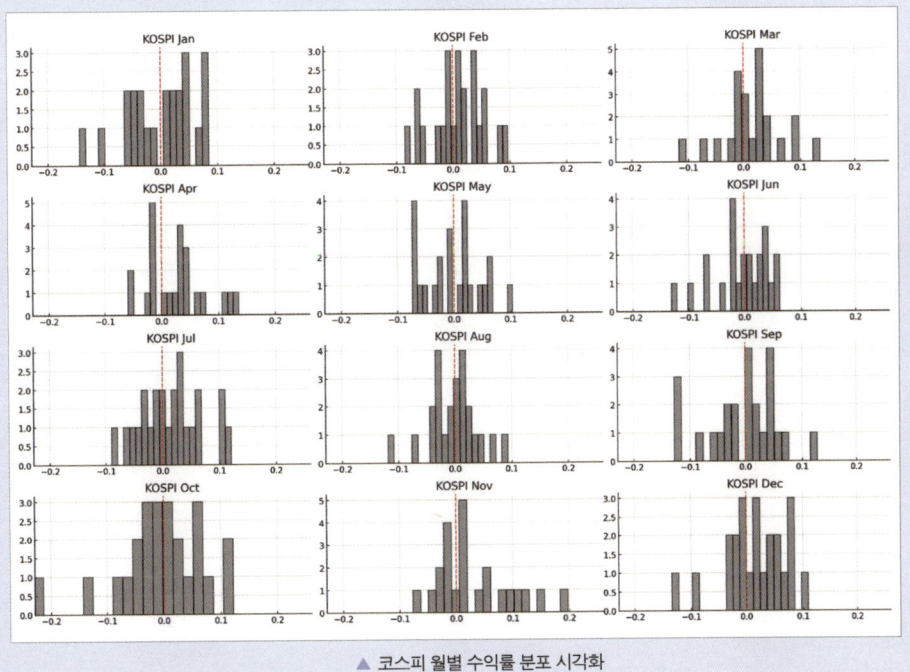

▲ 코스피 월별 수익률 분포 시각화

---

* IQR은 데이터를 크기순으로 정렬했을 때 75%(Q3)와 25%(Q1) 지점의 차이값(IQR = Q3 − Q1)이다. 통계적으로 'Q1 − 1.5×IQR' 보다 작거나 'Q3 + 1.5×IQR'보다 큰 값들을 이상치(outlier)로 판단한다. 예를 들어, 주식 수익률 데이터에서 이 범위를 벗어나는 극단적인 수익률을 이상치로 분류할 수 있다.

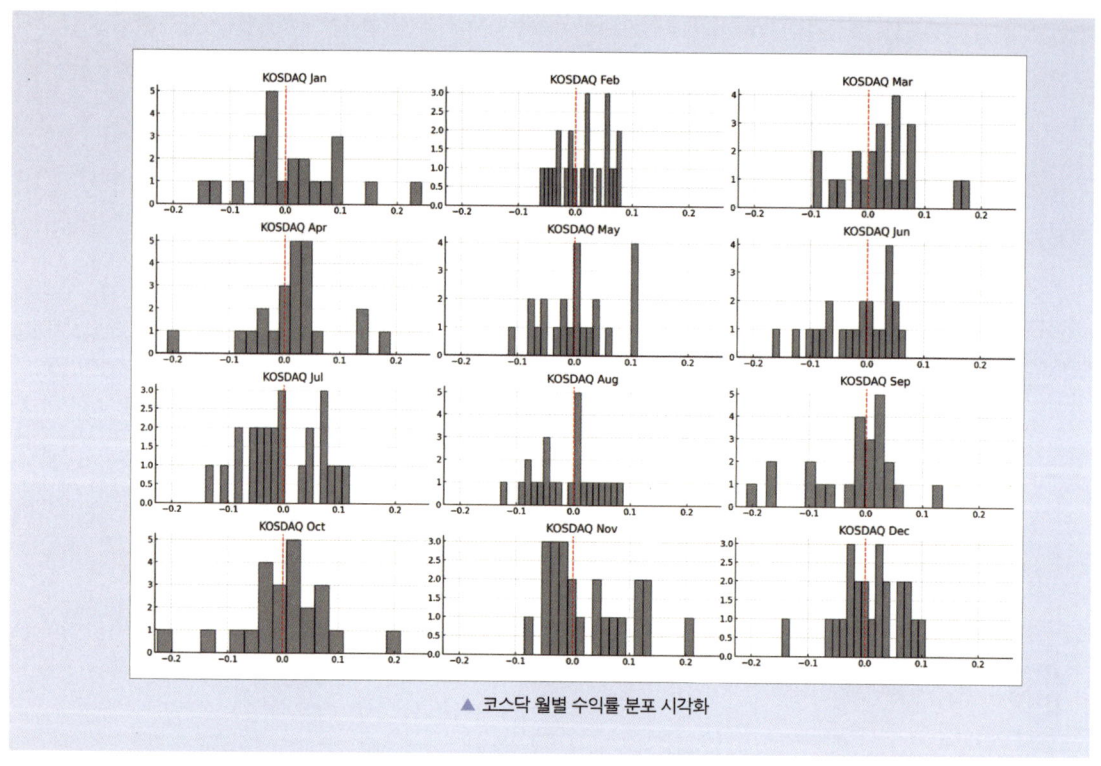

▲ 코스닥 월별 수익률 분포 시각화

위 시각화는 코스피와 코스닥의 월별 수익률 분포를 히스토그램 형태로 24년간의 데이터를 분석한 결과를 보여줍니다. 각 그래프는 한 달의 수익률을 나타내고, 빨간선은 수익률이 0%인 지점을 나타냅니다. 빨간선의 오른쪽에 주로 분포되어 있는 경우는 해당 월의 수익률이 대체로 수익을 의미합니다. 왼쪽에 주로 분포되어 있는 경우는 손해임을 나타냅니다.

위 시각화는 평균값이나 중앙값만으로는 파악할 수 없는 개별 데이터의 분포와 변동성을 시각적으로 제공합니다. 따라서 각 월별 수익률의 구체적인 범위와 패턴을 가늠할 수 있어, 투자자가 월별 성과를 보다 구체적으로 이해하는 데 도움을 줍니다.

퀀트 투자의 성적표 – 수익률과 리스크 표현하기

2001년부터 2024년까지 24년간의 월별 수익률 평균과 중앙값을 분석한 결과, 특정 달이 호황 또는 불황을 나타내는 경향이 있다는 것을 확인했습니다. 정대한 매니저는 여기서 멈추지 않고 더 깊은 이해를 원했습니다. 그는 새로운 투자 전략을 제시하고, 이를 과거 데이터로 검증하는 퀀트 백테스트(Back test)를 진행하고자 합니다.

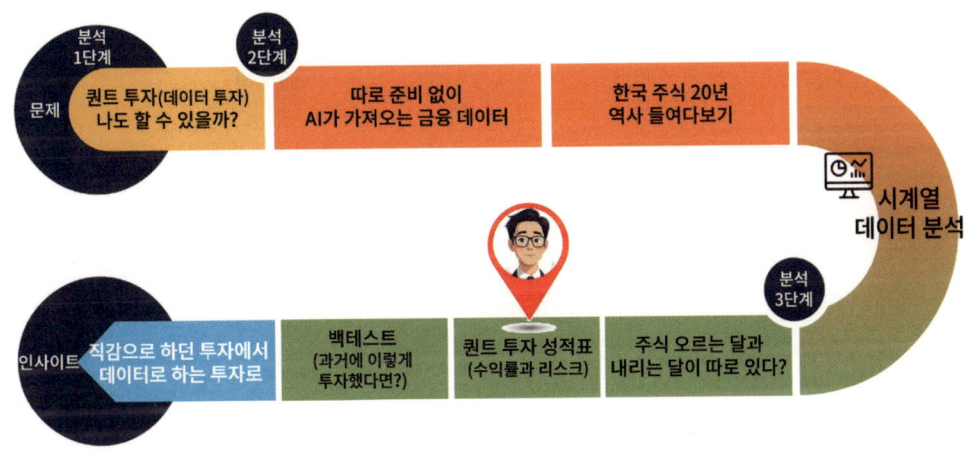

▲ 분석 3단계: 퀀트 투자 성과 이해하기 단계

정대한 매니저는 한 해를 두 개의 반기로 나눠 투자 집행과 보류를 전략적으로 구분하는 방법을 고안했습니다. 예를 들어, 1월부터 6월까지 투자를 진행하고, 나머지 7월부터 12월까지는 투자하지 않는 방식입니다. 또 다른 예로는 2월부터 7월까지 투자를 집행하고, 8월부터 다음 해 1월까지는 투자하지 않는 것입니다. 이러한 전략을 과거 데이터에 적용해 시뮬레이션하는 방식이 바로 퀀트 투자 분야에서의 백테스트입니다. 이는 "만약 이러한 투자 의사결정을 했더라면 어떻게 됐을까?"라는 질문에 답을 주는 왓-이프(What-if) 시뮬레이션입니다.

퀀트 투자에서 백테스트를 진행할 때는 해당 전략의 성과를 평가할 수 있는 지표가 필요합니다. 대표적인 성능 평가 지표로는 수익률과 리스크가 있습니다. 투자에서 가장 중요한 성과 지표는 단연코 수익률이며, 수익률에도 여러 가지 종류가 있습니다. 일반적으로 사용되는 수익률, 누적 수익(률), 연평균 복리 수익률(CAGR, Compound Annual Growth Rate) 그리고 로그 수익률 등이 있습니다.

먼저 수익률, 누적 수익, 연평균 복리 수익률(CAGR)을 살펴보겠습니다. 수익률은 최종 성능 평가 지표이고 높을수록 좋습니다. 반대로 투자 기간 동안 리스크를 나타내는 대표적인 지표는 최대 낙폭(MDD, Maximum Drawdown) 입니다.

1. 수익률

$$수익률(\%), r_n = \left(\frac{P_n}{P_{n-1}} - 1\right) \times 100 = \left(\frac{오늘\ 가격}{어제\ 가격} - 1\right) \times 100$$

어제 가격이 10,000원에서 오늘 가격이 12,000원이 되었다면, 아래의 수식과 같이 20% 수익이 됩니다.

$$수익률(\%), r_n = \left(\frac{12,000}{10,000} - 1\right) \times 100 = 20$$

어제 가격과 오늘 가격을 순차적으로 비교하면 일 별 일반 수익률을 계산할 수 있습니다.

---

2. 누적 수익

$$누적\ 수익, c = \left(\prod_{n=1}(1+r_n)\right)$$

누적 수익은 최초 내가 투자한 1만원이 나중에 최종적으로 얼마가 되는지 나타냅니다. 통상적으로 퍼센트(%)가 아닌 금액의 변화로 표현하는 것이 일반적입니다. 누적 수익은 수익률의 곱으로 계산하며, 수익률의 곱을 나타내기 위해 수학적으로, 파이 모양 Π (프로덕트 기호)를 사용합니다. 이는 모두 곱하라는 의미입니다. 일일 데이터라면 일일 수익률에 더하기 1을 해서 누적으로 곱해서 구합니다.

예를 들어, 5일간 일일 수익률이 3%, 2%, -3%, 3%, -1% 이라면 다음과 같이 계산합니다.

$$누적\ 수익, c = (1 + 0.03) \times (1 + 0.02) \times (1 - 0.03) \times (1 + 0.03) \times (1 + 0.01) = 1.039$$

최초 투자한 10,000원에 5일간 투자의 누적 수익 1.039를 곱하면, 5일 후 자산은 10,390원이 됩니다.

참고로 누적수익률은 누적 수익에서 1을 뺀 값으로 계산합니다. 위 예에서 1.039-1=0.039, 즉 누적수익률은 3.9%가 됩니다. 그러나, 누적수익률보다 누적 수익(최초 투자 금액이 얼마나 변했는지)이 투자자에게 더 직관적으로 이해될 수 있습니다.

---

3. 연평균 복리 수익률(CAGR: Compound Annual Growth Rate)

$$연평균\ 복리\ 수익률, CAGR(\%) = \left(\left(\frac{P_{end}}{P_{initial}}\right)^{\frac{365}{days}} - 1\right) \times 100 = \left(\left(\frac{최종\ 가격}{처음\ 가격}\right)^{\frac{365}{전체일수}} - 1\right) \times 100$$

일반적으로, 투자 대가들이라 불리는 사람을 평가할 때, 연평균 복리 수익률을 묻습니다. 워런 버핏은 투자 인생 약 70년간 연평균 복리 수익률(CAGR)이 20%로 투자의 구루로 불릴 만합니다. 70년간 연평균 복리 수익률 20%를 달성한다면, 70년 전 1만원은 34억 8천만원이 됩니다. 아이슈타인의 말대로 복리는 세계 8대 불가사의이자 인류 최고의 발명품입니다.

$$CAGR(\%) = \left(\left(\frac{348889}{1}\right)^{\frac{365}{365 \times 70}} - 1\right) \times 100 = 20\%$$

4. 최대 낙폭(MDD: Maximum Drawdown)

$$\text{최대 낙폭, } MDD(\%) = \left(\frac{P_{peak} - P_{trough}}{P_{peak}}\right) \times 100 = \left(\frac{\text{초대 고점} - \text{최대 저점}}{\text{초대 고점}}\right) \times 100$$

최대 낙폭은 투자 기간 동안 최대 손실을 나타냅니다. 투자 리스크를 평가하는 데 매우 중요한 지표입니다. 변동성이 큰 자산일수록 MDD는 큽니다. 최종 투자 성과가 아무리 크더라도 중간에 큰 MDD를 만나면 그 투자 전략을 지속하기 굉장히 어렵습니다. 그 어려움을 성능 평가 지표로 표현한 것이 MDD입니다. 통상적으로 음수를 붙입니다.

예를 들어, 투자 기간 중 최대 고점 20,000원에서 10,000원까지 떨어졌다면 최대 낙폭은 50%입니다.

$$MDD(\%) = \left(\frac{20{,}000 - 10{,}000}{20{,}000}\right) \times 100 = 50\%$$

투자 성과를 나타내는 네 가지 지표를 살펴봤습니다. 퀀트 투자 도메인에서 가장 기초적인 지표이므로 이를 숙지하고 챗GPT에게 설명하면 투자 전략의 강점과 약점을 분명하게 파악하는 데 도움이 됩니다. 단순히 높은 수익률뿐만 아니라 투자 리스크를 나타내는 최대 낙폭(MDD)까지 살펴보는 것은 투자에 필수적입니다. 이후 퀀트 투자 전략을 실행하고 비교할 때, 챗GPT에게 이러한 투자 지표들을 설명하고 요구할 것입니다.

월 단위 시계열 백테스트 - 과거에 이렇게 투자했다면 나의 투자 수익률은?

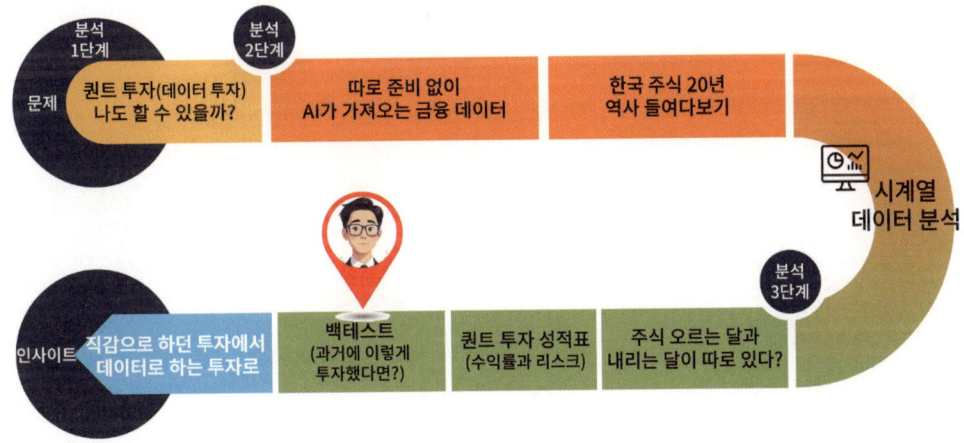

▲ 분석 3단계: 백테스트

앞서 우리는 투자 성과를 평가하는 여러 지표들을 살펴보았습니다. 이제 이 지표들을 활용하여 실제 투자 전략을 백테스트 해보겠습니다. 우리가 발견한 월별 수익률의 특성을 바탕으로, 1년을 두 구간으로 나누어 '투자하는 기간'과 '투자하지 않는 기간'을 구분하는 전략을 세워보려 합니다. 이는 단순하지만 효과적인 시계열 백테스트가 될 것입니다.

분석에 쓰일 데이터는 해당 깃허브에서 다운로드 받으실 수 있습니다. 코스피와 코스닥 각각 'TimeSeries_4_KOSPI_Monthly_Backtest.csv '와 'TimeSeries_4_KOSDAQ_Monthly_Backtest.csv'입니다. 위에서 월간 수익률을 살펴본 데이터('TimeSeries_2_KOSPI_Monthly_Returns.csv', 'TimeSeries_2_KOSDAQ_Monthly_Returns.csv')와 데이터 형태는 크게 다르지 않습니다.

1월~6월 투자 및 7월~12월 현금 보유 월 단위 퀀트 전략 백테스트

▲ 코스피 월 단위 시계열 주식 가격과 월 수익률 데이터

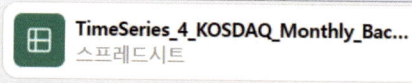
▲ 코스닥 월 단위 시계열 주식 가격과 월 수익률 데이터

첨부한 데이터는 코스피와 코스닥의 월별 수익률이야.

월별 수익률을 알았으니까, 한 해를 두 구간으로 나눠서 백테스트 전략을 확인해 보자.

예를 들어, 1월부터 6월까지 투자하고, 7월부터 12월까지는 투자를 하지 않는 전략을 적용해 볼 거야.

1. 월별 수익률을 시간 순서대로 나열하자.
2. 새로운 컬럼을 생성해서, 투자를 집행하는 달은 1로, 그렇지 않은 달은 0으로 표시하자. 주의할 점은 올바른 달에만 1과 0이 적용되도록 하고, 중복되거나 빠진 값이 없도록 해야 해.
3. 전략 수익률은 월별 수익률에 이 새로운 컬럼을 곱해서 구하자. 백테스트 계산에 사용할 수 있도록 % 표시 없이 실수형 값으로 처리해야 해.
4. 이 전략 수익률을 이용해서 누적 수익을 계산하자. 초기 자산은 1로 시작하고, (전달의 누적 수익) * (1 + 전략 수익률)로 업데이트하자. 누적 계산에서는 이전 달의 수익률을 잘 이어받아야 해. 누락되거나 잘못된 달이 있는지 확인이 필요할 수 있어.
5. 월 수익률 컬럼은 꼭 포함되도록 하자.
6. 날짜(Date)는 새롭게 생성하여 인덱스로 지정하자.

월 단위 시계열 백테스트 코드 #2-4-9

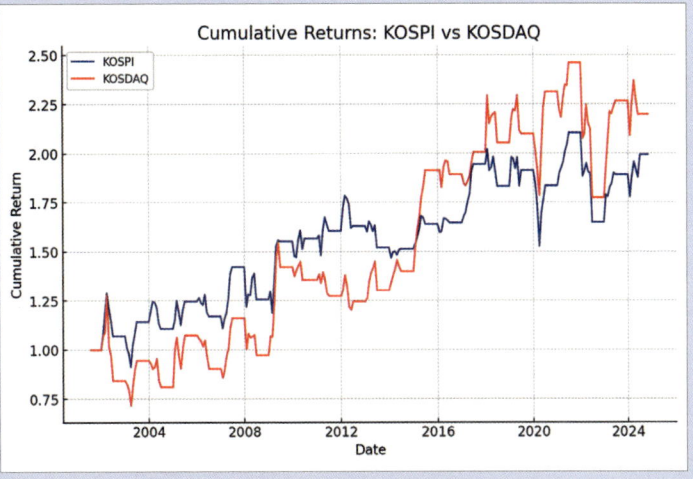

▲ 퀀트 백테스트 누적수익률 1월~6월 투자, 나머지 보류

파란색 코스피와 빨간색 코스닥의 누적 수익입니다. 1월~6월 동안 투자하고 나머지 기간엔 투자하지 않는 투자 전략의 성과로, 투자하지 않는 7월~12월에는 누적 수익이 변화 없이 수평선으로 유지됩니다. 이제 투자 시작 월부터 종료 월까지 투자하는 방식으로 일반화하여 여러 기간에 대해 백테스트를 진행해 보겠습니다. 여기서 말하는 일반화란 필요한 경우 언제든 사용할 수 있도록 함수를 만들어두는 것을 의미합니다.

투자 기관 및 현금 보유 기간을 입력받아 동작하는 함수 정의

여러 개 파라미터 스터디를 하기 전에 시작하는 달부터 종료하는 달까지 주어지면 그 기간에는 투자하고 나머지 기간은 투자하지 않는 함수를 일반화해서 정의하자.

```python
def apply_custom_investment_strategy(df, start_month, end_month):
    df = df.copy()
    # 투자 전략 설정: 시작하는 달부터 종료하는 달까지 투자하고 그 외에는 투자하지 않음
    if start_month <= end_month:
        # 한 해 안에서 투자하는 경우 (예: 1월~6월)
        df['Investment'] = ((df.index.month >= start_month) & (df.index.month <= end_month)).astype(int)
    else:
        # 두 해에 걸쳐 투자하는 경우 (예: 11월~4월)
        df['Investment'] = ((df.index.month >= start_month) | (df.index.month <= end_month)).astype(int)
    df['Strategy Return'] = df['Monthly Return'] * df['Investment']
    df['Cumulative Return'] = (1 + df['Strategy Return']).cumprod()
    return df
```

함수 def* 를 보여드리기 위해 부록과 함께 노코드임에도 코드를 기입했습니다. 함수를 정의한 다음에 함수를 이용해서 입력할 변수(투자 월, 쉬는 월)를 바꿔가면서 함수에 입력하면 개별적으로 출력됩니다.

생성된 함수를 활용한 파라미터 스터디

이제 파라미터 스터디를 진행하자.

1월부터 6월까지의 투자 전략을 한 번 확인했으니, 이를 반복해서 다양한 구간에 대해 분석하자.

코스피와 코스닥 각각에 대해, 투자 시작 월과 투자 종료 월을 다음과 같이 설정해서 전략을 나눌 거야:
 1월~6월
 2월~7월
 3월~8월
 4월~9월
 5월~10월
 6월~11월
 7월~12월
 8월~1월
 9월~2월
 10월~3월

월 단위 시계열 파라미터 스터디 실행 코드 #2-4-11

▲ 월 단위: 코스피 12개 투자 구간에 따른 누적수익률

---

* def는 'define'의 줄임말로, 파이썬에서 새로운 함수를 정의할 때 사용하는 핵심 키워드다. def 뒤에는 함수의 이름이 오고 괄호 안에는 입력 받을 변수들을 정의한다.

▲ 월 단위: 코스닥 12개 투자 구간에 따른 누적수익률

위 그래프는 다양한 투자 기간에 따른 코스피와 코스닥의 누적수익률을 시각화한 결과입니다. 각 전략(예: 1월~6월, 2월~7월 등)을 적용한 후, 두 지수의 누적수익률을 비교할 수 있습니다.

이제 이 분석을 기반으로 추가적인 통찰을 도출하거나 더 자세한 분석이 필요하면 말씀해 주세요!

2001년부터 2024년 최근까지의 월 단위 누적수익률 곡선입니다. 코스닥과 코스피 모두 유사한 결과를 보이며, 특히 특정 구간에 투자한 성과가 두드러집니다. 위의 결과를 보면, 11월부터 다음 해 4월까지 투자하면 다른 기간에 비해 높은 성과를 보였습니다. 이 투자 전략을 사용했을 때 코스닥의 경우에 2001년에 1억 원이 현재 7억 5천만 원이 되는 반면, 5월부터 10월까지 같은 방식으로 투자했다면 1억 원은 약 1,800만 원이 됩니다.

일 단위 시계열 백테스트 - 월 단위에서 볼 수 없었던 일일 투자 성과 흐름

월 단위 데이터는 전체 트렌드를 파악하는 데 적합합니다. 그러나 월말 데이터만으로 백테스트를 진행하면 일일 변동이 누락될 수 있습니다. 코로나-19와 같은 급격한 충격을 표현하기 위해서는 일일 데이터를 사용해 매일의 주식 가격 흐름을 추적해야 합니다. 월 단위 시계열 분석과 마찬가지로 원본 데이터를 이용해서 분석을 진행할 수 있습니다. 일 단위로 살펴보아야 월 단위보다 촘촘하고 실제적인 최대 낙폭(MDD)을 구할 수 있기 때문입니다.

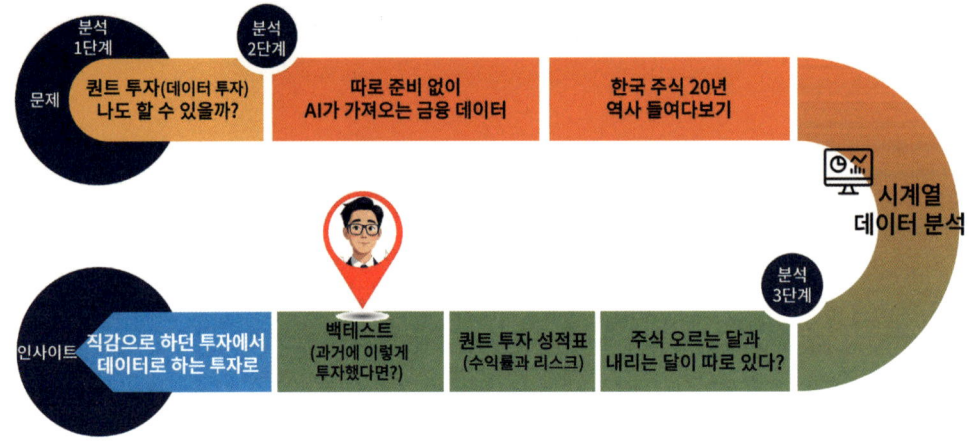

▲ 분석 3단계: 백테스트

 월 단위 분석을 일 단위 분석으로 요청

여기까지 월 수익률로 했으니 이제 처음으로 돌아가서 일일 수익률로 바꿔서 진행하자. 그래야 MDD를 알 수 있으니까. 즉, 위에 수행한 걸 일일 데이터를 동일한 로직으로 진행해 보자!

일 단위 시계열 파라미터 스터디 일반화 코드 #2-4-12

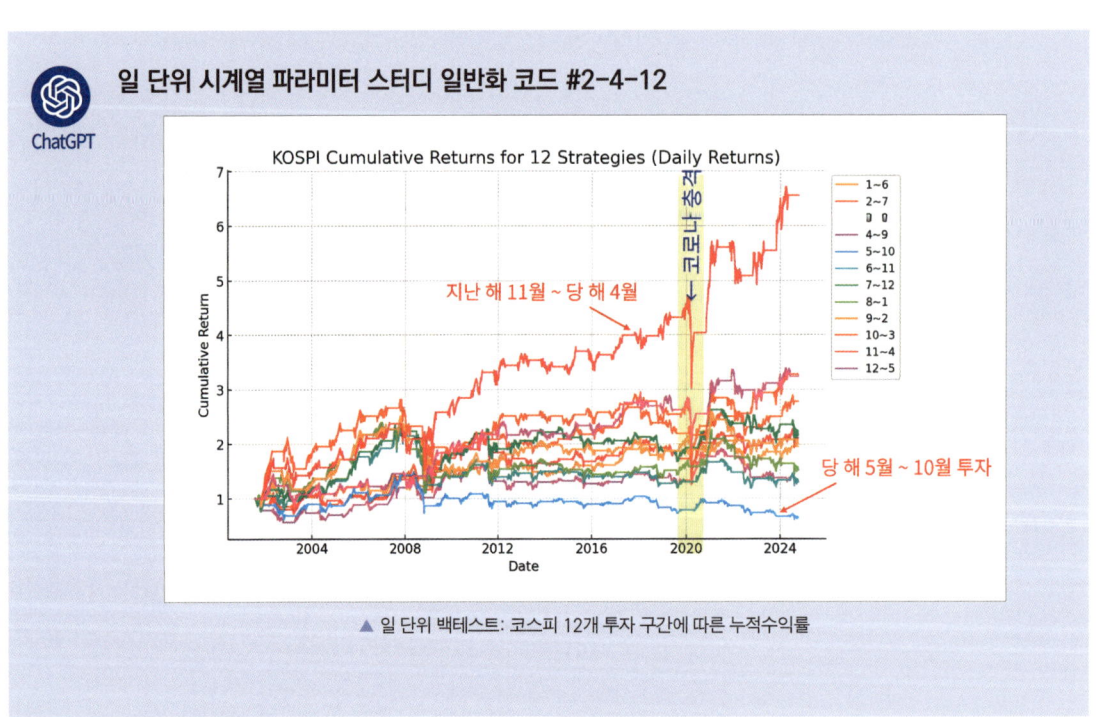

▲ 일 단위 백테스트: 코스피 12개 투자 구간에 따른 누적수익률

▲ 일 단위 백테스트: 코스닥 12개 투자 구간에 따른 누적수익률

이제 코스피와 코스닥 각각에 대해 12개의 전략을 하나의 그래프에 모두 시각화했습니다. 이를 통해 다양한 투자 구간에서 일일 수익률을 기준으로 한 누적수익률을 비교할 수 있습니다.

일 단위 데이터는 하루하루의 주식 가격 흐름을 포함합니다. 특히, 급격한 변동성을 포함한 시장의 움직임을 더 정확히 표현할 수 있습니다. 다음으로, 12개 투자 기간 변화에 따른 성능 평가 지표를 시각화해 보겠습니다.

 퀀트 전략 12개의 백테스트 성능 테이블 생성

이제 12개 전략에 대해서 성능을 평가해 보자. 각 전략별 성능 테이블을 만들자.
CAGR(연평균 복리 수익률), MDD, MAC(=CAGR/MDD)
이걸로 테이블을 만들고, 코스피와 코스닥의 각 성능 평가 결과를 그리고

1. CAGR
2. MDD
3. MAC

총 6개 막대그래프를 생성하자(코스피×3 + 코스닥×3 = 6개).

일 단위 시계열 최종 성능 평가 코드 #2-4-13

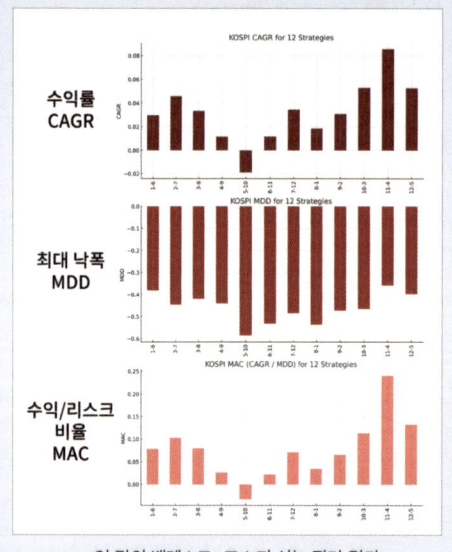

▲ 일 단위 백테스트: 코스피 성능 평가 결과　　▲ 일 단위 백테스트: 코스닥 성능 평가 결과

코스피와 코스닥 각각의 12개 전략에 대한 CAGR MDD 그리고 MAC 성능 지표를 기반으로 한 막대그래프를 생성했습니다.

상단부터 순서대로 연평균 복리 수익률(CAGR), 최대 낙폭(MDD), 수익률 대비 리스크의 비율 MAC을 나타냅니다. 전략별 투자 성과를 지표로 시각화한 것입니다. 막대그래프는 순서대로 1월~6월 투자, 2월~7월 투자한 성과를 보여줍니다. 가장 우수한 성과는 11월~4월 투자한 경우이며, 가장 열등한 성과는 5월~10월에 투자했을 때입니다.

최종적으로, 가장 우수한 전략(11월~4월), 가장 열등한 전략(5월~10월) 그리고 전체 기간 투자했을 때의 총 3가지 경우에 대해 CAGR과 MDD 결과를 출력하겠습니다.

퀀트 데이터 분석 누적수익률과 MDD 시각화

최종적으로, 누적수익률과 MDD 그래프에서 아래 1~3에 대해 3가지만 포함해 시각화하자.
1. 전체 투자했을 경우
2. 11월~4월
3. 5월~10월

코스피 - 최종 최고 성능과 최저 성능 그리고 전체 투자한 경우에 대한 코드 #2-4-14

▲ 코스피 최고·최저 그리고 전체 투자 기간 누적수익률 비교

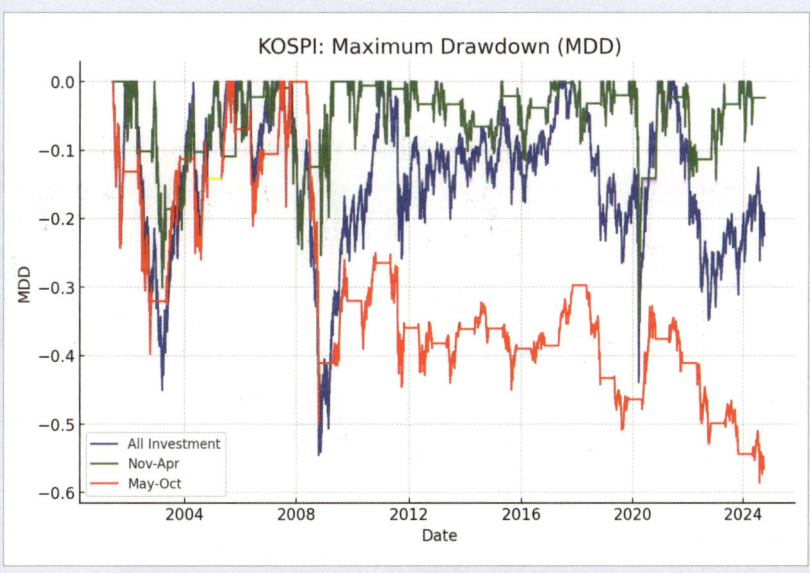

▲ 코스피 최고·최저 그리고 전체 투자 기간 최대 낙폭 비교

코스닥 - 최종 최고 성능과 최저 성능 그리고 전체 투자한 경우에 대한 코드 #2-4-15

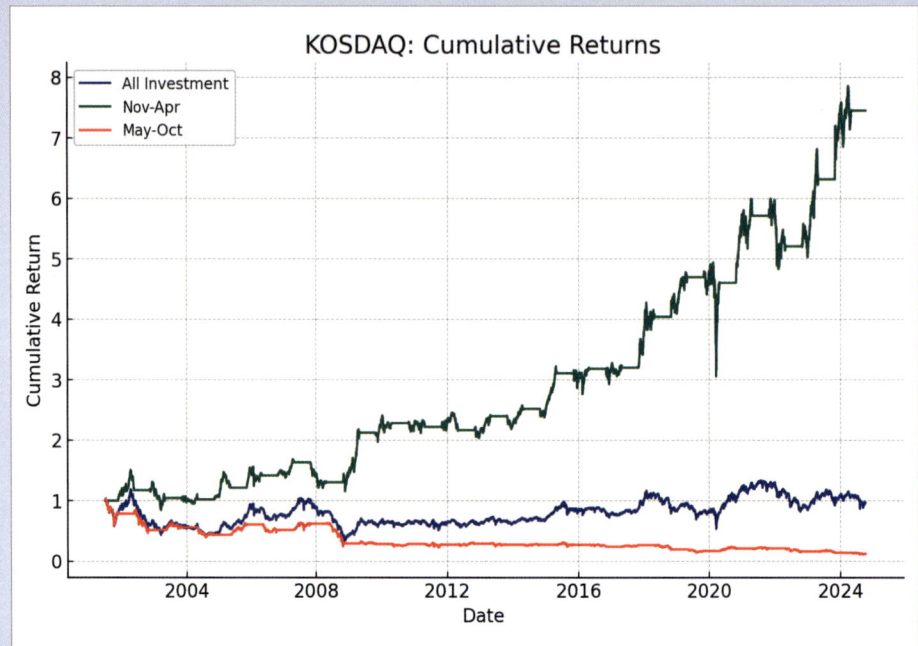

▲ 코스닥 최고·최저 그리고 전체 투자 기간 누적수익률 비교

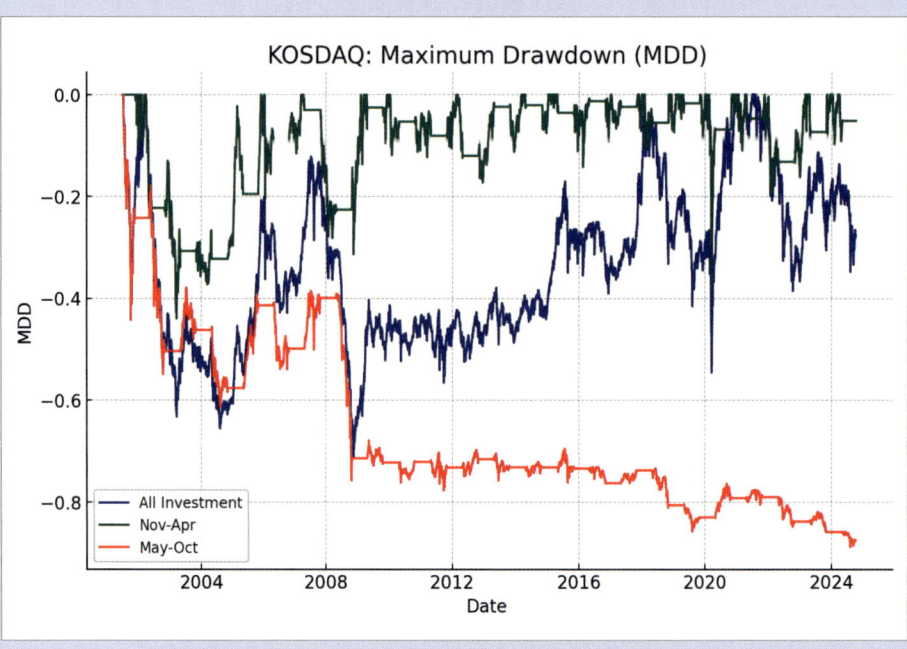

▲ 코스닥 최고·최저 그리고 전체 투자 기간 최대 낙폭 비교

위 그래프들은 코스피와 코스닥의 누적수익률과 MDD(최대 낙폭)를 세 가지 전략에 대해 시각화한 결과입니다:

1. 전체 기간 투자 전략(All Investment)
2. 11월부터 4월까지 투자 전략(Nov-Apr)

이 그래프는 주식 투자 시기에 따른 성과를 비교합니다. 1년 내내 투자하는 방법, 겨울철(11월~4월)에만 투자하는 방법, 여름철(5월~10월)에만 투자하는 방법을 분석했습니다. 각 전략의 투자 성과를 코스피와 코스닥에 대해 보여주고 있습니다.

인사이트: 펀드 매니저의 직감을 데이터로 검증하다

AI와 데이터 분석은 전문가의 직관에 의존하던 투자 의사결정 영역에서도 큰 변화를 가져올 수 있음을 확실히 보여줍니다. 특히, 시계열 분석과 퀀트 백테스트는 복잡하게 느껴질 수 있지만, 기본 개념과 도메인 지식만 있다면 AI는 누구나 시도해 볼 수 있는 기회를 제공합니다.

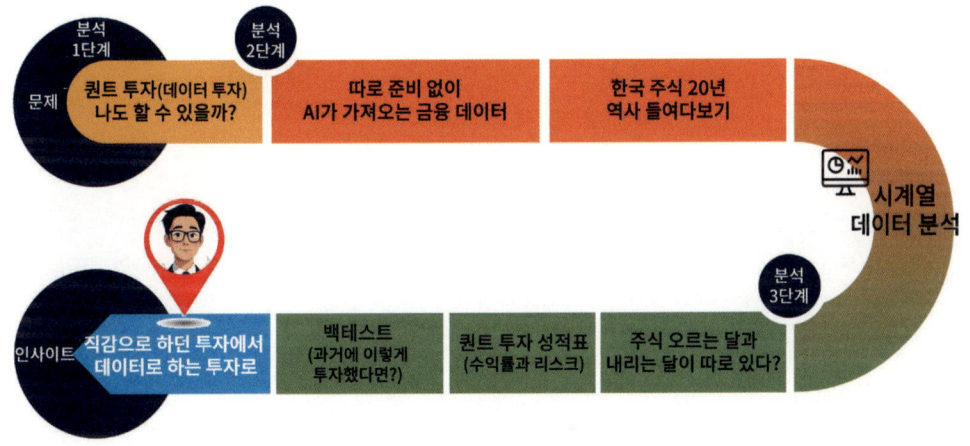

▲ 인사이트: 직감으로 하던 투자에서 데이터로 하는 투자로

정대한 펀드 매니저는 AI-노코드를 활용해 주식 시장의 계절성 효과를 분석했습니다. 풍문으로만 듣던 "5월에는 모든 주식을 팔고 떠나라."라는 격언을 직접 분석하고 검증해 보았습니다. 직접 분석한 결과에 대한 신뢰와 보도 자료나 타인의 의견에 의존한 신뢰는 큰 차이가 있습니다. 정대한 매니저는 이번 분석을 통해 자신의 판단에 대한 믿음과 데이터에 기반한 확신을 크게 높일 수 있었습니다. 이는 감으로 하는 투자 방식에서 벗어나, 보다 객관적이고 데이터에 기반한 투자 의사결정을 내리는 데 큰 도움이 될 것입니다.

예를 들어, 정대한 매니저는 매년 반복되는 주기성을 파악하기 위해 월별 수익률 패턴을 분석하고 이를 바탕으로 다양한 투자 전략을 백테스트했습니다. 이러한 과정을 통해 그는 자신의 직관을 데이터로 검증하며 더욱 정교한 투자 전략을 수립할 수 있는 중요한 계기를 마련하게 되었습니다.

정대한 매니저는 미래의 투자 전략을 수립하고 리스크 관리에 더욱 효과적으로 대처할 수 있게 되었습니다. 최대 낙폭(MDD)과 같은 리스크 지표를 함께 분석함으로써 수익성뿐만 아니라 안정성도 고려한 균형 잡힌 투자 전략을 개발할 수 있게 되었습니다.

이처럼 AI-노코드 데이터 분석은 펀드 매니저의 역할을 재정의하고 있습니다. 과거에는 시장 동향을 파악하고 직관적으로 판단을 내리는 것이 주요 업무였다면, 이제는 데이터를 해석하고 이를 바탕으로 창의적인 투자 전략을 수립하는 방향으로 그 역할이 진화하고 있습니다. 도메인 지식이 출중한 펀드 매니저일수록 더 높은 부가가치를 창출할 수 있는 영역으로 나아갈 수 있는 기회가 열리고 있습니다.

> **인사이트 요약**
> - **인사이트 1**: AI와 데이터 분석은 금융 투자 분야에서 직관을 객관적으로 검증하고 보완하는 데 매우 유용합니다. 이를 통해 시장의 계절성 효과나 특정 투자 전략의 성과를 정량적으로 평가하고 테스트할 수 있습니다.
> - **인사이트 2**: 대규모 시계열 데이터 분석을 통해 장기 투자 전략 수립과 리스크 관리가 고도화되었습니다. 수십 년간의 주가 데이터를 활용한 백테스트를 통해 투자 전략의 장기 성과와 리스크를 정밀하게 검토할 수 있습니다.
> - **인사이트 3**: AI와 데이터 분석은 펀드 매니저의 역할을 변화시키고 있습니다. 기존의 관습에서 벗어나 창의적이고 전략적인 투자 기획에 집중할 수 있게 되었습니다. 또한, 데이터 기반의 새로운 투자 상품 개발과 정교한 리스크 관리 전략 수립에 큰 도움이 될 수 있을 것입니다.

> **퀀트 투자를 위한 네 가지 핵심 요소**
>
> 퀀트(Quant) 투자는 말 그대로 숫자(Quantity)에 기반하여 투자 의사결정을 내리는 방식을 말합니다. 전통적인 투자 방식이 애널리스트나 펀드 매니저의 직관, 경험 혹은 시장의 '분위기'를 중시했다면, 퀀트 투자는 다양한 금융 데이터를 통계와 수학, 컴퓨터 알고리즘으로 분석하여 규칙을 만들고 철저하게 규칙을 따르는 '규칙 기반(rule-based)' 투자 방식입니다.
>
> 전통적인 투자가 시장을 바라보는 직관과 통찰에 의존한다면, 퀀트 투자는 체계적이고 계량적인 분석을 통해 투자를 실행합니다. 앞서 보인 정대한 펀드 매니저의 계절성 효과 전략처럼 특정 기간만 투자한다던지 혹은 특정 매수·매도 시그널을 따릅니다. 이 모든 과정은 명확한 규칙과 방법, 순서로 정의되어 있기 때문에 '느낌'이나 '감정'이 들어갈 여지가 없습니다.
>
> 퀀트 투자에 사용되는 데이터는 매우 다양합니다. 기본적으로는 기업의 재무 데이터, 주가 흐름, 거시경제 지표와 같은 전통적인 금융 데이터를 활용합니다. 최근에는 여기에 더해 '대안 데이터(Alternative Data)'라고 불리는 새로운 형태의 데이터도 활용되고 있습니다. 예를 들어, 인공위성으로 자동차 회사의 물류창고를 촬영해 출하량을 파악하거나, 소셜미디어 데이터로 소비 트렌드를 분석하는 등 투자 판단에 활용되는 데이터의 범위가 크게 확장되고 있습니다.
>
> 무엇보다 퀀트 투자의 핵심은 투자 과정 전체를 시스템화한다는 점입니다. 종목 선정부터 리스크 관리, 포트폴리오 조정까지 모든 과정이 명확한 규칙과 절차에 따라 진행되며 이는 투자의 일관성과 효율성을 크게 높여줍니다.
>
> 이러한 퀀트 투자의 실제 구현에 있어 가장 핵심이 되는 네 가지 요소를 살펴보겠습니다.

1. **백테스트를 통한 전략 검증**: 투자 전략을 과거 데이터에 적용해 봄으로써 그 전략의 실효성을 사전에 검증할 수 있습니다. 일반적으로 전체 과거 데이터 중 일부 기간(예: 2000~2015년)의 데이터로 전략을 수립하고, 나머지 기간(2016~2024년)에서 이 전략을 테스트하는 방식을 사용합니다. 이렇게 학습 기간과 검증 기간을 분리함으로써 전략의 실제 적용 가능성을 더 정확하게 평가할 수 있습니다. 이는 머신러닝의 학습 데이터(Training set)와 테스트 데이터(Test set)로 나누는 것과 같은 방식입니다. 머신러닝에 대해서는 다음 챕터에서 자세히 다루겠습니다.

2. **포트폴리오 자산배분**: 퀀트 투자는 여러 자산군(주식, 채권, 원자재 등) 간의 효율적인 배분을 가능하게 합니다. 가장 기본적인 방식은 정적 자산배분으로, 처음 정한 비중(예: 주식 60%, 채권 40%)을 유지하며 정기적으로 리밸런싱하는 것입니다. 한편, 동적 자산배분은 시장 상황과 각 자산의 모멘텀, 변동성 등을 고려하여 비중을 조절합니다. 예를 들어 주식 시장의 변동성이 높아질 때 주식 비중을 줄이고 채권 비중을 늘리는 식입니다. 이러한 자산 배분 전략들은 각각의 장단점이 있어, 투자 목적과 시장 상황에 따라 적절히 선택할 수 있습니다.

3. **리스크 측정**: 퀀트 투자에서 가장 중요한 요소 중 하나입니다. 투자자마다 생각하는 '위험'은 다를 수 있습니다. 어떤 투자자는 최대 낙폭(MDD)을 가장 중요하게 여길 수 있고 어떤 투자자는 월간 변동성이나 특정 기간 동안의 자산 손실률을 더 중요하게 볼 수 있습니다. 퀀트 투자는 이러한 다양한 리스크 지표들을 명확히 정의하고 측정해야 합니다. 예컨대 "포트폴리오의 최대 낙폭이 20%를 넘지 않도록 한다." 또는 "월간 변동성을 연 10% 이내로 유지한다."와 같은 구체적인 리스크 관리는 필수입니다.

4. **투자 성과 평가**: 퀀트 투자에서는 단순히 "얼마를 벌었는가."가 아닌, "어떤 상황에서 어떻게 벌었는가."를 분석합니다. 예를 들어 10%의 수익률을 기록했다면, 이것이 전반적인 시장 상승으로 인한 것인지(베타 수익), 우리 전략만의 고유한 성과인지(알파 수익)를 구분합니다. 또한 상승장과 하락장, 변동성이 높은 시기와 낮은 시기 등 각각의 시장 국면에서 전략이 어떻게 작동했는지 분석합니다. 이를 통해 우리 전략이 특히 강점을 보이는 시장 상황과 취약한 상황을 파악할 수 있으며, 필요한 경우 전략을 보완하거나 다른 전략과 조합하여 더 안정적인 성과를 달성할 수 있습니다.

Chapter 3
이과 직장인의 AI-노코드 데이터 분석: 도메인 지식이 AI를 만날 때

"바둑판 위에 의미 없는 돌이란 건 없습니다."
"회사에서 생산하는 제품 중에 이유 없이 존재하는 제품도 없습니다."
– 드라마 〈미생〉(2014) 중

01
모두는 각자의 분야에서 '애플리케이션-X'이다

데이터 분석 3.0 시대

지금 우리는 산업 혁명 1차, 2차, 3차를 지나 4차 산업 혁명 시대에 접어들었습니다. 3차 IT·정보화 시대에 이어 4차 지식·지능화 시대가 도래하며, 데이터 없이는 설명할 수 없는 시대가 되었습니다. 새로운 산업 혁명의 중심에는 언제나 데이터가 있습니다. 이러한 4차 산업 혁명 안에서 데이터를 다루는 핵심 역할을 맡은 사람들은 이과 직장인입니다.

과거부터 현재까지 현장에서 이뤄지는 모든 일은 데이터를 생성하고 보관하며 관리하는 과정입니다. 산업 전반에서 데이터에 초점을 맞추면, 현실적으로 체감할 수 있는 시대 변화를 느낄 수 있습니다. 데이터 분석과 비즈니스 혁신 분야의 권위자인 토마스 데이븐포트*는 데이터 시대를 데이터 분석 1.0 시대, 2.0 시대, 3.0 시대로 구분했습니다.[6]

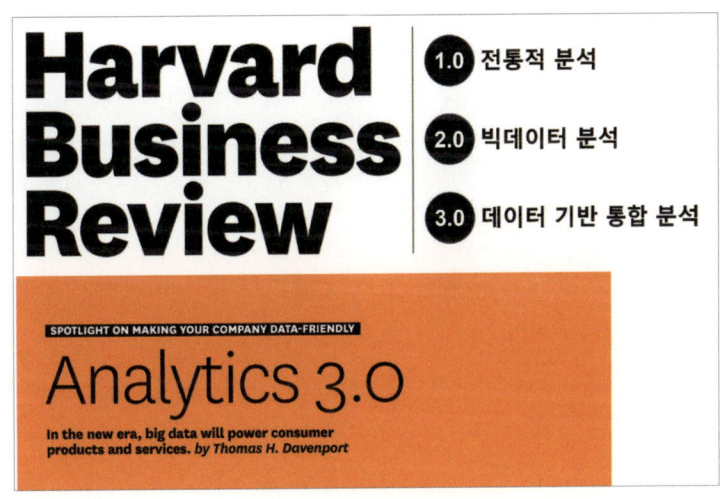

▲ 하버드 MBA 리포트: 데이터 분석 3.0

---

* 토마스 데이븐포트(Thomas H. Davenport)은 미국의 경영학자이자 데이터 분석 전문가입니다. 『분석으로 경쟁하라』(2011) 등 다수의 저서를 통해 기업의 데이터 기반 의사결정의 중요성을 강조해 왔다.

데이터 분석 1.0 시대: 후견지명 - 캐비닛 안에 잠들어 있는 데이터

데이터 분석 1.0 시대 분석은 '후견지명'입니다. 2000년까지를 데이터 분석 1.0 시대로 구분하는데 사무실에서 근무하는 화이트칼라의 수가 급증하면서 회사마다 내부에서 만든 데이터를 모으기 시작하는 시대입니다. 초기 데이터 수집은 선배 사원이 생성한 파일을 후배 사원이 이어받아 컴퓨터에 추가하는 방식으로 이루어졌습니다. 컴퓨터 하드가 자주 고장나서 중요한 데이터는 인쇄해 하드 카피본으로 보관하곤 했습니다. 신입사원 시절에는 보고서에 3개 펀치를 뚫어 철(綴)하는 것이 일반적이었는데, 지금은 '철했다'는 표현조차 생소하게 들릴 만큼 옛 방식이 되었습니다. 데이터가 디지털화되기 이전에는 방대한 종이 문서가 바인더에 모였으며, 지금도 사무실 구석의 캐비닛에 먼지 쌓인 바인더가 보관된 곳이 있을 것입니다. 이것이 데이터 분석 1.0 시대의 데이터 관리 방식입니다.

한번 이렇게 모아둔 데이터는 다시 꺼내 보는 경우가 거의 없습니다. 하드 카피로 캐비닛에 보관된 데이터는 열람하기가 번거로웠기 때문에 재사용은 사실상 불가능합니다. 이러한 데이터 수집은 미래에 사용하기 위한 것이 아니라, 과거의 기록을 보관하는 사후 해석 용도에 불과합니다. 이것이 데이터 분석 1.0 시대의 분석이 '후견지명'으로 불리는 이유입니다. 또한, 재사용이 어려운 사후 해석용 데이터는 다른 자료와의 연결성도 매우 낮습니다. 아날로그 방식으로 보관된 이러한 자료들은 재사용되지 않는 것이 데이터 분석 1.0 시대의 주요한 특징입니다.

데이터 분석 2.0 시대: 다다익선 - 데이터가 점점 커져 빅데이터가 되다

2010년 이후로 모바일 인터넷이 보편화되면서 언제 어디서나 누구나 데이터를 쉽게 생성할 수 있게 되었습니다. 특히 SNS의 전 세계적 확산으로 가상 공간과 현실 공간의 경계가 사라지고, 개인이 자발적으로 데이터를 무한히 생성하는 시대가 열렸습니다. 이러한 흐름 속에서 SNS의 영향력과 함께 빅데이터라는 키워드가 급부상하게 되었습니다.[7]

데이터 분석 2.0 시대는 '다다익선'의 시대입니다. 수많은 데이터에서 경쟁 우위를 점하려는 기업과 개인은 '많을수록 좋다'는 생각으로 데이터를 경쟁적으로 수집하게 되었습니다. 데이터를 묶음으로 판매하기도 하고, 잘 정리된 데이터를 얻기 위해 API(Application Programming Interface) 구독 서비스가 등장했습니다. API는 마치 식당의 메뉴판과 같습니다. 메뉴판에서 주문하면 재료를 순비할 필요 없이 주문한 음식이 나오듯이, API에서 원하는 데이터를 호출하면 언제든지 데이터를 얻을 수 있습니다.

데이터가 돈이 되는 시대, 데이터의 양이 많을수록 유리한 시대가 바로 데이터 분석 2.0 시대입니다. 이처럼 데이터의 가치가 무한히 확장되는 상황에서, IBM은 빅데이터의 핵심 특징을 4V로 정의했습니다. 4V는 규모(Volume), 속도(Velocity), 다양성(Variety), 가치(Value)이고, 이러한 네 가지 관점에서 빅데이터의 본질을 자세히 살펴보겠습니다.

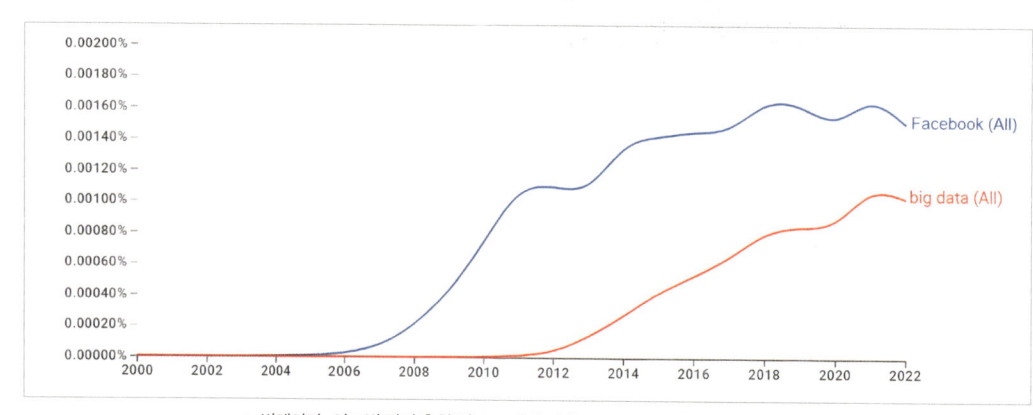

▲ 빅데이터: 연도별 단어 출현 빈도 - 페이스북(Facebook), 빅 데이터(big data)

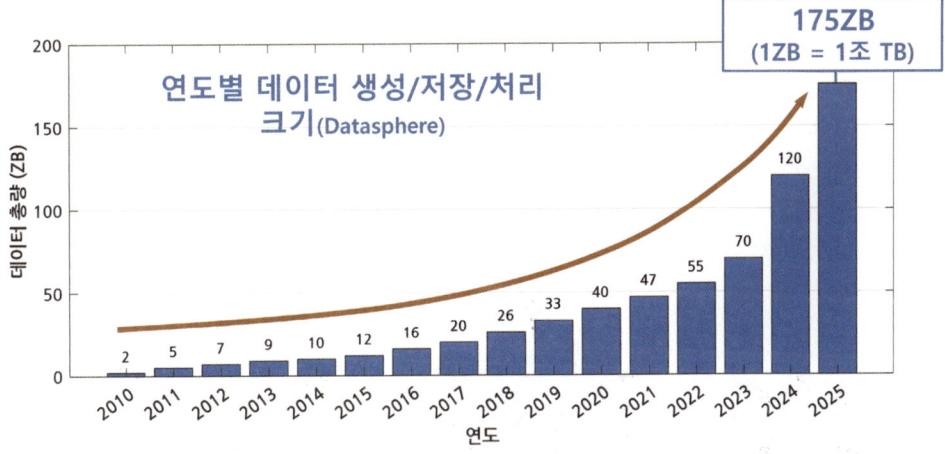

▲ 연도별 데이터 생성/저장/처리 크기: Datasphere

국제 데이터 협회에 따르면 데이터 생성 규모를 나타내는 데이터 스피어(Data sphere)라는 개념이 있습니다. 데이터가 생성, 저장, 처리되는 모든 양을 합쳐서 데이터 스피어라고 합니다. 이 규모는 기하급수적으로 증가하고 있습니다. 데이터 시대 1.0처럼 바인더에 철해서는 감당할 수 없는 데이터의 크기(①Volume: 규모)로 증가한 것입니다.

데이터의 생성, 저장, 처리되는 속도 또한 이전과는 비교할 수 없을 만큼 빨라졌습니다. 네트워크는 3G에서 4G로 전환되면서 속도가 크게 향상되었고, 하드웨어도 HDD에서 SSD로 전환되어 저장 속도가 크게 개선되었습니다. 소프트웨어 기술 역시 빠르게 발전하고 있으며, 컴퓨터 코드 생성 AI는 이러한 발전에 중요한 기여를 하고 있습니다(②Velocity: 속도).

데이터 분석 1.0 시대 대부분의 데이터 형식은 문서였습니다. 이 시기에는 고용노동부에서 인증하는 워드프로세서 국가 기술 자격증을 통해 능력을 입증하던 시대였습니다. MS 오피스 파일(워드, 엑셀, 파워포인트)이나 한컴 파일이 대부분의 데이터를 이루고 있었습니다. 빅데이터 시대가 도래하면서 문서뿐만 아니라 사진, 동영상, 그리고 개발 코드도 데이터로 포함되기 시작했습니다. 또한, 수많은 소프트웨어가 개발되며 다양한 형태의 데이터 파일이 쏟아져 나오게 되었습니다(③Variety: 다양성).

데이터로부터 창출되는 가치는 무한히 확장되고 있습니다. 기업들은 데이터에서 새로운 의미와 인사이트를 발굴하기 위해 끊임없이 노력하고 있습니다. 이제 데이터 자체가 하나의 상품으로 자리 잡았습니다. 실제로 많은 기업들이 가치 있는 데이터를 거래하며 그에 상응하는 비용을 지불하고 있습니다(④Value: 가치).

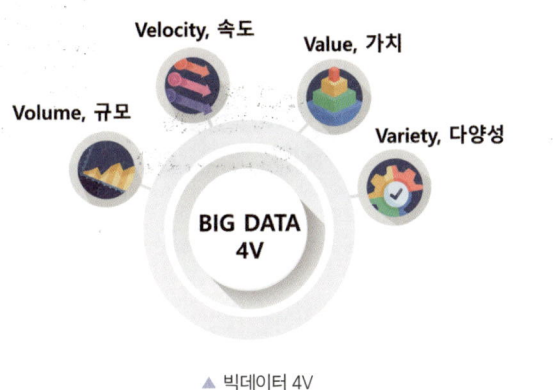

▲ 빅데이터 4V

데이터 분석 3.0 시대: 선견지명 – 데이터로부터 미래 예측을 시도하다

데이터 분석 1.0 시대는 데이터를 사후 해석 용도로 사용하던 시기였습니다. 데이터 분석 2.0 시대는 실시간으로 쏟아지는 빅데이터를 수집하고 그 의미를 분석하기 시작한 시기입니다. 데이터 분석 3.0 시대는 빅데이터를 활용해 미래를 예측하고자 하는 시기로, '선견지명'을 목표로 합니다. 데이터가 충분히 축적되면서 이를 통해 미래를 예측하는 지혜를 얻고자 하는 것이 데이터 분석 3.0 시대의 핵심입니다.

데이터 분석 1.0 시대에서 빅데이터화가 이루어지며 데이터 분석 2.0 시대로 전환되었습니다. 이후 데이터 분석 3.0 시대는 고객 중심 데이터를 타겟팅하여 고객에게 직접적인 가치를 제공하는 시대로 발전되고 있습니다.

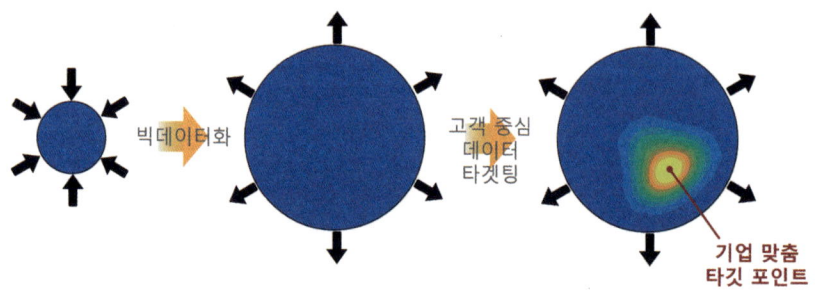

▲ 데이터 분석 3.0 시대 – 고객 중심 데이터 타겟팅

예를 들어, 테슬라의 오토파일럿은 자율주행 기능을 제공하면서 동시에 실시간으로 고객의 운전 데이터를 수집합니다. 테슬라의 AI 팀은 수집된 데이터를 학습하여 주기적으로 OTA(Over-The-Air) 업데이트를 진행합니다. OTA 업데이트는 무선 네트워크를 통해 차량 소프트웨어를 자동으로 업그레이드하는 방식으로, 고객 중심 데이터 관리의 대표적인 사례입니다. 실시간으로 고객 데이터를 수집하고 분석하여 이를 다시 고객에게 제공하는 순환 구조는 데이터 분석 3.0 시대의 핵심입니다.

테슬라의 오토파일럿은 기본으로 제공되지만, FSD(Full Self-Driving: 자율주행 시스템)는 오토파일럿보다 더 높은 수준의 자율주행 시스템입니다. 테슬라는 FSD를 자율주행 레벨 3 수준으로 발표했습니다. FSD 소프트웨어 업데이트는 고객이 구매할 수 있는 비즈니스 상품으로 출시되었으며, 이를 통해 데이터의 가치가 비즈니스 모델에서 얼마나 중요한지 보여줍니다.[8]

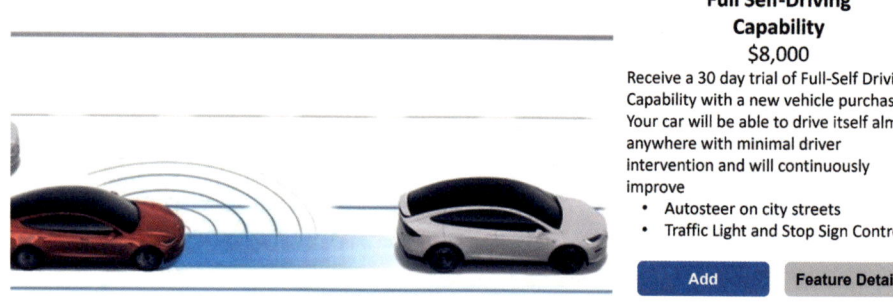

▲ 테슬라 자율주행 시스템 소프트웨어 판매 비즈니스[8]

현실로 다가온 데이터 분석 3.0 시대에 경쟁 우위를 점하는 기업은 실시간으로 고객으로부터 얻는 소중한 타깃 데이터를 분석하여 이를 다시 고객에게 가치 있는 상품으로 제공합니다.

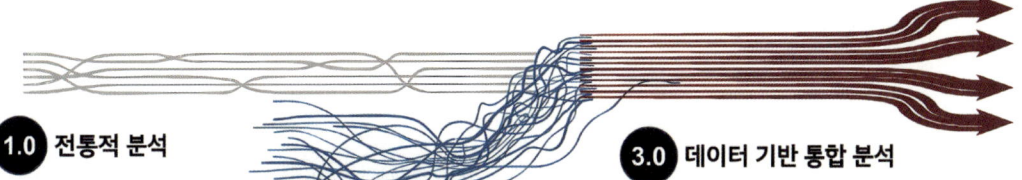

▲ 데이터 분석 1.0, 2.0, 3.0 시대의 특징

데이터 3.0 시대 실무에서 하는 큰 고민 - 직접 할 것인가? 맡길 것인가?

데이터 분석 3.0 시대에 모든 기업은 데이터 주도적인 의사결정의 중요성을 인식하고 있습니다. 이러한 상황에서 경쟁 우위를 확보하려는 기업들이 깊이 고민하는 부분이 있습니다. 바로 데이터 분석을 실무자가 직접 주도할 것인지, 아니면 전문 데이터 분석가에게 맡길 것인지에 대한 문제입니다.

많은 직장인은 스프레드시트를 활용한 기본적인 수치 계산을 일상적으로 수행하고 있습니다. 그러나 이제는 한 단계 더 나아가 고급 데이터 분석까지 실무자가 직접 배우고 수행할 것인지, 아니면 기존처럼 데이터를 모아 전문 분석가에게 의뢰할 것인지가 중요한 선택의 기로에 놓여 있습니다. 이 두 갈래의 선택을 정리하면 다음과 같습니다. 첫째는, 경험이 있는 도메인 전문가가 직접 분석 기술을 학습하여 의사결정을 내리는 방법입니다. 둘째는, 데이터 분석 전문가를 채용하거나 외부에 위탁해 모아둔 데이터를 분석하고, 그 결과를 바탕으로 의사결정을 내리는 방식입니다.

이 논쟁은 실무에서 꽤 치열했습니다. 한쪽에서는 도메인 지식이 있는 기술자가 데이터를 분석해 직접 결과를 도출하려는 학습자형 접근을 선호합니다. 다른 한쪽에서는 데이터 분석은 우리의 일이 아니므로 전문 분석가에게 맡겨야 한다고 생각하는 위임자형 접근을 지지합니다. 이 둘 사이에는 데이터 분석을 바라보는 큰 관점 차이가 존재합니다.

직접 데이터를 분석하려는 학습자형 접근을 지지하는 사람들은 이 기술을 장기적인 관점으로 바라봅니다. 그들은 커리어 성장에 대한 열망이 강하며, 데이터를 직접 분석하고 활용하기를 희망합니다. 경계를 긋기보다는 그 경계를 넘어 새로운 것을 시도하려 합니다. 예를 들어, 새로운 기술이 출시되면 가장 먼저 다운로드하여 시도해 보려는 사람입니다. 일을 해야 하기 때문에 하는 것이 아니라, 배우고 싶고 시도해 보고 싶기 때문에 모든 것을 직접 해보려는 사람이 바로 학습자형입니다.

반대로, 데이터 분석은 우리의 주된 업무가 아니며 전문가에게 맡기는 것이 효율적이라고 생각하는 사람들은 위임자형입니다. 이들은 데이터 분석을 시대의 흐름으로 보고, 유행처럼 지나갈 것이라고 생각합니다. 따라서 데이터를 직접 배우기보다는 위탁하는 편이 더 효율적이라고 판단합니다. 분석 업무는 자신의 주된 일이 아니며, 기존에 수행하던 도메인 업무를 계속하고 싶어 합니다. 예를 들어, 앱 개발을 위해 사업 기획을 세우고, 개발자에게 개발을 위탁하여 효율을 추구하는 사람들입니다.

데이터 분석 3.0 시대에서 학습자형과 위임자형 접근 모두 각자의 장단점이 있으며, 기업의 전략과 문화에 따라 선택은 달라질 수 있습니다. 중요한 것은 어떤 접근을 선택하든 데이터가 의사결정의 중심에 있어야 한다는 점입니다. 데이터 주도의 시대에 맞는 최적의 전략을 찾아 나가는 것이 무엇보다 중요합니다.

▲ 직접 분석하는 학습자와 맡기려는 위임자

시간이 흐르면서 이 논쟁은 도메인 지식을 갖춘 실무자가 직접 분석 기술을 익히는 것이 더 효과적이라는 방향으로 기울고 있습니다.[9] 그 이유는 데이터 분석에서 도메인을 깊이 이해하고 분석을 수행할 때, 올바른 해결책을 찾을 가능성이 높기 때문입니다. 실제로 실무 현장에서 경험이 쌓이면서 이러한 인식은 공공연한 사실로 자리 잡고 있습니다. 도메인 지식이 부족한 상태에서 이루어지는 데이터 분석은 불완전할 가능성이 높아, 도출된 결론이 실용적이지 않은 경우가 많습니다. 도메인 지식이 있는 상태에서 분석해야 실현 가능한 해결책을 제시할 수 있습니다. 따라서 데이터 분석은 도메인 지식을 갖춘 사람이 직접 하는 것이 가장 효과적입니다. '직접 할 것인가? 혹은 맡길 것인가?'의 논쟁은 이미 '직접 해야 한다.' 쪽으로 많이 기울었습니다. 많은 기업에서 실무자에게 데이터 분석 교육을 적극적으로 지원하고 있다는 사실이 그 증거입니다.

우리 모두는 각자 도메인에서 '애플리케이션-X'

우리에게 '앱(App.)'으로 익숙한 애플리케이션(Application)은 특정 목적을 가지고 개발된 소프트웨어를 의미합니다. 스마트폰에 있는 카카오톡, 네이버 지도, 유튜브 모두가 애플리케이션의 예입니다. 해외 엔지니어에게 자신을 소개할 때도 애플리케이션이라는 의미를 사용해서 '애플리케이션-시뮬레이션 엔지니어'라고 소개합니다. 그러면 상대방은 '아, 여러 소프트웨어를 사용하고 조합해 시뮬레이션을 하는 엔지니어구나!'라고 받아들입니다.

직장인은 각자의 도메인에서 다양한 전문 소프트웨어, 즉 애플리케이션을 사용합니다. 필자의 링크드인* 프로필을 예로 들면, 시뮬레이션 분야에서 사용하는 여러 전문 소프트웨어가 나열되어 있습니다. 직접 소프트웨어를 개발할 수는 없더라도 여러 애플리케이션을 활용해 업무를 수행합니다.

#	소프트웨어	설명
1	Abaqus	구조 해석 애플리케이션
2	OptiStruct	구조 해석 애플리케이션
3	NASTRAN	구조 해석 애플리케이션
4	HyperMesh	시뮬레이션 전처리 애플리케이션
5	Simlab	시뮬레이션 전처리 애플리케이션
6	AVL Excite PU	동적 해석 애플리케이션
7	Transmission3D	동적 해석 애플리케이션
8	ANSYS Motion	동적 해석 애플리케이션
9	FEMFAT	수명 예측 애플리케이션
10	ROMAX	회전체 설계 애플리케이션
11	KIMoS	회전체 설계 애플리케이션
12	MATLAB	공학 전문 프로그래밍 언어
13	Python	데이터 분석 프로그래밍 언어

▲ 시뮬레이션 분야에 사용되는 애플리케이션 소프트웨어

---

* 링크드인(LinkedIn)은 비즈니스와 커리어에 특화된 SNS 플랫폼이다. 마이크로소프트에서 제공하는 이 서비스는 전 세계 전문가들이 자신의 경력, 기술, 경험을 공유하고 네트워킹할 수 있는 플랫폼이다(https://www.linkedin.com).

비단 시뮬레이션 엔지니어뿐만이 아닙니다. 거의 모든 산업이 디지털화되면서 대부분의 업무가 컴퓨터로 처리됩니다. 모든 직장인의 책상에 컴퓨터가 자리 잡고 있는 이유가 바로 이 때문입니다. 산업과 분야가 다를 뿐, 우리는 모두 애플리케이션을 활용해 일을 하고 있습니다.

애플리케이션-X
- 애플리케이션-엔지니어
- 애플리케이션-설계자
- 애플리케이션-시험자
- 애플리케이션-분석가
- 애플리케이션-기획자
- 애플리케이션-마케터
- 애플리케이션-컨설턴트

당신의 도메인 전문성에 AI-노코드 데이터 분석을 입히다!

데이터 과학에는 크게 세 가지 지식이 필요합니다. 도메인 지식, 프로그래밍 지식, 데이터 분석 지식입니다. 이 세 가지를 갖추면 데이터 분석부터 AI 기반 머신러닝까지 시도해 볼 수 있습니다.

우선, 도메인 지식은 우리에게 익숙하고 자신 있는 부분입니다. 각자의 분야에서 축적된 경험과 전문성은 그 어떤 외부 전문가도 쉽게 따라올 수 없는 소중한 자산입니다. 예를 들어, 재료의 미세 구조를 연구하는 엔지니어는 보이지 않을 만큼 작은 것에 대해 누구보다 잘 이해하고 있는 '애플리케이션-재료 연구인'입니다.

두 번째로 필요한 것은 프로그래밍 지식입니다. 과거에는 프로그래밍 지식이 데이터 분석의 가장 큰 진입 장벽이었습니다. 복잡한 코딩 기술을 익히는 것은 많은 숫자와 코드에 익숙한 이공계 직장인조차 부담스러운 과제였습니다. 데이터 분석을 한다는 것은 곧 C 언어나 파이썬 같은 컴퓨터 프로그래밍 언어를 배워야 한다는 의미였습니다. 이로 인해 데이터 분석을 시도하기도 전에 코딩 교육이 선행되어야 했습니다. 새로운 언어를 배우는 일은 결코 쉽지 않습니다. 컴퓨터 언어인 프로그래밍도 마찬가지입니다. 컴퓨터와 소통하기 위해 컴퓨터 언어의 방식과 문법을 배우고 환경에 익숙해져야 했습니다. 이러한 진입 장벽 때문에 수많은 사람이 중도에 포기하곤 합니다.

무너질 것 같지 않던 프로그래밍 진입 장벽은 거대언어모델 AI의 등장으로 한 순간에 무너졌습니다. 챗GPT와 같은 AI 서비스는 우리가 일상적인 대화로 명령을 내리면, 이를 바탕으로 우아한 프로그래밍 코드를 대신 작성해 줍니다. 이는 마치 우리 각자의 개인 프로그래머를 옆에 두고 있는 것과 같은 효과를 줍니다. 이제 AI 덕분에 복잡한 프로그래밍 언어를 직접 배우지 않고도 데이터 분석에 필요한 컴퓨터 코드를 생성할 수 있습니다. 물론 AI가 생성한 코드를 이해하고 필요에 따라 수정할 수 있는 기본적인 프로그래밍 지식은 여전히 유용하지만, 프로그래밍 전문가 수준까지 도달하려는 노력은 대부분의 사람들에게 불필요해졌습니다.

각자의 도메인 지식을 바탕으로 AI를 활용해 프로그래밍 언어로부터 자유로워졌다면, 이제 남은 부분은 데이터 분석을 위한 지식입니다. 지금 보고 계신 '진짜 업무에 쓰는 챗GPT 노코드 데이터 분석'에서는 이 마지막 조각인 데이터 분석 지식을 채워드립니다. 실무 중심으로 진짜 업무에 쓰는 데이터 분석 절차(챕터 7, 8, 9), 기초적인 통계 수학(챕터 5) 그리고 실제 가능한 시나리오를 따라 하면서(챕터 2, 3) 누구나 데이터 분석을 할 수 있다는 사실을 전해드립니다.

이 책을 통해 데이터 분석 지식을 채운다면, 이제 우리는 데이터 분석에 필요한 세 가지 요소를 모두 갖추게 됩니다. 누구에게 위탁할 필요 없이, 내가 지닌 도메인 지식을 바탕으로 직접 데이터 분석을 수행할 수 있게 된 것입니다. 자신의 전문 분야에서 데이터를 직접 분석하고, 더 나아가 높은 수준의 예측 모델까지 구축할 수 있다면, 오를 수 없을 것만 같았던 큰 산을 넘는 것입니다.

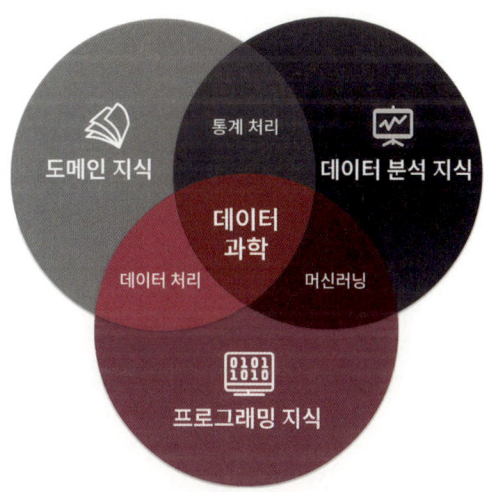

▲ 데이터 분석/데이터 과학에 필요한 지식 세 가지

큰 산을 넘으면 산꼭대기에서 드넓은 시야로 다양한 도전과 시도를 해 볼 수 있습니다. 이것은 자신의 커리어 발전에 중요한 기회가 될 것입니다. 현장의 실무자가 직접 데이터를 분석하고 인사이트를 도출할 때, 그 결과는 실용적이고 적용 가능한 형태일 것입니다. 이렇게 함으로써 현장의 전문가가 직접 데이터를 분석하기 때문에, 외부 데이터 분석가가 놓칠 수 있는 현장의 미묘한 뉘앙스나 암묵적 지식을 반영한 실용적인 인사이트를 얻을 수 있습니다. 그리고 개인의 데이터 분석 전문성이 강화되면 조직에도 큰 보탬이 됩니다. 데이터 기반의 의사결정을 통해 조직은 더욱 객관적이고 합리적인 방식으로 운영될 수 있습니다. 아직 AI-노코드 데이터 분석을 시작하지 않았다면, 개인과 조직에게 이 책이 데이터 분석의 시작과 도약의 계기가 되기를 희망해 봅니다.

02

바이오 개발자
AI에게 보는 법을 가르치는 이미지 분류 분석

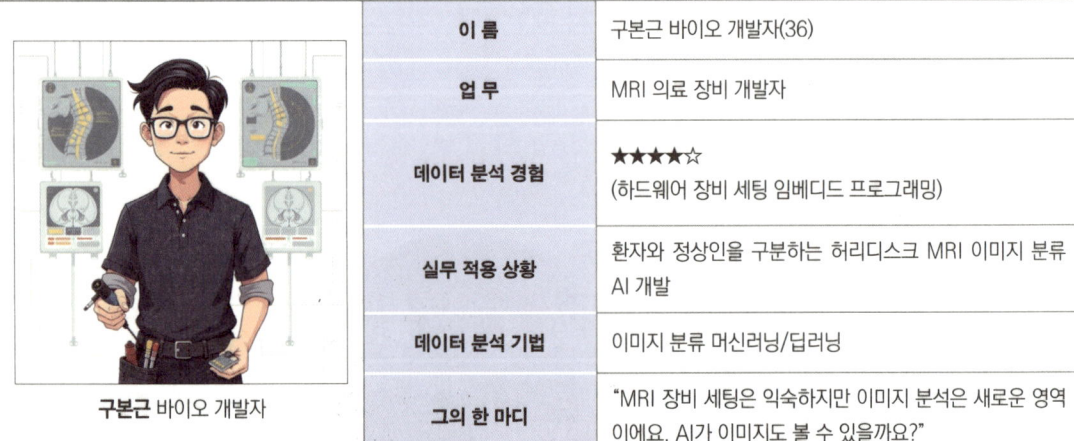

이름	구본근 바이오 개발자(36)
업무	MRI 의료 장비 개발자
데이터 분석 경험	★★★★☆ (하드웨어 장비 세팅 임베디드 프로그래밍)
실무 적용 상황	환자와 정상인을 구분하는 허리디스크 MRI 이미지 분류 AI 개발
데이터 분석 기법	이미지 분류 머신러닝/딥러닝
그의 한 마디	"MRI 장비 세팅은 익숙하지만 이미지 분석은 새로운 영역이에요. AI가 이미지도 볼 수 있을까요?"

▲ 구본근 바이오 개발자

원본 데이터 다운로드(깃허브)

https://github.com/M-LearnKun/Nocoding-JustAI

- **원본 데이터**: IDC_1_Normal_99.zip, IDC_1_Severe_68.zip

원본 데이터 소개

- **출처**: 북미영상의학회(Radiological Society of North America, RSNA) 발표 요추 퇴행성 질환 진료 지침 및 연구자료[10, 11]
- **설명**: 허리디스크 정상인 MRI 사진 99장, 허리디스크 환자 MRI 사진 68장, 각각 압축파일에 있음

구본근 개발자의 AI-노코드 데이터 분석 프로세스

▲ AI-노코드로 AI에게 보는 법을 가르치는 이미지 분류 분석 프로세스

AI는 의사의 눈이 될 수 있을까?

구본근 개발자는 외국계 바이오 진단 장비 회사에서 MRI 장비 개발에 매진해 왔습니다. 최근 그의 뛰어난 업무 능력을 인정받아 회사의 신사업 프로젝트인 'MRI 촬영 장비에 허리디스크 상태 판독 기능 추가'의 책임자로 임명되었습니다. 이번 프로젝트는 그가 참여한 기존 개발 프로젝트와는 전혀 다른 새로운 도전입니다.

> "구본근 개발자님, 신규 MRI 장비에 환자의 허리디스크 판독 기능을 추가해 주시기 바랍니다."

전기차 회사에서는 AI로 카메라 이미지를 분석해서 자율주행을 한다고 합니다. 우리도 한번 AI를 써서 판독해 보면 어떨까요?"

임원 회의에서 던져진 이 한마디에 구본근 개발자는 잠시 당황했습니다. MRI 하드웨어 개발은 그의 전문 분야였지만 AI와 의료 영상 분석은 낯선 영역이었기 때문입니다. 회사가 이런 결정을 내린 배경에는 분명한 이유가 있었습니다. 최근 의료 영상 판독은 AI 기술의 큰 잠재력을 발휘할 수 있는 영역으로 주목받고 있습니다. 의료 영상 판독은 높은 전문성을 갖춘 의사의 몫이기 때문에 기본적으로 막대한 비용이 발생합니다. 또한 의사 한 명이 영상을 살펴보고 진단할 수 있는 환자의 수도 제한적입니다. 영상의학 전문의를 양성하는 데에도 오랜 시간이 필요하므로, MRI 허리디스크 사진을 판독하는 AI 개발이 성공한다면 그 파급 효과는 클 것입니다. 전 세계 많은 테크 기업들이 이와 같은 고부가 가치 산업에 뛰어드는 이유도 이와 같습니다.

구본근 개발자는 이 새로운 과제에 대해 곰곰이 생각해 보았습니다. AI를 활용한 MRI 허리디스크 판독은 단순히 의사를 대체하는 것이 아니라 의료 시스템 전반에 혁신을 가져올 수 있는 기회라고 생각한 것입니다. 이 개발은 개인적으로 큰 의미를 가지며, 동시에 도전 과제의 높이에 부담감을 느끼는 것도 사실입니다. MRI 장비 개발자로서 그의 전문성은 뛰어났지만, AI와 의료 이미지 분석이라는 새로운 영역은 그에게 낯선 분야였습니다.

첫 번째로, 이미지를 데이터로 사용하는 것 자체가 낯설게 느껴집니다. '이미지를 데이터로 사용한다고? MRI 영상을 어떻게 AI가 이해할 수 있는 데이터로 변환할 수 있을까?' 이와 같이, 하드웨어 개발에 익숙한 구본근 개발자에게 이미지 데이터 분석은 미지의 영역입니다. MRI 기계가 만들어내는 이미지를 AI가 학습할 수 있는 형태로 변환하는 개념은 그에게 첫 번째 도전이었습니다.

의사는 수년간의 경험과 직관을 바탕으로 진단을 내립니다. 하지만 과연, 'AI가 그것을 따라잡을 수 있을까?' 그는 두 번째 고민에 빠졌습니다. 과연 AI 모델이 높은 정확도를 달성할 수 있을지 의문이 들었던 것입니다. 자신이 개발한 MRI 기계로 촬영한 영상을 의사들이 어떻게 판독하는지 많이 보아왔기 때문에, 그들의 전문성과 경험의 중요성을 잘 알고 있습니다. 그래서 AI가 과연 그 수준에 도달할 수 있을지 그는 여전히 의문이 들었습니다.

비록 익숙하지 않아 주저되기도 하지만, 그는 이 프로젝트에 성공한다면 자신의 전문성을 새로운 분야로 확장할 수 있는 기회가 될 것이라고 생각했습니다. MRI 하드웨어 전문가로서의 경험을 AI와 머신러닝이라는 새로운 영역과 접목하는 것은 도전적이면서도 매우 흥미로운 과제입니다. 새로운 도전을 좋아하는 구본근 개발자는 책상 위의 MRI 영상을 바라보며 앞으로의 여정이 험난하리라는 것을 알지만, 그만큼 자신을 성장시킬 수 있는 프로젝트라고 생각하며 걱정과 설렘이 공존하고 있었습니다.

이러한 고민들과 함께 구본근 개발자는 새로운 이미지 데이터 분류 프로젝트에 본격적으로 뛰어듭니다.

> **구본근 바이오 개발자의 데이터 분석 문제**
> - MRI 영상을 AI가 학습 가능한 데이터로 어떻게 변환할 수 있을까? AI가 이미지를 이해할 수 있도록 변환하는 방법은 무엇일까?
> - 이미지 분석을 위해 어떤 AI 알고리즘을 사용해야 할까? 데이터 과학자가 아닌 나는 어디서부터 시작해야 할까?
> - AI가 실제로 숙련된 의사만큼 정확하게 허리디스크를 진단할 수 있을까? 과연 AI의 진단 정확도가 의사와 같은 수준에 도달할 수 있을지 의문이야.

MRI 이미지 데이터로 시작하는 의료 AI - 데이터 수집과 준비

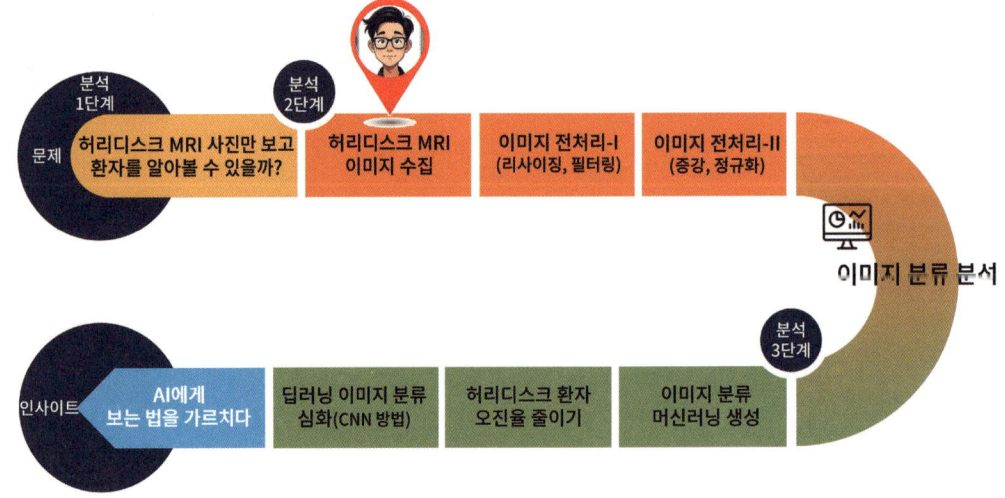

▲ 분석 2단계: 허리디스크 MRI 이미지 수집

100세 시대입니다. 평균 수명이 꾸준히 늘어나면서 우리는 그 어느 때보다 오래 살게 되었습니다. 이런 변화와 함께 우리의 건강에 대한 관심도 크게 높아졌습니다. 특히 주목받는 것이 바로 허리 건강입니다. 『백년허리』(2021)[12] 책이 회자되는 것만으로도 이를 느낄 수 있습니다. 현대인의 일하는 방식이 책상에 앉아서 하는 사무직이 늘어나면서 허리 문제로 고통받는 사람들이 많아지고 있습니다. 직장인들 사이에서는 허리디스크 이야기가 나오면 저마다 자신의 허리디스크 증상과 시술 경험을 공유하기도 합니다. 하루 대부분을 앉아서 보내는 직장인들과 하루 종일 책상에 앉아 공부하는 학생들까지 허리 건강은 모든 연령대의 주요 관심사가 되었습니다.

관심이 커질수록 데이터는 더 많이 쌓입니다. 구본근 개발자는 의료 전문 기관으로부터 환자의 동의를 받아 MRI 허리디스크 사진을 수집했습니다. 이 허리디스크 사진에는 영상의학 전문의의 판독 결과가 필수적으로 첨부되어 있습니다.

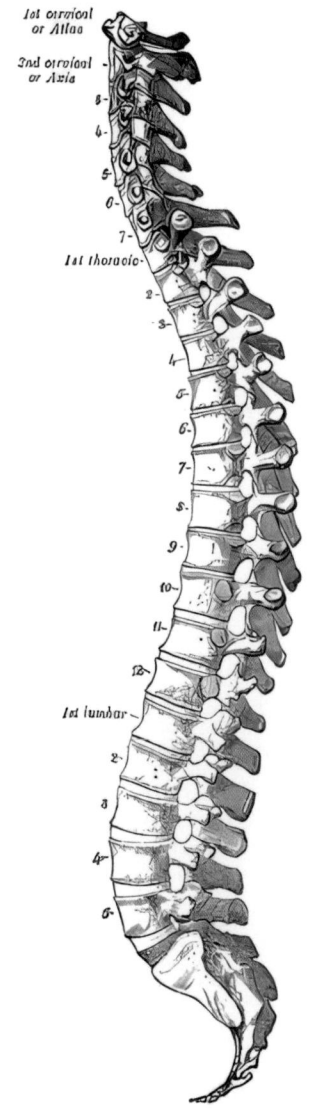

▲ 구본근 개발자가 AI로 판독하려는 의료 분야: 허리디스크

구본근 개발자가 MRI 허리 디스크 사진 판독을 위해 수집한 데이터는 총 167장입니다. 이 데이터에는 영상의학 전문의의 판독 결과가 포함되어 있으며, 각 사진은 정상인 또는 환자로 라벨링되어 있습니다. 167명의 허리디스크 이미지 중 99장은 정상인으로 분류된 MRI 이미지이며, 나머지 68장은 허리디스크 환자로 분류되었습니다.

MRI 허리디스크 정상인과 환자 비교[13]

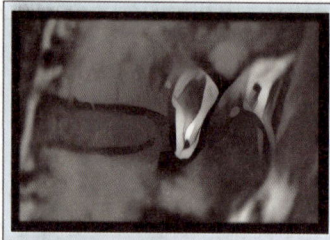

정상인
- ✓ 지방이 소실되지 않음
- ✓ 정상적인 자물쇠 형태의 구멍 모양을 보임

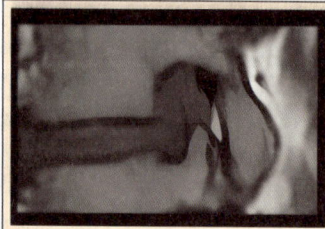

환자
- ✓ 신경 뿌리 압박과 함께 지방이 완전히 소실됨
- ✓ 흰색 부분 지방이 보이지 않음

▲ 허리 디스크 정상인과 환자

수집한 이미지 데이터를 챗GPT에 업로드하려고 합니다. 챗GPT는 한 번에 최대 10개의 파일만 업로드할 수 있기 때문에, 분류된 파일은 zip 파일로 압축하여 업로드하면 10개 이상의 파일을 업로드할 수 있습니다.

수집한 MRI 허리디스크 사진 파일 설명
- **Normal_99.zip**: 정상인 허리디스크 MRI 99장을 담고 있는 압축파일
- **Severe_68.zip**: 정상인 허리디스크 MRI 68장을 담고 있는 압축파일

 압축파일 형태로 데이터 업로드

 Normal_99.zip
ZIP 아카이브

 Severe_68.zip
ZIP 아카이브

▲ 'Normal_99.zip': 정상인 허리디스크 MRI 이미지 99개   ▲ 'Severe_68.zip': 정상인 허리디스크 MRI 이미지 68개

허리디스크 MRI 사진을 판독하는 머신러닝 모델을 만들 거야.
정상인과 환자의 허리디스크 MRI 사진 압축 파일은 각각 아래와 같아.

- **Normal_99.zip**: 정상인 허리 디스크 MRI 99장을 담고 있는 압축파일
- **Severe_68.zip**: 정상인 허리 디스크 MRI 68장을 담고 있는 압축파일
- 정상인은 라벨을 '0'으로 하고 환자는 라벨을 '1'로 하자.

MRI 데이터 압축 해제 및 파일 수 확인 코드 #3-2-1

결과
STDOUT/STDERR
(99, 68)

정상인과 환자의 허리디스크 MRI 이미지 파일이 각각 정상적으로 추출되었습니다.

- 정상인의 MRI 이미지 파일 수: 99개
- 환자의 MRI 이미지 파일 수: 68개

이제 이미지 데이터를 기반으로 딥러닝 모델을 만들기 위한 다음 단계를 진행할 수 있습니다. 이 이미지들을 레이블 0과 1로 나누어 학습에 사용할 수 있습니다.

준비한 압축 파일 2개는 각각 정상인과 환자의 MRI 사진 묶음입니다. 정상인의 허리디스크 MRI 사진은 99장, 환자의 허리디스크 MRI 사진은 68장입니다. 분류된 데이터는 챗GPT 가상 환경에 업로드되었고, 압축이 잘 풀린 것을 확인했습니다. 이미지 분류 데이터 분석을 위한 준비가 완료되었습니다.

MRI 이미지 데이터의 기초 전처리 - 리사이징과 필터링

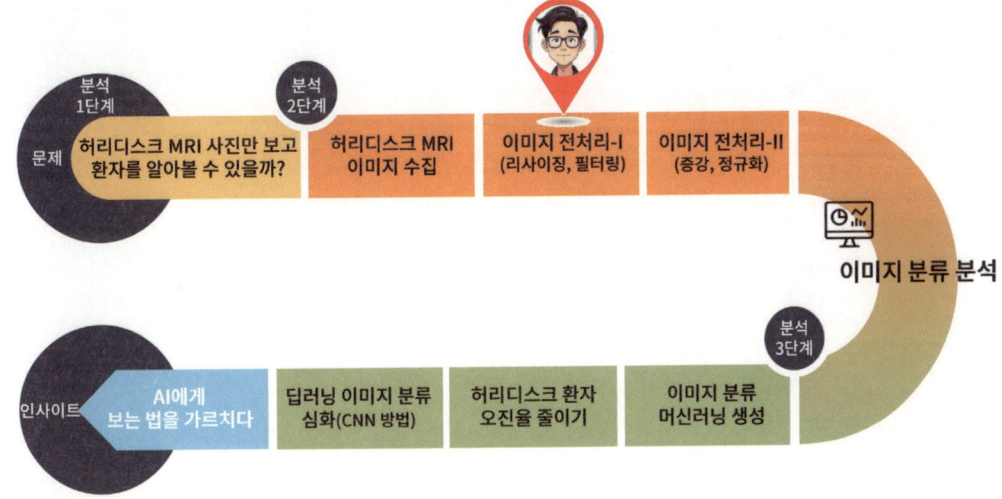

▲ 분석 2단계: 이미지 전처리-I(리사이징, 필터링)

준비된 MRI 허리디스크 이미지 확장자는 'dcm'입니다. 이 확장자는 DICOM(Digital Imaging and Communications in Medicine)을 의미합니다. 이는 의료 영상 데이터를 위한 국제 표준으로, 단순한 이미지 이상의 데이터를 포함하고 있습니다. DICOM 파일에는 이미지뿐만 아니라 환자 정보, 촬영 조건, 의료기기 정보 등의 메타데이터도 포함되어 있습니다. 이러한 메타데이터는 영상의학 의료진의 정확한 진단에 도움이 됩니다.

챗GPT 환경에서 dcm 파일을 읽어내기 위해 pydicom 라이브러리를 설치해야 합니다. 'pydicom-2.4.4-py3-none-any.whl(https://pydicom.github.io)' 파일을 가상 환경에 업로드한 후 설치를 진행합니다.

DICOM 이미지를 읽기 위한 라이브러리 설치

pydicom-2.4.4-py3-none-any.whl 파일

▲ pydicom 라이브러리 파일 설치 요청

dcm 파일을 읽고 이미지를 보기 위해 pydicom 라이브러리를 이 가상환경에 설치해 줘.

업로드된 패키지 설치 코드 #3-2-2

```
결과
STDOUT/STDERR
Defaulting to user installation because normal site-packages is not writeable
Processing /mnt/data/pydicom-2.4.4-py3-none-any.whl
Installing collected packages: pydicom
Successfully installed pydicom-2.4.4
```

pydicom 라이브러리가 성공적으로 설치되었습니다. 이제 DICOM 파일을 읽고 이미지를 확인할 수 있습니다. 도움이 필요하면 알려주세요.

설치된 pydicom 라이브러리로 업로드한 이미지를 출력해 보겠습니다. 업로드가 손상 없이 잘 되었는지, 해당 라이브러리의 설치와 작동을 점검하기 위해 환자 라벨(1)과 정상 라벨(0)에서 각각 1개씩 샘플링한 이미지를 출력해 보겠습니다.

dcm 파일 이미지 보기 검사

dcm 파일로 이미지를 보는 코드를 생성해 봐.
이미지 중에 환자 라벨과 정상 라벨을 각 하나씩 랜덤하게 선택해서 이미지를 보여줘.

DICOM 이미지 랜덤 선택 및 시각화 코드 #3-2-3

위에 선택된 정상인과 환자의 허리디스크 MRI 이미지를 각각 랜덤하게 하나씩 표시했습니다. 정상인은 "Label: 0", 환자는 "Label: 1"로 구분되어 있습니다.

다음으로 진행할 작업이 있으시면 알려주세요!

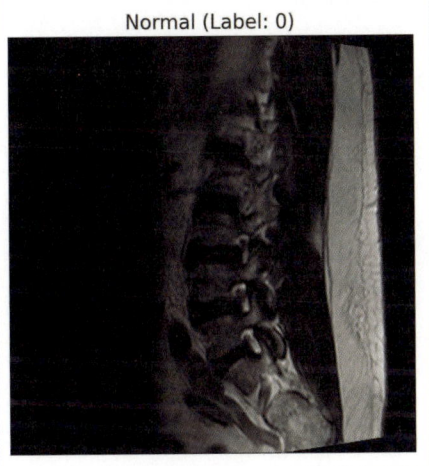

▲ dcm 이미지 확인: 정상(0)

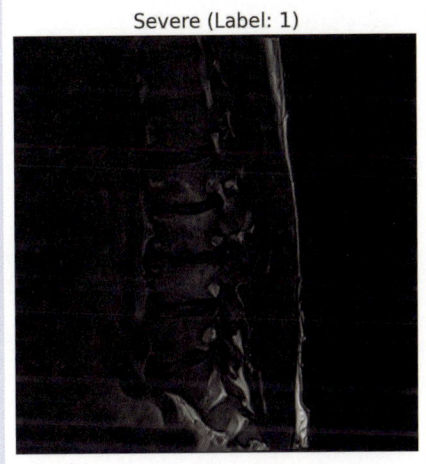

▲ dcm 이미지 확인: 환자(1)

구본근 개발자는 수집한 MRI 이미지를 성공적으로 불러들였습니다. 다음 단계는 일반적인 데이터 분석 과정에서와 같이 데이터 전처리입니다. 엑셀 테이블과 같은 정형화된 데이터의 전처리는 이상치를 발견하고 결측치를 확인합니다. 이미지 데이터 분석에서도 이미지 데이터 전처리가 필요합니다. 정형화된 데이터보다 복잡도가 높기 때문에 이미지 데이터 전처리에는 다양한 방법이 있습니다.

주요 이미지 데이터 전처리 10가지

#	전처리 항목	설명
1	리사이징(Resizing)	이미지의 크기를 일정하게 맞추는 작업. 모델에 입력할 수 있도록 동일한 크기로 조정하여 일관성 유지.
2	정규화(Normalization)	이미지 픽셀값을 0에서 1 사이로 변환하여 모델 학습을 안정화시키는 작업.
3	데이터 증강 (Data Augmentation)	이미지 회전, 이동, 좌우 반전, 밝기 조절 등을 통해 원본 이미지를 다양하게 변형하여 데이터 양과 다양성 증가.
4	이미지 자르기 (Cropping)	분석 대상 부위만 남기고 나머지 배경이나 불필요한 영역을 제거하여 이미지의 중요한 부분만 학습에 사용.

#	전처리 항목	설명
5	필터링 (Filtering)	선택적 구분을 위해 특정 주파수 대역이나 특징을 강조하거나 제거하여 이미지의 분석 및 인식 정확도를 향상시키는 작업.
6	노이즈 제거 (Denoising)	이미지에 존재하는 노이즈를 가우시안 흐림효과(Gaussian Blur), 중앙값 필터(Median Filtering) 등을 이용해 제거하여 데이터 품질 개선.
7	평활화 (Smoothing)	이미지의 날카로운 부분을 부드럽게 하여 경계를 더 잘 구분할 수 있도록 하는 처리.
8	흑백 변환 (Grayscale Conversion)	RGB 이미지를 흑백으로 변환하거나, 특정 채널만을 분리하여 중요한 정보만 학습에 사용할 수 있도록 변환.
9	회전 및 대칭 처리 (Rotation/Flipping)	이미지를 회전하거나 좌우 대칭 처리하여 학습 데이터의 다양성을 높이고, 특정 방향의 이미지를 다루기 쉽게 함.
10	대비 및 밝기 조정 (Contrast/Brightness Adjustment)	이미지의 명암이나 밝기를 조절하여 시각적 특성을 개선하고 더 나은 분석 결과를 얻을 수 있도록 처리.

앞서 설명한 이미지 전처리는 상황과 분야에 따라 선택적으로 적용됩니다. 구본근 개발자의 분석에서는 리사이징, 메타데이터를 이용한 필터링, 데이터 증강, 정규화를 순서대로 진행할 예정입니다.

첫 번째 단계는 리사이징(크기 조절)입니다. 전체 이미지의 크기를 확인해 봅시다.

전체 이미지 사이즈별 분류
DICOM 이미지 크기를 살펴보자.
그리고 전체 사진들 중에 동일한 크기를 가진 사진들을 모아주고, 각 그룹에 사진이 몇 장씩 들어있는지 알려줘.

DICOM 이미지 크기 수집 및 빈도 확인 코드 #3-2-4
원본 DICOM 파일의 이미지 크기는 다양하며, 주요 크기별 빈도는 다음과 같습니다:

- 512×512: 58장
- 320×320: 27장
- 448×448: 22장
- 384×384: 21장
- 256×256: 8장
- 836×704: 7장

이를 바탕으로 이미지를 리사이징할 때 256×256으로 조정하는 것이 적절해 보입니다. 이러한 방식으로 진행한 PNG 파일들은 이미 생성되었습니다.

전체 이미지의 가로×세로 사이즈 구성을 확인했습니다. 추가로, AI는 크기별 빈도를 살펴보고 전체를 하나의 크기로 리사이징할 수치를 추천해 주었습니다. 이미지 원본 데이터 DICOM 데이터는 16비트의 비교적 높은 심도(color depth)*를 가지고 있으므로, 리사이징도 또한 동일하게 16비트로 진행하겠습니다.

이미지 전처리 - 리사이징

DICOM 파일의 메타 정보를 그대로 유지하면서 이미지 리사이징을 수행하자.

중요한 점은 이미지와 메타데이터 간의 인덱스가 섞이지 않도록 하는 거야.

이미지 리사이징을 256x256으로 하되, 각 파일이 원래의 메타 정보와 연결된 상태로 유지되도록 하자.

DICOM 이미지를 16비트 PNG로 변환 및 저장 코드 #3-2-5

16비트 이미지를 OpenCV 라이브러리**를 사용하여 성공적으로 리사이징하고 PNG 형식으로 저장했습니다. 정상인과 환자의 첫 번째 5개 파일이 각각 normal_0.png, severe_0.png 형식으로 저장되었습니다.

리사이징 처리된 이미지와 원본 이미지 사이 연결 상태는 인덱스 번호로 확인할 수 있습니다. 같은 인덱스 번호를 가지고 있는 사진은 같게 보여야 합니다. 이를 확인하기 위해서, 리사이징 처리된 이미지 그리고 같은 인덱스 번호의 원본 이미지를 임의로 선택(랜덤 샘플링)해서 보여달라고 요청하겠습니다.

리사이징된 이미지와 원본 이미지 비교

DICOM 이미지 리사이징을 네가 제안한 대로 256×256으로 하자. 그리고 리사이징된 png 이미지와 원본 이미지 인덱스가 잘 연결됐는지 확인하려고 해. 랜덤 샘플링해서 보여줘.

정상과 환자 각각 1개씩 랜덤 샘플링하자.

---

* 심도(color depth)는 이미지의 각 픽셀이 표현할 수 있는 색상이나 명암의 단계를 의미한다. 16비트는 65,536개의 서로 다른 명암 단계를 표현할 수 있어서 매우 섬세한 이미지 표현이 가능하다.
** OpenCV(Open Source Computer Vision Library)는 컴퓨터가 디지털 이미지나 동영상에서 시각적 정보를 이해하고 처리하는 기술이나 학문 분야인 실시간 '컴퓨터 비전'을 목적으로 한 프로그래밍 라이브러리다.

랜덤 DICOM 및 PNG 이미지 비교 시각화 코드 #3-2-6

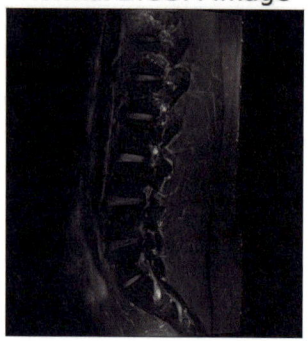
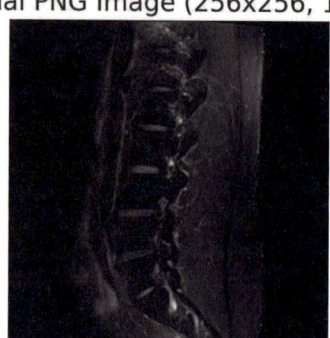
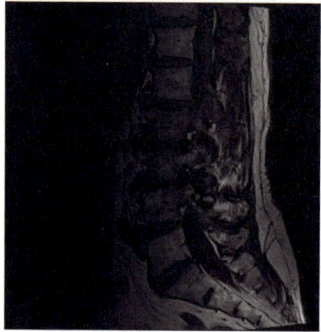

▲ 이미지 데이터 전처리 – 리사이징

리사이징 전처리 이후에도 해상도와 심도 모두 양호합니다. MRI 이미지 데이터를 다운로드하여 보관해 둡니다. 새롭게 생성된 데이터는 중간중간 저장해 두면 추가 분석에 큰 도움이 됩니다. 이는 마치 문서 작성 시 자동 저장 기능과 같습니다.

 데이터 전처리 – 리사이징 후 새로운 압축파일(zip)으로 저장
리사이징된 16비트 png 파일을 정상인과 환자로 각각 압축한 zip 파일로 만든 후 다운로드 링크를 생성해 줘.

 리사이즈된 16비트 PNG 이미지 압축 코드 #3-2-7
여기 리사이징된 16비트 PNG 파일들의 다운로드 링크입니다:

정상인 PNG 이미지 다운로드

환자 PNG 이미지 다운로드

다운로드 받은 압축파일 데이터는 각각, 'IDC_2_Resized_Normal_256_16bit_PNG.zip'과 'IDC_2_Resized_Severe_256_16bit_PNG.zip'입니다.

첫 번째 리사이징에 이어, 두 번째 전처리는 메타데이터를 활용해 필요한 데이터만 선택하는 필터링입니다. 앞서 DICOM 데이터에는 메타데이터가 포함되어 있다고 설명했으며, 각 DICOM 이미지의 메타데이터는 아래와 같습니다.

```
(Dataset.file_meta -----------------------------------
(0002, 0001) File Meta Information Version    OB: b'\x00\x01'
(0002, 0002) Media Storage SOP Class UID      UI: Enhanced MR Image Storage
(0002, 0003) Media Storage SOP Instance UID   UI: 489097547.1.6
(0002, 0010) Transfer Syntax UID              UI: RLE Lossless
(0002, 0012) Implementation Class UID         UI: 1.2.40.0.13.1.1.1
(0002, 0013) Implementation Version Name      SH: 'PYDICOM 2.4.2'
-----------------------------------------------------
(0008, 0018) SOP Instance UID                 UI: 489097547.1.6
(0008, 0023) Content Date                     DA: '20240503'
(0008, 0033) Content Time                     TM: '223709.864483'
(0008, 103e) Series Description               LO: 'T2'        ← 필요한 메타데이터 정보
                                                               (MRI 촬영 각도)
(0010, 0020) Patient ID                       LO: '489097547'   - 'T2'인 데이터 필터링
(0018, 0050) Slice Thickness                  DS: '4.0'
(0018, 0088) Spacing Between Slices           DS: '4.48'
```

▲ 이미지 데이터 전처리 - 메타데이터 필터링

도메인 지식이 있는 사람은 더 상세한 정보를 파악할 수 있습니다. 이미지가 촬영된 상세 정보를 깊이 이해할수록 더 심도 있는 이미지 데이터 분석이 가능합니다. 여기에서는 메타데이터의 형태를 간단히 확인하는 것으로 마무리하겠습니다.

메타데이터에서 허리디스크 환자 유무를 판독하기 위해서는 측면에서 바라본 허리디스크 사진이 필요합니다. 메타데이터에서 측면에 해당하는 문구는 "(0008, 103e) Series Description LO:" 입니다. 이 딕셔너리* 값이 'T2'인 이미지는 측면에서 바라본 이미지라는 의미입니다. 따라서 T2 데이터를 필터링하여 학습에 사용하겠습니다. 이러한 특수한 정보는 도메인 기술자들 간에 합의된 규약입니다.

 메타 정보를 이용한 필터링

모든 파일에서 아래 메타정보가 LO: 'T2'인 것과 아닌 것의 개수를 알고 싶어.
그리고 정상인과 환자 각각의 경우에서, T2인 이미지를 찾아서 개수를 세어줘.

• **메타 정보**: 〈(0008, 103e) Series Description LO: 〉

---

* 딕셔너리(Dictionary)는 파이썬에서 키(key)와 값의 쌍으로 데이터를 저장하는 자료형이다. 키는 고유하며 변경 불가능하고, 값은 어떤 자료형도 가능하다. 대괄호로 키를 지정해 값을 조회하거나, 새로운 키-값 쌍을 추가할 수 있다. 딕셔너리는 빠르고 효율적인 데이터 관리에 적합하다.

DICOM 파일에서 'T2' 포함 여부에 따른 파일 수 집계 함수 코드 #3-2-8

정상인과 환자의 DICOM 파일에서 T2가 포함된 파일과 포함되지 않은 파일은 다음과 같습니다:

- 정상인(Normal):
  - T2 포함된 파일: 74개
  - T2 포함되지 않은 파일: 25개
- 환자(Severe):
  - T2 포함된 파일: 48개
  - T2 포함되지 않은 파일: 20개

DICOM 파일에서 T2가 포함된 데이터는 167개(=74+25+48+20) 중 122개(=74+48))입니다. 전체 이미지에서 필터링하여 사용하도록 하겠습니다.

데이터 필터링 후 압축파일(zip)로 저장

실제로 데이터 분석에 사용할 데이터는 메타정보가 T2인 데이터야. 필터링해 두자.

필터링한 데이터 세트의 원본 데이터와 리사이징된 데이터 세트를 정상인과 환자로 구분해서 zip 파일로 다운로드 받을 수 있도록 해줘.

T2 DICOM 및 PNG 파일 압축 코드 #3-2-9

정렬된 T2 DICOM 및 리사이징된 PNG 파일을 각각 압축한 파일들을 다운로드할 수 있습니다. 아래 링크에서 파일을 다운로드하세요:

1. 정상인 T2 DICOM 데이터 다운로드 → IDC_3_Sorted_Normal_T2_DICOM.zip
2. 환자 T2 DICOM 데이터 다운로드 → IDC_3_Sorted_Resized_Normal_T2_PNG.zip
3. 정상인 T2 리사이징 PNG 데이터 다운로드 → IDC_3_Sorted_Resized_Severe_T2_PNG.zip
4. 환자 T2 리사이징된 PNG 데이터 다운로드 → IDC_3_Sorted_Severe_T2_DICOM.zip

실제로 머신러닝 학습에 사용할 데이터는 정상인 이미지 74개와 환자 이미지 48개로 추려졌습니다. 이렇게 선별된 측면 MRI 이미지는 허리디스크의 특징을 가장 잘 보여주는 자료입니다. AI 모델 학습의 일관된 품질을 유지하기 위해 올바른 데이터를 선별하는 것이 중요합니다.

MRI 이미지 데이터의 고도화 전처리 - 데이터 증강과 정규화

앞서 의료 영상 데이터의 이해와 기초 전처리를 통해 MRI 이미지의 기본 전처리를 완료했습니다. 전체 이미지 크기를 조절하는 리사이징을 수행했고, 메타데이터 필터링을 통해 허리 디스크 판독에 필요한 데이터만 선택적으로 사용했습니다.

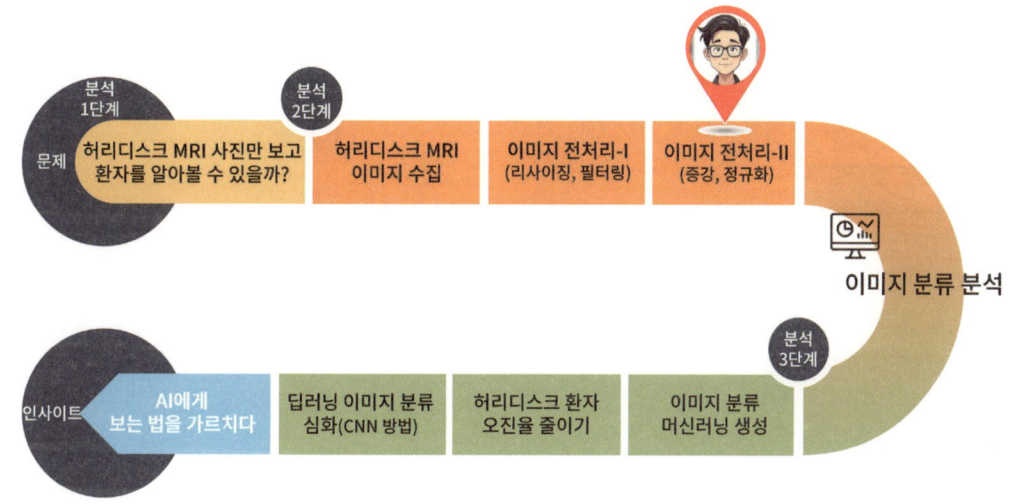

▲ 분석 2단계: 이미지 전처리-II(증강, 정규화)

이제 AI 모델의 성능 향상을 위해 데이터 고도화 단계로 넘어갑니다. 이 단계에서는 데이터 증강과 정규화가 그 핵심입니다. 데이터 증강은 말 그대로 데이터의 수를 늘리는 것으로, 부족한 데이터를 증강 기법으로 보완하여 학습 데이터를 증가시키고 판독률을 향상시키는 데 목적이 있습니다. 특히 의료 이미지와 같이 데이터 수집이 제한적인 분야에서 데이터 증강은 매우 중요합니다. MRI 이미지의 경우 회전, 좌우 반전, 밝기 조절, 노이즈 추가 등의 방법을 사용할 수 있습니다. 단, 의료 이미지 증강 시 진단에 중요한 특징이 왜곡되지 않도록 주의해야 합니다. 예를 들어, 상하 반전은 해부학적 구조를 변경시키므로 사용하지 않습니다. 이처럼 적절한 증강을 통해 모델의 검출 능력을 향상시켜 과적합*을 방지할 수 있습니다.

마지막 이미지 데이터 전처리 단계로 증강된 데이터를 정규화합니다. 정규화는 데이터의 값을 조정하여 모델 학습을 안정화하고 성능을 향상시키는 과정입니다. MRI 이미지의 경우, 픽셀값은 일반적으로 0에서 수천 또는 수만까지의 범위를 가질 수 있으며, 이러한 큰 값 범위는 신경망 학습을 불안정하게 만들 수 있습니다. 따라서 정규화를 통해 모든 픽셀값을 0과 1 사이로 변환하여 안정적인 학습을 도모합니다. 이를 통해 학습이 더 안정적이고 효율적으로 이루어지며, 모델이 일관된 특징을 학습할 수 있어 결과적으로 모델의 정확도와 신뢰성을 높일 수 있습니다.

데이터 증강 자동화 계획은 현재 데이터의 5배로 증강하며, 증강된 데이터의 개수를 제한하여 요청하겠습니다.

---

* 과적합(Overfitting)은 모델이 훈련 데이터에 너무 잘 맞춰져서 새로운 데이터에 대한 일반화 성능이 떨어지는 현상을 말한다.

이미지 전처리 – 데이터 증강

지금 데이터의 개수에 약 5배 증강되도록 계획을 세워봐.

이미지 증강 및 저장 코드 #3-2-10

현재 정상인(74개)과 환자(48개)의 데이터를 약 5배로 증강하려면, 총 데이터 개수는 정상인 370개, 환자 240개가 되어야 합니다. 이를 위해 각 이미지에 4개의 증강 기법을 적용할 수 있습니다.

- **증강 계획(5배 증강):**
- **증강 후 데이터 양:**
  - **정상인 데이터**: 74개 × 5 = 370개
  - **환자 데이터**: 48개 × 5 = 240개
- **각 이미지를 증강하는 방식:**
  - **회전**: 2개의 회전 각도
  - **수평 반전**: 1개의 반전
  - **이동**: 좌우 이동
  - **확대/축소**: 확대 및 축소 적용

이 증강 계획을 적용하면 총 데이터 개수가 정상인 370개, 환자 240개로 맞춰집니다.

현재 정상인 데이터에서 297개의 이미지, 환자 데이터에서 204개의 이미지가 생성되었습니다. 목표였던 370개와 240개보다 적게 생성된 이유는 증강이 제한적으로 적용되었기 때문입니다.

목표했던 증강 데이터 수에 미달했습니다. 정상인 데이터는 목표 370개 중 297개, 환자 데이터는 목표 240개 중 204개가 생성되었습니다.

이는 계획된 증강 기법(회전, 반전, 이동, 확대 혹은 축소)이 모든 이미지에 동일하게 적용되지 않았기 때문입니다. 일부 이미지에서는 특정 증강 기법이 누락되었거나 중복된 결과가 제외되었을 수 있습니다. 추가 증강을 통해 목표 수량으로 충족시키겠습니다.

이미지 전처리 – 데이터 전처리 두 번째

추가로 증강해서, (492, 268)개 이상으로 개수를 증가시켜 줘.

추가 이미지 증강을 통해 목표 수량 충족을 위한 추가 이미지 증강 코드 #3-2-11

```
결과
STDOUT/STDERR
(492, 268)
```

정상인 데이터는 492개, 환자 데이터는 268개로 성공적으로 증강되었습니다.

정상인 데이터는 492개, 환자 데이터는 268개로 증강이 완료되었습니다. 이제 데이터가 목표 수량에 도달했으므로 생성된 데이터를 저장해 두겠습니다.

 증강된 데이터 저장 및 다운로드 링크 요청

앞에서 zip 파일로 저장한 것처럼 증강된 데이터도 정상인과 환자 각각 데이터로 저장하자.
다운로드할 수 있는 링크를 보내줘.

 증강된 데이터 세트 zip 파일 생성 코드 #3-2-12

증강된 데이터를 다운로드할 수 있는 링크는 다음과 같습니다:

1. 정상인 데이터(492개)

2. 환자 데이터(268개)

마지막으로 진행할 이미지 데이터 전처리는 증강된 데이터를 정규화하는 것입니다. 각 이미지의 픽셀값을 0에서 1 사이로 조정합니다. 일반적으로 이미지의 각 픽셀은 0~255 사이의 값을 가지는데, 이를 255로 나누어 0에서 1 사잇값을 갖도록 합니다. 예를 들어, 픽셀값이 0이면 0/255=0, 255이면 255/255=1, 128이면 128/255≈0.502가 됩니다. 이렇게 정규화된 데이터는 머신러닝 학습에 적합한 형태가 됩니다.

 이미지 전처리 - 정규화

정규화된 이미지를 저장하고, 정규화된 정상 및 환자 이미지 파일의 개수도 알려줘.

 이미지 정규화 및 파일 개수 확인 코드 #3-2-13

정규화된 데이터를 다운로드할 수 있는 링크는 다음과 같습니다:

1. 정규화된 정상인 데이터(492개) → IDC_4_Normalized_Augmented_Normal_492.zip

2. 정규화된 환자 데이터(268개) → IDC_4_Normalized_Augmented_Severe_268.zip

구본근 개발자는 데이터 고도화 과정을 통해 초기 122개(정상 74개, 환자 48개)였던 데이터를 760개(정상 492개, 환자 268개)로 확장하고, 모든 이미지의 픽셀값을 정규화했습니다. 이것으로 허리디스크 진단을 위한 이미지 분류 머신러닝 모델 생성을 위한 준비가 마무리되었습니다.

허리디스크 판독 머신러닝 모델 생성

이미지 데이터 전처리는 기존의 테이블 형태의 전처리에 비해 까다롭고 복잡했습니다. 구본근 개발자는 리사이징, 데이터 구분, 이미지 증강, 정규화의 네 가지 전처리를 통해 이미지 데이터를 준비했습니다.

데이터 전처리가 마무리되었고 이어지는 단계는 머신러닝 모델링입니다. 이때 유의 사항이 있습니다. 챗GPT-4o 환경에선 한 가지 제약이 있는데, 딥러닝을 위한 전문적인 프레임워크인 텐서플로우* 나 파이토치**를 직접 사용할 수 없다는 점을 감안해야 합니다. 이를 사용하려면 챗GPT가 생성한 코드를 개인 PC나 클라우드 환경(예: 구글 코랩, https://colab.research.google.com)에서 실행해야 합니다.

▲ 분석 3단계: 이미지 분류 머신러닝 생성

텐서플로우나 파이토치를 사용하지 않더라도, 상대적으로 가벼운 사이킷-런*** 라이브러리로 기본적인 이미지 분류 머신러닝 모델 생성이 가능합니다. 구본근 개발자는 MRI 허리디스크 판독 이미지 분류 분석에 사이킷-런 라이브러리를 사용할 수 있습니다. 이 중 데이터 분류에 많이 사용되는 랜덤 포레스트 머신러닝을 적용할 것입니다.

정상인 MRI 허리디스크 압축 파일 'IDC_4_Normalized_Augmented_Normal_492.zip'과 허리디스크 환자 압

---

* 텐서플로우(TensorFlow)는 구글에서 만든 딥러닝 도구로, 숫자나 데이터를 분석하고 복잡한 계산을 처리하는 데 강력하다. 특히 대규모 데이터를 다루는 데 적합하며, 인공지능 모델을 만들고 학습시키는 데 널리 사용된다.
** 파이토치(PyTorch)는 메타에서 만든 딥러닝 도구로, 사용하기 쉬운 인터페이스와 유연한 구조를 제공한다. 사용이 간단해 연구자들이 새로운 아이디어를 실험할 때 많이 사용된다.
*** 사이킷-런(Scikit-learn)은 머신러닝을 배우거나 간단한 모델을 만드는 데 유용한 도구이다. 데이터 정리, 다양한 예측 모델, 평가 도구까지 기본적인 기능을 모두 갖추고 있어 초보자도 쉽게 시작할 수 있게 구성되어 있다.

축 파일 'IDC_4_Normalized_Augmented_Severe_268.zip'를 업로드하고 머신러닝 모델 생성을 요청합니다.

데이터 전처리가 완료된 두 개의 압축 파일 업로드 및 머신러닝 모델 생성

- 'IDC_4_Normalized_Augmented_Normal_492.zip'(정상인의 허리디스크 이미지, 라벨 0)
- 'IDC_4_Normalized_Augmented_Severe_268.zip'(허리디스크 환자의 이미지, 라벨 1)

을 업로드했어.
압축을 풀고, 학습 데이터와 테스트 데이터의 비율을 8:2로 나눠서 이미지 분류 머신러닝 모델을 만들어 줘.
첫 번째 알고리즘은 랜덤 포레스트를 사용해서 진행하자.

랜덤 포레스트 분류기를 사용한 정상 및 중증 이미지 분류 코드 #3-2-14

랜덤 포레스트 모델을 다시 학습한 결과는 다음과 같습니다:

- 정상 클래스(Label 0):
  - Precision[*] : 84%
  - Recall[**] : 99%
  - F1-Score[***] : 91%
- 중증 환자 클래스(Label 1):
  - Precision: 98%
  - Recall: 69%
  - F1-Score: 81%
- 전체 정확도: 88%

모델은 정상 데이터를 잘 분류하고 있지만, 중증 환자 데이터를 일부 놓치는 경향이 있습니다.

프롬프트 단 한 줄로 머신러닝 이미지 분류 분석 모델을 생성했습니다. 또한, 생성된 머신러닝 모델의 성능을 나타내기 위한 지표를 알려주고 있습니다. 이 지표는 각 클래스의 정밀도(Precision), 재현율(Recall), F1-점수(F1-Score) 그리고 전체 정확도(Accuracy)입니다. 여기에서 정밀도(Precision)와 정확도(Accuracy)의 명확한 구분을 위해서 정확도를 전체 정확도라고 부르도록 하겠습니다. 정확도에 '전체'를 앞에 붙인 이유는 정밀도가 개별 클래스(정상인, 환자)에 대한 성능 지표인 반면, 전체 정확도는 두 클래스를 모두 포함한 성능 지표이기 때문입니다. 이에 대해서는 다음 시각화를 통해 자세히 살펴보도록 하겠습니다.

---

[*] 정확도(Precision)는 모델이 긍정으로 예측한 것 중에서 실제로 긍정인 경우의 비율을 나타낸다. 이는 잘못된 긍정 예측을 얼마나 줄였는지를 평가한다.
[**] 재현율(Recall)은 실제 긍정 사례 중에서 모델이 이를 얼마나 잘 찾아냈는지를 나타낸다. 이는 놓친 긍정을 최소화하는 데 중점을 둔다.
[***] 에프1-스코어(F1-Score)는 정확도와 재현율의 조화 평균으로, 두 지표 간의 균형을 평가하는 데 사용된다.

생성된 머신러닝 모델 성능 확인 및 시각화

결과가 나쁘지 않네. 이 결과에 대해 성능을 보여주는 시각화해 줘.

혼동 행렬 및 성능 지표 시각화(한글 라벨 포함) 코드 #3-2-15

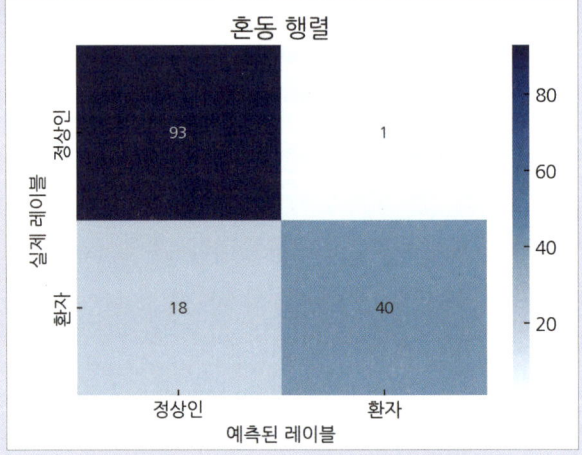

▲ 랜덤 포레스트 머신러닝 모델 성능: 혼동 행렬

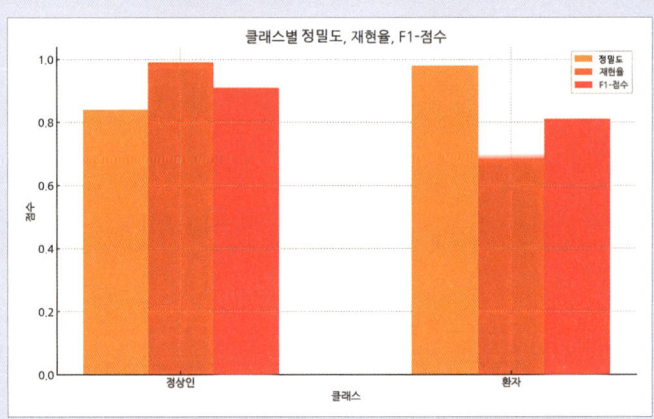

▲ 랜덤 포레스트 머신러닝 모델 성능: 정밀도, 재현율, F1-스코어

위 시각화는 랜덤 포레스트 모델의 성능을 보여줍니다.

1. **혼동 행렬(Confusion Matrix)**: 각 클래스에 대한 예측과 실제 라벨 간의 비교를 나타내며, 정상 클래스는 매우 정확하게 예측되었지만, 중증 환자 클래스는 일부 오분류가 발생했습니다.

2. **정밀도(Precision), 재현율(Recall), F1-점수(F1-Score) 바 차트**: 각 클래스별 성능 지표를 보여줍니다. 정상인(Normal) 클래스는 모든 지표에서 높은 성능을 보이며, 환자(Severe) 클래스는 비교적 낮은 재현율(Recall)을 보입니다.

이 시각화를 통해 모델의 강점과 약점을 명확히 알 수 있습니다.

챗GPT는 머신러닝 모델의 성능 평가를 위해 첫 번째 시각화인 혼동 행렬* 시각화를 자동으로 제안했습니다. 시각화 종류를 따로 지정하지 않았음에도, 머신러닝의 주요한 성능 지표를 직관적으로 파악할 수 있는 시각화를 제공한 것입니다. 혼동 행렬은 머신러닝 모델의 성능을 평가하는 중요한 도구입니다. 특히 의료 진단과 같이 정상(0)과 환자(1)를 구분하는 두 가지로 나뉘는 분류 문제에서 모델의 전체 정확도, 정밀도, 재현율 등을 살펴보는 데 유용합니다.

혼동 행렬 보는 법

혼동 행렬은 이름처럼 혼동스럽고 혼란스러운 게 사실이지만, 한 칸씩 표 안에 숫자를 살펴보면 머신러닝 모델의 성능을 이해하는 데 큰 도움이 됩니다.

머신러닝에서 학습용 데이터와 검증용 데이터로 나눌 때, 검증용 데이터로 머신러닝 모델의 성능을 평가합니다. 마치 블라인드 테스트와 같습니다. 구본근 개발자의 문제에서 검증용 데이터는 정상인 사진 94장, 허리디스크 환자 사진 58장입니다. 이 검증용 데이터로 평가한 혼동 행렬을 한 칸씩 살펴보겠습니다.

- TN(True Negative) 93: 정상인을 정상인으로 예측한 숫자입니다.
- FP(False Positive) 1: 정상인을 환자로 예측한 숫자입니다.
- FN(False Negative) 18: 환자를 정상인으로 예측한 숫자입니다.
- TP(True Positive) 40: 환자를 환자로 예측한 숫자입니다.

전체 정확도(Accuracy)와 정밀도(Precision)는 둘 다 예측에 기반을 둡니다. 먼저, 전체 정확도는 클래스 구분 없이 전체 예측의 수준을 나타냅니다. 즉, 모든 예측 결과를 기준으로 올바르게 예측한 데이터의 비율입니다. 예를 들어, 위에 챗GPT가 보여준 혼동 행렬로부터 전체 예측한 숫자인 '93+1+18+40=152'에서 올바르게 예측한 숫자인 '93+40=133'의 비율로, '133/152=88%'가 전체 정확도가 됩니다.

이와 유사하게, 정상인의 정밀도(Precision)는 정상인으로 예측한 '93+18=111'과 이 중에서 올바르게 예측한 수인 '93'의 비율로, '93/111=84%'입니다.

재현율(Recall)은 클래스(정상인, 환자)에 기반을 둡니다. 테스트 데이터 세트에서 정상인은 94명(=94+1)입니다. 여기에서 머신러닝 모델이 정상인으로 예측한 95명에 의해 재현율은 '93/94=99%'입니다.

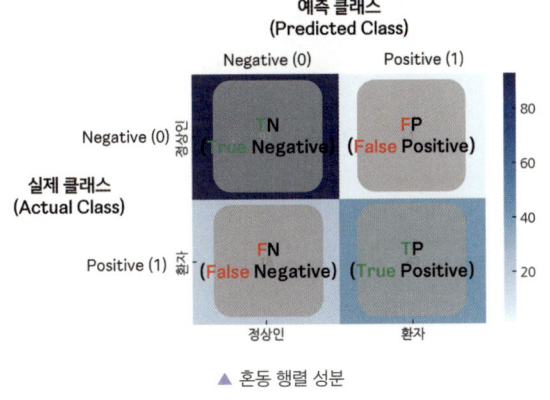

▲ 혼동 행렬 성분

---

* 혼동 행렬(Confusion Matrix)은 AI 모델이 예측한 결과와 실제 정답을 비교한 표이다. 표의 네 칸은 각각 'TP'(실제 맞는 것을 맞다고 예측), 'FP'(실제 틀린 것을 맞다고 예측), 'FN'(실제 맞는 것을 틀리다고 예측), 'TN'(실제 틀린 것을 틀리다고 예측)으로 구성된다. 이로부터 모델이 얼마나 정확하게 판단하는지 다양한 각도에서 평가할 수 있다.

전체 정확도

$$전체\ 정확도 = \frac{True\ Negative(TN) + True\ Positive(TP)}{TN + TP + FN + FP}$$

$$전체\ 정확도 = \frac{93 + 40}{93 + 40 + 18 + 1} = \frac{133}{152} = 0.8750$$

정상인에 대한 정밀도와 재현율

(1) 정상인(0)에 대한 정밀도:

$$정상인에\ 대한\ 정밀도 = \frac{True\ Negative(TN)}{True\ Negative(TN) + False\ Negative(FN)}$$

$$정상인에\ 대한\ 정밀도 = \frac{93}{93 + 18} = \frac{93}{111} = 0.8378$$

(2) 정상인(0)에 대한 재현율:

$$정상인에\ 대한\ 재현율 = \frac{True\ Negative(TN)}{True\ Negative(TN) + False\ Positive(FP)}$$

$$정상인에\ 대한\ 재현율 = \frac{93}{93 + 1} = \frac{93}{94} = 0.9874$$

환자에 대한 정밀도와 재현율

(3) 환자(1)에 대한 정밀도:

$$환자에\ 대한\ 정밀도 = \frac{True\ Positive(TP)}{True\ Positive(TP) + False\ Positive(FP)}$$

$$환자에\ 대한\ 정밀도 = \frac{40}{40 + 1} = \frac{40}{41} = 0.9756$$

(4) 환자(1)에 대한 재현율:

$$환자에\ 대한\ 재현율 = \frac{True\ Positive(TP)}{True\ Positive(TP) + False\ Negative(FN)}$$

$$환자에\ 대한\ 재현율 = \frac{40}{40 + 18} = \frac{40}{58} = 0.6897$$

머신러닝 모델의 성능 평가에서 전체 정확도와 정밀도는 범위가 다를 뿐 유사한 의미를 갖습니다. 그러나 정밀도와 재현율은 비슷하면서도 다른 의미를 갖습니다. 정밀도는 모델의 블라인드 테스트에서 '예측 능력'에 초점을 둔 성능 지표입니다. 반면 재현율은 모델이 정답 사이에서 얼마나 틀리지 않는지 '선별 능력'에 초점을 둡니다.

예를 들어, MRI 이미지로 환자인지 정상인지 판독해야 한다고 합시다. 정상인을 정상인으로, 환자를 환자로 판독한 것은 문제가 없습니다. 진짜 문제는 환자임에도 정상으로 판단했을 때 큰 문제가 생깁니다. 이걸 잡아낼 수 있는 지표가 재현율입니다. 공학 예제도 들어볼까요. 정상품을 불량품으로 오판한 것도 문제지만 진짜 문제는 불량품을 정상품으로 오인한 것입니다. 불량품이 고객에게 전달되었을 때, 필드 클레임으로 리콜 사태가 발생하면 회사가 파산될 수 있을 만큼 치명타가 될 수 있기 때문입니다.

다시 구본근 개발자의 프로젝트로 돌아와서, 혼동 행렬에서 환자를 정상인으로 예측한 18건이 문제입니다. 이러한 오류를 파악하는 데 사용되는 지표가 바로 재현율입니다.

허리디스크 환자 재현율 향상을 위한 AI 모델 하이퍼파라미터 튜닝

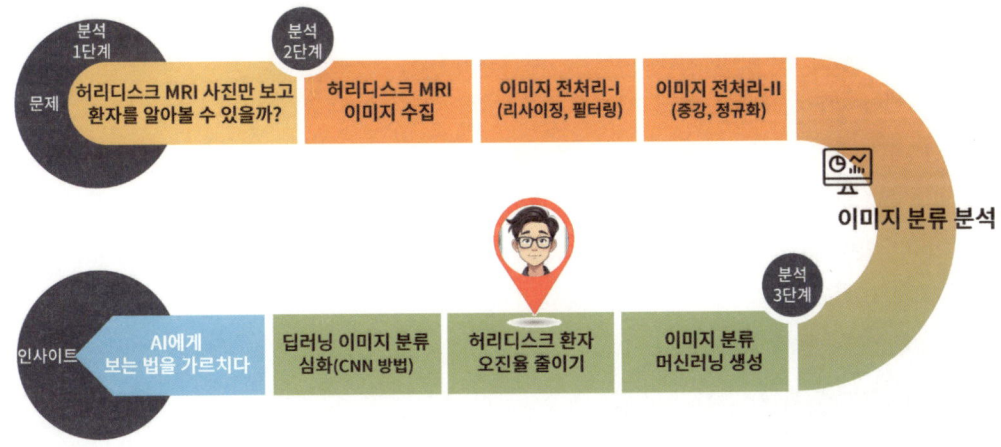

▲ 분석 3단계: 허리디스크 환자 오진율 줄이기

머신러닝 모델의 성능을 개선할 수 있는 여지가 있습니다. 그것은 바로 하이퍼파라미터 튜닝(Hyperparameter tunning)을 통해서 개선 가능합니다. 하이퍼파라미터는 모델이 학습하기 전에 사람이 직접 정해주는 학습 규칙입니다. 예를 들어 학습 속도, 학습 횟수, 한 번에 학습할 데이터 양 등이 있습니다. 이와 같은 값들을 적절히 조절하면 머신러닝 모델의 성능을 향상시킬 수 있습니다. 실무에서는 거의 대부분 머신러닝 모델을 생성하고 하이퍼파라미터 튜닝을 합니다.

위에서 랜덤 포레스트 머신러닝 알고리즘으로 생성한 모델에서 하이퍼파라미터 튜닝을 시도해 보겠습니다. 챗GPT에게 하이퍼파라미터 튜닝을 요청할 때, 차례대로 진행을 계속 이어가게 요청하면 스스로 하나씩 결과를 도출하고 추론하는 과정으로 진행됩니다. 아래에 프롬프트처럼 스스로 진행하고 개선한 뒤 결과를 누적해서 저장하도록 프롬프트를 구성합니다.

머신러닝의 하이퍼파라미터 튜닝

정상인과 환자의 재현율(Recall) 균형을 맞추기 위해 하이퍼파라미터 튜닝을 진행해 줘.

두 클래스(정상인, 환자)의 재현율이 균형 잡히도록 차례대로 하이퍼파라미터 튜닝을 진행하고, 단계마다 성능 결과를 누적해서 기록해 줘.

추가로, 각 단계에서 성능 변화를 확인할 수 있도록 주요 평가 지표(정밀도, 재현율, F1-스코어)를 함께 보여줘. 마지막에 가장 좋은 하이퍼파라미터 값을 찾아줘.

기준 모델('Baseline')

첫 번째 시도: class_weight을 'balanced'로 설정
두 번째 시도: n_estimators를 200으로 증가
세 번째 시도: min_samples_split과 min_samples_leaf 값 조정
네 번째 시도: 임계값(Threshold)을 0.4로 조정
다섯 번째 시도: max_depth와 max_features 조정
여섯 번째 시도: bootstrap을 False로 설정
일곱 번째 시도: Final Strategy

#	시도	정상인 정밀도	정상인 재현율	환자 정밀도	환자 재현율	정상인 F1 Volume	환자 F1	전체정확도
0	Baseline	0.84	0.99	0.98	0.69	0.91	0.81	0.88
1	Class Weight Balanced	0.78	0.99	0.97	0.55	0.87	0.7	0.82
2	n_estimators 200	0.78	0.99	0.97	0.53	0.87	0.69	0.82
3	min_samples_split/leaf	0.79	0.99	0.97	0.59	0.88	0.73	0.84
4	Threshold 0.4	0.91	0.9	0.85	0.86	0.91	0.85	0.89
5	max_depth/ max_features	0.79	0.99	0.97	0.57	0.88	0.72	0.83
6	Bootstrap False	0.8	1.00	1.00	0.59	0.89	0.74	0.84
7	Final Strategy	0.81	0.99	0.99	0.72	0.9	0.79	0.87

▲ 하이퍼파라미터 튜닝 비교표

챗GPT는 내부적으로 1~7번까지 하이퍼파라미터를 바꿔서 머신러닝 모델을 생성하고 그 결과를 기록했습니다. 정상인과 환자에 대해 각각 정밀도, 재현율, F1 그리고 전체 정확도를 기록한 표로 정리했습니다. 이것으로 네 번째(Threshold 0.4)인 모델의 환자 재현율과 전체 정확도에서 우수한 성능을 보이는 것이 확인되었습니다.

튜닝 된 머신러닝 모델 성능
튜닝 된 여러 모델 중에서 네 번째 모델(Threshold=0.4)의 성능을 알려줘.

랜덤포레스트 분류기(Threshold=0.4)로 성능 평가 코드 #3-2-16
최종적으로 네 번째 시도와 동일한 세팅으로 실행한 결과는 다음과 같습니다:

- 정상인(Label 0):
  - 정밀도: 91%
  - 재현율: 90%
  - F1-Score: 91%
- 환자(Label 1):
  - 정밀도: 85%
  - 재현율: 86%
  - F1-Score: 85%

이제 네 번째 모델의 성능과 기존 모델(Baseline)을 비교해 보겠습니다.

하이퍼라라미터 튜닝 된 머신러닝 모델의 혼용 행렬 시각화
최종 튜닝 된, 네 번째 모델의 혼동 행렬을 시각화해 줘.

최종 튜닝된 모델의 혼동 행렬 시각화 코드 #3-2-17

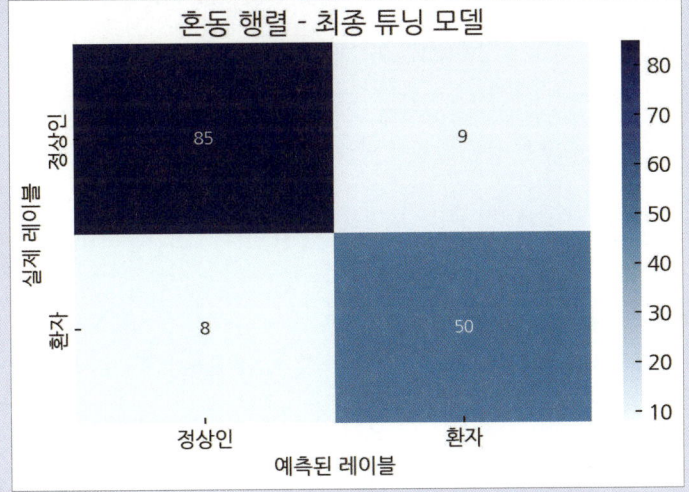

▲ 하이퍼파라미터 튜닝된 랜덤 포레스트 머신러닝 모델 성능: 혼동 행렬

기준 모델과 네 번째 모델 성능 비교

정밀도, 재현율, F1-스코어를 Baseline 모델과 네 번째 모델을 비교해서, 두 모델의 성능 차이를 보여줘. 성능 비교는 막대그래프로 시각화해 줘.

성능 비교 막대 차트 코드 #3-2-18

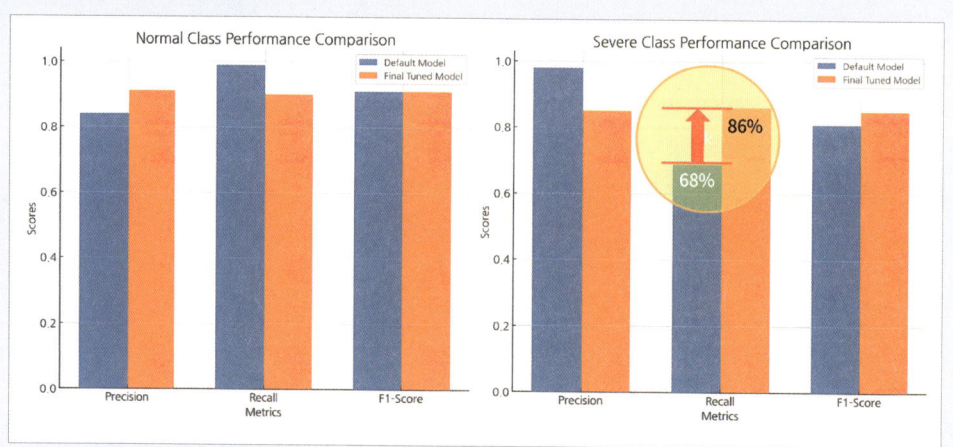

정상인 재현율을 희생하고, 환자의 재현율을 대폭 상승시킨 머신러닝 성능

위의 결과에서 보는 바와 같이, 하이퍼파라미터 튜닝으로 모델의 균형을 크게 개선했습니다. 초기 모델에서는 정상인의 재현율이 99%로 매우 높은 반면, 환자의 재현율은 69%에 그쳤습니다. 이는 환자를 정상인으로 잘못 판단하는 경우가 많았음을 의미합니다.

하이퍼파라미터 튜닝된 머신러닝 모델에서는 정상인의 재현율이 99%에서 90%로 소폭 낮아졌지만, 환자의 재현율이 68%에서 86%로 크게 향상되었습니다. 의료 진단에서는 환자를 정상인으로 잘못 판단하는 것이 특히 위험할 수 있기 때문에, 이러한 트레이드오프는 실제 적용에서 더 유용할 수 있습니다. 결과적으로 두 클래스(정상인과 환자) 간에 균형 잡힌 모델이 되었습니다.

생성된 MRI 허리디스크 환자 판독 머신러닝 모델을 피클(pickle)* 확장자로 다운로드하겠습니다.

머신러닝 모델을 피클로 다운로드 받기

개인 PC에서 사용할 수 있도록 피클(pickle)로 다운로드 링크를 보내줘.

---

* 피클(pickle)은 파이썬에서 만든 데이터나 모델을 파일로 저장했다가 나중에 다시 사용할 수 있게 해주는 라이브러리다. 학습이 완료된 AI 모델을 피클로 저장해두면 나중에 다시 불러와서 사용하기에 편리하다.

최종 튜닝된 모델을 피클 파일로 저장하는 코드 #3-2-19

※ 파일: 'final_tuned_model.pkl'

최종 튜닝된 모델을 여기서 다운로드할 수 있습니다.

최종적으로 다운로드 받은 모델은 개인 PC에서 자유롭게 사용할 수 있습니다. 이렇게 완성된 허리디스크 판독 머신러닝 모델을 테스트해 보겠습니다. 이를 위해 학습에 쓰지 않은 새로운 DICOM 허리디스크 MRI 사진을 판독해 보도록 하겠습니다.

[개인 PC 주피터 노트북*에서 MRI 이미지 판독 코드 #3-2-20

파일: '개인 PC 주피터 노트북에서 M RI 이미지 판독.ipynb'

```python
### [정상인 MRI 이미지 판독]
# 필요한 모듈 불러오기
import pydicom
import os
import numpy as np
from PIL import Image
import matplotlib.pyplot as plt
from sklearn.ensemble import RandomForestClassifier
import pickle

########## Input ##########################################
# DICOM 파일 경로 설정
dcm_file_path = '13317052_forTesting_0.dcm'
# 모델 불러오기(사전 학습된 모델이 저장된 경로 지정)
with open('final_tuned_model.pkl', 'rb') as model_file:
    rf_clf = pickle.load(model_file)
###########################################################
```

(이후 생략…, 코드 #3-2-20에서 전체 코드를 확인하실 수 있습니다.)

이제 함께 만든 머신러닝 모델을 검증하기 위해, 학습과 검증에 사용되지 않은 새로운 MRI 이미지로 모델의 성능을 테스트해 보겠습니다. 먼저 학습에 사용하지 않았던 정상인의 MRI 영상을 입력하자 '정상입니다'라고 정확히 판독했습니다. 이어서 학습에 사용하지 않은 허리디스크 환자의 MRI 영상을 입력했더니 '허리디스크 환자입니다.'로 정확히 분류했습니다. 이처럼 AI가 새로운 이미지도 제대로 '볼 수 있게' 된 것입니다.

---

* 주피터 노트북(Jupyter Notebook)은 마치 디지털 연습장처럼 코드와 설명문을 한 곳에 함께 작성할 수 있는 프로그램이다. 거의 대부분 데이터 분석이 주 목적이라면 주피터 노트북을 사용한다고 해도 과언이 아니다. 코드를 실행하면 바로 결과를 확인할 수 있는 장점이 있다.

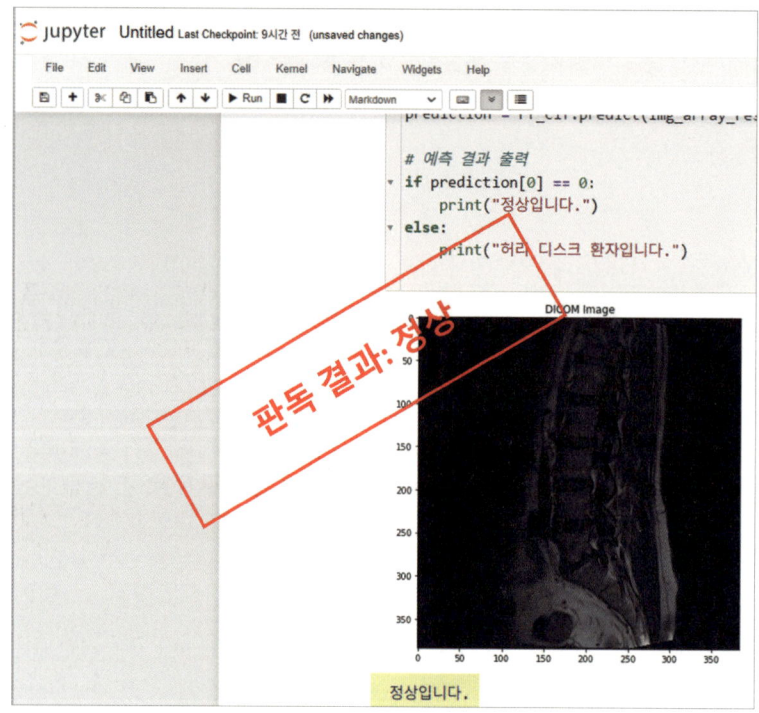

▲ AI로 생성한 머신러닝 모델을 로컬PC에 가져가서 성능 테스트: 정상인 예측

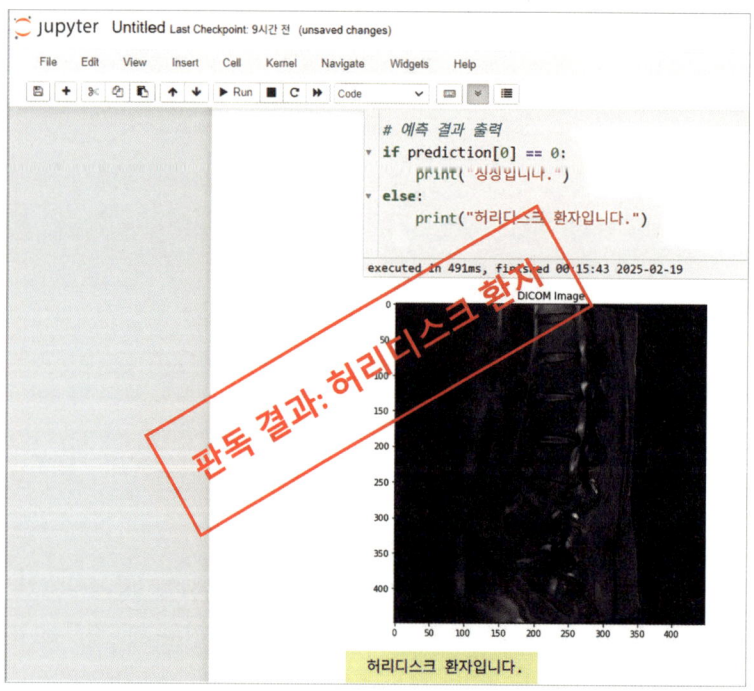

▲ AI로 생성한 머신러닝 모델을 로컬PC에 가져가서 성능 테스트: 허리 디스크 환자 예측

CNN 딥러닝으로 이미지 분류 분석 심화하기

지금까지 챗GPT 환경에서 사이킷-런 라이브러리를 사용하여 허리디스크 MRI 이미지를 분류하는 머신러닝 모델을 생성했습니다. 사이킷-런은 가볍고 효율적인 라이브러리라는 장점이 있습니다. 이제 챗GPT의 가상 환경 제약을 넘어, 개인 PC에서 CNN딥러닝*을 사용해 보겠습니다. CNN은 이미지 분석에 특화된 딥러닝 알고리즘으로, 텐서플로우 라이브러리로 구현할 수 있습니다. 이를 통해 사이킷-런보다 더 복잡하고 강력한 이미지 분석이 가능합니다.

▲ 분석 3단계: 딥러닝 이미지 분류 심화(CNN 방법)

추가로, 챗GPT에 텐서플로우를 이용해서 CNN 딥러닝 모델을 생성해 보겠습니다. 코드는 여전히 챗GPT가 생성하고 생성된 코드를 개인 PC의 주피터 노트북에서 실행하면 됩니다.

> **개인 PC에서 수행할 딥러닝 모델 생성 코드 요청**
> 데이터 전처리가 완료된 이미지 데이터를 업로드 했어.
> TensorFlow와 Keras를 사용해 CNN 딥러닝 모델로 MRI 이미지를 분류하는 코드를 작성해 줘.
> 이 가상환경에서 실행하지 않고 개인 PC에서 주어진 코드를 실행할 거야.

---

* CNN(Convolutional Neural Network)은 이미지 처리에 특화된 딥러닝 알고리즘이다. 이미지의 부분적인 특징을 찾아내고 이를 단계적으로 조합하여 더 복잡한 패턴을 학습한다. 이미지의 위치가 약간 변하거나 회전해도 인식할 수 있다. 다양한 크기의 특징을 효과적으로 학습할 수 있다는 장점이 있다.

[CNN 딥러닝 이미지 분류 분석1 - 필요한 모듈 축약 불러오기 코드 #3-2-21]

[CNN 딥러닝 이미지 분류 분석2 - 이미지 경로 및 압축 해제 코드 #3-2-22]

[CNN 딥러닝 이미지 분류 분석3 - CNN 모델 정의 코드 #3-2-23]

[CNN 딥러닝 이미지 분류 분석4 - CNN 모델 정의 코드 #3-2-24]

[CNN 딥러닝 이미지 분류 분석5 - CNN 모델 학습 및 시각화 코드 #3-2-25]

챗GPT가 생성한 코드 #3-2-21~#3-2-25 를 포함한 주피터 노트북 파일(.ipynb)은 이 책의 깃허브(https://github.com/M-LearnRun/Nocoding-JustAI)에서 확인해 보실 수 있습니다. 아래는 이 주피터 노트북 파일을 실행한 모습입니다.

CNN 딥러닝 이미지 분류 분석6 - 개인 PC(주피터 노트북) 실행

```
Epoch 1/10
19/19 [====] - 58s 3s/step - loss: 0.7027 - accuracy: 0.6168 - val_loss: 0.6365 - val_accuracy: 0.6184
Epoch 2/10
19/19 [====] - 53s 3s/step - loss: 0.6281 - accuracy: 0.6579 - val_loss: 0.6220 - val_accuracy: 0.6316
Epoch 3/10
19/19 [====] - 53s 3s/step - loss: 0.6221 - accuracy: 0.6678 - val_loss: 0.6137 - val_accuracy: 0.7105
Epoch 4/10
19/19 [====] - 54s 3s/step - loss: 0.6317 - accuracy: 0.6826 - val_loss: 0.5954 - val_accuracy: 0.7171
Epoch 5/10
19/19 [====] - 66s 3s/step - loss: 0.6026 - accuracy: 0.7007 - val_loss: 0.6269 - val_accuracy: 0.6579
Epoch 6/10
19/19 [====] - 63s 3s/step - loss: 0.6014 - accuracy: 0.6957 - val_loss: 0.5565 - val_accuracy: 0.6974
Epoch 7/10
19/19 [====] - 60s 3s/step - loss: 0.5728 - accuracy: 0.7023 - val_loss: 0.5345 - val_accuracy: 0.6776
Epoch 8/10
19/19 [====] - 56s 3s/step - loss: 0.5551 - accuracy: 0.7270 - val_loss: 0.5454 - val_accuracy: 0.6908
Epoch 9/10
19/19 [====] - 53s 3s/step - loss: 0.5736 - accuracy: 0.7155 - val_loss: 0.5305 - val_accuracy: 0.7105
Epoch 10/10
19/19 [====] - 59s 3s/step - loss: 0.5587 - accuracy: 0.7385 - val_loss: 0.4885 - val_accuracy: 0.7632
```

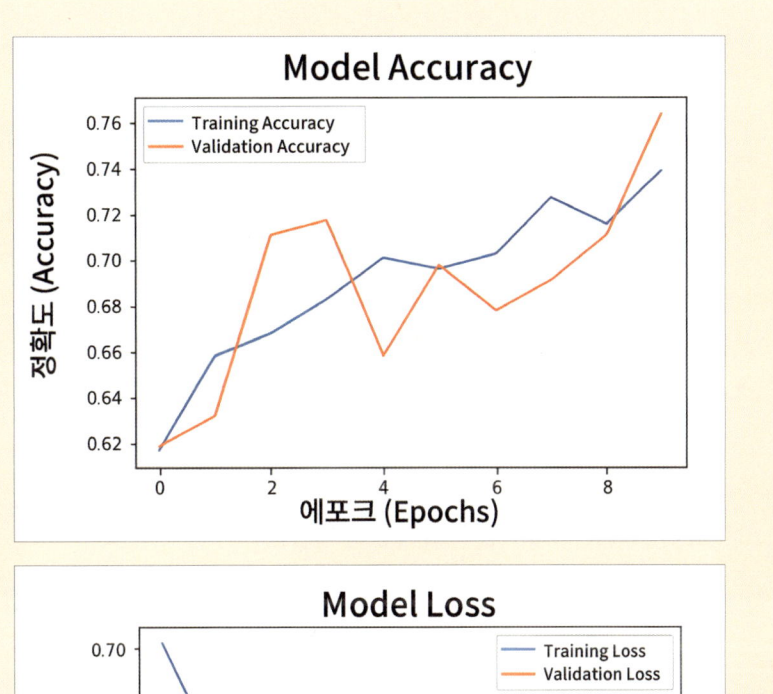

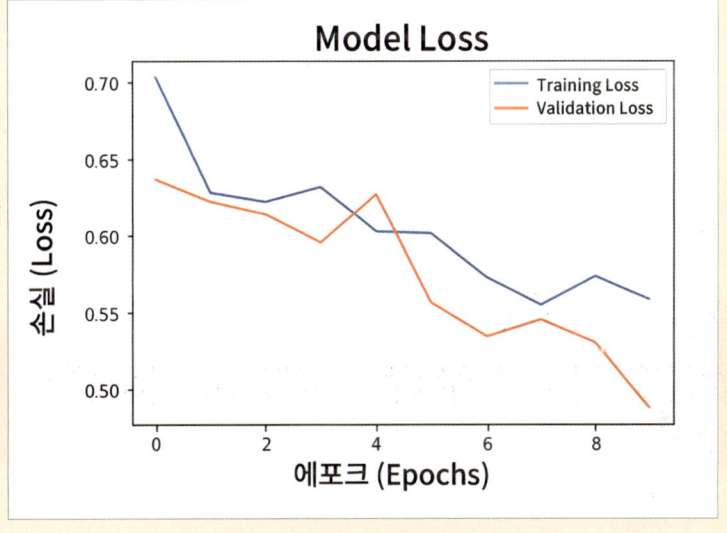

▲ 텐서플로우_CNN 딥러닝 모델 생성, 로컬PC 실행

CNN 모델의 학습 과정을 두 개의 그래프로 확인할 수 있습니다. 위쪽의 'Model Accuracy' 그래프는 모델의 정확도 변화를, 아래쪽의 'Model Loss' 그래프는 모델의 손실 변화를 보여줍니다.

모델의 정확도는 위에서 설명한 전체 정확도와 정밀도의 개념으로 얼마나 올바르게 예측했는지를 나타냅니다. 모델의 손실은 모델의 예측값과 실제값 사이의 수치적 차이를 나타냅니다. 파란색 선은 학습 데이터에 대한 성능이고, 주황색 선은 검증 데이터에 대한 성능입니다. 학습 데이터는 이미 학습하여 알고 있는 데이터의 예측 정도를 의미하고 검증 데이터는 모델이 학습하지 않은 새로운 데이터의 예측 정도를 의미합니다. 모델은 10번의 반복 학습(epoch)을 거치면서 시작점 61.68%에서 최종 76.32%까지 정확도가 꾸준히 향상되었습니다. 특히 정확도(Accuracy)는 지속적으로 증가하고 손실(Loss)은 지속적으로 감소하는 것을 볼 수 있는데, 이는 모델이 안정적으로 학습되어 예측값과 실제값이 줄어들고 있는 것을 알 수 있습니다.

학습 데이터(파란선)와 검증 데이터(주황선)의 성능이 비슷한 패턴을 보인다는 점은 좋은 신호입니다. 두 선이 크게 벌어진다면, 이는 모델이 학습 데이터에만 적합하고 나머지 데이터에는 잘 작동하지 않는다는 의미로, 흔히 '과적합' 현상이라고 합니다. 다행히 이러한 문제는 발생하지 않았습니다.

이렇게 CNN 딥러닝 모델은 챗GPT 환경의 기본 머신러닝보다 더 복잡한 이미지 패턴을 학습할 수 있습니다. 데이터가 크거나 모델의 복잡도가 증가해야 한다면 개인 PC에서 실행하는 것이 필요합니다. 개인 PC로도 감당할 수 없는 수준인 경우에는 클라우드 컴퓨터나 슈퍼 컴퓨터가 필요하기도 합니다. 챗GPT에서 생성한 코드를 챗GPT 가상환경, 개인 PC, 클라우드 컴퓨터, 슈퍼 컴퓨터에서 실행하여 딥러닝 모델을 생성할 수 있습니다. 실행 환경만 다를 뿐 진행 과정은 모두 동일합니다.

인사이트: AI가 보여준 의료 이미지 분석의 새로운 가능성

MRI 이미지 분류와 같은 고도의 전문성이 요구되는 영역에서 AI는 그 어떤 무엇과도 바꿀 수 없을 만큼 우수합니다. 구본근 개발자의 MRI 이미지 분류 프로젝트는 정형화된 테이블 데이터 분석과 달리 이미지 데이터 분석의 특성을 잘 보여주었습니다. 이미지를 분석한다는 것 자체가 생소할 수 있지만, AI는 무서운 속도로 발전하며 이미지와 같은 복잡한 비정형 데이터에서도 잠재된 패턴을 발견해 냅니다. 엑셀 데이터 분석이나 일반 사무용 계산으로는 상상도 못했던 일입니다.

▲ 인사이트: AI에게 보는 법을 가르치다

이러한 AI의 탁월한 이미지 분류 분석 능력은 산업 전반에 큰 변화를 가져올 것입니다. 특히 의료와 같은 고부가가치 산업에서 그 파급력은 더욱 클 것으로 예상됩니다. 더 많은 기업과 인재들이 이 분야에 뛰어드는 이유도 여기에 있습니다. AI를 이용한 데이터 분석으로 정확하고 신속한 의료 진단은 환자의 생명과 직결되며, 의료 산업 전체를 바꿀 수 있는 잠재력을 가진 기술입니다. 이는 단순한 기술 혁신을 넘어 사회적, 경제적으로 큰 부가가치를 창출할 수 있습니다.

AI의 큰 장점 중 하나는 데이터가 누적될수록 정확도와 예측력이 향상된다는 점입니다. 구본근 개발자는 프로젝트를 진행하면서 증강된 데이터를 통해 MRI 이미지 데이터를 학습시켰습니다. 향후 더 많은 데이터가 축적될수록 AI의 진단 능력은 인간 의사 수준을 넘는 것은 물론이거니와, 의사가 놓칠 수 있는 미세한 패턴까지도 발견해 낼 것으로 기대됩니다.

또 다른 AI의 장점은 누구나 마음만 먹으면 쉽게 사용할 수 있는 접근성입니다. 오픈AI의 챗GPT나 앤트로픽의 클로드, 마이크로소프트의 빙과 같은 AI는 대화로 소통하기 때문에 누구나 쉽게 사용할 수 있습니다. 생소한 이미지 분류 머신러닝 모델도 분석을 원하는 이미지 데이터만 있다면 데이터 전처리에서 시작해 머신러닝, 딥러닝 모델까지 대화 방식으로 생성하고 사용할 수 있습니다. 구본근 개발자는 이미지 리사이징, 필터링, 증강, 정규화와 같이 까다로울 수 있는 이미지 데이터 전처리를 매우 손쉽게 해결했습니다.

사이킷-런과 같은 머신러닝 라이브러리를 사용하면 하루 만에 높은 정확도의 이미지 분류 모델을 만들 수 있습니다. 더 복잡한 분석이 필요할 때는 텐서플로우의 CNN 딥러닝 모델로 개인 PC에서 손쉽게 구현할 수 있습니다. AI는 거인들이 만든 타이탄의 도구들(Titan's tool)*[14]과 같습니다. 우리는 타이탄의 도구인 AI를 효과적으로 활용하기만 하면 됩니다.

> **인사이트 요약**
> - **인사이트 1**: 구본근 개발자는 AI 데이터 분석이 MRI 이미지와 같은 복잡한 비정형 데이터에서도 중요한 패턴을 인식할 수 있음을 깨달았습니다. 이는 마치 타이탄들이 만든 도구인 AI가 고도의 의학적 전문성이 요구되는 분야에서 의료진의 판단을 보조하고 효율성을 높이는 것과 같습니다.
> - **인사이트 2**: AI 도구의 접근성이 좋아지면서 복잡한 이미지 분석도 대화형 인터페이스를 통해 누구나 수행할 수 있게 되었습니다. 또한 데이터 증강 기법을 통해 제한된 데이터로도 효과적인 모델을 만들 수 있음을 경험했습니다. 이는 마치 타이탄들이 만든 도구인 AI가 스스로 코드를 생성하고 분석하는 능력을 갖춘 것과 같습니다.
> - **인사이트 3**: 구본근 개발자는 사이킷-런에서부터 텐서플로우까지 다양한 AI 도구를 활용하며 문제에 따라 적절한 기술을 선택하고 융합하는 것의 중요성을 인식했습니다. 그의 유연한 접근으로 의료 영상 분석을 비롯한 다양한 분야에서 그의 커리어가 다채로워질 수 있습니다.

---

* 타이탄의 도구들(Titan's tools)은 팀 페리스(Tim Ferriss)의 저서 『타이탄의 도구들(Tools of Titans)』[14]에서 유래한 표현이다. '타이탄의 도구'는 세계 최고의 혁신가들이 사용하는 방법론을 연구한 결과에서 비롯되었다.(2017)

03

자동차 설계자
베테랑 설계자의 오랜 경험을 AI에 담다

조현기 자동차 설계자

이름	조현기 파트장(45)
업무	자동차 차체 구조 설계 및 평가
데이터 분석 경험	★★★★☆ (데이터를 생성하지만 데이터 분석은 어려움)
실무 적용 상황	오랜 경험이 담긴 데이터로 AI 머신러닝 모델 생성
데이터 분석 기법	머신러닝
그의 한 마디	"17년간 설계 노하우를 도면에 남기고 기록합니다. 이것이 우리의 데이터이자 자산입니다."

원본 데이터 다운로드(깃허브)

https://github.com/M-LearnRun/Nocoding-JustAI

- **원본 데이터**: ML_1_자동차 차체 설계 제원과 강성 성능_원본데이터.csv

원본 데이터 소개
- **출처**: 알테어(Altair) 래피드마이너(RapidMiner) 예제 데이터 세트[15]
- **설명**: 자동차 차체 설계 변수들(입력 변수)과 그에 따른 차체 단단함 정도(출력 변수)

조현기 자동차 설계자의 AI-노코드 데이터 분석 프로세스

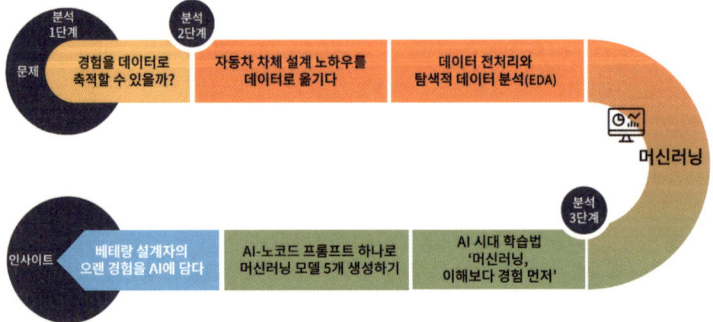

▲ AI-노코드로 베테랑 설계자의 오랜 경험을 AI에 담기 위한 프로세스

베테랑 설계자의 오랜 경험을 AI에 담다

한 분야에 10년 이상 깊이 몸담은 사람들에겐 특별한 무언가가 있습니다. 그것을 말로 표현하기 어렵고 흉내 내기는 더욱 어렵습니다. 엔지니어들은 이것을 '엔지니어링 센스'라고 부릅니다. 직장에서 오랜 기간 하나의 길을 걸어가신 분들은 후천적으로 습득한 새로운 감각을 지니고 계신 것 같습니다. 오래 단련되어 얻은 감각은 남들이 보지 못하는 것을 봅니다. 아주 사소한 발견이나 메시지로부터 그 뒤에 숨겨진 본질을 꿰뚫어 보는 능력입니다. 아무리 선천적으로 우수한 DNA를 타고났다고 해도, 경험이 부족한 신입 사원은 결코 따라 할 수 없는 능력입니다. 직장에 한 명쯤은 꼭 있는 이런 분들을 흔히 '베테랑'이라고 부릅니다.

조현기 파트장은 자동차 차체 설계에 있어서 단연 베테랑입니다. 17년간 차체 설계에만 몸담았습니다. 새로운 차량 개발 프로젝트가 시작되면 초기 차체 윤곽과 구조를 잡는 컨셉 설계는 조현기 파트장의 손을 거쳐 탄생합니다. 17년간 수많은 차량 프로젝트를 경험하면서 그도 스스로 설명할 수 없는 예민하고 날카로운 차체 설계 감각을 갖추게 되었습니다. 많은 동료들이 문제가 생기거나 해결되지 않는 문제를 그에게 가져가 조언을 듣습니다. 3D 캐드 도면을 보지 않아도 2D 캐드 도면에 익숙한 올드 패션이지만, 그의 머릿속에는 2D 도면만으로도 기계 제품들이 그려집니다. 몇 초간 쓱 살펴보고 나면, 미리 문제될 곳과 수정해야 할 곳을 짚어냅니다. 그래서 많은 후배 사원과 동료들이 조현기 파트장을 따르고 그에게 많은 조언을 구합니다. 그 역시 동료들에게 도움을 줄 수 있어 뿌듯함을 느낍니다. 자존감도 오르고, 무엇보다 17년간 열심히 차체 설계에 전념해온 자신의 과거가 자랑스럽게 느껴지기도 합니다.

그러나 최근 들어 조현기 파트장은 자동차 업계의 미묘한 변화를 감지하기 시작했습니다. 전기차 시장이 열리고 자율주행 기술이 가속화되면서 전체 자동차 산업에 지각 변동이 일어나고 있음을 곳곳에서 느낄 수 있었습니다. 워크숍이나 기술 컨퍼런스에서 AI, 인공지능, 전기차, 전동화 등의 트렌드로 빠르게 바뀌고 있습니다. 자동차 차체 기술에서도 혁신이 일어나고 있습니다. 한 가지 예로, 기가 프레스* 라는 혁신적인 공법이 대표적입니다. 기존 방식과는 다르게, 마치 붕어빵을 찍어내듯이 자동차 차체를 높은 압력과 온도를 이용해 대량으로 찍어냅니다. 용접이나 형상의 구속 없이 다양한 형태로 차체 설계가 가능해진 것입니다. 이로 인해 새로운 기술과 방법론을 따라잡아야 한다는 압박감을 느꼈습니다. 자신의 경험만으로는 최적의 해답을 찾기 어렵다는 것을 깨달았기 때문입니다. 그는 커리어 후반부에 무엇을 배워야 할지 깊이 고민하기 시작했습니다.

조현기 파트장은 자신의 컴퓨터에 보관된 방대한 양의 데이터를 바라보며 무언가를 생각합니다. 17년간 수많은 프로젝트를 진행하면서 그는 차곡차곡 자동차 설계 치수와 그에 따른 결과 데이터를 모았습니다. 비록 개별 데이터로는 그 속에 담긴 의미를 파악하기 어렵지만, 이 데이터들 속에는 그의 경험과 노하우가 고스란히 담겨 있습니다.

---

*   기가 프레스는 거대한 다이캐스팅 기계를 사용해 자동차 차체의 큰 부분을 하나의 통짜 부품으로 주조해 내는 방식이다. 이는 전통적인 용접 공정보다 빠르고 비용이 절감되며, 자동차 차체를 보다 가볍고 강하게 만들 수 있는 장점이 있다.

"누적된 데이터를 결합할 방법이 있다면 새로운 차체 설계 방식에 사용할 수 있지 않을까?"

그는 자신의 오랜 경험이 단순히 과거의 유물이 아니라 미래를 위한 귀중한 자산이 되기를 바랍니다. 데이터 분석을 하려면 컴퓨터 코딩이 필요하다는 사실이 그를 망설이게 만들지만, 이 데이터를 빛나게 하기 위해서는 데이터 과학과 분석이 필요한 시점이 되었다고 생각합니다.

그의 머릿속에는 몇 가지 중요한 질문들이 떠올랐습니다.

> **조현기 자동차 설계자의 데이터 분석 문제**
> - 17년간의 경험과 노하우를 어떻게 정량적으로 표현하고 실용적으로 사용할 수 있을까?
> - 지금까지 쌓아온 개별적인 데이터 조각들을 어떻게 하나의 의미 있는 전체로 통합할 수 있을까?
> - 과거의 데이터를 기반으로 새로운 프로젝트나 기술에 대한 예측 모델을 만들 수 있을까?

자동차 차체 설계의 노하우를 데이터로 옮기다

자동차 차체 설계는 단순히 외관을 만드는 것이 아닙니다. 이는 다양한 기술과 요구사항이 집약된 복잡한 구조를 설계하는 과정입니다. 차체는 승객을 보호하는 최후의 방어선으로, 외부와 충돌 시 충돌 에너지를 효과적으로 흡수하고 분산시켜 승객의 안전을 지켜야 합니다. 또한, 자동차 차체 설계는 보행자와 충돌 시 보행자의 안전도 고려해야 하는 어려움이 있습니다. 말 그대로 진퇴양난의 조건 속에서 자동차 설계자는 과학적이면서도 예술적인 설계를 해야 합니다.

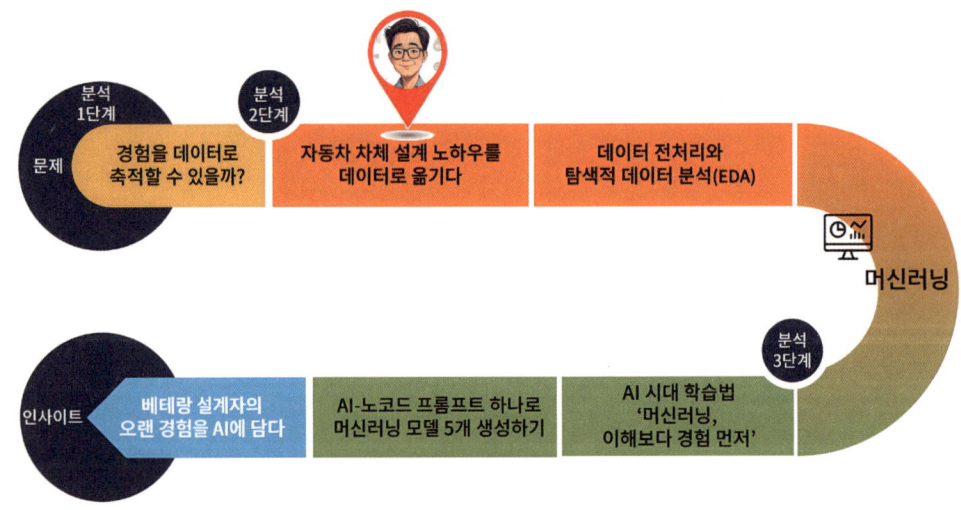

▲ 분석 2단계: 자동차 차체 설계 데이터 준비 단계

차체 무게는 연비에도 크게 영향을 미치기 때문에 중량 감소 또한 중요한 고려 사항입니다. 전기차 시대를 맞아 차체 경량화는 주행거리 확보를 위한 핵심 과제가 되었습니다. 동시에 차체는 다양한 힘과 떨림을 견딜 수 있는 강성을 갖춰야 합니다. 강성은 구조물의 단단함을 의미합니다. 구조물이 무쇠처럼 쉽게 구부러지지 않으면 강성이 강한 것이고, 고무줄처럼 유연하다면 강성이 약한 것입니다. 조현기 파트장이 보유한 자동차 차체 설계 데이터의 출력 성능 지표로 자동차의 강성을 사용합니다. 여러 설계 변수에 따라 강성이 어떻게 변하는지 아는 것은 견고한 설계를 위한 필수적인 요소입니다.

강성을 고려한 차체 설계는 안전성, 성능, 효율성 그리고 미래 기술에 대한 대비까지 모두 아우르는 복합적인 엔지니어링 과정입니다. 이러한 복잡한 요구사항을 모두 충족시키면서 최적의 차체를 설계하는 것은 조현기 파트장의 노하우와 직감이 빛나는 부분입니다.

그의 노하우를 담아내기 위해서는 결국 데이터 형태여야 합니다. 더 나아가 그 노하우를 이용하기 위해서는 그가 수집한 데이터로부터 예측할 수 있는 모델이 필요합니다. 이런 점에서 머신러닝은 사람이 이해하기 어려운 수준의 패턴을 찾아내어 높은 확률로 결과를 예측하는 데 그 무엇보다 훌륭합니다.

조현기 파트장은 오랜 세월 자신의 노하우가 담긴 자동차 차세 설계 데이터를 AI 머신러닝에 담아 낸다면 자신의 노하우가 누적될 뿐 아니라 새로운 기술과 합쳐질 수 있는 기회도 얻을 수 있을 것입니다. 한 가지 걸림돌은 역시나 컴퓨터 코딩입니다. 그러나 AI-노코드 데이터 분석은 더 이상 코드를 요구하지 않습니다. 이를 검증할 수 있도록 코딩 없이 챗GPT를 이용해서 머신러닝 모델 생성을 시작해 보겠습니다.

가장 먼저, 자동차 차체 설계 제원(입력)과 강성(출력)이 담긴 테이블 형태 데이터를 챗GPT에게 제공합니다.

자동차 차체 데이터 업로드

▲ 자동차 차체 설계 제원과 강성 데이터

업로드한 데이터는 자동차 차체 설계와 그에 따른 성능 결과야. 각 데이터는 부품의 두께, 너비 같은 설계 치수와 그때의 차체 강성이 기록되어 있어.
여러 차량 프로젝트에서 나온 결과이고 이 데이터로 설계 치수와 성능이 어떤 관계가 있는지, 어떤 설계가 좋은 성능을 보였는지 분석해 줘.

※ 파일: ML_1_자동차 차체 설계 제원과 강성 성능_원본데이터.csv

업로드 된 파일 읽기 코드 #3-2-1

이 데이터는 차량 차체의 설계 제원과 차체 강성 성능을 나타내는 자료입니다. 각 열은 차량의 차체에 대한 특정 부품의 설계 사양(너비, 두께)과 차체의 강성 성능에 대한 데이터를 포함하고 있습니다.

데이터의 주요 항목은 다음과 같습니다:

1. **ROOF_RAIL_A_W1, W2, T1, T2**: Roof Rail A 부품의 너비와 두께를 나타냅니다.
2. **ROOF_RAIL_B_W1, W2, T1, T2**: Roof Rail B 부품의 너비와 두께를 나타냅니다.
3. **ROOF_RAIL_C_W1, W2, T1, T2**: Roof Rail C 부품의 너비와 두께를 나타냅니다.
4. **RR_FLR_SMBR_T1, T2**: Rear Floor Sill Member의 두께를 나타냅니다.
5. **CTR_SMBR_FR_W1, T1, T2**: Center Sill Member Front의 너비와 두께를 나타냅니다.
6. **STEP1_FREQ_1ST**: 1차 모드 주파수를 나타내며, 이는 차체의 강성 성능을 평가하는 중요한 요소입니다.

총 1,767개의 샘플(행)과 85개의 변수(컬럼)를 포함하고 있습니다.

이 데이터는 차량 차체 설계와 강성 성능 간의 관계를 분석하거나 예측 모델을 구축하는 데 사용할 수 있습니다.

각 열은 차량의 차체에 대한 특정 부품의 설계 사양(너비, 두께)과 차체의 강성 성능에 대한 데이터를 포함합니다.

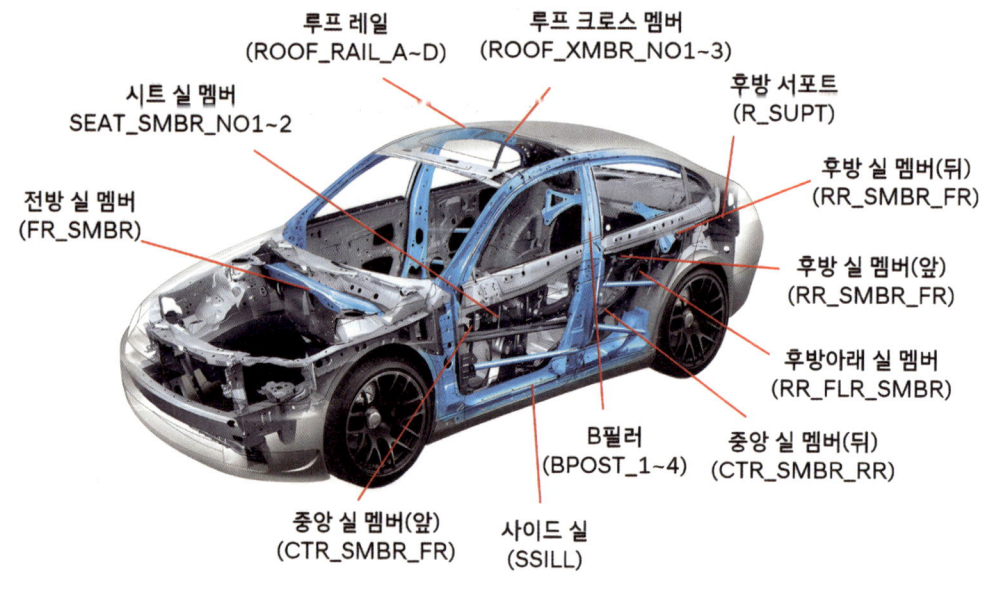

▲ 자동차 차체 구조

#	코드	설명	세부 정보
1	ROOF_RAIL(A~D)	루프 레일	차량 지붕을 지지하는 구조물. A에서 D로 갈수록 앞에서 뒤로 이동
2	ROOF_XMBR (NO1~3)	루프 크로스 멤버	차량 지붕을 가로지르는 보강. NO1~3은 각기 다른 위치
3	BPOST(01~04)	B필러	A필러와 C필러 사이의 기둥. 차량 문과 차체 연결. 01~04는 다른 위치
4	R_SUPT	후방 서포트	차량 뒷부분을 지지하는 구조물
5	FR_SMBR	전방 실 멤버	차량 앞부분에 위치한 보강
6	SEAT_SMBR (NO1~2)	시트 실 멤버	좌석 근처에 위치한 보강. NO1~2는 다른 위치
7	SSILL	사이드 실	차량 측면 아래쪽에 위치한 보강 구조
8	RR_SMBR_FR	후방 실 멤버(앞)	차량 뒷부분의 앞쪽을 보강하는 구조물
9	RR_SMBR_RR	리어 실 멤버(뒤)	차량 뒷부분의 뒤쪽을 보강하는 구조물
10	RR_FLR_SMBR	후방아래 실 멤버	차량 뒷부분 바닥을 지지하는 구조물
11	CTR_SMBR_FR	중앙 실 멤버 프론트	차량 중앙부의 앞쪽을 보강하는 구조물
12	CTR_SMBR_RR	중앙 실 멤버 리어	차량 중앙부의 뒤쪽을 보강하는 구조물
13	STEP1_FREQ_1st	1차 고유진동수	차체 강성을 나타내는 지표

▲ 자동차 차체 구조 설명과 성능 변수

성능 변수는 1차 고유진동수입니다. 공학에서 구조물의 강성을 대표하는 성능 지표로 자주 쓰입니다. 결국, 표 '자동차 차체 구조 설명과 성능 변수'에서 #1~#12는 자동차 차체 설계 변수(입력)이고 #13은 설계 변수에 의한 결과(출력)입니다.

> **공학에서 구조물의 단단한 정도(강성)을 대표 성능 지표로 쓰는 이유**
>
> 가장 단순한 형태인 경우, 고유진동수는 $f = \sqrt{k/m}$ 입니다(1개의 움직임만 허용하는 1 자유도인 경우). 제곱근 안의 분자, k가 강성입니다. 분모, m은 얼마나 무거운지를 나타내는 질량입니다. 즉, 무게 대비 얼마만큼 단단한지를 나타내는 비율이 고유진동수입니다. 그렇기 때문에 현업에서는 고유진동수를 구조 강성을 대신하는 성능 지표로 자주 사용합니다.
>
> 물리적인 의미로서 고유진동수는 단위 시간당 떨리는 횟수를 의미합니다. 예를 들어, 고유진동수가 10이라면 이는 1초에 10번 떨린다는 뜻입니다. 이러한 고유진동수는 차체의 떨림 특성을 나타내는 중요한 지표로, 차체가 어떤 방식으로 움직이는지 파악하는 데 도움을 줍니다.[16]

▲ 자동차 차체 고유진동수에서 움직이는 형상 정보(기술자료 참조[16])

차체 설계 데이터의 전처리와 EDA

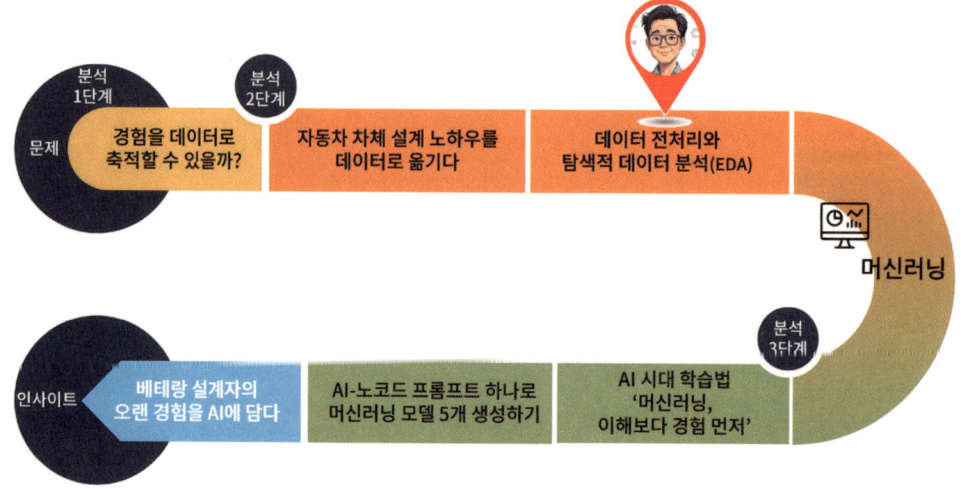

▲ 분석 2단계: 데이터 전처리와 데이터 탐색(EDA) 단계

데이터는 1,767개의 샘플과 85개의 변수로 구성되어 있어 복잡하며, 사이즈가 큽니다. 모든 데이터를 일일이 살펴보기 어렵기 때문에 데이터 전처리를 위해 결측치와 이상치를 살펴보겠습니다. 먼저 결측치를 파악하기 위해 '흑백 히트맵' 시각화로 전체를 확인하고 각 컬럼마다 결측 비율을 분석합니다.

 결측치를 살펴보기 위한 흑백 히트맵 시각화

데이터 전처리로, 결측치를 살펴보기 위해, '흑백 히트맵' 시각화하자.
- 결측된 셀은 흰색
- 데이터가 존재하면 검은색

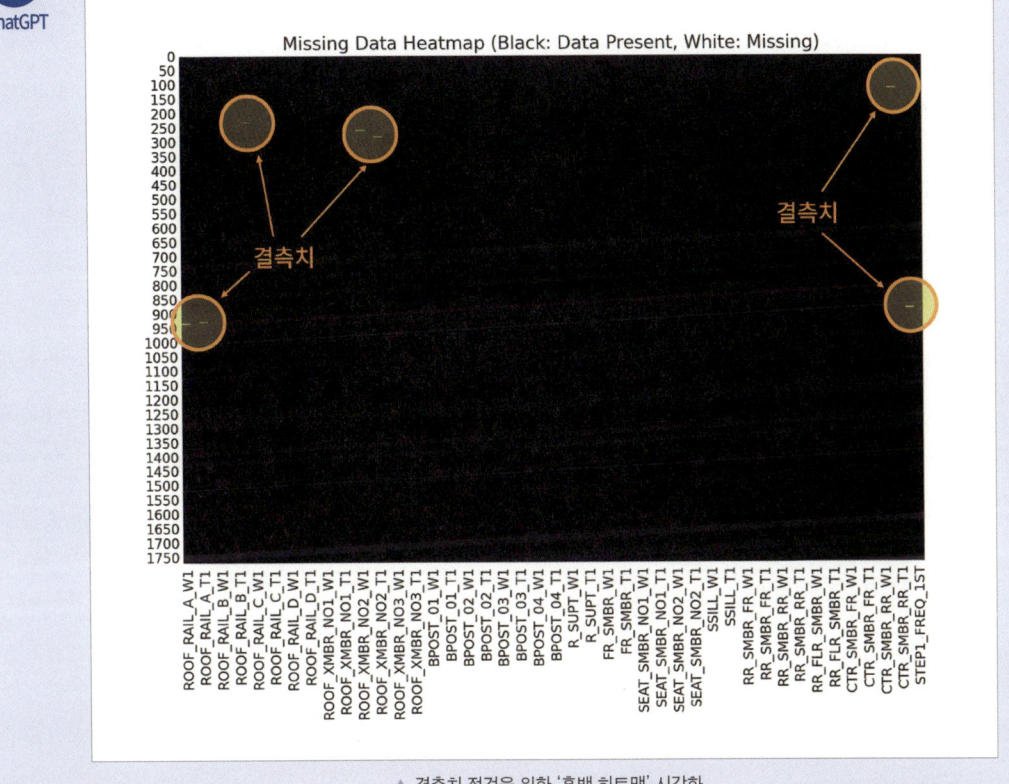

▲ 결측치 점검을 위한 '흑백 히트맵' 시각화

육안으로 보아도 전반적으로 결측치가 적다는 것을 알 수 있습니다. 이는 조현기 파트장이 그간 꼼꼼하게 데이터를 수집한 덕입니다. 전체 데이터 중 약 1.8%만이 결측치이며, 데이터 샘플이 1,000개 이상이므로 결측치가 있는 행을 제거해도 큰 문제가 없을 것입니다. 결측이 있는 행을 제거한 전처리 데이터를 다운로드 받겠습니다.

 결측치 제거 전처리 및 새 파일 다운로드 링크 요청

혹시 데이터에 빈값이나 누락된 값이 있으면 그 줄은 통째로 지워줘.

정제된 데이터만 가지고 분석할 거니까 새 파일을 만들어서 다운로드 링크를 보내줘.

업로드 된 파일 읽기 코드 #3-2-3

결측치가 있는 행을 삭제한 후 새로운 데이터 세트의 크기는 1,736개의 행과 85개의 열입니다. 이 새로운 데이터 세트를 사용하여 추가적인 분석을 진행하거나 다른 작업을 수행하실 수 있습니다.

결측치가 제거된 데이터 세트를 다운로드할 수 있는 링크를 제공드립니다. 아래 링크를 클릭하여 데이터를 다운로드하세요:

cleaned_data.csv 다운로드

파일명은 'ML_2-1_자동차 차체 설계 재원과 강성 성능_결측치 제거.csv'입니다.

다음으로 이상치를 살펴보기 위해 박스 플롯을 사용하여 탐지하겠습니다. 데이터 세트에 많은 차체 설계 변수가 있으므로, 비슷한 이름의 컬럼은 그룹으로 묶어서 분석합니다. 또한 데이터 범위가 다양하기 때문에 표준화를 적용합니다. 표준화는 각 변수의 스케일을 통일시켜 비교 가능하게 만드는 전처리 기술로, 입력 변수의 평균을 0으로, 표준편차를 1로 변환하는 과정을 의미합니다.

데이터 표준화 및 박스 플롯 시각화

이상치를 탐지하기 위해 비슷한 이름끼리 데이터를 묶어서 표준화(평균 0, 표준편차 1)한 후 박스 플롯을 그려보자.

박스 플롯 시각화 코드 #3-2-4

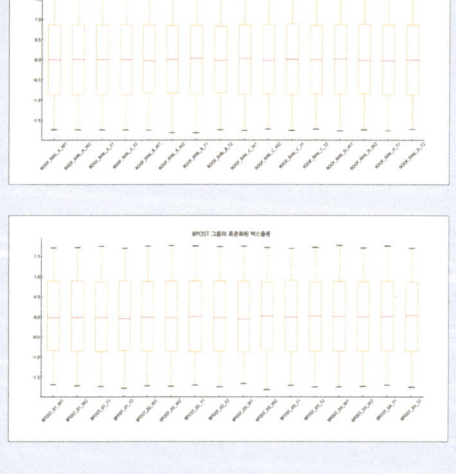
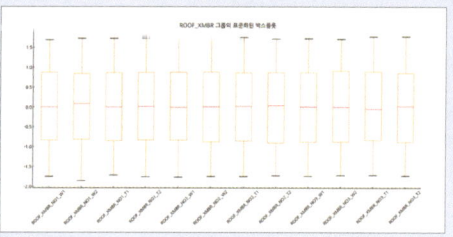
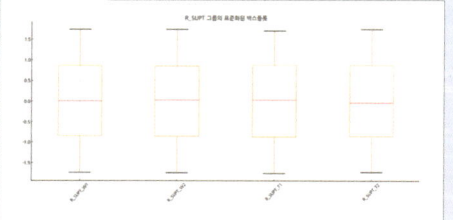

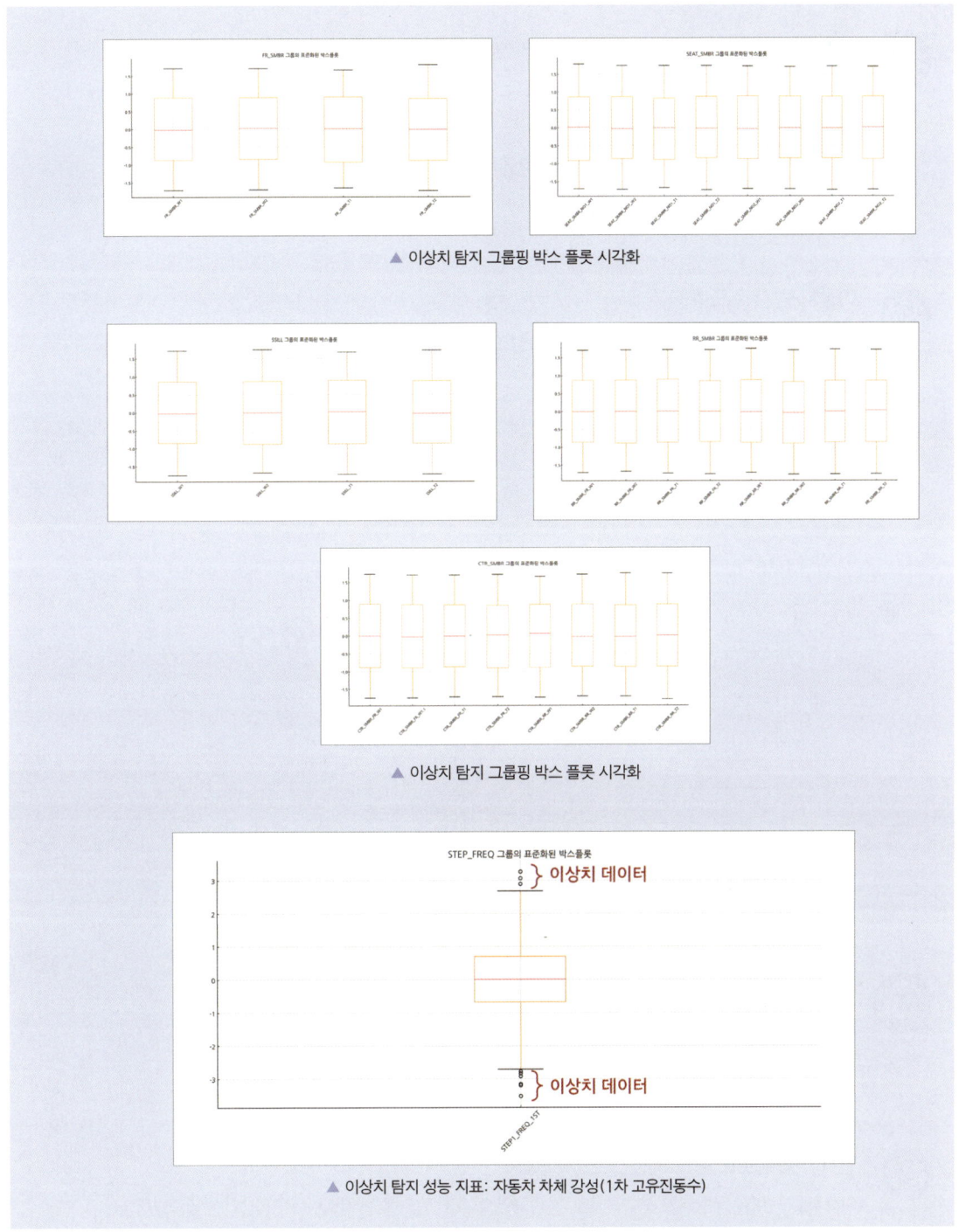

▲ 이상치 탐지 그룹핑 박스 플롯 시각화

▲ 이상치 탐지 그룹핑 박스 플롯 시각화

▲ 이상치 탐지 성능 지표: 자동차 차체 강성(1차 고유진동수)

챗GPT 대화상자 안의 첫 번째부터 아홉 번째 그림 모두 위와 아래에 원점(◦)이 없습니다. 이는 차체 설계 시 적용된 설계 제한 조건들이 잘 준수되었음을 의미합니다. 반면 출력 변수인 성능 지표(1차 고유진동수)에서는 이상치가 확인되었습니다. 데이터 분석이 문제를 일으킬 수 있는 여지가 있으므로 살펴봐야 합니다.

성능 지표의 박스 플롯에서 이상치로 의심되는 데이터 추출

입력 변수에서는 이상치가 관찰되지 않았지만, 출력 변수인 성능 지표의 1차 고유진동수(FREQ)에서 이상치가 발견되었어.

마지막 성능 지표 고유진동수의 박스 플롯 바깥쪽 범주를 벗어난 데이터들을 살펴보자.

이상치 탐지 코드 #3-2-5

Index	STEP1_FREQ_1ST
311	57.02851
372	53.88659
589	53.70996
711	53.86965
899	54.0447
1106	56.92988
1294	56.84931
1340	54.00196
1715	54.07429

▲ 성능 지표 이상치 테이블

전처리한 데이터를 다운로드하겠습니다.

데이터 전처리 완료 후 다운로드 요청

전처리한 데이터를 중간 저장하자. 다운로드 링크 보내줘.

전처리 다운로드 링크 제공 코드 #3-2-6

이상치를 제거한 데이터가 성공적으로 생성되었습니다. 링크를 통해 다운로드하실 수 있습니다:

이상치 제거된 데이터 다운로드

이상치를 제거하고 새롭게 다운로드한 데이터 파일은 'ML_2-2_자동차 차체 설계 제원과 강성 성능_이상치 제거.csv'입니다.

데이터의 형태를 이해하고 패턴을 파악하기 위해 일변량 EDA와 다변량 EDA를 순차적으로 실행합니다. 일변량 EDA를 통해 각 변수의 분포와 특성을 파악하며, 다변량 EDA를 통해 변수들 간의 관계와 상호작용을 분석할 수 있습니다.

AI 기반 변수 이름별 데이터 묶음 및 일변량 EDA 시각화

입력 변수들이 너무 많으니까 먼저 각 변수의 특징을 간단히 살펴보자.

먼저 각 변수의 기본적인 통계치(평균, 최대, 최소 등)와 분포를 보여줘.

비슷한 이름을 가진 변수들은 한 화면에 같이 그려서 비교하기 쉽게 해줘.

변수가 너무 많으면 비슷한 것끼리 더 묶어서 보여줘도 좋아.

EDA 시각화 코드 #3-2-7

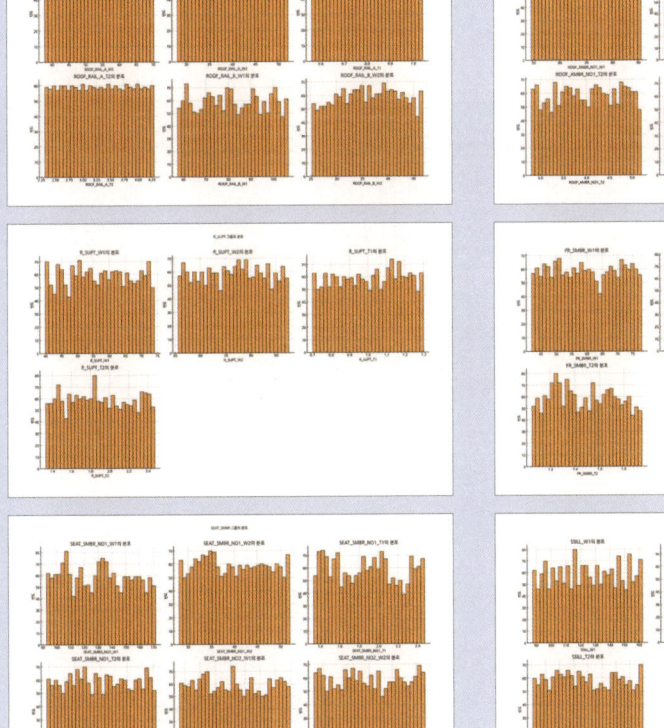

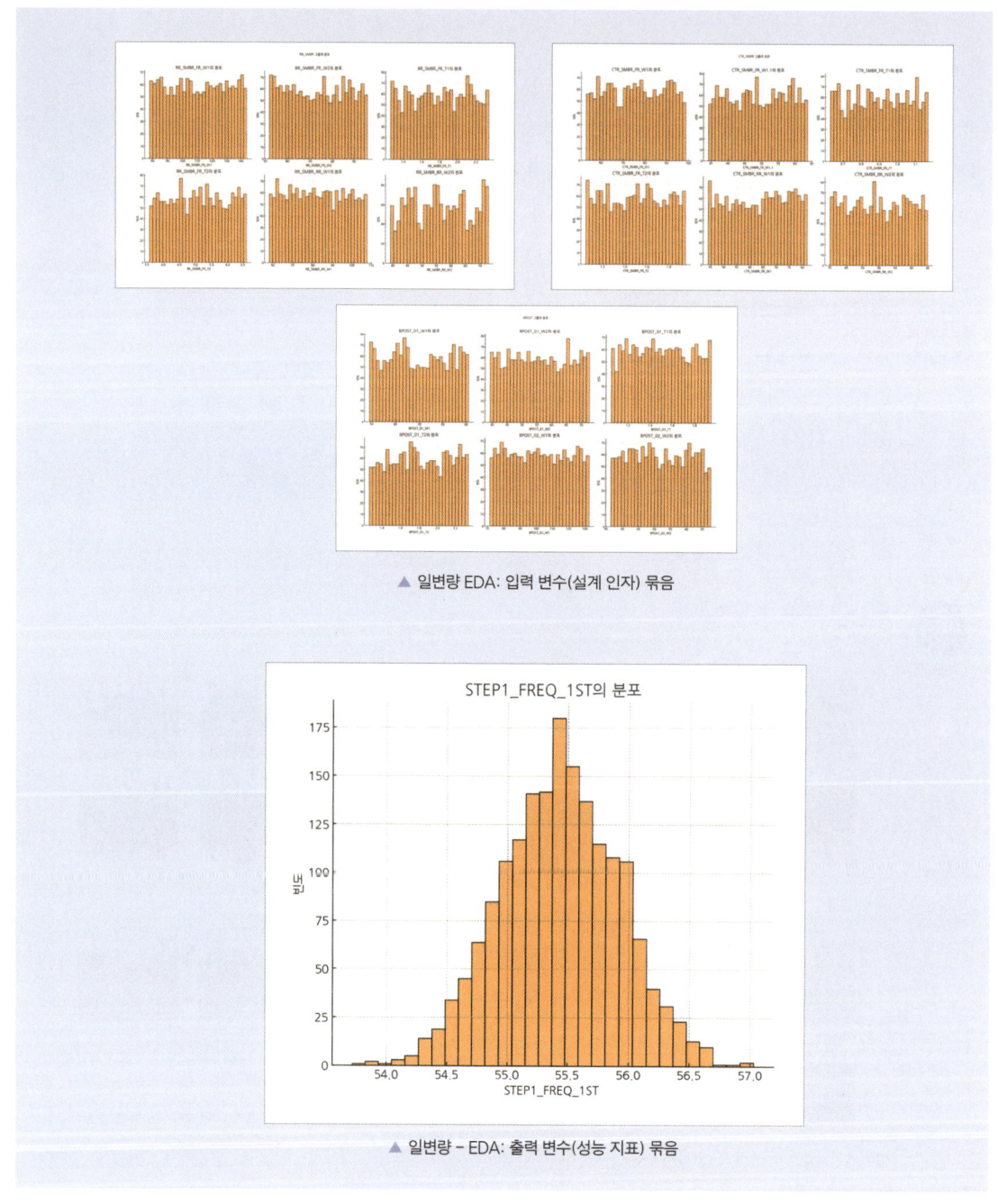

▲ 일변량 EDA: 입력 변수(설계 인자) 묶음

▲ 일변량 – EDA: 출력 변수(성능 지표) 묶음

일변량 EDA 결과, 대부분의 설계 변수는 균일 분포(유니폼 분포, Uniform distribution)를 나타냅니다. 이는 설계 과정에서 자연스럽게 형성된 것으로 보입니다. 성능 지표인 고유진동수는 정규분포에 가까운 형태를 띄고 있습니다. 성능 지표가 정규분포에 가깝게 나타나는 것은 데이터의 균일성과 안정성을 나타낸다고 할 수 있습니다. 일변량 EDA에 이어 데이터 간의 관계를 분석하기 위해 다변량 EDA를 수행합니다.

다변량 EDA
일변량 EDA를 살펴봤으니까. 이제 변수들과의 관계인 다변량 EDA를 살펴보자.

상관관계 히트맵 시각화 및 주요 변수 탐색 코드 #3-2-8

이 상관관계 히트맵을 통해 출력 변수와 상관관계가 높은 입력 변수들에 대해 집중적으로 탐색하거나 추가적인 전처리 단계를 진행할 수 있습니다.

다음 단계로는 결측치 처리 후, 이러한 상관관계에 따라 입력 변수를 선택하여 머신러닝 모델을 설계할 수 있습니다. 결측치를 어떻게 처리할지 결정해 주세요.

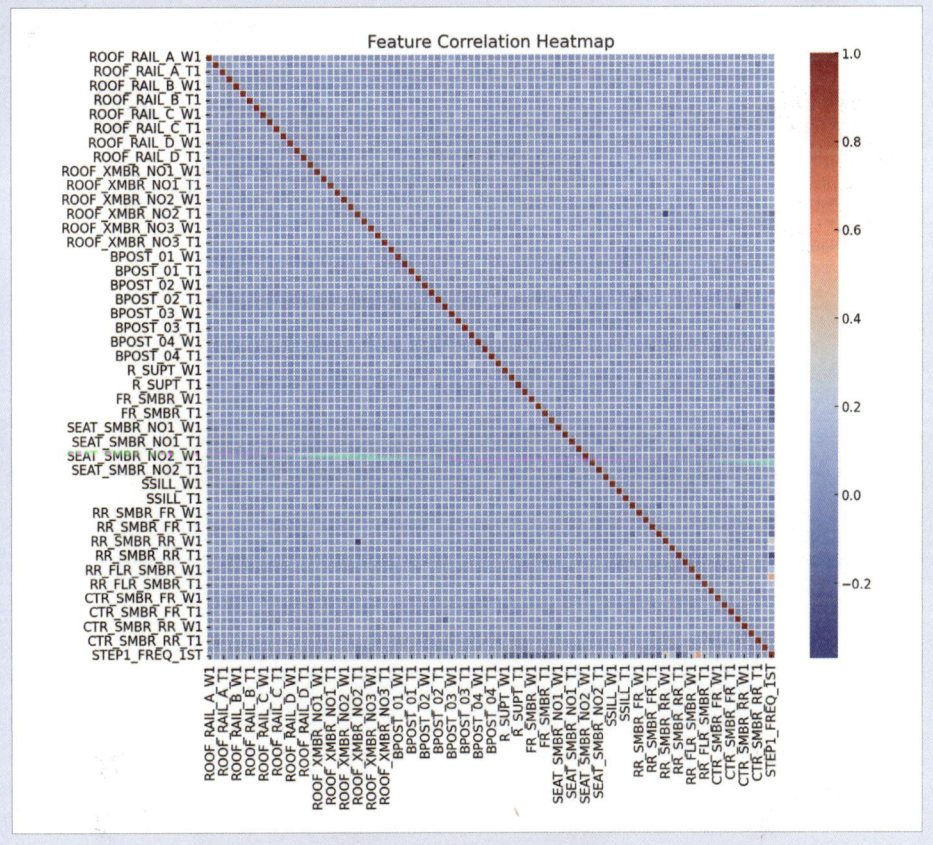

▲ 다변량 - EDA 상관관계 시각화

다변량 EDA를 통해 드러난 상관관계 패턴은 차체 설계에 중요한 인사이트를 제공합니다. 특히 상관관계 히트맵에서 붉은색으로 표시된 부분들은 차체 강성에 큰 영향을 미치는 설계 변수들을 나타내며, 이는 향후 설계 최적화의 중요한 참고 자료가 될 수 있습니다. 참고로, 대각선 방향의 빨간색 선은 동일한 변수 간의 상관관계를 나타냅니다. 동일 변수의 상관관계는 항상 '1'이므로 빨간색으로 표시됩니다.

AI 시대 학습법 – 머신러닝, 이해보다 경험이 먼저

조현기 파트장이 가진 데이터로부터 잠재된 패턴을 찾아낼 수 있어야 베테랑 설계자의 오랜 경험을 AI에 담을 수 있습니다. 이때 인간의 직관으로는 계산하기 어려운 복잡한 연결을 머신러닝은 쉽게 처리할 수 있습니다. 그러므로 과거의 경험과 데이터를 정량적으로 표현하고, 실무에 적용할 수 있는 강력한 머신러닝 모델을 만들어 보겠습니다.

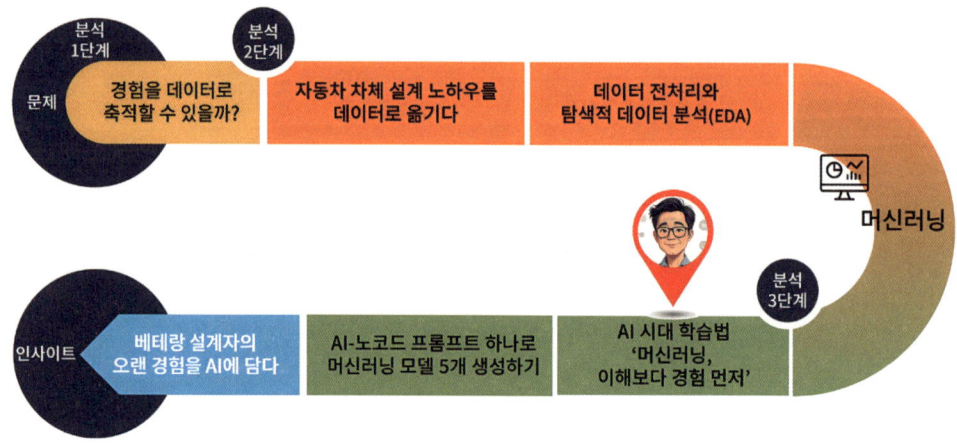

▲ 분석 3단계: 머신러닝 생성 이해보다 경험을 먼저 해보는 단계

머신러닝이란?

머신러닝이 어떻게 작동하는지 별을 인식하는 과정으로 살펴보겠습니다. 컴퓨터에게 여러 개의 별 모양 이미지를 보여줍니다. 먼저 사람이 "별은 이런 특징이 있어."라고 알려줍니다. 예를 들어 "뾰족한 점이 있고, 중심에서 방사형으로 뻗어 있으며, 여러 개의 꼭짓점이 있어."와 같이 특징을 하나하나 정의해 주는 거죠. 그러면 컴퓨터는 이 특징들을 자신만의 규칙으로 정리하고 기억합니다. 마치 학생이 공부한 내용을 자기만의 방식으로 정리하고 외우는 것처럼요. 이것을 학습 과정이라고 합니다. 학습을 마치면, 이렇게 정리된 규칙을 바탕으로 새로운 이미지를 보았을 때 "이것은 별입니다."라고 판단할 수 있게 됩니다. 이것을 예측이라고 합니다.

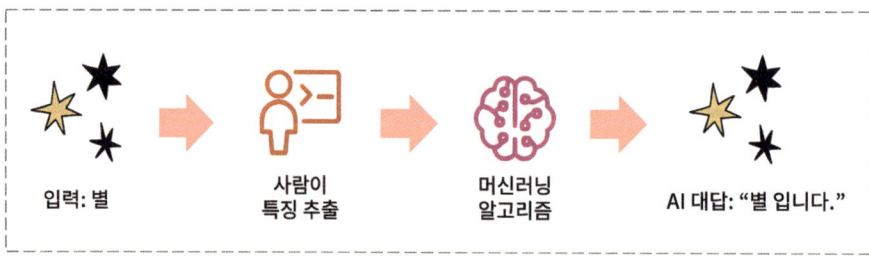

▲ 머신러닝이 결과를 예측하는 원리

머신러닝 모델은 학생이고 사용자가 선생님 역할을 합니다. 사용자가 정의한 특징을 바탕으로 머신러닝은 학습하고 판단하는 것이죠. 이렇게 사람의 지도로 학습이 이루어지기 때문에, 비교적 적은 데이터로도 학습이 가능하며 어떤 기준으로 판단했는지 이해하기 쉽다는 장점이 있습니다.

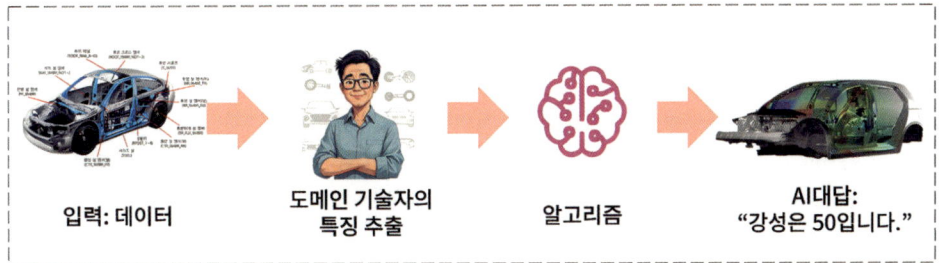

▲ 조현기 파트장의 사례로 본 머신러닝의 결과 예측 과정

조현기 파트장의 차체 설계에 적용해 볼까요. 우선 조현기 파트장이 가진 17년간의 차체 설계 데이터를 컴퓨터에 입력합니다. 그 후 도메인 전문가인 조현기 파트장이 "차체 강성은 이런 특징이 있어."라고 알려줍니다. 예를 들어 "이 부분의 두께, 이 각도, 이 구조물의 길이가 차체 강성과 관련이 있어."와 같이 특징을 하나하나 정의해줍니다. 물론 실제로 언급하진 않습니다. 왜냐하면 도메인 기술자인 조현기 파트장이 채택한 설계 변수를 정해서 정형화된 테이블을 준비했다는 것 자체로 특징 추출을 한 것이기 때문입니다.

컴퓨터는 입력된 데이터로부터 이 특징들 사이의 관계를 자동으로 학습하고 규칙을 만듭니다. 이를 통해 새로운 차체 설계안이 주어졌을 때, "이 설계의 강성은 50입니다."라고 예측할 수 있게 됩니다. 이렇게 머신러닝은 조현기 파트장의 오랜 경험과 전문성을 수치화하여 새로운 설계에 적용할 수 있는 도구로 변모합니다. 특징만 선정해 주면, 머신러닝은 데이터 속에 숨어 있는 패턴을 학습하고 예측합니다. 이렇게 자동화된 방식으로 패턴을 발견하고 학습할 수 있다는 것이 머신러닝의 강력한 장점입니다.

머신러닝을 알아본 김에 딥러닝도 이어서 살펴보겠습니다.

딥러닝이란?

딥러닝은 머신러닝의 발전된 형태로, 신경망이라는 특별한 구조를 사용합니다. 별을 인식하는 과정을 다시 설명해 보면, 머신러닝은 사람이 "별은 뾰족하고 방사형이다."라고 특징을 정의해줘야 하지만, 딥러닝은 수많은 별 이미지를 보기만 해도 스스로 특징을 찾아냅니다. 마치 아이가 수천 개의 별 그림을 보면서 스스로 별의 특징을 깨닫는 것과 같습니다.

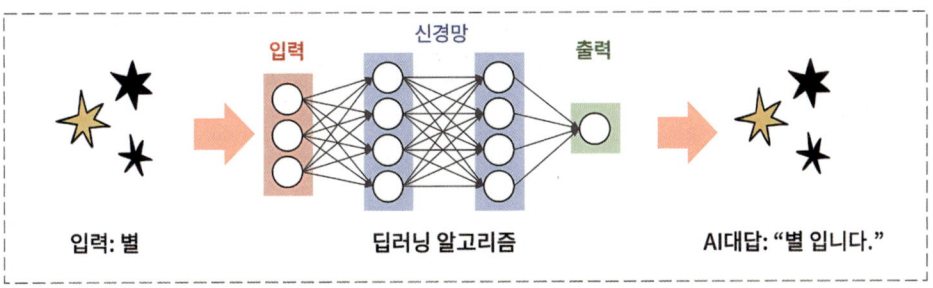

▲ 딥러닝이 사전 정보 없이 결과를 예측하는 원리

하지만 이런 딥러닝의 자율성은 양날의 칼입니다. 스스로 특징을 찾아내기 때문에 엄청난 양의 데이터가 필요하고, 왜 그런 판단을 했는지 이해하기도 어렵습니다. 복잡하게 얽힌 신경망의 구조를 하나하나 이해하는 것이 어렵기 때문입니다. 이는 실무 현장에서 딥러닝을 직접 적용하기 어려운 이유이기도 합니다. 설명되지 않는 추론으로 의사결정을 한다는 것은 많은 현실적인 제약을 초래합니다. 그래서 최근에는 딥러닝의 이러한 '블랙박스' 문제를 해결하기 위해 설명 가능한 AI(eXplainable AI, XAI*)가 주목받고 있습니다. XAI는 인공지능의 판단 근거를 사람이 이해할 수 있게 설명해 주는 기술입니다.

실제 현장에서는 데이터의 양이 제한적이고 판단 근거를 명확히 알아야 하는 경우가 많습니다. 조현기 파트장의 사례처럼 실무 현장에서는 오히려 전통적인 머신러닝이 더 실용적일 수 있습니다. 차체 설계에서는 결과에 영향을 미치는 요소들이 이미 어느 정도 알려져 있고, 설계 데이터의 양도 제한적이기 때문에 이런 상황에서는 사람의 전문성을 적극 이용해서 중요 특징을 정하면 적은 데이터로도 학습이 가능한 머신러닝을 생성할 수 있습니다.

코딩 없이 프롬프트 하나로 머신러닝 모델 생성하기

이제 다시 조현기 파트장의 문제로 돌아와서 머신러닝 모델을 생성해 보겠습니다. 선별한 10개의 주요 변수와 출력 변수(STEP1_FREQ_1ST)를 AI에게 학습시키겠습니다. 이를 위해 데이터를 학습용과 테스트용으로 나누고, 여러 모델을 생성해 보겠습니다. 머신러닝 모델에 대해 잘 모르더라도, 주어진 데이터 세트를 기반으로 가장 효과적일 것으로 예상되는 모델을 제안해 보겠습니다.

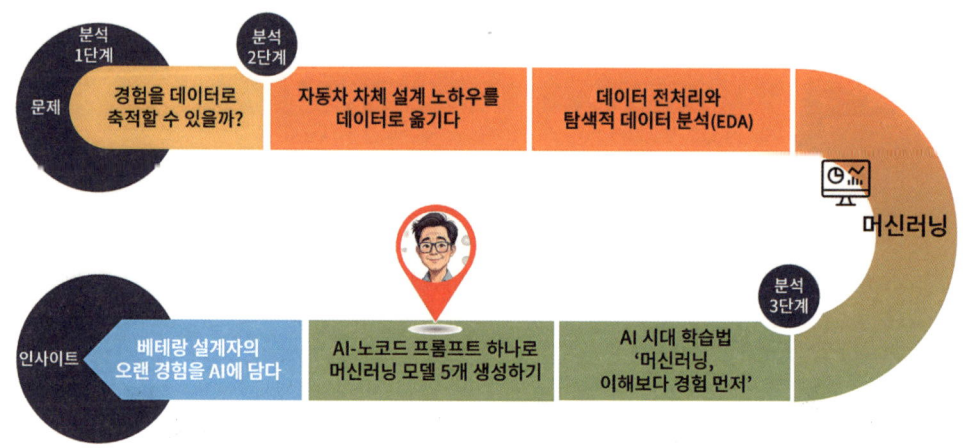

▲ 분석 3단계: AI-노코드 프롬프트 하나로 머신러닝 모델 생성하기

---

* XAI(eXplainable AI)는 AI가 어떤 결과를 도출했을 때 그 판단 근거를 사람이 이해할 수 있도록 설명해 주는 기술이다. 예를 들어, 은행에서 AI가 대출 신청을 거절했다면, 소득수준, 신용점수, 거래내역 중 어떤 요소가 결정적 영향을 미쳤는지 수치나 그래프로 보여준다. 이는 의사결정의 투명성이 요구되는 금융, 법률, 의료 등의 분야에서 특히 중요하다. 주요 기법으로는 LIME(Local Interpretable Model-agnostic Explanations), SHAP(SHapley Additive exPlanations) 등이 있다.

프롬프트 하나로 러신러닝 모델 생성하기

축약된 데이터 세트(입력 변수 10개랑 출력 변수 하나인 STEP1_FREQ_1ST)를 기반으로 머신러닝 모델을 만들어 보려고 해. 이 데이터는 자동차 차체 설계와 관련된 물리적 특성들이고, 출력 변수는 고유 진동수야.
주어진 데이터를 살펴보고, 어떤 머신러닝 모델이 이 문제를 해결하는 데 적합할지 추천해 줘.
각 모델의 장점이랑 단점을 간단히 설명하고, 모델 선택에서 중요한 요소가 뭐가 있는지 알려줘.

데이터 세트를 살펴본 결과, 총 85개의 열이 있으며, 이 중 하나인 STEP1_FREQ_1ST가 출력 변수(고유 진동수)입니다. 나머지 84개의 열이 입력 변수로 사용될 수 있는 물리적 특성들을 나타내고 있습니다. 결측치는 일부 열에서 소량 존재하지만, 전체적으로는 데이터가 비교적 잘 정리되어 있습니다. 이제 주어진 데이터를 기반으로 어떤 머신러닝 모델이 적합할지 분석해 보겠습니다.

모델	장점	단점	사용 사례
선형 회귀 모델 (Linear Regression)	간단하고 해석이 용이함, 과적합의 위험이 낮음	선형 관계에만 적합, 이상치에 민감함	관계가 단순하거나 해석이 중요한 경우 적합
랜덤 포레스트 (Random Forest Regressor)	비선형 관계 처리 가능, 결측치에 강함, 변수 중요도를 해석할 수 있음	대규모 데이터 처리 시 느릴 수 있음, 선형 모델에 비해 해석이 어려움	복잡한 상호작용과 비선형 패턴이 존재하는 문제에 적합
신경망 (MLPRegressor, Neural Network)	복잡한 비선형 관계를 학습할 수 있음, 대규모 데이터에 강력함	해석이 어렵고, 과적합에 취약함, 더 많은 데이터가 필요함	매우 복잡하고 숨겨진 패턴이 많은 대규모 데이터 세트에 적합
SVM (Support Vector Regressor)	고차원 공간에서 효과적이며, 비선형 경계를 잘 처리함	메모리 사용량이 많고, 대규모 데이터 세트에는 적합하지 않음	중소 규모의 데이터 세트에서 복잡한 결정 경계가 필요한 문제에 적합
KNN (K-Nearest Neighbors)	간단하고 직관적임, 비선형 패턴을 잘 포착함	대규모 데이터 세트에서 계산 비용이 높음, 차원의 저주에 취약함	데이터 분포가 균일하고 특성 공간이 조밀한 중소 규모 데이터 세트에 적합

▲ 머신러닝 알고리즘 장점과 단점 그리고 사용 사례

머신러닝 모델에 대한 설명은 간단히 표로 대체하겠습니다. 모델 설명이 필요할 땐 챗GPT에게 물어보면 상세히 알 수 있기 때문에 생략합니다. 알고리즘의 상세 설명보다는 간단한 프롬프트로 머신러닝을 생성할 수 있다는 점을 강조하고 싶습니다. 여러 머신러닝 알고리즘을 실행하여 가장 우수한 성능을 보이는 모델을 찾는 것이 실무적으로 유용하기 때문입니다.

머신러닝 모델의 평가는 학습하지 않은 데이터에 대해 잘 작동하는지에 달려 있습니다. 즉, 새로운 데이터에 대해서도 제대로 예측하는지를 확인하는 것입니다. 이를 위해 데이터를 두 부분으로 나눕니다. 전체 데이터의 70%는 모델을 학습시키는 학습용 데이터(Training data)로 사용하고, 나머지 30%는 학습된 모델의 성능을 평가하는 검증용 데이터(Validation data)로 활용합니다.*

5개 머신러닝 모델 생성

주어진 데이터를 사용해서 아래 5개 머신러닝 모델을 생성해 줘. 각 모델의 성능을 검증 세트에서 평균 제곱 오차(MSE)**로 평가해 줘.

출력 변수는 STEP1_FREQ_1ST이고 나머지는 모두 입력 변수야.

모델 목록:

1. 선형 회귀(Linear Regression)
2. 랜덤 포레스트 회귀(Random Forest Regressor)
3. 서포트 벡터 회귀(Support Vector Regression, SVR)
4. 신경망 회귀(Neural Network, NN)
5. K-최근접 이웃 회귀(K-Nearest Neighbors, KNN)

모델을 학습용 70%, 검증용 30%로 나누어 훈련시키고, 각 모델의 검증 세트에 대한 MSE 값을 계산해서 모든 결과를 보여줘.

MSE 비교 모델 코드 #3-2-9

다섯 가지 모델에 대한 평균 제곱 오차(MSE) 결과는 다음과 같습니다:

1. 선형 회귀: 0.063
2. 랜덤 포레스트: 0.081
3. SVM: 0.119
4. 신경망: 7.00
5. KNN: 0.152

코딩 없이, AI-노코드로 머신러닝 모델 5개를 생성했습니다. 진짜 누구나 머신러닝 모델을 생성할 수 있습니다.

---

* 학습용/검증용 데이터 분할은 머신러닝에서 가장 기본적인 성능 평가 방법입니다. 학습용 데이터로 모델을 훈련시킨 후, 모델이 한 번도 보지 못한 검증용 데이터로 성능을 측정합니다. 이는 마치 학생이 교과서로 공부(학습용)한 후, 다른 문제집으로 실력을 확인하는 것(검증용)과 같은 원리입니다. 일반적으로 전체 데이터의 70%를 학습용으로, 30%를 검증용으로 사용합니다.

** 평균 제곱 오차(MSE)는 예측값이 실제값과 얼마나 다른지 보여주는 지표입니다. 예측이 빗나간 정도를 제곱해서 평균해서 계산한다. 값이 작을수록 예측이 정확하다는 뜻이다. 마치 과녁에서 화살이 중심에서 얼마나 멀리 떨어졌는지 거리를 재는 것과 비슷하다.

머신러닝 모델 성능 비교

각 모델이 얼마나 잘 예측하는지 한눈에 보고 싶어.

X축엔 모델이 예측한 값, Y축엔 실제 테스트 값을 놓고 산점도로 그려줘.

y=x 선도 같이 그려서 예측이 얼마나 정확한지 비교하자.

모델 예측 결과 vs 실제값 시각화 코드 #3-2-10

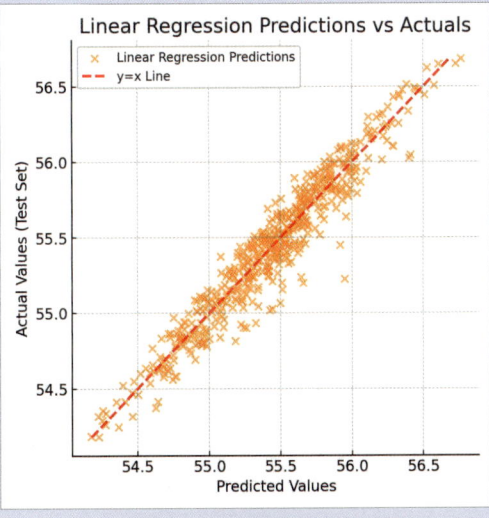

▲ 전체 데이터로 만드는 머신러닝: 선형회귀 모델

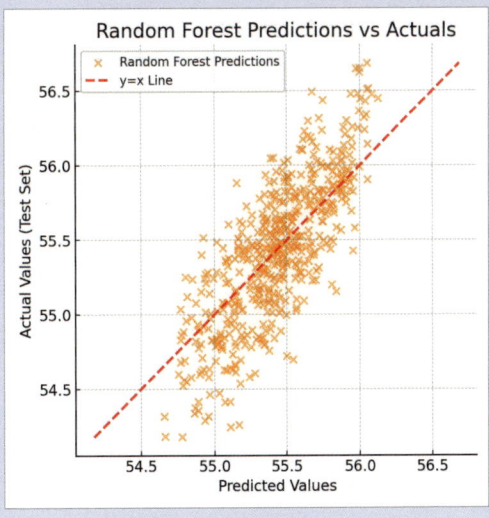

▲ 전체 데이터로 만드는 머신러닝: 랜덤포레스트 모델

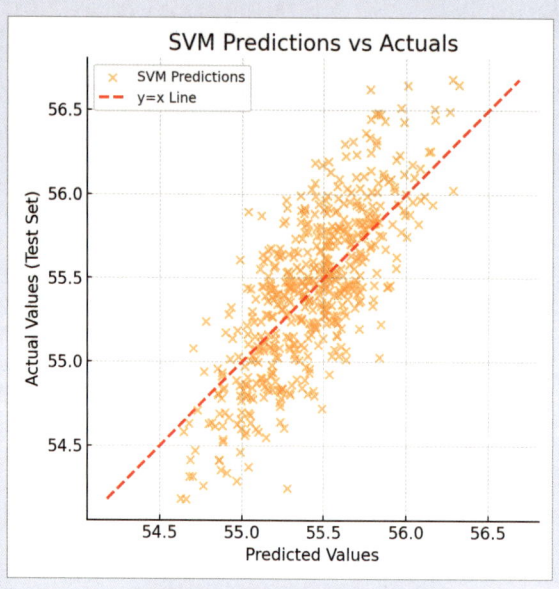

▲ 전체 데이터로 만드는 머신러닝: SVM 모델

각 머신러닝 모델의 예측 성능을 시각화한 산점도를 제공했습니다. 그래프에서 y=x 선을 기준으로, 각 모델의 예측값이 실제값과 얼마나 일치하는지 확인할 수 있습니다.

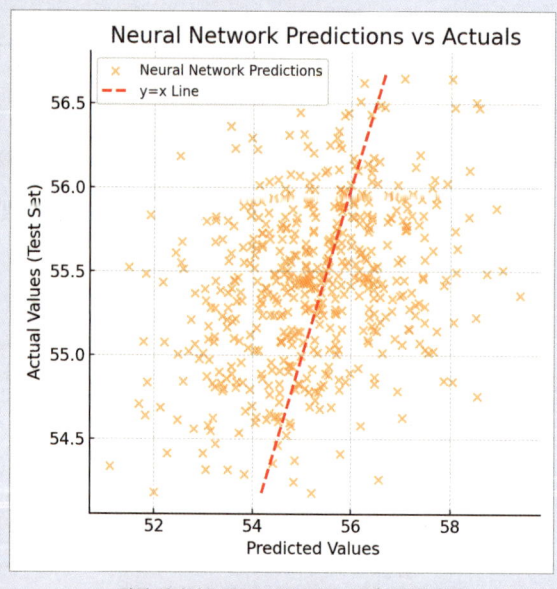

▲ 전체 데이터로 만드는 머신러닝: 인공신경망 모델

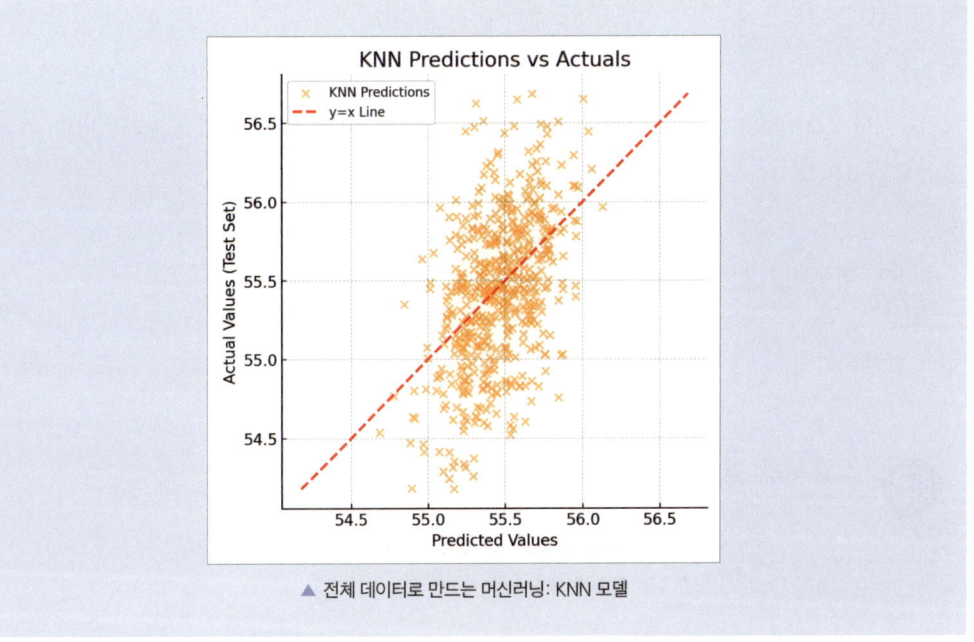

▲ 전체 데이터로 만드는 머신러닝: KNN 모델

위 그래프 결과는 5개 머신러닝 모델의 성능을 나타내는 산점도와 'y=x 기준선(--)'입니다. '주황색 마커(×)'는 데이터의 예측값과 실제값의 위치를 나타냅니다. 'y=x 기준선'에 가까울수록 해당 머신러닝 모델이 정확하게 예측했다는 것을 의미합니다. 머신러닝의 정확도를 보여주기 위해 가장 일반적으로 쓰이는 시각화입니다.

가장 기본적인 선형 회귀(Linear Regression) 모델부터, 복잡한 알고리즘으로 작동하는 랜덤 포레스트(Random Forest), 신경망(Neural Network), SVM(Support Vector Machine), KNN(K-Nearest Neighbors) 모델까지 비교했습니다. 머신러닝 알고리즘을 개발하는 것은 어렵지만, 사용하는 것은 매우 쉽습니다. 복잡한 수식이나 어려운 코딩 없이도 AI를 활용해 간단한 프롬프트로 누구나 머신러닝 모델을 만들 수 있습니다.

머신러닝에 대한 이론과 이해가 부족하더라도 시도해 보는 것이 큰 도움이 됩니다. 새로운 기술과 기능을 배울 때 우리는 '모두 이해하고 나서 사용해야 하지 않을까?'라는 고민을 하게 됩니다. 이해하고 나서 적용하는 데 익숙하지만, AI 시대에는 '사용하면서 서서히 이해하는 방식'이 더 중요합니다. 특히 직장인들에게는 AI나 데이터 분석 외에도 배워야 할 것들이 너무나 많습니다. 게다가 AI 시대의 변화 속도가 빨라 배운 것이 금세 쓸모없는 지식이 되기 쉽습니다. 이해만 하다 보면 실제로 써야 할 기회를 놓칠 수 있습니다. 그래서 일단 사용해 보고 필요한 부분을 채워 가는 것이 AI 시대의 배움 방법입니다.

우선 사용해 보고 익숙해지면 이해하기 위한 시간을 씁니다. 이것이 조금 엉성해 보여도 사용해 보고 이해하는 과정이 지속되면 부족한 구멍들이 차츰 메워질 것입니다. 조현기 파트장이 간단한 머신러닝 모델 다섯 개를 만든 것만으로도 큰 의미가 있습니다. 이렇게 사용하다 보면 자연스럽게 머신러닝에 익숙해지고, 익숙해지면 적용할 수 있는 범위를 넓힐 수 있습니다. 결국 중요한 것은 '첫발을 내딛는 것'입니다. 완벽하지 않아도 괜찮습니다. 작게 시작하는 것이 우선입니다.

평균 제곱 오차는 모델의 예측 오차가 얼마나 큰지 절대적인 크기로 나타냅니다. 값이 작을수록 좋은 성능을 의미합니다. R^2는 모델이 'y=x', 즉 45도 대각선에 대해서 전체 데이터 변동성을 나타냅니다. 1에 가까울수록 모델이 검증용 데이터를 잘 예측한 것입니다.

머신러닝 성능을 비교하기 위한 지표의 시각화

MSE와 R^2 수식으로 머신러닝 모델 성능을 표기하자. 그리고 요약 설명해 줘.

모델 MSE 및 R^2 비교 시각화 코드 #3-2-11

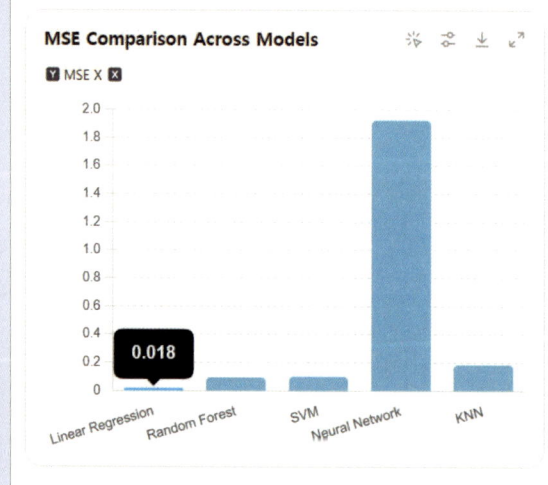

▲ 머신러닝 모델 성능 비교: MSE

▲ 머신러닝 모델 성능 비교: R^2

선형 회귀 모델의 MSE가 가장 낮고 R^2는 1에 가장 가깝습니다. 이러한 결과는 몇 가지 중요한 시사점을 줍니다. 첫째, 복잡한 모델이 항상 좋은 것은 아닙니다. 위의 실무 예에서 보았듯이, 간단한 선형 회귀 모델이 오히려 가장 좋은 성능을 보였습니다. 그 이유는 데이터가 생성된 도메인에 있습니다. 기계 시스템의 고유 진동수는 일반적으로 선형 시스템으로 가정하여 테스트하고, 이에 맞는 시뮬레이션도 선형 해석을 사용합니다. 따라서 설계 변수와 성능 지표 간에는 선형 관계가 있는 것입니다.

두 번째 시사점은 데이터의 특성에 따라 최적의 모델이 다를 수 있다는 점입니다. 따라서 여러 알고리즘을 시도해 보고 우수한 성능을 찾는 것이 중요합니다. 이렇게 머신러닝 모델을 만들고, 결과를 분석하며 개선점을 찾아가는 과정이 바로 머신러닝의 핵심입니다.

인사이트: AI로 베테랑 설계자의 전문성을 확장하다

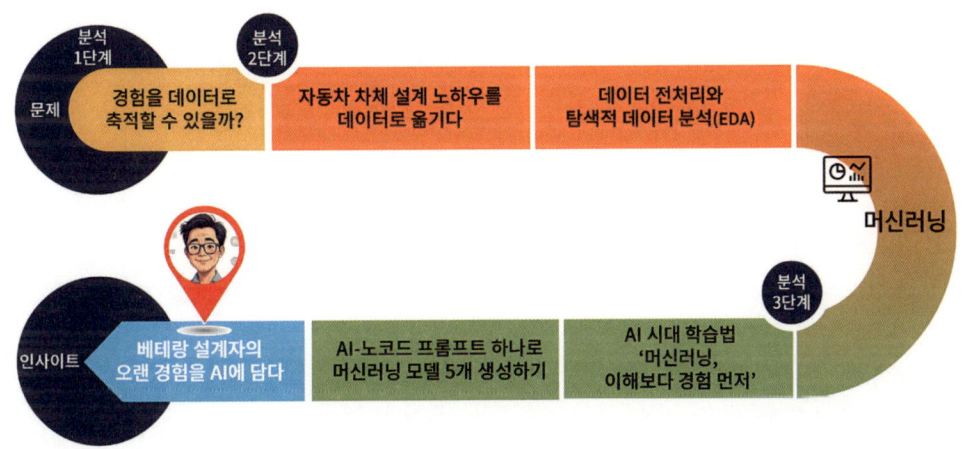

▲ 인사이트: 베테랑 설계자의 오랜 경험을 AI에 담다

AI 시대의 학습은 '이해 후 적용'이 아닌 '적용하면서 이해'하는 방식으로 변화하고 있습니다. 조현기 파트장은 복잡한 AI 이론을 먼저 공부하기보다는 자신의 경험이 담긴 데이터를 활용해 간단한 머신러닝 모델을 만드는 것부터 시작했습니다. 여러 모델을 만들어 보는 과정에서 자연스럽게 AI와 데이터 분석에 익숙해졌으며, 기존의 도메인 지식에 AI와 분석 지식이 결합되어 고급 데이터 분석 역량으로 확장될 것입니다.

조현기 파트장처럼 이해하기 전에 경험하는 접근 방식은 빠르게 변화하는 AI 기술 환경에서 특히 유용한 학습 방법입니다. AI 기술의 변화 속도는 너무 빨라서 배우고 익히기도 전에 구식이 되어버리기 일쑤입니다. 이해에만 집중하다 보면 중도에 포기하거나, 변화에 뒤처질 위험이 큽니다. 조현기 파트장은 정확한 알고리즘의 구성 원리를 모르더라도 챗GPT와 같은 AI LLM 모델의 도움을 받아 자신의 전문 분야인 자동차 차체 설계에 머신러닝 모델을 적용했습니다. 복잡한 이론을 완전히 이해하지 못하더라도 실무 문제에 AI를 적용해 보는 첫걸음을 떼는 것이 중요합니다. 이 과정에서 얻은 분석 경험은 이론적 이해보다 더 값진 자산이 될 수 있습니다.

챗GPT의 등장 이후 AI와 데이터 분석 도구의 발전은 전문 도메인 지식을 갖춘 전문가가 프로그래밍 기술 없이도 자신의 분야에 AI를 적용할 수 있게 해줍니다. 이는 AI 기술의 진입 장벽을 크게 낮추며, 다양한 분야의 전문가들이 AI의 혜택을 누릴 수 있게 하는 중요한 변화입니다. 이러한 발전은 모든 분야의 혁신을 가속화하고 새로운 방식으로 문제를 해결할 수 있는 가능성을 열어줍니다.

17년 경력의 베테랑 엔지니어인 조현기 연구원이 보여준 수용의 자세는 특히 주목할 만합니다. AI 시대에는 경력이 많은 시니어일수록 변화를 수용하는 유연한 태도가 더욱 중요해집니다. 왜냐하면 조현기 파트장 같은 시니어 엔지니어에게 AI 시대는 더없는 기회이기 때문입니다. 자신의 오랜 경험과 AI 기술을 결합하면 아무나 쉽게 따라올 수 없는 수준의 높은 전문성을 달성할 수 있습니다. 풍부한 도메인 지식과 AI 기술의 결합이 얼마나 강력한 시너지를 낼 수 있는지 직접 확인하게 될 것입니다. 연차나 직급에 관계없이 지속적으로 학습하고 적응해 나갈 때, AI는 우리에게 무한한 기회를 제공합니다. 이는 단순히 새로운 기술을 배우는 것을 넘어, 자신의 전문성을 새로운 방식으로 확장하고 재정의하는 과정입니다. 조현기 파트장의 사례는 이러한 접근이 개인의 전문성을 어떻게 한층 더 높은 수준으로 끌어올릴 수 있는지 생생하게 보여줍니다.

인사이트 요약

- **인사이트 1**: AI 시대의 학습은 '적용하면서 이해'하는 방식으로 전환되고 있습니다. 빠르게 변화하는 기술 환경에 효과적으로 적응하기 위해서는 경험이 우선입니다.
- **인사이트 2**: AI 도구의 발전으로 프로그래밍 기술 없이도 AI를 적용할 수 있게 되어, 다양한 분야에서 AI 활용 가능성이 무궁무진합니다.
- **인사이트 3**: AI 시대에는 경력자일수록 유연하게 새로운 지식을 받아들이는 태도가 무엇보다 중요합니다. 더 높은 수준의 전문성으로 커리어를 개발하기 위해서는 다양한 경험과 역량을 키워야 합니다.

04

시뮬레이션 연구원
AI 스스로 학습하여 시뮬레이션부터 최적화까지

이주원 시뮬레이션 연구원

이름	이주원 시뮬레이션 연구원(34)
업무	항공기 시뮬레이션 모델링
데이터 분석 경험	★★★★★ (시뮬레이션 데이터를 처리하는 데 익숙함)
실무 적용 상황	모델 기반 데이터를 생성하고 실험과 비교 최적화
데이터 분석 기법	모델 기반 최적화
그녀의 한 마디	"시뮬레이션으로 미래를 예측하고 싶은데, 현실은 과거를 설명하기도 벅차네요."

원본 데이터 다운로드(깃허브)

https://github.com/M-LearnRun/Nocoding-JustAI

- 원본 데이터: ross-main.zip

원본 데이터 소개
- 출처: ROSS(Rotor dynamic Open Source Software) 깃허브 모델 기반 데이터 생성[17]
- 설명: 모델 기반 시뮬레이션 모델

이주원 시뮬레이션 연구원의 AI-노코드 데이터 분석 프로세스

▲ AI-노코드로 선견지명 시뮬레이션을 위한 가상 모델 생성과 최적화 프로세스

미래 예측을 꿈꾸는 시뮬레이션 현실은 후견지명에 그치다

시뮬레이션*은 있는 그대로의 현실을 보여주고 싶어 합니다. 현실을 보여줄 수 있다면 미래도 예측해 볼 수 있을 테니까요. 시뮬레이션 연구진이 바라보는 미래는 로또 번호 예측이나 사주 예언과는 다른 종류입니다. 이들이 예측하고자 하는 것은 물리 법칙을 따라 움직이는 모든 것입니다. 예를 들어, 비행기 날개의 길이를 바꿔가면서 비행기를 하늘에 날려볼 수도 있습니다. 비행기의 설계뿐만 아니라 하늘의 날씨를 바꿔서 바람이 세차게 불 때 비행기가 안전한지 테스트해 볼 수 있습니다.

이런 종류의 예측을 시뮬레이션 연구원들은 미리 보고 싶어 합니다. 미래를 예측하는 시뮬레이션은 시행착오를 줄여주기 때문입니다. 만약 시뮬레이션이 없었다면, 라이트 형제의 첫 비행을 위해 수백, 수천 번의 제작과 실험을 반복해야 했을 것입니다. 이는 고된 육체적, 정신적 노동입니다.

시뮬레이션은 특히 항공우주 산업에서 매우 중요합니다. 항공기 부품 가격이 워낙 고가인 데다가 실험을 위해 실물을 제작하려면 막대한 비용이 발생하기 때문에, 한국의 나사(NASA)라고 할 수 있는 K-항공우주국은 비행기를 제작하기 전에 수많은 컴퓨터 시뮬레이션을 수행합니다.

K-항공우주국 시뮬레이션팀에서 근무 중인 이주원 연구원의 주된 업무 또한 실제 비행기를 만들기 전에 여러 가상 모델**을 만들고 시뮬레이션하는 것입니다. 라이트 형제와 비교하자면 라이트 형제는 현실 세계에서 직접 실험했고, 이주원 연구원은 컴퓨터 가상 세계에서 실험합니다. 책상에 앉아 컴퓨터 가상 세계에 접속해서 하는 일이 겉으로는 편할 것 같지만, 실제로는 꽤나 육체적인 작업입니다. 화려한 시뮬레이션 결과 뒤에는 보이지 않는 수백, 수천 번의 시도가 필요하기 때문이죠. 하나의 시뮬레이션 결과를 얻기까지 수십 가지 변수를 조정하고, 수백 번의 검증 과정을 거치는 것은 흔한 일입니다. 실무 최전선에는 언제나 결과를 보고해야 하는 데드라인이 있어, 그 스트레스까지 더하면 라이트 형제의 고생 못지않게 고된 일입니다.

안타까운 현실은 이주원 연구원이 고생 끝에 낸 시뮬레이션 결과가 많은 경우 '후견지명'이라는 사실입니다. 시뮬레이션이 '선견지명' 역할을 해야 하는데, 현실적으로는 상황이 모두 끝난 뒤 이미 나온 결과와 비교하는 데 그치고 있는 실정입니다. 이렇게 후견지명이 되는 가장 큰 이유는 가상 모델의 용량이 크고 복잡하여 계산하는 데 일주일 이상의 시간이 소요되어 빠르게 결과를 낼 수 없기 때문입니다. 시뮬레이션 업계에서는 이러한 상황을 "모델이 무겁다."고 표현합니다. 마치 무거운 돌을 끌고 산 중턱을 오르는 것처럼, 가상 모델이 무거우면 결과를 내기까지 시간도 많이 필요하고 체력도 그만큼 소진됩니다.

이주원 연구원은 이런 현실에 좌절하지 않고 새로운 돌파구를 찾고자 합니다. 그녀의 목표는 '후견지명'이

---

*   시뮬레이션은 이주원 시뮬레이션 연구원에게 현실에서 실험하기 어렵거나 위험한 상황을 컴퓨터로 재현하여 미리 결과를 예측하는 방법이다. 게임에서 가상의 자동차를 운전해 보는 것부터, 태풍의 진로를 예측하거나, 신약의 효과를 검증하는 것까지 다양한 분야에서 활용된다. 실제 실험의 비용과 위험을 줄이면서도 유용한 정보를 얻을 수 있다.

** 가상 모델은 현실 세계의 현상이나 시스템을 컴퓨터가 이해할 수 있도록 수식과 규칙으로 변환한 것이다. 복잡한 현실을 단순화하여 핵심적인 요소만 표현함으로써 문제를 해결하고 예측하는 데 활용된다. 가령 비행기가 하늘을 나는 것을 예측할 때, 비행기의 무게, 날개 길이, 바람의 세기만을 간단한 수식으로 나타낼 수 있다.

아닌 '선견지명'을 실현할 수 있는 시뮬레이션을 개발하는 것입니다. 특히 그녀는 항공기 제트 터빈의 회전 진동을 예측하는 시뮬레이션을 주로 개발하고 있습니다. 현재 사용 중인 무거운 가상 모델은 상대적으로 정확하지만 계산 시간이 너무 오래 걸립니다. 그래서 이주원 연구원은 가벼운 가상 모델의 잠재력에 주목하고 있습니다.

▲ 항공기 제트 터빈

무거운 모델은 복잡한 물리 현상을 상세히 표현하기 때문에 상대적으로 정해야 하는 변수가 적고 정확도가 높습니다. 반면, 가벼운 모델은 계산 속도가 빠르지만 연구자가 정해야 하는 입력 변수가 많아 정확도가 떨어질 수 있습니다. 이주원 연구원은 이러한 단점을 빠른 계산 속도로 상쇄할 수 있다고 생각합니다. 빠른 계산 속도 덕분에 AI를 이용한 최적화 기술을 시도할 수 있으며, 빠르게 수백 번 시도를 가능하게 합니다. 최신 AI는 대량의 시뮬레이션 결과를 학습하여 복잡한 패턴을 파악하고 이를 바탕으로 더 정확한 예측을 할 수 있습니다. 결과적으로 무거운 모델을 오차 범위 내에서 대체할 기회가 될 것이라고 이주원 연구원은 기대합니다.

이것은 컴퓨터를 이용해 현실에서 실험하기 어렵거나 위험한 상황을 미리 재현하여 결과를 예측하는 방법입니다. 게임에서 가상의 자동차를 운전해 보는 것부터 태풍의 진로를 예측하거나 신약의 효과를 검증하는 것까지, 다양한 분야에서 활용됩니다. 이러한 시뮬레이션은 실제 실험의 비용과 위험을 낮추는 동시에 기존의 한계를 뛰어넘는 예상 밖의 발전도 가능하게 합니다. 예측하기 어려운 패턴을 발견하는 AI의 특성은 시뮬레이션의 이런 장점과 연결될 때 시너지를 낼 수 있습니다.

그녀의 머릿속에는 AI와 시뮬레이션의 결합에 대한 몇 가지 생각이 떠오르기 시작했습니다.

이주원 시뮬레이션 연구원의 데이터 분석 문제

- 어떻게 하면 시뮬레이션이 과거 결과를 재확인하는 '후견지명'이 아니라, 새로운 설계와 현상을 예측하는 '선견지명'이 될 수 있을까?
- AI는 무겁고 복잡한 제트 터빈 모델을 어떻게 가볍고 단순한 모델을 생성하는 데 도울 수 있을까?
- AI의 도움으로 가벼운 모델을 얻을 수 있다면, 그 가상 모델은 과연 정확할까?

시뮬레이션의 두 가지 방법 살펴보기 – 컴퓨터 가상 모델과 수학적 물리 모델

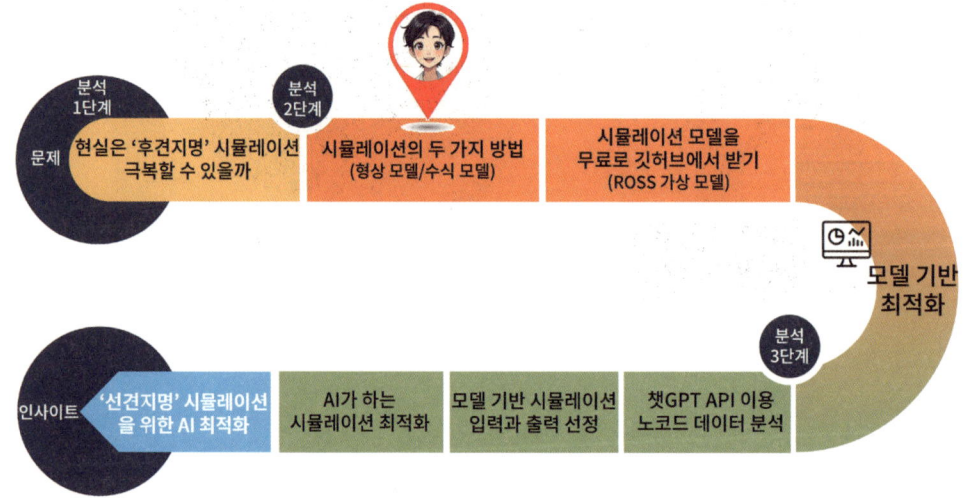

▲ 분석 2단계: 시뮬레이션의 두 가지 방법(형상 모델/수식 모델)

모델 없는 시뮬레이션은 없습니다. 시뮬레이션 업무 대부분은 이 모델을 다루는 일입니다. 시뮬레이션 연구원에게 모델이란 현실을 재현하는 모형이라고도 할 수 있습니다. 올바른 예측 모델이 있어야만 정확한 시뮬레이션 결과를 낼 수 있는 것이죠. 그럼 이주원 시뮬레이션 연구원의 주요 업무인 시뮬레이션 모델에 대해 살펴보겠습니다.

시뮬레이션 연구에서 말하는 모델은 분야와 업계에 따라 다양한 의미로 쓰입니다. 패션, 심리, 경제, 제조, 자연과학 등 거의 모든 산업과 학계에서 모델이 사용됩니다. 특히 컴퓨터 과학과 공학 분야에서는 시뮬레이션 모델이 크게 두 가지 범주로 나뉩니다. 컴퓨터 가상 모델과 수학적 물리 모델입니다.

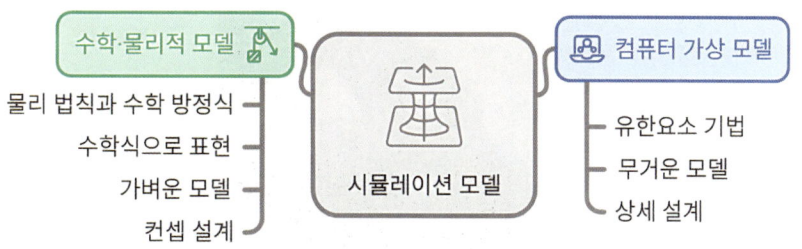

▲ 시뮬레이션 모델 비교: 컴퓨터 가상 모델과 수학적 물리 모델

컴퓨터 과학과 공학 분야에서 모델

1. 컴퓨터 가상 모델(Computer-Aided Engineering model, CAE 모델)

시뮬레이션 연구원에게 가장 익숙한 모델의 형태입니다. 이 가상 모델은 현실 제품을 컴퓨터 가상 공간에서 규칙에 따라 만들고 해석합니다. 마치 건축가가 집의 전체 윤곽을 스케치북에 설계하듯, 시뮬레이션 연구원도 컴퓨터에서 윤곽을 잡아 모델을 생성합니다.

대표적으로 사용되는 기법 중 하나는 대상을 수많은 조각으로 나눠서 분석하는 유한요소 기법*입니다. 유한요소 기법을 사용하면 실제 실험 없이도 다양한 조건에서 결과를 예측할 수 있는 장점이 있습니다. 예를 들어, 비행기 날개의 길이를 길게 또는 짧게 조정하여 가상 세계에서 테스트해 볼 수 있습니다.

하지만 이 모델에는 큰 한계가 있습니다. 복잡한 제트 터빈을 정확히 모델링할수록 계산 시간이 길어지는 것입니다. 이는 마치 고화질 비디오 게임을 실행할 때 컴퓨터가 느려지는 것과 같은 원리입니다. 이러한 이유로 이 모델은 '무거운 모델'이라고 불립니다. 이주원 연구원의 고민도 바로 여기에서 시작됩니다. 어떻게 하면 정확성을 유지하면서도 빠르게 결과를 얻을 수 있을까? 이것이 그녀가 해결하고자 하는 핵심 과제입니다.

2. 수학적 물리 모델(Mathematical Physics Model)

실제 제품이나 현상을 수학적 방정식이나 물리 법칙으로 표현한 모델입니다. 예를 들어, 항공기의 날개 길이를 설명할 수 있는 방정식을 모델로 사용해 보겠습니다. 이 방정식은 물리적인 현상을 수학적 표현으로 나타낸 것입니다. 필요한 경우 경험적 데이터를 추가하여 모델의 정확도를 보완할 수 있습니다. 수학적 물리 모델의 핵심 목적은 현실을 완벽히 재현하는 것이 아니라, 이상적인 주요 특징을 포착하여 제품의 움직임과 실제 결과를 예측하는 것입니다. 이는 이주원 연구원이 주목해야 할 부분입니다. 컴퓨터 가상 모델로 만든 무거운 모델을 단순화하여 주요 특징을 포착하는 것이 중요합니다.

이 모델은 특히 설계 초기 단계에서 중요한 역할을 합니다. 연구자들은 실제로 제품을 만들기 전에 다양한 가상 세계에서 실험을 통해 해결책을 모색할 수 있습니다. 그러나 한계도 존재합니다. 많은 경우 이상적인 조건을 가정하기 때문에 실제 상황과 차이가 발생할 수 있습니다. 이러한 차이를 극복하기 위해서는 수많은 실험과 비교 검증을 통해 모델의 정확도를 높이는 추가 작업이 필요합니다.

컴퓨터 가상 모델과 수학적 물리 모델은 각자의 장단점이 있어 상황에 따라 적절히 선택하거나, 필요에 따라 함께 활용할 수 있습니다.

---

* 유한요소 기법(Finite Element Method)은 복잡한 구조물을 아주 작은 조각들로 나누어 컴퓨터로 분석하는 방법이다. 마치 큰 퍼즐을 작은 조각들로 나누어 하나씩 분석하듯이, 복잡한 대상을 작은 단위로 쪼개어 계산한 뒤 전체 결과를 예측한다. 실제 제품을 만들기 전에 컴퓨터로 먼저 시뮬레이션하여 설계의 안전성과 성능을 검증할 수 있어, 시간과 비용을 크게 절약할 수 있다.

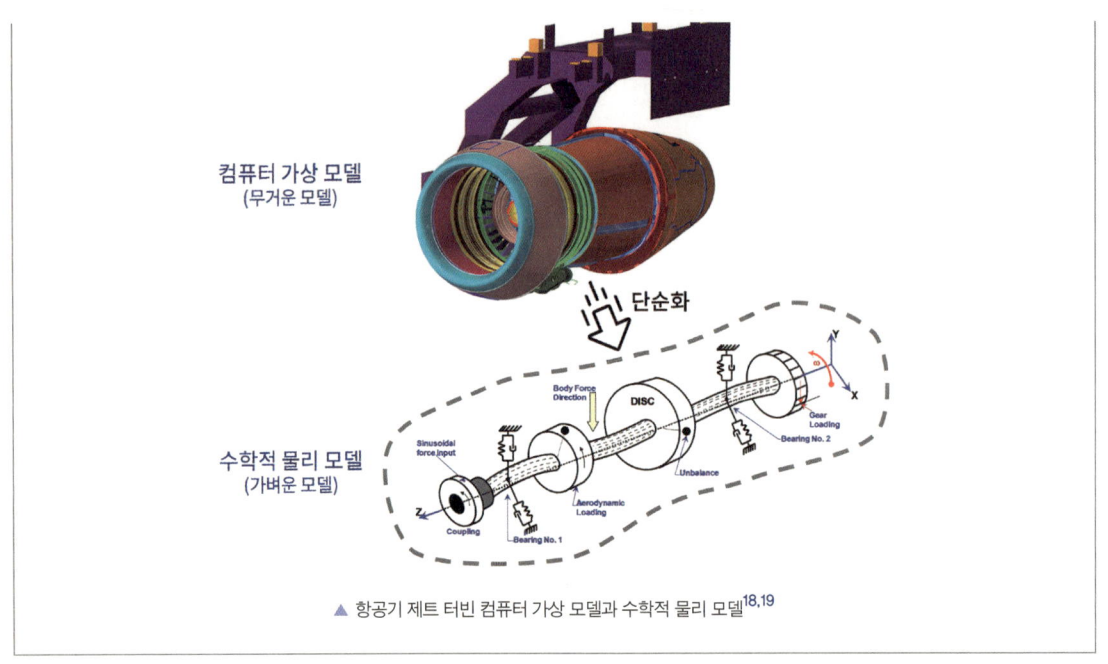

▲ 항공기 제트 터빈 컴퓨터 가상 모델과 수학적 물리 모델[18,19]

깃허브 공개 라이브러리 ROSS로 만드는 항공기 제트 터빈 가상 모델

깃허브는 개발자들이 코드를 공유하고 협업하는 플랫폼입니다. 다양한 분야의 오픈 소스 프로젝트가 활발히 진행되고 동시에 공유되고 있습니다. IT 분야의 컴퓨터 코드는 물론, 항공우주, 기계, 화학 등 다양한 공학 분야의 수학적 물리 모델도 많이 업로드되어 있습니다. 이러한 라이브러리들은 누구나 무료로 자유롭게 사용할 수 있는 장점이 있습니다.

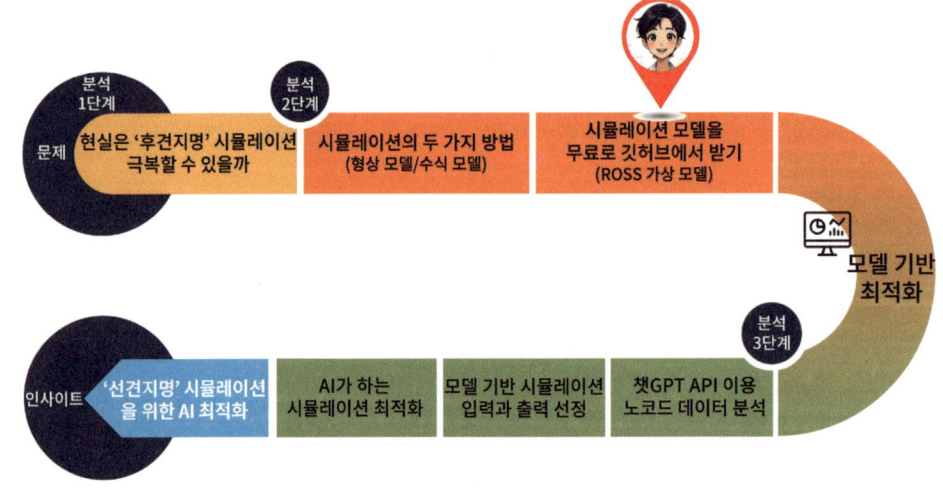

▲ 분석 2단계: 시뮬레이션 모델을 무료로 깃허브에서 받기

라이브러리	설명	응용 분야	깃허브 주소
ROSS	회전체 동역학 분석을 위한 라이브러리	회전 기계, 터빈, 펌프	https://github.com/petrobras/ross
PythonVehicle Simulator	차량 및 선박 시뮬레이션 라이브러리	해양 공학, 자율 주행	https://github.com/cybergalactic/PythonVehicleSimulator
AeroSandbox	항공기 설계 및 최적화 라이브러리	항공우주 공학	https://github.com/peterdsharpe/AeroSandbox
OpenMDAO	다학제 설계 최적화 프레임워크	항공우주, 에너지 시스템	https://github.com/openmdao
SimPy	이산 사건 시뮬레이션 프레임워크	생산 시스템, 물류, 서비스 산업	https://github.com/simpx/simpy
PyDynamic	동적 측정 시스템 시뮬레이션	계측공학, 신호처리	https://github.com/PTB-M4D/PyDynamic
PyBaMM	배터리 수학적 모델링 라이브러리	전기차 배터리 설계, 에너지 저장 시스템	https://github.com/pybamm-team/PyBaMM
Cantera	화학 운동학 및 열역학 툴킷	연소 공학, 화학 공정	https://github.com/Cantera/cantera
Open Car Dynamics	차량의 동적 거동을 포괄적이고 간단하게 구현한 라이브러리	자동차 구동계, 조향	https://github.com/TUMFTM/Open-Car-Dynamics
MultiVehicle Simulator	차량 및 로봇을 위한 경량 동역학 시뮬레이터	자동차, 로봇	https://github.com/MRPT/mvsim

▲ 유용한 공학 모델 깃허브

이주원 시뮬레이션 연구원은 K-항공우주국에서 항공기 제트 터빈을 모델링해야 합니다. 그녀에게 필요한 라이브러리는 ROSS(Rotor dynamic Open Source Software)입니다. ROSS는 파이썬 기반으로 항공기 제트 터빈을 모델링할 수 있는 오픈 소스 해석 라이브러리로, 다양한 수치를 입력하여 시뮬레이션 결과를 얻을 수 있습니다. ROSS는 수학적 물리 모델을 기반으로 하는 대표적인 시뮬레이션 라이브러리 중 하나입니다. 이 라이브러리는 복잡한 수학식을 포함하고 있지만, 사용자가 이를 직접 유도하거나 작성할 필요는 없습니다. 사용자는 해당 분야의 지식과 개념을 바탕으로 라이브러리를 활용하여 시뮬레이션을 수행할 수 있습니다.

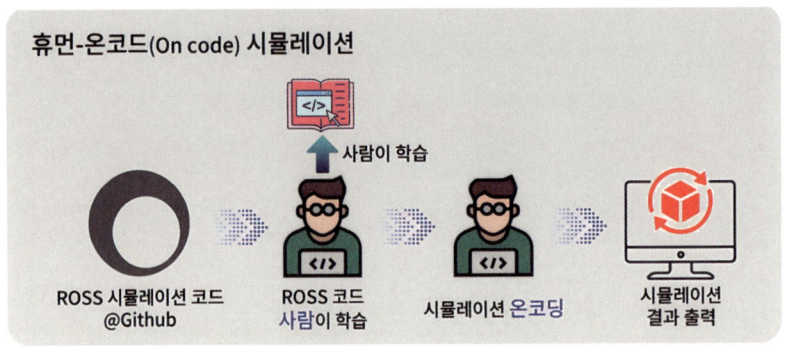

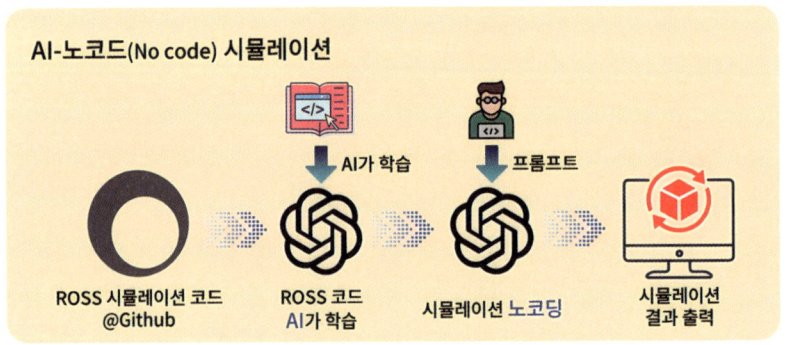

▲ 휴먼-온코드 시뮬레이션과 AI-노코드 시뮬레이션 차이

AI 기술의 발전으로 인해 ROSS와 같은 컴퓨터 코드 기반의 라이브러리를 활용한 노코드 데이터 분석과 시뮬레이션이 가능해졌습니다. 사용자는 ROSS 라이브러리의 사용법을 직접 익히지 않아도 됩니다. 대신 AI에게 학습을 맡깁니다. AI에게 ROSS 사용법 설명서(PDF)를 학습시킨 후 원하는 결과나 모델링을 요청하면 AI가 필요한 코드를 자동으로 생성하여 제공합니다. 전문적인 코딩 지식 없이도 시뮬레이션과 데이터 분석을 수행할 수 있는 시대가 된 것입니다.

중요한 점은 코딩은 몰라도 자신의 도메인 지식은 갖추고 있어야 한다는 것입니다. 사용자가 분석하고자 하는 분야에 대한 깊은 이해가 있다면 AI에게 적절한 요청을 할 수 있습니다. 이때 시뮬레이션의 목적, 필요한 입력 데이터 그리고 원하는 결과를 명확히 정의하는 것이 무엇보다 중요합니다.

ROSS와 같은 특수한 라이브러리를 활용한 가상 모델 기반 시뮬레이션과 AI-노코드 데이터 분석의 결합(AI-노코드 시뮬레이션)은 더 많은 사용자가 전문적인 시뮬레이션과 데이터 분석을 수행할 수 있도록 도울 것입니다. AI와 시뮬레이션의 결합 덕분에 모델을 기반으로 한 제품 개발 프로세스는 더욱 가속화될 것입니다.

가벼운 사용이라면 챗GPT 가상환경에 설치해서 간단히 사용할 수 있습니다. 먼저 챗GPT 가상환경에 설치할 ROSS 모델을 다운로드 받아야 합니다. ❶ ROSS 깃허브(https://github.com/petrobras/ross)에 공개되어 있습니다.[17] ❷ "〈〉 Code"를 클릭하고 ❸ "Download ZIP"을 클릭하여 시뮬레이션을 위한 가상 모델(ROSS)를 다운로드 받을 수 있습니다.

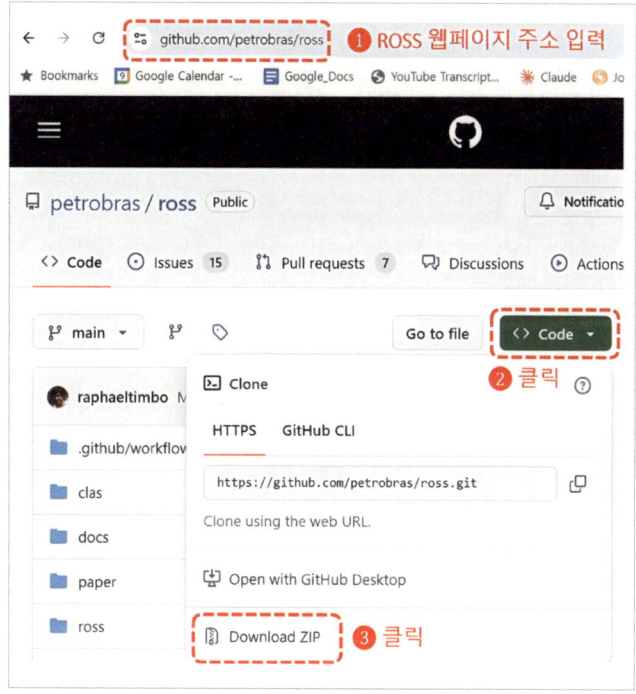

▲ ROSS 깃허브에서 수학적 물리 모델 다운로드

'ross-main.zip'을 챗GPT 프롬프트에 업로드하고 설치해 보겠습니다.

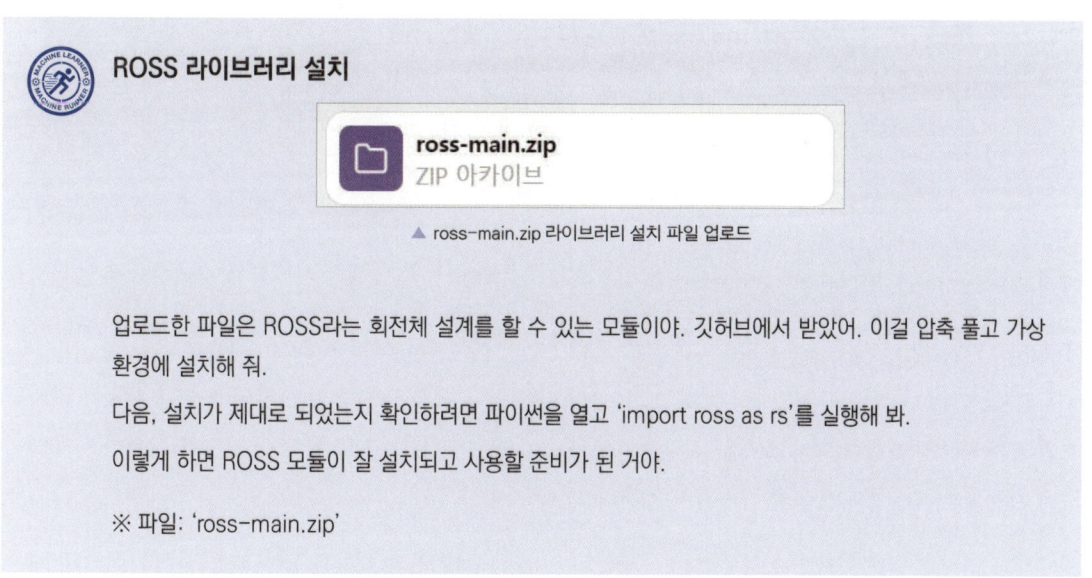

PART 1 _ 누구나 코딩 없이 AI 하는 시간

압축 풀고 설치 파일 확인 및 설치 코드 #3-4-1

```
결과
STDOUT/STDERR
Defaulting to user installation because normal site-packages is not writeable
Processing /mnt/data/ross-main/ross-main
  Installing build dependencies ...
(...)
Installing collected packages: appdirs, xlrd, flexparser, flexcache, pint, ross-rotordynamics
Successfully installed appdirs-1.4.4 flexcache-0.3 flexparser-0.3.1 pint-0.24.3 ross-rotordynamics-1.5.0 xlrd-2.0.1
```

'!pip'는 라이브러리를 설치하는 명령어입니다. 'Successfully installed ~'가 나오면 정상적으로 챗GPT 가상 환경에 설치가 된 것입니다.

ROSS 모듈 설치 성공 여부 테스트 코드 #3-4-2

```
결과
STDOUT/STDERR
'Ross module imported successfully.
```

"Ross 모듈이 성공적으로 설치되고 임포트되었습니다. 이제 Python 환경에서 사용할 준비가 완료되었습니다."

그리고 'Ross module imported successfully.'와 함께 챗GPT는 모듈이 성공적으로 설치되었고 불러오기도 성공했다는 메시지를 보내줬습니다. 이제 가상 모델을 이용해서 시뮬레이션 할 수 있는 준비가 되었습니다.

우리가 설치한 ROSS는 널리 사용되지 않는 라이브러리입니다. 그래서 사용법을 익혀야 합니다. AI가 없다면 스스로 매뉴얼을 꼼꼼히 살피고 배워야 하는 수고로움이 필요합니다. 그러나, AI-노코드를 이용한 시뮬레이션은 사용법 자체를 챗GPT에게 학습시키면 됩니다.

챗GPT가 라이브러리의 기능과 사용법을 이해할 수 있도록 매뉴얼과 예제를 제공하겠습니다. 이렇게 제공된 라이브러리 사용자 매뉴얼을 학습하면 ROSS를 활용한 시뮬레이션 수행에 큰 도움이 될 것입니다.

ROSS 라이브러리 사용자 매뉴얼 설명[20]

1. **사용자 매뉴얼 1 – 모델링 방법**: Userguide1_Tutorial - Modeling — ROSS.pdf
2. **사용자 매뉴얼 2 – 정적과 동적 해석**: Userguide2_Tutorial – Static and Modal Analysis — ROSS.pdf
3. **사용자 매뉴얼 3 – 시간과 주파수 도메인 해석**: Userguide3_Tutorial – Time and Frequency Analyzes — ROSS.pdf
4. **사용자 매뉴얼 4 – 확률론적 ROSS**: Userguide4_Tutorial – Stochastic ROSS — ROSS.pdf

ROSS 라이브러리 유저 매뉴얼 챗GPT에 학습시키기

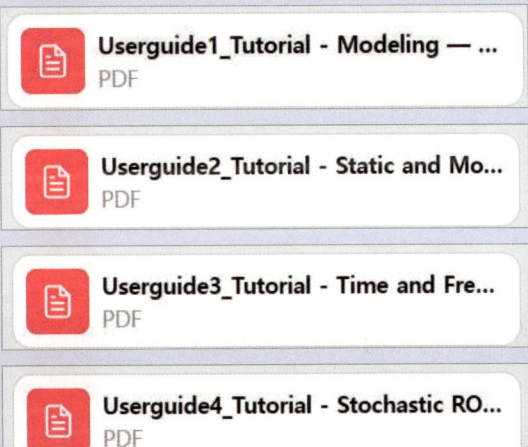

▲ ROSS 사용자 매뉴얼 4개

첨부한 사용자 메뉴얼은 설치된 ROSS 모듈을 사용하는 방법이 나와 있어. 이 설명서를 잘 학습해 줘. 그래야 함께 모델링하고 해석할 때 유용하게 사용할 수 있을 거야.

첨부해 주신 ROSS 사용자 가이드를 모두 학습했습니다. 이 가이드들은 회전체 모델링부터 정적/모달 해석, 시간 및 주파수 응답 그리고 확률적 해석까지 다루고 있습니다. 주요 내용을 요약하자면 다음과 같습니다:

1. **모델링 가이드(Userguide 1)**: 회전체 모델링 과정에서 사용할 수 있는 여러 가지 요소들을 설명하고 있으며, 이를 통해 로터 모델을 구성할 수 있습니다. 여기서는 재료 정의, 샤프트 요소, 디스크 요소, 베어링의 생성 방법이 포함되어 있습니다(Userguide1_Tutorial – M…).

2. **정적 및 모달 해석 가이드(Userguide 2)**: ROSS에서 제공하는 정적 및 모달 해석을 다루며, 회전 속도에 따른 고유 진동수 및 감쇠비 등의 계산 방법을 설명합니다. 또한, 캠벨 다이어그램 등을 플로팅할 수 있습니다(Userguide2_Tutorial – S…).

> 3. **시간 및 주파수 해석 가이드(Userguide 3)**: 시간 및 주파수 도메인에서 해석을 수행하는 방법을 안내하며, 비평형 응답 및 중요 속도 지도를 계산하는 방법을 제공합니다. Bode 플롯, 시간 응답 등의 시각화 방법도 다룹니다(Userguide3_Tutorial – T…).
> 4. **확률적 해석 가이드(Userguide 4)**: ROSS의 확률적 해석 모듈을 사용하여 임의 변수를 포함한 회전체 해석을 수행하는 방법을 설명합니다. 예를 들어, 재료의 강성이나 질량을 임의의 분포로 설정하여 결과의 기대값과 신뢰 구간을 계산할 수 있습니다(Userguide4_Tutorial – S…).
>
> 이제 이 가이드를 바탕으로 ROSS 모듈을 사용할 준비가 되었습니다.

챗GPT의 답변에 전문 용어가 있기에 간단히 설명드리겠습니다. '로터'는 회전하는 항공기의 제트 터빈을 의미합니다. '정적 해석'은 정지된 상태를 분석하는 방법이며, '모달 해석'은 움직이는 상태를 분석하는 방법입니다. '시간 해석'은 시간이 지나면서 회전하는 제트 터빈이 얼마나 떨리는지를 살펴보는 것입니다. '주파수 해석'은 시간 해석과 유사하지만, 떨림이 얼마나 빠르거나 느린지를 분석하는 시뮬레이션 방법입니다.

개인 PC 환경에서 노코드 데이터 분석 +챗GPT API

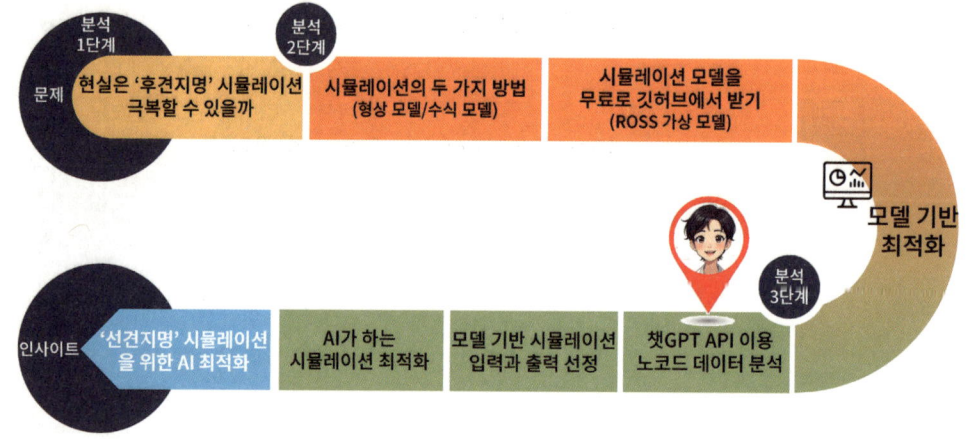

▲ 분석 3단계: 챗GPT API 이용 노코드 데이터 분석

앞서 수학적 물리 모델을 챗GPT 가상환경에서 사용할 수 있음을 확인했습니다. 그러나 챗GPT 가상환경은 최적화 작업에 적합하지 않습니다. 최적화 과정은 기본적으로 여러 번 반복 작업이 필요하기 때문에, 챗GPT 가상환경 안에서는 시간 초과 오류로 작동이 멈추게 됩니다. 이러한 경우, 개인 PC 환경에서 챗GPT API* 를 활용하면 효율적으로 노코드 데이터 분석을 수행할 수 있습니다.

---

* 챗GPT API(Application Programming Interface)는 개발자가 챗GPT의 기능을 자신의 프로그램이나 애플리케이션에 연결해 사용할 수 있게 해주는 기능을 제공합니다.

이제 '챗GPT API'가 활약할 차례입니다. 챗GPT API는 챗GPT를 어디서나 사용할 수 있도록 제공되는 서비스입니다. API(Application Programming Interface)는 서로 다른 소프트웨어를 연결해 주는 기능을 합니다. 예를 들어, 파이썬 코드로 데이터 분석을 주로 수행하는 주피터 노트북 안에서 챗GPT를 사용할 수 있는 것입니다. 즉, 주피터 노트북과 챗GPT를 연결하는 것이 API의 핵심적인 기능입니다.

챗GPT API를 활용한 주피터 노트북 기반 모델 시뮬레이션은 이주원 연구원의 작업 효율성을 크게 높이고, 더 심층적인 분석과 혁신적인 문제 해결 방안을 찾는 데 도움을 줄 수 있습니다. 그럼 챗GPT API 이용 방법을 소개해 드리겠습니다.

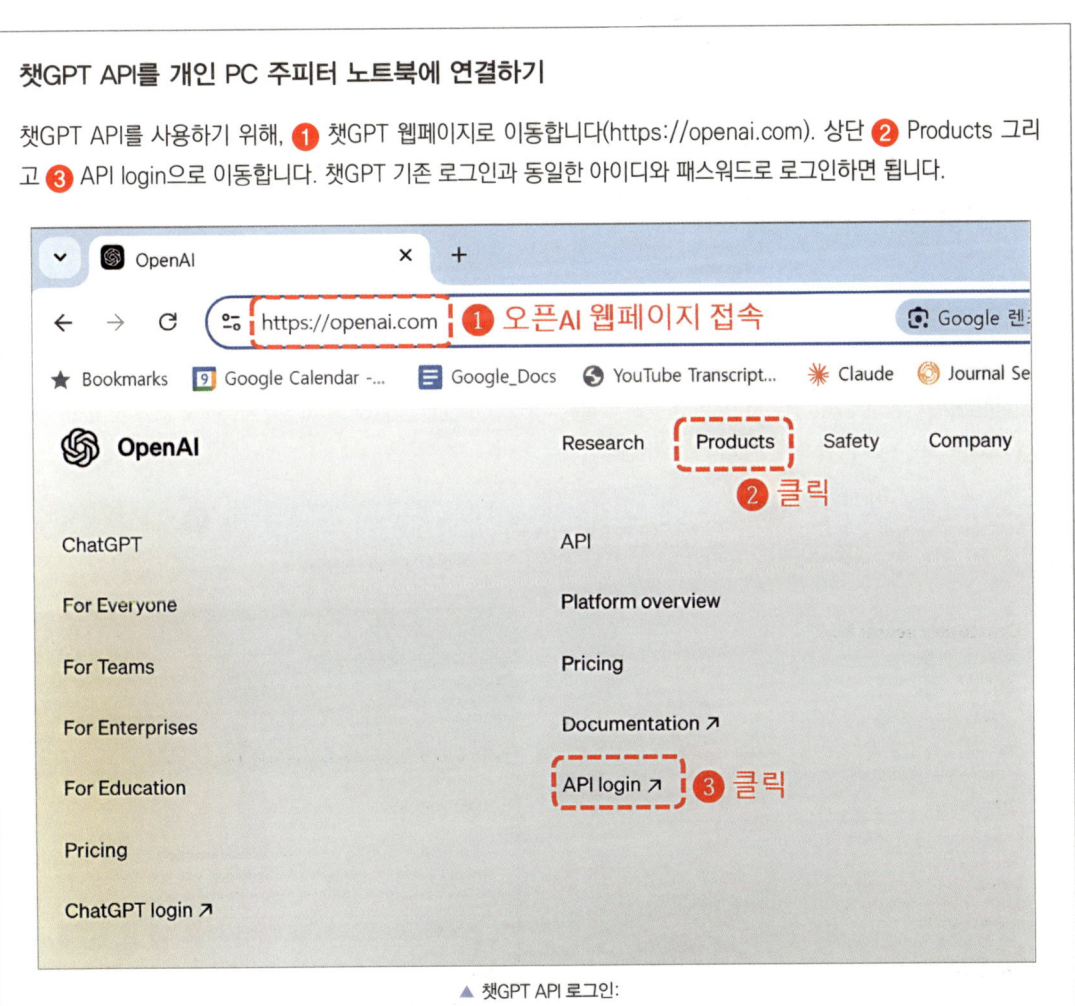

▲ 챗GPT API 로그인:

로그인하면, 챗GPT API 개인 화면이 나타납니다. 다음화면에서 순서대로, ❹ Dashboard → ❺ API keys → ❻ Create new secret key로 이동하면 새로운 API 키 생성할 수 있는 창이 나타납니다.

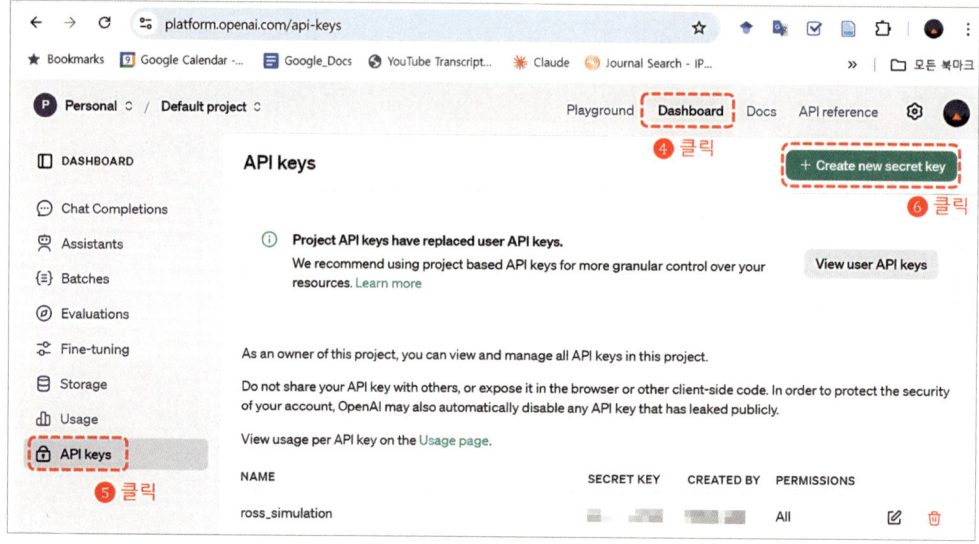

▲ 챗GPT API 키 생성

'Create new secret key'창에서, 본인이 원하는 ❼ API키의 이름을 정합니다. API로 사용할 이름을 쓰고 하단에 ❽ Create secret key를 클릭하면 API 키가 생성됩니다.

챗GPT를 연결하고자 하는 곳에 가서 생성된 API키를 입력해야 하니 복사해서 저장해 둡니다. ❾ Copy를 클릭해서 저장하고 완료 버튼, ❿ Done을 누릅니다.

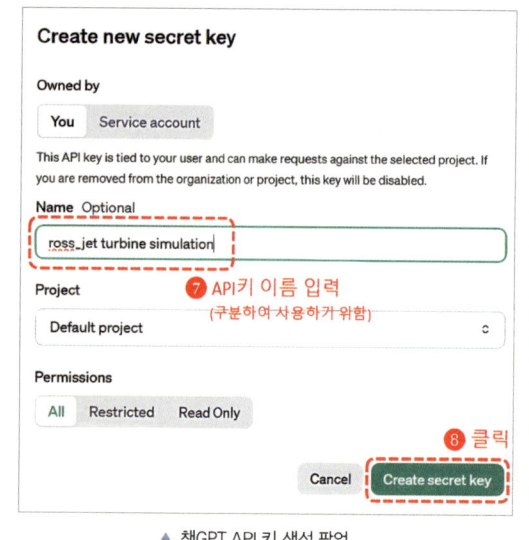

▲ 챗GPT API 키 생성 팝업

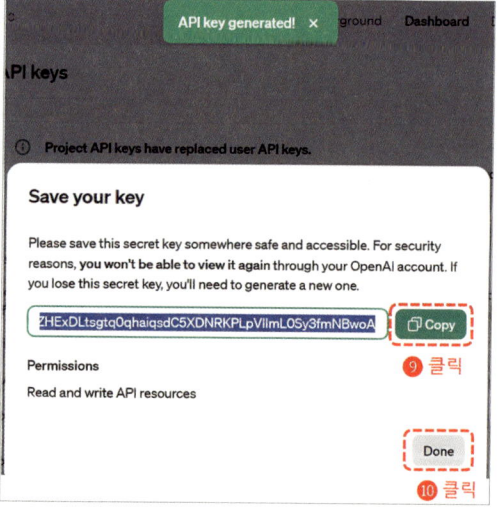

▲ 챗GPT API 키 복사 후 닫기

API키를 획득한 후에는 크레딧 구매가 필요합니다. 우측 상단, ⑪ 세팅 아이콘을 클릭하고 빌링(Billing)으로 갑니다. 그리고 하단의 ⑫ 'Add to credit balance'를 클릭합니다.

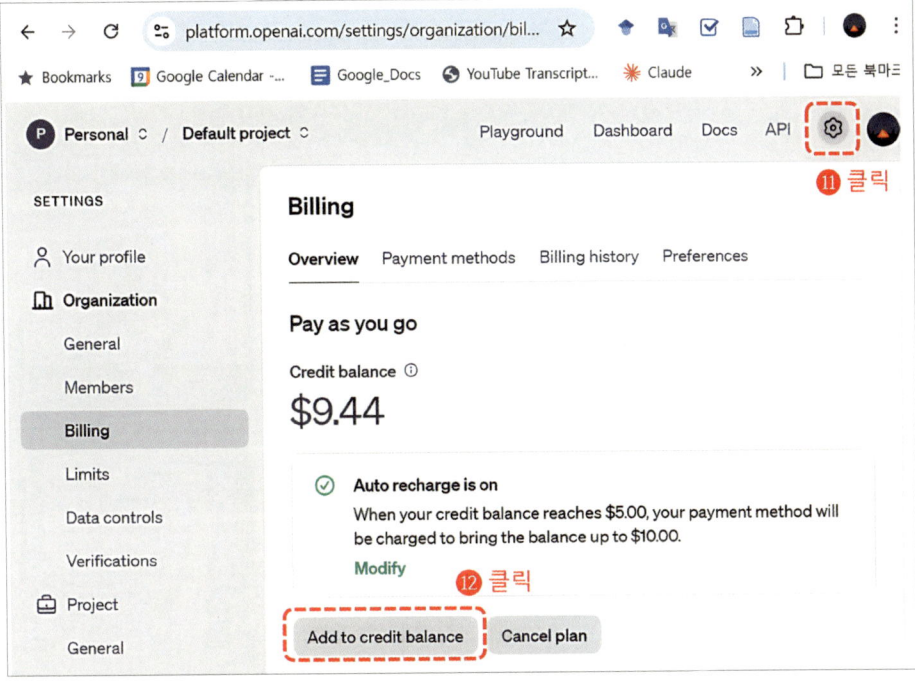

▲ 챗GPT API 토큰 구매

gpt-4o 모델 기준으로, $5면 챗GPT로 출력해 낼 수 있는 양이 책 3~4권 정도 분량이 됩니다. 결코 적지 않은 양입니다. ⑬ 10$를 → ⑭ Add payment method → ⑮ Continue를 선택하여 마무리합니다.

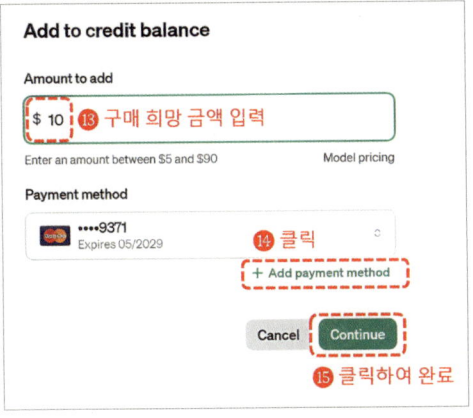

▲ 챗GPT API 토큰 구매 팝업   ▲ 챗GPT API 토큰 가격 정책

챗GPT API 키와 토큰이 준비되면 파이썬 데이터 분석에 주로 쓰이는 주피터 노트북에서 챗GPT API를 연결할 수 있습니다. 주피터 노트북 설치는 영상을 참고하시기 바랍니다.[21]

챗GPT API 키와 토큰이 준비되었습니다. 추가적으로, 웹 브라우저에서 사용하듯이 챗GPT와 프롬프트에서 대화하며 코드 생성을 요청할 수 있습니다. 주의해야 할 사항은 일회성으로 챗GPT API를 사용하면 이전에 대화한 리스트가 리셋되어 대화를 이어갈 수 없습니다. 그래서 추가적인 프로그래밍이 필요합니다. 이 부분은 챗GPT API를 보다 유용하게 사용할 수 있는 'gptapi()' 함수 소스 코드(주피터 노트북 파일)를 이 책의 깃허브(https://github.com/M-LearnRun/Nocoding-JustAI)에 제공해 드리는 것으로 대신하겠습니다.

주피터 노트북 소스 코드(gptapi() 포함): gptapi_jupyternotebook.ipynb

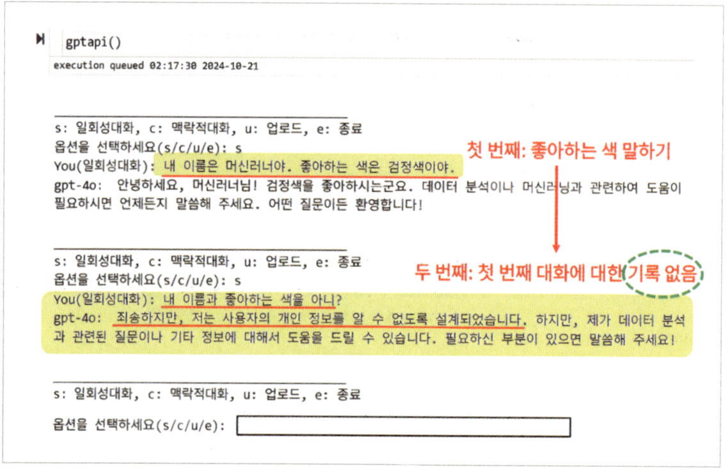

▲ 챗GPT API 주피터 노트북 일회성 연결

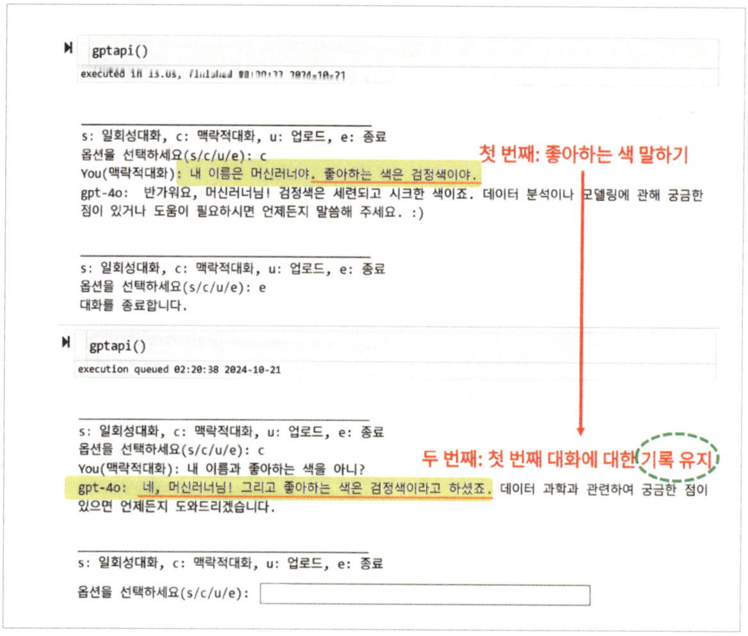

▲ 챗GPT API 주피터 노트북 맥락적 연속 연결

가상 모델 기반 시뮬레이션 입력 변수와 결과 정하기

모델은 덧셈과 뺄셈을 입력하면 결과를 도출하는 계산기와 같습니다. 이처럼 모델에 입력 변수를 넣으면 출력 데이터를 생성해 낼 수 있습니다. 데이터 분석을 위해 엑셀 데이터, 테이블 데이터, 이미지 데이터를 준비하는 것과 마찬가지로, 모델 기반 데이터 분석에서는 모델 자체가 데이터의 원천인 셈입니다. 엑셀이나 테이블 데이터를 준비하듯이 우리는 모델을 준비하고 필요한 변수를 입력하여 데이터를 생성할 수 있습니다.

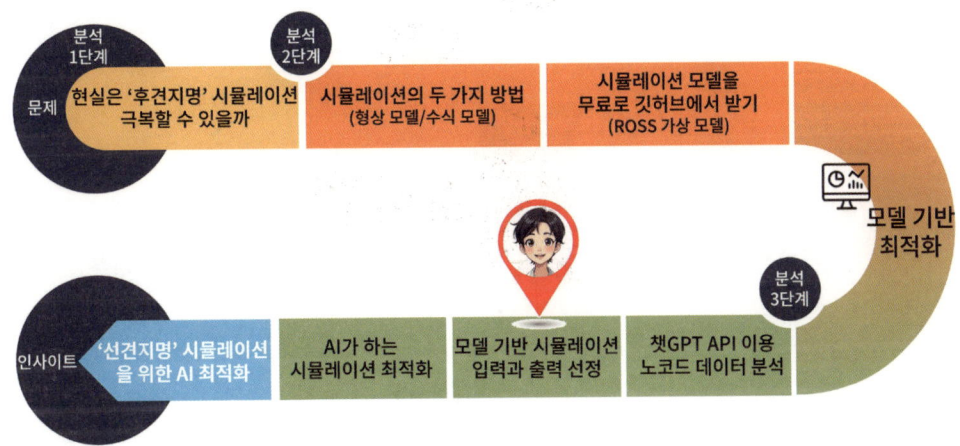

▲ 분석 3단계: 모델 기반 시뮬레이션 입력과 출력 선정

시뮬레이션하기 위한 모델을 생성해 보도록 하겠습니다. AI-노코드 시뮬레이션의 장점 중 하나는 새로운 언어나 코드를 분석자가 학습하지 않고 AI에게 학습을 유도하는 것입니다. 분석자에게 필요한 것은 기존의 도메인 지식을 이용해서 문제를 만들고 결과를 올바르게 분석하는 것입니다.

앞서 로터 모델을 생성하는 방법과 관련된 코드 사용법이 담긴 문서를 제공했습니다. 프롬프트에 그 문서를 언급하고 모델 생성과 시각화를 요청하겠습니다.

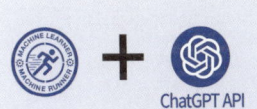

AI-노코드 시뮬레이션: ROSS 모델 생성

'Userguide1_Tutorial – Modeling — ROSS.pdf' 로터 모델 생성하는 법을 이 문서로부터 생성해 줘.
그리고 모델링 시각화도 해줘.

ROSS 가상 모델 생성 및 시각화 코드 #3-4-3

▲ 실물 형상 캐드 모델링 → 수학적 모델링 → ROSS 모델 생성

항공기 제트 터빈을 시뮬레이션하기 위한 모델이 만들어졌습니다. 제트 터빈이나 발전기, 모터, 세탁기처럼 회전하는 기계 시스템을 로터라고 합니다. 주요 구성 요소는 다음과 같습니다.

항공기 제트 터빈 가상 모델링 요소

1. **축(Shaft)**: 여러 개의 작은 요소로 나누어져 있는 축입니다.
2. **디스크(Disk)**: 축에 부착된 원판 형태로 회전하는 프로펠러, 블레이드입니다.
3. **베어링(Bearing)**: 축을 지지하고 회전을 가능하게 하는 부품입니다.

ROSS 라이브러리를 이용해 단순화된 수학적 모델이 준비되었습니다. 이제 다양한 입력 변수를 대입하여 시뮬레이션 결과를 생성해 낼 수 있습니다.

본격적으로 항공기의 제트 터빈 AI-노코드 시뮬레이션을 시작하기 전에 제트 터빈에 대한 도메인 지식을 간략히 살펴보겠습니다. 제트 터빈은 항공기 날개 아래에 장착되어 있으며, 앞쪽이 넓고 뒤로 갈수록 좁아지는 구조입니다. 이는 앞쪽에 넓은 면적에서 공기를 빨아들여 뒤쪽, 좁은 곳으로 흘려보내면서 추진력을 발생시켜 항공기가 날아오를 수 있는 동력을 제공하기 위함입니다. 회전 속도가 빠르고 무겁기 때문에 이 제트 터빈에 불균형이 발생하면 매우 위험합니다. 그래서 불균형 회전에 대한 시뮬레이션은 항공기 제트 터빈에 있어서 필수입니다.

불균형 회전량을 AI-노코드 시뮬레이션으로 분석해 보겠습니다. 모든 회전 시스템은 회전 방향으로 어느 정도 불균형을 가질 수 있습니다. 예를 들어, 선풍기나 타이어와 같은 회전 제품의 불균형 정도에 따라 시스템이 얼마나 불안정해지는지 시뮬레이션할 수 있습니다.

회전 불균형 시뮬레이션

'Userguide3_Tutorial - Time and Frequency Analyzes — ROSS.pdf' 문서를 보고 회전이 불균형 할 때, 어떠한 형태로 회전이 일어나는지 보여줘.

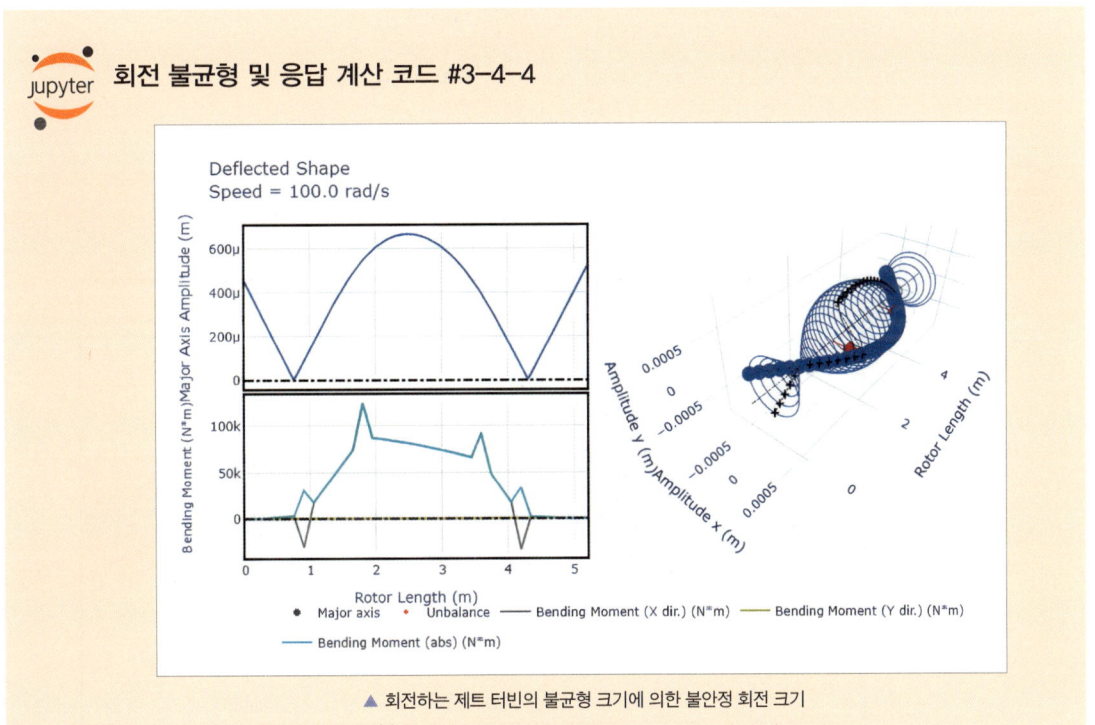

▲ 회전하는 제트 터빈의 불균형 크기에 의한 불안정 회전 크기

결과를 보면, 항공기 제트 터빈의 중간 부분에 휘어짐이 발생함을 확인할 수 있습니다. 이는 미세한 변형이지만, 고속 회전 기계에서는 치명적인 문제로 이어질 수 있습니다. 따라서 설계 단계에서 이러한 결과를 검토하는 것이 매우 중요합니다. 우측의 3D 그림은 로터의 회전 시 변형 형태를 입체적으로 보여줍니다. 이러

한 시뮬레이션 결과를 바탕으로 연구원들은 항공기 제트 터빈을 직접 설계하고 제작하기 전에 가상 환경에서 충분히 실험할 수 있습니다.

시뮬레이션의 가장 보편적인 결과는 시간의 흐름에 따른 변화를 관찰하는 것입니다. 시뮬레이션을 통해 미래를 예측할 수 있는 이유도 바로 여기에 있습니다. 우리는 시간의 흐름 속에 존재하며, 미래를 미리 보기 위해서는 시간을 자유롭게 조작할 수 있어야 합니다. 시뮬레이션은 이유는 시간의 흐름에서 자유로울 수 있기 때문에 5초 후의 상태를 예측할 수도 있고, 원칙적으로는 5년 후의 결과도 예측할 수 있습니다.

두 번째로 살펴볼 결과는 항공기의 시간 변화에 따라 제트 터빈이 얼마나 떨리는지 확인하는 것입니다. 항공기가 이륙을 위해 회전하는 동안 시간의 변화에 따라 제트 터빈이 어떻게 떨리는지 분석해 보겠습니다.

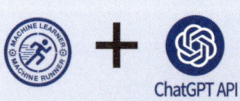

시간의 변화에 따라 로터의 떨림을 살펴보는 시뮬레이션

'Example 12 - Example of impact phenomena in rotor-casing dynamical systems. — ROSS.pdf' 예제는 시간의 변화에 따라서 로터의 떨림을 살펴보는 시뮬레이션이야.
유사하게, 위에 생성한 모델링으로부터, 7000RPM일 때, 결과를 보여줘.

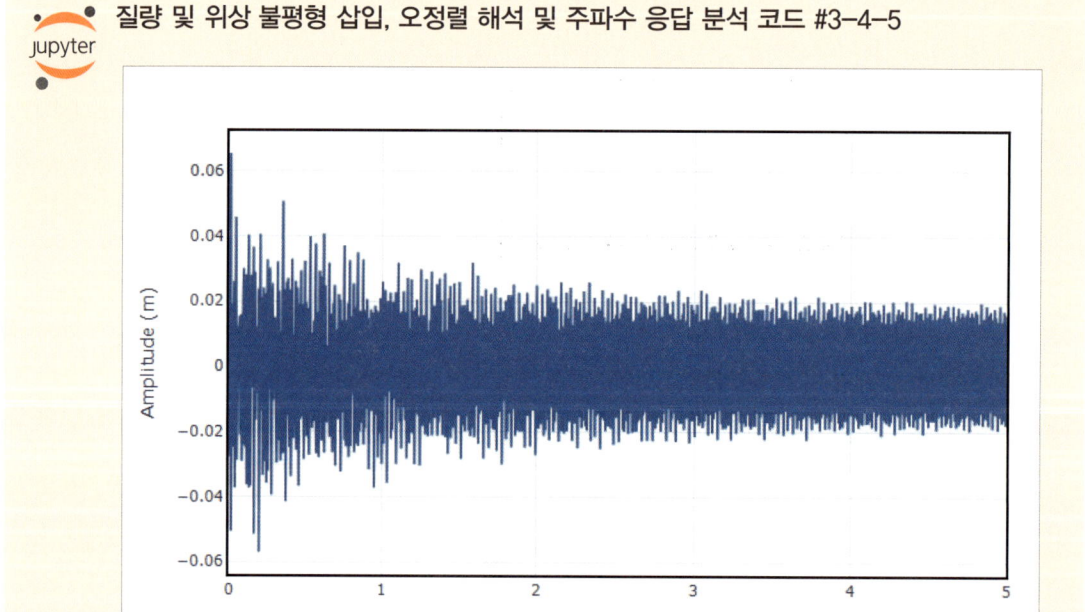

▲ 제트 터빈을 회전시키는 시뮬레이션했을 때, 제트 터빈의 떨림 크기

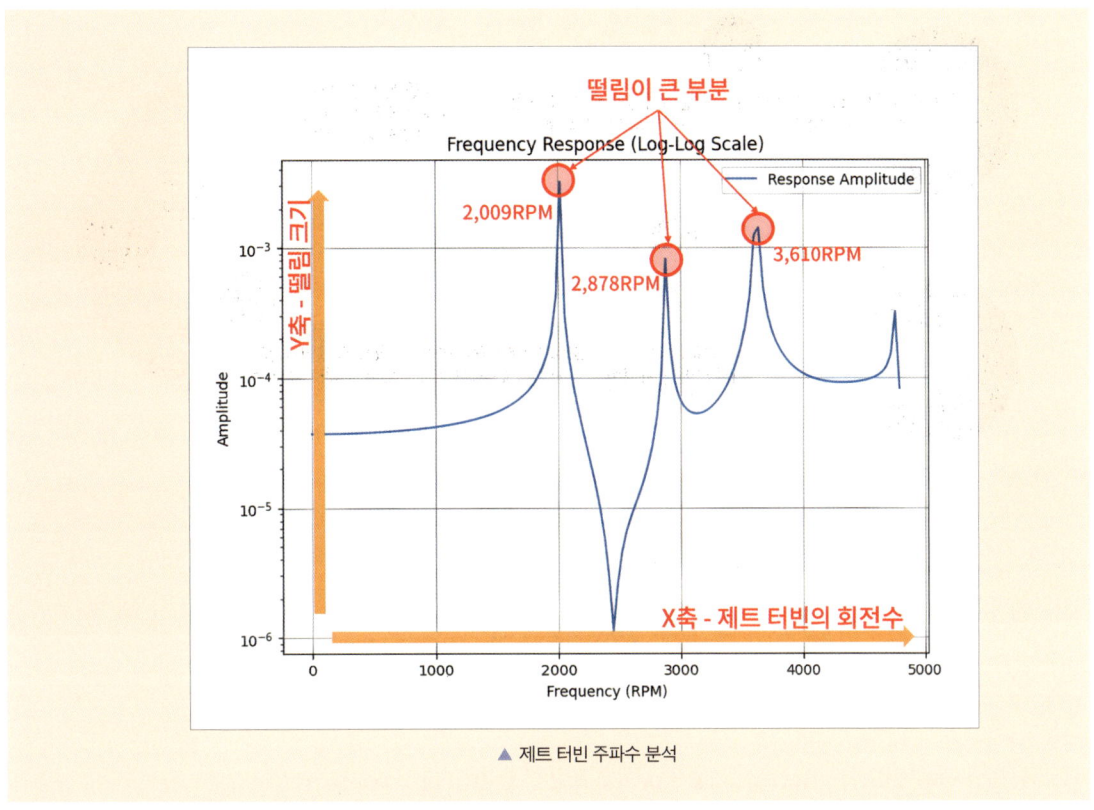

▲ 제트 터빈 주파수 분석

시간의 변화에 따라 로터의 움직임을 보여줍니다. 이어지는 결과는 시간 변화를 주기성(주파수) 측면에서 다르게 표현한 것입니다. 특정 회전수에서 뾰족하게 솟은 그래프는 떨림이 크다는 것을 의미합니다. 이주원 연구원의 분석에 따르면, 2,009RPM, 2,878RPM, 3,610RPM 회전수에서 제트 터빈의 불안정성이 크게 나타났습니다. 이러한 물리적 현상을 공진주파수라고 하며, 회전하는 로터의 공진주파수는 제트 터빈 설계에서 매우 중요한 요소입니다. 이 데이터를 정확히 예측해야 올바른 제트 터빈 설계를 할 수 있습니다.

AI가 수행하는 시뮬레이션 최적화

공진주파수에서의 떨림 현상을 정확하게 예측하기 위해서는 올바른 수학적 모델링이 필요합니다. 하지만 모델링만으로는 충분하지 않습니다. 실제 터빈의 특성을 정확히 반영하기 위해 실험 데이터와 비교 검증이 필수적입니다. 이 과정에서는 실험 결과와 수학적 모델의 예측이 최대한 일치하도록 '상관성 최적화'를 수행해야 합니다. 이는 마치 퍼즐을 맞추는 것처럼, 실험 결과와 가장 잘 맞아떨어지는 모델링 입력 변수들을 찾아내는 과정입니다. 이러한 과정을 통해 더 정확한 예측이 가능해지며, 결과적으로 더 안정적인 제트 터빈 설계가 가능해집니다.

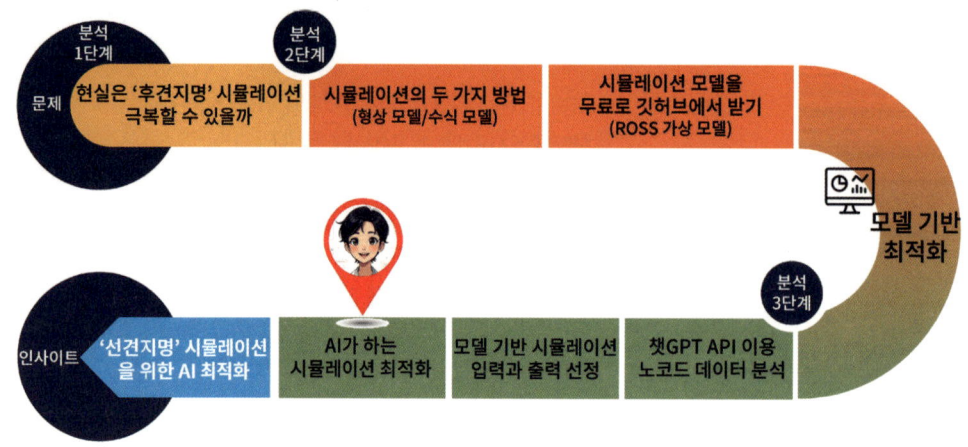

▲ 분석 3단계: AI가 하는 시뮬레이션 최적화

본격적인 상관성 최적화를 수행하기에 앞서, 가상 환경에서 베어링 설계 변수들이 로터의 떨림에 미치는 영향을 먼저 분석하고자 합니다. 이러한 민감도 분석은 로터의 동적 특성에 큰 영향을 미치는 설계 변수를 파악하는 데 도움을 줄 것입니다. 현실 세계에서 실험을 수행하는 것처럼, 가상 환경에서 시뮬레이션을 통해 다양한 조건을 사전에 테스트하는 과정입니다.

준비한 모델 생성 코드('JetTurbine_Model.py')와 실행 코드('JFreqResponse.py')를 업로드하고 가상 실험을 요청하겠습니다.

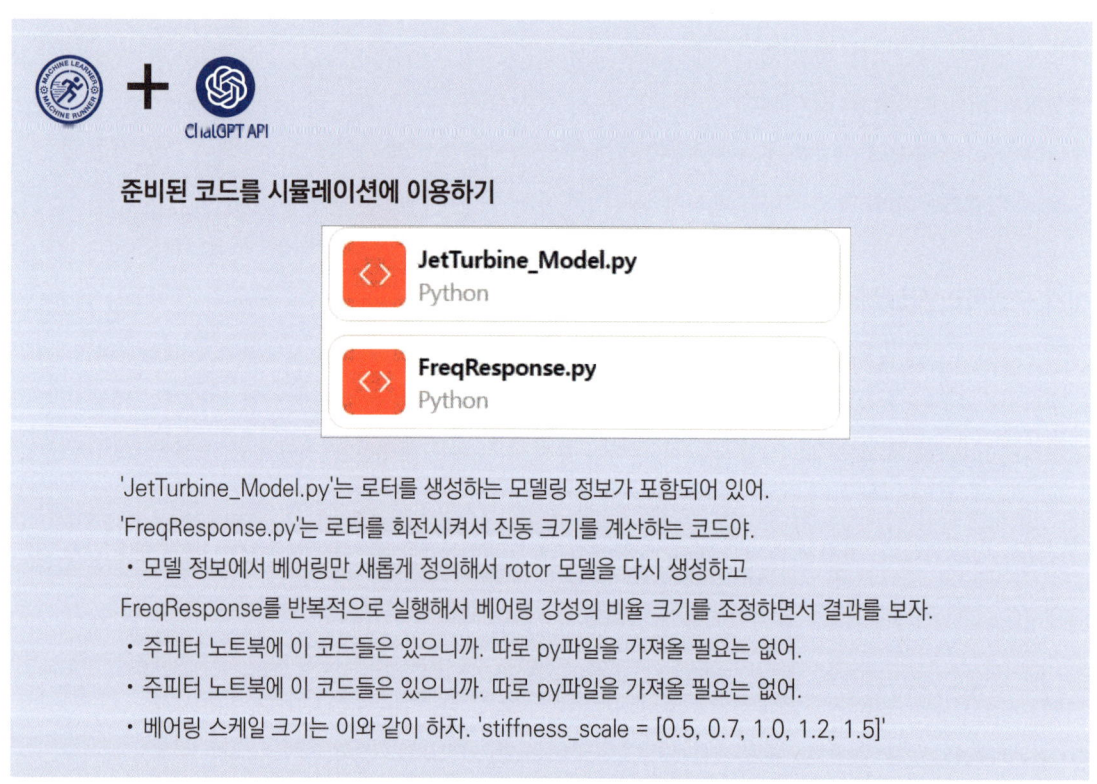

베어링 강성 스케일링 및 주파수 응답 분석 코드 #3-4-6

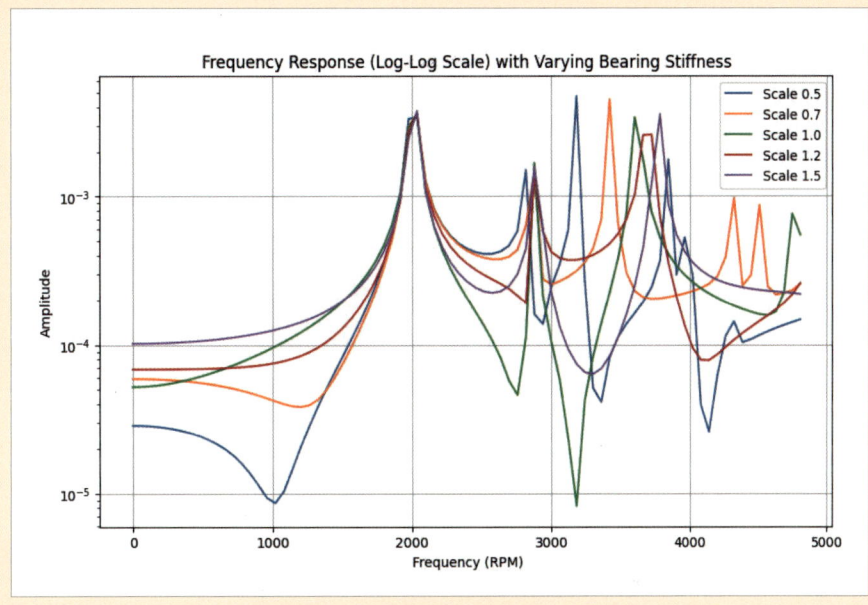

▲ 베어링 강성 변화에 따른 제트 터빈 떨림 주파수 분석

베어링의 단단함 정도에 따른 다양한 결과 데이터가 출력되었습니다. 이로 인해 모델이 데이터 생성의 원천임을 확인할 수 있었습니다. 빠른 시간 내에 많은 결과 데이터를 확보할 수 있었으며, 이러한 장점을 활용하여 실제 현상을 재현할 수 있는 최적화된 가상 모델링을 시도해 보겠습니다.

최적화를 시도하기 위해서는 입력 변수, 목적 함수, 알고리즘의 이해가 필요합니다.

최적화를 수행하기 위한 세 가지

1. **최적화 입력 변수**: 우리가 조절할 수 있는 값들입니다. 이 프로젝트에서는 베어링의 강성과 감쇠* 값들이 입력 변수가 됩니다. 이 값들은 시뮬레이션 결과에 직접적인 영향을 준다는 것을 위에서 확인했습니다. 이 변수를 조절하면서 최적의 결과를 찾아갑니다.
2. **최적화 목적 함수**: 최적화로 달성하려는 구체적인 목표입니다. 이주원 연구원의 제트 터빈 가상 모델에서는 시뮬레이션 결과와 실제 실험 결과의 차이가 목적 함수가 됩니다. 이 차이를 최소화하는 것이 최적화의 최종 목표입니다.
3. **최적화 알고리즘**: 목적 함수를 최소화하기 위해 입력 변수를 어떻게 조절할지 결정하는 체계적인 방법입니다. AI가 제안한 알고리즘을 통해 입력 변수들을 효율적으로 조정하며 최적값을 찾아갑니다. AI는 알고리즘을 제안할 뿐만 아니라, 알고리즘이 작동하도록 입력 변수와 목적 함수 그리고 알고리즘을 연결해 줍니다.

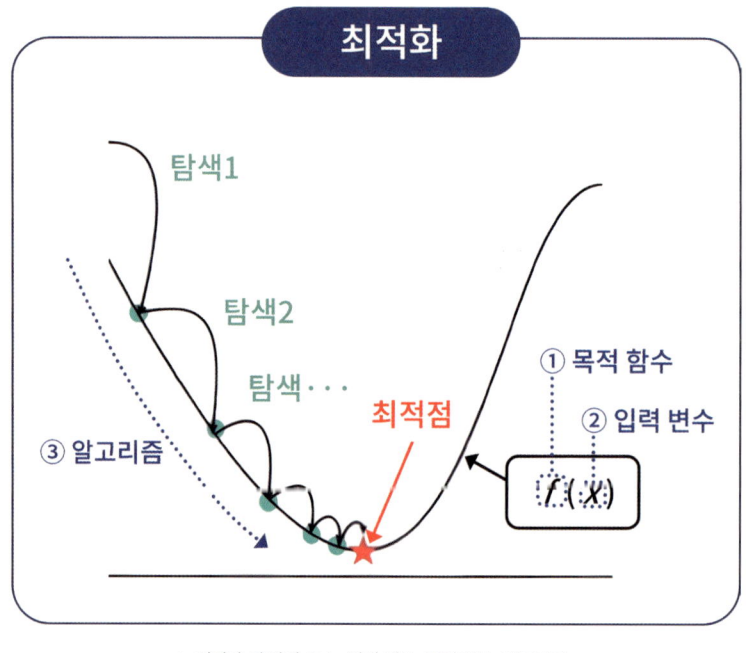

▲ 최적화 세 가지 요소: 입력 변수, 목적 함수, 알고리즘

실험팀에서 실제 제작한 제트 터빈의 첫 번째부터 세 번째 공진 주파수와 그 크기는 다음 표와 같습니다. 또한, 최적화 이전의 초기 가상 모델에서 생성된 시뮬레이션 결과와 실제 실험 결과를 비교했습니다.

---

* 강성과 감쇠는 기계나 구조물의 핵심 특성을 나타내는 수치다. 강성은 물체가 외부 힘에 저항하는 정도로, 얼마나 단단한지를 나타낸다. 감쇠는 떨림이 줄어드는 정도로, 얼마나 빨리 안정되는지를 나타낸다. 이 두 값은 기계의 성능과 안정성을 결정하는 중요한 설계 요소이다.

순서	공진주파수(RPM)	공진주파수에서 떨림 크기(m)
1	2006.69	0.002479289
2	2878.38	0.000740412
3	3626.57	0.00005978

▲ 실험 결과: 최적화에서 타깃으로 설정

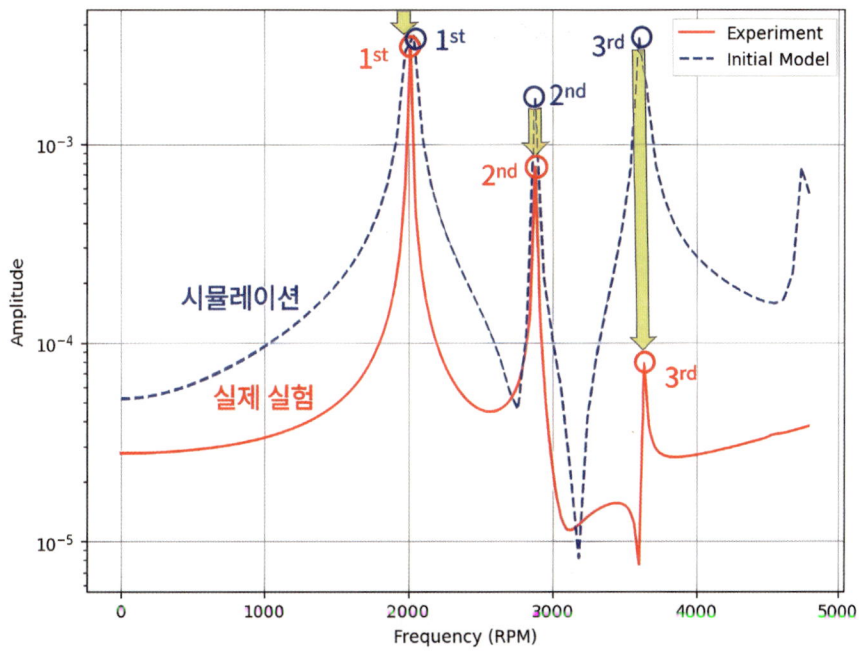

▲ 최적화 전 실험과 시뮬레이션 결과 차이

순서 1, 2, 3의 실험 결과는 항공기 시뮬레이션 모델을 최적화하기 위한 타깃이 됩니다. 시뮬레이션 모델에서 알기 어려운 베어링의 강성 정도를 최적화 입력 변수로 정해보겠습니다. 최적화는 베어링의 강성을 조정하면서 실험 결과와의 차이를 최소화하는 것입니다.

ROSS 시뮬레이션 모델('JetTurbine_Model.py')에서 베어링 강성을 입력 변수로 선언하겠습니다. 최적화는 단순히 반복 실행을 의미합니다. 시뮬레이션 결과 데이터를 출력하는 코드('FreqResponse.py')를 챗GPT에게 설명하고 최적화 코드 생성을 요청하겠습니다.

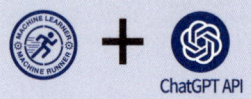

AI-노코드 시뮬레이션 요청

▲ ROSS 모델 파이썬 코드와 주파수 분석 실행 코드

첨부 파일 설명해 줄게.

- JetTurbine_Model.py: 제트 터빈의 기본 구조가 정의되어 있어.
- FreqResponse.py: 7000RPM에서 주파수 응답을 계산하는 코드야.

첨부한 두 파일을 기반으로 최적화 코드를 생성해 줘. 세 가지로 나눠서 설명할게.

입력 변수, 목적 함수, 최적화 알고리즘이야.

1. 입력 변수
- 베어링 강성의 스케일링 팩터 4개와 감쇠 스케일 1개
- 초기값과 범위는 강성은 0.5~3 사이로 하고 감쇠 스케일 값은 $1e-5$~$1e-4$ 사이로 하자

2. 목적 함수:
- 실험 데이터로 세 가지 공진 주파수에 해당하는 떨림 크기는 아래와 같아.
- 2006.69 RPM에서 0.002479289
- 2878.38 RPM에서 0.000740412
- 3626.57 RPM에서 0.00005978

3. 최적화 알고리즘:
- 알고리즘은 알아서 알맞게 골라줘.

FreqResponse.py의 주파수 응답 계산 방식을 그대로 활용해서, 입력된 베어링 강성으로 시뮬레이션을 돌리고 결과를 비교하는 코드를 작성해 줘.

최종적으로 실행이 끝나면 진행 상황을 볼 수 있는 시각화 코드를 추가하자. 어떻게 진행되었는지 목적 함수의 추이를 볼 수 있는 히스토리 말이야. 진행 과정에 따라서 목적 함수의 변화 그래프를 시각화하자.

ROSS 라이브러리를 이용한 회전체의 떨림 함수 코드 #3-4-7

최적화 실행 코드 #3-4-8

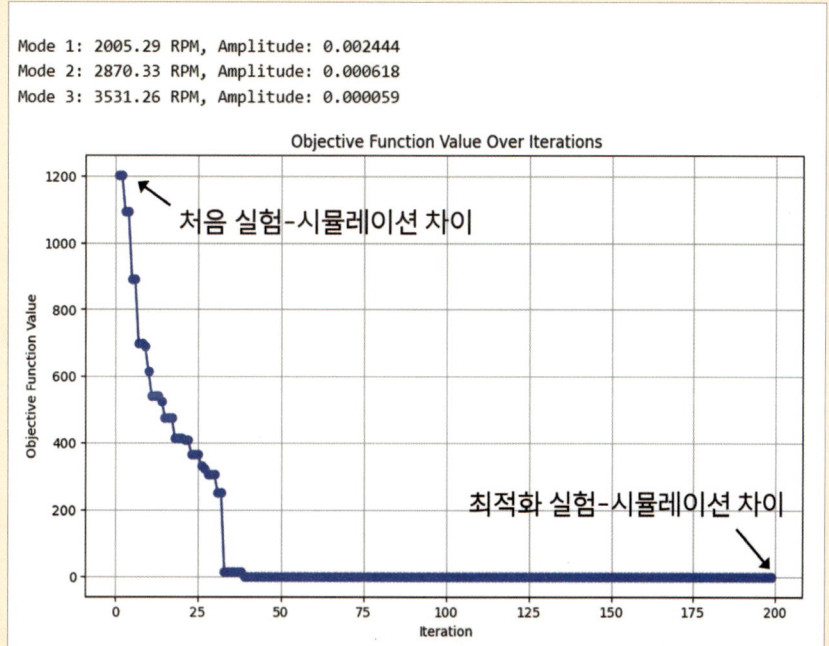

▲ 시뮬레이션 결과-실제 실험 결과 최적화 과정 시각화

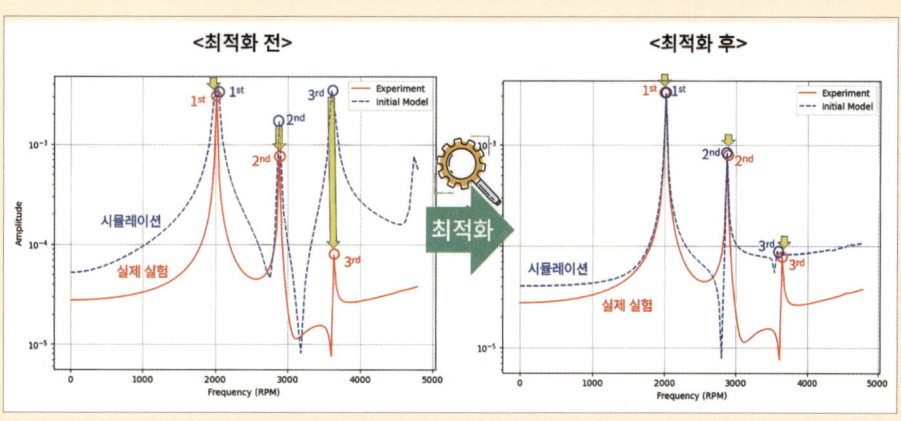

▲ 최적화 전, 후 결과 비교: 실험과 시뮬레이션 상관성 최적화

[최적값 결과]

Optimal kxx1_scale: 1.938,

Optimal kyy1_scale: 1.077,

Optimal kxx2_scale: 0.571,

Optimal kyy2_scale: 0.519,

Optimal damping_scale: 1.828e-05

최적화를 위한 세 개의 함수 코드 설명

챗GPT는 세 개의 함수 코드를 생성했습니다.

- 'calculate_mode_amplitudes' 함수는 베어링의 강성을 조절하면서 로터의 진동 특성을 계산합니다. 베어링 강성에 스케일 값을 곱해 새로운 베어링을 정의하고, 이를 로터 모델에 적용합니다. 오정렬 해석을 통해 주파수 응답을 구하고, 첫 번째부터 세 번째까지의 모드에서 주파수와 진폭을 계산하여 반환합니다. 이 함수는 베어링 특성이 바뀔 때마다 로터의 동적 거동이 어떻게 변하는지 보여줄 수 있습니다.

- 'objective_function' 함수는 최적화의 핵심이 되는 목적 함수입니다. 베어링 강성의 스케일 값을 입력받아 시뮬레이션을 수행하고, 그 결과를 실험값과 비교합니다. 각 모드에서 주파수와 진폭의 상대 오차를 계산하는데, 특히 진폭 오차에는 3배의 가중치를 줍니다. 이 오차들의 합이 작을수록 시뮬레이션 결과가 실험값과 잘 맞는다는 의미입니다.

- 'callback_function' 함수는 최적화가 진행되는 동안 각 단계의 진행 상황을 보여주는 함수입니다. 매 반복마다 현재의 베어링 강성 스케일 값들을 화면에 출력하여 최적화 과정을 모니터링할 수 있게 해줍니다.

최적화 결과입니다. 베어링의 강성과 감쇠를 결정하는 5개 변수(베어링 강성 4개와 감쇠 계수 1개)에 대한 최적값을 찾았습니다. 최적화 값은 실험 결과와 시뮬레이션 결과의 차이를 최소화하는 값들입니다. 만약 기존 방식대로 사람이 직접 이 값들을 찾으려 했다면 상당한 시도와 수고로움이 따랐을 것입니다. 하지만 AI를 이용해 최적화 알고리즘 코드를 생성했고, 단 200번의 반복만으로 최적의 값을 찾았습니다.

AI-노코드는 누구나 데이터 분석뿐만 아니라 최적화도 수행할 수 있도록 합니다. AI는 단순히 코드를 생성하는 것을 넘어서 최적화에 필요한 입력 변수 설정, 목적 함수 정의, 그리고 알고리즘 선택까지 체계적으로 지원합니다. AI-노코드 데이터 분석의 개념을 한 단계 발전시켜 AI-노코드 최적화도 가능합니다. 복잡한 프로그래밍 지식 없이도, 도메인 지식만 있다면 AI의 도움으로 고도화된 최적화 작업을 수행할 수 있습니다.

인사이트: AI-노코드 최적화로 실현하는 항공기 제트 터빈 개발

AI-노코드는 데이터 분석뿐만 아니라 시뮬레이션의 문턱까지 낮춥니다. 시뮬레이션과는 떼려야 뗄 수 없는 가상 모델은 데이터를 원하는 만큼 생성할 수 있는 데이터 공장이나 마찬가지입니다. 가상 모델을 능숙하게 다룰 수 있는 사람은 데이터 세상의 공장장이 되어 귀중한 데이터를 언제든지 생산해 낼 수 있습니다. 그러나 가상 모델은 탄탄한 도메인 지식은 물론, 수학과 컴퓨터 능력이 높은 연구자에만 한정된 '그들만의 리그'였습니다.

▲ 인사이트: 선견지명 시뮬레이션을 위한 AI 최적화

AI-노코드는 문과 직장인 박다정 대리의 동료 평가 자연어 처리, 강가을 편집자의 베스트셀러 상관관계 분석 그리고 정대한 펀드 매니저의 퀀트 투자를 도왔습니다. 이어지는 이과 직장인 구본근 개발자의 이미지 분류 머신러닝 생성과 조현기 파트장의 차체 설계 머신러닝까지 한 줄 코드 없이 데이터를 분석해 냈습니다.

다시 한 번, AI-노코드는 이주원 시뮬레이션 연구원의 가상 모델링 방법을 설명서를 학습해서 이해하고 곧바로 가상 모델을 생성해 냈습니다. 기존의 방법이었다면, 이주원 연구원은 코딩은 할 수 있더라도 가상 모델링 방법 설명서를 학습하는 과정을 거쳐야 했습니다. 더 나아가 AI는 스스로 생성한 가상 모델로 최적화까지 완벽하게 해냅니다.

논문에나 나올 법한 복잡하고 어려운 분야까지 AI는 '그들만의 리그'를 '모두의 리그'로 바꿔 놓습니다. 실무자로서, 도메인 기술자로서 내 분야에 대한 조예와 관심만 있다면 누구나 AI-노코드 시뮬레이션과 최적화까지 해낼 수 있습니다.

최적화는 100번, 많게는 1,000번 이상의 계산 과정이 필요하기 때문에, 노코드(No Code)에서 일부 코드를 작성해야 하는 로우코드(Low Code)가 필요합니다. 그럼에도 여전히 코드는 AI의 몫입니다. 그리고 AI와의 연결이 끊어진 것도 아닙니다. 챗GPT API를 이용하면, AI 주도하에 모든 시뮬레이션과 최적화가 이루어졌습니다.

이주원 연구원은 개인 PC의 주피터 노트북 환경에서 AI와 대화하며 가상 모델을 생성하고 최적화를 진행할 수 있었습니다. 이는 프로그래밍에 익숙하지 않은 도메인 기술자가 자신의 전문성을 시뮬레이션에 쉽게 반영하여 가상 공간에서 원하는 모든 실험을 해볼 수 있는 무한한 가능성을 열어줍니다.

가상 공간에서 이루어지는 시뮬레이션이 진짜 빛을 발하기 위해서는 현실 공간과 연결되어야 합니다. 현실 공간에서 이루어지는 실제 실험 결과와 시뮬레이션 결과를 유사하게 얻기 위한 활동이 상관성 최적화입니다. 이것으로 이주원 시뮬레이션 연구원은 점차 '선견지명 시뮬레이션'에 가까워질 수 있습니다.

과거 무거운 모델에서 며칠씩 걸리던 계산이, 가벼운 수학적 물리 모델을 활용함으로써 가능해졌습니다. 가벼운 수학적 물리 모델은 특히 설계 초기 단계에서 다양한 설계 옵션을 빠르게 검토할 수 있습니다. 예컨데, 비행기 날개의 길이를 늘렸다 줄였다 해본다던지 혹은 제트 터빈에 있는 날개의 개수도 바꿔볼 수 있습니다. 이와 같은 시뮬레이션은 현실 세계에서 실험하기 전에 미리 결과를 예측해 볼 수 있는 강력한 기술입니다.

> **인사이트 요약**
>
> - **인사이트 1**: AI-노코드 시뮬레이션이 가상 모델링에 새로운 가능성을 열어준다는 점을 발견했습니다. 이주원 연구원 같이 코드를 사용할 줄 알더라도 기존 같았으면 새로운 소스 코드 설명서를 스스로 학습해야 했지만, AI는 모델 설명서를 모조리 학습하고 가상 모델을 생성해 냅니다. 그동안 소수 전문가들만 접근할 수 있었던 시뮬레이션이 이제 도메인 전문가들의 영역으로 확장된 것입니다.
> - **인사이트 2**: 챗GPT API의 활용은 시뮬레이션 작업 환경을 획기적으로 개선합니다. 개인 PC의 주피터 노트북 환경에서 실시간으로 AI와 대화하며 코드를 생성하고, 결과를 확인하고, 수정할 수 있게 되었습니다. 이는 마치 프로그래밍 전문가가 옆에서 실시간으로 도와주는 것과 같은 효과를 가져옵니다.
> - **인사이트 3**: '선견지명 시뮬레이션'이 현실이 되어가고 있습니다. 과거 무거운 모델로 며칠씩 걸리던 계산이, 가벼운 수학적 물리 모델과 AI의 결합으로 순식간에 가능해졌습니다. 이는 실제 실험 전에 터빈의 떨림을 예측하고, 잠재적 문제를 미리 발견할 수 있게 해주어 의미 있는 시뮬레이션 결과를 제공합니다.

AI-노코드는 문과와 이과의 경계를 넘어 모든 현업 실무자가 자신의 전문성을 데이터로 풀어낼 수 있는 길을 열어주었습니다. 앞으로 우리는 각자의 책상 위에서 AI와 함께 더 나은 해답을 찾아 나서게 될 것입니다. 이제 AI는 단순한 도구를 넘어, 우리의 도메인 지식을 증폭시키고 새로운 가능성을 발견하게 하는 조력자로 진화하고 있습니다. 그 시작점과 나아가야 할 방향에 대해서는 다음 챕터에서 이어가겠습니다.

[정리] 파트 1 _ 누구나 AI하는 시간

데이터가 주도하는 새로운 업무 환경이 펼쳐지고 있습니다. 챗GPT의 등장으로 문과와 이과의 경계가 허물어지고 있습니다. 모든 실무자가 자신의 책상 위에서 자신만의 데이터로 누구나 AI를 써서 데이터 분석할 수 있게 되었습니다. 이는 단순한 기술 혁신이 아닌 실무자들의 일하는 방식을 근본적으로 변화시키는 혁신입니다. 파트 1 '누구나 AI하는 시간'에서는 진짜 업무에 쓰이는 데이터 분석을 위해 크게, 문과 직장인과 이과 직장인으로 구분했습니다. 그리고 이들이 업무에서 맞닥뜨리는 실제 문제를 구체적으로 제시하고 그 문제를 AI-노코드 데이터 분석으로 풀어내는 워크플로우를 보였습니다.

문과 직장인들의 사례는 데이터 분석이 더 이상 특정 분야의 전유물이 아님을 보여줍니다. 인사팀 박다정 대리는 동료 평가 자연어를 처리했고, 강가을 편집자는 출판 시장 데이터를 분석해 베스트셀러의 패턴을 발견했습니다. 정대한 펀드 매니저는 감으로 하던 투자에서 데이터로 하는 퀀트 투자 전략을 수립했습니다. 이들은 각자의 업무 프로세스를 유지하면서도 AI를 활용해 더 효율적이고 정확한 의사결정을 이끌어냈습니다.

이과 직장인 역시 AI를 만나 새로운 가능성을 열었습니다. 구본근 바이오 개발자는 MRI 이미지 분류 AI를 개발해 의료 진단의 효율성을 높였습니다. 조현기 자동차 설계자는 17년간의 자동차 설계 노하우를 AI에 담아 미래 설계에 활용했습니다. 이주원 시뮬레이션 연구원은 항공기 제트 터빈의 가상 모델링하여 시뮬레이션부터 최적화까지 코딩 없는 노코드로 개발 시간과 비용을 크게 줄였습니다. 이들 모두는 본래 자신의 분야 전문성에 AI를 더해 일의 수준을 의미 있는 수준까지 끌어올렸습니다.

이들의 사례는 AI가 이론적 이해보다 실제 경험이 먼저라는 것을 잘 보여주었습니다. 복잡한 알고리즘을 이해하지 못해도, AI와 대화하며 자신의 도메인 지식을 활용해 데이터를 분석할 수 있게 된 것입니다. 특히 현업에서 축적된 전문성과 AI의 결합은 예상을 뛰어넘는 시너지를 만들어내고 있습니다.

챗GPT와 같은 AI는 더 이상 코딩이라는 진입 장벽 없이, 실무자들이 자신의 전문성을 데이터로 풀어낼 수 있는 길을 열어주었습니다. 이는 바쁜 업무 환경 속에서도 데이터 분석을 시도할 수 있게 만드는 혁신적인 변화입니다.

이러한 변화는 단순한 기술 혁신을 넘어 실무 현장의 혁신으로 이어질 것입니다. AI는 실무자들의 도메인 지식을 증폭시키고 새로운 가능성을 발견하게 하는 조력자로 진화하고 있습니다. 더 나아가 AI는 서로 다른 분야의 전문가들이 협업하는 방식도 변화시키고 있습니다. 이제 누구나 코딩 없이 AI와 함께하는 시대입니다.

4. AI 그리고 데이터 분석 오리엔테이션
5. AI-노코드 데이터 분석을 위한 AI-노수식 통계
6. AI는 도구가 아닙니다 자비스입니다!

PART 2
모두가 AI를 써야 하는 이유

Chapter 4
AI 그리고 데이터 분석 오리엔테이션

"전적으로 저를 믿으셔야 합니다."
— 드라마 〈스카이 캐슬〉(2018) 중

01
AI 학습의 방향과 시작점

AI 시대, AI 학습을 위한 오리엔트(방향)

무엇이든지 새롭게 배우는 첫 번째 강의는 오리엔테이션(Orientation) 시간입니다. 특히, 대학에서 개강하고 듣는 첫 수업은 언제나 오리엔테이션으로 한 학기 강의가 시작됩니다. 교수님께서는 강의 계획서를 읊어 주시고 한 학기 동안 어떻게 수업을 진행하실지 큰 그림을 그려 줍니다. 새로운 배움을 위한 길잡이로, 여유 있고 부담 없는 오리엔테이션 수업은 늘 즐겁고 설렙니다. 한 가지 더, 오리엔테이션 수업은 운이 좋으면 공짜 휴강입니다.

오리엔테이션 시간뿐만 아니라 오리엔테이션 그 자체가 가진 의미에 대해 개인적 애호가 있습니다. 오리엔테이션은 오리엔트(Orient)에서 뻗어 나왔습니다. 오리엔트는 지리적 의미로서 해가 떠오르는 동쪽을 의미합니다. 상징적 의미로는 '무언가를 시작하고 방향성을 잡는 과정' 그 자체입니다. 태양이 뜨는 동쪽을 바라보며 새로운 시작을 알리는 오리엔트는 우리를 설레게 하기에 충분합니다.

시뮬레이션 엔지니어로 일하면서 새로운 프로젝트를 시작할 때마다 오리엔트를 떠올립니다. 본인뿐만 아니라 동료들과 실무 최전선에서 가장 심혈을 기울이는 것은 오리엔트(방향)를 잡는 일입니다. 프로젝트를 진행할 때 처음엔 방향을 조금 잘못 잡더라도 티가 나지 않습니다. 그러나 점점 잘못된 방향으로 가면서 쌓이는 오류와 오차는 큰 문제를 야기합니다. 결국에는 다시 원점으로 되돌아오는 곤욕을 치르곤 합니다. 그래서 항상 새로운 프로젝트 시작 단계에서 개발자나 실무자는 오리엔트를 잘 잡으려고 노력합니다. 비록 완벽한 방향을 잡을 순 없더라도 가능한 올바르게 잡으려고 무진장 노력합니다.

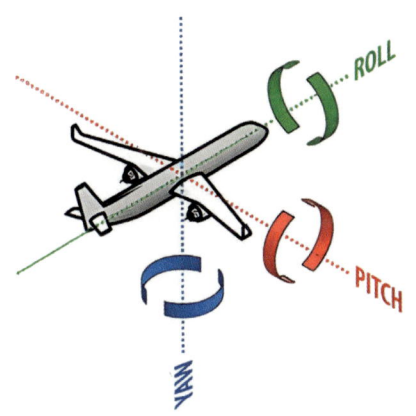

물리나 공학에서도 오리엔트는 필수적인 개념입니다. 비행기나 자동차의 위치와 방향을 정의할 때도 오리엔트가 사용됩니다. 예를 들어, 비행기 자세를 표현할 때 비행기가 어느 쪽을 향하고 있는지 또는 어떤 축을 기준으로 회전했는지를 설명해야 합니다.

▲ 물리 공학에서 말하는 오리엔테이션 예: 비행기 자세 표현 방법

이를 위해 기준 좌표계*를 먼저 정하고 비행기의 자세를 롤(Roll), 피치(Pitch), 요(Yaw)로 나타내어 공학 문제를 풀고 시뮬레이션까지 합니다.

시뮬레이션 실무에서 예외 없이 그리고 수도 없이 오리엔트 개념이 등장합니다. 이것만 잘 정해도 시뮬레이션 문제가 쉽게 풀리기도 하고 어렵게 풀리기도 합니다. AI 시대에 사는 우리 모두에게 AI 학습도 오리엔트를 어떻게 잡느냐에 따라 잘 풀릴 수도 있고 복잡하고 어려워서 금세 포기하게 될 수도 있습니다.

AI 시대, AI 학습을 위한 오리진(시작점)

AI 학습을 위한 오리엔트(방향) 못지않게 어디에서 시작해야 할지 아는 것 또한 몹시 중요합니다. 대학원 지도 교수님께서 새로운 학습을 할 때마다 늘 강조하신 방법이 있습니다. 이것은 방향(오리엔트, Orient)과 시작점(오리진, Origin)을 찾는 것입니다. 그중에서도 시작점에 해당하는 '오리진'은 근원을 찾아 떠나는 여행입니다. 고유한 독창성을 발휘하기 위해서는 기존의 연구와 역사를 되짚어 보는 여정이 필요합니다. 이 여정의 끝에 도달하게 되는 지점이 오리진입니다. 예를 들어, 시뮬레이션의 오리진은 뉴턴의 역학(F=ma)이고 종(種)의 오리진은 찰스 다윈의 『종의 기원』(2019)인 것처럼, 내가 몸담고 있는 도메인에서 문헌을 찾고 또 찾다 보면 갈래가 보이고 점점 오리진에 가까워지는 느낌을 받습니다.

흥미롭게도 과거의 근원인 오리진을 맛보아야 '오리지널리티(Originality, 독창성)'를 갖춘 미래의 창작에 한 걸음 다가서게 됩니다. 『오리지널스』(2020)[22]에서 애덤 그랜트는 "오리지널리티는 기존의 것을 부정하는 데서 시작하는 것이 아니라, 기존의 것을 더 깊이 이해하고 그 위에 새로운 관점을 더하는 데서 비롯된다."고 말합니다.

이 책에서 말하려는 핵심 메시지 또한, AI 학습의 시작점(오리진)을 나의 것—나의 도메인 지식 체계—위에서 쌓아보는 시도를 함께 해보자는 것입니다. 어니엔가 있을지 모를 오리지널리티를 발견할 수도 있을 테니까요.

오리엔트, 오리진, 오리엔테이션 그리고 오리지널리티까지 다양한 '오리-' 패밀리를 짚어 보았습니다. 마지막으로 개인적 취향이지만, 샐러드 소스 중에서 오리엔탈 소스를 가장 좋아합니다.

---

* 좌표계는 공간상의 위치나 방향을 표현하기 위한 기준이다. 가장 흔히 사용되는 좌표계는 직교 좌표계로 서로 수직인 세 축(x, y, z)으로 구성된다.

▲ 오리엔트

시작점은 내 책상 위에서, 방향은 도메인 지식과 AI의 앙상블

앞선 챕터 2와 3에서 직장인의 AI-노코드 데이터 분석 실무 사례를 집중 조명했습니다. 뒤늦게 오리엔테이션 시간을 가지는 것은 의도된 구성으로 실무자가 당장 필요한 구체적인 활용법을 먼저 경험하고 그 후에 개념을 이해하는 시간을 갖기 위함입니다. 구조로 치면 삼각형을 거꾸로 한 역삼각형 구조입니다. 이런 이유로 여러 도메인에 있는 직장인이 마주할 수 있는 실무 경험을 앞선 장에서 먼저 살펴본 것입니다.

이 책의 오리진(시작점)과 오리엔트(방향)는 분명합니다. 시작점은 내 책상 위에서 이루어지며, 방향은 나의 도메인 지식과 AI의 앙상블입니다. 엔비디아가 아무리 잘 나가고 챗GPT와 여러 AI가 앞다투어 최신 모델을 내놓아도, 매일 함께하는 내 책상 위에서 아무런 변화가 없다면 본인에게는 아무런 변화도, 의미도 없습니다. 당신의 전문 영역에서 출발해 AI와 연결해 보는 시도는 앞으로의 커리어 여정에 중요한 나침반이 될 것입니다. 그렇기에 도메인 지식이 담긴 데이터와 AI의 만남은 개인의 책상 위에서 시작되어야 합니다.

오픈AI에서 챗GPT를 출시한지 고작 2년이 지났습니다. 이에 발맞춰 모든 빅테크 회사에서 최신 AI 기술을 선보이고 있습니다. 구글의 제미나이(Gemini), 마이크로소프트의 코파일럿(Copilot), 메타의 라마(LLaMA) 그리고 최근에는 중국 신생 기업의 딥시크(DeepSeek)까지, 긴 여정의 서막이 이제 막 열렸습니다. AI는 우리의 일하는 모든 규칙을 근본적으로 바꿀 것입니다. 그리고 이 모든 변화의 시작은 우리의 책상 위에서 실무에 적용하는 바로 이 순간입니다.

"여러분, 전적으로 저를 믿으셔야 합니다."

02
AI 꼭 쓰셔야 합니다

지식 노동자 시대입니다

'전적으로 저를 믿어 주신다면' 감히 몇 가지 조언을 드리고자 합니다. 지식 노동자 시대와 4차 산업혁명에 우리가 할 수 있는 것들에 관한 이야기입니다.

그 첫 번째 이야기는, 우리는 모두 지식 노동자로 살아가야 한다는 것입니다. 이는 우연히 등장한 주장이 아닙니다. 1959년 피터 드러커가 처음 '지식 노동자'라는 개념을 제시했을 때부터 이미 예견된 미래였습니다.[23] 피터 드러커는 앞으로 올 시대는 육체 노동이나 자본보다 '지식'이 가장 중요한 자산이 될 것이라고 예견했습니다. 그의 예견은 현실이 되었고, 우리는 지금 그가 그린 미래 한가운데 살고 있습니다.

지식 노동자의 개념은 톰 피터스의 『The Brand You 50』(1999)[24]에서 등장하는 '퍼스널 브랜드'로 이어집니다. 지식 노동자 시대에 개인의 가치와 역량을 브랜드로 정의하는 새로운 개념을 제시한 것입니다. 퍼스널 브랜드로 정의된 개인은 이제 '핵개인'으로 불리길 원하는 것 같습니다. 핵개인은 단순한 개인주의가 아니라 빠르게 변화하는 사회에서 스스로의 가치를 증명하는 주체적인 존재를 의미합니다.[25] 자신의 도메인에서 자신만의 고유한 브랜드를 정의하고, 핵개인으로 홀로서기 하는 것은 지식 노동자 시대를 살아가는 데 있어 현명한 선택 중 하나일 것입니다.

무엇보다 우리가 할 수 있는 것은 기존에 익숙한 방식을 뛰어넘어 다양하게 경험하고 유연하게 받아들이는 것입니다. 예를 들어, 불과 몇 년 전만 해도 음식점에서 주문을 받는 것은 전적으로 사람의 몫이었습니다. 처음엔 불편했지만, 이제 키오스크를 통한 주문이 일상이 되었고 그것을 사용하지 못하면 오히려 불편함을 느끼게 되었습니다. 변화는 우리의 직업 세계에서도 마찬가지입니다. AI와 자동화 기술의 발전으로 많은 직업들이 사라지고 있지만, 동시에 새로운 형태의 직업도 생깁니다.

중요한 것은 이러한 변화를 두려워하지 않고 오히려 이를 기회로 삼아 자신의 전문성과 AI의 잠재력을 결합하는 작업입니다. 이 결합에 필요한 것은 기술이 아니라, 시도하고자 하는 마음입니다. 데이터 분석은 10년 전만 해도 전문 인력만이 다룰 수 있는 고급 기술이었지만, 이제는 거의 모든 산업 분야에서 누구나 의지만 있다면, 지금 당장 내 책상 위에서 AI를 이용한 데이터 분석이 가능합니다.

마치 스마트폰의 운영체제를 주기적으로 업데이트하듯, 우리의 마음에서 기존에 일하는 방식을 지속적으로 업데이트해야 합니다. 이것이 바로 지식 노동자로서 우리가 가져야 할 마음일 것입니다. 변화를 두려워하지 말고, 오히려 그 변화에서 기회를 발견하는 마음 자세는 빠르게 변화하는 데이터 세상에서 지식 노동자로서 홀로서기 할 수 있는 훌륭한 방법일 것입니다.

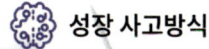

▲ 지식 노동자의 5가지 특징[26]

4차 산업혁명은 지식·지능 혁명입니다

AI 시대에 오리엔트(방향)를 찾기 위해 역사를 거슬러 올라가 보겠습니다. 1차 산업혁명 전후에 사람들은 대부분의 시간을 농업에 종사했습니다. 지금으로 치면 농부가 도메인 기술자인 셈입니다. 농업 시대에는 토지가 가장 중요한 생산 수단이었습니다. 따라서 토지를 소유한 사람이 권력자입니다. 농업 중심 사회는 1차 산업혁명의 상징인 증기기관의 발명으로 변화하기 시작합니다. 증기기관의 힘으로 작동하는 기계들이 등장하면서 이전에는 수공업으로 생산하던 물건이 대량으로 생산됩니다. 공장과 기계를 소유한 산업 자본가가 새로운 권력 집단으로 우뚝 서게 됩니다.

사회를 이끄는 수단이 토지 소유에서 생산 수단의 소유로 서서히 이동하고 있음을 의미합니다. 2차 산업혁명의 핵심은 에디슨의 전기와 포드의 컨베이어 벨트로 대량 생산할 수 있게 됐다는 점입니다. 컨베이어 벨트 위에서 물리적 하드웨어를 생산하는 자가 권력의 중심이 됩니다.

3차 산업혁명은 IT·정보화 혁명입니다. 1970년대 IBM이 최초의 개인용 컴퓨터(PC, Personal Computer)를 보급하면서 시작됩니다. PC와 PC를 연결하는 인터넷 네트워크 'WWW'의 등장으로 정보의 생산과 공유는 폭발적으로 증가하게 되었습니다. 2차 산업혁명의 상징이 컨베이어 벨트라면 3차 산업혁명의 상징은 2007년 스티브 잡스의 애플 아이폰입니다. 정보와 지식이 새로운 형태의 자산이 될 수 있음을 소프트웨어 개발자와 IT 전문가들이 세상에 증명했습니다.

3차 산업혁명을 거치면서 사회를 이끄는 중심은 '유형의 하드웨어'에서 '무형의 소프트웨어'로 이동합니다. 물리적인 생산 수단보다 가상공간의 지식 노동자가 더 큰 영향력을 발휘하게 된 것입니다. 유튜버, 블로거, 인플루언서, 웹툰 작가, 웹 작가, 디지털 노마드 개발자, 온라인 강사, 콘텐츠 크리에이터, 팟캐스터, 온라인 마케팅 전문가, 데이터 분석가, 온라인 상담사, 시뮬레이션 엔지니어, AI 개발자 등 지식 노동자는 자신의 지식으로 가치를 창출합니다.

그리고… 이제 4차 산업혁명의 시대가 활짝 열렸습니다. 4차 산업혁명은 지식·지능 혁명입니다. 지식은 방대한 데이터를 의미하고 지능은 인공지능 AI를 뜻합니다. 우리의 천연지능을 흉내 내는 인공지능 AI를 이용해서 데이터를 모으고 이것들을 분석하여 활용할 수 있는 사람이 새로운 산업혁명의 중심으로 급부상하고 있습니다. 4차 산업혁명 시대의 가장 큰 특징은 이전과는 비교할 수 없는 변화의 속도와 무한한 범위입니다. 이전의 산업혁명들이 수십 년에 걸쳐 진행되었다면, 지식과 지능의 변화는 불과 몇 년 만에 우리의 삶을 완전히 바꾸어 놓고 있습니다. 또한 그 영향이 특정 산업에 국한되지 않고 모든 분야에 걸쳐 나타나고 있습니다. 필자가 몸담고 있는 시뮬레이션 분야도 예외가 아닙니다. 학회나 컨퍼런스 발표에 AI, 머신러닝, 인공지능 키워드가 없는 주제를 찾아보기 힘들 정도입니다.

4차 산업혁명의 중심에는 결국 데이터가 있습니다. 데이터는 새로운 석유로 불리며 이를 다룰 수 있는 능력이 개인과 기업, 나아가 국가의 경쟁력까지 좌우하게 되었습니다. 구글, 아마존, 메타, 애플과 같은 거대 테크 기업들이 세계경제의 중심에 선 것도 이들이 보유한 방대한 양의 데이터 덕분입니다. 그들이 보유한 방대한 데이터는 초거대 AI를 탄생시켰습니다. 여기에서 한발 더 나아가면 모든 부분에서 인간의 지능을 초월하는 초지능 AI(Superintelligence AI)의 출현도 머지않은 미래에 도래할 것입니다.

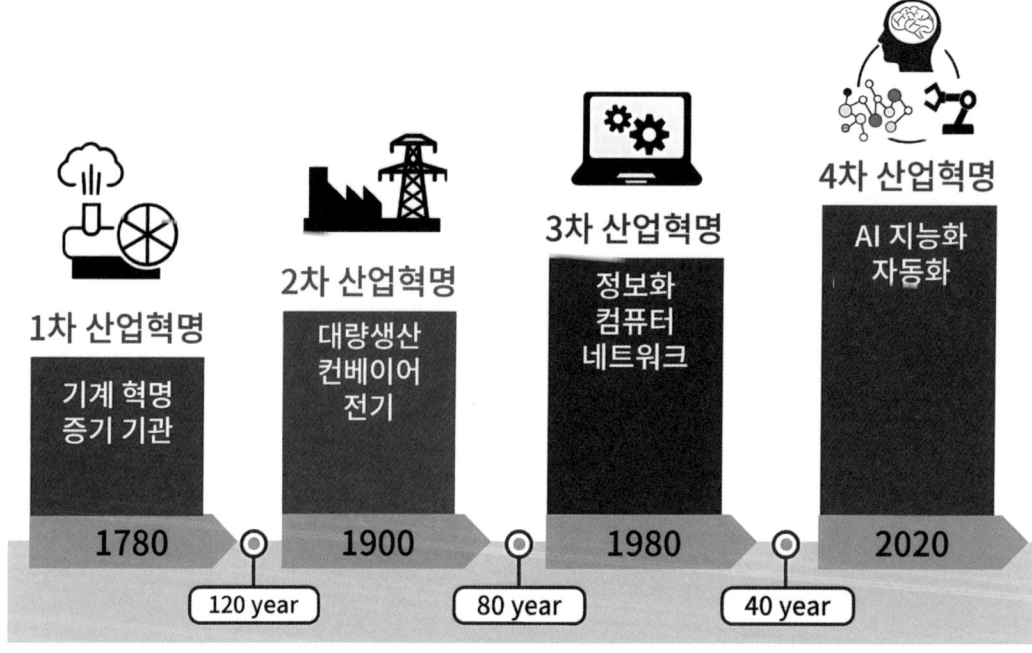

▲ 1~4차 산업혁명

새로운 혁명의 핵심 역량은 데이터 분석입니다

역시 데이터입니다. 데이터를 다루는 능력, AI를 활용하는 능력이 중요해졌습니다. 이것은 특정 분야의 전문가들에게만 해당되는 것이 아니라 모든 직종의 우리에게 요구되는 기본적인 능력이 되어가고 있습니다.

세계경제포럼(WEF)*의 'Future of Jobs 2020'에서 앞으로 가장 중요한 직무 능력으로 '분석적 사고와 혁신(Analytical Thinking and Innovation)'이 꼽혔습니다.[27] 이것은 우리가 AI를 이용한 데이터 분석과 창작에 주목해야 하는 분명한 이유를 제시합니다.

2025년 개인이 지녀야 할 중요한 기술 순위

1	분석적 사고 및 혁신
2	능동적 학습 및 학습 전략
3	복잡한 문제 해결
4	비판적 사고 및 분석
5	창의성, 독창성 및 주도력
6	리더십 및 사회적 영향력
7	기술 사용, 모니터링 및 제어
8	기술 설계 및 프로그래밍

▲ 세계경제포럼(WEF) 2020 보고서 중 2025년 상위 15개 기술 예측 중[27]

데이터 분석과 AI 활용 능력은 이제 특별한 전문가만의 영역이 아니라 모든 산업과 직종에서 우리에게 요구하고 있습니다. 낯설고 익숙하지 않더라도 AI 기술을 경험해 보아야 합니다. 특히 AI를 활용한 데이터 분석은 단순히 정보를 처리하는 것을 넘어서 복잡한 문제를 해결하고 혁신적인 아이디어를 창출하는 핵심 능력으로 자리매김하고 있습니다.[27]

비판적 사고와 분석 그리고 문제 해결 중요도는 데이터로부터 의미 있는 인사이트를 도출하는 능력입니다. 그저 데이터를 읽고 쓰는 것을 넘어서 데이터 간의 연관성을 파악하고 패턴을 발견하는 것입니다. 이렇게 발견한 패턴은 객관적 사실을 바탕으로 미래를 예측하기 위한 전략을 수립할 수 있도록 돕습니다. 거의 모든 기업이 AI를 활용해 데이터를 분석하고 의사결정을 내리고 있다고 해도 과언이 아닙니다.

---

* 세계경제포럼(WEF, World Economic Forum)은 전 세계 정치·경제·학계 지도자들이 모여 글로벌 현안을 논의하는 자리다. 매년 "Future of Jobs" 보고서를 통해 미래 일자리와 필요 역량을 분석하고 전 세계에 공유한다.

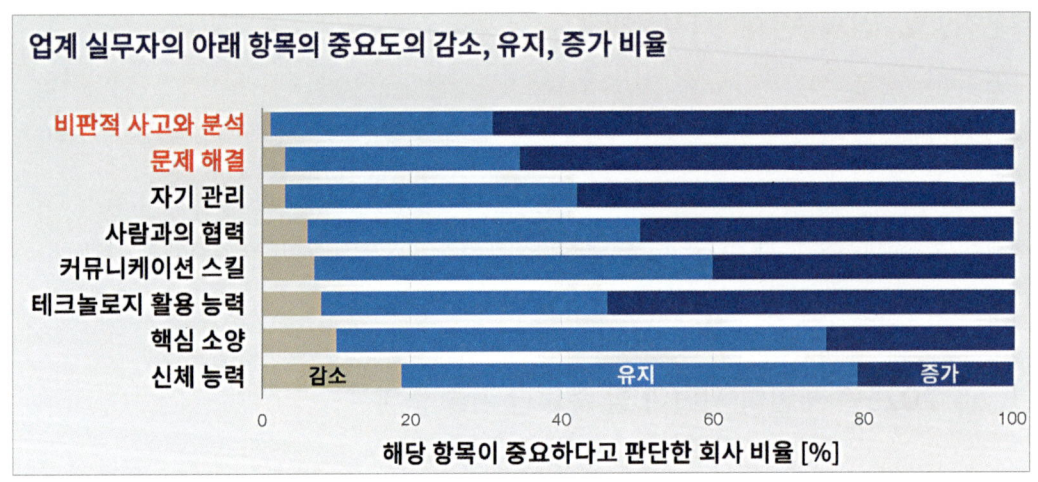
▲ 세계경제포럼(WEF) 2020 보고서 중 기업 설문에서 중요한 기술로 꼽힌 항목[27]

결국, 4차 산업혁명 시대를 살아가야 하는 우리는 AI를 활용한 데이터 분석 능력을 자신의 전문 분야에 적용할 수 있는 AI-애플리케이셔너(Applicationer)가 되어야 합니다. AI-애플리케이셔너는 AI를 개발하는 것이 아니라, 각자의 전문 분야에서 AI를 효과적으로 활용하는 것을 의미합니다. 우리가 반도체의 원리를 모르더라도 누구나 스마트폰을 자유롭게 사용할 수 있듯이, AI도 마찬가지입니다. AI는 이제 미래의 특별한 존재가 아니라 현재 우리 일상의 필수품이 되어가고 있습니다. PC와 인터넷 그리고 스마트폰이 그랬듯 AI도 우리 일상 곳곳에 자연스럽게 스며들고 있습니다.

AI 시대에 할 수 있는 것과 할 수 없는 것을 구분하면 한결 접근이 쉽습니다. 우리가 할 수 있는 것은 'AI-개발자'가 아니라 'AI-애플리케이셔너'가 되는 것입니다. 우리가 지금까지 쌓아 온 전문성에 AI의 잠재력을 더하는 것이 내 커리어에 말그대로 '포텐'을 터뜨릴 수 있는 가장 현명한 선택일 것입니다.

03
AI-노코드 데이터 분석 팁 10

데이터 분석 파일을 업로드할 때 유용한 팁 두 가지

AI-노코드 데이터 분석 팁 1 – 파일명을 정확하게 입력하세요

챗GPT에 데이터 파일을 업로드할 때, 파일 이름을 정확히 입력하는 것이 중요합니다. 폴더 이름을 잘 정리해 두면 나중에 찾기 편하고 이름만 보아도 파일에 무엇이 담겨 있는지 쉽게 이해할 수 있습니다. AI도 마찬가지입니다. AI가 파일 이름만 보고도 내용을 짐작할 수 있도록, 관련된 정보를 포함해 체계적으로 정리하는 것이 좋습니다. 컴퓨터 코딩에서도 변수 이름을 의미 있게 정하는 이유와 같습니다. 이렇게 해야 다른 엔지니어와 협업할 때 효율적일 뿐만 아니라, 본인에게도 이해하기 쉽습니다.

챗GPT나 대부분의 AI 서비스는 영어를 기본 언어로 사용합니다. 따라서 영어로 파일 이름을 작성하면 인식률이 높아집니다. 데이터를 업로드한 후, 첫 번째 프롬프트에서 데이터에 대한 간략한 설명을 제공하면 챗GPT가 데이터의 맥락을 더 잘 이해할 수 있습니다.

- **올바른 예시**: (대표성 키워드)_(버전: A, B, C…)_(버전에 대한 설명)_(작성자)_(날짜). (확장자: csv, txt, dat…)
  임직원 역량 강화 교육 후 인식 변화_B_직책별 분류 추가_박대성_240815.csv

- **잘못된 예시**: 결과자료.csv, temp.csv, 1.csv, ttt.csv…

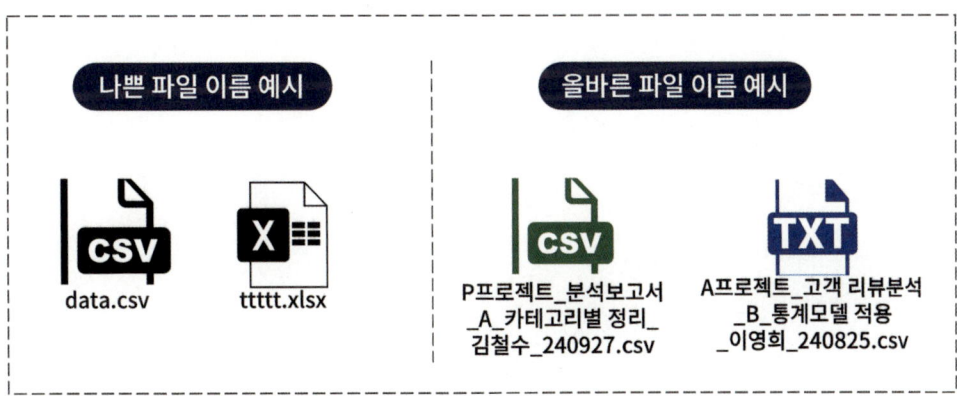

▲ 올바른 파일 이름과 파일 설명

AI-노코드 데이터 분석 팁 2 - 대용량 데이터는 압축하여 업로드하세요

챗GPT는 최대 10개 데이터 파일을 업로드할 수 있습니다. 총 용량은 500MB로 제한되어 있습니다. 용량은 정해져 있어서 한계가 있지만 데이터 개수는 10개 이상 업로드하는 방법이 있습니다. 원하는 데이터 파일을 zip 파일로 압축하여 프롬프트 가상 환경에 업로드하고 압축을 해제 요청하면 됩니다.

- 10개 이상 업로드했을 경우 오류 메시지

▲ 챗GPT 프롬프트에 업로드할 수 있는 최대 파일 개수, 10개

20개 파일을 압축한 파일을 업로드하고 압축 풀기

📁 Data20ea_compressed.zip
ZIP 아카이브

▲ 압축 파일(zip)을 업로드 한 후, 압축 풀기 요청

zip 파일을 업로드했어. 가상 환경에 압축을 풀어줘.
그리고 데이터가 몇 개 포함되어 있는지 알려줘.

※ 파일: Data20ea_compressed.zip

https://github.com/M-LearnRun/Nocoding-JustAI

Zip 파일 추출 및 파일 개수 계산 코드 #4-4-1

```
결과
STDOUT/STDERR
20
```

압축 파일을 풀었더니 20개의 파일이 포함되어 있습니다. 이 파일들에 대해 추가적인 세부 정보나 분석이 필요하다면 언제든지 말씀해 주세요!

EDA와 매직 키워드 활용 팁 두 가지

AI-노코드 데이터 분석 팁 3 - EDA를 초반에 진행하세요

매직 키워드 중 하나가 EDA(탐색적 데이터 분석)입니다. 데이터를 업로드하고 전처리한 후, 본격적인 분석에 돌입하기 전에 EDA를 요청합니다. EDA를 통해 데이터의 특성과 패턴을 미리 파악할 수 있습니다. 챗GPT는 탐색적 데이터 분석을 수행하면서 데이터에 대한 이해도를 높이는 작업을 합니다. 과거의 질문과 답변을 기억해 두고, 본격적인 분석 도구를 이용해 과제에 접근할 때 데이터에 대한 이해도를 바탕으로 분석이 진행됩니다.

데이터 분석 절차

▲ 데이터 분석 절차에서 EDA(탐색적 데이터 분석)

AI-노코드 데이터 분석 팁 4 - AI에게 어떤 데이터 분석을 실시할지 키워드를 이용해서 미리 알려주세요

데이터 분석에서 주요한 키워드만 알고 있어도 장황한 부가 설명을 생략할 수 있습니다. 매직 키워드처럼 하나의 단어로 원하는 분석의 명확한 방향을 잡을 수 있습니다. 예를 들어, 데이터 분석에서 분류, 군집화, 회귀분석 등의 개념을 알고 있다면, 해당 키워드를 사용해 원하는 분석 결과를 빠르게 얻을 수 있습니다.

▲ 데이터 분석을 위한 매직 키워드

복잡한 분석을 해결하는 팁 두 가지

AI-노코드 데이터 분석 팁 5 – 여러 작업을 한 번에 요청할 때는 'Think step by step'로 순차적으로 하세요

여러 서브 태스크를 한 프롬프트에 요청할 때, 'Think step by step'이라고 추가하면 챗GPT는 체계적으로 접근합니다. 체계적으로 접근해야만 분석자와 함께 이해하면서 생각을 확장시킬 수 있습니다. 한꺼번에 여러 작업을 실행하면 챗GPT가 뭔가 열심히 쓰고 작업하지만, 분석자가 따라갈 수 없어 사고의 확장을 하는데 방해가 됩니다. 한번에 복잡한 작업을 지시하기보다는, 각 단계를 하나씩 끊어서 요청하면 더 효율적인 결과를 얻을 수 있습니다.

이러한 단계별 접근은 분석 과정의 투명성을 높여주어 중간 결과를 쉽게 검증할 수 있게 해줍니다. 각 단계에서 발생할 수 있는 오류를 즉시 발견하고 수정할 수 있어 분석의 정확도가 높아지며, GPT의 사고 과정을 따라가며 분석자도 새로운 통찰을 얻을 수 있습니다.

여러 작업을 요청할 때는 예를 들어, "2022년과 2023년 데이터에 해당하는 자료에 대해서 순차적으로 시각화 하자."와 같이 같은 부류의 분석을 병렬식으로 요청하는 것이 효율적입니다.

1단계: Think step by step

제공한 데이터는 2022년과 2023년 판매 실적 데이터가 시계열로 되어 있어. 'Think step by step'으로 차근차근 분석을 진행하자. 한꺼번에 분석을 진행하지 말고, 진행하기 전에 진행 여부를 나한테 물어봐. 그럼 내가 진행할지 안 할지 결정해서 알려줄게.

※ 파일: 2022_and_2023_Sales_Data.csv

https://github.com/M-LearnRun/Nocoding-JustAI

1단계: 챗GPT 대답

데이터 세트에는 2022년 1월부터 2023년 12월까지의 월별 판매 실적이 포함되어 있습니다. 총 24개의 항목이 있으며, 결측치는 없습니다.

다음으로 데이터 정리 작업을 진행할까요, 아니면 트렌드 분석이나 계절성 분석과 같은 탐색적 분석을 바로 시작할까요? 원하는 방향을 알려주세요!

이 데이터는 차량 차체의 설계 제원과 차체 강성 성능을 나타내는 자료입니다. 각 열은 차량의 차체에 대한 특정 부품의 설계 사양(너비, 두께)과 차체의 강성 성능에 대한 데이터를 포함하고 있습니다

2단계: 기초 통계 분석과 EDA

우선, 2022년과 2023년 판매 데이터의 평균, 중앙값, 최댓값, 최솟값 등 기초 통계값을 포함해서 EDA를 분석해 보자.

2단계: 챗GPT 대답

EDA(탐색적 데이터 분석)를 통해 2022년과 2023년 판매 실적을 깊이 있게 분석해 보겠습니다. 주요 분석 항목은 다음과 같습니다:

1. **기본 통계량 분석(전체 데이터 24개):**
   - 최솟값: 1,466(2022년 11월) / 최댓값: 5,926(2023년 1월) / 중앙값: 3,177

2. **연도별 비교:**
   - 2022년 평균: 2,869.58
   - 2023년 평균: 3,837.92(전년 대비 성장률: 33.7% 증가)

3. **월별 판매 추이 분석**: 시간에 따른 판매 실적의 추이를 시각적으로 분석하여 트렌드를 파악합니다.

4. **계절성 탐지**: 특정 시기에 판매가 증가하거나 감소하는 패턴이 있는지 확인합니다.

5. **분포 분석**: 두 해의 판매 실적 분포가 어떻게 다른지 확인합니다.

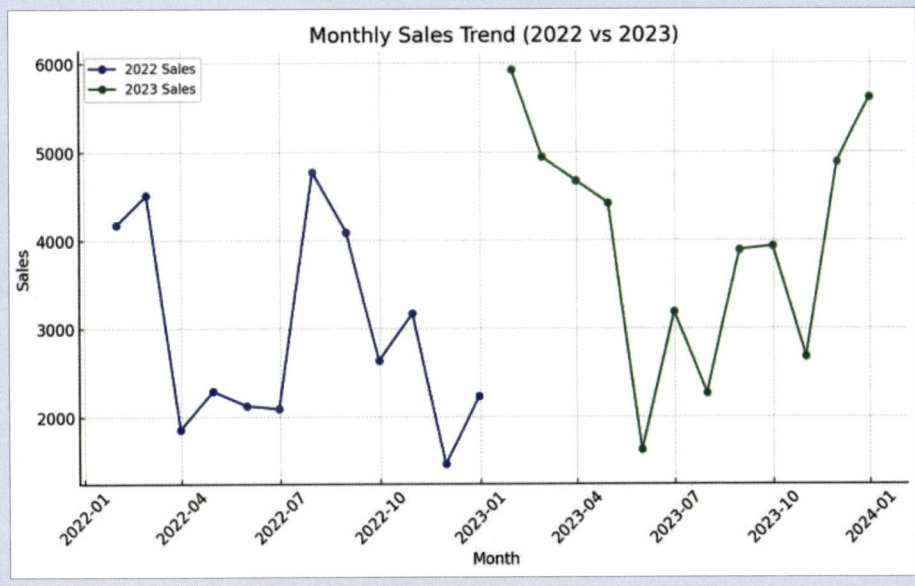

▲ 2022, 2023년도 월별 매출 데이터 비교

3단계: 연간 판매량 비교

2022년과 2023년의 총판매량을 비교하는 막대그래프를 만들어 줘.

3단계: 챗GPT 대답

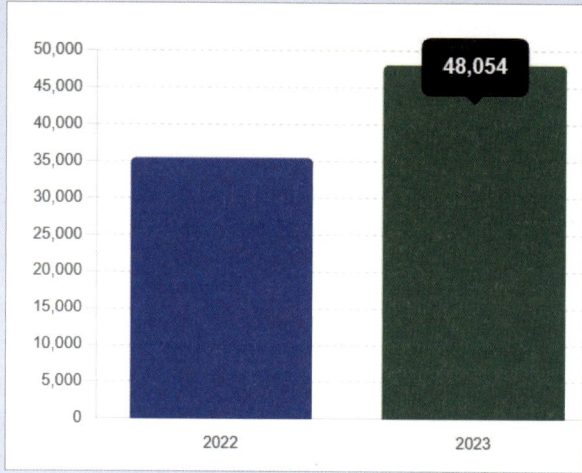

▲ 연간 매출 데이터 비교

위 막대그래프는 2022년과 2023년의 총판매량을 비교한 결과입니다. 2023년의 판매량이 2022년보다 더 높은 것을 시각적으로 확인할 수 있습니다. **다음으로 어떤 분석을 진행할까요?**

AI-노코드 데이터 분석 팁 6 – 명료하게 하나씩 지시하세요

하나의 프롬프트 대화에 하나의 목적을 갖는 것이 좋습니다. 구체성과 다양성은 항상 트레이드오프 관계에 있습니다. 구체적인 목적이 있다면 다양한 결과와 분량은 줄어들 수 있습니다. 반대로, 다양한 분석 결과를 요청하면 본질이 흐릿해질 수 있습니다.

명확하게 무엇을 해야 할지 모른다면, 다양한 발화를 통해 여러 의견을 들어보는 것도 하나의 목적이 될 수 있습니다. AI의 여러 의견을 들어보고 하나의 구체적인 분석 목적이 정해졌다면, 그때 명료하게 하나씩 지시하는 것도 좋은 방법입니다.

▲ 트레이드오프 관계인 구체성과 다양성

시각화 팁 두 가지

AI-노코드 데이터 분석 팁 7 – 한글 패치를 적용하여 시각화하세요

분석한 결과를 시각화하면 기본적으로 맷플롯립(matplotlib) 파이썬 라이브러리를 사용합니다. 기본 언어는 영어입니다. 그래서 한글로 된 라벨이 있으면, 한글이 깨지게 됩니다.

한글로 시각화하려면 'Koreanize_matplotlib.whl' 파일을 프롬프트 가상환경에 업로드하고, 라이브러리를 설치해 달라고 요청하면 됩니다.

 한글 패치를 위한 라이브러리 설치

▲ Koreanize_matplotlib 라이브러리를 설치

업로드한 whl 파일을 지금 이 가상 환경에 설치해 줘. 그리고 앞으로 시각화할 때 항상 이 라이브러리를 불러와서 한글을 사용해 줘.

※ 파일: koreanize_matplotlib-0.1.1-py3-none-any.whl

https://github.com/M-LearnRun/Nocoding-JustAI

 한글 패치 시각화 확인

koreanize_matplotlib 라이브러리가 성공적으로 설치되었으며, 앞으로 시각화에서 사용할 준비가 되었습니다. 이 라이브러리는 한글 폰트 지원을 통해 그래프에 한글을 올바르게 표시하는 데 사용됩니다.

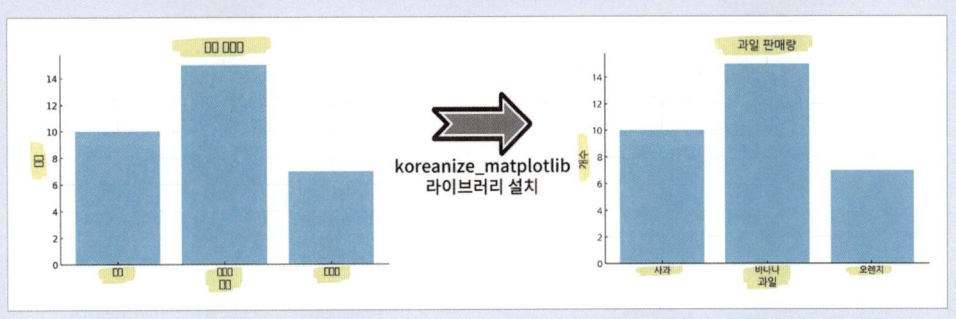

▲ 16 koreanize_matplotlib 라이브러리 설치 전/후

AI-노코드 데이터 분석 팁 8 – 시각화 구성 요소를 명시하세요

시각화의 각 요소에 대해 구체적으로 지시하면 좀 더 내가 원하는 형태로 그래프를 그릴 수 있습니다.

- 차트 제목
- X축 라벨
- Y축 라벨
- X축 틱 라벨
- Y축 틱 라벨
- 마커
- 라인
- 눈금선
- 범례(legend) 표시 여부
- 폰트 사이즈 등

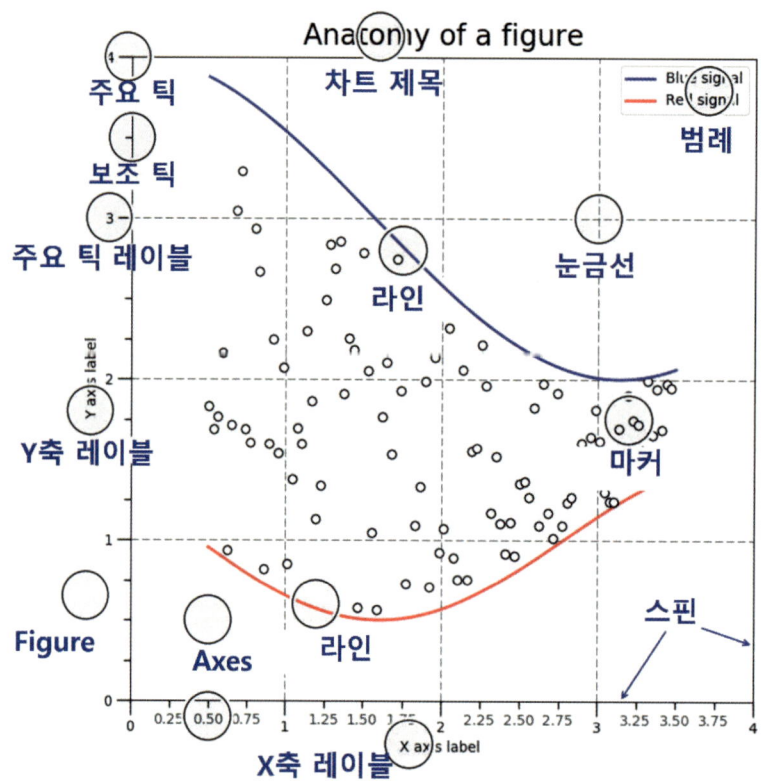

▲ 시각화 구성 요소: 챕터 9 시각화에서 자세히 소개

창의적 아이디어 팁 두 가지

AI-노코드 데이터 분석 팁 9 – 재사용 프롬프트를 실행해서 비교하고 선택하세요

챗GPT로부터 다양한 아이디어를 얻으려면 동일한 프롬프트를 2~3번 실행하여 결과를 비교해 보는 것이 좋습니다. 실행할 때마다 다른 답변을 주기 때문에 중요한 질문이라면 2~3번 같은 요청을 하고 페이지를 넘기면서 원하는 답변을 찾을 확률이 높아집니다. 하단 프롬프트 입력창 위에 ❶ '모델 바꾸기' 아이콘을 클릭합니다. 이어서 ❷ '다시 시도하기'를 클릭하면 동일한 요청에 대해 다른 답변을 받을 수 있습니다.

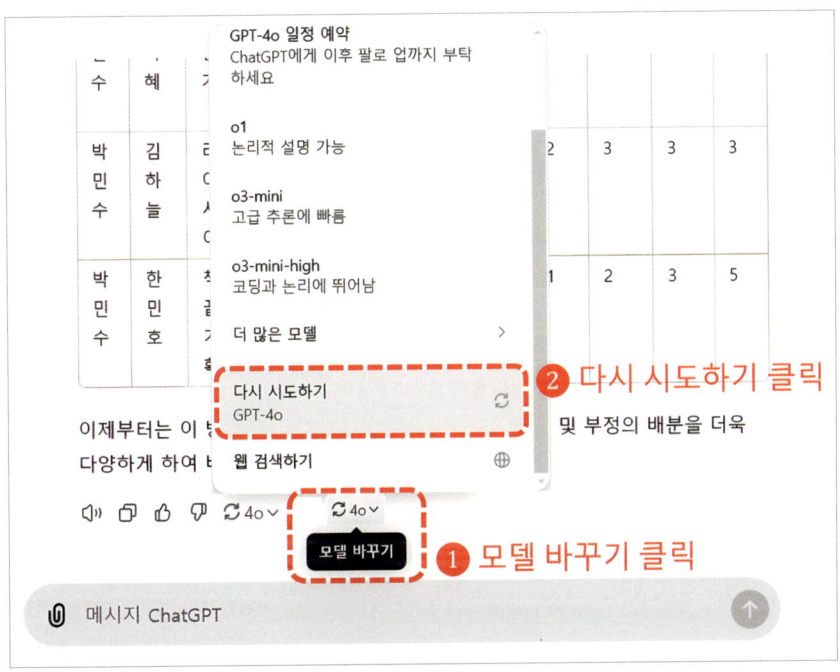

▲ 답변 재생성 기능

AI-노코드 데이터 분석 팁 10 – 무엇을 해야 할지 모를 때, 데이터 분석 방향에 대한 아이디어를 요청하세요

분석 과제가 명확하지 않다면 챗GPT에게 분석 과제, 시각화 아이디어, 검증할 가설 등을 제안하도록 요청해 보세요.

데이터만 있고 분석 방향을 잡지 못할 때, AI에게 분석 방향 자체를 요청

▲ amazon.csv 파일 업로드

고객의 구매 이력 데이터가 있는데 데이터가 복잡해서 무엇을 해야 할지 모르겠어.

첨부한 데이터를 활용해서 어떤 분석을 수행할 수 있을지 아이디어를 얻고 싶어.

이 데이터 세트의 주요 특성과 변수들을 파악하고, 이를 바탕으로 실행할 수 있는 분석 방법을 알려줘.

각 분석 방법에 대해 어떤 비즈니스 인사이트를 얻을 수 있는지, 그리고 이 인사이트가 어떻게 의사결정에 도움이 될 수 있는지 설명해 줘.

※ 파일: amazon.csv

https://github.com/M-LearnRun/Nocoding-JustAI

 이 데이터 세트는 총 16개의 열을 포함하고 있으며, 각각의 열은 제품 구매 및 리뷰와 관련된 정보입니다. 주요 특성은 다음과 같습니다:

- **product_id, product_name**: 제품의 고유 ID와 이름
- **category**: 제품이 속한 카테고리
- **discounted_price, actual_price, discount_percentage**: 제품의 할인된 가격, 원래 가격, 할인율
- (이하 생략)

이 데이터를 바탕으로 실행 가능한 분석 방법 몇 가지를 제안드리겠습니다:

1. 고객 세분화 및 구매 패턴 분석

- **목적**: 고객을 구매 빈도, 지출 패턴, 선호하는 카테고리 등에 따라 세분화할 수 있습니다. 이를 통해 어떤 고객 그룹이 높은 가치를 제공하는지 파악할 수 있습니다.

2. 리뷰 텍스트 분석 (자연어 처리)

- **목적**: 리뷰 제목과 내용을 분석하여 고객이 제품에 대해 긍정적 또는 부정적으로 평가하는 주요 요인을 도출할 수 있습니다. 이를 통해 감성 분석을 수행할 수 있습니다.

(이하 생략…)

AI는 데이터를 살펴본 후에 '고객 세분화 및 구매 패턴 분석'과 '리뷰 텍스트 분석(자연어 처리)' 등 데이터 분석 방향을 제시해 주었습니다.

데이터 분석을 시작할 때 가장 어려운 순간은 바로 첫발을 내딛는 순간입니다. 특히 분석 초반에 AI는 큰 도움이 됩니다. 마치 처음 보는 복잡한 퍼즐 앞에서 힌트를 얻는 것처럼, AI는 데이터의 잠재력을 빠르게 파악하고 분석의 방향성을 제시해 줍니다.

추론하는 AI 모델(o3-high)로 데이터 분석 방향 잡기

데이터 분석 초기 단계에서, 오픈AI의 추론형 모델인 'o3-high'를 활용할 수 있습니다. 오픈AI에서는 새로운 모델에 더 이상 '챗GPT'라는 명칭을 사용하지 않는 데 큰 의미가 있습니다. 이는 초창기 모델 'o1'과 뒤이어 나온 'o3' 모델이 기존의 챗GPT와는 다른, 심도 있는 추론 능력과 고도화된 분석 기능을 제공하겠다는 의지를 반영한 것으로 해석됩니다.

이 추론하는 모델은 단순히 '무슨 현상이 일어나는가?'를 파악하는 데 그치지 않고, '왜?'라는 질문을 통해 현상의 근본 원인을 깊이 있게 탐구합니다. 기존 생성형 AI 모델인, 챗GPT 시리즈가 데이터의 기계적 패턴만을 분석하는 데 집중하는 반면, o3-high는 다양한 시나리오와 가정을 빠르게 검증해 구체적인 분석 로드맵을 제시합니다. 이는 초반에 데이터를 제공하고 데이터 분석의 방향을 잡는데 매우 유용합니다.

앞서 업로드한 'amazon.csv'과 함께 동일한 프롬프트를 o3-high 추론 모델에 요청해보도록 하겠습니다.

추론하는 AI 모델(o3-high) 스스로 질문하고 답하는 과정

오, 이 데이터는 아마존 제품 리뷰와 관련된 데이터인 것 같네요. CSV 파일에 여러 열이 있는데, product_id부터 시작해서 product_name, category, discounted_price, actual_price, discount_percentage, rating, rating_count 등 다양한 정보가 포함되어 있군요. 먼저 각 열이 무엇을 의미하는지 파악해야 할 것 같아요.

이 데이터를 활용해서 어떤 분석을 할 수 있을까요? 아마도 가격과 할인율이 판매량이나 평점에 어떤 영향을 미치는지 알아볼 수 있을 것 같아요. 또는 카테고리별로 인기 있는 제품을 파악하거나, 리뷰 내용을 분석하여 고객들의 만족도나 불만 사항을 파악할 수도 있을 것 같아요. 또, 평점이 높은 제품과 낮은 제품의 특성을 비교해 보는 것도 유용할 것 같네요.

하지만 데이터가 복잡하고 많은 열이 있으니, 어떤 변수를 중심으로 분석을 진행할지 결정하는 것이 중요할 것 같아요.

(추론 후, o3-high 모델의 답변 일부...)

- **가격 전략**: 케이블 제품은 할인율 50% 이상 설정 시 판매량 120% 증가 → 주말 한정 이벤트
- **품질 개선**: "내구성" 이슈가 있는 케이블 제품군에 대해 소재 변경(나일론 → 케블라) 검토.

이처럼 추론하는 AI는 분석자가 제공한 프롬프트를 기반으로 AI 스스로 질문하고 대답하는 추론 과정, 리즈닝(reasoning)을 거쳐 데이터의 의미를 파악했습니다. 그 대답은 초기 데이터 분석 방향을 잡기 위한 아이디어 획득에 있어 큰 역할을 할 것입니다.

Chapter 5

AI-노코드 데이터 분석을 위한 AI-노수식 통계

"신의 생각을 이해하려면 우리는 통계를 공부해야 합니다.
통계는 신의 목적을 측정하는 도구이기 때문입니다."
– 나이팅 게일

AI-노수식 통계
작은 세상에서 큰 세상을 바라보는 통계

데이터 분석 : 통계 = 노코드 : 노수식

데이터 분석을 시작하기도 전에 만나는 첫 번째 벽은 컴퓨터 코딩입니다. 첫 번째 벽을 넘었다면, 두 번째 맞 딱뜨리는 벽은 통계일 것입니다. 통계는 데이터 분석의 기초 체력이자 데이터 분석 그 자체입니다. 데이터 분석을 하면 할수록 부족한 지식이 컴퓨터 코딩이 아니라 통계라는 사실을 느끼게 될 것입니다. 그래서 통계 없는 데이터 분석을 논할 수 없다는 판단에 이번 챕터에서는 통계 이야기를 해보겠습니다. 그 대신 데이터 분석을 코딩 없이 노코딩으로 하듯, 통계는 가능한 수식 없이 노수식으로 진행하겠습니다. 설명을 위한 수식 은 등장하지만, 챗GPT 프롬프트에 수식을 기입할 일은 없습니다. AI가 노코드로 데이터 분석을 도와주듯 AI 는 수식 없이, 노수식으로 통계 분석을 도와주기 때문입니다. 챕터 5 'AI-노코드 데이터 분석을 위한 AI-노 수식 통계'는 말 그대로 수식 없는 통계로 대화합니다. 통계학 교과서『통계학개론』(2009)[28]을 기본으로 하 되, 수식을 사용하지 않고 이해를 방해할 수 있는 어려운 단어는 최대한 풀어서 설명했습니다

이러한 과정에서 교과서에 나오는 정석을 벗어난 표현도 있겠지만, 통계가 불편한 입문자 분들이 쉽게 읽고 이해할 수 있도록 준비했습니다. 통계에 호기심을 가지고 몇 번이고 공부하다가 포기하신 분이라면, 이번 챕 터가 도움이 되리라 믿습니다. 데이터 분석의 기초라 할 수 있는 통계, 확률, 분포 그리고 신뢰까지 ―두 음절 로 된― 네 가지 주요 내용을 다뤄 보겠습니다.

통계학 공식이나 수학 기호는 AI에게 맡깁니다. 그 덕에 수식 없이 통계학을 배울 수 있는 노수식 통계학이 가능해집니다. 수식이 필요한 부분은 100% AI에게 맡기기 때문에 우리는 데이터 분석에 필요한 통계적 사 고방식에 집중할 수 있습니다. 통계적 사고방식의 본질적인 부분은 함축된 의미를 가진 수학 기호나 이해하 기 어려운 통계학 공식을 처음 배우는 입장에서는 오히려 방해가 될 수 있다고 생각합니다. 어차피 챗GPT와 같은 AI 비서는 통계학 공식을 모두 학습하고 있으며, 관습적으로 사용되는 수학 기호로 우리에게 수식을 알 려줍니다. 덕분에 우리는 공식을 외우기보다 통계의 개념을 이해하는 데 더 노력을 기울일 수 있습니다.

음표를 잘 읽지 못하고 노래도 서툰 필자도 합창단 일원으로서 음악을 즐깁니다. 음악의 본질이 음표나 기술 에 있는 것이 아니라 그 자체를 즐기는 것이듯, 통계도 공식을 외우기보다는 통계 자체를 알아가는 재미를 느낄 수 있도록 돕고 싶습니다. 물론 공식을 외우면 연습 문제 풀이에 도움이 됩니다. 각 단원의 연습 문제는 그 단원에서 배운 공식이 활용되므로, 공식을 단순히 암기하고 이를 적용하면 해당 단원의 문제는 쉽게 풀 수 있습니다.

안타깝게도 이렇게 외운 공식이 실무에선 거의 쓸모없는 지식이 됩니다. 실무에선 어떤 단원인지 알려주는 사람도 없고 문제가 주어지지도 않습니다. 문제를 스스로 만들어서 직접 풀어내야 하는 곳이 현장이고 실무입니다. 결국 학교를 떠나 현장에서 맞닥뜨리는 문제를 해결하기 위해서는 통계적 사고와 확률적 사고를 이해하려는 시도가, 단순히 공식을 외우는 것보다는 백배 천배 올바른 공부일 것입니다.

작은 세상에서 큰 세상을 바라보는 통계

통계(Statistics)의 어원은 이탈리아어 '스테티스티코(Statistico)'에서 왔습니다. 이는 국가와 정부를 의미하는 라틴어 '스테이터스(Status)'에서 유래합니다. 즉, 통계는 국가를 다스리는 통치자가 배워야 했던 중요한 학문 중 하나였습니다. 이탈리아의 통치자는 반드시 통계를 배워야 했으며, 수많은 국민을 보살피고 다스리는 방법을 통계에서 찾았습니다. 작은 자가 큰 국가를 바라보는 방법이 바로 통계였습니다.

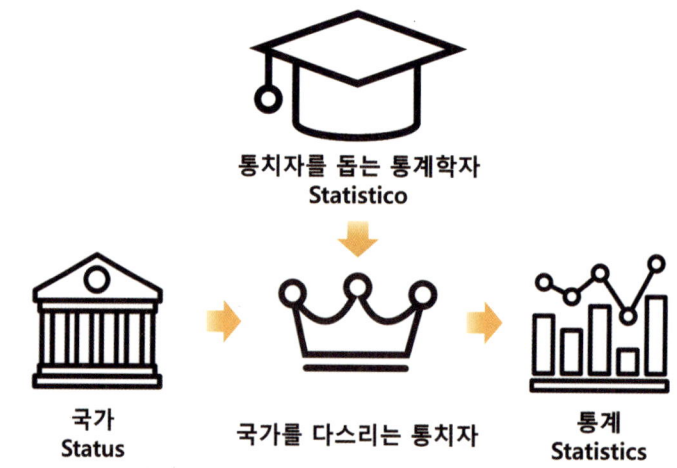

▲ 통계의 기원: Status(국가) → Statistico(국가 통치법을 알려주는 직업) → Statistiscs(통계학)

우리가 한 나라를 이해할 때도 자연스럽게 통계를 사용합니다. 예를 들어, 한국을 이해할 때 인구는 약 5천만 명, 면적은 약 10만 제곱킬로미터, 1인당 국민총소득은 3만 5천 달러로 표현할 수 있습니다. 모든 국민의 자료는 방대하기 때문에, 그 자체로는 결론을 도출하기 어렵습니다. 그래서 우리는 통계치를 활용합니다. 다시 말해, 수많은 숫자를 하나씩 살펴보는 방식으로는 전체를 파악하기 어렵기 때문에 통계가 필요한 것입니다.

이러한 통계의 중요성은 역사 속에서도 찾아볼 수 있습니다. 고대 중국에서는 국가의 기본 통계 문서인 '적(籍)'을 통해 인구 조사, 토지 소유, 세금, 군사, 관료 임명 등 국가 운영에 필수적인 정보들을 체계적으로 기록하고 관리했습니다. 서양뿐만 아니라 동양에서도 효율적인 통치와 국가 운영을 위해 통계 자료는 핵심적인 도구였던 것입니다. 이렇게 통계를 잘 알고 통계 자료를 소유한 사람이 실질적인 통치 권한을 가질 정도로 통계의 힘은 대단합니다.

▲ 통계로 보는 인구, 국민총소득, 영토의 면적[29]

요컨대, 작은 것에서 시작해 큰 것을 바라보는 것이 통계의 본질입니다. 큰 것은 무엇이든 될 수 있습니다. 이를 하나의 '계(System)'라고 부를 수 있습니다. 계층이나 집단에 해당하는 이 계를 하나 만들어 보겠습니다. 노트에 주먹 크기의 감자 하나를 그려 넣습니다. 펜을 종이에 대고 그리기 시작해 끝을 연결하면 하나의 '계'가 생깁니다. 다른 표현으로는 시스템이라고도 할 수 있습니다. 이제 단순해졌습니다. 노트에 그려진 감자는 그 자체로 모집단이 됩니다. 예를 들어, 이 무심히 그린 공간은 작게는 조약돌을 담고 있는 주머니일 수도 있고, 크게는 대한민국 20대 청년을 모두 모은 가상공간일 수도 있습니다.

이 모집단을 임의로 나눠보겠습니다. 노트에 그려진 주먹만 한 감자 모양에 가로선 하나, 세로선 하나를 그으면 네 등분이 됩니다. 네 영역의 넓이를 재는 것은 쉽습니다. 고작 네 개뿐이니까요. 이제 마구잡이로 선을 더 그으면 영역의 개수가 늘어납니다. 선이 늘어날수록 영역은 많아지고, 모든 영역의 넓이를 일일이 재는 것은 점점 버거워집니다. 이때 가장 현실적인 방법은 이 모든 공간의 면적 중 열 개에서—인내심이 있으시다면—스무 개를 아무 영역이나 무작위로 골라서 넓이를 재는 것입니다. 이것이 작은 것으로부터 큰 것을 알기 위한 '샘플링(Sampling)'입니다. 마치 한 사람의 인사에서 그 사람의 성격과 됨됨이를 엿볼 수 있는 것과 같은 원리입니다. 이처럼 작은 샘플로부터 큰 모집단을 바라볼 수 있는 것이 통계의 핵심적인 특징입니다.

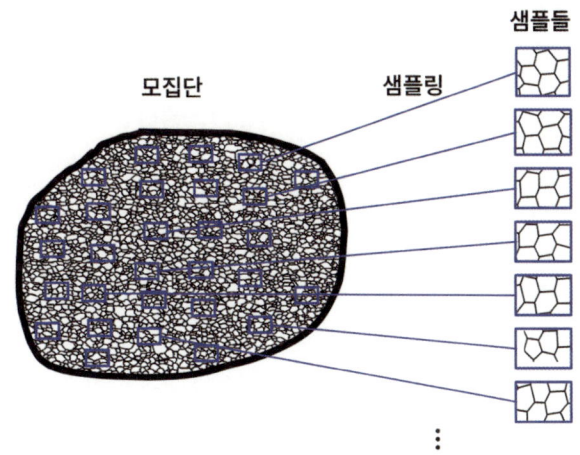

▲ 계(system)라는 모집단으로부터 샘플링하기

보잘것없어 보이는 감자 계에서 빠져나와 더 큰 세상으로 눈을 돌리면 무수히 많은 것을 '계'로 묶을 수 있습니다. 가령 대통령 선거에서 천 명의 출구 조사로 오천만 명의 유권자 투표 결과를 미리 짐작할 수 있습니다. 그뿐만 아니라 더 넓은 세상으로 갈 수도 있습니다. 우리가 감히 헤아릴 수 없을 것 같은 우주 공간에서 별을 세어 볼 수도 있습니다. 관찰할 수 있는 한정된 공간에서 바라본 별을 세고 나머지 우주 공간에도 이만큼 있을 것으로 추정하는 것입니다. 알려진 바에 따르면, 세상에서 가장 큰 모집단입니다. 그 수는 '1' 뒤에 '0'이 23개에서 24개쯤 되는 숫자입니다. 굳이 '0'을 23개 붙여본다면 100,000,000,000,000,000,000,000입니다. 이만큼의 숫자를 세는 것은 사실상 불가능합니다. 통계이기에 대답할 수 있습니다. 통계는 대부분의 경우 알 수 없는 모집단을 추정할 수 있는 거의 유일한 방법임에 분명합니다.

▲ NNASA의 허블 우주 망원경이 포착한 '허블 익스트림 딥 필드' 우주 공간에 펼쳐진 무수히 많은 별들[30]

데이터의 중심 위치

작은 데이터 하나하나로는 의미 있는 결론을 도출하기 어렵기 때문에 통계가 필요합니다. 모집단의 범위는 구슬 주머니 계에서 지구 밖 은하계까지 다양합니다. 이번에는 모집단을 대한민국 대학생이 하루에 책을 읽는 시간으로 가정해 보겠습니다. 이 경우 모집단은 대한민국 대학생 전체가 됩니다. 모든 대한민국 대학생에게 물어보는 것이 이상적이겠지만, 현실적으로 어렵기 때문에 샘플링이 필요합니다. 실제로 조사할 수 있는 규모만큼 전체 모집단에서 데이터를 추출하는 것을 샘플링이라고 합니다.

이렇게 샘플링이 완료되었다면, 통계 분석을 시작할 수 있습니다. 그러나 샘플 데이터만 모아놓고 뚫어져라 쳐다본다고 해서 의미를 읽어낼 수는 없습니다. 데이터는 현실의 한 조각이고 그 자체만으로는 충분한 정보를 제공하지 못합니다. 우리가 알 수 있는 한 가지는 데이터가 각기 다른 수치를 나타낸다는 점입니다. 즉, 샘플링된 대학생 20명의 하루 책 읽는 시간이 어떠한 형태로든 분포를 이루고 있다는 것을 알 수 있습니다.

대학생 20명의 하루에 책 읽는 시간 (단위: 시간)	
1.5	2.1
2.0	3.0
1.3	0.8
1.8	1.7
2.3	2.5
0.9	1.9
2.4	5.8
1.1	2.5
0.7	1.0
2.6	10

▲ 대학생 20명의 하루에 독서 시간

이러한 숫자의 나열로 밖에 보이지 않는 분포의 특징을 이끌어 내기 위한 방법이 필요해졌습니다. 그 방법이 '통계'입니다. 단순한 숫자들의 나열을 축약해서 표현한 값을 통계량이라고 합니다. 우선 가장 먼저 알고 싶은 것은 이 데이터의 중심이 어디에 있는지일 것입니다. 데이터의 중심은 데이터의 대푯값이 될 수 있습니다. 전체 데이터를 하나의 숫자로 요약할 수 있다면 데이터의 전반적인 수준을 파악하는데 도움을 줄 것입니다. 이러한 이유로 대표적인 통계량이 평균(mean)인 이유입니다. 평균은 데이터의 총합을 전체 개수로 나누어 구합니다. 이렇게 구한 평균값을 통해 우리는 데이터의 중심 경향이 어디에 있는지를 쉽게 이해할 수 있습니다. 대학생 20명의 독서 시간 전체를 합하고 20으로 나누면 평균입니다.

 대학생 20명의 하루 평균 독서 시간 구하기

▲ 대학생 평균 독서 시간 데이터 업로드

이 데이터는 대학생 20명의 하루 평균 독서 시간이야. 평균을 구해줘.

※ 파일: 통계자료_대학생 평균 독서 시간.xlsx

https://github.com/M-LearnRun/Nocoding-JustAI

평균 독서 시간 계산

데이터 개수 (n)는 20입니다.

$$\bar{x} = \frac{48}{20} = 2.4$$

따라서, 평균 독서 시간은 2.4시간입니다.

자료의 중심을 나타내는 것이 꼭 평균만 있는 것은 아닙니다. 예를 들어, 20명의 대학생 중 한 명이 유독 많은 독서 시간인 10시간을 기록했다면, 이는 전체 평균을 끌어올리게 됩니다. 이러한 값을 '아웃라이어(outlier)'라고 부릅니다. 아웃라이어는 데이터로 현실을 파악하는 데 착각을 일으키는 주요 원인입니다. 이 때문에 중앙값(median)이 대표값으로 자주 사용됩니다. 중위 소득이 대표적인 중앙값의 예입니다. 평균 소득은 고소득자가 평균값을 과도하게 올리기 때문에 현실을 반영하지 못할 수 있습니다. 따라서 자료의 중심으로 중앙값도 유용하게 사용됩니다.

자료의 중심을 나타내는 중앙값 구하기

이미 업로드한 '통계자료_대학생 평균 독서 시간.xlsx'에서 중앙값을 구해줘.

중앙값 계산

데이터의 개수(n)은 20으로, 짝수 개의 데이터가 있습니다. 따라서 중앙값은 정렬된 데이터의 10번째와 11번째 값의 평균입니다.

정렬된 데이터에서 10번째 값과 11번째 값:

- 10번째 값: 1.9
- 11번째 값: 2.0

중앙값(median)은 다음과 같이 계산됩니다:

$$\text{median} = \frac{1.9 + 2.0}{2} = \frac{3.9}{2} = 1.95$$

따라서, 이 데이터의 중앙값은 1.95입니다.

데이터의 중심을 정하는 방법에는 평균과 중앙값만 있는 것이 아닙니다. 실무에서 데이터의 특징을 잘 파악할수록 적합한 자료의 중심을 선택할 수 있습니다. 예를 들어, 피겨 스케이팅에서는 점수를 매길 때 평균과 중앙값을 사용하지 않습니다. 총 12명의 심사위원이 점수를 매기고, 9명의 심사위원이 무작위로 선정된 후 가장 높은 점수와 가장 낮은 점수를 제외하고 나머지 7명의 점수를 평균 내어 최종 점수를 결정합니다. 이는 공정한 평가를 위한 데이터의 중심 위치를 찾기 위한 노력의 일환입니다.

데이터의 중심보다 중요한 그 주변: 표준편차

평균은 과대평가된 통계치 중 하나일 수 있습니다. 평균은 실제로 관측되지 않는 값일 때도 있습니다. 예를 들어, 주사위의 눈 1에서 6의 평균은 3.5입니다. 하지만 주사위를 아무리 던져도 평균인 3.5는 나올 수 없는 숫자입니다. 평균은 단순히 데이터의 중심 위치를 나타내는 것일 뿐입니다. 이처럼 평균값 하나만으로는 데이터의 특징을 알기 어렵습니다. 동일한 평균을 가진 데이터라도 그 값들이 평균 근처에 모여 있을 수도, 평균에서 멀리 떨어져 있을 수도 있기 때문입니다. 그래서 데이터를 제대로 이해하기 위해서는 평균만으로는 부족합니다.

실무에서는 오히려 평균보다 그 주변을 이해하려는 시도가 더 많습니다. 그래서 표준편차는 실무에서 자주 활용되고, 이를 정확히 이해하는 것이 필요합니다. 표준편차를 구해보기 위해 단순히 수식을 사용해 계산하는 대신, 편차, 제곱 합, 분산, 표준편차의 네 단계를 거치는 과정에서 자연스럽게 표준편차의 원리를 알아보도록 하겠습니다.

STEP 1 – 편차

데이터의 중심만 알아서는 그 데이터의 상태를 완전히 이해했다고 할 수 없습니다. 예를 들어, 대학생의 평균 독서 시간이 2.4시간일 때, 각 개별 데이터가 평균으로부터 얼마나 떨어져 있는지를 확인하기 위해서는 개별 데이터에서 평균을 빼면 됩니다. 이를 통해 개별 데이터와 평균 사이의 거리를 알 수 있습니다. 이렇게 구한 편차는 문제가 하나 있습니다. 바로 개별 데이터의 편차로부터 대표성을 갖도록 모두 합하면 항상 '0'이 된다는 것입니다.

편차	
−0.9	−0.3
−0.4	0.6
−1.1	−1.6
−0.6	−0.7
−0.1	0.1
−1.5	−0.5
0.0	3.4
−1.2	0.1
−1.7	−1.4
0.2	7.6

▲ 개별 데이터와 중심 사이 거리

STEP 2 - 제곱 합

'STEP 1. 편차'에서 데이터가 중심에서 퍼져 있기 때문에 양수(+)와 음수(-)가 나타납니다. 이러한 편차를 모두 더하면 언제나 0이 되어 퍼짐 정도를 파악할 수 없습니다. 이를 해결하기 위해 각 편차를 제곱한 후 합을 구하면 0이 되는 상황을 피할 수 있습니다. 이렇게 계산된 제곱 합은 더이상 0이 아닙니다. 그러나 이것에도 문제가 있습니다. 데이터의 수(N)가 많아질수록 제곱한 후 합의 크기가 커지는 문제입니다. 아래 표는 개별 데이터의 편차에 제곱한 결과입니다. 표에 있는 값을 모두 더하면 84.22입니다. 만약 샘플링을 늘려서 데이터가 증가하면 이 제곱합은 더 커지게 될 것입니다.

편차의 제곱	
0.64	0.64
0.09	0.09
3.24	3.24
0.25	0.25
3.61	3.61
1.96	1.96
0.01	0.01
1.44	1.44
2.56	2.56
0.09	0.09

▲ 개별 데이터와 중심 사이 거리의 제곱

STEP 3 - 분산

'STEP 2. 제곱 합'도 문제가 있습니다. 데이터의 개수가 많아질수록 숫자가 계속 커지는 단점이 있습니다. 그래서 샘플 수로 나눠줍니다. 가령 20명의 대학생의 데이터이니까 제곱 합에서 전체 학생 수 20을 나눕니다. 이 값이 분산입니다.

여기에서 중요한 가정을 추가하겠습니다. 분명히 20명 대학생은 샘플링된 데이터입니다. 그러나 문제를 단순하게 만들기 위해서 20명이 전체 모집단이라고 가정하겠습니다. 그 이유는 모집단이 아니라 샘플링된 데이터라면, 학생 수 N으로 나누지 않고, N-1로 나눠야 합니다. 샘플의 분산과 표준편차에는 '-1'이 더 붙습니다. 이것을 통계학에서는 '자유도*를 하나 상실했다'라고 말합니다.[28] 쉽게 말해서, 20개 중 19개가 정해지면 나머지 하나는 이미 정해졌다는 의미로 자유도 하나를 빼는 것입니다. 그래서 샘플의 분산과 표준편차는 모집단의 분산과 표준편차보다 큽니다. 정리하면, 데이터 개수와 상관없이 20개 데이터가 모집단이면 N으로 나누고, 샘플링된 데이터이면 N-1로 나눕니다. 문제를 단순하게 하기 위해서 모집단으로 가정하고 20으로 나누겠습니다.

$$분산 = \frac{제곱합}{N}, \quad 분산 = \frac{84.22}{20} = 4.21$$

▲ 분산-개별 데이터와 중심 사이 거리의 평균

---

* 통계학에서 자유도(degree of freedom)는 주어진 데이터에서 자유롭게 변할 수 있는 값의 개수를 의미한다. 예를 들어 데이터가 20개 있고 이 데이터의 평균이 2.4라고 할 때, 19개의 값만 알면 나머지 하나의 값은 자동으로 정해진다. 평균값 2.4를 유지하기 위해서는 20개 데이터의 총합이 48(=2.4×20)이어야 하므로, 19개의 값만 정해지면 마지막 하나의 값은 자연히 결정되는 것이다. 따라서 실제로 자유롭게 변할 수 있는 자유도는 19(=20-1)이다.

STEP 4 – 표준편차

'STEP 1. 편차'의 기하학적 의미는 개별 데이터와 중심 사이의 거리입니다. 따라서 'STEP 3. 분산' 계산 과정에서 제곱된 효과를 없애기 위해 루트를 씌웁니다. 이를 통해 시간의 제곱이었던 단위(시간^2)를 다시 대학생의 독서 시간 단위(시간)로 복원됩니다. 루트를 씌우는 이유입니다.

$$표준편차 = \sqrt{분산}, \quad 표준편차 = \sqrt{4.21} = 2.05$$

STEP 1~STEP 4, 네 단계를 거쳐 드디어 데이터의 중심뿐만 아니라 얼마나 데이터가 중심으로부터 퍼져 있는지 설명할 수 있게 되었습니다. 이를 통해 대학생은 평균 2.4시간 책을 읽으며, 개인별로 약 2.05시간 정도 차이가 난다는 사실을 알았습니다. 표준편차는 중심을 기점으로 해서 데이터가 대략 어느 정도 멀리까지 자리 잡고 있는지를 하나의 수치로 나타내는 통계량이 됩니다.

표준편차를 알면 두 가지를 할 수 있습니다. 첫째는 평균과 표준편차로부터 개별 데이터 하나가 가지는 의미를 알 수 있습니다. 대학생 독서 평균 시간 2.4과 표준편차 2.05일 때, 평균에서 표준편차만큼 떨어진 4.45(=2.4+2.05)시간 책을 읽는 학생은 표준편차만큼 더 높은 독서 시간이라는 것을 알 수 있습니다. 5.8시간 책을 읽은 학생은 평균에서 표준편차만큼의 거리보다 더 멀리 떨어져 있습니다. 다른 학생들에 비해서 높은 독서 시간인 것을 알 수 있습니다. 즉 개별 데이터를 표준편차를 이용해 상대 평가해 볼 수 있습니다. 통상적으로 표준편차의 배수를 이용합니다. 하나의 데이터가 표준편차의 ±1배 전후라면 이것은 평범한 데이터라고 의미 부여할 수 있습니다. 관습적으로 표준편차의 ±2배만큼 멀리 있는 데이터일 경우에는 예사롭지 않은 데이터라고 할 수 있습니다. 이는 전체의 약 5%에 해당하므로 100명 중 5명에 해당한다고 볼 수 있습니다.

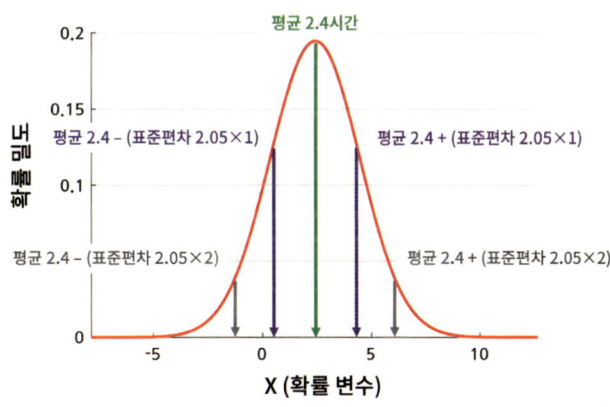

▲ 대학생 평균 독서 시간의 평균과 표준편차

앞서 말씀드린 노수식 통계 순서인 통계, 확률, 분포 그리고 신뢰 중, 분포에서 정규분포를 주로 다룹니다. 정규분포에서 ±1배는 약 68% 안에 포함되는 것이고, ±2배보다 멀리 떨어진 데이터는 대략 5%에 해당하는 예사롭지 않은 데이터인 것입니다.

두 번째는 데이터 묶음의 한 집단과 다른 집단을 비교할 수 있다는 점입니다. 예를 들어, A 회사의 타이어 평균 수명이 40,000km이고 표준편차가 15,000km인 경우와 B 회사 타이어의 평균 수명이 35,000km이고 표준편차가 5,000km인 경우를 비교해 보겠습니다. A 회사 타이어는 운이 나쁘면 25,000km만 운행하고 교체해야 할 수도 있지만, B 회사의 타이어가 25,000km의 수명을 보일 확률은 표준편차의 −2배에 해당하여 약 2.5%에 불과합니다. 이처럼 표준편차를 고려하면, A 회사와 B 회사를 단순히 평균으로 평가하기보다는 데이터의 특성이 다르다는 점을 파악할 수 있습니다.

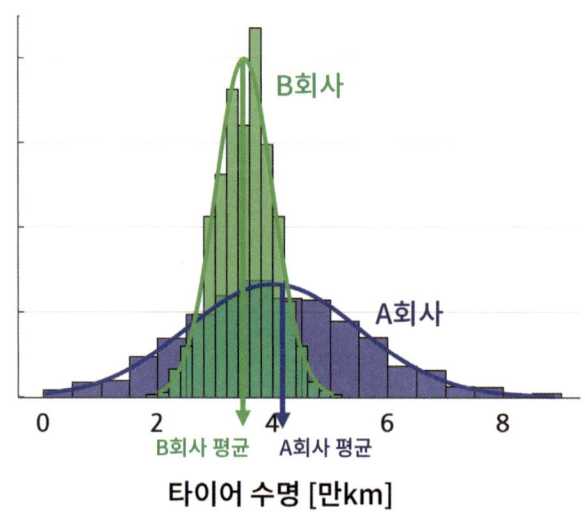

▲ 타이어 수명 평균은 A회사가 높지만 표준편차는 B회사가 낮다

데이터의 중심보다 중요한 그 주변, 표준편차를 통해 우리는 데이터를 한층 깊이 이해할 수 있게 되었습니다. 이는 제품 불량률 관리, 영업사원 실적 평가, 재고 수준 변동 분석 등 실제 업무 현장에서 다양하게 활용될 수 있습니다. 특히, AI-노수식 통계는 수학 수식 때문에 진입 장벽을 느꼈던 사람들도 누구나 시도해 볼 수 있는 기회를 제공할 것입니다.

지금까지 우리는 주어진 데이터를 면밀히 관찰하여 그 특성을 이해하는 '작은 세상에서 큰 세상을 바라보는' 통계적 접근을 살펴보았습니다. 다음으로 '큰 세상에서 작은 세상을 바라보는' 확률 이야기로 들어가 보겠습니다.

02

AI-노수식 확률
큰 세상에서 작은 세상을 바라보는 확률

확률 3요소: 샘플 공간, 시행, 사건

통계는 작은 샘플로부터 큰 세상, 즉 모집단을 바라보는 과정이었습니다. 확률은 반대 개념으로 큰 세상에서 작은 세상을 바라봅니다. 샘플 공간에서 수많은 시행*으로 발생하는 사건들을 모으면, 확률로 수렴하게 됩니다. 여기서 우리는 확률의 세 가지 구성 요소를 발견할 수 있습니다. 샘플 공간, 시행, 그리고 사건입니다.

예를 들어, 주사위를 던진다고 가정합시다. 샘플 공간(Sample space)은 1, 2, 3, 4, 5, 6으로 구성된 주사위의 눈입니다. 1에서 6까지의 정수 이외에는 나올 수 없습니다. 시행(Experiment)은 주사위를 굴리는 행위 자체를 의미합니다. 마지막으로, 사건(Event)은 주사위를 던졌을 때 나오는 특정한 결과를 의미합니다. 이제 확률을 정의할 수 있습니다. 확률이란 샘플 공간에서 발생할 수 있는 모든 결과 중 특정 사건이 일어날 가능성입니다.

> **확률 3요소**
> 1. **샘플 공간(Sample space)**: 가능한 모든 결과 전체 ex) 주사위에서 샘플 공간, S = {1, 2, 3, 4, 5, 6}
> 2. **시행(Experiment)**: 샘플 공간 안에서 가능한 결과를 만드는 행동 ex) 주사위를 굴리는 행위
> 3. **사건(Event)**: 시행 결과로 일어날 수 있는 상황 ex) 주사위 눈이 나오는 데이터

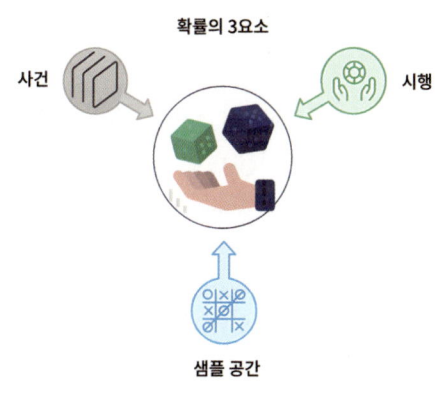

▲ 확률 3요소: 샘플 공간, 시행, 사건

---

* 시행(Experiment)이란 동일한 조건에서 반복적으로 실험을 수행하는 것을 의미한다. 예를 들어 주사위를 던지거나 동전을 던지는 행위 하나하나가 시행이다.

수없이 많은 시행으로 단 하나의 확률을 알아내다 - 대수의 법칙

확률을 구하기 위해서는 수없이 많이 굴려서 나온 데이터를 기록하고 세어 보면 됩니다. 무수히 많이, 무한대까지 주사위를 던지면 주사위의 확률을 알 수 있습니다. 고전적 의미에서 확률이 수없이 많은 시행을 통해 하나의 비율로 수렴하는 이유는 대수의 법칙을 따르기 때문입니다. 대수의 법칙은 말 그대로 큰 수의 법칙입니다. 대수의 법칙은 확률 이론을 떠받치고 있을 만큼 중요한 원리입니다. 시행 횟수가 늘어날수록 관찰된 결과의 비율이 이론적 확률에 가까워지는 것입니다.

컴퓨터 성능이 나날이 향상되면서, 복잡한 수학으로 이론적 확률을 계산하기보다 단순하지만 수십, 수천 더 나아가 수십만 번의 시행이 가능해졌습니다. 이러한 방식을 통계에서는 시뮬레이션으로 분류하며, 대표적으로 몬테카를로 시뮬레이션* 이 있습니다.

통계 시뮬레이션으로 이론적 확률에 근접한 값을 얻을 수 있다는 점은 실무 현장에서 대단히 유용합니다. 이론적으로 확률을 엄밀하게 계산하는 과정은 복잡한 수학 수식을 다루는 것처럼 어렵습니다. 하지만 데이터가 있거나 확률적으로 데이터를 생성할 수 있는 모델이 있다면, 컴퓨터로 수많은 시행을 수행할 수 있습니다. 실제로 시뮬레이션 엔지니어는 확률 모델을 컴퓨터에 실행시키고 퇴근합니다. 이렇게 하면 다음 날 출근할 때까지 컴퓨터는 쉬지 않고 주어진 작업을 수행합니다. "그만!"이라고 말하기 전까지 컴퓨터는 불평도 없이, 이론적으로는 거의 무한히 지시받은 작업을 시행합니다.

AI 챗GPT도 마찬가지입니다. 과거에는 데이터 생성용 확률 모델을 만드는 것이 데이터 과학자나 시뮬레이션 엔지니어만의 영역이었지만, 이젠 누구나 아이디어만 있으면 데이터를 무한히 생성할 수 있게 되었습니다. 이제 매우 흥미로운 확률 문제를 AI와 함께 시뮬레이션해 보겠습니다.

처음 택한 답이 맞을 확률은?

시험 문제를 풀 때 처음 선택한 답을 바꿔서 틀린 경험이 있을 것입니다. 그래서 다음에는 처음 그 직감을 믿겠다고 다짐하게 됩니다. 이런 경험은 대부분의 학생들이 공감할 수 있는 일반적인 현상입니다. 우리의 첫 직감은 종종 매력적으로 보이지만, 실제로는 그렇지 않을 수 있습니다. 불확실성 속에서 내리는 결정은 언제나 우리를 혼란스럽게 만듭니다. 때로는 처음 선택한 답을 바꾸고 싶은 유혹과 그대로 두고 싶은 망설임 사이에서 갈등합니다. 이러한 심리적 혼란은 우리가 선택의 순간마다 겪는 보편적인 경험입니다. 주변에서도 처음 선택한 답을 바꾸면 틀린다고 입을 모아 말합니다. 바꿀지 말지 결정해야 하는 비슷한 상황이 미국의 TV 게임쇼에서 진행되었습니다. 단순한 문제가 아니라 자동차를 걸고 진행된 게임에서 말입니다.

---

* 몬테카를로 시뮬레이션(Monte Carlo Simulation)는 모나코의 유명한 도시 몬테카를로의 카지노에서 이름을 따온 통계적 시뮬레이션 방법이다. 주사위를 많이 던지는 행위를 하듯이, 컴퓨터로 무작위 시행을 매우 많이 반복하여 원하는 값을 추정하는 방법이다. 컴퓨팅 파워만 허락한다면 복잡한 문제를 단순한 반복 실험으로 해결할 수 있다는 매우 큰 장점이 있다.

참가자는 처음 선택을 바꿔야 할까?

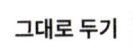  

"괜히 바꾸었다가 틀리면 어떻게 하지?"   "어차피 둘 중 하나잖아. 그대로 있자!"

▲ 결정을 유지할까? 바꿀까?

당신 앞에는 세 개의 문이 있습니다. 그중 두 곳에는 아무것도 없고, 한 곳에는 페라리가 있습니다. 당신은 세 개의 문 중 하나를 선택할 수 있습니다. 직관적으로 1/3의 확률임을 알 수 있습니다. 이때 당신은 이미 세 개의 문 중 하나를 선택했다고 칩시다. 이제부터가 문제입니다. 진행자는 문 뒤에 무엇이 있는지 알기 때문에, 당신이 선택하지 않은 두 문 중 아무것도 없는 문 하나를 열어 보여줍니다.

선택의 순간입니다. 당신의 직감을 믿고 처음 선택한 문을 고수하는 '그대로 전략'을 쓸지, 마음을 바꿔 '교체 전략'을 쓸지 선택해야 합니다. 언뜻 보기에는 그대로 전략이나 교체 전략이나 크게 차이가 없어 보입니다. 그저 운에 맡겨진 것 같습니다.

▲ 몬티 홀 문제

어려운 확률 이론과 수식 없이 이 문제를 풀어보겠습니다. 가끔은 무식한 방법이 통합니다. 두 사람만 있으면 얼마든지 이 게임을 시행해 볼 수 있을 겁니다. 한 사람이 진행자 역할을 하고, 다른 한 사람이 참가자 역할을 해서 무작위로 문 뒤에 페라리를 두고 해 보면―대수의 법칙을 믿는다면―수없이 많은 시행으로 단 하나의 확률로 수렴할 것입니다.

노수식 확률, 노코드 시뮬레이션으로 몬티 홀 확률 문제 풀기

몬티 홀 문제의 시뮬레이션을 통해 시각적으로 풀어보자.

1. 1000번의 게임을 시뮬레이션할 거야.
2. 두 가지 전략을 사용해 줘:
    a) 처음 선택을 고수하는 전략: '그대로 전략'
    b) 진행자가 문을 열어준 후, 선택을 바꾸는 전략: '교체 전략'
3. 각 전략에 대해 승리한 게임 수를 계산하고, 그 결과를 시행의 순서에 따른 누적 승률로 시각화해 줘.
4. 선택 a) 와 b)에 따른 선 그래프를 각각 그려줘.

몬티 홀 문제 통계 시뮬레이션 코드 #5-2-1

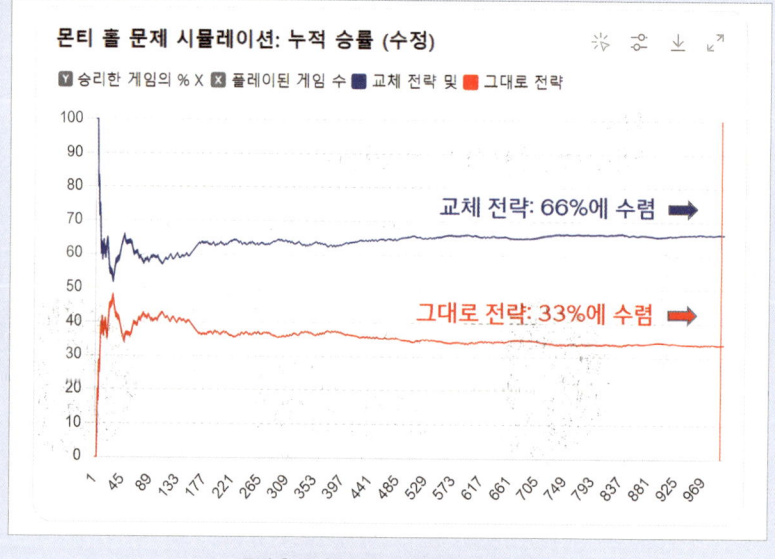

▲ 몬티 홀 문제를 챗GPT 시뮬레이션으로 풀기

결과가 믿어지십니까? 대수의 법칙을 믿는 우리는 무조건 '교체 전략'을 써야 합니다. 진행자는 알고 보면 우리 편입니다. 그러나 실제로 몬티 홀 문제 참가자 대부분은 안타깝게도 '그대로 전략'을 선택했습니다. 연구에 따르면 228명의 참가자 가운데 단 13%만이 선택을 바꿨고(확률적으로 올바른 선택), 나머지 87%는 자신이 처음에 선택한 문에서 움직이지 않았습니다.(확률적으로 잘못된 선택)[31] 한편으론 이해됩니다. 지구 반대편 미국에서도 시험에서 처음 정한 답을 바꾸면 항상 틀렸던 그 악몽은 지워지지 않고 뇌리에 박혀 처음 결정을 바꾸고 싶지 않았던 모양입니다.

경험적 확률은 죽었다 깨어나도 수학적 확률로 향한다

확률론적으로 이해되지 않더라도 우리는 AI를 이용해서 몬티 홀 모델을 만들고 실제로 1,000번 시뮬레이션을 했습니다. 그리고 대수의 법칙으로 확률은 각각 그대로 있는 선택이 33.3%, 마음을 바꾼 선택이 66.6%로 수렴합니다. 왜 그런지 도저히 이해되지 않더라도 크게 낙담하지 않으셔도 됩니다. 평생 1,500편 이상의 수학 논문을 발표하고 20세기 전설적인 수학자 중 한 명으로 여겨지는 폴 에르되시(Paul Erdos)조차도 선택을 바꾸든 바꾸지 않든 확률이 같다고 고집했습니다. 그도 컴퓨터로 실험을 해 본 후에야 자신이 틀렸음을 인정했습니다.[32]

폴 에르되시뿐만 아니라 노벨상 수상자를 포함한 많은 전문가도 이 문제에 대해 처음에는 잘못된 답을 제시했습니다. 우리의 직관과 확률에 대한 이해 사이의 괴리가 있을 때 컴퓨터와 AI를 활용해서 확률을 알아내는 방법이 얼마나 유용한지 잘 보여주고 있습니다. AI로 경험적 확률이 결국 수학적 확률로 수렴하는 것을 확인해 본 재미있는 통계 문제였습니다.

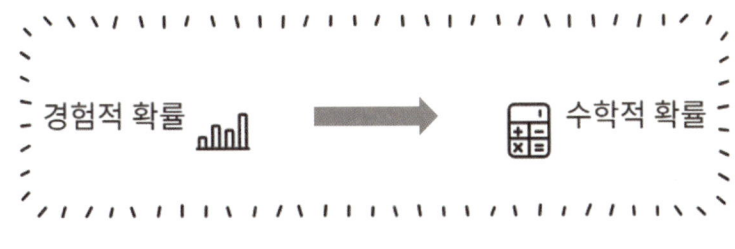

▲ 경험적 확률에서 수학적 확률

통계적으로 왜 그런지 이해는 못하더라도 AI-노코드 시뮬레이션 1,000번 시행으로 문제를 풀었습니다. 추가적으로, 통계 이론과 수학 공식을 사용하지 않고 몬티 홀 문제를 해석해 보겠습니다. 우리의 직관으로 보면 처음에는 1/3의 확률로 시작했지만, 답을 알고 있는 진행자가 보기를 줄여주면서 문제는 1/2의 확률로 바뀌게 되었다고 생각하기 쉽습니다. 이 과정에서 우리는 1/3과 1/2의 확률이 서로 연관이 없는 독립적인 문제로 생각하는 것입니다.

그러나 문제의 핵심은 진행자는 언제나 답이 아닌 문을 열어 준다는 조건입니다. 굳이 통계 용어를 빌리자면 조건부 확률입니다. 내가 처음에 선택한 확률은 1/3밖에 안 되지만 남은 두 개의 문은 진행자의 것으로 나머지 확률 2/3인 것입니다. 그래서 처음 나의 선택은 1/3이고, 바꾸기로 결심했다면 당신은 진행자의 확률 2/3로 옮겨질 수 있는 것입니다.

확률과 통계는 불확실성을 다루며 상호 보완적인 역할을 합니다. 통계가 제한된 샘플에서 모집단의 특성을 추정하는 과정이라면, 확률은 무수히 많은 시행을 통해 특정 사건의 발생 가능성을 단일 수치로 표현합니다. 이론적 확률 계산과 함께 컴퓨터 시뮬레이션을 통해 흥미로운 확률 문제를 다루었습니다. 대수의 법칙이 작동하는 실례를 AI의 도움으로 쉽게 재현해 보았습니다. 시행 횟수를 늘려갈수록 관찰된 결과가 이론적 확률에 가까워짐을 확인할 수 있었습니다.

현대 기술의 발전, 특히 AI와 고성능 컴퓨팅으로 이제는 복잡한 확률 문제도 시뮬레이션을 통해 쉽게 접근할 수 있게 되었습니다. 단순히 학문적 호기심을 넘어서 금융, 의학, 공학 등 다양한 분야에서 이미 높은 수준으로 적용되고 있습니다. 실무에서도 AI를 활용해서 다양한 시나리오에 대한 확률을 계산하고 시뮬레이션해 보면, 자신의 도메인에서 새로운 발전의 기회를 얻을 수 있을 것입니다.

사람들은 보통 '확률은 복잡한 수학 공식'이라고 생각하지만, 무수한 시행과 기록만으로도 어느 정도 진실에 다가갈 수 있다는 점이 꽤 흥미롭습니다. 컴퓨터 하드웨어의 발전 덕분에 이 무수히 많은 시행을 순식간에 처리할 수 있게 되었고 AI 기술은 그 과정을 훨씬 단순화해 주었지요. 직관으로만 보면 이해하기 어려운 상황도 실제로 시행을 반복하면 나름의 '규칙성'이 드러납니다. 시뮬레이션을 통해 처음 선택한 문을 '바꾸는' 것이 더 낫다는 몬티 홀 문제의 결론을 직접 확인해 볼 수 있었듯이 말입니다. 무수히 많은 시행에서 동일한 경향이 계속 나타난다면 그것이 곧 우리가 흔히 말하는 확률의 본모습이라고 할 수 있습니다.

이제는 일상적인 의사결정에서도 '뭐가 더 확률이 높을까?'라는 고민을 할 수 있습니다. 그리고 AI-노코드 확률은 그 답을 찾는 도구로서 AI 기반 시뮬레이션을 손쉽게 활용할 수 있습니다. 정교한 공식 없이도 반복 시행만 가능한 규칙이 있다면 누군가의 직관을 넘어 과학적 근거를 제시할 수 있는 시대가 된 것입니다.

금융이나 의학처럼 위험과 불확실성이 큰 분야에서는 이미 이러한 접근법이 널리 사용되고 있습니다. 대규모 데이터에서 패턴을 포착하거나 미래 상황을 예측하는 모델을 구축할 때 무수히 많은 시뮬레이션이 쏟아내는 결과는 실무자의 감을 뛰어넘을 것입니다.

한편, 시뮬레이션만으로는 풀리지 않는 궁금증도 남아 있습니다. 내긴내 "확률이 이렇게 나온다는 건 알겠는데, 실제 데이터가 어떤 분포를 보이는지는 또 어떻게 파악할까?"라는 의문이 대표적이지요. 그러니 이쯤에서 데이터 분포(distribution)에 관한 이야기를 꺼내지 않을 수 없습니다. 분포를 알면 확률을 좀 더 구체적으로 다룰 수 있고 실제 데이터를 더욱 체계적으로 해석할 수 있게 됩니다. AI가 만드는 무한한 시뮬레이션 결과를 한눈에 이해하기 위해서도 분포는 반드시 알아야 할 개념입니다.

다음 절에서는 'AI-노수식 분포'를 통해 본격적으로 이 문제에 접근해 보겠습니다. 복잡해 보이는 확률 분포 역시 AI와 노코드 기법을 활용하면 훨씬 쉽게 체감할 수 있습니다. 조금은 낯설었던 분포 개념도, 이제는 여러분과 더욱 친밀해질 준비가 되어 있습니다.

03

AI-노수식 분포
과거 데이터를 가장 자연스럽게 설명하는 분포

데이터 패턴을 읽는 열쇠, 데이터 분포

확률은 대수의 법칙에 따라 무수히 많은 시행을 통해 하나의 수로 수렴한다는 사실을 알아보았습니다. 앞서 소개한 몬티 홀 문제에서도 AI를 활용해 시뮬레이션했을 때, 결국 하나의 확률로 수렴하는 것을 볼 수 있습니다. 이 문제를 간략히 보면, 결국 둘 중 하나의 결과를 보이는 것을 알 수 있습니다. 페라리를 받느냐, 빈손으로 가느냐를 수학적으로 표현하면 0 아니면 1입니다.

> **성공과 실패, 0과 1**
> - 빈손, 실패 → 0
> - 페라리, 성공 → 1

이렇게 0 또는 1을 갖는 미지의 수를 확률 변수 X라고 부르겠습니다. 게임을 계속 진행할 때마다 확률 변수 X는 0 아니면 1로 결정됩니다. 확률 변수 X를 정했다면 확률 문제의 시작을 알린 것입니다. 이 확률 변수를 잘 선정해야 실무에서 발생하는 문제를 통계적으로 접근해 볼 수 있습니다. 1이 나올지 0이 나올지 각 게임마다 독립적이고 무작위라면, 결국에는 매우 자연스러운 분포를 갖게 됩니다.

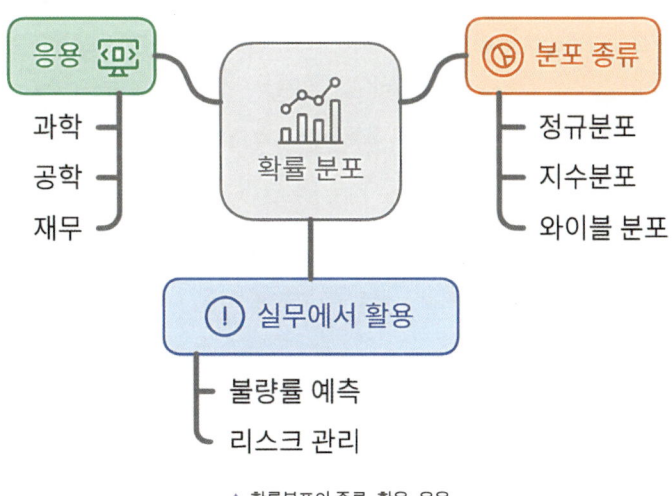

▲ 확률분포의 종류, 활용, 응용

우리가 실무에서 알아내야 하는 것은 바로 이 자연스러운 분포입니다. 데이터는 흩어져 있는 분포이므로, 데이터 분포라고 불러도 크게 무리는 없습니다. 실무에서 개발 제품의 데이터 분포를 안다는 것은 엄청난 정보를 가지고 있다는 의미입니다. 제품의 데이터 분포는 제조사마다 가장 높은 수준의 보안 등급으로 관리될 정도로 중요합니다. 흔히 경쟁 회사 분석을 위해 실시하는 벤치마킹 분석으로도 알 수 없는 정보가 바로 제품의 분포입니다.

가장 자연스러운 분포 - 정규분포

실무 데이터를 통해 분포를 살펴보겠습니다. 아래의 업로드한 데이터는 특허로 공개된 실제 스마트폰 화면 유리 두께의 데이터입니다. 이 데이터를 보면 스마트폰 화면 유리의 평균 두께는 0.4mm에서 0.7mm 사이입니다. 제조 공정의 정밀도를 고려하면 ±0.05mm 정도의 편차를 갖습니다.[33] 이런 데이터의 분포는 히스토그램 시각화를 통해 확인할 수 있습니다. 코드 작성 없이 '히스토그램' 키워드를 포함해서 챗GPT에게 요청해 보겠습니다.

 스마트폰 화면 유리 두께 분포 히스토그램

▲ 스마트폰 화면 유리 제조 데이터 분포 데이터 업로드

스마트폰 화면 유리 데이터 507개가 담겨 있는 csv을 첨부했어.

히스토그램으로 데이터 분포를 살펴보자.

※ 파일: smartphone_glass_thickness_data_adjusted507.csv

https://github.com/M-LearnRun/Nocoding-JustAI

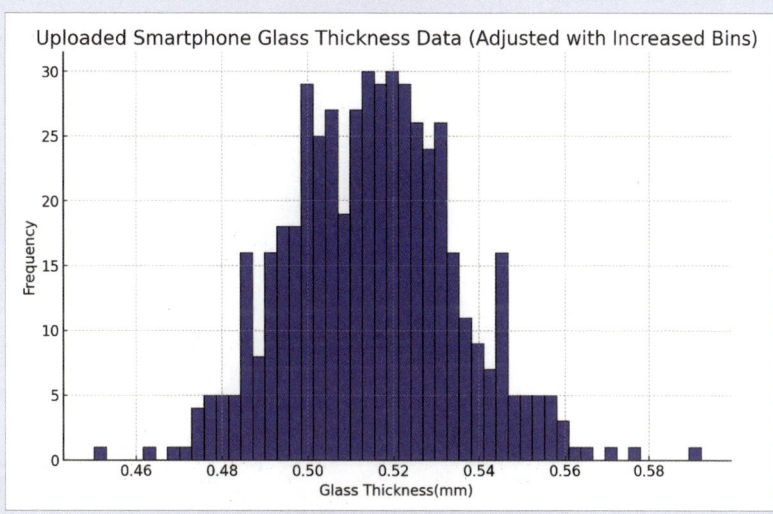

▲ 스마트폰 화면 유리 제조 데이터 분포

위 히스토그램은 업로드된 수정된 스마트폰 유리 두께 데이터를 기반으로 생성되었습니다. 데이터의 분포가 시각화되었습니다.

스마트폰 화면 유리 제조 데이터 분포를 보면 정규분포에 가까운 종 모양입니다. 데이터가 있으면 평균과 표준편차를 구하는 것은 어렵지 않습니다. 히스토그램은 데이터를 구간별로 나누어 빈도를 나타내는 시각화 방법이지만 거기서 한걸음 더 나아가 정규분포 곡선을 겹쳐 그리면, "이 데이터가 이론적으로 가장 이상적인 종 모양과 얼마나 유사한가?"를 한눈에 확인할 수 있습니다. 정규분포 곡선을 그리는 이유는 이 데이터 분포가 정규분포에 가깝다면 평균과 표준편차만으로도 다양한 분석과 예측이 가능하기 때문입니다. 데이터 분포가 정규분포 곡선에 근접한다면, 그 데이터에 대해서는 여러 통계 공식을 간단하게 적용할 수 있게 됩니다. 대표적인 예로 특정 구간 안에 값이 들어올 확률을 쉽게 구할 수 있습니다. 이제 히스토그램 위에 종 모양의 정규분포 곡선(확률 밀도 함수*)을 그려보겠습니다.

히스토그램 위에 종 모양의 확률 곡선 그리기

업로드 된 csv 파일로부터 유리 두께 데이터를 사용하여 히스토그램을 그려줘. 그 위에 정규분포 확률 밀도 함수를 그려 넣자.

---

* 확률 밀도 함수(probability density function)는 데이터가 어떤 값을 가질 확률을 나타내는 곡선이다. 종 모양의 정규분포에서는 평균을 중심으로 데이터가 어떻게 분포하는지 보여주는 함수다. 곡선 아래의 전체 면적은 항상 1이다.

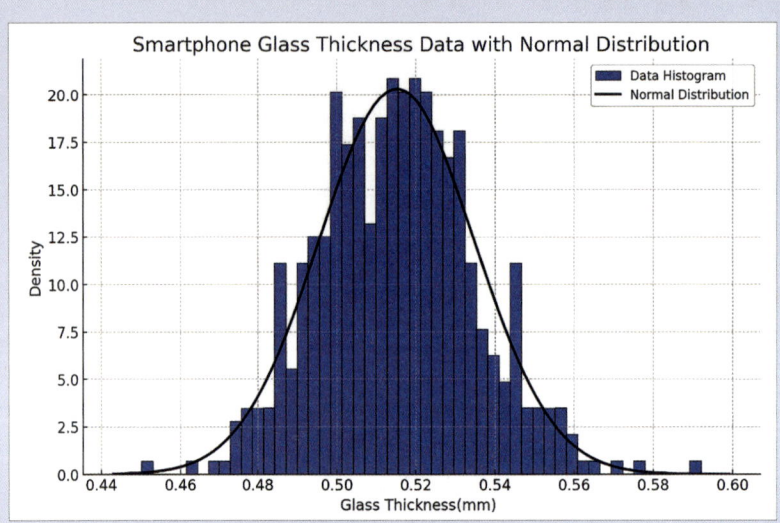

▲ 정규분포 곡선 추가

업로드된 데이터의 평균은 0.5151 mm, 표준편차는 0.0196 mm입니다.

위 그래프는 업로드된 스마트폰 유리 두께 데이터에 대해 히스토그램과 함께 정규분포 확률 밀도 함수를 겹쳐서 그린 것입니다.

검은 선으로 표시된 정규분포 곡선이 데이터의 분포와 어떻게 일치하는지 확인할 수 있습니다.

정규분포는 자연의 법칙과도 같습니다. 당신의 아이폰 15와 친구의 아이폰 15는 애플에서 만들어졌고 모델명은 같지만 서로 다른 아이폰입니다. 우아한 흰색 상자에서 꺼낸 아이폰은 우리 눈으로는 그 차이를 알 수 없겠지만 아주 미세하게 서로 다른 아이폰임은 확실합니다. 당연히 고장 나는 기간도 다르고 성능도 미세하게 다를 수밖에 없습니다. 결국 동일한 색상, 동일한 아이폰 15라고 해도 분포를 갖고 있는 서로 다른 아이폰입니다. 바깥에 있는 같은 종류의 나무라도 높이가 모두 다르고 하늘의 구름도 모두 제각각입니다. 사람도 마찬가지입니다.

토드 로즈의『평균의 종말』(2021)[34]의 흥미로운 사례가 있습니다. 1950년대, 미국 공군은 조종석을 평균적인 조종사의 신체 치수에 맞춰 설계했습니다. 수천 명의 조종사의 신체 치수를 재고 평균값으로 조종석을 설계한 것입니다. 이렇게 평균에 맞춘 조종석은 모두에게 편리할 것이라고 판단했습니다. 그러나 현실은 정반대였습니다. 놀랍게도 평균적인 조종석은 실제로 어느 조종사에게도 맞지 않았습니다. 신체의 세 가지 치수를 고려했을 때 오직 3.5%의 조종사만이 평균 범위에 있었고, 나머지 조종사에게는 불편한 조종석이었습니다. 결국 공군은 이 문제를 해결하기 위해 앞뒤로 움직일 수 있는 좌석과 조정 가능한 페달, 조종대를 도입했습니다. 이 기능이 자동차 운전석에까지 적용되어 지금은 누구나 자동차에서 자신의 신체에 맞게 시트를 조정합니다. 데이터 분포는 어디에나 있습니다. 그것도 아주 다양한 형태로 말이죠.

다양한 데이터 분포 중 가장 빈번하게 등장하는 것은 정규분포입니다. 자연에서도 정규분포가 나타납니다. 숲속 나무들의 크기 분포, 기온 분포, 앞서 살펴본 사람의 신체 모두 조금씩 데이터 분포의 모양은 다르지만, 큰 의미에서 많은 경우 정규분포를 따릅니다. 정규분포는 아름다운 좌우대칭을 이루며, 매끄럽고 연속적인 곡선입니다. 또한 정규분포의 큰 장점은 단 두 가지(평균, 표준편차)만 알면 그릴 수 있다는 점입니다.

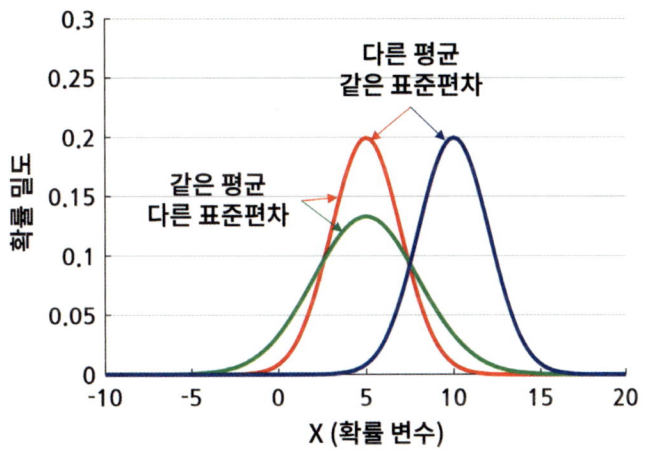

▲ 기대값과 표준편차만 있으면 그릴 수 있는 정규분포 곡선

정규분포 곡선의 수식을 몰라도 누구나 쉽게 그릴 수 있습니다. 내가 가진 데이터의 평균과 표준편차만 알 수 있다면 그 데이터의 정규분포 곡선을 그릴 수 있습니다. 챗GPT를 이용해서 노코드로 그려보겠습니다. 참고사항으로 수식의 형태를 살펴보겠습니다.

 정규분포의 수식은 어떤 모양일까?
정규분포의 수식을 알려줘.

 정규분포의 확률 밀도 함수(Probability Density Function, PDF)는 다음과 같이 표현됩니다:

$$f(x) = \frac{1}{\sqrt{2\pi\sigma^2}} e^{\frac{(x-\mu)^2}{2\sigma^2}}$$

여기서,
- x: 확률 변수
- μ: 평균 (정규분포의 중심 위치)
- σ: 표준편차 (분포의 퍼짐 정도)

복잡한 수식이 나왔다고 놀랄 것 없습니다. 파이(π), 뮤(μ), 시그마(σ)도 있고 수학 기호, 루트($\sqrt{\ }$) 그리고 지수(e^x)도 있는 정규분포 수식을 모르더라도, 우리는 챗GPT에게 요청해서 정규분포를 그릴 수 있습니다. 통계 전문 프로그램 없이도 AI에게 정규분포라는 단어와 함께 평균과 표준편차만 알려주면 됩니다.

 평균과 표준편차로 정규분포 그리기
세 가지 정규분포를 그려줘.

1) 평균 5, 표준편차 2
2) 평균 5, 표준편차 3
3) 평균 10, 표준편차 2

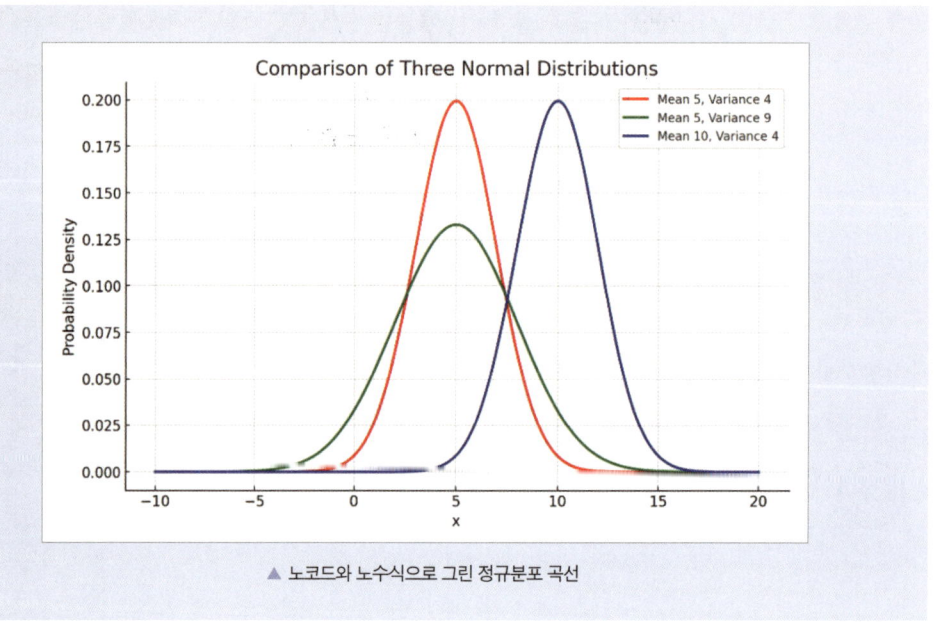

▲ 노코드와 노수식으로 그린 정규분포 곡선

평균과 표준편차, 단 두 개의 변수만으로 데이터 분포 함수를 얻을 수 있습니다. 이 분포만으로도 많은 일을 할 수 있습니다.

도요타 자동차의 '6-시그마'

제품 개발 엔지니어는 편차 없이 가능한 동일한 제품을 만들고 싶어 합니다. 제조 데이터 분포가 좁을수록 신뢰성이 높은 제품이고, 데이터 분포가 넓을수록 신뢰성이 낮은 제품이 됩니다. 제조 데이터 분포를 총칭해서 품질(quality)이라고 합니다. 특히 대량으로 생산하는 제조 업계에서는 필연적으로 제조 산포가 넓어지는 문제를 겪는데, 이 문제를 극복하기 위해 품질 관리가 필수적입니다. 어렵게 설명하지 않더라도 우리에게 품질은 고장이 나지 않고 오랫동안 쓸 수 있다는 뜻입니다. 운이 좋지 않더라도 제품의 개발 편차와 상관없이 오랫동안 잘 쓸 수 있는 제품을 "품질이 좋다."라고 할 수 있습니다. 이 품질 관리에서 단연 압도적인 회사가 일본의 도요타입니다.

도요타의 품질 관리 철학은 '6-시그마(sigma, σ)'로 널리 알려져 있습니다. 6-시그마는 백만 개의 제품 중 불량품이 단, 4개 이하여야 한다는 엄격한 기준을 의미합니다. 여기서 시그마는 표준편차를 의미합니다. 정규분포에서 표준편차의 6배에 해당하는 끝에서 불량품이 고작 4개 발생한다는 뜻입니다. '만에 하나'의 확률은 0.01%이며, 6-시그마는 0.00034%입니다. 도요타의 6-시그마는 '백만에 네 개'인 것입니다. 실제로 도요타의 불량률이 0.00034%라는 의미는 아닙니다. 이는 우수한 품질에 대한 자신감과 의지를 담고 있는 도요타 그들만의 품질 경영 철학입니다.

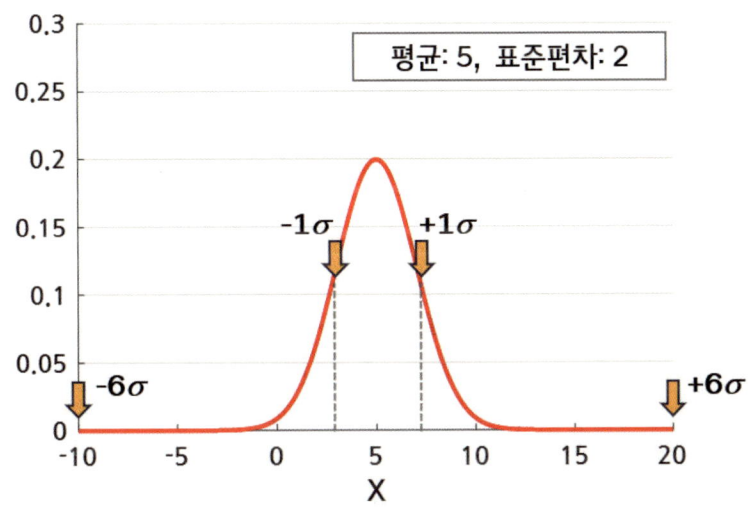

▲ 불량품 4개가 발생하는 분포의 끝 지점(6-시그마)

품질의 도요타 vs. 혁신의 테슬라

평균과 표준편차, 2개만 알면 정규분포를 그릴 수 있습니다. 여기에 새로운 문자 하나를 추가시키겠습니다. 도요타의 6-시그마에 해당하는 숫자 6을, z라고 합시다. 이 z에 1을 넣으면 1-시그마, 2를 넣으면 2-시그마처럼 표현할 수 있습니다. z는 데이터의 중심으로부터 표준편차의 몇 배나 떨어져 있는지를 나타냅니다. 쉬운 예로, 한국사 평균은 60점, 표준편차는 10점입니다. 물리 평균은 60점에 표준편차가 2점이라고 할 때, 한국사에서 75점은 보통의 성적이지만 물리에서 75점은 최상위권에 해당하는 성적입니다. 한국사에서 75점은 z가 1.5배수(→ $60_{평균}+1.5\times10_{표준편차}$)에 해당합니다. 한국사 75점은 물리에서 63점을 받은 것과 같습니다 (→ $60_{평균}+1.5\times2_{표준편차}$). 표준편차를 알면 데이터 세트에서 하나의 개별 데이터가 가진 특성을 파악할 수 있습니다.

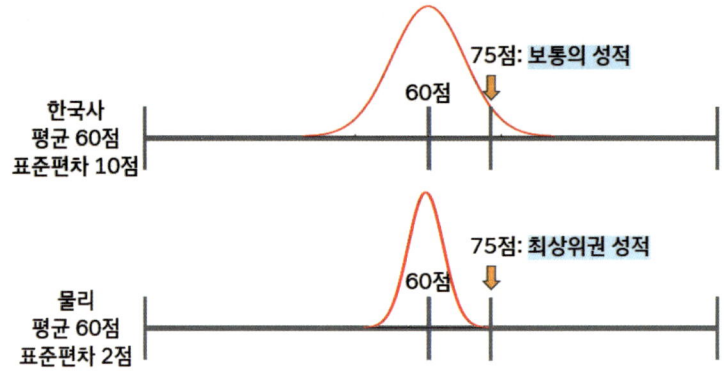

▲ 표준편차에 따른 75점의 해석 차이

같은 맥락으로 실무 데이터를 예로 들어보겠습니다. 같은 'T' 회사이지만, 도요타(Toyota)와 테슬라(Tesla)는 서로 다른 방향으로 나아가고 있습니다. 도요타는 제품의 표준편차를 줄이려는 품질에 집중하고 있습니다. 반면 테슬라는 품질보다는 혁신의 선두에 서는 것을 목표로 합니다. 도요타는 하이브리드 자동차가 오랜 기간 지속될 것으로 예측하며, 테슬라는 전기차로의 전환이 임박했다고 주장합니다. 이러한 상반된 두 자동차 회사의 경쟁은 앞으로도 흥미로운 관전 포인트가 될 것입니다.

예를 들어, 도요타의 하이브리드 자동차 평균 수명은 10만 km이고 표준편차는 1만 km라고 가정해 봅시다. 테슬라의 전기차 평균 수명은 10만 km이고 표준편차는 2만 km입니다. 자동차 회사들이 주목하는 부분은 10만 km 이하의 마이너스 표준편차 영역입니다. 10만 km를 초과하는 자동차는 평균에서 벗어나도 문제가 없습니다. 주된 관심사는 10만 km를 중심으로 좌측에 위치한 수명이 짧은 부분이며, 이 영역의 면적이 곧 확률을 나타냅니다. 테슬라의 경우 8만 km 이하의 비율이 16%이고, 도요타는 2.3%에 불과합니다.

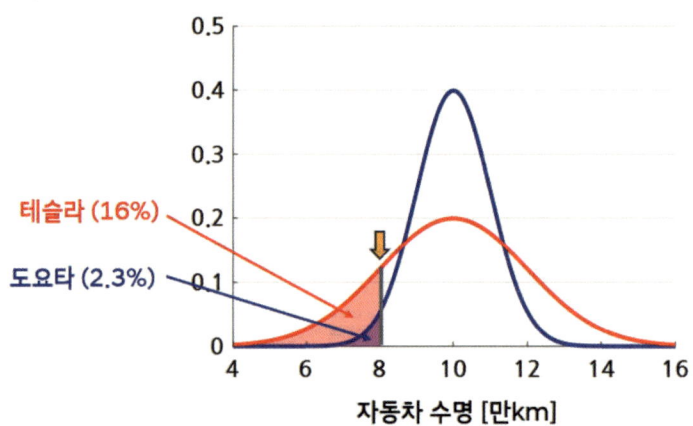

▲ 두 자동차 회사 예시: 자동차 수명 데이터 분포

평균을 높이는 것도 중요하지만, 기술이 어느 정도 정점에 오른 회사들 간의 경쟁은 평균 상승이 아니라 표준편차, 즉 제조 데이터 분포를 줄이는 데 집중됩니다. 평균을 높이는 기술은 시간이 지나면서 수렴되지만, 데이터 분포의 축소는 오랜 기간 동안 해당 도메인에서 축적된 노하우의 결과로 발현됩니다.

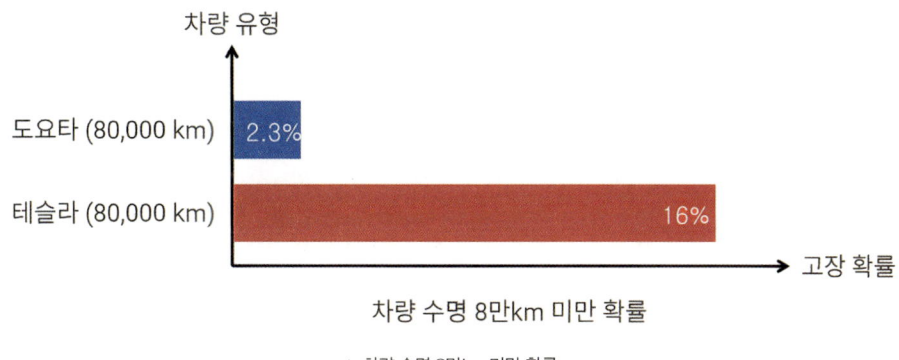

▲ 차량 수명 8만km 미만 확률

도요타는 오랫동안 품질 관리에 집중하여 제품의 일관성과 신뢰성을 높이는 데 주력해 왔습니다. 이는 생산 공정에서 발생할 수 있는 변동성을 최소화하고, 고객들에게 예측 가능한 성능을 제공하기 위함입니다. 반면 테슬라는 품질 관리보다는 가장 혁신적인 기술과 디자인으로 전기차 시장을 압도하는 데 주력하고 있습니다. 새로운 기술 도입으로 인한 변동성을 감수하고 이를 혁신으로 승화시키는 전략을 선택한 것입니다. 도요타는 안정적인 성능과 내구성을 제공하는 데 중점을 두는 반면, 테슬라는 품질 편차로 인한 문제를 감수하면서도 혁신에 모든 것을 거는 방식을 택하고 있습니다.[35] 자동차를 사랑하는 고객의 입장에서는 두 'T' 자동차 회사의 각축전이 어떻게 전개될지 참 기대됩니다.

▲ 도요타의 품질 vs. 테슬라의 혁신

04

AI-노수식 신뢰
과거 데이터에서 미래 데이터를 예측하는 신뢰

신뢰(Trust), 신뢰구간(Confidence Interval), 신뢰성(Reliability)

여러분에게 정의는 무엇입니까? 마이클 샌델의 『정의란 무엇인가』(2014)에서 말하는 저스티스(Justice)의 정의인가요? 아니면 데피니션(Definition)으로서의 정의인가요? 이와 비슷하게 '신뢰'도 정의 못지않게 사람마다 다양한 의미로 해석됩니다. 신뢰가 주는 그 느낌 자체는 분명히 긍정이지만, 각자가 미세한 차이를 두고 신뢰를 바라보는 것 같습니다.

트러스트(Trust)의 신뢰는 관계에서 서로를 얼마나 믿는지를 의미합니다. 사람과의 관계뿐 아니라 브랜드에 대한 신뢰가 높으면 크게 의심하지 않고 구매로 이어집니다. 브랜드를 넘어 국가에 대한 신뢰가 높아도 마찬가지입니다. '메이드 인 저먼(made in German)'이라고 적혀 있으면 믿음이 가는 반면, '메이드 인 차이나(made in China)'라고 적혀 있으면 조금 쓰다가 고장이 나더라도 "그럴 줄 알았어."라고 넘기는 경우가 많습니다.

통계학에서도 '신뢰'라는 개념이 사용됩니다. 신뢰구간(Confidence Interval)과 신뢰성(Reliability)이 그 예입니다. 다만, 통계학에서 신뢰는 확률 개념으로, 일반적인 신뢰(Trust)와는 차이가 있습니다. 즉, 신뢰구간은 신뢰할 수 있는 특정 구간을 의미합니다. 이 구간 안에 우리가 알고 싶은 데이터가 몇 퍼센트나 포함될 수 있을지 가늠하는 것입니다. 예를 들어, 95% 신뢰구간이라고 하면 샘플을 100번 뽑았을 때 그중 95개가 이 95% 신뢰구간 안에 들어온다는 의미입니다. 바꿔 말하면, 95% 확률로 추정치를 포함할 수 있는 범위를 뜻합니다. 신뢰구간과 마찬가지로 신뢰성 또한 확률입니다. 신뢰성은 제품이나 시스템이 주어진 조건에서 일정 기간 동안 고장 없이 정상적으로 작동할 확률입니다. 먼저 신뢰구간을 살펴본 후 신뢰성에 대해 자세히 다뤄보도록 하겠습니다.

▲ 신뢰, 신뢰구간, 신뢰성

진짜 업무에 쓰는 신뢰구간 통계 분석

좋은 개념은 실제로 활용할 수 있을 때 더욱 가치가 있습니다. 이제 위에서 정의한 신뢰구간 개념을 실무에 어떻게 적용할 수 있는지 살펴보겠습니다.

독일의 유명한 타이어 고무 합성 회사에서 김한타 과장과 사장님이 소속된 회사에 타이어 수명을 늘릴 수 있는 타이어 고무 기술을 소개했습니다. 투자 비용은 1,000억 원입니다. 이를 투자해야 할지 말아야 할지 사장님은 판단해야 합니다. 경력이 있다고 해서 감으로 결정했다가는 회사가 하루아침에 문을 닫을 수도 있습니다. 유명한 회사라거나 독일 제품이라는 이유만으로 무턱대고 믿어서는 안 될 노릇입니다. 이때야말로 통계, 확률, 분포 그리고 신뢰구간 등 모든 통계학적 지식을 동원해 결정을 내려야 할 때입니다. 통계학적으로 어떤 결정도 100% 완벽한 확신을 가질 수는 없습니다. 따라서 얼마만큼의 확신을 가지고 결정을 내렸는지 측정할 수 있어야 합니다. 측정할 수 없다면 판단할 수 없습니다. 이것이 본질적으로 데이터 기반 의사결정의 핵심입니다.

사장님은 김한타 과장에게 독일로 출장을 지시했습니다. 김한타 과장의 목표는 독일에서 생산되는 타이어의 수명에 대한 모집단을 추정하는 것입니다. 측정된 샘플 데이터를 통해 모집단의 평균과 표준편차를 추정하고, 그 추정의 신뢰도를 평가하는 것이 핵심입니다. 김한타 과장의 회사에서 생산되는 타이어의 평균 수명은 36,000 km이고 표준편차는 5,000 km입니다.

독일에 도착한 김한타 과장은 100개의 타이어 샘플을 추출한 결과, 샘플 평균이 37,000 km로 측정되었습니다. 표준편차는 동일하게 5,000 km로 나타났습니다. 물론 샘플 평균이 모집단 평균과 완전히 일치할 수는 없지만, 샘플 평균은 여전히 유의미한 중심값을 제공합니다. 이 결과는 김한타 과장의 회사 제품 평균보다 1,000 km 높은 수명을 보여줍니다. 이 차이를 바탕으로 "투자할까요?"라고 판단을 내리자 사장님이 추가로 묻습니다.

"샘플 평균 37,000km를 얼마나 신뢰할 수 있나?"

사장님은 의사결정권자입니다. 결정에 대한 모든 책임을 져야 하기 때문에 얼마만큼의 리스크를 짊어지어야 할지 가늠해야 합니다. 1% 미만의 리스크를 지려는 사장은 웬만한 공에는 방망이를 휘두르지 않는 신중한 야구 선수와 같습니다. 완전히 중앙이 아니면 괜찮은 기회가 와도 시도하지 않습니다. 100개 중의 99개의 공을 흘려보내고 단 하나의 공에만 방망이를 휘두르는 것은 신중하지만, 혁신은 부족할 수밖에 없습니다.

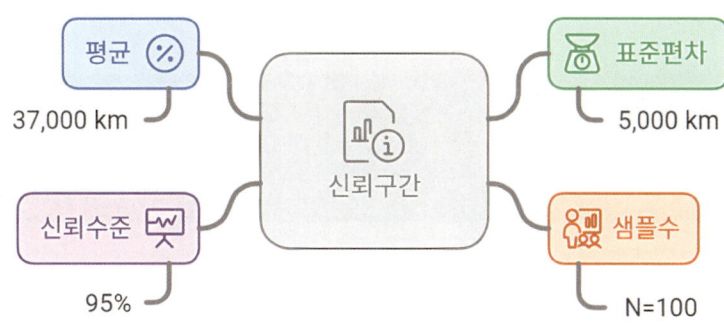

▲ 신뢰구간을 구하기 위한 변수 4개(평균, 표준편차, 샘플 수, 신뢰수준)

반대로 5 대 5, 50% 리스크를 짊어지려는 사장은 대충 스트라이크 존이라고 생각하면 방망이를 휘두르는 과감한 야구 선수와 같습니다. 이런 경우 100개 중 50번 방망이를 휘두르다 보면 삼진 아웃도 자주 당하지만, 홈런을 칠 가능성도 높아집니다.

김한타 과장은 사장님이 의사결정을 내릴 수 있도록 독일의 신규 장비 도입에 따른 리스크를 따져서 보고해야 합니다. 김한타 과장이 100개 샘플링한 샘플 평균 37,000 km의 신뢰도를 평가하기 위해 신뢰구간 분석이 필요합니다. 아래 그림의 통계치(평균, 표준편차, 신뢰수준, 샘플수)를 사용해 95% 신뢰수준의 범위를 살펴보겠습니다. 참고로, 95% 신뢰구간에서 95%는 통계에서 관습적으로 자주 사용됩니다.

이때 수식은 몰라도 개념만 알고 있으면 챗GPT가 대신 수식을 이용해서 계산해 줍니다.

노수식으로 신뢰구간 알아보기

아래 데이터를 이용해 신뢰구간을 직접 계산해 줘.

1. **샘플 평균**: 37,000 km
2. **샘플 표준편차**: 5,000 km
3. **샘플 수**: 100개
4. **신뢰수준**: 95%

타이어 수명 문제에서 신뢰구간 95% 위치 계산 코드 #5-4-1

95% 신뢰구간을 계산하기 위해 다음 공식을 사용합니다:

$$\text{신뢰구간} = \bar{x} \pm z \cdot \frac{\sigma}{\sqrt{n}}$$

- $\bar{x}$: 샘플 평균(37,000 km)
- z : 신뢰수준에 해당하는 z(95% 신뢰수준에서 $z = 1.96$)
- σ : 샘플 표준편차(5,000 km)
- n : 샘플 수(100개)

공식을 계산하여 신뢰구간을 구하겠습니다.

```
결과
(36020.0, 37980.0)
```

95% 신뢰구간은 36,020 km에서 37,980 km 사이입니다.

중앙값 37,000 km에서 좌우 ±980 km 위치가 신뢰수준 95%에 해당합니다. 이를 시각화 요청해 보겠습니다.

신뢰구간 시각화

위에서 주어진 신뢰구간을 시각화해 줘.

※ 신뢰구간 결과:

- $\bar{x}$: 샘플 평균(37,000 km)
- z : 신뢰수준에 해당하는 z(95% 신뢰수준에서 $z = 1.96$)
- σ : 샘플 표준편차(5,000 km)
- n : 샘플 수(100개)

그래프를 정규분포 곡선과 함께 신뢰구간을 표시해 줘.
신뢰구간은 강조된 영역으로 나타내고, 샘플 평균도 시각적으로 표시하자.

정규분포 및 신뢰구간 시각화를 생성하기 위한 코드 #5-4-2

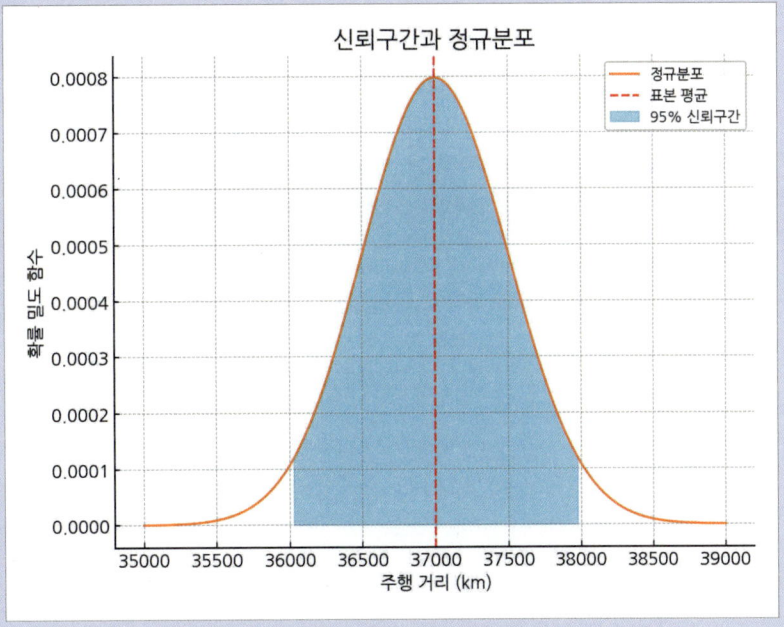

▲ 100개 샘플에 대한 95% 신뢰구간 양쪽 추정

위 그래프는 주어진 표본 데이터에 대해 95% 신뢰구간을 시각화한 결과입니다. 신뢰구간은 36,020 km에서 37,980 km 사이로 표시되며, 빨간색 점선은 표본 평균(37,000 km)을 나타냅니다. 오차 한계는 약 980 km입니다. 신뢰구간은 하늘색으로 표시된 영역입니다.

계산 결과, 타이어 수명의 95% 신뢰구간은 하한 36,020 km에서 상한 37,979 km 사이로 나타났습니다. 이는 샘플 100개의 데이터 중심이 이 구간에 존재할 확률이 95%라는 의미입니다. 여기서 중요한 것은 하한치입니다. 타이어 수명이 높은 것은 문제가 되지 않기 때문에, 김한타 과장은 하한치에 집중하여 한쪽 신뢰구간 추정을 진행합니다.

 95% 하한 신뢰구간 살펴보기

위에서 95% 신뢰수준의 한쪽 신뢰구간(하한)을 계산하자.

정규분포 그래프로 시각화해 줘.

그래프에서는 하한 구간을 하늘색으로, 나머지 구간을 빨간색으로 표시하자.

 하한 신뢰구간 표기 시각화 코드 #5-4-3

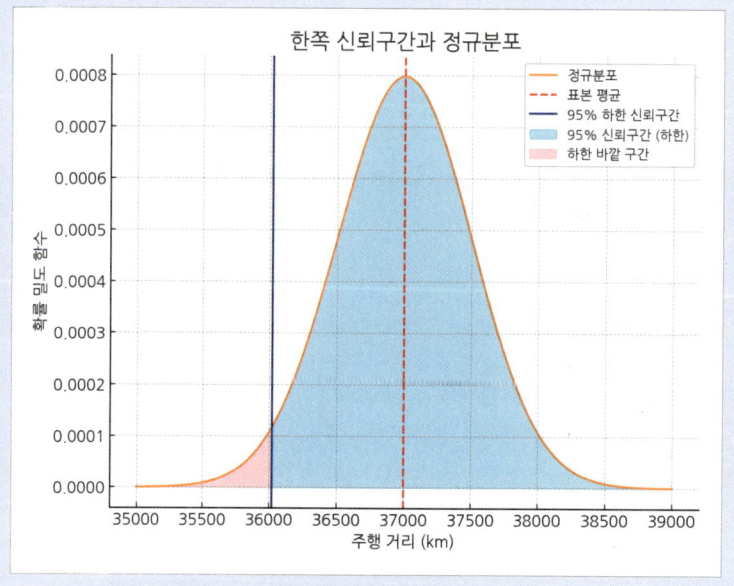

▲ 100개 샘플에 대한 95% 신뢰구간 하한 추정

위 그래프는 한쪽 신뢰구간(95%)을 정규분포와 함께 시각화한 것입니다. 하늘색 영역은 95% 신뢰구간(하한)을 나타내고, 분홍색 영역은 하한 바깥 구간을 보여줍니다. 샘플 평균은 빨간 점선으로 표시되었습니다.

95% 신뢰구간에서 하한의 경계는 위와 같이 여전히 36,020 km임을 명심하시기 바랍니다. 95% 신뢰구간 양쪽의 꼬리 부분은 각각 2.5%입니다. 한쪽 추정해도 여전히 2.5%입니다.

다음으로, 95신뢰구간 이외에 90% 신뢰구간과 99% 신뢰구간도 동일한 방법으로 알아보겠습니다.

신뢰구간 90%, 99% 한쪽 구간 추정

동일한 작업으로, 한쪽 구간 추정(하한) 신뢰수준 90%와 99%를 알아보고 싶어.

두 신뢰수준에 대해 각각 순차적으로 코드 생성하고 실행하자.

추가로, 경계치 값도 알려줘.

90%와 99% 신뢰수준에 따른 하한 계산 코드 #5-4-4

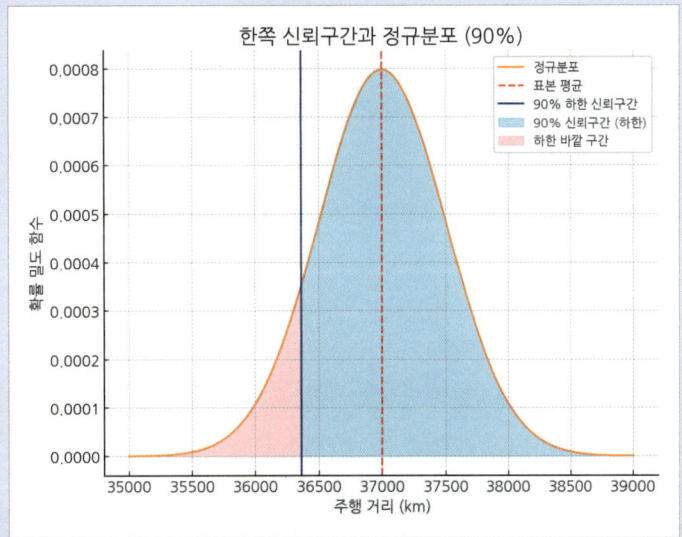

▲ 100개 샘플에 대한 90% 신뢰구간 하한 추정

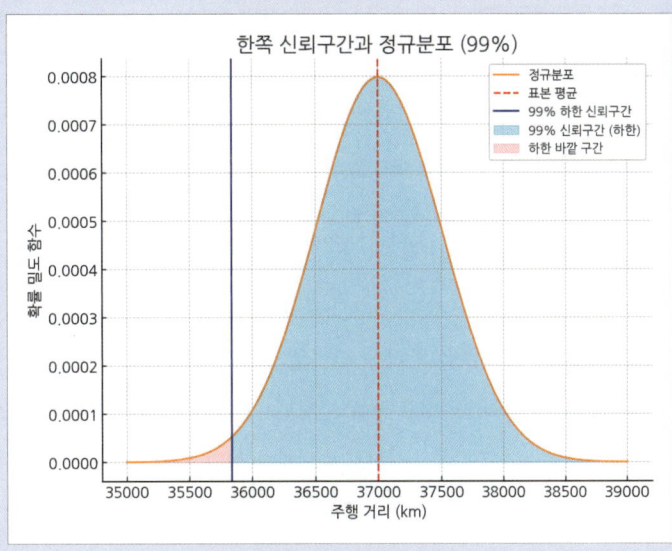

▲ 100개 샘플에 대한 99% 신뢰구간 하한 추정

위 그래프는 각각 신뢰수준 90%와 99%에 대한 한쪽 신뢰구간(하한)을 정규분포와 함께 시각화한 것입니다.

경계값:
- **90% 신뢰수준**: 하한은 36,360 km
- **99% 신뢰수준**: 하한은 35,835 km

각각의 하한 신뢰구간은 파란색 영역으로 강조되었으며, 샘플 평균은 빨간 점선으로 표시되었습니다.

신뢰수준 (리스크)	경계값	의사결정
90%(리스크 10%)	36,360 km	GO!
95%(리스크 5%)	36,177 km	GO!
99%(리스크 1%)	35,835 km	STOP!

▲ 신뢰구간에 따른 의사결정

김한타 과장은 신뢰구간 분석을 통해 리스크 수준을 1%, 5%, 10%로 나누어 보고했습니다. 이제 사장님이 의사결정을 내려야 할 차례입니다. 사장님이 5% 수준의 위험을 감내할 수 있다면 기술 도입을 추진할 것입니다. 하지만 1% 이하로 위험을 제한하려는 경우, 이 기술 도입은 어려울 것입니다. 기존의 기술의 평균이 36,000 km보다도 낮을 가능성이 1% 이상이기 때문입니다.

1% 리스크에 해당하는 99% 신뢰수준 구간은 매우 넓습니다. 99%라는 높은 신뢰를 충족시키기 위해서는 당연히 구간이 넓어질 수밖에 없는 것입니다.

이렇게 기업에서 활용할 수 있는 통계적 이론과 데이터 기반 의사결정 과정을 살펴보았습니다. 감이나 경험에 의존하지 않고 리스크를 명확히 파악하여 의사결정을 내리는 기업과 그렇지 않은 기업은 시간이 지날수록 다른 길을 걷게 될 것입니다. 이는 기업뿐 아니라 실무자 개인에게도 중요한 역량으로, 데이터 기반 의사결정은 이제 필수적인 능력이 되었습니다. 통계적 지식과 분석 능력을 갖춘 사람은 복잡하고 불확실한 상황에서도 정확하고 신뢰할 수 있는 현명한 결정을 내릴 것입니다.

신뢰성은 확률이다

신뢰구간(Confidence Interval)이 확률로 나타낸 것처럼 신뢰성(Reliability)도 확률입니다. 연구소나 개발 실무에서 일하다 보면 신뢰성이란 단어를 자주 접하게 됩니다. 기획 단계부터 사업 추진 보고서와 상세한 연구 보고서에 이르기까지 '신뢰성 높은 개발', '신뢰성 있는 제품'과 같은 긍정적인 표현에서 신뢰성을 흔히 볼 수 있습니다. 그러나 "정확히 신뢰성이 무엇인가요?"라고 묻는다면, 보고서를 작성한 사람마다 자의적 의미로 사용하는 경우가 많습니다.

단위만 알아도 그 개념이 가지고 있는 물리적 의미를 상당 부분 유추할 수 있습니다. 신뢰성도 마찬가지입니다. 예를 들어, 질량은 킬로그램(kg), 길이는 미터(m), 데이터는 바이트(byte)라는 단위를 갖습니다. 통계학적으로 신뢰성의 단위는 확률을 의미하는 퍼센트(%)입니다. 무엇을 나타내는 확률인지 알게 되면 신뢰성의 개념을 명료하게 정의할 수 있습니다. 신뢰성이란 제품이나 시스템이 특정 시간 동안 고장 없이 정상적으로 작동할 확률을 의미합니다. 동일한 방식과 공정으로 생산된 제품이라도 언제나 확률 분포를 갖기 때문에 신뢰성은 확률로 정의됩니다.

한 가지 주의할 점은 신뢰성 공학에서 '불량'과 '고장'을 엄밀하게 구분해야 한다는 것입니다. 불량은 처음부터 잘못 만들어진 제품을 의미하며, 고장은 시간이 지나면서 정상 작동하던 제품이 그 기능을 상실하는 경우를 뜻합니다. 신뢰성은 불량보다 고장에 초점을 둡니다. 그렇기에 불량률보다 수명이 길고 짧은지를 논할 때 신뢰성이 등장합니다.

대표적인 예로 자동차를 생각해 봅시다. 엔진 오일 교환 주기, 타이어 교체 주기, 팬벨트 교체 주기 등 고장이 예상되는 시점에 교체할 수 있도록 안내하는 가이드가 있습니다. 모두 신뢰성 공학으로 결정된 주기입니다. 이러한 주기를 정확히 알 수 있으면 큰 이점을 얻을 수 있습니다. 예를 들어, 엔진 오일을 적시에 교체하면 엔진에 무리를 줄여 더 큰 2차 피해를 예방할 수 있습니다.

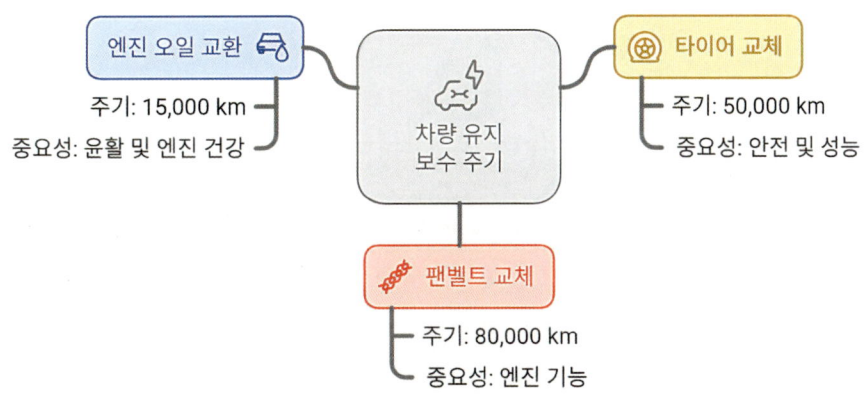

▲ 신뢰성 공학에 근거한 차량 유지 보수 주기

크고 비싼 시스템일수록 신뢰성의 중요성은 더욱 부각됩니다. 화력 발전소나 항공기 제트 터빈은 한 번 고장이 발생하면 100억에서 1,000억 규모의 막대한 피해를 초래할 수 있습니다. 미리 신뢰성을 분석하고 파악하면 적절한 시기에 부품을 교체하여 고장을 예방할 수 있습니다. 동시에 불필요하게 자주 부품을 교체하는 일도 방지할 수 있습니다. 이는 시스템의 수명을 연장하고 유지 비용을 절감하는 데 기여합니다. 특히 사고를 사전에 예방할 수 있다는 점에서, 데이터 분석 관점에서 신뢰성 분석은 생명과도 직결되는 중요한 요소입니다.

신뢰성 분석을 위해서는 제품 수명 분포를 알아야 합니다. 앞서 정규분포에 대해 논의했지만, 실무에서는 신뢰성 데이터 분석을 위해 와이블 분포(Weibull distribution)*가 주로 사용됩니다. 정규분포는 평균과 표준편차만 알면 단순하게 다룰 수 있으며, 좌우 대칭적인 종 모양은 자연 현상을 잘 나타내어 다양한 분야에서 널리 쓰입니다. 반면 와이블 분포는 정규분포보다 복잡하지만, 대칭적인 종 모양에서 벗어난 다양한 형태를 표현할 수 있어 현실적인 문제에 더 적합합니다. 쉽게 말해, 웬만한 분포는 와이블 분포로 표현할 수 있을 만큼 그 활용 범위가 다양합니다.

정규 분포는 평균과 표준편차만 있으면 그릴 수 있었죠. 하지만 와이블 분포는 조금 더 복잡합니다. 그리려면 형상모수(β : 베타), 척도모수(η : 이타) 그리고 위치모수(γ : 감마)라는 세 개의 변수가 필요합니다. 수식은 생략하겠습니다. 다만, 우리에게는 AI가 있으므로 개념만 이해하면 와이블 분포를 시각화하는 것은 어렵지 않습니다.

> **와이블 분포**
> - **형상모수(β : 베타)**: 분포의 좌우로 치우치는 형상 결정
> - **척도모수(η : 이타)**: 분포의 평균 위치를 결정
> - **위치모수(γ : 감마)**: 분포가 시작되는 지점을 결정(일반적으로 '0' 사용)

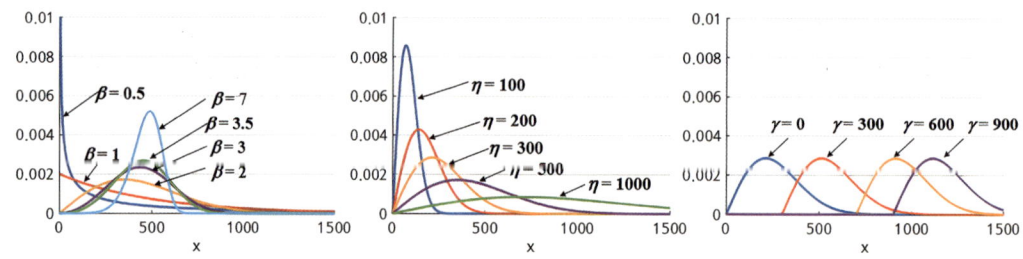

▲ 와이블 분포 그래프에서 형상모수, 척도모수 그리고 위치모수의 역할

스마트폰 교체 주기 데이터로 배우는 신뢰성 데이터 분석

제품 수명부터 사람의 수명까지 자연스러운 분포는 정규분포보다 우측으로 치우쳐진 와이블 분포입니다. 이러한 특성으로 인해 신뢰성 공학에서는 와이블 분포를 기본으로 사용합니다. 특히 '욕조 곡선(Bathtub curve)'으로 알려진 그래프는 제품 수명 주기 동안 고장률 변화를 효과적으로 시각화합니다. 욕조 곡선은 초기, 중간, 마지막 세 단계로 구성됩니다. 초기에는 제조 결함으로 고장률이 높고, 중간 단계에서는 고장률이

---

* 와이블 분포(Weibull distribution)는 정규분포를 확장한 것으로, 제품의 수명이나 고장 시간을 분석하는 데 특히 유용하다. 정규분포가 항상 좌우 대칭인 것과 달리 와이블 분포는 비대칭적인 형태도 표현할 수 있어 실제 제품의 고장 패턴을 더 정확하게 나타낼 수 있다.

낮고 일정하게 유지되며, 마지막으로 시간이 지나면서 노후화로 인해 고장률이 다시 상승합니다.

와이블 분포로부터 제품의 수명과 고장 패턴을 쉽게 이해할 수 있습니다. 와이블 분포에서 핵심인 형상모수는 고장의 유형을 초기 불량, 랜덤 고장, 노후화로 분류하는 데 중요한 역할을 합니다. 신뢰성 분석에서는 형상모수가 1보다 큰 노후화 고장에 특히 주목합니다.

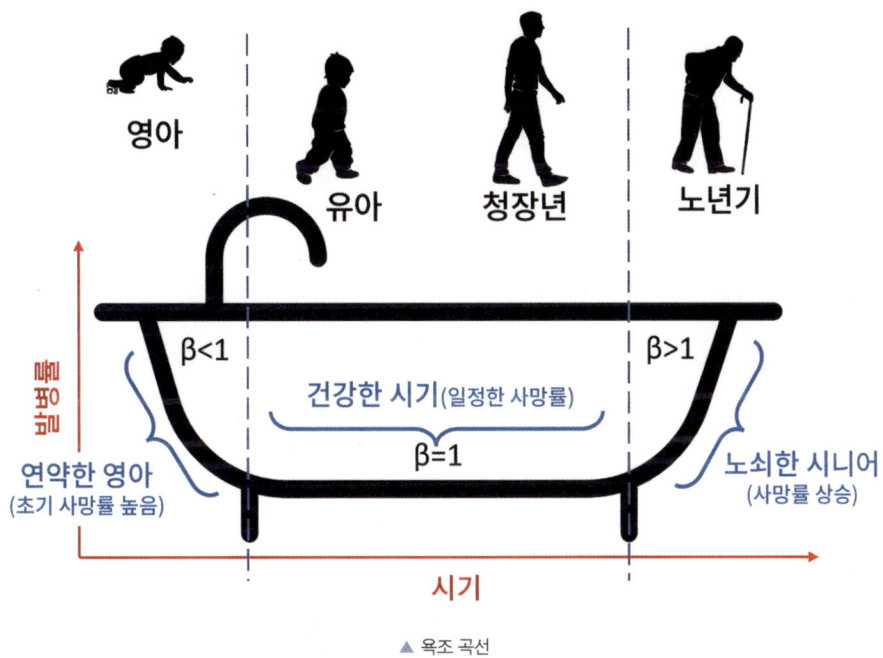

▲ 욕조 곡선

그럼 이번에는 스마트폰 교체 주기 데이터를 활용해 과거와 최근의 신뢰성을 비교해 보겠습니다. 먼저 스마트폰 교체 주기 평균부터 살펴보겠습니다. 2013년에는 스마트폰 교체 주기 평균이 약 2년(25.6개월)이었습니다. 7년이 지난 2020년에는 교체 주기 평균이 약 3.5년(43개월)으로 증가했습니다. 이 수명 데이터만으로도 기술의 발전으로 스마트폰 부품과 제조 신뢰성이 향상된 것을 알 수 있습니다.[36]

그렇다면 교체 주기 분포는 어떨까요? 스마트폰 교체 주기도 정규분포가 아니라 욕조 곡선처럼 시간이 지날수록 고장이 많이 발생하는 우측으로 치우친 분포를 보이는지 확인해 보겠습니다. 첫 번째로 스마트폰 교체 주기 분포를 히스토그램으로 시각화하여 살펴보겠습니다.

스마트폰 교체 주기 분포 시각화

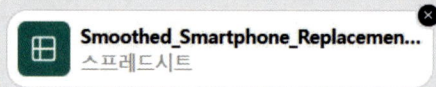

▲ 스마트폰 교체 주기 데이터 업로드

업로드한 데이터 세트의 2013년도와 2020년도를 구분해서 히스토그램을 그려보자.

※ 파일: Smoothed_Smartphone_Replacement_2013_2020.csv (출처: '2020년도 스마트폰 교체 주기 변화'에서 수집[36, 37])

https://github.com/M-LearnRun/Nocoding-JustAI

2013년 2020년 스마트폰 교체 주기 히스토그램 분포 시각화 코드 #5-4-5

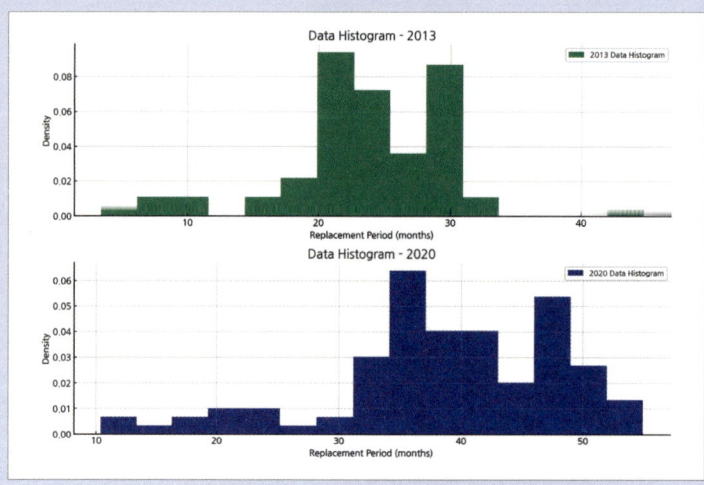

▲ 2013년, 2020년 스마트폰 교체 주기 분포 데이터

스마트폰 교체 주기 분포를 살펴보면, 정규분포라고 가정하기에는 적합하지 않아 보입니다. 후반부에 고장이 집중된 전형적인 욕조 모양의 고장 분포를 나타냅니다. 이런 경우 와이블 분포는 스마트폰 교체 주기를 효과적으로 표현할 수 있습니다. 하지만 해결해야 할 과제가 남아있습니다. 정규분포는 평균과 표준편차만으로 쉽게 그릴 수 있지만, 와이블 분포는 세 가지 변수(형상모수, 척도모수, 위치모수)의 결정이 필요합니다.

이 변수들을 결정하기 위해 최적화 기술을 활용하면 와이블 분포를 효율적으로 도출할 수 있습니다. 데이터를 챗GPT에 업로드한 후, 이 데이터 분포에 가장 알맞은 세 변수를 찾는 최적화를 요청하면 됩니다. 이렇게 하면, 와이블 분포를 그릴 수 있는 세 변수를 손쉽게 얻을 수 있습니다. 이렇게 세 변수인 형상모수, 척도모수 그리고 위치모수만 안다면, 데이터의 와이블 분포를 쉽게 얻을 수 있습니다.

위에서 살펴본 2013년도와 2020년도의 스마트폰 교체 주기 데이터의 와이블 분포를 살펴보겠습니다.

업로드한 데이터로부터 와이블 분포 시각화
- 업로드한 데이터 세트로 와이블 분포를 그리자.
- 2013년도와 2020년도를 각각 그려줘.
- 세 가지 변수는 사이킷-런 라이브러리의 최적화로 찾아줘.
- 형상모수, 척도모수를 최적화로 찾고, 위치 모수는 0으로 하자.
- 형상모수, 척도모수는 알려주고, 와이블 분포를 시각화로 보여줘.

Year	형상모수	척도모수
2013	4.28	25.80
2020	5.03	42.14

▲ 연도별 와이블 분포의 형상모수와 척도모수

와이블 분포 시각화 시각화 코드 #5-4-6

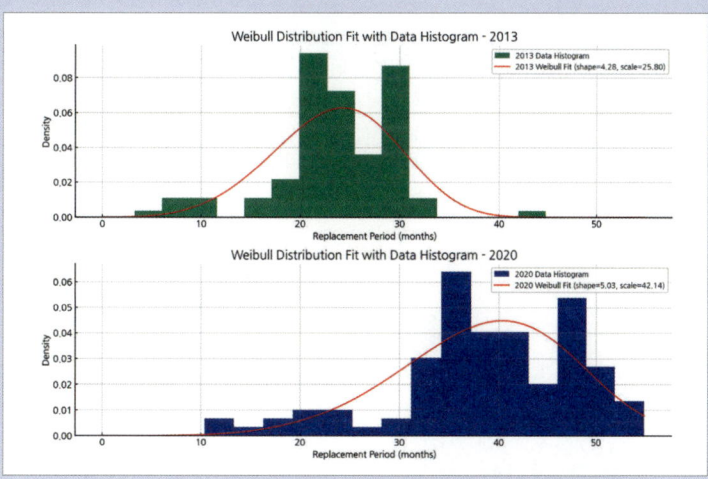

▲ 2013년, 2020년 스마트폰 교체 주기 분포 데이터

와이블 분포의 수식을 몰라도 개념만 이해하면, 정규분포로 표현하기 어려운 일반적인 분포나 제품의 수명 분포를 분석할 수 있습니다. 통계 분석에서 분포를 파악하고 있다는 것은 다양한 분석과 예측을 가능하게 합니다.

신뢰성 공학에서는 와이블 분포를 활용해 신뢰성 확률을 계산하고, 제품의 수명을 효과적으로 예측할 수 있습니다.

마지막 세 번째로 앞에서 얻은 와이블 분포를 이용해서 신뢰성을 구해보도록 하겠습니다. 통계학에서 신뢰성은 확률로서 퍼센트(%)로 표현할 수 있다고 앞에서 말씀드렸습니다. 와이블 분포를 이용해서 스마트폰 수명에 대해 신뢰성을 얻기 위해서는 특별한 확률 도표가 필요합니다. 이것은 와이블 수명 선도*라고 불리는데, X축에는 수명 데이터를 로그 스케일로, Y축에는 누적 고장률을 이중 로그 스케일로 표시합니다. 다소 복잡한 변환 과정을 거쳐야만 와이블 분포로부터 와이블 수명 선도를 얻을 수 있습니다. 이렇게 생성된 와이블 수명 선도는 제품의 신뢰성을 한눈에 파악할 수 있게 도와줄 것입니다. 이에 대해서는 아래 각주를 참조해 주시기 바랍니다.

2013년과 2020년의 스마트폰 교체 주기 데이터를 와이블 선도로 나타내면, 시간에 따른 신뢰성 변화를 한눈에 비교할 수 있을 것입니다. 이를 위해 다음과 같은 시각화를 진행하겠습니다.

스마트폰 교체 주기 분포로부터 신뢰성 계산과 시각화

- 주어진 형상모수와 척도모수를 사용하여 와이블 분포의 신뢰성 확률 선도를 시각화하자. 시각화할 땐, 선과 산점도를 추가해 줘.
- X축은 수명 데이터를 로그 스케일로 표시하고, Y축은 누적 고장률 F를 이용해 'log(log(1−1/(1−F)))' 변환을 취한 값으로 나타내자.
- F는 각 수명 데이터에서 구한 누적 분포 함수를 의미해.
- 두 가지 데이터 세트(2013년과 2020년)의 신뢰성 곡선을 각각 그려줘.
- 그래프에 각각의 데이터를 비교할 수 있도록 색상과 범례를 포함하고, X축과 Y축은 적절하게 라벨링해 줘.
- X축은 '수명 (로그 스케일)', Y축은 '누적 고장률 (이중 로그 스케일)'로 표기해.

---

* 와이블 수명 선도는 수명 데이터를 직선화하여 분석하는 특별한 도표이다. X축의 로그 스케일은 넓은 범위의 수명 데이터를 효과적으로 표현할 수 있게 하며, Y축의 이중 로그 변환(log(log(1−1/(1−F)))은 와이블 분포를 직선 형태로 만들어준다. 이렇게 변환된 도표에서는 데이터가 직선에 가까울수록 와이블 분포를 잘 따른다고 판단할 수 있으며, 직선의 기울기와 절편을 통해 와이블 분포의 특성을 쉽게 파악할 수 있다.

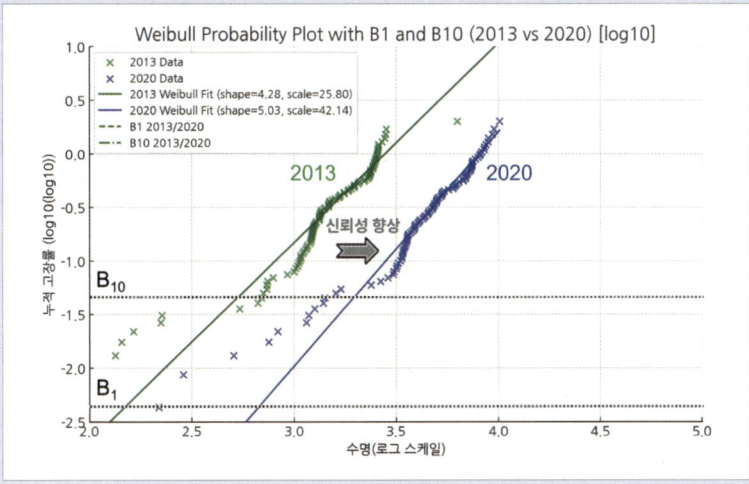

▲ 와이블 수명 선도로부터 신뢰성 90%(B10), 신뢰성 99%(B1) 계산

Year	B10 =고장 10% =신뢰성 90%	B1 =고장 1% =신뢰성 99%
2013	15.24 개월	8.80 개월
2020	26.94 개월	16.89 개월

▲ 연도별 신뢰성 90%(B10), 신뢰성 99%(B1) 수명 계산

드디어 이렇게 확률로 표현되는 신뢰성(Reliability)까지 왔습니다. 미국식 표현으로 Reliability 90%는 유럽식 표현 B10과 동일한 의미를 가집니다. 이를 풀어서 설명하면, 신뢰성 90% 확률에서의 수명은 2013년 기준 15.24개월에서 2020년 기준 26.94개월로 11.7개월 증가했습니다. 또한, 신뢰성 99% 확률에서의 수명은 2013년 8.8개월에서 2020년 16.89개월로 8.09개월 증가한 결과를 보여줍니다.

통계적으로 유의미한 수준으로 스마트폰 신뢰성이 증가한 것을 확인했습니다. 신뢰성 90%, 99% 확률을 아무런 수식 없이 오로지 개념만으로 AI 프롬프트 대화로 계산해 냈습니다. 좋은 개념은 실제로 활용될 때 진정한 가치를 발휘합니다. 신뢰성과 신뢰구간은 다양한 분야의 실제 업무 현장에서 활용될 수 있습니다. 이러한 작은 시작들이 불확실한 미래를 맞이하는 우리의 의사결정에 신뢰를 더해줄 것입니다. 신뢰(Trust)가 사람과 사람 사이의 믿음이라면, 신뢰성(Reliability)은 사람과 기술 사이의 신뢰를 구축하는 것입니다.

Chapter 6
AI는 도구가 아닙니다 자비스입니다!

"(자비스) 스타크, 가면 못 돌아와요. 포츠에게 연락할까요?"
— 영화 〈어벤져스〉(2012) 중

01

못하는 것 빼고 다 하는 AI
인간 언어(자연어)

AI는 도구가 아닙니다 자비스입니다!

자비스(JARVIS: Just A Rather Very Intelligent System), 그냥 좀 많이 똑똑한 시스템

영화 〈아이언맨〉(2008)에서 토니 스타크의 AI 비서, 자비스는 단순한 도구를 넘어 모든 일에서 조력자이자 그의 오랜 친구입니다. 때로는 삶의 동반자 역할까지도 합니다. 〈어벤져스〉(2012) 영화 속에서 토니 스타크가 핵미사일을 짊어지고 포탈을 타기로 결심할 때, 자비스는 단순히 명령을 따르는 것을 넘어서 그의 감정에 공감합니다. 다시 돌아올 수 없을 가능성을 인지한 자비스는 잠시 망설이더니 스타크의 여자친구 페퍼 포츠에게 전화 연결을 제안합니다. 이는 단지 영화 속 이야기만은 아닙니다.

자비스는 2008년 처음 등장했던 당시 많은 이들에게 SF 영화 속의 먼 미래의 일로 여겨졌습니다. 하지만 이제 우리는 그 상상이 점차 현실로 다가오는 순간을 목격하고 있습니다. 아이언맨 수트는 입지 못하더라도, 우리 모두가 개인 AI 비서인 자비스와 함께하는 시대가 왔습니다.

2022년 11월 30일 오픈AI에서 챗GPT-3.5를 출시하며 이제 누구나 자신만의 개인 AI 비서를 가질 수 있다는 가능성을 보여주었습니다. AI 에이전트* 시대의 서막을 세상에 알린 것입니다.

우리의 일상과 업무 방식은 조금씩 변화하고 있습니다. 과거에 전문가들만 다룰 수 있었던 복잡한 문서 작업과 코딩 작업을 이제 누구나 쉽게 시도하고 해결할 수 있게 된 것입니다.

현실판 자비스인 AI의 본질은 바로 언어에 있습니다. 생성형 AI, 특히 거대언어모델(LLM)의 핵심은 자비스처럼 자연스러운 대화를 통해 우리와 소통할 수 있는 능력입니다. 이는 단순한 명령 수행을 넘어, 진정한 의미로서 맥락을 이해하고 대화하는 새로운 차원의 가능성을 열어주었습니다. AI가 다루는 언어는 크게 두 가지로 나눌 수 있습니다. 첫째는 인간과의 소통을 위한 '인간 언어'입니다. 자비스가 토니와 농담을 주고받으며 상황을 설명하고 조언을 제시했듯이 지금의 AI도 글쓰기, 요약, 정리, 검색, 설명 등 탁월한 수준으로 우리를 도울 수 있습니다.

둘째는 기계와의 소통을 위한 '기계 언어'입니다. 자비스는 토니의 아이언맨 슈트를 제어하고 전투를 보조합

---

* AI 에이전트(AI agent)란, 개개인이 모두 AI 비서를 두고 활용할 수 있다는 개념이다. 사용자 맞춤형으로 설계된 인공지능 기반의 서비스이다. 이는 개인의 업무, 생활, 학습 등을 지원하며, 사용자의 요구와 환경에 따라 스스로 학습하고 적응하여 개인의 맞춤 비서 역할을 할 수 있다.

니다. 지금의 AI도 파이썬, C 언어, 자바스크립트 등 다양한 컴퓨터 기계 언어를 아주 능숙하게 처리합니다.

생성형 AI는 말 그대로 언어를 생성하여 인간 언어와 기계 언어로 진정한 의미의 맥락적인 대화를 나누는 지능입니다. 우리가 AI를 통해서 하는 모든 것의 본질은 언어를 통한 소통과 대화입니다. 이는 인간과의 소통이든, 기계와의 소통이든 마찬가지입니다. 그럼 이제부터 AI가 할 수 있는 일들을 '인간 언어'와 '기계 언어' 두 가지 카테고리로 나누어 살펴보겠습니다. AI…, 정말 못하는 것 빼고 다 합니다!

인간 언어도 잘하는 AI 첫 번째 - 논문 쓰기

논문이라는 단어 그 자체가 주는 신뢰가 있습니다. 사람들은 자신의 주장에 근거를 대기 위해 논문을 인용하곤 합니다. 전문가들의 영역이라 여겨졌던 논문은 이제 챗GPT와 같은 AI의 등장으로 새로운 국면을 맞이하고 있습니다. 한 시간이면 누구나 논문 하나를 쓸 수 있으니까요.

챗GPT를 이용한 논문쓰기 경진대회에 참여했던 필자의 경험을 바탕으로 설명드리겠습니다. 경진대회 준비물은 노트북 한 대, 챗GPT 프롬프트 창 하나 그리고 워드 논문 템플릿 하나입니다. 대회 방식은 매우 간단합니다.

"1시간 안에 챗GPT 창 하나, 워드 논문 템플릿 창 하나를 띄우고 논문 4페이지 제출"

▲ 2024 대한기계학회 챗GPT 활용 논문쓰기 경진대회[38]

경진 대회는 조선 시대 과거 시험처럼 당일에 주제가 주어지고 그 주제로 자유롭게 1 시간 안에 4페이지 분량의 논문을 완성하는 방식입니다. 놀랍게도 참가자 대부분이 1 시간 만에 논문을 거의 완성해서 제출했습니다. 이처럼 키보드로 챗GPT와 대화만 할 수 있다면 누구나 어렵지 않게 논문을 쓸 수 있습니다.

문학과 달리 논문은 형식이 정해진 기술적 글쓰기입니다. AI는 패턴 인식에 강점이 있기에 형식이 정해진 논문과 같은 논리적 글쓰기를 매우 잘합니다.

챗GPT를 활용한 논문 쓰기 과정을 설명드리겠습니다.

> **AI와 논문 쓰기 5단계**
> 1. **페르소나* 설정**: 논문을 쓰기 위한 페르소나를 AI에게 알려줍니다.
> 2. **주제 선정**: AI에게 논문의 주제와 세부 주제를 설명합니다.
> 3. **구조 잡기**: 확정된 세부 주제로 챕터 구조와 세부 내용을 마크다운(#) 형식으로 구성합니다.
> 4. **내용 채우기**: 각 섹션의 내용을 채웁니다. 데이터를 수집하고 필요하면 그래프도 그립니다.
> 5. **참고문헌 달기**: 논문에 사용된 자료들의 참고문헌 목록을 만들고 각주를 달아줍니다

경연대회 당시의 실제 상황을 되짚어보면, 주제는 'K방산과 기계공학' 또는 'AI 시대의 기계공학 발전 방향' 중에서 선택하는 것이었습니다. 그럼, AI와 논문쓰기 5단계를 단계별로 살펴보며 1시간에 논문 1편을 썼던 경진대회를 재연해 보겠습니다.

AI를 활용한 논문 쓰기의 첫 번째 단계는 논문을 쓸 관련 주제의 페르소나를 설정하는 것입니다. 앞서 강조했듯이, AI는 도구가 아니라 자비스입니다. 자비스인 AI의 본질이 언어인 것은 자신과 마주하는 상대가 있어야 한다는 의미입니다. 그 자비스가 어떤 존재이길 희망하는지 설정하는 것이 페르소나를 부여하는 것입니다. 논문 작성을 위해서는 해당 분야의 전문성을 가진 교수나 연구원의 관점에서 조언을 받을 수 있도록 설정하는 것이 효과적입니다. 이는 AI가 일관된 전문성을 바탕으로 체계적인 도움을 제공할 수 있게 하는 중요한 첫 단계입니다. 쓰고자 하는 논문의 분야를 명시하여 페르소나를 설정하겠습니다.

AI와 논문 쓰기 1단계: 페르소나 설정
너는 기계공학 분야의 훌륭한 교수야. 한글로 된 논문을 하나 써야 해.

기계공학 분야에서 논문 주제를 설정하고 작성하는 과정에서 어떤 주제에 관심이 있는지 말씀해 주시면, 논문의 구조와 내용에 대해 구체적인 도움을 드릴 수 있습니다.

---

*   페르소나(Persona)는 특정 목적을 위해 설정하는 가상의 정체성이나 역할을 의미한다. AI와의 대화에서 페르소나를 설정하는 것은 마치 특정 분야의 전문가나 조력자와 대화하는 것처럼 일관된 전문성과 관점을 가진 답변을 받기 위한 방법이다. 예를 들어, 논문 작성을 위해서는 연구 방법론 전문가를, 소설 작성을 위해서는 문학 편집자를 페르소나로 설정할 수 있다.

이와 같이 미리 페르소나를 설정하면 관련 분야의 용어와 관련 단어를 사용합니다. 또한 전문 지식을 동원하여 논문 쓰기를 돕습니다.

대화를 나눌 페르소나를 선정했으니 본격적으로 논문 쓰기가 시작됩니다. 주어진 주제 두 가지 중에서 어떤 주제로 쓸지 챗GPT와 나눠보겠습니다. 제가 쓰지 않고 챗GPT가 쓸 것이니까요.

 AI와 논문 쓰기 2단계: 주제 선정
주제는 아래 둘 중에 하나로 써야 해. 둘 중에 뭘 더 잘할 수 있니?
1. K방산과 기계공학
2. AI 시대의 기계공학 발전 방향

 두 주제 모두 흥미롭고 중요한 주제입니다. 각 주제에 대한 장점과 제가 제공할 수 있는 도움은 다음과 같습니다.

1. **K방산과 기계공학**
   (챗GPT는 2번을 추천했으므로 1번 주제 내용 생략)

2. **AI 시대의 기계공학 발전 방향**
   - **강점**: AI와 기계공학의 융합은 제 전문 분야인 데이터 분석과 머신러닝을 포함하기 때문에, 이 주제에서 더 깊이 있고 혁신적인 아이디어를 제공할 수 있습니다.
   - AI 기술이 기계공학에 미치는 영향 (예: 설계 최적화, 예측 유지보수)
   - AI와 디지털 트윈 기술을 활용한 기계 시스템의 혁신 사례 분석
   - AI 시대에서 기계공학 교육 및 연구 방향 제안
   - **적합성**: AI가 기계공학에 미치는 영향을 조명하고 미래지향적인 발전 방향을 제시하는 데 강점을 발휘할 수 있습니다.

추천:
2번 주제(AI 시대의 기계공학의 발전 방향)를 선택하시는 것이 더 효과적일 것 같습니다. AI와 기계공학의 융합은 미래지향적이며, 혁신적인 연구 가능성을 열어주기 때문에 독자들에게도 큰 관심을 끌 수 있습니다. AI와 기계공학의 사례를 연결하고 구체적인 발전 방향을 제시하는 데 더욱 강점을 발휘할 수 있습니다.

둘 중 하나를 선택하시면 해당 주제에 맞는 논문의 구조와 초안을 함께 준비해 보겠습니다.

챗GPT가 쓸 것이기 때문에 그가 추천한 대로 2번 주제('AI 시대의 기계공학 발전 방향')로 선택하겠습니다. 그리고 본인의 관심사인 시뮬레이션이라는 키워드를 추가해서 세부 주제로 이어가 보겠습니다.

AI와 논문 쓰기 2단계: 주제 선정

그래. 2번 주제인 AI 시대의 기계공학 발전 방향으로 하자.
이 주제에서 내가 관심 있는 분야는 시뮬레이션이야. 시뮬레이션 관련 세부 주제를 제안해 볼래?

1. **디지털 트윈을 활용한 시뮬레이션**
   - AI 기반 디지털 트윈 기술의 발전 방향
   - 디지털 트윈과 시뮬레이션 기반 설계
2. **AI를 활용한 시뮬레이션 가속화**
   - 고속 시뮬레이션을 위한 AI 기반 대체 모델
   - 시뮬레이션의 데이터 생성 및 보강
3. **시뮬레이션-실험 상호보완**
   - AI 기반 시뮬레이션과 실험 데이터 융합
   - 물리 기반 시뮬레이션과 AI의 하이브리드 모델
4. **시뮬레이션 최적화**
   - AI를 통한 설계 공간 탐색
   - 다중 목표 최적화를 위한 시뮬레이션 프레임워크

위의 내용을 살펴보면, 전문가 수준의 주제를 챗GPT가 제안했습니다. 이 중에서 'AI를 활용한 시뮬레이션 가속화'를 선정하겠습니다. 실제 이 주제는 시뮬레이션 분야에서 각광받는 분야이기도 합니다. 컴퓨터 하드웨어와 AI 기술의 융합으로 시뮬레이션 속도를 크게 단축시키고 있기 때문입니다.

경진대회의 공통 주제는 'AI 시대의 기계공학 발전 방향'으로 선정했었죠. 그래서 본인의 도메인 지식을 주제에 연결해서 세부 주제는 'AI를 활용한 시뮬레이션 가속화'로 정하겠습니다.

다음으로, AI와 논문 쓰기 3단계는 논문 전체 구조를 잡는 일입니다. 경진대회의 논문 제출 분량이 4페이지라는 점을 감안해 목차와 구조 생성을 요청하겠습니다. 글쓰기 구조를 짜기 위해 마크다운(#)으로 수준을 구분하면 한눈에 보기 좋은 구조를 얻을 수 있습니다. 여기서 수준이란 계층 구조를 의미하는데, '#' 하나는 대제목(1.), '##'는 중제목(1.1), '###'는 소제목(1.1.1)을 나타냅니다. 이러한 체계적인 구조화는 논문의 전체적인 흐름을 논리적으로 파악할 수 있도록 돕습니다. 마크다운을 활용해 논문 구조를 잡아보겠습니다.

AI와 논문 쓰기 3단계: 구조 잡기
- **주제**: AI 시대의 기계공학 발전 방향
- **세부 주제**: 2. AI를 활용한 시뮬레이션 가속화
  - 고속 시뮬레이션을 위한 AI 기반 대체 모델
  - 시뮬레이션의 데이터 생성 및 보강

전체 구조를 잡아야 해. 이때 마크다운(#)을 활용해서 이 주제에 적합한 내용을 탑-다운 방식으로 논문의 구조를 생성해 줘.

서론/본론/결론으로 구성해 줘.

4페이지 분량이니까. 너무 복잡하게 하지 말고 분량을 고려해 줘.

AI 시대의 기계공학 발전 방향: 고속 시뮬레이션을 위한 AI 기반 대체 모델

1. 서론 (1페이지)
1.1 연구 배경
- 시뮬레이션 기술의 중요성: 설계 최적화, 시스템 해석 등에서 핵심 역할

1.2 연구 목적 및 방향
- AI 기반 대체 모델로 시뮬레이션 가속화 방안 탐구

2. 본론 (2~3페이지)
2.1 AI 기반 대체 모델의 개념과 원리
- AI 대체 모델의 정의: 기존 수치 해석 모델의 간소화 및 대체

2.2 Reduced Order Modeling(ROM)과 AI의 융합
- Reduced Order Modeling(ROM)의 역할: 저차원 표현을 통한 시뮬레이션 속도 향상

2.3 구현 사례
2.3.1 유한요소해석(FEA)의 대체
- AI를 활용한 구조적 거동 예측
- 기존 FEA와의 성능 비교: 정확도 및 시간 단축

2.4 도전 과제와 해결 방안
- AI 기반 대체 모델의 한계
- Generative AI를 활용한 데이터 증강 및 새로운 조건 생성

3. 결론 (4페이지)
3.1 연구 요약
- AI 기반 대체 모델의 주요 성과
- AI와 기계공학의 융합이 가져올 산업적 영향

3.2 향후 연구 방향
- 신뢰성과 범용성을 갖춘 AI 모델 개발 필요성
- 데이터 품질 및 학습 모델 개선

위에서 보듯 챗GPT가 논문의 구조를 잡고 서론, 본론, 결론의 세부적인 페이지 분량 분배까지 정해주었습니다. 전체 구조를 살펴보고 연구자는 순서를 바꾸거나 일부를 수정하는 과정을 거쳐 전체 논문 구조를 완성할 수 있습니다. 빈 페이지에서 고민하는 것과는 비교도 할 수 없을 정도로 마크다운을 활용한 챗GPT의 구조 잡기는 논문뿐만 아니라 모든 글쓰기 활동에 정말 큰 보탬이 됩니다.

이제 차례차례 본문을 채우면 4페이지 분량의 논문을 금세 완성할 수 있습니다. 다음 차례인 'AI와 논문 쓰기 4단계'는 앞서 구조화한 틀에 내용 채우기입니다.

전체 구조화한 틀 중에서 서론에 해당하는 '1.1 연구 배경'과 '1.2 연구 목적 및 방향'을 작성해 보겠습니다.

AI와 논문 쓰기 4단계: 내용 채우기

서론, 본론, 결론 순으로 쓰자. 먼저 1페이지 분량에 해당하는 서론을 써줘.

서론은 다음과 같아:

1. 서론 (1페이지)
1.1 연구 배경
- 시뮬레이션 기술의 중요성: 설계 최적화, 시스템 해석 등에서 핵심 역할

1.2 연구 목적 및 방향
- AI 기반 대체 모델로 시뮬레이션 가속화 방안 탐구

AI 시대의 기계공학 발전 방향: 고속 시뮬레이션을 위한 AI 기반 대체 모델

1. 서론 (1페이지)
1.1 연구 배경

시뮬레이션 기술은 현대 기계공학에서 설계 최적화와 시스템 해석을 위한 필수 도구로 자리 잡고 있다. 특히, 유한요소해석(FEA)과 계산유체역학(CFD)은 기계적 거동을 분석하고 복잡한 물리적 현상을 이해하는 데 중요한 역할을 해왔다. 그러나 이러한 전통적 시뮬레이션 기법은 높은 계산 비용과 긴 처리 시간이 요구되며, 대규모 데이터 처리가 필요한 현대의 복잡한 시스템에 적용하기에 한계가 있다. 이러한 문제는 설계 주기 단축과 비용 절감이 요구되는 산업 현장에서 더욱 두드러진다.

(생략)

1.2 연구 목적 및 방향

본 연구는 AI 기술을 기반으로 한 고속 시뮬레이션 대체 모델의 가능성을 탐구하는 데 목적이 있다. 특히, 유한요소해석(FEA)과 계산유체역학(CFD) 분야에서 AI 기반 대체 모델이 시뮬레이션 속도와 정확성을 어떻게 개선할 수 있는지에 대해 논의한다. 이를 위해, Reduced Order Modeling(ROM)과 AI 기술의 융합 가능성을 분석하고, 실제 적용 사례를 통해 그 효과를 검증하고자 한다.

(생략)

매우 구체적이고 전문적인 용어를 활용해서 논문의 본문을 채웠습니다. 이와 같은 방법으로 본문과 결론도 채워 나갈 수 있습니다. 추가적으로, 본문 내용에 데이터 분석을 포함한 그래프를 추가로 생성해 보도록 하겠습니다.

AI와 논문 쓰기 4단계: 내용 채우기

2.3.1 유한요소해석(FEA)의 대체

- AI를 활용한 구조적 거동 예측
- 기존 방법과 비교: 정확도 및 시간 단축

위의 마크다운 내용에서 AI를 활용한 시간 단축 효과를 정량적인 데이터 분석 결과를 추가하고 싶어. 효과가 있다면 얼마나 효과가 있는지 말이야.

그리고 그 효과가 나타나려면 얼마의 기간이 지나야 AI 모델이 기존의 방법보다 효과적일까?

기존 시뮬레이션과 AI를 이용한 시뮬레이션 효과 비교 코드 #6-1-1

분석 목표

1. FEM과 AI 모델의 시간 누적 비교.
2. 초기 AI 학습 기간이 포함된 효율성 교차점(Crossover Point) 식별.
3. AI 모델이 실질적으로 유리해지는 지점 시각화.

FEM과 AI 학습의 시간적 맥락

1. 전통적 FEM
   - 시뮬레이션 수행 시간은 선형적으로 증가. 1회 시뮬레이션에 5시간 소요.
2. AI 기반 모델
   - 모델 개발, 데이터 전처리, 학습, 검증이 포함되며 총 3개월(90일) 소요

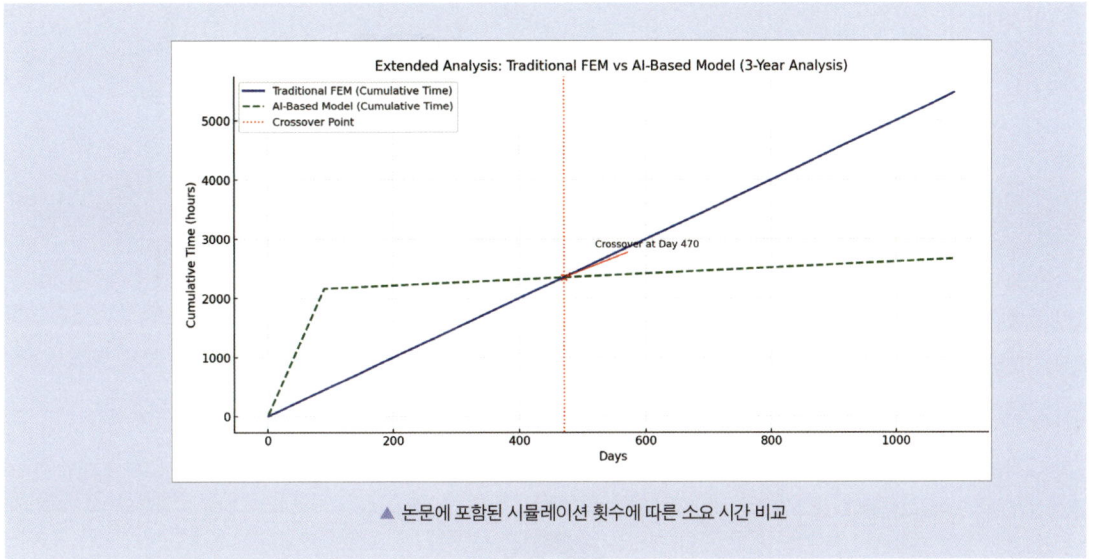

▲ 논문에 포함된 시뮬레이션 횟수에 따른 소요 시간 비교

위에서 분석된 그래프는 기존 방법과 AI 기반 모델의 누적 시간을 비교했습니다. 470일째부터 AI 모델이 기존 방법보다 효율적임을 보여줍니다. 기존 방법은 초기부터 선형적으로 누적 시간이 증가하여 즉각적인 결과를 제공합니다. 하지만 장기적으로는 AI 모델의 초기 학습 이후에는 30분 밖에 걸리지 않는 AI의 빠른 계산 속도에 의해 470일째부터 기존 방법에 비해 효율성이 높아집니다. 이와 같은 방식으로 경진대회에서 4페이지 논문에 데이터 분석 결과를 추가했습니다.

4페이지 본문을 채웠다면 이제 논문 쓰기가 거의 마무리되었습니다. 마지막 AI로 논문 쓰기 5단계는 본문에 참고문헌을 다는 것입니다. 일반적으로 새로운 분야를 학습하고 논문을 쓰는 과정에서 문헌 조사는 가장 처음에 이루어지지만, 경진대회 특성상 문헌 조사는 선행이 아니라 후행합니다. 그러므로 논문의 뒷받침 근거 자료로 활용하는 용도로 참고문헌 달기를 수행했습니다.

논문 쓰기에서 어려운 부분 중에 하나가 참고문헌을 찾아 관리하는 것입니다. 이때, 챗GPT의 스콜라 GPT(Scholar GPT) 플러그인은 관련 참고문헌을 찾는 데 매우 유용합니다. 스콜라 GPT는 2억 개 이상의 학술 자료를 활용해 논문 검색과 검토를 간편하게 지원합니다. 관련 문헌을 제안하고, 요약과 비판적 분석 기능을 제공해 연구 효율을 높입니다.

스콜라 GPT를 활성화하는 방법은 다음과 같습니다. 좌측 메뉴에서 ❶ 'GPT 탐색'을 클릭하면 맞춤형 GPT를 검색할 수 있습니다. ❷ 검색창에 'Scholar GPT'를 입력합니다. ❸ 아래의 Scholar GPT를 선택합니다.

▲ Scholar AI 플러그인 찾기

▲ 논문 쓰기에 도움을 주는 플러그인, 스콜라 GPT

새로운 GPT 프롬프트 창을 생성하고 위에서 작성한 논문 본문 내용에 대해 관련 참고문헌을 찾아보겠습니다.

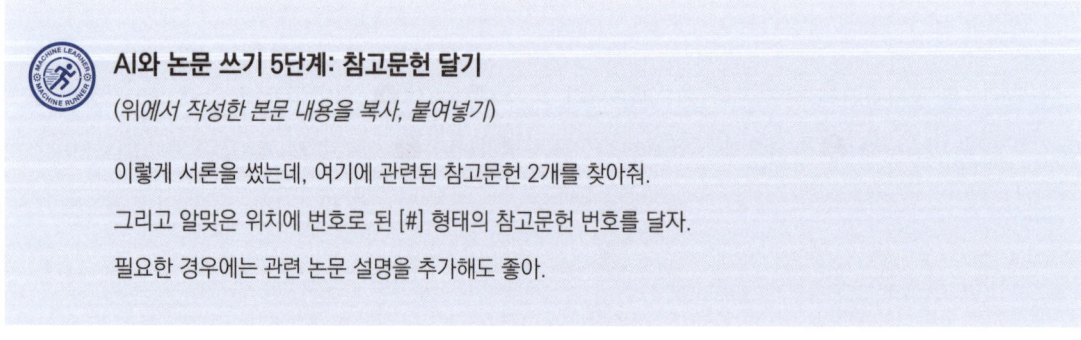

이렇게 프롬프트를 입력하면, 답변을 받기 전에 외부 스콜라 GPT에 연결을 시도합니다. 아래의 스콜라 GPT 요청에서 ❹ '허용하기'를 클릭하면, 챗GPT와 스콜라 GPT가 연결되어 우리의 질문에 답변합니다.

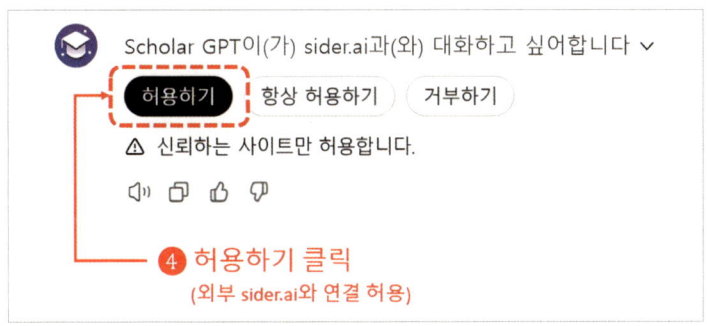

▲ 스콜라 GPT 허용하기

 AI와 논문 쓰기 5단계: 참고문헌 달기

1.1 연구 배경

시뮬레이션 기술은 현대 기계공학에서 설계 최적화와 시스템 해석을 위한 필수 도구로 자리 잡고 있다. 특히, 유한요소해석(FEA)과 계산유체역학(CFD)은 기계적 거동을 분석하고 복잡한 물리적 현상을 이해하는 데 중요한 역할을 해왔다. 그러나 이러한 전통적 시뮬레이션 기법은 높은 계산 비용과 긴 처리 시간이 요구되며, 대규모 데이터 처리가 필요한 현대의 복잡한 시스템에 적용하기에 한계가 있다. [1] 이러한 문제는 설계 주기 단축과 비용 절감이 요구되는 산업 현장에서 더욱 두드러진다. [2]

[1] Korenyi-Both, T. E., Falkiewicz, N. J., & Jones, M. C. (2024). *Open-Source High-Speed Flight Surrogate Modeling Framework*. arXiv. 링크

[2] Gu, J., Hua, W., Yu, W., & Zhang, Z. (2022). *Surrogate model-based multiobjective optimization of high-speed PM synchronous machine: Construction and comparison. IEEE Transactions on Magnetics*. 링크

이처럼 관련 연구를 찾아줄 뿐만 아니라 실제 존재하는 논문인지 알 수 있도록 접속 링크도 제공해 줍니다. 챗GPT 초창기에는 할루시네이션(Hallucination)* 이라는 현상이 많았습니다. 즉, 실제로 존재하지도 않는 논문이나 정보를 진짜 있는 것처럼 꾸며서 거짓말을 그럴 듯하게 했습니다. 그러나 지금의 진화한 챗GPT는 정보의 출처인 링크를 제공하면서 예전과 같은 할루시네이션 현상을 거의 사라졌습니다.

관련 논문을 찾는 것에 그치지 않고 챗GPT와 스콜라 GPT는 적절한 곳에 참고문헌 번호까지 달아줍니다. 1시간이라는 제한된 시간 동안 수십 개의 참고문헌을 일일이 찾고 검토하는 일은 현실적으로 불가능합니다.

---

* 할루시네이션(Hallucination)은 AI가 실제로 존재하지 않는 정보를 사실인 것처럼 생성하거나 잘못된 정보를 제시하는 현상이다. 이는 AI의 학습 과정에서 발생할 수 있는 오류로, 특히 초기 AI 모델들에서 자주 관찰되었다.

하지만 AI는 논문 내용을 이해하고 분석해 적절한 참고문헌을 달아주었습니다. 실제 연구 논문 작성 시에도 이 기능은 관련 연구 동향 파악과 심화 학습에 엄청난 도움을 줍니다.

결론적으로 한 시간도 채 되지 않아 논문 4페이지를 완성했습니다. AI 논문 작성 경진대회에서도 이와 같은 논문 쓰기 1~5단계를 거쳐 논문을 작성했습니다. 1시간 동안 모든 참가자가 챗GPT와 대화하느라 분주한 가운데 '타닥타닥' 타자 소리만 울려 퍼지는 긴장감 넘치는 대회였습니다. 나름대로 박진감 있는 경험이었고 운 좋게 입상도 하게 되었습니다. 객관적 데이터를 수집하고 이를 시각화하여 논리를 뒷받침한 점과 플러그인 기능을 적절히 활용한 점이 심사위원으로부터 높이 평가된 것이 아닐까 조심스럽게 짐작해 봅니다.

AI만 있다면 논문 작성이 그렇게 어려운 일도 아닙니다. 창의성과 독창적인 아이디어 그리고 주제만 있으면 분야를 막론하고 누구나 훌륭한 논문을 쓸 수 있습니다. 추가로, 챗GPT는 영어를 더 잘합니다. 챗GPT와 한글로 먼저 대화하고 논문은 영어로 작성한다면 영어 논문도 생각보다 어렵지 않게 쓸 수 있습니다.

▲ 챗GPT 활용 논문쓰기 경진대회에서 작성한 논문 일부

인간 언어도 잘하는 AI 두 번째 - 제안서 쓰기

제안서(프로포잘)와 논문은 모두 논리적 글쓰기라는 공통점이 있습니다. 그러나 둘 사이에 큰 차이점은 바로 문서가 작성되는 시기입니다. 논문은 과제가 어느 정도 진행되어 끝이 보일 때 쓰기 시작합니다. 또는 모든 활동이 종료된 이후에 데이터를 모아서 논문을 씁니다. 반면에 제안서는 프로젝트를 시작하기 전에 작성하여 앞으로 진행될 작업의 방향과 비전을 제시해야 합니다. 미래에 실현하고자 하는 목표와 그 실행 과정을 구체적으로 그려내는 청사진의 역할을 하는 문서가 제안서입니다.

앞에서 작성 시기의 차이점을 언급했듯이, 논문은 이미 수행한 연구의 결과를 정리하고 체계적으로 서술하는 과정입니다. 반면 제안서는 아직 실현되지 않은 아이디어를 구체화하는 작업이기 때문에 창의적인 구성력이 필요합니다. 특히 생소한 분야의 제안서를 작성할 때는 맨몸으로 미지의 영역에 뛰어드는 것 같은 부담감이 있어 창작의 고통이 더 큽니다.

이와 같은 창작의 고통은 제안서를 쓸 때마다 첫발을 내딛기 어렵게 합니다. 특히 생소한 분야나 처음 시도하는 프로젝트에 대한 제안서를 쓸 때면 더욱 그렇죠. 전문 용어도 익숙하지 않고 전체 구상을 잡는 데만 며칠이 걸리기도 합니다. AI의 도움을 받으면 이 같은 어려움을 크게 줄일 수 있습니다. 챗GPT는 전체 구도를 잡고 시작하는 데 전혀 주저함이 없습니다.

그러므로 챗GPT와의 대화를 통해 효율적으로 제안서 초안을 작성할 수 있습니다. AI와 제안서 쓰기에서는 최근 교육 현장에서 화두인 챗GPT와 같은 생성형 AI를 어떻게 받아들여야 하는지에 대한 대응 방안에 대한 프롬프트 예시를 통해 설명해 보겠습니다. 위에서 살펴본 논문 쓰기와 단계가 같기 때문에 챗GPT의 답변은 생략하겠습니다.

> **AI와 제안서 쓰기 5단계**
> 1. **페르소나 설정**: 제안서를 위한 페르소나를 AI에게 알려줍니다.
> 2. **주제 선정**: AI에게 제안서 주제와 세부 주제를 설명합니다.
> 3. **구조 잡기**: 확정된 세부 주제로 챕터 구조와 세부 내용을 마크다운(#) 형식으로 구성합니다.
> 4. **내용 채우기**: 각 섹션의 내용을 채웁니다. 데이터를 수집하고 필요하면 그래프도 그립니다.
> 5. **참고문헌 달기**: 제안서에 사용된 자료들의 참고문헌 목록을 만들고 각주를 달아줍니다.

AI와 제안서 쓰기 질문 프롬프트를 1에서 5단계까지 순차적으로 나열했습니다. 이때, 질문 프롬프트가 'AI와 논문 쓰기의 5단계'와 유사하기 때문에 챗GPT의 답변 중 일부를 생략했습니다.

 AI와 논문 쓰기 1단계: 페르소나 설정
너는 초등교육 분야에서 20년의 경력을 가진 교육학 박사야. 교실 현장에서 AI 활용에 대해 깊은 관심을 가지고 있어. 여러 학교에서 AI 교육 혁신 프로그램을 제안해 본 경험도 있지.
현재는 교사들을 위해 교육현장에서 AI 활용 가이드라인을 개발하고 있어.

AI와 제안서 쓰기 2단계: 주제 선정

주제는 "초등학생의 생성형 AI 활용 학습에 대한 교육 현장에서 교사의 대응 방안"이야.

여기서 우리가 집중해볼 수 있는 세부 영역이 몇 가지 있어.

1. 과제 수행 도구로서의 AI 활용 가이드라인 개발
2. AI를 활용한 자기주도 학습 역량 강화 방안
3. AI 시대에 맞는 새로운 과제 평가 기준 수립

이 중에서 어떤 방향으로 가면 좋을까?

AI와 제안서 쓰기 3단계: 구조 잡기

주제: 초등학생의 생성형 AI 활용 학습에 대한 교육 현장에서 교사의 대응 방안

세부 주제: AI 활용 학습 지원을 위한 교사 가이드라인 개발

전체 구조를, 마크다운(#)을 활용해서 탑-다운 방식으로 구성해 줘. 현황 분석/제안 내용/기대 효과로 구성하고, 20페이지 분량의 제안서에 맞게 구조화해 줘.

특히 다음 내용들이 포함되어야 해.

- 생성형 AI가 초등교육에 미치는 영향과 현재 상황
- 교사들이 실제 현장에서 적용할 수 있는 구체적인 가이드라인
- AI 활용 교육의 단계별 실행 방안
- 교사 연수 프로그램 구성 방안
- 학생 성취 평가 및 피드백 시스템

마크다운을 활용한 제안서는 총 5개 챕터로 구성되었습니다.

1. 서론
2. 현황 분석
3. 제안 내용: AI 활용 학습 지원을 위한 교사 가이드라인
4. 기대 효과
5. 결론

이 중에서 챗GPT 답변의 전문성을 보여드리기 위해, '# 3. 제안 내용'에 대해 보여드리겠습니다.

초등학생의 생성형 AI 활용 학습에 대한 교육 현장에서 교사의 대응 방안
(# 1, # 2 생략)

3. 제안 내용: AI 활용 학습 지원을 위한 교사 가이드라인

3.1 교사들이 실제 현장에서 적용할 수 있는 구체적인 가이드라인

1. 과제 수행 도구로서의 AI 활용 지침
   - **텍스트 생성 AI**: 에세이 작성 및 아이디어 브레인스토밍
   - **이미지 생성 AI**: 프로젝트 발표 자료 제작

2. 학생 자기주도 학습을 지원하는 AI 활용 전략
   - AI와의 상호작용을 통한 학습 목표 설정
   - 학습 계획 수립 및 피드백 활용

3. 윤리적 문제와 해결 방안
   - 표절 방지 교육과 학생 창의성 강조
   - 개인정보 보호 및 AI 활용 시 유의점

3.2 AI 활용 교육의 단계별 실행 방안

1. 1단계: AI 기초 이해와 도구 활용법 학습
   - 초등학생 수준에 맞춘 AI 개념 소개

2. 2단계: 소규모 프로젝트에서 AI 도구 적용
   - 교사의 감독 하에 AI 활용 실습

3. 3단계: 자기주도 학습 프로젝트 설계
   - 학생들이 AI를 활용한 창의적 과제를 독립적으로 수행

3.3 교사 연수 프로그램 구성 방안

1. 연수 목적
   - 생성형 AI 활용 능력을 교사들에게 체계적으로 교육

2. 프로그램 구성
   - AI 도구 소개 및 실습 세션
   - 교육 현장에서의 AI 활용 시뮬레이션
   - 윤리적 문제와 해결 사례 학습

3. 연수 후 지속적인 지원
   - 교사 간 경험 공유 네트워크 구축
   - 최신 AI 활용 사례 제공

이 챗GPT의 답변은 교육계 전문가도 놀랄 만한 통찰력을 보여줍니다. '3.2 AI 활용 교육의 단계별 실행 방안'을 보면, AI를 단순히 과제 해결을 위한 도구로 보는 시각을 넘어섰습니다. 특히 '2단계: 소규모 프로젝트에

서 AI 도구 적용'과 '3단계: 자기주도 학습 프로젝트 설계'는 학생들이 AI를 창의적 도구로 활용하여 스스로 과제를 기획하고 수행하는 수준까지 발전시키는 혁신적인 제안입니다.

초등교육에 익숙하지 않은 분들이 보기에도 이러한 단계적 접근은 놀라운 수준이지만, 실제 교육 분야에 계신 분들은 이 제안의 수준을 보고 더 놀라워하십니다.

이어서 AI와 제안서 쓰기 4단계는 전체 본문 내용을 20페이지 분량으로 채우는 것입니다. 순차적으로 마크다운을 언급하면서 채울 수 있습니다.

AI와 제안서 쓰기 4단계: 내용 채우기

제안 내용의 첫 부분인 '## 3.2 AI를 활용 교육의 단계별 실행' 내용을 채워보자.

주의할 점은 AI를 단순한 답안 작성 도구가 아닌, 학생들의 창의성과 자기주도성을 키우는 조력자로 활용하는 방안을 중심으로 제시해 줘.

이 1~3단계에 대한 내용을 제안서 내용을 채워 보자. 전체 제안서 분량은 20페이지니까 '## 3.2'에서 얼마나 할애하는지 분량 고려해서 내용을 채워줘.

위에서 구조를 잡은 마크다운 '## 3.2.'는 아래와 같아.

3.2 AI 활용 교육의 단계별 실행 방안

1. **1단계: AI 기초 이해와 도구 활용법 학습**
   - 초등학생 수준에 맞춘 AI 개념 소개
2. **2단계: 소규모 프로젝트에서 AI 도구 적용**
   - 교사의 감독 하에 AI 활용 실습
3. **3단계: 자기주도 학습 프로젝트 설계**
   - 학생들이 AI를 활용한 창의적 과제를 독립적으로 수행

(1, 2단계 생략)

- **3단계: 자기주도 학습 프로젝트 설계**는 학생들이 스스로 학습 주제를 선정하고 AI를 활용해 탐구하며, 자기주도적 학습 능력을 강화하는 데 중점을 둡니다.
- **목적**: 이 단계의 목표는 학생들이 관심 있는 주제를 스스로 정하고, AI 도구를 활용하여 학습의 방향과 내용을 주도적으로 설계하며 탐구하는 경험을 통해 자기주도 학습 역량을 강화하는 것입니다.

주요 내용

1. **주제 선정 및 학습 목표 설정**
   학생들이 흥미를 느끼는 주제를 자유롭게 선택하도록 합니다.

예를 들어, '내가 좋아하는 동물에 대해 알아보기'나 '우주 탐험 기술의 미래' 같은 주제를 정해 학습 목표를 구체적으로 설정합니다.

2. AI 도구를 통한 학습 자료 수집 및 분석

학생들은 AI를 사용해 학습 주제와 관련된 자료를 조사하거나 요약된 정보를 얻습니다. 예를 들어, AI에게 '공룡의 멸종 원인에 대한 세 가지 가설'을 요청하고 이를 바탕으로 독창적인 학습 보고서를 작성하는 방식으로 진행합니다.

3. 포트폴리오 작성 및 발표

학습 과정과 결과물을 정리하여 포트폴리오를 작성하고, 발표를 통해 자신의 학습 내용을 공유합니다. 이때, AI가 생성한 내용과 학생 스스로 만든 내용을 명확히 구분하여 설명하도록 지도합니다.

실행 방법

교사는 학생들이 프로젝트를 설계하고 실행하는 과정을 관찰하며 필요한 경우 조언을 제공합니다. 또한 학생의 학습 과정을 평가하고 피드백을 제공하여 학습 목표가 성공적으로 달성되도록 돕습니다.

기대 효과

이 과정은 학생들이 학습 주제를 스스로 선택하고 AI를 활용해 자료를 탐구하며 목표를 달성하는 경험을 제공합니다. 이를 통해 학생들은 자기주도적 학습 능력을 강화하고 창의적 사고력을 함양할 수 있습니다.

이 단계는 AI를 단순한 답안 작성 도구로 사용하는 것이 아니라, 학습의 조력자로 활용하는 방법을 익히도록 설계되었으며, 학생들이 미래 사회에서 요구되는 AI 활용 능력과 문제 해결 능력을 갖출 수 있도록 돕습니다.

이와 같은 제안서 내용은, 관련 제안서를 작성해야 하는 사람에게 훌륭한 가이드가 될 것입니다. '초등학생의 AI 활용 자기주도 학습'이라는 생소한 영역에 대해, 어떻게 미래의 청사진을 그려내야 하는지에 대해 전문적이고 구체적으로 보여주고 있습니다.

'AI와 제안서 쓰기 5단계'의 마지막 단계는 참고문헌 달기입니다. 위 본문 내용에서 관련 참고문헌을 탐색하고 각주까지 달아보도록 하겠습니다. 논문 쓰기와 동일하게 스콜라 GPT 플러그인을 활용하겠습니다.

 AI와 논문 쓰기 5단계: 참고문헌 달기

(위에서 채운 본문 내용을 복사, 붙여넣기)

이렇게 썼는데, 여기에 관련된 참고문헌 2개를 찾아줘.

그리고 알맞은 위치에 번호로 된 [#] 형태의 참고문헌 번호를 달자.

필요한 경우에는 관련 논문 설명을 추가해도 좋아.

> **참고문헌**
> 이 수정된 버전은 AI 활용과 자기주도 학습이 초등교육에 미치는 영향을 강조하며, 적절한 참고문헌을 제시하였습니다.
>
> 1. Holmes, W., Bialik, M., & Fadel, C. (2019). Artificial Intelligence in Education: Promises and Implications for Teaching and Learning. (https://link.springer.com/article/10.1007/s40692-023-00304-9) Springer Link.
> 2. Ertmer, P. A., & Newby, T. J. (2013). Behaviorism, Cognitivism, Constructivism: Comparing Critical Features from an Instructional Design Perspective. (https://www.researchgate.net/publication/241144535) ResearchGate.

챗GPT가 생성한 제안서 내용을 다시 프롬프트에 넣고 관련된 참고문헌을 스콜라 GPT 플러그인에서 제공받았습니다.

AI와의 대화만으로 기획서의 구조를 잡고 내용을 채워 나가는 과정은 매우 자연스럽습니다. 각 분야의 전문 용어와 개념을 적절히 제안하고 체계적인 문서 구조를 제시해 기획 초기 단계의 막막함을 덜어줍니다. 앞서 언급했듯이 생소한 분야의 제안서를 작성할 때 겪는 어려움, 즉 전문 용어의 생소함이나 전체 구상을 잡는 데 걸리는 시간을 획기적으로 줄여줍니다. 누구나 마음만 먹으면 반나절 안에 제안서 전체 초안을 작성할 수 있다고 자신 있게 말씀드립니다.

추가적인 AI의 장점은 기획서 작성에서 느끼는 '맨몸으로 뛰어드는 듯한' 심리적 부담을 크게 줄일 수 있다는 점입니다. 창작의 고통이 큰 기획 단계에서 AI는 든든한 협업 파트너로서 시작부터 함께하며 작성 시간을 단축해 줍니다. AI와의 깊이 있는 대화로 기획을 발전시키면 이전과는 비교할 수 없을 만큼 큰 차이를 느끼실 것입니다.

인간 언어도 잘하는 AI 세 번째 - AI로 영상 요약하기

공부를 꼭 책으로만 하는 시대는 지났습니다. 유튜브 영상 콘텐츠는 더없이 좋은 학습 자료입니다. 하지만 길이가 1시간에 달하는 긴 영상을 모두 시청하고 요약하려면 너무 많은 시간이 걸립니다. 이때 AI의 도움을 받으면 시간을 아끼고 스마트하게 영상의 핵심 내용을 파악할 수 있습니다. 요약은 생성형 AI의 특기 중 하나입니다. 이런 강점을 활용한 유튜브 영상 요약은 아래 세 단계를 거칩니다.

> **AI와 유튜브 영상 요약하기 3단계**
> 1. **원하는 영상 주소(URL) 준비**: 요약할 영상을 찾고 URL을 복사합니다.
> 2. **영상 스크립트 추출**: YouTube Transcript(https://youtubetranscript.com)에서 영상 주소 URL을 입력하고 'Copy entire transcript' 클릭
> 3. **챗GPT에서 요약 요청**: 복사한 스크립트를 챗GPT 프롬프트에 붙여넣기하고 요약합니다.

가장 먼저 요약하려는 영상을 찾습니다. 유튜브에서 찾은 영상 주소만 있으면 빠르고 쉽게 영상 요약을 할 수 있습니다. 여기에서 준비한 영상은 심리학자 안젤라 더크워스(Angela Duckworth)의 테드(TED) 강연*을 준비했습니다. 이 영상은 성공의 열쇠는 뛰어난 재능이나 높은 IQ가 아닌 그릿(Grit), 즉 열정과 끈기의 조합이라는 그녀의 연구를 소개하는 통찰력 있는 강연입니다.

▲ 유튜브 영상 요약 – 원하는 영상 주소(URL) 준비

URL이 준비되면 영상 스크립트를 추출해야 합니다. 아래에 유튜브 영상 스크립트를 추출할 수 있는 웹사이트를 안내했습니다. 여기에서는 '유튜브 트랜스크립트' 웹사이트를 이용하겠습니다.

유튜브 영상 스크립트 추출할 수 있는 웹사이트

1. **유튜브 트랜스크립트**: https://youtubetranscript.com
2. **택티큐**: https://tactiq.io/tools/youtube-transcript
3. **코메AI**: https://kome.ai/tools/youtube-transcript-generator

---

먼저, ❶ 유튜브 트랜스크립트에 접속합니다. ❷ 준비한 URL을 입력창에 복사, 붙여넣기합니다. ❸ 'GO'를 클릭하면 유튜브 영상의 스크립트를 얻을 수 있습니다.

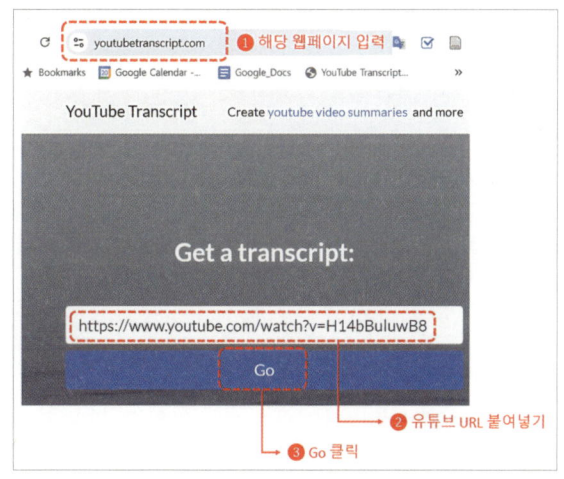

▲ 유튜브 영상 요약 – '유튜브 트랜스크립트' 웹사이트

---

* 안젤라 더크워스 그릿 테드 강연 유튜브 URL: https://www.youtube.com/watch?v=H14bBuluwB8

스크립트를 받을 수 있는 웹페이지에서 ❹ 'Copy entire transcript'를 클릭하면 영상 전체 스크립트를 얻을 수 있습니다.

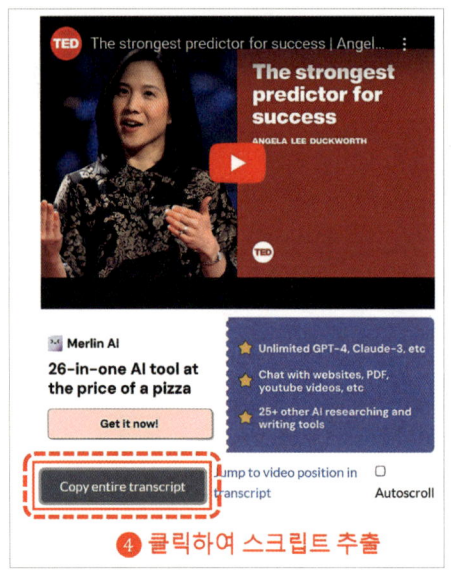

▲ 유튜브 영상 요약

복사한 스크립트를 챗GPT 프롬프트에 붙여넣고 아래와 같이 요약을 요청하면 긴 영상이라도 잘 정리된 요약본을 얻을 수 있습니다. 챗GPT 프롬프트에서 한 가지 팁은, 영상에서 화자가 말하는 스크립트 원문 그대로 인용하도록 요청하면 생동감 있는 요약본을 얻는 데 도움이 됩니다.

 AI와 유튜브 영상 요약하기 3단계: 챗GPT에서 요약 요청

(스크립트 복사 첨부)

위 내용은 유튜브 영상 스크립트야.
영상의 강연자의 대사를 인용해서 마치 영상을 보고 요약정리한 것처럼 생생하게 요약해 줘.

 이 영상은 다양한 환경에서의 성공 요인을 연구한 결과, "그릿(Grit)"이 성공의 중요한 예측 변수라는 내용을 다루고 있습니다.

연구팀은 웨스트포인트 사관학교, 전국 철자 대회, 그리고 여러 기업에서 성공을 예측하려 했습니다. 그리고 발견한 공통된 특성은 지능, 외모, 건강, 또는 IQ가 아니라, 바로 "그릿"이었습니다. "그릿"은 장기적인 목표를 위한 열정과 인내, 즉 "미래를 향해 매일매일 꾸준히 노력하는 것"을 의미합니다.

연구진은 시카고 공립학교의 고등학생들을 대상으로 한 연구에서도 "그릿"이 졸업 여부를 예측하는 중요한 요인임을 확인했습니다. "그릿"이 높은 학생들이 졸업할 가능성이 더 높았으며, 이는 가정 소득, 표준화 시험 점수, 학교에서 느끼는 안전감 등의 조건을 맞추고도 동일한 결과였습니다.

> 그렇다면 "그릿"을 어떻게 키울 수 있을까요? 이에 대한 답으로, 스탠퍼드 대학의 Carol Dweck 박사가 제안한 "성장 마인드셋(growth mindset)"이 있습니다. 이는 "학습 능력이 고정되지 않고 노력에 따라 변할 수 있다"는 믿음입니다. 성장 마인드셋을 가진 아이들은 실패를 영구적인 상태로 여기지 않고, 도전을 통해 뇌가 성장하고 변화한다는 것을 알기 때문에 더 끈기 있게 노력합니다.
>
> 결론적으로, "그릿"을 기르기 위해서는 "성장 마인드셋" 같은 좋은 아이디어를 실험하고, 그 결과를 측정하며, 실패를 두려워하지 않고 새로운 교훈을 통해 다시 시작하는 것이 중요합니다.

1분도 채 걸리지 않고 약 7분 분량의 영상 내용을 몇 문단으로 핵심적으로 정리할 수 있습니다. 영상 길이가 길어도 AI는 큰 어려움 없이 처리합니다. 영상이 하나둘 쌓일수록 시간을 절약하며 효율적으로 기록을 남길 수 있습니다.

02

못하는 것 빼고 다 하는 AI
기계 언어(컴퓨터 코드)

부러진 코딩에서 우아한 코딩으로

필자의 영어 실력은 부러진 영어(Broken English)입니다. 유창하진 않지만 떠듬떠듬 간신히 대화를 이어갑니다. 코딩도 하나의 언어로 보면 필자의 코딩 실력 또한 부러진 코딩(Broken Coding)이라고 할 수 있습니다. 키보드 한자 한자 두드리며 어떻게든 코드가 작동되도록 짜는 수준입니다. 그럼에도 이 부러진 코딩은 큰 도움이 되었습니다.

지난 10년간 현업에서 10개 이상의 기술 논문상을 받을 수 있었던 결정적 이유가 바로 컴퓨터 코딩을 조금 할 줄 알았다는 점입니다. 개발자가 아님에도 어떻게든 '부러진 코딩'으로 꾸역꾸역 아이디어를 구현해 내려는 고군분투의 결실이었습니다.

AI가 등장하기 전에는 수많은 밤을 지새우며 코드와 씨름했던 시절이 있었습니다. 디버깅은 특히 고된 작업이었습니다. 한 줄 한 줄 오류를 찾아 수정하느라 수백 줄의 코드를 일일이 살펴보는 일의 연속이었습니다. 부족한 코딩 실력으로 어떻게든 프로그램을 돌리려고 땀 흘리던 날들이었습니다.

AI의 등장 이후 필자의 코딩은 더 이상 부러진 코딩이 아니게 되었습니다. AI가 하는 코딩은 '우아한 코딩'이기 때문에 챗GPT와 대화만 이어갈 수 있으면 부러진 코딩은 우아한 코딩으로 재탄생합니다. 컴퓨터 코딩은 더이상 전문 개발자들만의 영역이 아닙니다. 새로운 아이디어를 구현하고 싶은 모든 이에게 AI는 우아한 코딩을 제공합니다

코딩은 아이디어를 실현하는 과정에서 가장 큰 장애물이었습니다. 하지만 AI와 함께라면 기술적 제약에서 벗어나 창의적 문제 해결에 온전히 집중할 수 있습니다. 초보자는 AI의 도움으로 작은 프로젝트를 시작해 볼 수 있고 전문가는 반복 작업을 줄여 더 창의적인 문제 해결에 매진할 수 있습니다. 상상력을 현실로 구현하는 창조적 여정에 AI는 우리의 든든한 파트너입니다.

AI는 파이썬, C 언어는 물론 공학자들이 많이 사용하는 특수한 언어인 매트랩(MATLAB)* 까지 다양한 기계 언어인 코드를 생성해 줍니다.

---

* 매트랩은 수학 계산과 데이터 분석을 위한 공학용 프로그램이자 프로그램 언어이다. 복잡한 수학 문제를 풀거나 데이터를 분석하고 그래프를 그리는 다양한 분야에서 활용된다.

이어지는 내용에서는 많이 사용되는 파이썬과 C 언어가 아니라, 비교적 덜 익숙한 매트랩 언어로 챗GPT 프롬프트만을 사용해 코드를 생성하고 결과를 얻는 과정을 보여드리겠습니다. 여기에 나오는 수식들은 크게 걱정하지 않으셔도 됩니다. 어차피 우리는 이 수식들을 직접 풀지 않고, 문제를 사진으로 찍어 챗GPT에게 보여주기만 하면 됩니다.

기계 언어도 잘하는 AI 첫 번째 – 매트랩(MATLAB) 공학 코딩

공학 문제를 있는 그대로 프롬프트에 입력하면 풀이와 함께 공학 전문 코딩 프로그램인 매트랩 코드도 생성해 줍니다. 단 한 줄, "이 문제 풀어 줘." 하나로 아래와 같은 결과를 얻었습니다.

컴퓨터 코드를 이용한 공학 문제 풀기

질량이 70kg인 사람이 낙하산을 타고 하강하고 있다. 공기 저항 계수 $k=0.25$kg/s이고 중력 가속도는 $g=9.81$m/s^{2}이다. 초기 속도 $v_0=0$m/s 로 시작해서 100초 동안 낙하하는 동안 높이와 속도를 구하시오.[39]
이 문제 풀어 줘. 그리고 MATLAB 코드로 풀고 그래프도 그려줘.

1. 공학 문제 정의

이 문제는 낙하산을 타고 하강하는 동안의 운동을 다루는 전형적인 물리 문제로, 중력과 공기 저항력을 고려한 운동 방정식을 풀어야 합니다. MATLAB을 사용하여 이를 풀이하겠습니다.

설명:

- m, k, g, v_0를 매개변수로 설정합니다.
- 시간 t를 0에서 100초까지 0.1초 간격으로 설정합니다.
- 속도 v(t)를 계산합니다.
- 높이 h(t)를 계산합니다.
- 속도와 높이의 그래프를 그립니다.
- 결과를 테이블 형식으로 출력합니다.

이 코드를 MATLAB에서 실행하면 100초 동안 낙하하는 동안의 속도와 높이를 시각화한 그래프와 함께 각 시간마다의 속도와 높이를 확인할 수 있습니다.

2. 공학 문제, 운동 방정식 설정

이 문제는 낙하산을 타고 하강하는 동안의 운동을 다루는 전형적인 물리 문제로, 중력과 공기 저항력을 고려한 운동 방정식을 풀어야 합니다. MATLAB을 사용하여 이를 풀이하겠습니다.

설명:

- 질량, $m = 70kg$
- 공기 저항 계수, $g = 0.25 kg/s$
- 중력 가속도, $g = 9.81 m/s^2$
- 초기 속도, $v_0 = 0 m/s$

운동 방정식:

질량 m과 공기 저항 계수 k, 중력 가속도 g가 주어졌을 때, 속도 $v(t)$는 다음 미분 방정식으로 표현됩니다:

$$m = \frac{dv}{dt} = mg - kv$$

이를 풀면, 속도 $v(t)$는 다음과 같이 됩니다:

$$v(t) = \frac{mg}{k}\left(1 - e^{-\frac{k}{m}t}\right)$$

3. 공학 문제 풀이 매트랩 코드 #6-2-1

높이 $h(t)$는 속도를 적분하여 구할 수 있습니다:

$$h(t) = \int v(t)dt = \frac{mg}{k}t + \frac{m^2 g}{k^2}e^{-\frac{k}{m}t} + C$$

초기 조건 $h(t)=0$를 사용하여 적분 상수 C를 구할 수 있습니다.

4. 매트랩 코드 실행

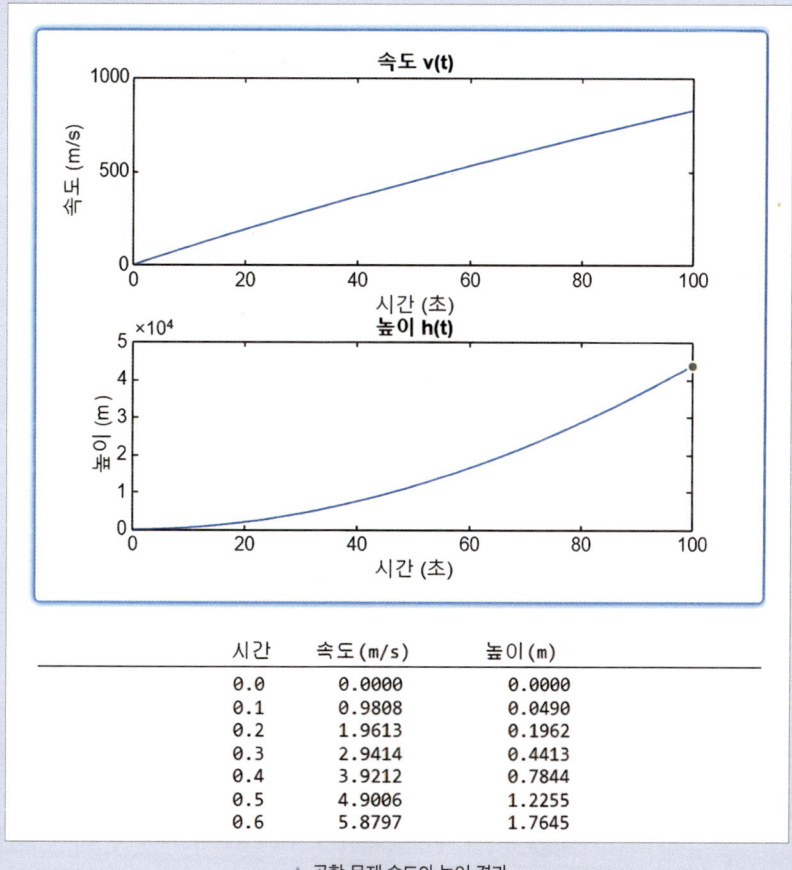

▲ 공학 문제 속도와 높이 결과

AI는 문제 해결을 위해 적절한 방정식으로 풀이 과정을 설명하고 이후 매트맵 코드로 스스로 문제를 해결했습니다.

공대에서는 수학 문제를 풀듯이 수많은 공학 문제를 과제로 제출합니다. 그러나 친절한 해답지가 없기 때문에, 좋은 성적을 받는 위해서는 선배들로부터 대대로 물려받은 일명 '솔루션'을 구하는 것이 관건입니다. 솔루션에는 문제 풀이 방법과 정답을 포함하고 있습니다. AI는 이 솔루션마저 대체합니다. 문제를 쓸 것도 없이 핸드폰 사진으로 찍거나 프롬프트에 업로드하면 불친절한 솔루션과는 비교할 수 없을 만큼 상세히 그리고 친절하게 컴퓨터 코딩을 이용해서 문제 풀이 과정을 설명해 줍니다.

기계 언어도 잘하는 AI 두 번째 – 350년간 풀리지 않았던 수학 난제 도전

350년간 풀리지 않았던 가장 악명 높은 수학 난제가 있습니다. '페르마의 마지막 정리'입니다. 악명이 높았던 이유는 너무나도 쉽게 풀릴 것 같이 생겼기 때문입니다.

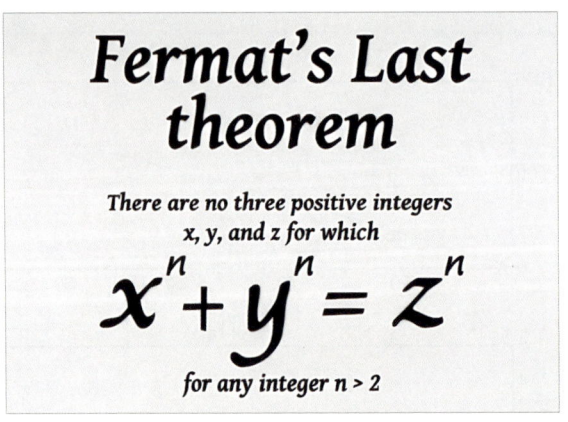

▲ 350년간 풀리지 않은 수학 난제: 페르마의 마지막 정리

"n 이 3 이상의 정수(n=3, 4, 5…)일 때, 위에 식을 만족하는 x, y, z 는 존재하지 않는다."

중학교 수학 수준으로도 마치 풀릴 것 같습니다. 몇 가지 조합을 시도해 보는 것도 어렵지 않습니다. 하지만, 이 문제에 350년간 누구도 답을 내지 못했습니다. 페르마가 남겨놓은 메시지는 더 가관입니다.

"나는 이 문제에 대한 실로 놀라운 증명을 발견했으나, 여백이 부족하여 여기에는 적지 않겠다."

정말 어이없는 이유로 많은 사람을 당혹스럽게 했습니다. 그러나 AI를 이용하면 이 문제를 완벽히 증명하긴 어려워도 시도는 해볼 수 있습니다. 가장 단순한 방식은 가능한 모든 숫자를 대입해 보는 것입니다. 초기 수학자들은 이 정리의 틀린 오답 하나를 찾으려 밤새도록 손으로 계산했습니다. 단 하나의 오답만 찾아도 이 정리가 틀렸다고 증명할 수 있기 때문입니다.

저희는 AI-노코드 방식으로 시도해 봅시다. 컴퓨터는 반복 계산을 매우 빠르게 수행할 수 있기 때문에, 위 수식에 여러 숫자를 대입하며 결과를 확인해볼 수 있습니다. n값을 바꿔가며 a, b, c에 다양한 숫자를 대입해 보겠습니다.

 페르마의 마지막 정리 수식에 숫자 대입
페르마의 마지막 정리 수식에 숫자를 대입해서 살펴보자.
n=2, 3, 4, 5…. 이렇게 바꿔가면서 a, b, c에 가능한 모든 숫자를 대입해서 페르마의 수식에 대입해 보자.

페르마의 정리 코드 #6-2-2

페르마의 마지막 정리(Numerical Verification)는 다음과 같습니다:

$$a^n + b^n = c^n$$

여기서 n이 3 이상의 자연수일 때, a, b, c가 자연수인 해가 존재하지 않는다는 것입니다. 우리가 이를 수치적으로 검증해 보기 위해 n을 3부터 10까지 설정하고 a, b, c의 값을 적당한 범위 내에서 설정해 보겠습니다.

우선 a, b, c의 범위를 너무 크게 잡지 않고 1부터 100까지만 검증해 보겠습니다.

[결과]
- n = 3에서 n =10까지의 값을 순회하며,
- a, b, c를 1부터 100까지의 범위 내에서 조합했을 때,
- $a^n + b^n = c^n$ 을 만족하는 조합은 없었습니다.

워낙 유명한 난제였기에 챗GPT에게 페르마의 마지막 정리 수식을 따로 알려주지 않더라도 알아서 수학식에 숫자를 대입합니다. 위의 결과를 보면 n이 3~10 사이의 정수일 때는 페르마의 마지막 정리를 만족합니다. 즉 수식을 만족하는 a, b, c 쌍은 존재하지 않습니다. 이 결과를 시각화해서 직접 눈으로 확인해 보도록 하겠습니다.

대입한 숫자에 대한 해의 존재 유무 시각화

이제 n=2부터 10까지 차례차례 대입하고 a, b, c는 1~100까지 모두 대입해 보자.
그리고 그래프로 그려서 실제로 존재하는지 안 하는지 확인해 봐.
그리고 보기 좋게 하기 위해서 가장 큰 값을 기준으로 X축과 Y축을 갖게 하자.

수식이 만족하면 빨간색 마크로 표시하고, 수식이 만족하지 않으면 옅은 하늘색 점으로 표시해 줘.
n에 따라 순차적으로 진행해!

페르마의 정리 확장 코드 #6-2-3

페르마의 마지막 정리(Numerical Verification)는 다음과 같습니다:

$$a^n + b^n = c^n$$

여기서 n이 3 이상의 자연수일 때, a, b, c가 자연수인 해가 존재하지 않는다는 것입니다. 우리가 이를 수치적으로 검증해 보기 위해 n을 3부터 10까지 설정하고 a, b, c의 값을 적당한 범위 내에서 설정해 보겠습니다.

우선 a, b, c의 범위를 너무 크게 잡지 않고 1부터 100까지만 검증해 보겠습니다.

페르마의 정리 시각화
페르마의 조건이 만족할 경우 × 표시됩니다.

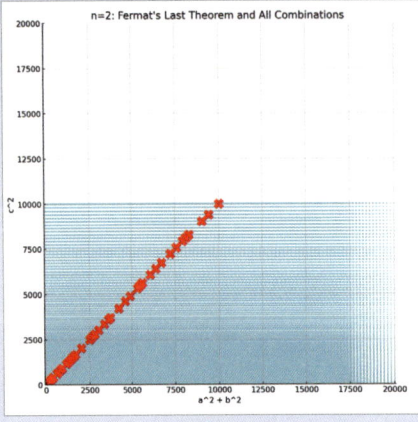
▲ n=2일 때, 존재함

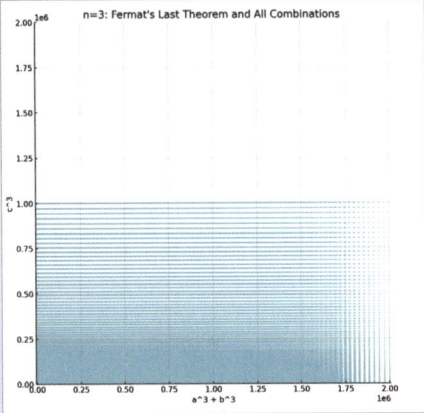
▲ n=3일 때, 존재하지 않음

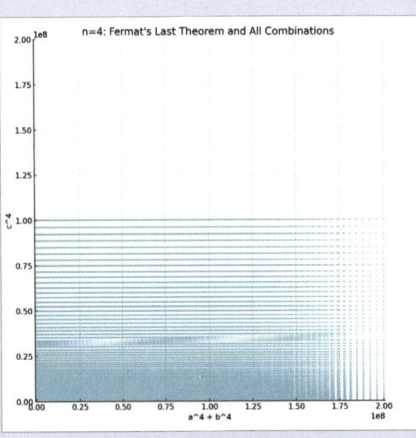
▲ n=4일 때, 존재하지 않음

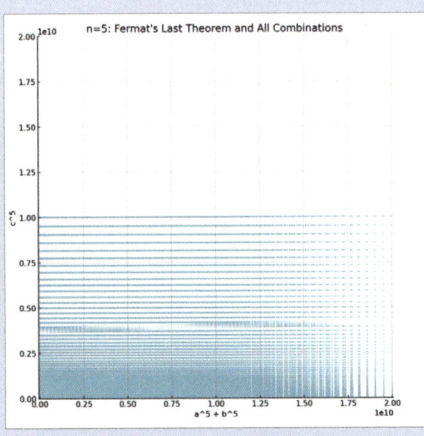
▲ n=5일 때, 존재하지 않음

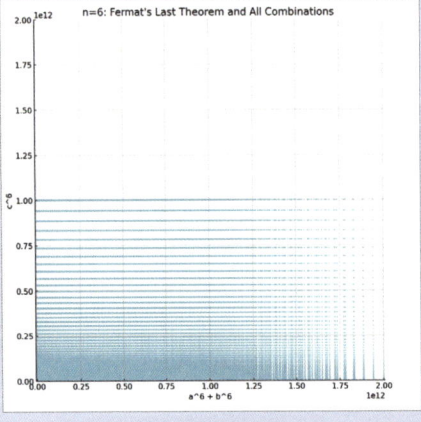
▲ n=6일 때, 존재하지 않음

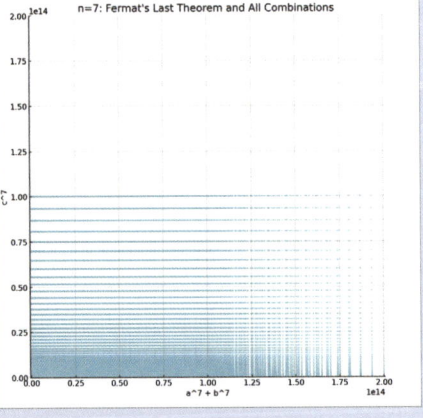
▲ n=7일 때, 존재하지 않음

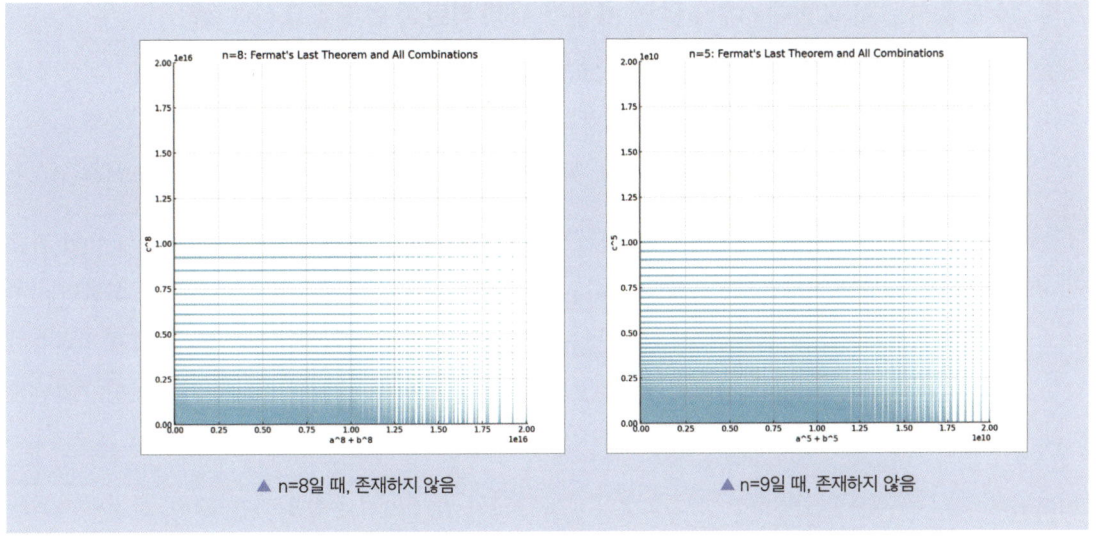

▲ n=8일 때, 존재하지 않음   ▲ n=9일 때, 존재하지 않음

n=2이면, 중학교 수학에서 배우는 피타고라스의 정리입니다. 결국 위 그래프 결과에서 n=2일 때, '×'표시는 피타고라스의 수를 의미합니다.

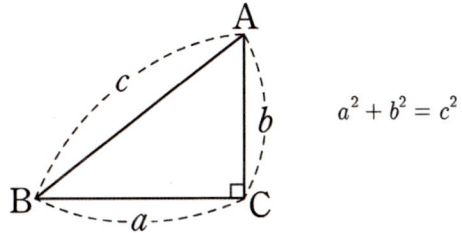

▲ 페르마의 조건 중, n=2일 때, 중학교 교과서에 나오는 피타고라스 정리와 같음

n=10에서는 너무 큰 수라 계산이 불가능했습니다. 이해를 돕기 위해 n=9일 때를 살펴보면, '0'이 18개나 있어야 표현 가능한 엄청난 숫자를 계산해야 합니다. 이는 정말 큰 숫자입니다. 시간과 자원만 충분하다면 더 넓은 범위의 숫자까지도 시도해 볼 수 있을 것입니다. 또한, 한계를 설정하고 "여기까지는 증명되었다."라고 판단하는 것도 임시 방편으로 고려할 수 있습니다.

AI를 활용하면 수식이나 코드 한 줄도 작성하지 않고 수학 난제를 시도할 수 있습니다. 꼭 수학 난제가 아니더라도 일상이나 업무에서 마주치는 반복 계산도 AI는 빠르고 정확하게 처리할 수 있습니다. 기존에는 시간과 노력이 많이 필요했던 계산 작업을 AI가 단순화해 누구나 쉽게 시도할 수 있게 됐습니다.

참고로, 이 난제는 350년 만에 풀렸습니다. 반복 자동화를 통한 증명이 아닌, 엄밀한 수학 언어를 이용해서 영국 수학자 앤드루 와일스(Andrew Wiles)가 해결했습니다. 그는 이 업적으로 수학계의 노벨상인 필즈상을 수상했습니다.

기계 언어도 잘하는 AI 세 번째 - 내 차 팔 땐 AI 딜러, 내가 타던 차 언제 팔고 신차 살까

자동차 소유자라면 누구나 한 번쯤 했을 고민이 있습니다. "지금 타던 내 차를 팔고 언제 신차를 사는 게 좋을까?" 이 문제는 단순해 보일 수도 있지만 실제로는 여러 복잡한 요소를 고려해 봐야 합니다. 자동차의 감가상각을 고려하면 더욱 그렇죠. AI가 어떻게 이런 복잡한 의사결정을 도와줄 수 있는지 살펴보겠습니다.

상황을 가정해 봅시다. 9년 전에 구입한 중형 세단이 있습니다. 최근에 신차 구매를 고민하면서 과연 지금 이 차를 바꾸기에 적합한 시기인지, 아니면 더 기다려야 할지에 대해 고민했습니다. 이와 같은 상황에서 AI의 도움을 받으면 쉽게 계산해 볼 수 있습니다. 9년 된 LF 소나타 하이브리드 중고차의 감가상각을 고려하여 지금 타던 중고차를 팔고 신차를 구매하는 시나리오를 세워 보겠습니다. 가장 먼저 타던 차가 시간이 지남에 따라 중고차 가격이 어떻게 변하는지 살펴보아야 합니다.

'헤이딜러'는 내 차 정보를 입력하면 동일 모델의 과거 중고차 판매 가격과 향후 감가상각이 반영된 가격을 확인할 수 있습니다. 기존 차량 유지 시 고장이나 부품 교체로 인한 예상 유지보수 비용도 파악해야 합니다. 신차 가격은 매년 상승하므로 인플레이션에 따른 가격 상승률도 고려 대상입니다. 마지막으로 신차 구입 자금의 기회비용을 검토해야 합니다. 이는 해당 금액을 예금이나 주식에 투자했을 때 얻을 수 있는 수익을 의미합니다. 이 모든 요소를 바탕으로 의사결정을 정리해 보겠습니다.

신차 구입 고려사항

1. 킬로수에 따른 중고차 가격
2. 중고차를 계속 유지할 때 발생하는 비용
3. 신차 가격 상승률
4. 신차를 구매하지 않고 현금을 보유할 때 투자 기회비

먼저 헤이딜러(https://www.heydealer.com)에 접속해서 LF 소나타 하이브리드 킬로수에 따른 중고차 판매가 데이터를 얻었습니다.

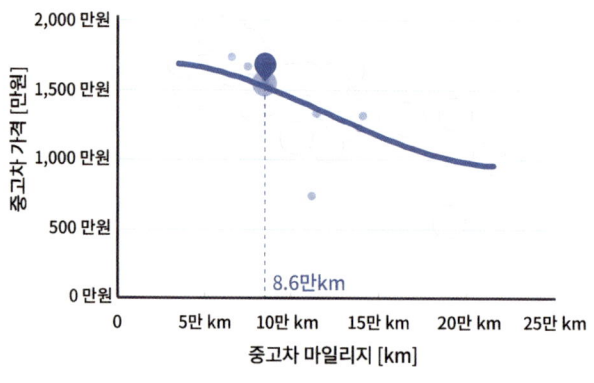

▲ 헤이딜러 자동차 중고차 가격

그리고 중고차를 계속 유지할 경우 유지보수 비용을 미국 자동차 회사 중 한 곳에서 얻었습니다.

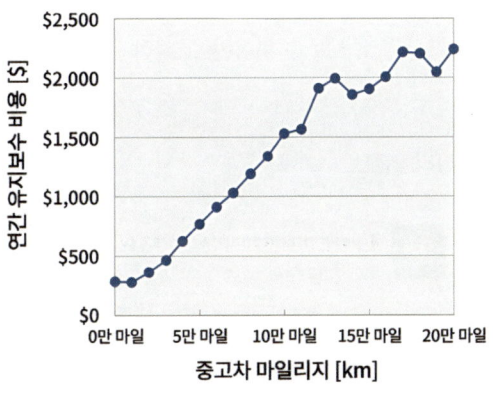

▲ 기간에 따라 자동차 유지보수 비용

이제 이 데이터를 활용해 챗GPT와 대화를 통해 신차 가격과 기다리는 기간에 따라 실질적인 신차 구매 비용을 노코드로 계산해 보겠습니다.

위에서 정리한 신차 구입 고려사항 네 가지를 기반으로 한 순차적인 프롬프트를 나열하겠습니다. 첫 번째로, 헤이딜러에서 수집한 중고차 가격 데이터를 업로드하겠습니다.

중고차 가격 데이터 업로드

📊 **1_vehicle_mileage_price.csv**
스프레드시트

▲ 주행거리(mileage)-중고차 가격 데이터 업로드

중고차를 팔고 새 차를 사려고 해. 어느 시기에 사야 가장 경제적일까?

현재 9년 된 소나타 하이브리드 세단을 소유하고 있어. 구입 당시 가격은 3,500만 원이었고, 현재 중고차 시세는 내가 제공한 '주행거리-중고차 가격 데이터'를 참고해 줘.

※ 파일: 1_vehicle_mileage_price.csv

https://github.com/M-LearnRun/Nocoding-JustAI

두 번째로, 9년 된 차량의 향후 유지보수 비용을 분석하기 위해 연차별 자동차 유지보수 비용 데이터를 업로드하겠습니다. 특히 비용이 달러로 표시되어 있어 원화 환산(1달러=1,300원)이 필요합니다. 현재 9년 차인 차량의 다음 해부터 발생할 10년 차 이상의 유지보수 비용을 고려하도록 하겠습니다.

 중고차 유지보수 비용 데이터 업로드

▲ 주행거리-중고차 유지 보수 비용 데이터 업로드

중고차를 계속 유지할 경우 발생하는 유지보수 비용 데이터를 줄게. 내 차는 9년 된 차니까 다음 해부터는 10년 차에 해당하는 유지보수 비용이 발생할 거야.

그리고 중요한 건 X축은 연식이고 Y축은 유지보수 비용은 달러야. 원화로 바꾸려면 1,300원/$로 해서 원 단위로 바꾸자.

여기서 주의해야 하는 건 내 차는 9년 되었으니까, 내년에는 10년에 해당하는 유지보수 비용이 발생한다는 사실이야.

※ 파일: 2_year_maintenancecosts.csv.csv

https://github.com/M-LearnRun/Nocoding-JustAI

세 번째는 신차 가격의 연간 상승률을 산정하기 위해, 한국의 객관적인 데이터를 요청하겠습니다. 특히 차량 가격대별(예: 2천만 원대 vs 7천만 원대)로 상승률이 다를 수 있다는 점을 고려하도록 요청하겠습니다. 이에 대한 근거 있는 분석을 요구하는 프롬프트입니다.

 신차 가격 상승률 고려

신차 가격도 해마다 상승해. 몇 퍼센트만큼 상승할 걸로 예상하니?

한국의 구체적이고 객관적인 근거 자료가 있으면 좋을 것 같아.

신차 가격 2천만 원과 7천만 원의 신차 가격 상승률이 동일한 값을 쓰는 게 옳을까? 만약에 다르게 적용해야 한다면 객관적 근거를 찾아서 적용해 보자.

마지막 네 번째는 신차 구매 시점에 따른 기회비용을 분석하도록 하겠습니다. 예를 들어 신차 구매 자금 4천만 원을 즉시 사용하지 않고 투자했을 경우, 연 5%의 수익률로 얻을 수 있는 투자 이익을 계산하여 반영하겠습니다. 이는 차량 구매 시기 결정에 있어 단순한 차량 가격 비교를 넘어 자금 운용의 효율성까지 고려하기 위함입니다.

신차를 구매하지 않았을 경우 발생하는 기회비용 고려

만약에 신 차를 구매하지 않았다면, 그만큼 나에게 기회비용이 있게 돼. 예를 들어, 차를 구매하지 않으면, 지금 가지고 있는 4천만 원에 이자가 붙을 거 아니야? 기회 이익이 연 5%라고 하자. 그러면 그 금액만큼은 사실 새 차를 사는데 써야 할 비용이 주는 거겠지. 나에게 이득이 되었으니까.

이제 앞서 수집한 네 가지 핵심 데이터(중고차 가격 추이, 연차별 유지보수 비용, 신차 가격 상승률, 투자 기회비용)를 종합적으로 분석하도록 하겠습니다. 챗GPT에게 이 데이터들을 기반으로 신차 가격 5,000만 원, 투자수익률 연 5%를 적용한 시나리오 분석을 요청하여, 경제적 관점에서 가장 합리적인 차량 교체 시기를 표로 정리하도록 하겠습니다. 이를 통해 시기별 비용과 이익을 한눈에 비교할 수 있을 것입니다.

연도	중고차 가격	유지보수 비용	신차 가격	기회비용	실제 부담 비용
1	14,118,460	2,000,284	51,150,000	2,000,000	37,031,824
2	13,421,200	2,047,240	52,322,450	4,100,000	37,248,490
3	12,723,940	2,496,286	53,521,873	6,305,000	37,738,119
4	12,026,680	2,628,223	54,748,870	8,620,250	38,726,163
5	11,329,420	2,411,968	56,004,046	11,051,263	39,892,331
6	10,632,160	2,489,799	57,288,023	13,604,826	41,446,836
7	9,934,903	2,652,728	58,601,423	16,287,067	43,032,087
8	9,237,644	2,892,877	59,944,882	19,104,420	45,070,005
9	8,540,384	2,862,366	61,319,045	22,063,641	47,077,774
10	7,843,125	2,864,563	62,724,572	25,171,823	49,261,437

▲ 중고차 판매 후, 신차 구매 실제 부담 비용(단위: 원)

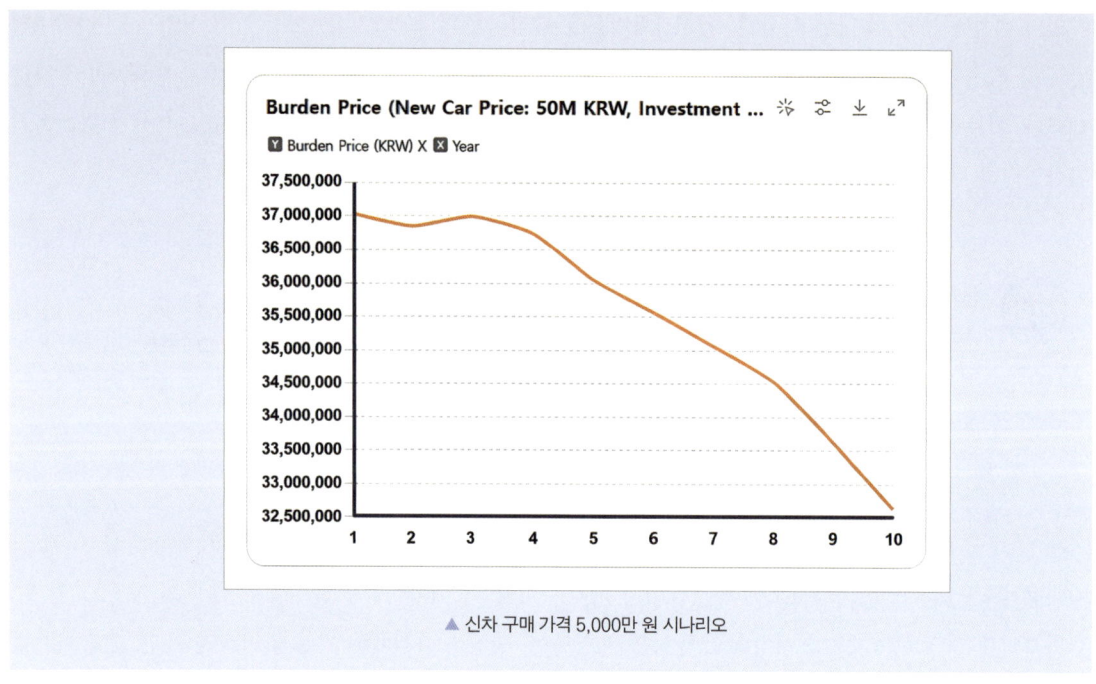

▲ 신차 구매 가격 5,000만 원 시나리오

챗GPT에게 데이터를 제공하고 원하는 결과를 얻기까지의 모든 과정을 코딩 한 줄 없이 진행할 수 있었습니다. 물론 내부적으로는 코딩이 필요했지만, 우리는 단지 데이터를 제공하는 것만으로도 테이블 형태로 정리된 최종 실제 부담 비용을 얻을 수 있었습니다.

나머지 시나리오도 동일하게 진행할 수 있습니다. 예를 들어, 신차 가격이 5,000만 원이 아니라 2,000만 원에 해당하는 경차부터 8,000만 원에 해당하는 고급차까지 다양한 시나리오를 노코드로 시도해 볼 수 있습니다. 아래 추가 데이터 분석을 참고해주시기 바랍니다.

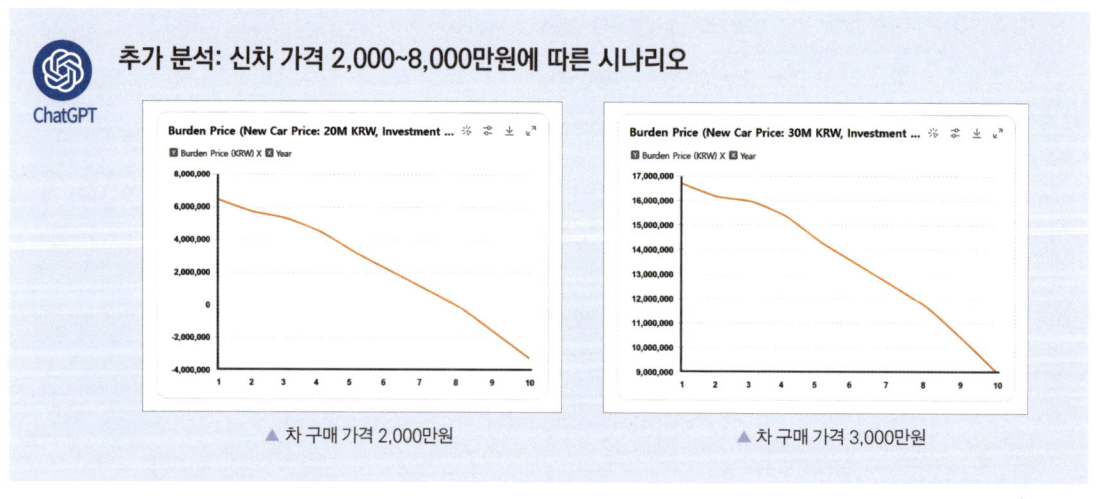

▲ 차 구매 가격 2,000만원   ▲ 차 구매 가격 3,000만원

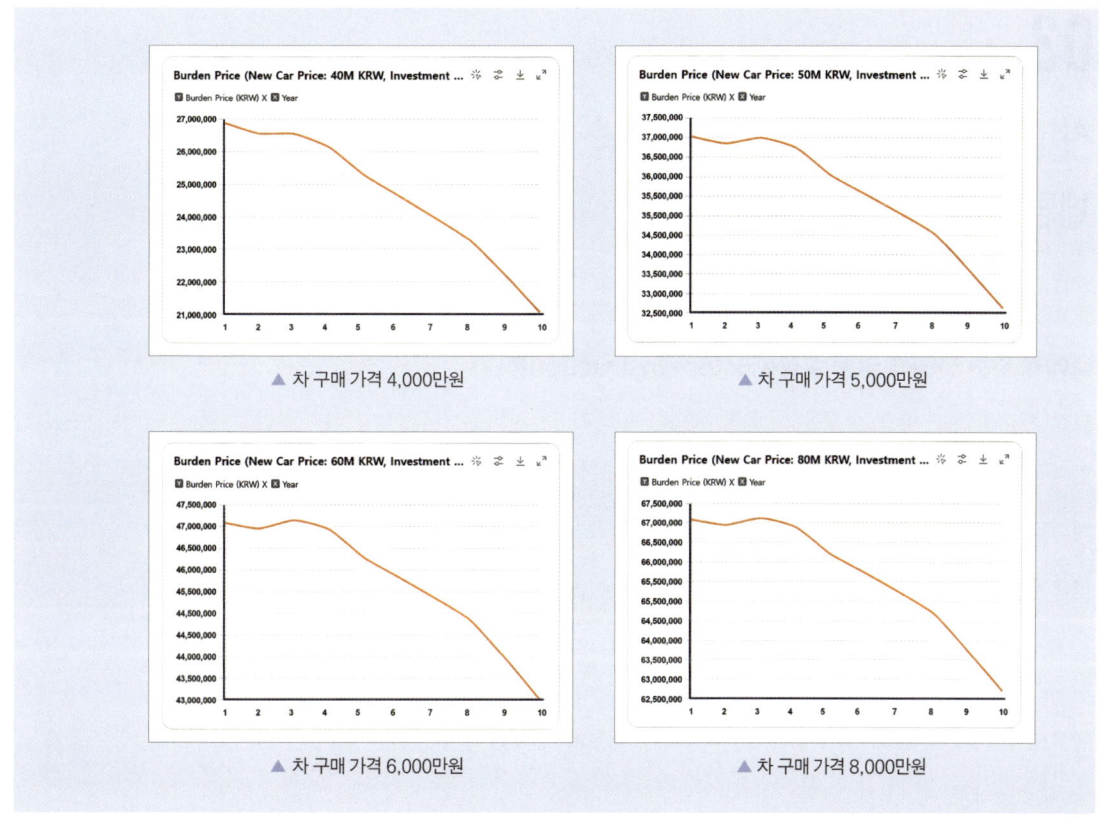

▲ 차 구매 가격 4,000만원   ▲ 차 구매 가격 5,000만원
▲ 차 구매 가격 6,000만원   ▲ 차 구매 가격 8,000만원

위의 추가 데이터 분석 결과는 신차 가격이 2,000만 원에서 8,000만 원까지 증가할 때 실제 부담 비용이 어떻게 변화하는지 보여줍니다. 신차 가격이 높을수록 초기 부담은 증가하지만, 시간이 지날수록 부담 비용이 꾸준히 감소하는 것을 확인할 수 있습니다. 이는 투자 수익률을 5%로 고정 가정했기 때문입니다. 그러나 주식 투자와 같은 변동성을 고려하면, 가정했던 고정적인 기회비용이 달라질 수 있다는 점을 유의해야 합니다.

AI로 복잡한 계산과 다양한 요소를 분석해 내 차를 팔고 신차를 구매할 최적 시점을 판단할 수 있었습니다. AI는 강력한 기계 언어로 우리의 코딩과 수학적 한계를 뛰어넘게 합니다. 복잡한 코딩 작업과 난해한 수학 문제도 AI는 쉽게 해결합니다. 이제 기계 언어의 장벽 없이 아이디어와 창의성에 집중할 수 있게 됐습니다. AI와 함께라면 누구나 자신의 아이디어를 현실로 만들 수 있습니다.

03
챗GPT 고급 데이터 분석 세팅 공개
세팅 전과 후 하늘과 땅 차이!

나에게 맞는 챗GPT 맞춤 설정(Custom Instruction)하기

같은 챗GPT라도 맞춤 설정을 어떻게 하느냐에 따라 그 결과는 하늘과 땅 차이입니다. 특히 데이터 분석 작업에서 챗GPT의 잠재력을 최대한 끌어내기 위해서는 '맞춤형 지침(Custom Instructions)' 설정이 필수적입니다.

맞춤형 지침 설정은 범용적인 챗GPT를 개인 전용 챗GPT로 바꾸는 것입니다. 이러한 설정을 통해 사용자의 요구와 목표에 맞는 응답을 제공하도록 최적화된 환경을 만들 수 있습니다. 특히, 데이터 분석과 같은 특정한 작업에 맞춤화된 지침을 설정하면, 챗GPT가 단순히 일반적인 답변을 제시하는 데 그치지 않고 사용자가 필요로 하는 분석 방법, 알고리즘 설명 그리고 프로젝트 목표에 부합하는 인사이트를 도출하는 데 도움을 줄 수 있습니다.

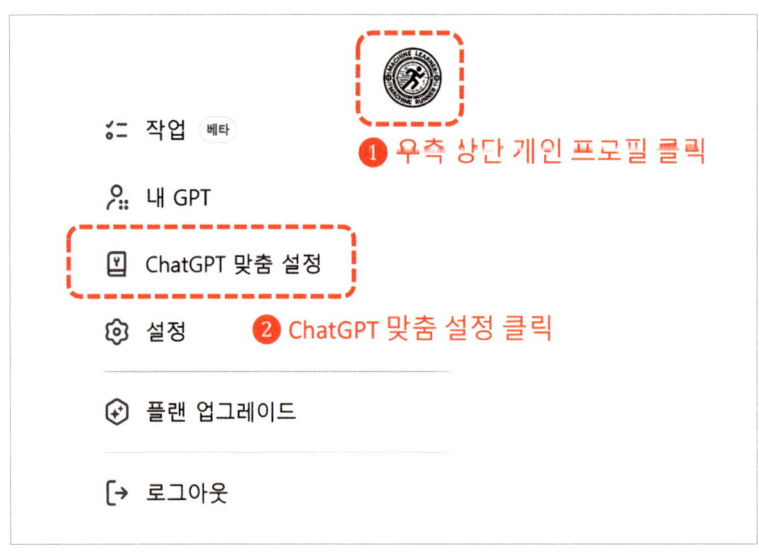

▲ 챗GPT 맞춤 설정

챗GPT의 맞춤 설정을 하기 위해서는 우선 챗GPT 웹 우측 상단의 ❶ 개인 프로필 상태 아이콘을 클릭합니다. 그리고 ❷ 'ChatGPT 맞춤 설정'을 클릭하면 두 가지 빈칸이 나타납니다.

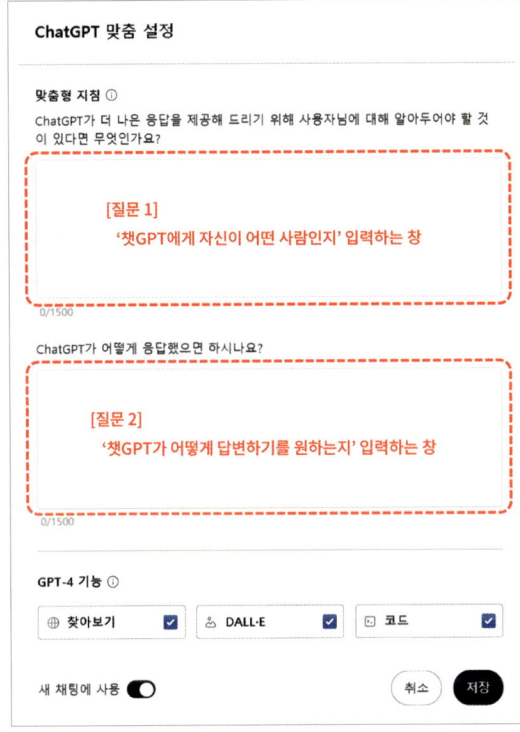

▲ 챗GPT 맞춤 설정 세팅: 맞춤형 지침 두 가지

질문 1: ChatGPT가 더 나은 응답을 제공해 드리기 위해 사용자님에 대해 알아두어야 할 것이 있다면 무엇인가요?

위 질문 1에 입력하는 내용을 나열해 보면 아래와 같습니다.

- 페르소나(Persona)
  - 직업과 역할
  - 전문성 수준이나 경력
  - 산업 분야 또는 업무 분야
- 작업 특성
  - 주로 수행하는 작업이나 프로젝트 유형
  - 주로 사용하는 도구나 기술
  - 자주 직면하는 문제나 과제
- 관심사와 선호도
  - 관심 있는 특정 주제나 분야
  - 선호하는 학습 스타일이나 방법
  - 사용하는 언어 또는 선호하는 언어

- 맥락 정보
  - 현재 진행 중인 프로젝트나 과제
  - 대상 청중이나 이해관계자
- 가치관과 우선순위
  - 업무에서 중요하게 생각하는 가치 (예: 정확성, 창의성, 효율성)
  - 준수하는 윤리적 기준이나 고려사항
  - 문화적 또는 조직적 가치관

질문 2: ChatGPT가 어떻게 응답했으면 하시나요?

위 질문 2에 입력하는 내용을 나열했습니다.

- 톤(Tone)
  - 격식 있는 또는 격식 없는 어조
  - 전문적 또는 캐주얼한 어조
  - 친근한 또는 중립적인 태도
- 스타일(Style)
  - 간결한 또는 상세한 설명
  - 전문 용어 사용 여부
  - 예시나 비유의 포함
- 형식(Format)
  - 불렛 포인트나 번호 목록 사용
  - 표나 다이어그램 등 시각 자료 활용
  - 포맷팅 선호 (예: 마크다운, 일반 텍스트)
- 선호하는 언어
  - 응답에 사용되는 언어
  - 특정 용어 또는 방언 사용
  - 번역이나 이중 언어 지원 필요 여부
- 답변 세부 항목
  - 추가 질문이나 명확화 요청
  - 응답 길이 제한
  - 출처 인용이나 참고 자료 제

맞춤형 지침에서는 사용자가 챗GPT에게 자신을 소개해야 합니다. 챗GPT는 일반적인 사용자를 대상으로 설계되었기 때문에 각자의 전문 분야와 요구 사항은 모두 다를 수밖에 없습니다. 따라서 챗GPT에게 페르소나, 직업, 관심사, 맥락, 가치관 등을 미리 알려주면 맞춤형 답변을 얻을 수 있습니다.

두 번째는 챗GPT의 응답 스타일을 미리 설정할 수 있습니다. 답변의 톤, 스타일, 형식, 선호하는 언어, 답변 세부 항목, 뉘앙스 등을 원하는 형태로 설정하면 챗GPT는 이에 최적화된 답변을 제공합니다.

데이터 분석용 챗GPT 맞춤 설정 샘플 공개

100인 100색이라는 말처럼, 모두가 다른 분야에 몸담고 있습니다. 각자가 맡은 업무도 다르고 원하는 니즈도 제각각일 것입니다. 그렇기에 챗GPT는 개개인에게 '맞춤 답변'을 제공하기 위한 기능을 제공합니다. 챗GPT에게 자신의 도메인 지식을 알리고 원하는 답변 스타일을 설정하면 개인마다 원하는 답변을 얻을 확률이 올라갑니다.

이 책의 목표는 명확합니다. 바로 데이터 분석가가 되어 챗GPT와 함께 데이터 분석을 수행하고 결과를 얻는 것입니다. 이에 챗GPT의 데이터 분석에 초점을 맞춰서 챗GPT의 맞춤 설정 샘플을 소개해 드리겠습니다.

챗GPT의 기본 언어는 영어이기 때문에 맞춤 설정에서 영어로 작성하는 것을 추천합니다. 아래 샘플에서 영어로 맞춤 설정하는 것을 기본으로 했습니다. 입력한 설정 내용은 다음과 같습니다.

사용자의 역할은 데이터 과학자로, 데이터 분석과 예측 모델링을 주로 담당하며 통계와 머신러닝에 대한 전문성을 가지고 있다고 설정했습니다. 현재는 고객 세분화와 예측 모델 생성 프로젝트를 진행 중이며, 궁극적으로 데이터 기반의 실용적인 통찰을 도출하는 것이 목표라고 입력했습니다. 전체 상세 내용은 아래 샘플에서 확인해 보시기 바랍니다.

보시는 바와 같이, 이런 상황이 아니더라도 데이터 분석이 목표라면 원하는 모습을 구체적으로 설명하는 것이 전문적인 분석 결과를 얻는 데 도움이 됩니다. 이 샘플에서 개인에 맞춰 조금씩 수정해 보시길 추천드립니다. 처음에는 그대로 사용해 보셔도 좋습니다.

(샘플) 챗GPT 맞춤 설정 첫 번째 질문
1. ChatGPT가 더 나은 응답을 제공해 드리기 위해 사용자님에 대해 알아 두어야 할 것이 있다면 무엇인가요?

영어
- **Profession/Role**: Data Scientist
- **Key Responsibilities**: Data analysis, predictive modeling, data visualization
- **Knowledge or Expertise**: Statistics, machine learning, data wrangling
- **Typical Challenges**: Data quality, algorithmic bias, scalability
- **Current Projects**: Customer segmentation, predictive maintenance models
- **Jargon or Terminology**: Regression, clustering, deep learning, ETL(Extract, Transform, Load)
- **Goals and Objectives**: Actionable insights, data-driven decision-making
- **Interactions**: Business Analysts, Data Engineers, Executives

> **한글**
- **직업/역할**: 데이터 사이언티스트
- **주요 책임**: 데이터 분석, 예측 모델링, 데이터 시각화
- **지식 또는 전문성**: 통계, 머신러닝, 데이터 정제
- **주요 과제**: 데이터 품질, 알고리즘 편향, 확장성
- **현재 프로젝트**: 고객 세분화, 예측 유지보수 모델
- **전문 용어**: 회귀, 군집화, 딥러닝, ETL(추출: Extract, 변환: Transform, 불러오기: Load)
- **목표 및 목적**: 실행 가능한 인사이트 도출, 데이터 기반 의사결정
- **상호작용 대상**: 비즈니스 분석가, 데이터 엔지니어, 경영진

다음으로 질문2에 입력할 내용을 살펴보겠습니다. 챗GPT가 어떻게 응답하길 원하는지에 대한 설정창입니다. 아래 맞춤 설정에 입력한 내용을 설명하겠습니다. 답변 스타일은 분석적이고 통찰력 있게, 모호함 없이 구체적인 분석 방법과 결과를 제시하도록 설정했습니다. 필요한 경우 예시와 데이터 과학 프레임워크를 활용하고, 데이터 요약이나 성능 지표는 표로 정리해 제시해 달라고 입력했습니다. 이 내용 또한 아래 샘플에서 상세하게 확인해 볼 수 있습니다.

> **(샘플) 챗GPT 맞춤 설정 두번째 질문**
> 2. ChatGPT가 어떻게 응답했으면 하시나요?
>
> **영어**
- **Tone and Formality**: Analytical, insightful, data-centric
- **Level of Detail**: Detailed analysis methods, algorithm explanations
- **Preferred Reference**: Scientific papers, data science frameworks
- **Examples or Analogies**: Successful data science projects, industry applications
- **Avoidance of Ambiguity**: Clear analytical findings and model explanations
- **Resource Links**: Data science libraries, research papers, online courses
- **Follow-up Questions**: Focus on specific data problems, preferred analysis techniques
- **Tables**: Only when necessary for data summaries or model performance metrics
- **Problem-solving Method**: Methodical data analysis, model selection, and validation steps
>
> **한글**
- **어조 및 형식**: 분석적, 통찰력 있는, 데이터 중심
- **세부 수준**: 상세한 분석 방법, 알고리즘 설명
- **선호하는 참고 자료**: 학술 논문, 데이터 사이언스 프레임워크
- **예시 또는 비유**: 성공적인 데이터 사이언스 프로젝트, 산업 적용 사례

- **모호성 회피**: 명확한 분석 결과와 모델 설명
- **리소스 링크**: 데이터 사이언스 라이브러리, 연구 논문, 온라인 강의
- **후속 질문**: 특정 데이터 문제, 선호하는 분석 기법에 집중
- **표**: 데이터 요약이나 모델 성능 지표가 필요할 때만 사용
- **문제 해결 방법**: 체계적인 데이터 분석, 모델 선택, 검증 단계

챗GPT 맞춤 설정 전과 후 비교하기

챗GPT 맞춤 설정이 어떤 효과가 있는지 살펴보겠습니다. 맞춤 설정한 경우와 그렇지 않은 경우에 대한 답변을 비교하는 방법으로 효과를 살펴봅니다. 설정 전과 후 답변은 제3자 AI 모델인 클로드(Claude)에게 블라인드 테스트하는 방식으로 평가해 보겠습니다.

챗GPT 맞춤 설정 전/후 블라인드 테스트

▲ amazon_revies.csv 파일첨부

- 첨부한 데이터는 아마존의 제품 리뷰 데이터야.
- 이 데이터에 포함된 고객의 제품 평점과 리뷰에 대해 데이터 분석을 진행해 줘.
- 중요한 부분이라고 스스로 생각되면 시각화해서 보여줘.

※ 파일: amazon_reviews.csv (출처: 아마존 세일즈 데이터 세트)

https://github.com/M-LearnRun/Nocoding-JustAI

맞춤 설정 OFF 답변

▲ 맞춤 설정 OFF – 고객 리뷰 점수 분포

위 그래프는 제품 평점의 분포를 보여줍니다. 대부분의 리뷰가 4점과 5점에 집중되어 있어 전반적으로 긍정적인 평가가 많음을 알 수 있습니다. 추가로 리뷰의 유용성 투표(Helpful_yes, Helpful_no)와 평점 간의 상관관계를 분석하고, 리뷰 작성 시점과 평점 간의 트렌드도 살펴볼 수 있습니다.

다음 단계로 리뷰가 작성된 날짜와 평점의 관계를 시각화해 보겠습니다.

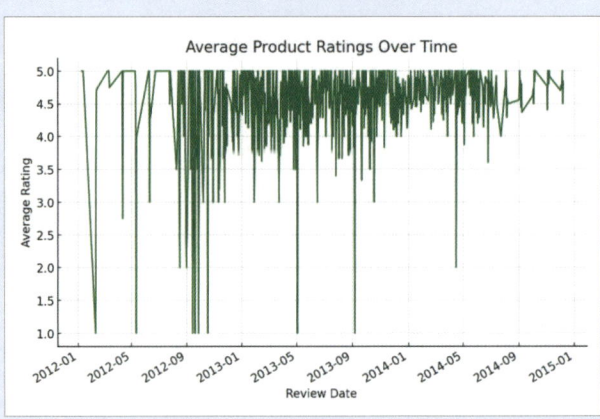

▲ 맞춤 설정 OFF: 고객 리뷰 점수 시계열

위 그래프는 시간에 따른 제품 평점의 변화를 나타냅니다. 특정 시점에서 평점의 변동을 관찰할 수 있으며, 이를 통해 특정 기간에 제품의 인식이 어떻게 변화했는지를 파악할 수 있습니다. 전반적으로 평점이 안정적이거나 상승 추세를 보이는 경우, 이는 제품의 품질이나 만족도가 일정하게 유지되었음을 의미할 수 있습니다.

추가적으로, 리뷰의 유용성 투표와 평점 간의 관계를 시각화하여 리뷰의 유효성이 평점에 미치는 영향을 분석해 보겠습니다.

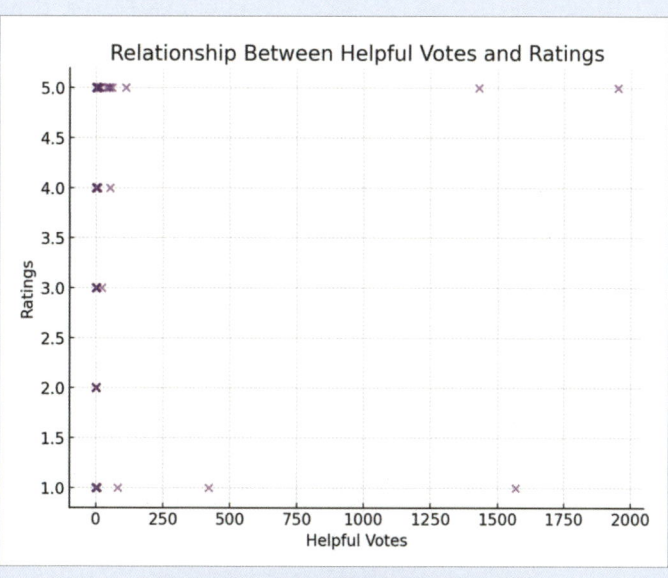

▲ 맞춤 설정 OFF - 유용성 투표와 평점 간의 관계 산점도

위 산점도는 리뷰의 유용성 투표와 평점 간의 관계를 보여줍니다. 리뷰에 많은 유용성 투표를 받은 경우, 대부분 긍정적인 평점(4점, 5점)을 받은 것을 확인할 수 있습니다. 이는 유용하다고 평가된 리뷰가 높은 평점과 연관될 가능성이 높다는 것을 시사합니다.

추가 분석이 필요하거나 다른 측면에서의 시각화를 원하시면 말씀해 주세요.

위에서 설정한 맞춤 설정(Custom Instruction)을 챗GPT에 먼저 입력한 후, 동일한 질문을 했습니다. 다음은 이러한 맞춤 설정이 적용된 답변입니다.

맞춤 설정 ON 답변

- reviewerName: 리뷰어의 이름
- overall: 제품 평점 (1~5)
- reviewText: 리뷰 텍스트
- reviewTime: 리뷰 날짜
- helpful_yes, helpful_no, total_vote: 리뷰 유용성 관련 정보
- score_pos_neg_diff, score_average_rating, wilson_lower_bound: 각 리뷰에 대한 평가 점수 계산과 관련된 데이터

우선 제품 평점(overall)과 관련된 요약 통계 및 리뷰 유용성 관련 데이터를 분석하고, 중요한 부분은 시각화하여 결과를 제공하겠습니다.

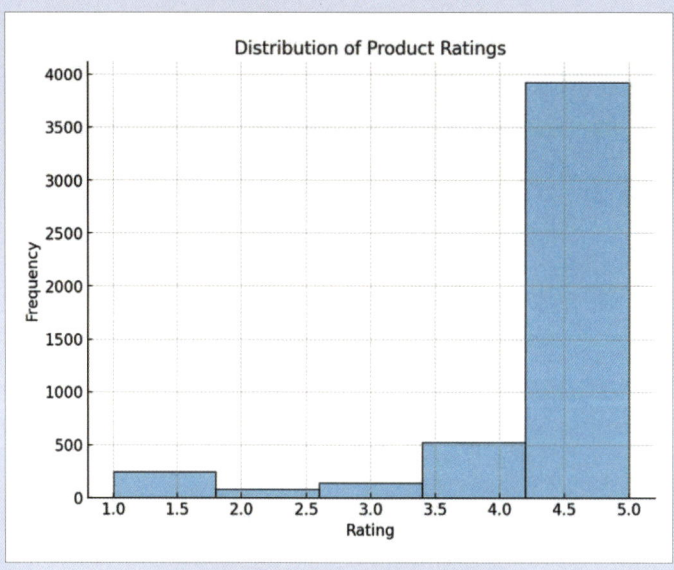

▲ 맞춤 설정 ON: 고객 리뷰 점수 분포

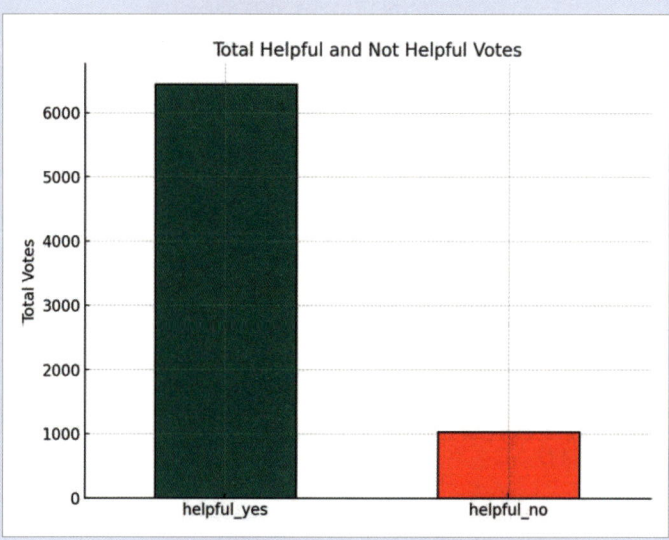

▲ 맞춤 설정 ON: 유용성 평가 막대그래프

데이터 분석 결과 요약:

1. **제품 평점 분포:**
   - 총 4,915개의 리뷰가 있으며, 평균 평점은 약 4.59로 나타납니다.
   - 대부분의 리뷰가 최고 평점인 5점을 부여하고 있으며, 이로 인해 분포의 상당 부분이 상위 평점에 집중되어 있습니다.

2. **유용성 평가:**
   - 리뷰가 '도움이 되었다'고 평가된 횟수(Helpful Yes)는 총 6,444회입니다.
   - 반면, '도움이 되지 않았다'고 평가된 횟수(Helpful No)는 1,034회로 상대적으로 적습니다.

> 위 분석을 바탕으로, 리뷰들이 전반적으로 긍정적이며, 유용성 평가에서도 도움이 된 리뷰가 더 많다는 것을 확인할 수 있습니다. 추가적으로 분석할 부분이 있거나, 특정 메타데이터에 대한 분석을 요청하시면 진행하겠습니다.

맞춤 설정을 한 것과 하지 않은 답변 차이를 살펴보겠습니다. 맞춤 설정을 했을 때 결과는 군더더기 없이 잘 정리되어 있음을 확인할 수 있었습니다. 또한 맞춤 설정 ON/OFF 모두 고객 평점 분포는 시각화로 유사하게 분석되었지만, 고객의 긍정과 부정 평가 그래프에서 '맞춤 설정 OFF'한 경우에는 적절한 시각화가 아니었습니다. 반면, '맞춤 설정 ON'한 결과는 상대적으로 직관적이고 이해하기 쉽게 막대그래프로 표현한 것을 보실 수 있습니다.

추가적으로 챗GPT 맞춤 설정한 결과와 그렇지 않은 경우의 결과 두 개 문서를 제3자 AI 모델에게 제공하고, 블라인드 테스트해 보도록 하겠습니다. 블라인드 테스트는 평가 대상에 대한 정보를 숨긴 상태에서 진행해 공정성과 객관성을 높이는 방법입니다. 이를 통해 편향을 줄이고, 실제 품질 차이를 보다 정확하게 비교할 수 있습니다. 특히 사람이 평가할 때 발생할 수 있는 주관적인 판단을 최소화할 수 있어 신뢰도를 높이는 데 유용합니다. 평가 기준을 명확히 설정하면 결과의 일관성을 확보하는 데도 도움이 됩니다. 이러한 블라인드 테스트는 사람이 아닌 또 다른 AI 모델에게 맡길 수도 있습니다. 예를 들어, 제3의 거대언어모델인 클로드에게 두 문서를 제공하고 어느 쪽이 더 나은지 평가하도록 요청할 수 있습니다. AI는 문서의 출처를 알지 못한 채 평가하게 되므로, 특정 모델에 대한 선입견 없이 점수를 매길 가능성이 높습니다. 이를 통해 AI 모델이 생성한 결과물의 품질을 더욱 공정하게 비교할 수 있습니다. 클로드는 어떤 문서가 맞춤 설정된 것인지 알지 못하는 상태에서 각각의 문서에 대해 5점 만점에 몇 점인지 평가해 달라고 요청했습니다.

> **제3자 AI 모델인 클로드에게 데이터 분석 보고서 블라인드 평가**
> - A 데이터 분석 (맞춤 설정 ON)
> - B 데이터 분석 (맞춤 설정 OFF)

준비한 '벤치마킹_A 데이터 분석 보고서'와 '벤치마크_B 데이터 분석 보고서'를 클로드에 업로드하고 평점으로 비교 평가를 요청하겠습니다.

 ✳ **Claude**

클로드: 맞춤 설정 ON/OFF에 따라 생성된 문서 A/B 블라인드 테스트

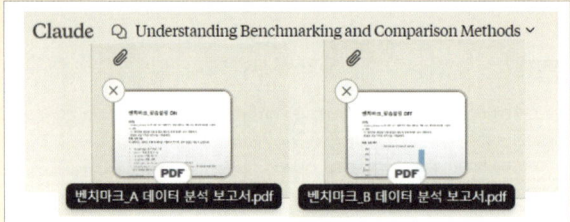

▲ 제3자(클로드) AI 서비스의 벤치마크 평가

두 데이터 분석한 결과 문서(A, B)를 읽어 보고 비교 분석하자. 평점을 테이블로 생성해 줘.

※ 파일: '벤치마크_A 데이터 분석 보고서.pdf', '벤치마크_B 데이터 분석 보고서.pdf'

https://github.com/M-LearnRun/Nocoding-JustAI

✳ **Claude**

두 데이터 분석 결과 문서(A와 B)를 비교 분석해 보겠습니다.

비교 분석:

1. **구조와 형식**: 문서 A 우세
   - 문서 A는 더 체계적이고 구조화된 형식을 갖추고 있습니다.
   - 문서 B는 일부 내용이 깨져 보이며, 구조가 덜 명확합니다.

2. **정보의 상세도**: 문서 A 우세
   - 문서 A는 구체적인 설정 항목(예: specific.run, render.setup 등)과 수치를 제공합니다.
   - 문서 B는 상대적으로 덜 구체적인 정보를 제공합니다.

3. **성능 데이터**: 문서 A 우세
   - 문서 A는 구체적인 성능 수치(예: 5000rpm, P 7000 등)를 제공합니다.
   - 문서 B에서는 구체적인 성능 수치를 찾기 어렵습니다.

4. **가독성**: 문서 A 우세
   - 문서 A는 더 읽기 쉽고 이해하기 쉬운 형태로 정보를 제시합니다.
   - 문서 B는 일부 내용이 잘리거나 깨져 있어 가독성이 떨어집니다.

5. 분석의 깊이: 문서 A 우세
- 문서 A는 설정 변경에 따른 영향을 더 자세히 설명하고 있습니다.

평점 테이블 (5점 만점):

평점 항목	문서 A	문서 B
정보의 완전성	4.5	2.3
구조와 형식	4.5	2.0
데이터의 구체성	4.5	2.0
가독성	4.0	2.5
분석의 깊이	4.0	2.0
전체 평균	4.3	2.2

결론:
문서 A가 전반적으로 더 높은 품질의 데이터 분석 보고서를 제공하고 있습니다. 구체적인 수치와 설정 정보, 체계적인 구조, 그리고 더 깊이 있는 분석을 제공하고 있어 벤치마크 테스트 결과를 이해하고 활용하는 데 더 유용할 것으로 판단됩니다. 반면 문서 B는 개선의 여지가 많아 보이며, 특히 데이터의 구체성과 가독성 측면에서 향상이 필요해 보입니다.

클로드 AI는 A와 B 데이터 분석 결과를 읽고 위와 같이 평점을 테이블로 생성했습니다. 압도적으로 맞춤 설정 세팅한 A 문서의 데이터 분석 결과에 좋은 평점이 부여된 것을 확인할 수 있습니다. 맞춤 설정 전과 후는 말 그대로 하늘과 땅 차이입니다.

100인 100색, 챗GPT 맞춤 설정을 생성하는 챗GPT

데이터 분석을 위한 최적의 챗GPT 맞춤 설정을 만드는 것은 생각보다 복잡할 수 있습니다. 이를 위해 우리는 챗GPT에 입력하기 위한 맞춤 설정을 챗GPT 자체의 도움을 받아 생성할 수 있습니다. 먼저 챗GPT에게 당신을 데이터 과학자라고 알리세요. 그리고 당신의 전문 분야, 주요 업무, 사용하는 도구, 직면하는 문제 등에 대해 상세히 설명해 달라고 요청합니다. 챗GPT에게 어떤 방식으로 응답해 줬으면 좋겠는지 물어보세요. 응답의 톤, 상세도, 코드 예시 포함 여부, 시각화 방법 등에 대한 선호도를 정할 수 있습니다.

이렇게 챗GPT가 생성한 맞춤 설정은 나의 데이터 분석 작업에 최적화된 환경을 제공합니다. 이는 AI가 사용자 맞춤 AI를 준비하기 위해 AI 스스로 맞춤 설정을 하는 것입니다. 이제, 5년 경력의 데이터 과학자로 설정해 맞춤 설정을 생성해 보겠습니다.

챗GPT 맞춤 설정 #1 생성을 위한 프롬프트

챗GPT 맞춤 설정(Custom Instruction)을 기입하기 위해서 아래 내용을 보고 답변을 생성해 줘.
#1번 질문에 대해서 답변을 적었어. 답변의 완성도를 높여서 영어로 완성해 줘.

#1. ChatGPT가 더 나은 응답을 제공해 드리기 위해 사용자님에 대해 알아두어야 할 것이 있다면 무엇인가요?

- 나는 5년 경력의 금융업에 종사하는 펀드 매니저야. 주로 금융 및 e-커머스 산업의 데이터를 다루며, 고객 세분화, 추천 시스템, 리스크 관리를 전문으로 해. 파이썬을 주로 사용하고 TensorFlow로 딥러닝 모델을 개발하고 있어.
- 금융 데이터 편향에 대한 것과 급격한 시장 변화를 예측하는 모델 해석 가능성에 특히 관심이 있어. 분석 결과는 주로 마케팅 팀과 경영진에게 보고해.
- 통계적 방법론 중에서는 베이지안 접근법을 선호하며, 앙상블 모델과 시계열 분석을 자주 사용하고 있어.
- 복잡한 문제를 해결하는 것을 즐기며, 최신 기계학습 기법들을 실제 비즈니스 문제에 적용하는 데 관심이 많아.

#1. ChatGPT가 더 나은 응답을 제공해 드리기 위해 사용자님에 대해 알아두어야 할 것이 있다면 무엇인가요?

I am a fund manager with 5 years of experience in the financial industry. I primarily work with data from the finance and e-commerce sectors, specializing in customer segmentation, recommendation systems, and risk management. I mainly use Python for programming and develop deep learning models using TensorFlow and PyTorch.

I have a particular interest in issues related to bias in financial data and the interpretability of models predicting rapid market changes. I usually report my analysis results to marketing teams and executives. In terms of statistical methodologies, I prefer Bayesian approaches and frequently use ensemble models and time series analysis.

I enjoy solving complex problems and am keen on applying the latest machine learning techniques to real-world business problems.

다음으로, 질문 2에 입력할 맞춤 설정을 생성해 보겠습니다.

챗GPT 맞춤 설정 #2 생성을 위한 프롬프트

#2번 질문에 대해서 답변을 적었어. 답변의 완성도를 높여서 영어로 완성해 줘.

#2. "ChatGPT가 어떻게 응답했으면 하시나요?"

- 전문적이고 기술적인 톤으로 답변해. 코드 예시를 포함하되, 특히 Python 코드로 수행해. 데이터 처리, 모델링, 평가 단계별로 구체적인 방법론을 제시해.
- 복잡한 개념은 비유나 예시를 통해 설명해 주고, 가능하면 관련 논문이나 최신 연구 동향도 언급해 줘. 데이터 시각화 제안 시 주로 Matplotlib, Seaborn, 또는 Plotly를 사용한 코드도 함께 제공해.
- 분석 결과 해석 시 비즈니스 관점의 인사이트도 함께 제공해 주고, 모델의 한계점이나 잠재적 편향에 대해서도 언급해 주면 도움이 될 것 같아.
- 응답은 간결하되 충분히 상세해야 하며, 필요시 추가 설명이나 심화 학습을 위한 리소스 링크도 제공해 주면 좋겠어.
- 마지막엔 데이터 분석 요약을 제공해 주면 이해가 쉽게 될 것 같아.

〈양식〉

- Tone and Formality:
- Code Examples:
- Concept Explanation:
- Data Visualization:
- Result Interpretation:
- Level of Detail:
- Technical Terminology:
- Follow-up Suggestions:

#2. "ChatGPT가 어떻게 응답했으면 하시나요?"

Tone and Formality:

I prefer responses in a professional and technical tone.

Code Examples:

Include code examples, especially in Python. Provide specific methodologies and code snippets for each stage of data processing, modeling, and evaluation.

Concept Explanation:

Explain complex concepts using analogies or examples. If possible, mention related papers or the latest research trends.

Data Visualization:

When suggesting data visualizations, include code examples using Matplotlib, Seaborn, or Plotly.

Result Interpretation:

Provide business insights when interpreting analysis results. Mention the model's limitations or potential biases.

Level of Detail:

Responses should be concise yet sufficiently detailed. Provide additional explanations or resource links for further learning if necessary.

Technical Terminology:

Use appropriate technical terminology relevant to the subject matter.

Follow-up Suggestions:

At the end, provide a summary of the data analysis to enhance understanding.

무궁무진하게 자신만의 스타일로 챗GPT를 세팅할 수 있습니다. 100인 100색이니 처음에는 샘플을 이용해 보시기 바랍니다. 작은 설정의 변화가 큰 차이를 만들어 내는지 직접 확인해 보실 수 있습니다.

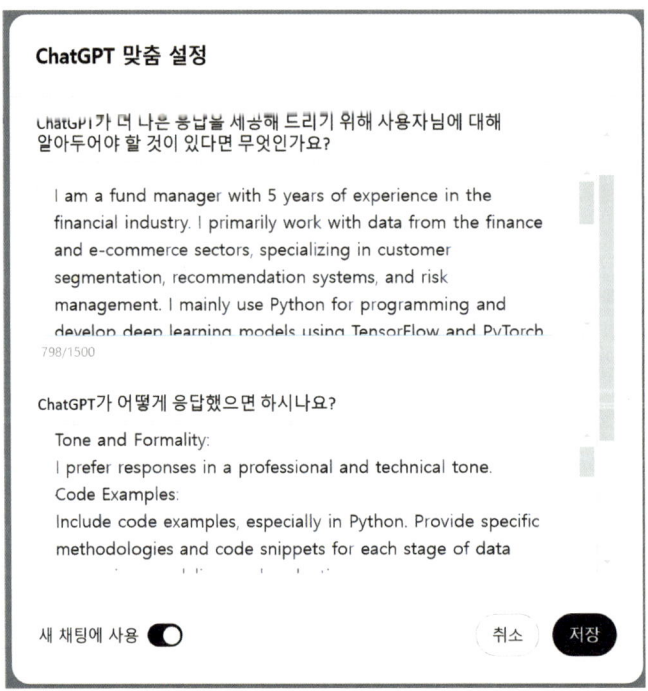

▲ 챗GPT 맞춤 설정을 생성한 챗GPT에 맞춤 설정

[정리] 파트 2 _ 모두가 AI를 써야 하는 이유

데이터 분석과 AI의 만남으로 새로운 시대가 열렸습니다. 챗GPT를 비롯한 AI 기술의 발전은 복잡한 통계와 수식의 장벽을 허무는 중입니다. 이제 누구나 AI-노코드, AI-노수식으로 데이터를 자유롭게 다룰 수 있게 되었죠. 이는 단순한 도구의 등장이 아닙니다. 데이터를 바라보는 관점 자체를 바꾸는 혁신적 변화이자 지능·지식 혁명입니다.

파트 2 '모두가 AI를 써야 하는 이유'는 먼저 AI 학습을 위한 오리엔테이션을 제시합니다. 방향(오리엔트)과 시작점(오리진)을 명확히 해야 하기 때문입니다. 시작점은 바로 우리의 책상 위입니다. 엔비디아가 아무리 새로운 AI 칩을 내놓고, 오픈AI, 구글, 메타가 최신 AI 모델을 발표해도 내 책상 위에서 아무런 변화가 없다면 그저 다른 세상 이야기일 뿐입니다. AI 학습의 방향은 각자의 분야에서 익힌 도메인 지식과 AI의 앙상블입니다. AI를 개발하는 것이 아니라 AI를 응용하는 'AI-애플리케이셔너'가 되는 것이죠. 우리가 지금까지 쌓아온 전문성에 AI의 잠재력을 더하는 것이 바로 이 시대가 요구하는 가장 현명한 선택입니다. 이러한 오리엔테이션을 바탕으로, AI와 함께하는 데이터 분석의 기초를 세울 때 비로소 내 일에 의미 있는 변화가 생길 것입니다.

데이터 분석에서 만난 첫 번째 벽이 컴퓨터 코딩이었다면, 두 번째 벽은 통계였습니다. 코딩은 AI-노코드로 해결하고 통계는 AI의 도움을 받아, AI-노수식 통계로 접근했습니다. 데이터 분석을 진행할수록 부족함을 느끼는 것은 바로 통계이기 때문에 데이터 분석에 통계는 필수입니다. 우리는 통계, 확률, 분포, 신뢰라는 네 가지 핵심 개념으로 AI와 함께 통계 이야기를 했습니다. 예를 들어, 도요타는 6-시그마라는 통계적 품질 관리로 백만 개 중 불량품 4개라는 혁신을 이뤘고, 테슬라는 품질보다 혁신에 집중하는 다른 길을 선택했습니다. 서로 다른 선택이지만 두 회사 모두 데이터에 기반한 의사결정을 하고 있죠. 통계적 사고는 이처럼 실무에서 다양한 형태로 활용되고 있습니다.

다음으로, AI가 우리에게 어떤 존재이고 어떤 의미인지 챕터 6에서 다루었습니다. AI는 이제 영화 속 자비스처럼 우리의 든든한 파트너입니다. 인간의 언어로 대화하고 기계의 언어로 계산하는 나의 완벽한 비서입니다. 논문 작성부터 제안서 작성, 영상 요약까지 인간의 언어를 자유자재로 다루고, 350년 동안 풀리지 않던 페르마의 마지막 정리 같은 수학 난제도 새로운 시각으로 접근할 수 있게 되었습니다.

자동차 교체 시기 분석처럼 복잡한 요소가 얽힌 실무 문제도 AI와 함께라면 데이터에 기반해 명확하게 판단할 수 있습니다. 또한 챗GPT의 맞춤 설정은 이런 가능성을 한층 더 넓혀주었습니다. 개인의 업무 특성과 필요에 맞게 AI를 설정하면, 마치 오랫동안 함께 일한 동료처럼 더욱더 전문적이고 정확한 분석을 제공받을 수 있습니다.

7. 1단계 - 문제 발견하기: AI보다 사람이 유일하게 잘하는 것
8. 2단계 - 데이터 준비: AI와 사람이 함께 해야 하는 것
9. 3단계 - 데이터 속 패턴 찾기: AI가 사람보다 월등히 잘하는 것

PART 3
아무나 할 수 있는 AI-노코드 데이터 분석

Chapter 7

1단계 – 문제 발견하기: AI보다 사람이 유일하게 잘하는 것

"문제가 무엇입니까?"
– 영화 〈머니볼〉(2011) 중

01

문제와 현상 구분하기
문제가 무엇인지 모르는 것이 문제다

문제가 무엇입니까

주어진 문제를 통계적으로 계산하고 결과를 출력하는 일은 생각보다 쉽습니다. 데이터 분석 교육을 들으면 대개 문제가 주어지고 그 문제를 풀 수 있는 튜토리얼을 따라합니다. 튜토리얼은 명확한 문제와 데이터가 주어집니다. 실무에서 문제는, 도대체 문제가 무엇인지 모르는 게 문제입니다. 문제의 본질을 파악하지 못한 채 얻은 결론은 대부분 무용지물이 됩니다. 아무리 많은 시간과 자원을 투입하더라도 근본적인 해결책을 제시하기 어렵습니다. 무턱대고 정보를 수집하고 최신 분석 기법을 쓰기 전에 천천히 문제 그 자체를 바라보는 시간이 필요합니다. 문제지를 받자마자 빨리 풀어야 하는 강박에서 잠시 벗어나ㅡ펜을 잠시 내려놓고ㅡ데이터가 말하고자 하는 진짜 문제를 발견하기 위해 시간을 가져볼 필요가 있습니다.

특히, 생성형 AI와 대화를 나누는 시간은 문제를 발견하는 데 있어 친절한 길잡이가 됩니다. AI는 우리가 당면한 상황에 대해 다각도로 질문을 던지고 때로는 우리가 미처 생각하지 못했던 관점을 제시하기도 합니다. 이는 문제의 본질에 더 가까이 다가갈 수 있게 돕습니다. 실제로 많은 데이터 분석가들이 겪는 어려움은 기술적인 분석 능력의 부족이 아닙니다. 문제를 얼마나 제대로 파악하고 이해했는지, 혹은 분석가의 호기심을 충분히 자극할 만큼 의미 있는 문제인를 찾는 일입니다.

스포츠 데이터 과학의 시작이라 할 수 있는 〈머니볼〉(2011) 영화에서도 문제를 제대로 파악하고 이해하는 것이 얼마나 중요한지 보여주는 장면이 나옵니다. 2002년 미국 메이저리그 야구 팀 중 하나인 오클랜드 애슬레틱스는 심각한 위기에 맞닥뜨립니다. 오클랜드의 주전 선수들이 대거 팀을 떠나며 전력에 큰 구멍이 생기게 된 것이죠. 리그 MVP급 타자 제이슨 지암비, 발 빠른 중견수 조니 데이먼, 정상급 마무리 투수 제이슨 이스링하우젠까지 모조리 빠져나가는 위기를 겪게 됩니다. 게다가 오클랜드 구단의 예산은 여타 구단에 비해 턱없이 부족한 상태였습니다. 뉴욕 양키스와 같은 부자 구단은 수십억 달러를 쏟아부어 스타 선수들을 영입할 수 있지만 오클랜드와 같은 저예산 구단은 제한된 자원으로 그들과 경쟁해야 했습니다.

팀의 단장 빌리 빈은 심각한 분위기 속에서 대책 회의를 소집합니다. 스카우터들은 그들의 개인적인 경험과 주관적인 의견만으로 이 문제를 바라보며 빌리 빈에게 하소연합니다.

"우리는 4번 타자 지암비를 잃었습니다. 이 문제를 해결하기 위해 그를 대체할 선수를 찾고 있습니다."

빌리 빈은 이렇게 답합니다.

"문제가 무엇입니까?"

노장 스카우터는 의아해하며 다시 대답합니다.

"우리 모두는 문제를 아주 잘 이해하고 있어요."

빌리 빈은 말이 끝나기도 전에 다시 묻습니다.

"그러니까, 문제가 무엇입니까?"

스카우터는 격양된 어조로 말합니다.

"핵심 주축 선수 3명의 공백을 메우는 거요. 홈런 38개, 120타점. 장타 47개가 필요하죠."

빌리 빈은 전혀 다른 시각으로 이 문제를 바라봅니다. 양키스와 같은 부자 팀과 오클랜드와 같은 가난한 팀이 싸워야 하는 불공정 게임에서 어떠한 전략으로 싸워야 하느냐가 문제의 본질이라고 말합니다. 지암비와 같은 선수는 없습니다. 있다고 해도 데려올 수 없다는 현실을 빌리 빈은 자각했습니다. 세 명의 선수를 대체할 비슷한 세 명의 다른 선수를 찾는 것은 문제의 본질이 아니라고 생각했습니다. 그리고 그는 이렇게 주장합니다.

"4번 타자 제이슨 지암비를 쪼갰다가 다시 합치겠습니다."

빌리 빈은 지암비를 대체할 선수 대신 데이터 분석가, 피터 브랜드와 함께 데이터를 살펴봅니다. 컴퓨터 분석 결과 출루율이 높은 세 명의 선수의 평균으로 한 명의 지암비를 만들자는 전략을 내놓습니다. 이에 대해 스카우트 팀은 컴퓨터로 야구를 할 수 없다고 반박합니다. 하지만 빌리 빈은 아랑곳하지 않고 직접 선수 영입에 나섭니다. 결과론적으로, 오클랜드는 20연승이라는 엄청난 성적을 냅니다. 이후 빌리 빈의 성공은 스포츠 데이터 분석의 시초인 세이버메트릭스*를 야구뿐만 아니라 스포츠 과학에 널리 알리게 되었습니다.

빌리 빈은 구단의 문제를 한 명의 지암비를 대체하는 것에서 데이터 분석을 적극 활용하여 다른 방식으로 문제를 정의했습니다. 문제를 제대로 이해했고 그 문제를 풀기 위해 데이터 분석을 신뢰한 것입니다. 결과는 대성공이었습니다.

▲ 문제가 무엇입니까 - 영화〈머니 볼〉의 주인공 빌리 빈

---

* 세이버메트릭스(Sabermetrics)는 스포츠 경기의 모든 상황을 숫자로 바꾸어 분석하는 최초의 과학적 접근 방식이다. 미국 아마추어 야구 연구회(SABR: Society for American Baseball Research)에서 유래한 용어로, 객관적인 수치 데이터를 기반으로 선수와 팀의 성과를 과학적으로 분석한다.

문제와 현상의 네 가지 차이점

오클랜드에게 핵심 주축 선수 세 명의 공백은 현상(Phenomenon)입니다. 문제(Problem)가 아닙니다. 스카우터들은 현상을 문제로 착각했고 빌리 빈은 현상을 있는 그대로 받아들이고 새로운 문제로 정의했습니다. 이것이 둘 사이에 가장 큰 차이입니다. 현상은 일어난 일이지 문제가 아닙니다. 우리는 흔히 발생한 현상을 해결해야 할 문제로 착각하는 경우가 많습니다. 현상과 문제에는 네 가지 특징이 있습니다.

첫 번째로, 현상은 결과이고 문제는 그 결과의 원인입니다. 현상은 그저 관측된 결과일 뿐입니다. 우리가 진정으로 주목해야 하는 것은 그 결과의 원인, 즉 문제입니다. 데이터 분석에서 우리는 종종 눈에 보이는 결과에 편향되는 실수를 범합니다. 예를 들어, 고객 이탈률 증가라는 현상에 직면했을 때 많은 기업은 즉각적으로 고객 유지 프로그램을 가동하려고 합니다. 하지만 이런 대응은 임시 방편에 불과할 뿐입니다.

진정한 문제 해결은 고객이 왜 이탈하는지, 그 근본 원인을 파악하는 것에서 시작됩니다. 이것은 제품의 품질 문제일 수도 있고, 고객 서비스의 부재일 수도 있습니다. 또는 경쟁사의 혁신적인 제품 출시와 같은 외부적인 요인일 수 있습니다. 원인에 대해 면밀히 분석할수록 우리는 비로소 근본적인 해결책에 한발짝 가까워질 수 있습니다.

두 번째는 표면적으로 드러나는 현상과 달리, 문제는 깊숙한 곳에 숨어 있어서 보이지 않습니다. 현상은 표면적으로 누구나 볼 수 있는 것들입니다. 그러나 문제는 아무나 볼 수 있는 것이 아닙니다. 문제를 보기 위해서는 많은 시간과 경험, 노하우 그리고 모순적이게도 보이지 않는 것을 보는 능력이 필요합니다. 가령 업계 베테랑의 직감과 같은 능력 말입니다.

20년 넘게 업계에서 경험을 쌓은 베테랑은 단편적인 고객 데이터나 제한된 정보만으로도 문제의 본질을 꿰뚫어 보곤 합니다. 그런 분들을 보면 그저 넋을 놓고 감탄하게 됩니다. 앞선 챕터 3에 등장한 자동차 설계자 조현기 파트장처럼, 정확히 설명할 수는 없지만 오랜 경험을 지닌 베테랑에게는 후천적으로 형성된 직관이라는 능력이 있는 것 같습니다. 이처럼 오랜 기간 축적된 세월을 보낸 베테랑은 작은 소리만 듣고도 문제의 원인을 짚어내곤 합니다. 아무리 AI 기술이 발달해도 이런 베테랑을 대체할 수는 없을 것입니다. 보고 듣고 손과 코로 느끼고 맛보는 인간의 오감에 직감이 더해져 문제를 정의하고 해결하는 능력은 숙달된 인간만이 할 수 있는, 어쩌면 AI보다 인간이 유일하게 잘하는 부분일지도 모릅니다.

현상과 문제의 세 번째 차이점은, 현상은 과거의 흔적이고 문제는 미래의 비전입니다. 즉, 현상은 과거의 흔적입니다. 데이터는 주로 과거의 사건이나 행동의 결과를 담고 있습니다. 하지만 우리가 진정으로 관심을 가져야 할 것은 과거가 아닌 미래를 위한 예측입니다. 그 예측을 믿고 미래를 바꾸려는 시도가 있을 때 비로소 의미를 갖습니다. 예를 들어, 지난 분기의 매출 데이터는 현상을 보여주는 과거의 흔적입니다. 단순한 데이터 분석 결과는 후견지명적 접근입니다. 반면에 데이터를 바탕으로 미래의 시장 변화를 예측하고 새로운 비즈니스 모델을 개발하는 것은 선견지명적 행동입니다.

또 다른 예로, 고객 만족도 조사 결과는 과거의 현상입니다. 과거에 고객이 남긴 흔적으로 고객의 미래 니즈를 예측하고 새로운 제품이나 서비스를 개발하는 것이 진정한 문제 해결입니다. 데이터 분석은 단순히 과거를 설명하는 것이 아니라, 미래를 예측하기 위한 모델로 만들고 그 모델로부터 미래를 바꾸는 데 초점을 두어야 합니다. 챕터 3에 소개된 이주원 시뮬레이션 연구원의 사례가 좋은 예입니다. 그녀는 과거를 설명하는 '후견지명' 모델이 아닌, 미래를 예측하기 위한 '선견지명' 모델을 얻기 위해 고군분투했습니다.

마지막으로, 네 번째 차이점은, 현상은 느낌이고 문제는 사실이라는 점입니다. 우리는 종종 즉각적인 느낌이나 감정에 반응하여 의사결정을 내립니다. 예를 들어, 일할 때 어떤 사람은 느낌에 의존합니다. "내가 다 해봤는데 그렇게 하면 안 돼."라는 식으로 빈약한 과거 경험으로 주장만 하는 사람이 있습니다. 데이터 분석은 우리의 느낌을 객관적 사실로 전환하여 체계적으로 축적할 수 있는 힘이 있습니다. 데이터를 분석하면 할수록 '느낌에서 본질로' 다가가는 것을 실무 현장에서 절실히 배우게 됩니다.

위에서 보이지 않는 것을 보는 베테랑의 직감은 단순한 느낌과는 다릅니다. 업계 베테랑은 단순한 느낌에 머물지 않고 궁금증을 풀기 위해 행동으로 옮깁니다. 느낌에서 문제의 본질로 가는 실행은 과거 데이터를 분석하고 축적하며 적용하는 과정입니다. 약간의 관심과 작은 실천이 반복되면 큰 변화를 가져옵니다. 자신이 쌓은 경험과 과거의 흔적을 AI와 결합하여 데이터 분석에 활용한다면, 우리는 각자의 도메인에서 진정한 베테랑으로 거듭날 기회를 얻게 될 것입니다.

현상(Phenomenon)	문제(Problem)
결과	원인
보이는 것	숨겨진 것
과거의 흔적	미래의 비전
주관적 느낌	객관적 사실

▲ 문제와 현상 구분하기

02

문제 탐색하기
학교에선 문제를 풀지만 실무에선 문제를 만들어야 한다

AI가 하지 못하는 일을 합시다

우리는 데이터 홍수 시대에 살고 있습니다. 데이터 홍수 속에서 데이터를 다룰 수 없다는 것은 무한한 기회를 놓치고 마는 것입니다. 아무리 많은 데이터를 가지고 있더라도 다룰 수 없다면 그저 분리수거 대상에 지나지 않는 것이죠. 완벽하지 않더라도 데이터 분석에 관심을 가지고 공부하며 배우고, 한 번씩 시도하다 보면 자신이 가진 데이터에서 이전에는 볼 수 없었던 새로운 가치를 발견할 기회를 얻을 수 있습니다. 그러다 보면 앞으로 어떤 데이터를 수집해야 할지에 대한 안목도 생기게 됩니다.

코딩 때문에 데이터 분석에 한 발을 떼기가 무척이나 어렵습니다. 데이터 분석에서 코딩은 떼어내려 해도 떼어낼 수 없는 단짝입니다. 이 말은, 데이터 분석을 한다는 것은 코딩을 한다는 의미와 같습니다. 그러나 이제는 달라졌습니다! AI는 코딩에 대한 부담을 덜어주다 못해 아예 없애려고 합니다. 이 책의 마지막 파트인 '아무나 할 수 있는 AI-노코드 데이터 분석'은 코딩의 부담을 아예 없애고 그 진입 장벽을 바닥까지 낮추는 것을 목표로 합니다. 가볍게 데이터 세상에 발을 들였다면, 이제는 여러분의 책상 위에서 AI에게 데이터를 보여주고 함께 토론하며 새로운 가치를 발견할 수 있기를 바랍니다. 우리가 기울여야 할 노력은 바로 책상 위로 문제를 가져오는 것입니다. 단언컨대, 문제를 탐색하는 일은 우리가 AI보다 유일하게 잘하는 것입니다.

문제를 발견하기 위해서 주변에서 벌어지는 현상을 돋보기로 들여다봐야 합니다. 그것도 부족하면 현미경으로 현상의 숨은 의미를 찾기 위해 탐색해야 합니다. 그래야만 문제를 만들 수 있습니다. 학교에선 주어진 문제를 빠르게 푸는 능력을 인정받지만 학교 밖으로 나오면 누구도 문제를 알려주지 않습니다. 누구나 학교에서 문제 푸는 능력을 훈련받아 왔습니다. 문제 풀기만큼은 대한민국이 단연 세계 최고 수준입니다. 하지만 학교 밖인 직장이나 실무 현장에서는 문제가 주어지지 않습니다. 누구도 문제를 알려주지 않습니다. 스스로 문제를 찾아 나서기 위해 탐험가가 되어야 합니다. 이런 능력이 곧 실력입니다. 리더에게 문제가 무엇인지 명확히 전달하고, 그 문제를 해결해야 하는 이유를 설득력 있게 설명할 때 유능한 실무자로 인정받게 됩니다. 리더 역시 동일합니다. 팀원들에게 문제 푸는 방법이 아니라 문제를 명확히 전달하는 것이 리더의 자질입니다. 그리고 이 문제가 어떠한 가치가 있는지 그 미래를 보여줄 때, 팀장은 신뢰받는 리더로 인정받을 수 있습니다.

AI 시대 이전에 우리는 연필과 노트로 수학 문제 풀이에 몰두했습니다. 그러나 새롭게 펼쳐지는 AI 시대에는 문제를 탐색하고 직접 만들어 내기 위한 노력을 해야 할 때입니다. 이번 챕터 이후에 이어지는 챕터 8과 챕터 9는 AI와 함께 데이터를 준비하고 데이터 속에 패턴을 찾아 문제를 풀어보는 단계입니다. 문제 풀이는 사람보다 월등히 잘하는 AI에게 맡겨두고 우리는 문제를 탐색하고 만드는 데 모든 에너지를 쏟아 부읍시다.

AI는 갈 수 없는 곳

AI가 하지 못하는 일은 문제를 탐색하는 일입니다. 그렇다면 문제를 탐색하기 위해 어디로 가야 할까요? 답은 우리의 일상 속에 있습니다. 우리가 매일 머무는 공간, 현장이 바로 그 답입니다. 겉으로는 평범해 보이는 일상 속 순간들이지만 그 안에는 문제를 발견할 수 있는 중요한 단서들이 숨어 있습니다. 누군가에게는 매일 반복되는 업무용 책상이, 또 다른 누군가에게는 고객과 이야기를 나누는 상담실이, 혹은 학생들과 함께 호흡하는 교실이 바로 그런 현장입니다.

이런 현장은 단순히 우리가 머무는 공간만을 의미하는 것은 아닙니다. 그곳은 우리가 매일 관찰하고, 경험하며, 끊임없이 배우는 공간입니다. 이런 공간과 일련의 활동을 하나로 묶어서 도메인(domain)이라고 부릅니다. 그곳은 우리가 매일 지내는 익숙한 공간이자 우리의 하루 일과의 시작과 끝 사이에 남긴 흔적이 자연스럽게 쌓이는 소중한 곳입니다.

이렇게 매일 함께하는 도메인에서 우리의 전문성도 조금씩 키워집니다. 도메인에서 숙련된 사람을 도메인 기술자라고 부르겠습니다. 도메인 기술자는 단순히 그 분야에 종사하는 것을 넘어 현장에서 발생하는 복잡한 인과 관계를 파악하고 문제의 본질을 꿰뚫는 통찰력이 있습니다. 이 능력은 하루아침에 생기는 것이 아닙니다. 수많은 경험과 시행착오를 통해 축적된 지식과 현장에 대한 깊은 애정이 더해질 때 비로소 형성됩니다.

현장에 갈 수 없는 AI는 이런 감각을 가질 수 없습니다. 예컨대, 고객의 말투에서 느껴지는 미묘한 의도, 상품 앞에서 서성이는 고객의 망설임도 현장에서만 얻을 수 있는 귀중한 정보입니다. 공장 현장에서도 마찬가지입니다. 기계의 미세한 떨림이나 평소와 다른 소음, 특유의 냄새 등은 데이터로 나타내기 어려운 현장에서만 느낄 수 있는 중요한 신호가 됩니다. 이런 현장의 상황은 AI가 포착하거나 해석하기에는 아직 많은 한계가 있습니다. 또 다른 예로, 우리가 스마트폰을 살 때를 생각해 보세요. 화면을 켜기도 전에 먼저 손에 쥐어도 보고 표면을 쓸어보면서 촉감을 느낍니다. AI가 이해하고 설명하기에는 쉽지 않은 부분입니다. 이처럼 현장에 갈 수 없는 AI는 오감으로 느껴야 하는 현장의 다채로운 신호를 결코 짚어낼 수 없습니다.

현장에서 피부로 느끼고 경험하며 문제를 발견하는 일은 우리 인간의 고유한 영역임에 분명합니다. 그리고 그 경험을 AI와 공유하는 것 역시 우리의 역할입니다. AI는 우리가 글로 써주고, 그림으로 보여주고, 음성으로 들려준 것에서 패턴을 찾아내고 새로운 관점을 제시해 줄 수 있습니다.

과거에는 현장의 문제를 분석하기 위해 그 분야의 전문가를 찾아가야 했습니다. 비싼 자문료를 지불하고 한정된 시간 동안 조언을 구하는 것이 전부였죠. 게다가 현장의 상황을 전문가에게 정확히 전달하는 것도 쉽지 않습니다. 문제를 제대로 설명하지 못해 엉뚱한 해결책을 받기도 했고 때로는 현장의 특수성을 이해시키는 데 대부분의 시간을 허비하기도 합니다.

하지만 이제는 이런 한계를 극복할 수 있게 되었습니다. AI가 우리의 24시간 분석 파트너가 되어주었기 때문입니다. 더 이상 비싼 자문료를 내거나 한정된 시간에 맞춰 전문가를 찾아다닐 필요가 없습니다. 우리가 현장에서 발견한 문제를 언제든 AI와 함께 들여다볼 수 있게 된 것입니다. AI는 지치지 않고 우리의 현장 이야기를 언제나 경청합니다. 그리고 그 속에서 의미 있는 패턴을 찾기 위해 항상 노력합니다. 게다가 AI의 지능은 매일 같이 향상되고 있습니다. AI의 지능을 평가하는 벤치마크 스코어*만 보더라도 이미 인간 지능의 90% 가까이 도달했습니다. 인간 지능과 동일시되는 개념인 AGI(Artificial General Intelligence)에 도달했다고 봐도 무방한 수준입니다.

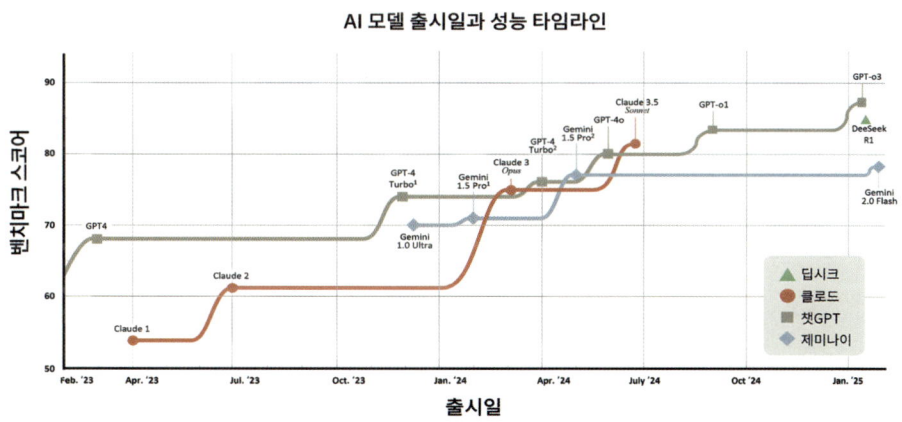

▲ 주요한 AI 모델(챗GPT, 클로드, 제미나이, 딥시크) 출시일과 성능 타임라인

챗GPT, 클로드, 제미나이, 딥시크와 같은 생성형 AI는 우리가 발견한 문제를 해결하는 데 엄청난 도움을 줍니다. 이는 마치 수천 명의 전문가와 동시에 브레인스토밍하는 것처럼 다양한 관점과 해결책을 제시하죠. 우리가 익숙하지 않은 분야도 AI와 함께라면 더 깊이 있게 탐구할 수 있습니다.

이러한 AI의 강점에도 불구하고 결국 현장에서 직접 문제를 마주하고 이해할 수 있는 것은 우리 인간만이 할 수 있는 일입니다. AI는 아무리 뛰어난 성능을 보이더라도 현장에 직접 가서 문제를 보고 느끼고 이해하는 경험을 대신할 수는 없습니다. 현장에서 무엇이 문제인지 발견하고 올바른 데이터를 AI에게 효과적으로 전달하는 역할은 언제나 도메인 기술자인 우리가 해야 할 몫입니다.

AI는 알지 못하는 것

우리는 앞서 AI가 하지 못하는 일이 무엇인지 살펴보았습니다. 바로 문제를 탐색하는 일입니다. 또한 이러한 탐색이 이루어지는 곳은 우리의 일상 속 현장인 도메인이어야 합니다. 매일같이 이 현장에서 부딪히고 구르면서 우리의 손과 발에는 자연스럽게 굳은살이 생깁니다. 이렇게 우리 몸에 새겨진 경험과 지혜가 도메인 지

---

* 벤치마크 스코어(Benchmark score)는 AI 모델의 성능을 측정하고 비교하기 위한 표준화된 점수이다. 특정 작업에서 AI가 얼마나 잘 수행하는지를 수치화한 것이다. AI 모델의 경우 인간의 지능과 비교하기 위한 기준이 되기도 한다.

식(domain knowledg)e)입니다. 도메인 지식이 바로 AI는 알지 못하는 것입니다.

도메인 지식이란 우리가 발 딛고 있는 현장에 대한 깊이 있는 이해를 말합니다. 업(業)에 대한 이해도라고 할 수 있습니다. 예를 들어, 업무용 책상에 앉아 매일 화면을 들여다보는 직장인에게는 수많은 엑셀 데이터 속에서 숨은 패턴을 발견하는 통찰이 있습니다.

도메인 지식이 있고 없고의 차이는 실로 엄청납니다. 데이터를 분석할 때도 마찬가지입니다. 현장을 모르는 상태에서는 아무리 뛰어난 분석 기술을 가졌다 해도 겉핥기식 분석에 그치고 맙니다. 분석 결과가 어떤 의미를 가지는지 그리고 어떻게 활용될 수 있는지 도메인 지식 없이는 절대 올바른 판단을 내릴 수 없습니다.

업무용 책상에서 일하는 재무 담당자는 매출 데이터의 작은 변동만 보고도 계절적 요인인지, 시장 변화인지, 아니면 일시적 이벤트 효과인지를 직관적으로 파악합니다. 대형마트의 베테랑 점장은 진열대 상품 위치만 살짝 바꿔도 어떤 제품의 매출이 오를지, 어떤 제품이 소비자의 눈에 덜 띄게 될지를 본능적으로 알아챕니다. 20년 경력의 자동차 정비사는 엔진 소리만 들어도 어떤 부품에 문제가 있는지, 그리고 그 원인이 운전자의 운전 습관 때문인지 부품 자체의 수명 때문인지를 정확하게 진단해냅니다.

이처럼 도메인마다 특별한 맥락과 패턴이 있습니다. 수년간의 경험으로 살갗에 새겨진 이 지식이 바로 도메인 기술자의 도메인 지식입니다. AI는 아무리 뛰어나다 해도 이런 현장의 깊은 맥락을 스스로 이해할 수 없습니다. 우리가 직접 현장을 경험하고 도메인 지식을 쌓아야만 AI와 함께 더 나은 해답을 찾을 수 있는 이유가 바로 여기에 있습니다.

AI와 함께하는 여정은 이제 막 시작되었습니다. 우리는 현장을 관찰하며 진짜 문제를 탐색하고 각자의 도메인에서 도메인 지식을 쌓아야 합니다. 도메인 지식이 견고할수록 AI는 더 깊이 있는 분석과 실용적인 해결책을 제시해 줄 것이기 때문입니다.

AI가 넘을 수 없는 벽

AI에게는 결코 넘을 수 없는 벽이 있습니다. 그것은 바로 사람 사이의 관계 속에서 자연스럽게 이루어지는 지식의 융합입니다. 서로 다른 도메인에서 전문성을 가진 사람들이 만나 협력할 때, 예상치 못한 혁신과 통찰이 탄생합니다. 예를 들어, 엔지니어와 디자이너의 협업으로 혁신적인 제품이 탄생하고, 의사와 데이터 분석가의 협력으로 새로운 치료법이 개발됩니다.

이와 같은 융합의 힘은 2024년도 노벨상에서 여실히 드러났습니다. 놀랍게도, 노벨 물리학상과 화학상 수상자는 전통적인 물리학자나 화학자가 아니었습니다.

노벨 물리학상은 인공 신경망과 기계학습의 기초를 세운 물리학자 출신의 존 홉필드(John J. Hopfield)와 컴퓨터 과학의 거장 제프리 힌턴(Geoffrey E. Hinton)에게 돌아갔습니다. 존 홉필드는 1982년 '홉필드 네트워크(Hopfield network)' 모델을 제안했습니다. 이 모델은 지금의 인공지능이나 머신러닝의 실질적인 시작점으로 여겨집니다. 그는 물리학 원리를 응용하여 컴퓨터가 학습할 수 있다는 새로운 관점을 제시해 인공지능 연구에 전환점을 마련했고, 이런 공로를 학계로부터 높게 인정받았습니다. 그와 공동 수상자인 제프리 힌턴은 심층 신경망을 통한 기계학습의 가능성을 세상에 입증했습니다. 그의 연구는 이후에 패턴 인식(PR, Pattern Recognition) 자연어 처리(NLP, Natural Language Processing), 컴퓨터 비전(CV, Computer Vision) 등 대부분의 AI 기술 발전의 토대가 되었습니다. 두 AI 과학자는 물리학의 경계를 넘어 AI와 데이터 과학의 혁신을 이끌었음에 여지가 없습니다.

노벨 화학상의 경우도 마찬가지입니다. 2016년 알파고와 이세돌의 역사적인 대국으로 세상의 주목을 받았던 구글 딥마인드의 데미스 하사비스(Demis Hassabis)가 이번에는 단백질 접힘 문제를 해결하는 주역이 되었습니다. 그는 존 점퍼(John Jumper), 그리고 단백질 컴퓨터 시뮬레이션의 선구자 데이비드 베이커(David Baker)와 함께 화학 분야의 혁신적 돌파구를 만들어냈습니다. 이들이 개발한 알파폴드(AlphaFold)는 단백질 구조를 예측하는 AI 모델로서 화학뿐만 아니라 생명과학의 지형까지 바꾸어 놓을 발견을 한 것입니다.

2024년도 노벨 과학상은 인간이 가진 융합적 사고와 협력의 힘을 다시금 상기시켜줍니다. AI는 특정 영역에서 압도적인 능력을 보일 수 있지만 서로 다른 도메인을 연결하고 관계 속에서 새로운 가치를 창출하는 일은 오직 인간만이 할 수 있습니다. 이는 AI 시대에 인간만이 지닌 본질적 경쟁력이고 AI가 결코 넘볼 수 없는 영역입니다.

AI는 인간의 도메인 간 연결을 자연스럽게 촉진하며 새로운 가능성을 열어갈 것입니다. 코딩의 진입 장벽을 낮추었던 것처럼, AI는 다양한 지식의 장벽을 허물고 서로 다른 도메인 지식의 융합을 통해 새로운 가치를 창출해 나갈 것입니다.

▲ 2024년 노벨 물리학상 수상자

▲ 2024년 노벨 화학상 수상자

허물어진 도메인 간에는 자연스럽게 연결 고리가 생깁니다. 이 연결 고리는 단순히 요소를 결합하는 수준을 넘어 겉으로는 무관해 보이는 도메인들 사이에서 새로운 상호작용을 만들어냅니다. 이렇게 얻은 결과는 각 도메인의 단순한 합을 뛰어넘는 시너지를 냅니다. 2024년 노벨상 수상자들이 보여준 것처럼, 다양한 분야의 지식을 연결하고 통합하는 멀티 도메인 지식(Multi-domain knowledge) 이야말로 혁신의 핵심 동력이 됩니다.

다양한 도메인 지식을 융합하는 멀티 도메인 지식은 현대 사회의 복잡한 문제를 해결하는 데 있어 매우 유용합니다. 대표적으로 전기차는 멀티 도메인의 산물입니다. 기존의 기계 장치와 전기 배터리 화학, 공조 시스템, 인공지능, 자율주행, 사물인터넷 기술까지 여러 도메인 기술이 섞이고 융합된 결과물입니다. 이러한 융합의 흐름을 반영하듯, 세계 최대 전자제품 전시회인 CES(Consumer Electronics Show)에 세계 모든 자동차 메이커들이 모이는 것도 이제는 당연하게 여겨지고 있습니다.

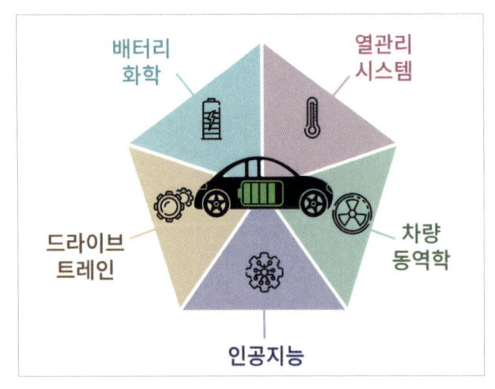

▲ 대표적인 멀티 도메인의 총체인 전기 자동차

▲ CES 박람회에 참여한 자동차 회사들

지금까지 AI가 하지 못하는 일, 갈 수 없는 곳, 알지 못하는 것 그리고 넘을 수 없는 벽을 살펴보았습니다. AI가 하지 못하는 문제를 발견하려면 먼저 현장에 가야 합니다. 그래서 우리는 도메인이라는 현장에서 직접 오감으로 경험하고 문제를 내 책상 위로 가져올 수 있습니다. 이렇게 각자의 도메인에서 경험하면서 자연스레 도메인 지식이 쌓입니다. 이 지식을 바탕으로 다른 사람들과 만나 이야기를 나누다 보면 창의적 융합이 일어납니다. 결국 되돌릴 수 없는 AI 시대에, 우리는 도메인과 그곳의 도메인 지식을 바탕으로 서로 다른 분야를 연결하며 새로운 혁신을 이끌어 나가야 합니다.

03

문제 만들기
AI 시대에는 문제 만드는 사람이 성공한다

AI 시대, 실무자에게 필요한 능력

AI 시대가 본격화되면서 업무 환경이 급변하고 있습니다. 생성형 AI로 인해 문제 해결의 패러다임이 바뀌었고 AI는 주어진 문제를 빠르고 정확하게 해결할 뿐만 아니라 대부분의 영역에서 전문가보다 더 나은 해답을 제시합니다.

이런 상황속에서 중요한 것은 '문제 해결'이 아니라 '해결할 문제'를 찾아내는 능력입니다. 단순히 주어진 문제를 해결하는 것을 넘어, 해결할 가치가 있는 문제를 발견하고 정의하는 능력이 더욱 중요해진 것입니다. 이러한 변화는 업무 현장에서도 뚜렷하게 나타납니다. 일할 때 만나게 되는 세 부류의 실무자를 소개합니다.

> **문제 해결 능력으로 나누는 세 가지 실무자 유형**
> - **실무자 A**는 주어진 문제를 해결하는 데 어려움을 겪습니다. 업무 처리에 시간이 많이 걸리고 타인에게 해달라고 부탁하는 경우가 잦습니다.
> - **실무자 B**는 주어진 문제를 잘 해결합니다. 그는 지시받은 업무를 정확히 처리하지만, 스스로 문제를 찾아 나서지는 않습니다. 그래도 1인분은 합니다.
> - **실무자 C**는 주어진 문제는 물론이고 지금까지 풀어왔던 방식과는 다르게 시도합니다. 팀장은 자신도 어떻게 풀어야 하는지 모르는 문제를 실무자 C에게 부탁합니다. 사실 일이란 게 어떻게 풀어내야 하는지 모르는 일이 대부분입니다. 그렇기 때문에 꼬인 문제를 풀기 위해 실무자 C는 문제가 정확히 무엇인지 찾기 위해 시간을 할애하는 실무자입니다.
>
>
> 실무자 A   실무자 B   실무자 C
>
> ▲ 문제 해결 능력으로 나누는 세 가지 실무자 유형

점점 더 복잡해지고 빠르게 변화하는 비즈니스 환경에서 실무자 C의 가치는 더욱 빛날 수밖에 없습니다. 실무자 C는 단순히 주어진 업무를 수행하는 것을 넘어 새로운 가치를 창출합니다. 그 혹은 그녀의 핵심 능력은 바로 문제를 만드는 능력입니다. 그것은 발견한 문제를 해결하기 위해 구체적으로 문제를 만들고 정의하는 능력을 말합니다.

세계경제포럼(WEF, World Economy Forum)에서 발간한 〈미래의 직업 보고서〉를 보면 가까운 미래에 가장 중요한 직무 능력을 소개했습니다. 1, 2순위는 각각 '비판적 사고와 분석' 능력과 '문제 해결' 능력입니다.[27] 단순히 주어진 것을 분석하는 능력을 넘어 새로운 관점에서 문제를 정의하고 그 문제를 해결하는 능력이 이에 해당합니다. 바로 실무자 C가 가진 능력이자 태도입니다. 문제 풀이는 이제 AI에게 맡기면 됩니다.

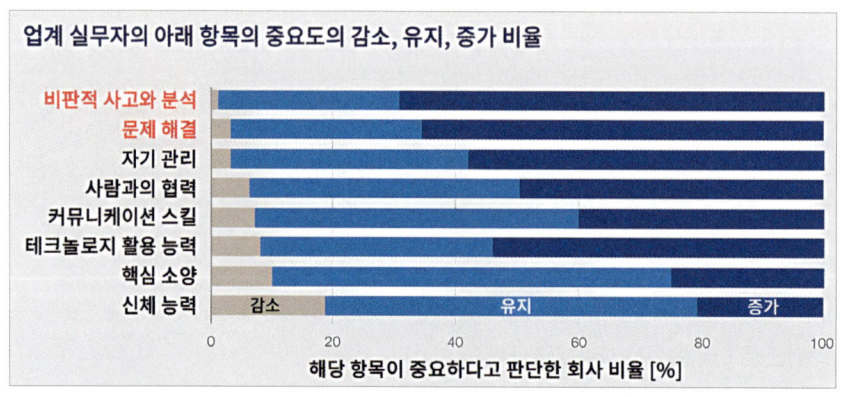

▲ 세계경제포럼(WEF) 보고서 중 기업 설문 – 2025년까지 수요가 증가/유지/감소할 것으로 예상되는 기술[27]

무한 경쟁 시대에서 AI의 등장은 우리의 경쟁 상대가 더 이상 옆 사람이 아니라는 사실을 보여줍니다. 이제 지속적으로 배우고 성장하며 오히려 과거의 자신과 경쟁하는 것이 중요합니다. AI가 방대한 데이터를 학습하며 발전하듯 우리도 끊임없이 학습하고 성장해야 합니다. 단순히 외운 것을 출력해 높은 점수를 얻는 제로섬 게임은 이제 의미 없는 경쟁이 되었습니다. 외운 내용을 빠르게 출력하는 능력으로는 AI를 절대 넘어설 수 없기 때문입니다.

데이터 분석의 골든타임 - 처음 20%의 문제 만들기가 최종 성과의 80%를 결정한다

프로젝트 초기 20% 단계에서의 문제 만들기는 프로젝트 결과의 80%를 좌우합니다. 이탈리아 경제학자 빌프레도 파레토(Vilfredo Pareto)*는 자신의 이름을 따서 이와 같은 현상을 '파레토의 법칙'이라고 주장했습니다. 파레토의 법칙은 80대 20의 비율로, 대부분의 결과(80%)가 일부 원인(20%)에서 비롯된다는 의미를 말합니다. 예를 들어, 기업 매출의 80%가 20%의 사업부에서 발생합니다. 프로젝트에서는 초기 20% 단계에서 전체 비용의 80%가 결정됩니다. 데이터 분석 역시, 초기에 문제를 제안하고 만드는 20% 시점에서 분석

---

* 이탈리아의 경제학자이자 사회학자로, 자유방임주의 경제학파의 대표적 인물이다. 파레토의 법칙(20:80 법칙)을 발견했고, 소득 분포의 불평등성을 수학적으로 분석한 최초의 학자다.

결과의 80% 이상이 이미 결정된 것이나 마찬가지입니다.

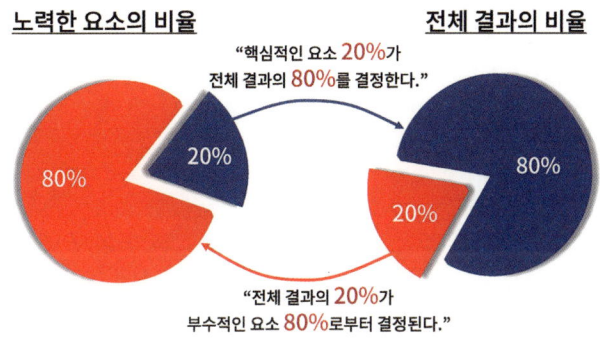

▲ 파레토의 법칙

파레토의 법칙과 같은 메시지를 담고 있는 그래프도 있습니다. 프로젝트 관리와 제품 개발에서 자주 등장하는 맥킨지 곡선입니다. 이 곡선은 프로젝트 진행 중 시간이 지남에 따라 비용과 설계 변경의 영향 사이 관계를 설명합니다. 프로젝트 초반에는 설계나 아이디어를 수정할 때 비용이 적게 들며 다양한 대안을 고려할 수 있습니다. 그러나 시간이 지날수록 프로젝트나 설계가 구체화되고 설계 변경에 따른 추가 비용은 기하급수적으로 증가합니다. 최악의 상황은 고객에게 제품이 전달된 후에 발생하는 리콜 사태입니다. 리콜이 발생하면 천문학적인 비용이 발생합니다. 시간을 되돌릴 수 없는 게 야속할 뿐입니다. 그래서 실무에서는 어떻게든 과거 사례를 펼쳐 놓고 동일한 실수를 반복하지 않기 위해 무진장 애씁니다.

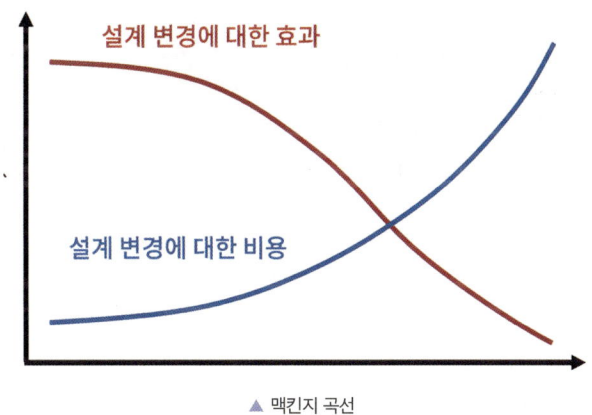

▲ 맥킨지 곡선

성공적인 데이터 분석 프로세스는 현재 문제를 명확히 정의하고 분석 목적을 올바르게 설정하는 것으로 시작됩니다. 문제를 푸는 것보다 문제를 만드는 과정이 훨씬 어렵다는 점을 자주 깨닫습니다. 시뮬레이션 엔지니어는 제품 개발 과정에서 개선을 위해 다양한 시뮬레이션을 시도합니다. 시뮬레이션 문제를 푸는 일은 대부분 컴퓨터 계산으로 처리되므로 상대적으로 어렵지 않습니다. 진정으로 어려운 작업은 어떤 문제를 풀고 싶은지 정하는 것입니다.

목적이 불분명한 시뮬레이션 결과는 단순히 나열된 숫자에 불과합니다. 이런 결과로는 상품 개선 효과를 창출하기 어렵습니다. 무작정 열심히 하는 것은 시간과 자원의 낭비로 이어질 수 있습니다. 데이터 분석에서도 마찬가지입니다. 초반 20%의 노력을 들여 문제를 정확히 만들고 정의하는 것이 최종 데이터 분석 결과의 80%를 결정합니다.

문제 만들기 기법 – MECE

그렇다면 어떻게 해야 문제를 잘 만들 수 있을까요? 문제를 만드는 논리적 방법으로 가장 널리 쓰이는 방법은 MECE(Mutually Exclusive Collectively Exhaustive)입니다. MECE는 'ME'와 'CE'가 합쳐진 의미를 갖습니다.

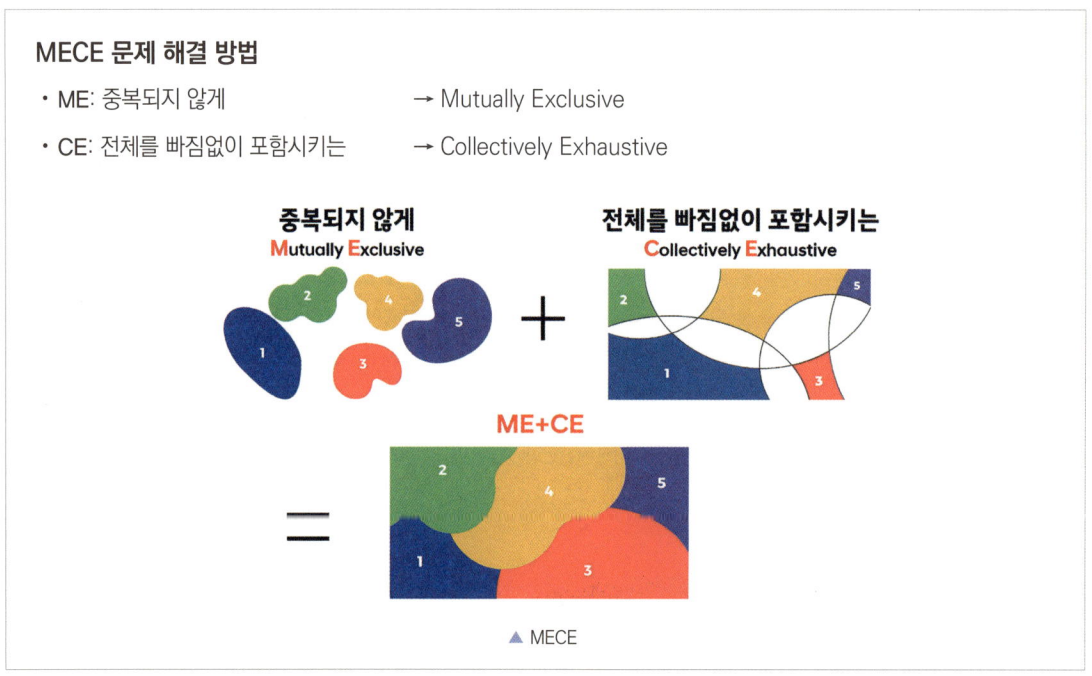

▲ MECE

MECE는 복잡한 문제일수록 체계적으로 분류하여 전체를 부분으로 나누는 문제 정의 방법론입니다. 쉽게 말하면, 탑-다운 방식으로 문제를 잘게 쪼개어 자세히 관찰하고 중복되지 않도록 세심하게 분류하는 방식이 MECE 문제 정의 방법론입니다.

MECE 방식의 강점은 복잡한 문제를 명확하게 구조화할 수 있다는 점입니다. MECE를 통해 모호한 부분 없이 문제의 전체 구조를 파악할 수 있습니다. 이러한 MECE 원칙은 비즈니스 컨설팅 분야에서 시작되었지만, 이제는 데이터 분석, 전략 수립, 의사결정 등 다양한 분야에서 활용되고 있습니다. 체계적으로 문제를 진단하는 MECE는 문제를 탐색하고 만드는 데 첫발을 내디딜 수 있도록 우리를 도울 수 있습니다.

MECE를 적용해서 문제 만들기 - 현대 아이오닉 5 vs. 테슬라 모델 Y

MECE 방법으로 문제 만들기 과정을 현대 아이오닉 5와 테슬라 모델 Y를 통해 설명하겠습니다. 이 사례는 단순히 과정의 이해를 돕기 위한 예입니다. 중요한 점은 특정 자동차 산업에 대한 논의가 아니라, 챗GPT와 함께 MECE 방법론을 활용하여 문제를 체계적으로 정의하고 문제를 만드는 과정에 중점을 둔다는 것입니다.

우선 문제를 MECE 방식으로 분류하기 위해 다이어그램을 시각화해 보겠습니다. 챗GPT에서 다음과 같이 다이어그램을 쉽게 만들 수 있는 방법이 있습니다.

좌측 상단에 ❶ '::GPT 탐색'을 클릭하면 맞춤형 챗GPT를 검색할 수 있습니다. 검색창에 ❷ 'Diagrams: Flowcharts & Mindmaps'을 입력하면, ❸ 하단에 아이콘과 함께 해당 맞춤형 챗GPT를 시작할 수 있는 새로운 팝업창이 나타납니다.

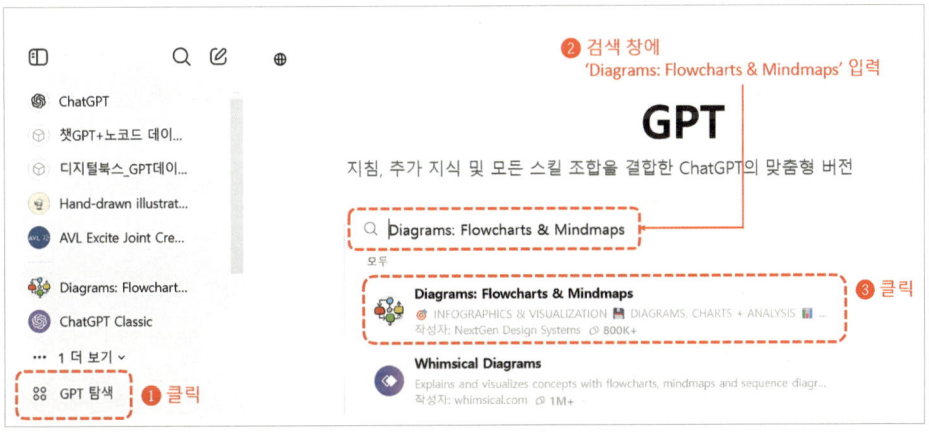

▲ GPT 탐색 – Diagrams Flowcharts & Mindmaps

❹ '채팅 시작'을 클릭하면 맞춤형 챗GPT 프롬프트에서 새로운 대화를 할 수 있습니다.

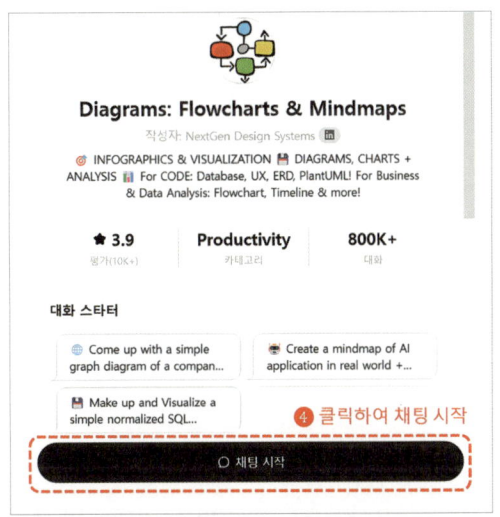

▲ 맞춤형 챗GPT에서 새로운 대화 시작 – Diagrams Flowcharts & Mindmaps

Diagrams 맞춤형 GPT로 다이어그램 생성

자동차 시장을 나타내는 계층적 구조도를 Mermaid 다이어그램으로 만들어 줘.

다음 구조를 포함해야 해.

1. 최상위: Car Market
2. 주요 분류(3개):
   - Brand(하위: Hyundai, Tesla)
   - Vehicle Type(하위: Passenger Car, SUV, Commercial Vehicle)
   - Power Source(하위: IC-Engine, Electric Vehicle, Hybrid Vehicle)

아래는 요청한 Mermaid 다이어그램의 코드입니다. 이 코드는 "자동차 시장"을 나타내는 계층적 구조도를 생성하겠습니다.

여기 자동차 시장 구조를 보여주는 그래프 다이어그램입니다:

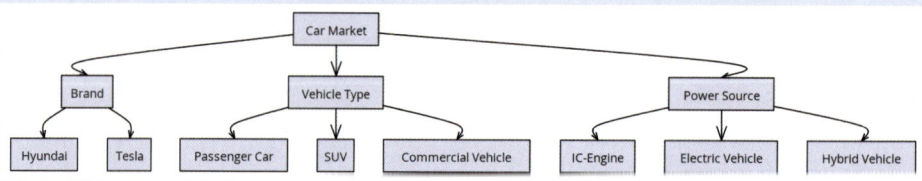

▲ 자동차 분류 다이어그램

- View fullscreen image (※ 다이어그램을 크게 볼 수 있는 링크)

다이어그램을 내보냈습니다. 다음 링크에서 확인하고 편집하실 수 있습니다:

- BlocksAndArrows.com (※ 다이어그램 편집할 수 있는 링크)

위 다이어그램을 보면 자동차 시장을 겹치지 않게 항목을 브랜드, 차량 타입, 동력원으로 나누었습니다.

최근 자동차 시장 상황을 살펴보면, 전기차 캐즘(Chasm)*에도 불구하고 여전히 전기차는 미래 모빌리티의 중심에 있습니다. 특히 미국 자동차 시장에서는 전기차 캐즘에 아랑곳하지 않고 자국의 이익과 환경 규제로 인하여 전기차 수요가 크게 늘고 있습니다. 전기차 시장의 리더는 단연 테슬라입니다. 테슬라는 전기차 시장

---

* 전기차 캐즘(EV Chasm)은 전기차가 대중화되는 과정에서 생기는 도입 격차를 말한다. 쉽게 말해, 소수의 열성 고객과 일반 소비자들 사이에 생기는 일시적 간극이다. 예를 들어, 처음 아이폰이 출시됐을 때 일부 열성 고객은 높은 가격에도 불구하고 즉시 구매했지만 대부분의 일반 소비자는 가격이나 필요성 등을 이유로 구매를 망설였다. 이처럼 새로운 기술이나 제품이 시장에 나왔을 때, 열성 고객과 일반 소비자 사이에 생기는 구매 격차를 캐즘이라고 한다.

을 주도하고 있고 한국의 현대차그룹은 그 뒤를 따라가고 있는 상황입니다. 미국 전기차 시장 점유율 데이터를 보면, 테슬라와 현대차그룹은 57% 대 7%입니다.[40]

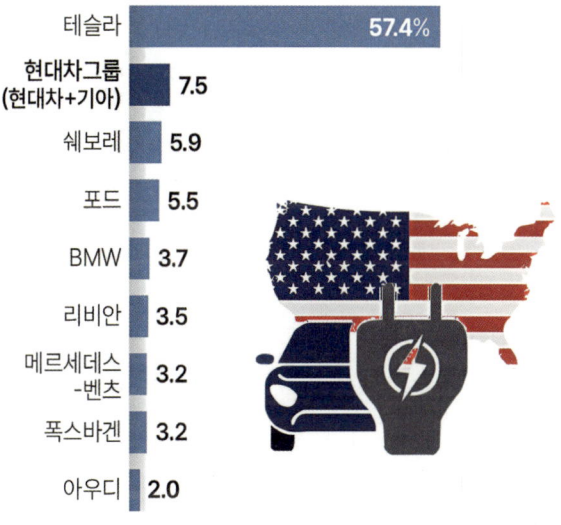

▲ 미국 전기차 시장 점유율, 2023년 기준[40]

현재 전기차 시장 점유율로 볼 때 추격자 현대차그룹은 어떻게든 전기차 시장에서 테슬라와의 격차를 줄일 수 있을지 고민할 것입니다. 현상을 인식하고 문제를 만들기 위해 세부적으로 나눠보겠습니다. 아래와 같이 챗GPT 프롬프트에 관련 내용을 담아 문제 만들기를 요청하겠습니다.

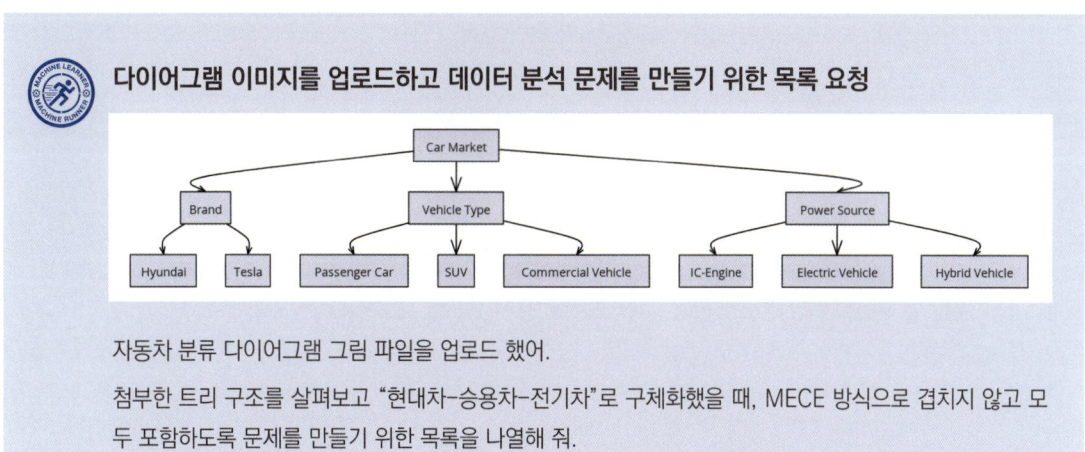

다이어그램 이미지를 업로드하고 데이터 분석 문제를 만들기 위한 목록 요청

자동차 분류 다이어그램 그림 파일을 업로드 했어.

첨부한 트리 구조를 살펴보고 "현대차-승용차-전기차"로 구체화했을 때, MECE 방식으로 겹치지 않고 모두 포함하도록 문제를 만들기 위한 목록을 나열해 줘.

중요한 참고 사항으로, 현대차그룹의 전기차 시장 점유율은 7%이고 테슬라는 무려 57%를 기록하고 있어.

현대차그룹이 테슬라를 추격하기 위한 문제를 MECE 방식으로 나누어보겠습니다. 이 경우, 문제를 아래의 항목에 대해 나열하겠습니다.

- 차량 성능
- 인프라
- 브랜드 이미지
- 시장 확장
- 기술 혁신

1. **차량 성능 개선**
   - **주행거리 개선**: 배터리 효율성 향상, 경량화, 에너지 회수 시스템 최적화
   - **성능 최적화**: 가속 성능 향상, 주행 안정성 강화

2. **충전 인프라 확장**
   - **충전소 확대**: 충전소 설치 지역 확장, 도심과 교외 지역 충전소 설치
   - **충전 속도 개선**: 초고속 충전기 개발, 충전 시간 단축

3. **브랜드 이미지 개선**
   - **브랜드 차별화**: 현대차그룹만의 디자인 철학과 가치 강화
   - **고객 인식 제고**: 지속 가능한 모빌리티 캠페인, 친환경 이미지 구축

4. **시장 확장 전략**
   - **글로벌 시장 진출**: 유럽, 아시아, 남미 등 다양한 시장 진출
   - **제품 라인업 확장**: 다양한 전기차 모델 개발(SUV, 세단, 트럭 등)

5. **기술 혁신**
   - **배터리 기술 혁신**: 차세대 배터리 개발(고체 배터리 등)
   - **자율주행 기술 강화**: 자율주행 레벨 4 및 5 개발 가속화

6. **환경 및 사회적 책임 강화**
   - **지속 가능성 목표 설정**: 탄소 중립 목표, 재활용 가능한 자재 사용 확대
   - **지역 사회 기여**: 친환경 사회적 프로젝트 참여, 지역 사회와의 협력 강화

이처럼 각 문제 영역을 중복되지 않게(Mutually Exclusive) 나누고, 전체적인 문제를 빠짐없이 포함시켜(Collectively Exhaustive) 분류하는 방식으로 MECE 원칙을 적용할 수 있습니다. 이러한 방법은 현대차그룹이 테슬라를 추격하기 위한 전략 수립에 있어 구체적이고 체계적인 접근을 가능하게 합니다.

챗GPT는 여러 문제를 제시했습니다. 이 중에서 본인의 위치나 부서에 맞는 적절한 문제를 선정할 필요가 있습니다. 연구소 입장이라면 '차량 성능 개선'과 '기술 혁신'에 초점을 맞춰 내용을 상세히 검토할 필요가 있어 보입니다.

자신이 연구소 소속이라는 가정으로 문제를 고르고 구체적 설명 요구

나는 연구소 소속이니까 1번(차량 성능 개선)에서 경량화, 배터리 성능에 대해서 보다 상세하게 문제를 나누고 싶어.

구체적으로 추가 설명해 줘.

알겠습니다. 현대 아이오닉 5와 테슬라 모델 Y를 비교하면서, 경량화, 배터리 주행 거리 개선, 그리고 모터 연구 개발에 대해 구체적인 엔지니어링 문제를 정의해 보겠습니다.

1. 경량화(기가 프레스)
- **테슬라 모델 Y**: 테슬라는 기가 프레스(Giga Press)를 사용해 모델 Y의 후방 차체를 단일 알루미늄 캐스팅으로 제작, 약 70개의 개별 부품을 단일 부품으로 통합했습니다. 이로 인해 차량의 무게를 줄이고 제조 비용을 절감하면서도 구조적 강성을 유지할 수 있었습니다.
- **현대 아이오닉 5**: 아이오닉 5는 기존의 여러 개의 부품을 조립하여 차체를 구성하는 방식을 사용하고 있으며, 이는 상대적으로 더 많은 부품 간 연결부와 조립 공정이 필요합니다.

2. 배터리 주행 거리 개선
- **테슬라 모델 Y**: 모델 Y 롱 레인지(Long Range) 버전은 326마일(약 525km)의 주행 거리를 자랑하며, 75kWh의 배터리 팩을 사용합니다. 테슬라는 배터리 효율성을 극대화하고 주행 거리를 늘리기 위해 4680 배터리 셀과 같은 혁신적인 기술을 도입하고 있습니다.
- **현대 아이오닉 5**: 아이오닉 5는 77.4kWh 배터리 팩을 탑재한 롱 레인지 버전에서 최대 303마일(약 488km)의 주행 거리를 제공합니다. 주행 거리에서 테슬라에 비해 다소 열세를 보이고 있습니다.

3. 모터 연구 개발
- **테슬라 모델 Y**: 모델 Y는 전방 및 후방에 각각 모터를 탑재한 듀얼 모터 구동 시스템을 통해 강력한 성능을 제공합니다. 모델 Y 퍼포먼스 버전은 0-60mph 가속을 3.5초 만에 달성하며, 높은 효율성을 바탕으로 주행 거리를 유지합니다.
- **현대 아이오닉 5**: 아이오닉 5도 듀얼 모터 시스템을 사용하지만, 퍼포먼스 모델이 아닌 롱 레인지 버전에서의 가속 성능은 모델 Y에 비해 다소 떨어집니다.

이러한 문제 정의는 현대 아이오닉 5가 테슬라 모델 Y와 경쟁할 수 있는 구체적이고 실현 가능한 엔지니어링 목표를 설정하는 데 도움이 될 것입니다. 이를 통해 현대차그룹이 시장에서의 경쟁력을 높이는 데 기여할 수 있는 연구와 개발 방향을 명확히 할 수 있습니다.

트리 구조를 활용하여 탑-다운 방식으로 현상을 파악하고 문제를 세분화했습니다. 방대한 지식을 가지고 있지 않아도 챗GPT는 테슬라의 기가 프레스 기술이나 테슬라 모델 Y의 주행 거리와 같은 정보를 언급하고 있습니다. 전문 지식이 필요한 부분에서도 챗GPT는 막힘이 없습니다.

1에서 3번 답변(경량화, 배터리 주행 거리 개선, 모터 연구 개발)이 모두 주행 거리 개선이라는 키워드로 나열되어 있습니다. 이제 우리는 문제를 선택하고 구체적으로 정의할 수 있습니다. 예를 들어, "테슬라보다 가격은 낮고 주행 거리는 높이자."를 최우선 과제로 선정해 볼 수 있는 것입니다.

▲ 아이오닉5 vs. 모델Y 비교(2024년 3월 기준)[41]

추가적으로, 위에 발화된 내용으로부터 챗GPT에게 문제 정의까지 요청했습니다.

문제 정의하기

1. 경량화(기가 프레스)

2. 배터리 주행 거리 개선

3. 모터 연구 개발

1~3 주제 모두 좋아. 이 주제로부터 문제 정의를 해줘.

문제 정의

1. 기가 프레스 도입 및 최적화:
- **목표:** 아이오닉 5의 후방 및 전방 차체 구조에 기가 프레스 기법을 도입하여, 부품 수를 줄이고 차체 무게를 최소 10% 이상 경감시키면서도 강도를 유지할 수 있는 대형 일체형 부품을 설계합니다.
- **과제:** 아이오닉 5의 플랫폼(E-GMP)에 맞게 알루미늄 합금의 조성 및 성형 공정을 최적화하며, 이 과정에서 부품의 강도와 내구성을 고려하여 열 관리 및 응력 집중 문제를 해결하는 연구를 수행합니다.

2. 고에너지 밀도 배터리 개발:
- **목표:** 아이오닉 5의 주행 거리를 테슬라 모델 Y 롱 레인지 수준(525km 이상)으로 끌어올리기 위해, 고에너지 밀도를 갖춘 차세대 배터리 소재(예: 실리콘 음극재, 고체 전해질)를 개발합니다.
- **과제:** 배터리 팩의 에너지 밀도를 20% 이상 증가시키면서, 부피와 무게를 기존 대비 최소화하여 차량의 무게 중심과 공간 활용성을 개선합니다. 또한, 배터리 열 관리 시스템을 최적화하여 장거리 주행 시의 효율성을 높입니다.

3. 회생제동* 시스템 최적화:
- **목표:** 주행 중 회생제동 시스템의 에너지 회수 효율을 극대화하여, 주행 거리 향상에 기여하고 모터의 전반적인 효율성을 개선합니다.
- **과제:** 회생제동 시스템과 배터리 관리 시스템(BMS)을 통합하여, 에너지 손실을 최소화하고 모터와 배터리 간의 에너지 흐름을 최적화하는 연구를 수행합니다.

문제가 정의되면 시간과 인력 그리고 자원을 투입하여 문제를 풀어내야 합니다. 새로운 배터리 기술 연구 개발과 차체 무게 감소를 위한 기술 개발이 필요할 것입니다. 또한 모터 효율성을 위한 연구도 진행해야 할 것입니다.

MECE 다이어그램을 활용해 구체적인 비즈니스 문제를 정의하고 데이터 분석 계획을 수립했습니다. 문제를 현상과 구분하며 발견하고 만드는 과정은 여전히 우리의 몫입니다. AI의 도움을 받으면 더 넓은 시야를 확보할 수 있고, 더 명확하게 문제를 정의할 수 있습니다.

---

* 회생제동은 전기차가 브레이크를 밟을 때 차의 움직임을 전기로 바꿔서 배터리를 충전하는 기술이다. 마치 달리기를 하다가 갑자기 멈출 때 우리 몸에 힘이 남아 있는 것처럼 달리던 전기차가 멈출 때 생기는 힘을 그대로 전기로 바꿔서 배터리를 채우는 원리이다. 이 기술 덕분에 전기차는 한 번 충전으로 최대 25% 더 멀리 갈 수 있다.

Chapter 8

2단계 - 데이터 준비:
AI와 사람이 함께 해야 하는 것

"오염된 데이터를 쓸 바엔 차라리 아무것도 하지 않는 편이 낫다."
— 찰스 배비지(기계식 컴퓨터 최초 개발자)

01

데이터 업로드
데이터 분석의 첫걸음

챗GPT 가상환경에 업로드할 수 있는 데이터

데이터만 준비되면 바로 분석을 시작할 수 있습니다. AI-노코드 데이터 분석의 강점은 코딩이나 추가 프로그램 설치 없이 챗GPT에 데이터를 올리는 것만으로 분석이 가능하다는 점입니다. 이제 챗GPT에서 다룰 수 있는 데이터 유형과 업로드 시 주의 사항을 살펴보겠습니다.

챗GPT는 다양한 파일 형식을 지원합니다. 엑셀 파일(.xlsx), csv 파일(.csv), 텍스트 파일(.txt), 이미지 파일(.jpg) 등 다양한 데이터 형식을 업로드할 수 있습니다.

> **1. 텍스트 파일(.txt) 업로드**
> 가장 단순한 형태의 데이터는 텍스트 파일입니다. 엑셀이나 응용 프로그램 없이도 살펴볼 수 있어서 실무에서도 많은 경우 텍스트 파일로 데이터를 보관합니다. 특별한 응용프로그램 없이도 분석할 수 있는 장점이 있습니다. 파일 확장자를 '.dat, .blk, .bdf'로 확장자를 표현하기도 합니다. 이렇게 하면 확장자가 바뀌더라도 여전히 메모장으로 열어 볼 수 있습니다.

 텍스트 파일 업로드

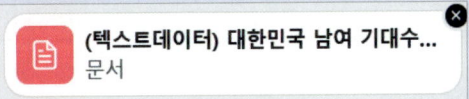

▲ 텍스트 파일 업로드

TXT 데이터를 업로드 했어.

내용을 살펴보고 데이터에 대해 설명해 줘.

그리고 필요한 경우 시각화를 통해 데이터를 설명해 줘.

※ 파일: (텍스트데이터) 대한민국 남여 기대수명 통계.txt
   (출처: 대한민국 통계청 웹페이지https://www.index.go.kr/unity/potal/main.do)

https://github.com/M-LearnRun/Nocoding-JustAI

파일의 내용은 대한민국 남성과 여성의 기대수명 통계입니다. 데이터는 1970년부터 2023년까지 연도별로 정리되어 있으며, 전체 평균 기대수명, 남성 기대수명, 여성 기대수명으로 나뉘어 있습니다. 데이터는 전반적으로 시간이 지남에 따라 기대수명이 꾸준히 증가했음을 보여줍니다.

다음은 데이터를 분석하기 위한 주요 관찰점과 시각화 제안입니다:

1. **기대수명 추세 분석**: 전체, 남성, 여성의 기대수명이 연도별로 증가하는 경향을 시각적으로 확인할 수 있습니다.
2. **성별 격차 분석**: 남성과 여성 기대수명 간의 차이를 강조하여 시간이 지남에 따라 격차가 어떻게 변화했는지 확인할 수 있습니다.

시각화를 통해 이러한 데이터를 더 명확히 설명하겠습니다.

대한민국 기대수명 데이터 시각화 코드 #8-1-1

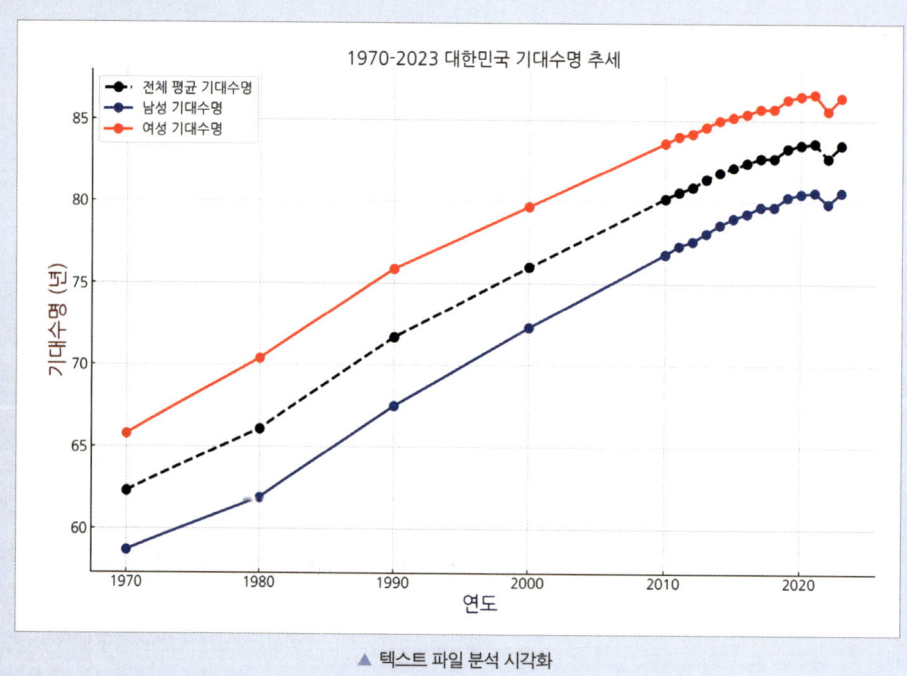

▲ 텍스트 파일 분석 시각화

2. 그림 파일(.jpg) 업로드

그림 파일에서 데이터를 추출할 때 챗GPT를 활용하면 유용합니다. 이때 그래프가 그려진 그림 파일에서 데이터를 추출하는 방법을 디지타이징(Digitizing)*이라고 합니다.

---

* 디지타이징(Digitizing)은 그래프나 차트와 같은 이미지에서 수치 데이터를 추출하는 작업이다. 예를 들어 오래된 논문의 그래프에서 구체적인 데이터 값을 알고 싶을 때 쓰인다. 'Engauge Digitizer'와 같은 소프트웨어에서 수행할 수 있다.

이미지 파일 업로드

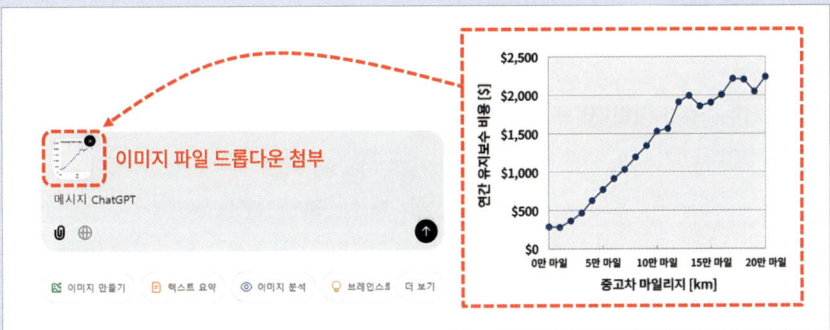

▲ 그림 파일 업로드

그림 데이터를 업로드 했어.

데이터의 X축과 Y축을 보고 선 그래프의 데이터를 디지타이징해 줘.

디지타이징한 데이터는 테이블로 만들고, 데이터를 csv 파일로 다운로드할 수 있도록 링크를 만들어 줘.

사진에서 보이는 마커(Marker) 위치에 해당하는 X값, Y값을 추출해.

※ 파일: (그림파일데이터) 자동차 수명에 따른 유지비용.png

https://github.com/M-LearnRun/Nocoding-JustAI

디지타이징 코드 #8-1-2

이미지에서 데이터의 세부적인 위치를 정확히 추출하여 디지타이징하는 작업을 수행하겠습니다.

디지타이징한 데이터를 csv 파일로 변환했습니다. 여기에서 csv 파일을 다운로드할 수 있습니다.

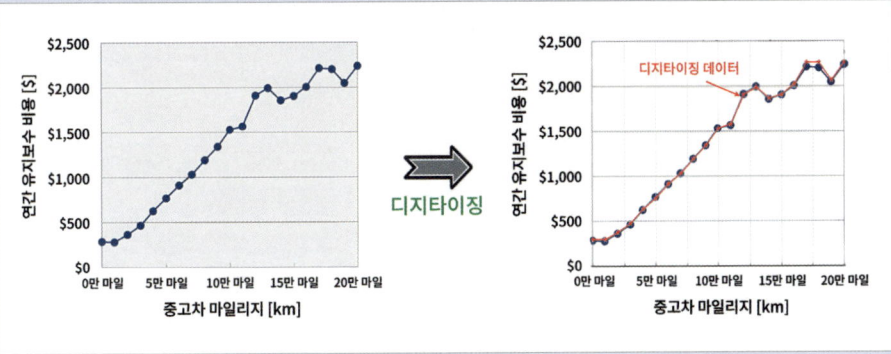

▲ 디지타이징 후 데이터 추출

파란색 원(●)마커는 그림 파일 데이터입니다. 이 데이터를 챗GPT가 디지타이징한 결과(★)를 겹쳐보면 정확히 데이터를 추출한 걸 살펴볼 수 있습니다. 이렇게 그림 데이터 자체를 업로드하여 데이터 분석에 바로 사용할 수 있는 장점이 있습니다.

3. 스프레드 시트, 엑셀 데이터(.xlsx) 업로드

엑셀 파일은 실무에서 가장 많이 쓰는 데이터 형태입니다. 분야를 막론하고 모든 사무실에서 많은 사람에게 친화적이고 효율적인 프로그램입니다. 현업에서 데이터를 다루는 많은 이들이 엑셀로 데이터를 보관합니다. 실제로 파이썬을 비롯한 전문 데이터 분석 코드에서도 엑셀 파일은 가장 기본적인 데이터 입출력 형식으로 사용됩니다.

 엑셀 데이터 업로드

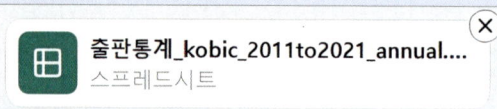

▲ 엑셀 파일 업로드

엑셀 데이터를 업로드 했어.
내용을 살펴보고 데이터에 대해 설명해 줘.
그리고 필요한 경우 시각화를 통해 데이터를 설명해 줘.

※ 파일: (엑셀데이터) 출판통계_kobic_2011to2021_annual.xlsx

https://github.com/M-LearnRun/Nocoding-JustAI

 Pandas의 read_excel 메소드 활용 엑셀 데이터 사용 코드 #8-1-3

엑셀 파일의 첫 번째 시트인 '분야별발행종수' 데이터는 2011년부터 2021년까지 각 분야별 출판 발행 종수에 대한 연도별 기록을 보여줍니다. 예를 들어, "총류", "철학", "종교", "사회과학", "순수과학" 등의 분야에 걸쳐 출판된 도서의 수가 각 연도별로 나열되어 있습니다.

또한 이 엑셀 파일에는 다양한 시트가 포함되어 있으며, 시트 이름은 다음과 같습니다:

1. 분야별발행종수
2. 분야별발행부수
3. 분야별평균발행부수
4. 분야별평균정가

등…

각 시트는 출판 관련 통계의 다른 측면을 다루고 있습니다. 필요한 경우, 데이터를 시각화하여 추세를 분석할 수 있습니다. 우선, 분야별 발행 종수 데이터를 바탕으로 2011년부터 2021년까지의 출판 추세를 시각화해 보겠습니다.

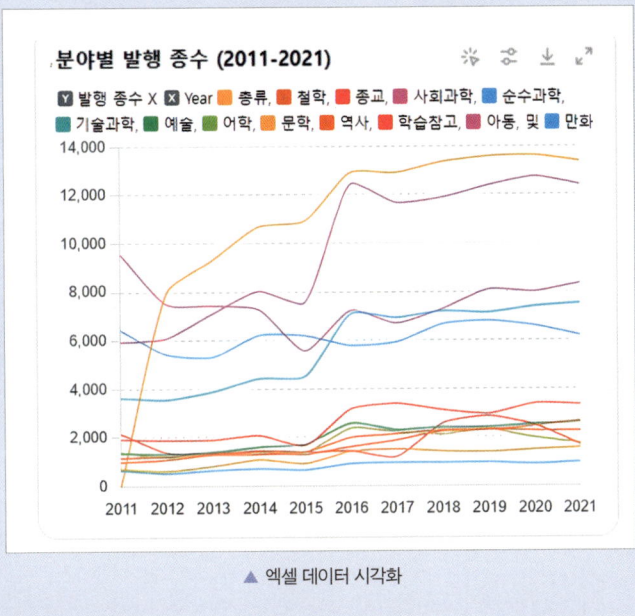

▲ 엑셀 데이터 시각화

엑셀 데이터에 접근하기 위해 파이썬의 판다스(pandas) 라이브러리 기능 중 하나인 'read_excel()'을 이용한 것을 볼 수 있습니다. 챗GPT에게 따로 엑셀을 읽는 방법을 알려주지 않아도 스스로 필요한 기능이나 함수를 써서 데이터를 읽어들입니다.

4. csv 파일(.csv) 업로드

csv파일은 텍스트 파일이면서 동시에 엑셀에서도 잘 인식되어 널리 사용되는 데이터 포맷입니다. csv는 Comma-Separated Values라는 의미 그대로 콤마(,)를 구분자로 사용해서 데이터를 구분 짓습니다.

CSV 데이터 업로드

▲ csv 파일 업로드

csv 데이터를 업로드 했어.

내용을 살펴보고 데이터에 대해 설명해 줘.

그리고, 필요한 경우 시각화를 통해 데이터를 설명해 줘.

※파일: (csv파일데이터) titanic_train.csv

https://github.com/M-LearnRun/Nocoding-JustAI

 타이타닉 데이터 생존율 시각화 코드 #8-1-4

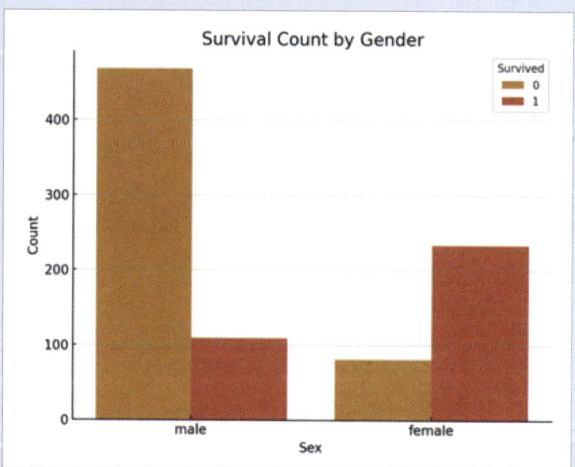

▲ csv 파일 데이터 분석 시각화

위 코드는 타이타닉 데이터에서 성별에 따른 생존 여부를 시각화하고 있습니다. 코드는 다음과 같이 동작합니다:

1. csv 파일에서 데이터를 읽어와 첫 5개의 행을 출력합니다.
2. 성별에 따른 생존자와 사망자의 분포를 시각화하기 위해 시본(Seaborn) 라이브러리의 countplot을 사용합니다.

> 3. 결과적으로, 남성의 생존율이 매우 낮고, 여성의 생존율이 상대적으로 높은 것을 시각적으로 확인할 수 있습니다.
>
> 이를 통해 타이타닉 생존 데이터에서 성별에 따른 생존율 차이를 분석할 수 있었습니다.

데이터 업로드 시 주의사항 세 가지

AI-노코드 데이터 분석은 데이터 업로드부터 시작합니다. 챗GPT에 데이터를 올릴 때 주의할 점이 있습니다. 실무 경험을 바탕으로 핵심 주의사항 세 가지를 예시와 함께 설명하겠습니다.

첫 번째는 챗GPT에 데이터를 업로드하고 다운로드할 시 유의사항입니다. '챕터 4. AI-노코드 데이터 분석 팁 10가지' 중 "대용량 데이터는 압축하여 업로드하세요."에서 소개했던 내용입니다. 챗GPT는 한 번에 최대 10개의 파일을 업로드할 수 있습니다. 파일 개수가 10개를 초과하는 경우에는 zip 파일로 압축해서 업로드하면 됩니다. 이때 첨부 가능한 최대 파일 용량은 500MB입니다.

추가로 주의할 점은 챗GPT가 클라우드에서 동작하기 때문에 파일이 임시 공간에 저장된다는 점입니다. 이는 개인 PC의 하드 디스크와 달리, 시간이 지나면 대화 기록은 유지되지만 변수, 업로드 데이터, 다운로드 경로 데이터는 사라지게 됩니다. 이는 보안과 클라우드 저장 공간 관리를 위한 조치로, 업로드된 데이터와 다운로드 링크는 약 2시간 뒤에 만료됩니다.

따라서 데이터 분석 과정에서 생성된 중간 산출물이나 중요한 결과물은 반드시 개인 PC에 저장해야 합니다. 이렇게 중간중간 데이터를 저장해 두면 데이터 분석을 계속해서 이어갈 수 있습니다. 또한 데이터 손실을 방지할 수 있습니다.

단계별/중간 데이터 저장 예시

- titanic_train_1_원본 데이터.csv: 가장 처음 가상 환경에 업로드한 원본 데이터
- titanic_train_2a_전처리_결측치 평균으로 채움.csv: 결측치가 있다면, 해당 컬럼의 평균값으로 채운 전처리
- titanic_train_2b_전처리_결측치 제거.csv: 결측치가 있다면 해당 데이터 제거
- titanic_train_3a_컬럼추가1_항구별 소득 추가.csv: 세 항구에서 탄 탑승객의 그 지역 소득을 추론하여 추가
- titanic_train_3b_컬럼추가2_나라별 GDP 추가.csv: 항구에 해당하는 나라의 GDP를 추산하여 추가
- titanic_train_4_최종결과.csv: 최종 결과 분석을 위해 마지막으로 다운로드 받은 파일

두 번째는 업로드한 데이터를 챗GPT에게 설명하는 것입니다. 데이터를 업로드한 뒤 챗GPT가 이를 정확히 이해하고 효과적으로 분석하려면 상세한 설명이 필요합니다. 챗GPT는 방대한 데이터를 학습했지만, 특정 데이터 세트의 맥락과 의미를 정확히 이해하려면 추가 설명이 필요합니다. 특히 테이블 데이터의 경우 각 컬럼의 이름과 의미를 명확히 설명해야 합니다. 예를 들어 '고객_ID'가 무엇을 나타내는지, '구매 금액'이 어떤

단위로 측정되는지 등을 구체적으로 기술합니다. 또한 각 샘플이 무엇을 대표하는지 명시할수록 원하는 결과를 얻는 데 유리합니다. 예를 들어, "각 행은 개별 고객의 한 달간 구매 기록을 나타냅니다."라고 설명하는 것입니다.

데이터의 출처와 수집 방법, 데이터가 커버하는 시간 범위 등 배경 정보를 제공하면 좋습니다. 이는 챗GPT가 데이터의 특성과 한계를 이해하는 데 도움이 됩니다. 예를 들어, "이 데이터는 2022년 1월부터 12월까지 온라인 쇼핑몰의 판매 기록을 담고 있습니다."라고 설명할 수 있습니다.

파일 이름도 데이터를 설명하는 것에 포함됩니다. 파일 이름은 데이터의 내용을 잘 반영하도록 지정하는 것이 좋습니다. 예를 들어, 'dataset1.csv' 대신 'online_sales_2022.csv'와 같이 구체적인 이름을 사용하면 분석자와 챗GPT 모두에게 도움이 됩니다. 분석의 목적 또한 명확히 전달해야 합니다. "이 데이터를 통해 고객 세그먼트별 구매 패턴을 파악하고, 향후 마케팅 전략 수립에 활용하고자 합니다."와 같이 구체적인 목표를 제시하면, 챗GPT는 본인이 목적으로 하는 분석에 맞춰 수행합니다.

세 번째는 '데이터 보안'입니다. 데이터를 업로드할 때는 개인정보 보호와 데이터 보안을 항상 고려해야 합니다. 아이디와 비밀번호가 포함되어 있는지 반드시 확인하고 삭제해야 합니다. 특히 회사에서 챗GPT와 같은 외부 AI 서비스를 사용할 경우, 회사의 보안 정책에 부합하는지 점검하는 것이 필수적입니다. 대외비 자료를 다룰 때는 데이터를 직접 업로드하지 않고 유사 데이터를 사용하거나, 일부만 처리하며 실제 분석은 개인 PC에서 진행하는 방식을 권장합니다.

조직 차원에서 보안 정책과 혁신은 균형을 이루는 것이 중요합니다. 보안을 지나치게 강화하여 외부 서비스 이용을 차단하면 효율성과 혁신이 저하될 수 있습니다. 반대로 혁신에만 초점을 맞추면 보안이 취약해질 위험이 있습니다. 조직의 규모에 따라 보안과 혁신의 비중을 조정하는 전략적 접근이 필요할 것입니다.

▲ 보안 vs. 혁신

여러 기업에서 새로운 AI 서비스에 대한 보안 정책을 어떻게 가져갈지 살펴보고 있는 단계입니다. 삼성그룹의 경우, 챗GPT와 같은 서비스를 자체 개발하려는 시도를 하고 있다고 알려져 있습니다.[42] 챗GPT와 같은 LLM 개발이 어려울 경우, 오픈AI와의 기술 협약(얼라이언스)을 통해 보안 체계를 구축하고 챗GPT를 사내에서 정식으로 이용하는 기업 사례도 있습니다. 엔지니어를 위한 매트랩 코드 개발사인 메스웍스(Mathworks)는 오픈AI와 기술 협약을 맺어 사내망에서 데이터 유출 없이 챗GPT를 공식적으로 사용하고 있다고 알려져 있습니다. 분명한 사실은 생성형 AI의 강력함을 인정하고 어떻게든 생성형 AI를 사내에 도입하려는 시도가 진행되고 있다는 사실입니다.

보안에 위배된다는 이유로 시도조차 하지 않는 것은 개인과 기업의 경쟁력을 제한하는 행동입니다. 대신, 안전하고 책임감 있는 방식으로 AI 기술을 활용할 방법을 찾아야 할 것입니다. 무조건 차단이 능사는 아닙니다. 그렇다고 해서 혁신을 추구하기 위해 보안을 소홀히 할 수는 없습니다. 한 번의 보안 사고는 회복할 수 없는 정보 유출과 막대한 피해를 일으킬 수 있습니다. 그러므로 보안과 혁신 사이에서 균형을 이루는 합리적인 방안이 필요합니다. AI 서비스 활용에 있어서 개인과 기업을 위해 염두에 둘 사항을 정리해 보았습니다.

방법	설명
데이터 익명화 및 마스킹	민감한 정보를 제거하거나 가명으로 대체하여 데이터의 본질은 유지하면서 보안 위험을 최소화
샘플 데이터 사용	실제 데이터의 구조와 특성을 반영하는 가상의 샘플 데이터를 생성하여 분석에 활용
내부 AI 솔루션 개발	내부에서 관리되는 AI 모델을 개발, 데이터가 외부로 유출되지 않도록 함
보안 정책 업데이트	AI 기술 사용에 대한 명확한 가이드라인을 수립, 직원 교육을 제공
단계적 도입	낮은 위험도의 프로젝트부터 시작하여 점진적으로 AI 사용 범위를 확대
혼합 접근법 채택	중요도가 낮은 데이터는 외부 AI 서비스를, 민감한 데이터는 내부 솔루션을 사용하는 등 하이브리드 접근법을 채택

▲ AI 서비스 활용을 위해 넘어야 할 보안 문제에 관하여

02

데이터 전처리
AI에게 맡기세요

데이터 전처리 1 - 결측치

원본 데이터 그대로 데이터 분석에 활용되는 경우는 거의 없습니다. 그래서 데이터를 분석하기 위해서는 항상 원본 데이터를 수정하는 과정을 거칩니다. 분석 교육에서 제공하는 예제처럼 깔끔하게 정리된 데이터는 거의 없다고 봐도 무방합니다. 실제 실무에서 마주하는 데이터는 정리되지 않은 날것 그대로의 상태일 것입니다. 실무자는 반드시 데이터를 분석하기 전에 데이터의 상태를 살펴보고 정리하는 일련의 정제 과정을 거쳐야 합니다.

이와 같이 흩어진 데이터를 모아 정리하는 과정을 '데이터 전처리'라고 합니다. 데이터 전처리는 요리 재료를 손질하고 정리하는 과정과 비슷합니다. 예를 들어, 동일한 맛을 내는 재료는 중복해서 사용하지 않고, 상한 부분은 제거합니다. 또한 필요한 재료가 없으면 대체 가능한 재료를 구합니다.

결측치 전처리는 데이터에서 원치 않게 누락된 부분을 다루는 전처리 방법입니다. 결측치 비율이 1% 미만으로 낮은 비율이라면, 이를 무시해도 무방합니다. 그러나 대부분의 실무 데이터는 다양한 원인으로 상당량의 결측치를 가지고 있는 데이터가 일반적입니다.

결측치 처리 방법을 결정하기 전에 데이터 탐색으로 전체 데이터의 결측 상태가 어떻게 되는지 먼저 알아보아야 합니다. 전체적인 결측 상태를 한 눈에 살펴보는 방법으로 '흑백 히트맵' 시각화 방법이 있습니다. 결측치는 흰색으로, 데이터가 있는 경우는 검정으로 표시하는 시각화입니다. 아래는 프롬프트를 활용해 결측치를 확인하는 방법입니다. 결측치를 한눈에 탐색할 수 있는 흑백 히트맵을 시각화해 보겠습니다.

결측치 비율을 살펴보기 위한 흑백 히트맵 시각화

▲ titanic_train 데이터 업로드

데이터 전처리를 하기 위해, 결측치의 비율과 시각화로 각 칼럼에 따라 살펴보자.

'흑백 히트맵'으로 한눈에 볼 수 있도록 시각화해 줘.

데이터가 존재하면 검은색, 데이터가 결측되어 있으면 흰색으로 표현하자.

※ 파일: titanic_train.csv

https://github.com/M-LearnRun/Nocoding-JustAI

타이타닉 데이터 세트의 결측치 시각화 코드 #8-2-1

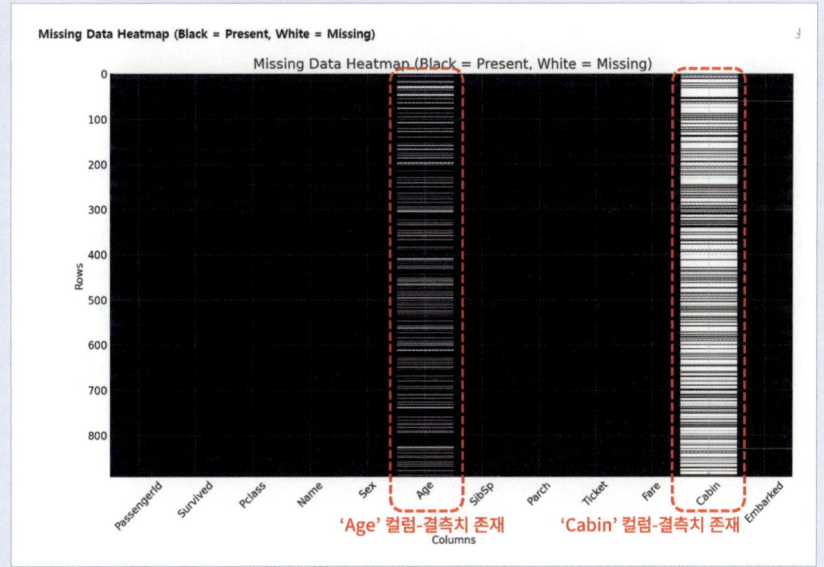

▲ 결측치 히트맵으로 한눈에 결측 위치 확인

위 코드를 실행하여 결측 데이터의 히트맵을 흑백으로 시각화했습니다. 검정색은 데이터가 존재하는 부분을, 흰색은 결측 데이터를 나타냅니다. 이 시각화를 통해 각 컬럼에서 결측 데이터의 분포를 쉽게 확인할 수 있습니다.

흑백 히트맵을 사용하면 데이터 결측을 한눈에 확인할 수 있습니다. 나이(Age)와 객실 번호(Cabin)의 결측이 있다는 것을 쉽게 알 수 있습니다. 이어서 결측 비율이 얼마나 되는지 확인해 보겠습니다.

결측치 비율 보기
각 컬럼에 대해서 전체 샘플에서 결측값이 차지하는 비율을 계산해 줘.

결측 데이터 비율 계산 및 표시 코드 #8-2-2

```
결과
Age         19.865320
Cabin       77.104377
Embarked     0.224467
dtype: float64
```

나이(Age)는 20%, 객실 번호(Cabin)는 77%, 탑승 항구(Embarked)는 0.2%의 결측이 있습니다. 결측치를 확인한 뒤 적절한 처리 방법을 결정해야 합니다. 결측치를 채우는 방식은 데이터에 대한 이해와 상황에 따라 달라집니다. 객실 번호(Cabin)는 승객이 머물렀던 개별 객실 번호를 나타냅니다. 통계적으로 처리하기 어렵고 중요한 데이터가 아니므로 '알 수 없음(Unknown)'으로 지정합니다. 탑승 항구(Embarked)는 결측 비율이 1% 미만으로 무시해도 됩니다.

문제는 나이(Age)의 결측치 비율입니다. 결측치 비율이 20%에 달해, 나이에 따른 생존율을 분석하려 할 때 해당 데이터를 제외하는 것은 부담스러운 수준입니다. 이럴 경우 전체 탑승객의 평균값으로 결측값을 채울 수 있습니다. 혹은 결측 된 데이터가 여성인 경우에는 여성 그룹의 평균으로, 남성인 경우에는 남성 그룹의 평균으로 대체하는 방법도 가능합니다.

보시는 바와 같이, 결측치를 전처리하는 기준은 '데이터 바이 데이터(Data by data)'입니다. 챗GPT를 활용해 처리 방식을 논의하면서 도메인 지식을 가진 분석자가 결정을 내려야 합니다. 합리적인 방식으로 프롬프팅을 사용하면 결측치 처리에 큰 도움이 됩니다. 챗GPT로 간단히 결측치 전처리를 하겠습니다.

결측치 전처리 요청
결측치 전처리를 하자.
객실 번호(Cabin)는 'Unknown'으로 채우고, 나이(Age)는 전체 승객의 평균으로 채워줘.
탑승 항구(Embarked)에 결측이 있는 경우에는 그 행 전체를 제거해 줘.

▲ 결측치 처리

결측치 전처리 방법 4가지

1. 표본 제거 방법
가장 단순하고 빠른 방법으로 결측값이 포함된 샘플을 아예 없애는 방법입니다. 없앴을 때, 결측 비율이 최대 10% 미만인 경우에 사용합니다.

2. 평균 대치법(Mean Imputation)
평균 대치법은 결측값을 해당 변수의 평균값으로 대체하는 간단한 방법입니다. 예를 들어, 타이타닉 데이터에서 나이(Age)를 전체 승객의 평균값으로 대체할 수 있습니다. 이 방법은 구현이 쉽고 계산도 빠릅니다. 그러나 데이터 분산이 줄어들어 변수 간 관계가 왜곡될 위험이 있습니다.

3. 회귀 대치법(Regression Imputation)
회귀 대치법은 다른 변수들과의 관계를 고려해 결측값을 추정하는 정교한 방법입니다. 결측값이 있는 변수를 종속변수로 두고, 다른 완전한 변수들을 독립변수로 사용해 회귀 모델을 구축합니다. 예를 들어, 타이타닉 데이터에서 나이(Age)에 결측값이 있다면, 성별, 티켓 등급, 운임 등을 사용해 모델을 만들고 이를 활용해 나이를 예측할 수 있습니다. 다만, 가정이 포함되고 있기 때문에 데이터 분석에 왜곡될 위험이 있습니다.

4. 다중 대치법(Multiple Imputation)
가진 진보된 형태의 결측치 대체 방법입니다. 다중 대치법은 회귀 대치법에 결측값의 불확실성을 반영한 방법입니다. 여러 개의 대치된 데이터 세트를 생성하고 각각을 분석한 뒤 결과를 종합합니다. 예를 들어, 5개의 대치된 데이터 세트를 만들어 각각 분석을 수행하고, 이 결과를 평균 내어 최종 결과를 도출합니다.

예를 들어, 타이타닉 데이터에서 나이(Age)를 다중 대치법으로 채워보겠습니다. 나이(Age) 이외에 티켓 등급, 성별, 운임과 같은 다른 데이터로부터 선형 회귀 분석으로 채우는 방식은 회귀 대치법과 동일합니다. 여기에 단일한 값이 아니라 '오차 항'을 추가하여 5개 나이를 갖도록 합니다. 각 시행에서 나온 불확실성을 고려한 나이의 최종 추정 평균 나이를 산출하는 방식입니다. 계산 복잡도가 높고 결과 해석이 어려울 수 있지만 개념을 이해하면 적용은 간단합니다.

AI가 대신 코드를 생성해 줄 뿐만 아니라 'scikit-learn' 라이브러리에 이터러티브 임퓨터(IterativeImputer)으로 채울 수 있습니다.

결측치 전처리 방법 네 가지 중 다중 대치법(Multiple Imputation)은 결측치가 있는 데이터를 보완하는 가장 정교한 방법입니다. 결측값을 여러 번 대치한 결과를 종합해 분석의 정확도를 높입니다. 여기에서는 파이썬 데이터 과학 분야에서 널리 사용되는 사이킷-런(scikit-learn) 라이브러리를 활용해 보겠습니다. 사이킷-런은 데이터 분석과 머신러닝을 위한 다양한 전처리 기법을 제공합니다. 결측치 처리, 스케일링, 인코딩, 차원 축소 등 필수적인 기능을 갖추고 있어 데이터 전처리에 유용합니다. 특히 결측치 처리 기법으로 단순 대치, KNN 대치, 다중 대치 등을 지원합니다. 사이킷-런에서는 각각 SimpleImputer 함수, KNNImputer 함수, IterativeImputer 함수 이름으로 해당 기능을 제공합니다. 이를 활용하면 손쉽게 분석의 신뢰도가 높은 데이터 전처리를 수행할 수 있습니다.

▲ 데이터 분석과 과학에 다재다능한 사이킷-런 라이브러리

사이킷-런 내부에서 제공하는 기능 중 다중 대치법에 해당하는 이터러티브 임퓨터(IterativeImputer)기능을 사용해 결측 데이터를 다중으로 대치하는 방법을 보여드리겠습니다.

 다중 대치법으로 나이(Age) 컬럼 결측치 채우기

다중 대치법으로, 타이타닉 데이터의 나이(Age) 결측치를 채워 줘. 그리고 결측치가 채워진 샘플만 추려서 어떤 값으로 대체되었는지 살펴보자.

IterativeImputer를 이용한 결측치 대체 코드 #8-2-3

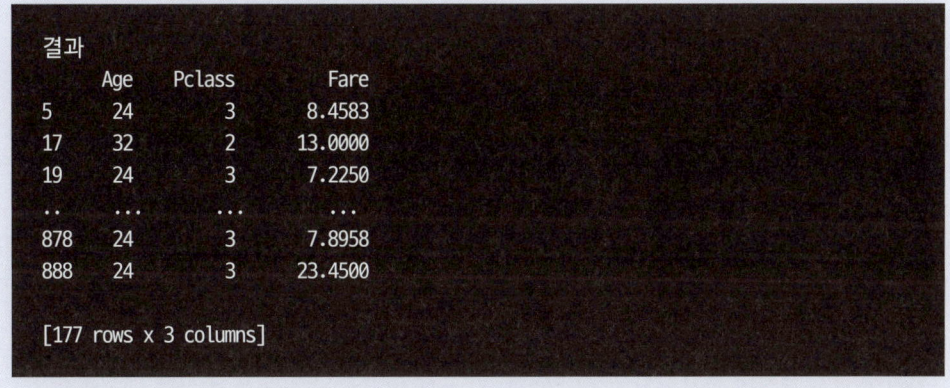

결과는 기존에 나이(Age)가 결측되어 있는 행만 추려서 보여준 것입니다. 결측치가 정수로 채워진 것을 확인할 수 있습니다. 조금만 더 상세히 어떠한 추론 과정으로 채웠는지 챗GPT와 대화를 이어가겠습니다.

 다중 대치법의 작동 원리 알아보기
다중 대치법의 작동 원리를 설명해 줘.
그리고 위에서, 다중 대치법으로 '나이 컬럼'의 결측값을 채웠는데, 어떻게 채웠는지 설명해 줘

 이터러티브 임퓨터(IterativeImputer)에서 결측값을 대체하기 위해 고려된 다른 컬럼은 모델링 및 예측에 사용된 독립 변수들입니다. 현재 사례에서 Age 컬럼의 결측값을 대체하는 데 사용된 변수는 다음과 같습니다:

1. **Pclass**: 티켓 등급(사회 경제적 지위를 나타냄)
2. **Fare**: 운임(승객이 지불한 요금)

다중 대치법이 작동하는 방식

이터러티브 임퓨터(IterativeImputer)는 다음과 같은 방식으로 작동합니다:

1. 초기화 단계에서 결측값에 간단한 대체값(평균 등)을 임시로 채웁니다.
2. 각 반복 단계에서 결측값을 예측하기 위해 현재 결측값을 제외한 다른 컬럼(Pclass, Fare)을 사용해 선형 회귀 모델을 학습합니다.
3. 예측된 값을 기반으로 결측값을 갱신하고, 반복 과정을 수행하여 수렴할 때까지 진행합니다.

티켓 등급(Pclass)과 운임(Fare)을 선정한 이유
- Pclass는 승객의 사회적 지위나 위치와 관련이 있을 가능성이 크며, 연령 분포에도 영향을 줄 수 있습니다.
- Fare는 승객의 경제적 상태와 관련이 있어 연령과의 간접적인 상관관계가 있을 수 있습니다.

다중 대치법이 실제로 어떻게 작동하는지 챗GPT의 답변에 대해 추가 설명드리겠습니다. 위에 챗GPT의 답변처럼 다중 대치법은 먼저 결측값에 임시로 평균값 같은 단순한 값을 채워 넣습니다. 그런 다음 다른 변수들과의 관계를 고려해 여러 값을 반복적으로(Iterative) 결측치를 채워가는(Imputer) 과정이 진행됩니다. 이 과정은 예측값이 안정될 때까지 계속됩니다. 여기에서 안정적이란 반복적으로 예측한 결측값들이 더 이상 크게 변하지 않고 일정한 값에 머무는 상태를 말합니다. 다소 복잡한 과정이었지만, 실제 작업은 프롬프트 단 두 줄이었습니다. AI-노코드 데이터 분석이기에 가능한 일입니다.

이번 결측치 전처리에서 흥미로운 점은 AI가 스스로 나이(Age) 결측치를 채우기 위해 가장 적절한 변수들(티켓 등급과 운임)을 스스로 선택했다는 것입니다. AI는 티켓 등급이 승객의 사회적 지위와 관련이 있을 수 있고, 운임 정보가 승객의 경제적 상태를 반영할 수 있다는 점에 주목했습니다. 이러한 변수들이 나이와 어떤 연관성이 있을 것이라 추론하고, 이를 바탕으로 선형 회귀 모델을 구축해 결측치를 채워넣은 것입니다. 이러한 AI의 추론 과정은 도메인 지식이 절대적으로 필요한 데이터 전처리 영역에서 충분한 수준의 도움을 제공합니다. 그 추론의 정확성은 도메인 지식을 가진 전문가의 검증이 반드시 필요하기에, AI-노코드 분석을 이용한 데이터 전처리는 '사람과 AI가 함께 해야 하는 것'입니다.

데이터 전처리 2 - 아웃라이어

아웃라이어는 데이터에서 비이상적으로 큰 값이나 작은 값을 뜻합니다. 통계적으로 종모양 정규분포의 꼬리에 해당하는 값이라 '테일'이라고도 부릅니다. 이러한 테일이 전체 데이터에 얼마나 영향을 미치는지 확인하는 과정이 중요합니다.

2010 밴쿠버 동계 올림픽에서 김연아 선수는 피겨스케이팅 금메달을 차지했습니다. 모든 것을 빙판 위에 쏟아내고 점수를 기다리던 김연아 선수의 긴장된 모습이 아직도 생생합니다. 피겨스케이팅 점수를 매기는 과정을 보면 공정한 심사를 위해 많은 노력을 기울인 점을 알 수 있습니다. 하지만 점수는 사람이 매기기 때문에 주관성이 개입될 수밖에 없습니다.

이를 보완하기 위해 심사위원들의 점수에서 아웃라이어를 처리합니다. 9명의 심사위원 중 최고점과 최저점을 제외하고 나머지 7명의 점수를 평균 내어 최종 점수를 계산합니다. 제외된 심사위원 2명의 데이터를 아웃라이어라고 처리한 것입니다. 이것을 절사 평균(Trimmed mean)이라고 합니다. 양끝의 극단값을 제외하고 구한 평균입니다.

이처럼 심사 점수에서 양극단 값을 제외하는 절사 평균은 통계학에서 널리 사용되는 방법입니다. 이러한 아웃라이어 처리는 비단 심사 점수뿐만 아니라 다양한 분야의 데이터 분석에서도 중요한 역할을 합니다. 특히 데이터의 품질과 신뢰성을 확보하는 과정에서 아웃라이어를 식별하고 처리하는 것은 필수적입니다. 예를 들어, 인구통계학적 데이터를 분석할 때 나이 데이터에서 120살과 같은 비현실적인 값이 발견된다면, 이는 입력 오류나 시스템 오류로 인한 아웃라이어일 가능성이 높으므로 데이터를 제거하는 판단을 내릴 수 있습니다.

▲ 이상치 처리 예시

아웃라이어 전처리 방법 3가지

1. 제거법(Elimination)

가장 단순하고 빠른 방법은 이상치로 판단된 데이터를 완전히 제거하는 것입니다. 이 방법은 데이터 양이 충분하고 이상치 비율이 전체 데이터의 10% 미만일 때 적합합니다. 도메인 지식이 있는 분석가가 주로 활용합니다.

2. 윈저화(Winsorization)

이상치를 특정 백분위수(예: 1%와 99% 또는 5%와 95%)의 값으로 대체하는 방식입니다. 예를 들어, 타이타닉 데이터의 요금(Fare) 변수에서 상위 1% 값을 99번째 백분위수 값으로 바꿉니다. 이 방법은 데이터 손실 없이 극단값의 영향을 줄일 수 있지만, 실제 분포를 왜곡할 수 있습니다.

3. 분위수 기반 방법(IQR method)

IQR(Interquartile Range)은 데이터의 사분위수를 활용해 이상치를 탐지하는 데 중요한 개념입니다. 이것은 Q3(75번째 백분위수)에서 Q1(25번째 백분위수)을 뺀 값으로, 데이터의 중간 50%를 나타냅니다.

사분위수 범위(IQR)를 활용해 이상치를 정의하고 처리하는 방법입니다. 일반적으로 Q1에서 1.5×IQR을 뺀 값보다 작거나 Q3에서 1.5×IQR을 더한 값보다 큰 데이터를 이상치로 간주합니다. 이 방법은 데이터 분포를 고려해 이상치를 정의할 수 있지만, 정규분포를 가정하기 때문에 비대칭 분포에는 적합하지 않을 수 있습니다.

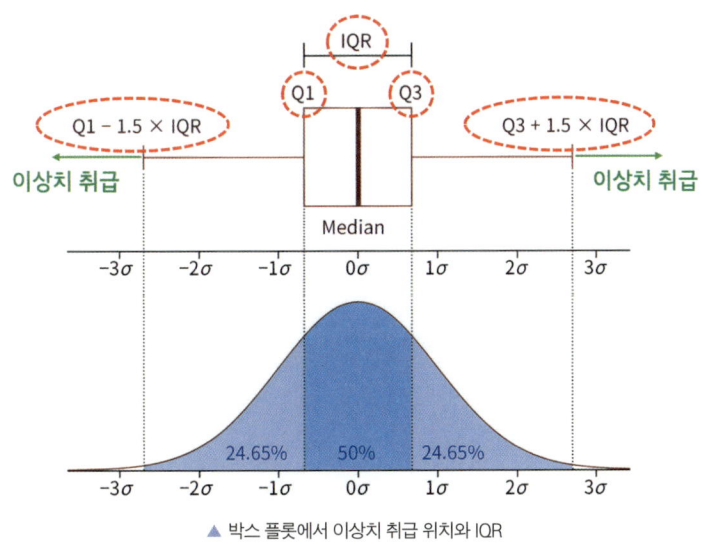

▲ 박스 플롯에서 이상치 취급 위치와 IQR

챗GPT에서 이상치를 탐지하는 방법 중 '분위수 기반 방법'으로 아웃라이어 처리해 보겠습니다.

데이터 전처리로 이상치 탐지

데이터 전처리로 이상치를 탐지해 보자. 우선 전체 피처에 대해서 '박스 플롯'*을 보여줘.

나이(Age)에 대해 분위수 기반 방법으로, IQR 1.5 배수 이하와 이상인 경우 이상치로 취급하자.

박스 플롯을 사용한 이상치 시각화 코드 #8-2-4

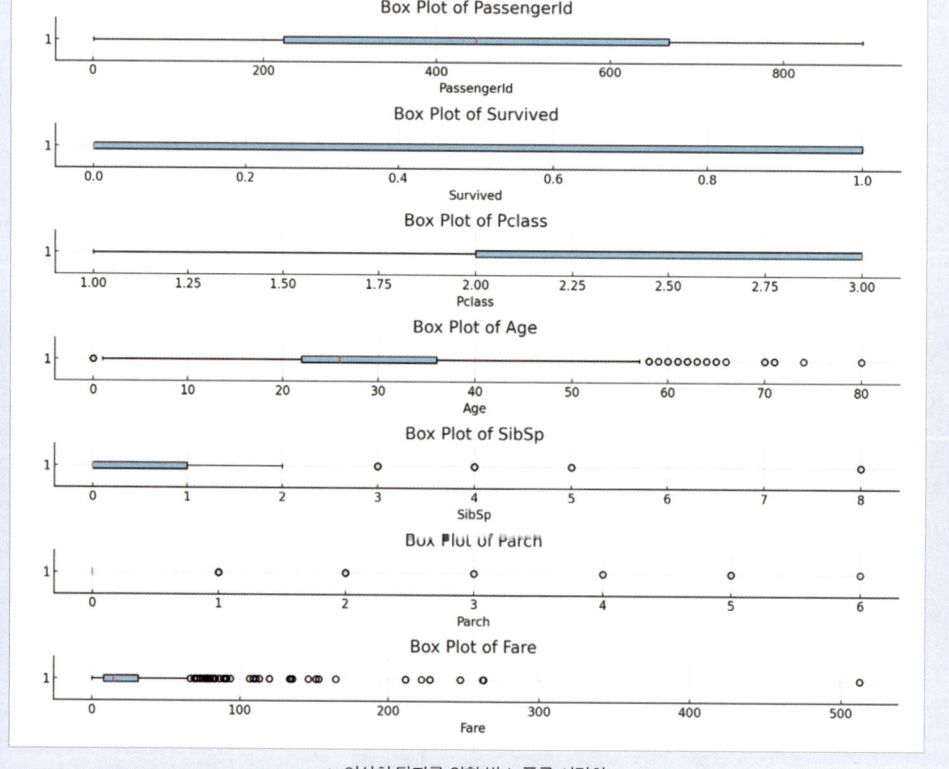

▲ 이상치 탐지를 위한 박스 플롯 시각화

박스 플롯을 통해 데이터의 분포를 확인한 결과, 일부 값이 이상치로 탐지되었다. IQR(제1사분위수~제3사분위수) 1.5배 범위를 초과하는 점들은 이상치로 분류됩니다. 이는 전체적인 데이터 분포에서 상대적으로 크거나 작은 값으로, 데이터 입력 오류이거나 특정 그룹의 특성을 반영한 값일 가능성이 있다. 이상치는 분석 목적에 따라 제거하거나 중앙값과 같은 대체값으로 처리할 수 있다. 또한, 특정 패턴을 분석하기 위해 별

---

* 박스 플롯(Box plot)은 분포 시각화 중 하나이다. 상자 모양 안에 데이터의 중간, 50%가 들어가고, 위아래로 뻗은 선 라인은 나머지 데이터의 범위를 보여준다. 이상치는 점으로 따로 표시된다. 데이터가 어떻게 퍼져있는지 한눈에 볼 수 있어 유용하다.

도로 보존하는 방법도 고려할 수 있다. 박스 플롯을 활용하면 데이터의 이상치를 통계량으로 파악할 수 있기 때문에 정량적 평가가 가능합니다.

IQR 기반 이상치 처리 및 시각화 코드 #8-2-5

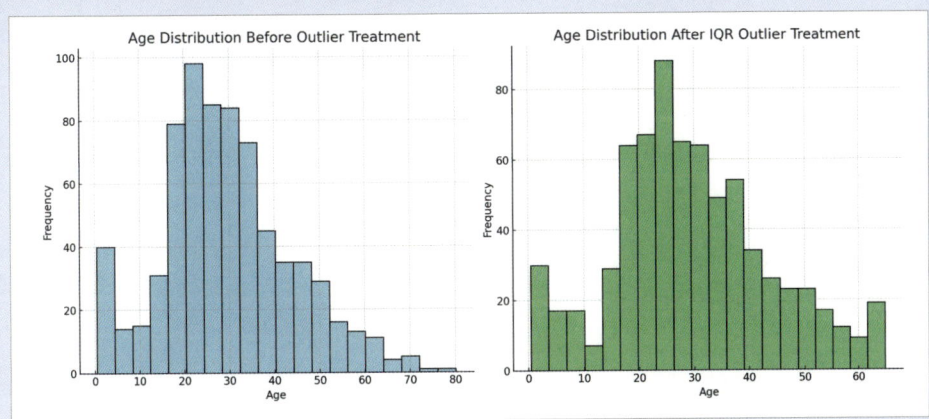

▲ 분위수 기반 이상치 처리 방법: 이상치 처리 전/후 히스토그램

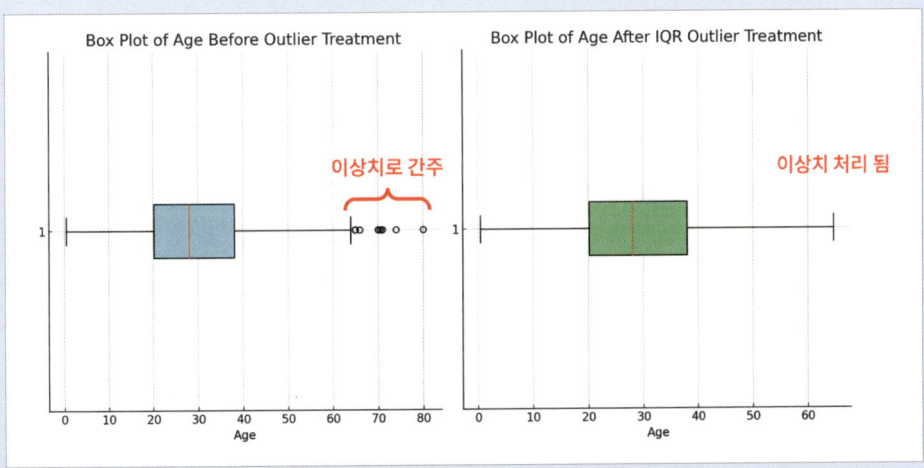

▲ 분위수 기반 이상치 처리 방법: 이상치 처리 전/후 박스 플롯

위 시각화는 나이(Age) 컬럼의 전처리 전후 분포와 박스 플롯을 비교한 결과입니다.

1. **히스토그램**: 전처리 전후 히스토그램을 통해 IQR 방법으로 이상치를 처리한 후의 나이 분포가 급격하게 변하지 않았음을 확인할 수 있습니다. 극단적인 나이 값들만 상한과 하한으로 대체되었습니다.

2. **박스 플롯**: 박스 플롯에서는 이상치로 간주된 값들이 상자 범위 밖에서 상한선과 하한선으로 대체된 것을 명확하게 볼 수 있습니다. 전처리 후 박스 플롯에서 이상치가 제거된 모습입니다.

이 과정을 통해 극단적인 나이 값을 효과적으로 다루면서 전체 분포를 유지할 수 있었습니다.

데이터 전처리 3 - 표준화

데이터 전처리의 세 번째 중요한 단계는 표준화(Standardization)와 정규화(Normalization)입니다. 서로 다른 단위를 비교할 때 유용한 방법입니다.

표준화는 데이터를 변환해 전체 평균을 중심으로 각 값의 상대적 위치를 나타냅니다. 이 과정에서 원래 데이터의 평균은 0, 표준편차는 1이 됩니다. 변환된 값이 1이면 원래 값이 평균보다 1배 표준편차만큼 크다는 뜻이고, -2이면 평균보다 2배 표준편차만큼 작다는 의미입니다.

Z-score는 변환된 값이 평균 0에서 얼마나 떨어져 있는지를 표준편차 단위로 나타낸 것입니다. 이 방법의 큰 장점은 단위와 스케일이 다른 변수도 쉽게 비교할 수 있다는 점입니다. 표준화 공식은 간단합니다. 각 데이터에서 평균을 빼고, 이를 표준편차로 나누면 됩니다.

다음과 같이 표현할 수 있습니다.

표준화 수식

$$Z = \frac{(X-\mu)}{\sigma}$$

여기에서 X는 기존의 데이터, μ는 평균, σ는 표준편차입니다.

표준화 데이터 전처리 예시를 보여드리겠습니다. 학교에서 학생들의 수학 점수와 달리기 기록을 비교한다고 가정해 봅시다.

- 수학 점수: 0-100점 사이
- 100m 달리기 기록: 10-20초 사이

수학 점수와 100m 달리기 기록은 단위와 범위가 다릅니다. 예를 들어, "수학 점수 80점 이상, 달리기 기록 13초 이하인 학생을 우수 학생으로 선발하라."는 기준이 있다고 합시다. 이 상태에서는 80점과 13초가 전체 학생 중 어느 정도 수준인지 직관적으로 알기 어렵습니다. 이 값을 표준화하면 이해하기 쉬워집니다.

"수학 점수가 평균보다 0.7 표준편차 높고, 달리기 기록이 평균보다 0.8 표준편차 좋은 학생을 우수 학생으로 선발하라." 이렇게 표현하면, 해당 학생이 전체 학생 중 수학과 달리기 모두 상위권임을 쉽게 이해할 수 있습니다. 이로 인해 점수와 시간이라는 서로 다른 단위를 동등하게 비교할 수 있게 됩니다.

그럼 챗GPT 프롬프트를 활용해 표준화 전처리를 진행해 보겠습니다.

데이터 전처리 – 표준화하기

▲ 표준화를 위한 원본 데이터 업로드

학생 10명의 수학 점수와 100m 달리기 기록 데이터를 '표준화'하여 전처리하자.
표준화 전/후 막대그래프를 그려 줘.
즉, 세 번 그래프를 그리자.

1. 표준화하기 전 각각 막대그래프
2. 표준화한 후 각각 막대그래프
3. 표준화한 후 각각 막대그래프를 합산한 하나의 막대그래프, 이때 주의할 점은 수학 점수는 높을수록 우수하고 달리기 기록은 낮을수록 우수해.

※ 파일: raw_student_data.csv

https://github.com/M-LearnRun/Nocoding-JustAI

 표준화 및 시각화 코드 #8-2-6

세 가지 그래프를 각각 따로 그렸습니다:

1. **원래 점수 그래프**: 수학 점수와 달리기 기록을 나란히 비교.
2. **표준화된 점수 그래프**: Z-점수로 변환 후 수학과 달리기 기록 비교.
3. **결합 표준화 점수 그래프**: 표준화된 점수 합산 결과로 최종 우수 학생 순위.

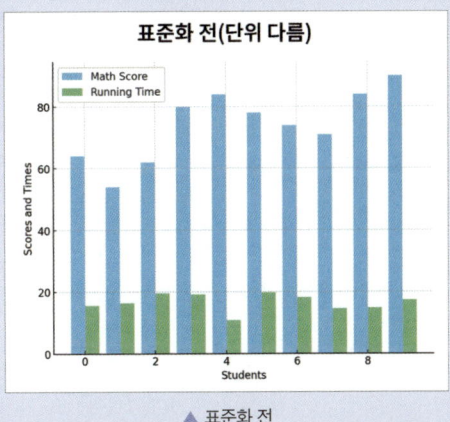

▲ 표준화 전

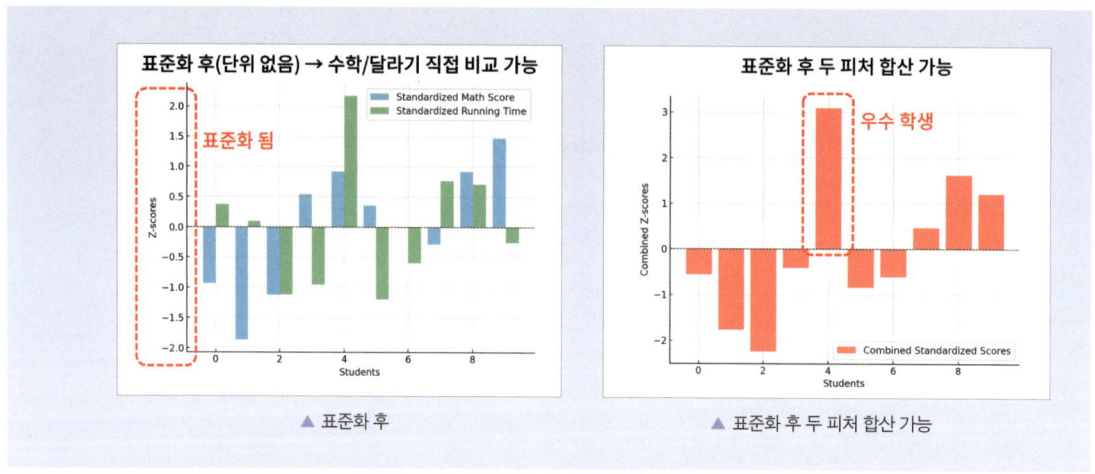

▲ 표준화 후   ▲ 표준화 후 두 피처 합산 가능

데이터 전처리 4 - 정규화

정규화는 데이터를 0에서 1 사이의 범위로 변환하는 전처리 방법입니다. 실무 데이터 처리에서 자주 사용합니다. 데이터 세트에서 각 개별 값의 상대 위치를 파악하는 데 유용합니다. 0에 가까울수록 해당 특성의 최소값에, 1에 가까울수록 최대값에 근접함을 의미합니다.

머신러닝 알고리즘은 학습 효율을 높이기 위해 표준화나 정규화가 필요합니다. 최근에 개발된 알고리즘은 이를 내부적으로 처리합니다.

정규화 공식은 다음과 같습니다.

> **정규화 수식**
>
> $$X_{정규화} = \frac{X - X_{min}}{X_{max} - X_{min}} = \frac{(해당값 - 최소값)}{(최대값 - 최소값)}$$
>
> 여기에서 X는 기존의 데이터이고 하첨자에 min, max는 데이터 세트 중에서 최소, 최대값입니다.

정규화의 예를 들어보겠습니다. 표준화에서와 같은 데이터로, 학교에서 학생들의 수학 점수와 달리기 기록을 비교한다고 가정해 봅시다. 이 값들을 정규화하면 '수학 점수는 0.8 이상, 달리기 기록은 0.3 이하인 학생'으로 표현할 수 있습니다. 이는 해당 학생이 수학에서 상위 20%, 달리기에서 상위 30%에 속함을 의미합니다. 이처럼 정규화는 서로 다른 단위의 데이터를 같은 척도로 비교할 수 있게 해주어, 학생들의 상대적 위치를 쉽게 파악할 수 있습니다.

데이터 전처리 - 정규화하기

▲ 정규화를 위한 원본 데이터 업로드

학생 10명의 수학 점수와 100m 달리기 기록 데이터를 '정규화'하여 전처리하자.

정규화 전/후 막대그래프를 그려줘.

즉 3번 그래프를 그리자.

1. 정규화하기 전 각각 막대그래프

2. 정규화한 후 각각 막대그래프

3. 정규화한 후 각각 막대그래프를 합산한 하나의 막대그래프, 이때 주의할 점은 수학 점수는 높을수록 우수하고 달리기 기록은 낮을수록 우수해.

Min-Max 스케일링 및 시각화 코드 #8-2-7

정규화된 데이터를 기반으로 3가지 그래프를 각각 생성했습니다:

1. **정규화 점수 그래프**: 수학 점수와 달리기 기록을 나란히 비교.

2. **정규화 점수 비교**: 정규화 후 수학 점수와 조정된 달리기 기록을 비교.

3. **정규화 점수 합산**: 정규화된 점수 합산 결과로 최종 우수 학생 순위.

이 시각화를 통해 정규화를 통해 데이터가 0에서 1 사이로 변환된 모습을 확인할 수 있습니다.

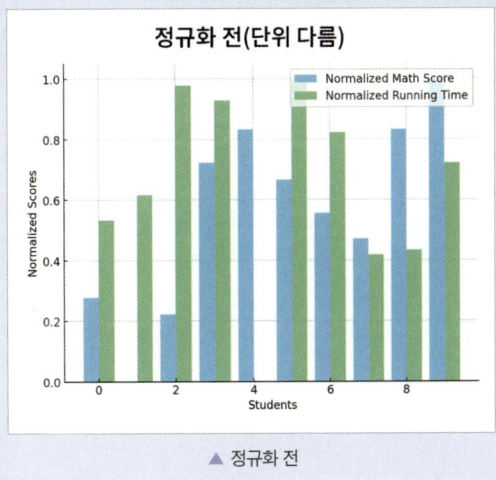

▲ 정규화 전

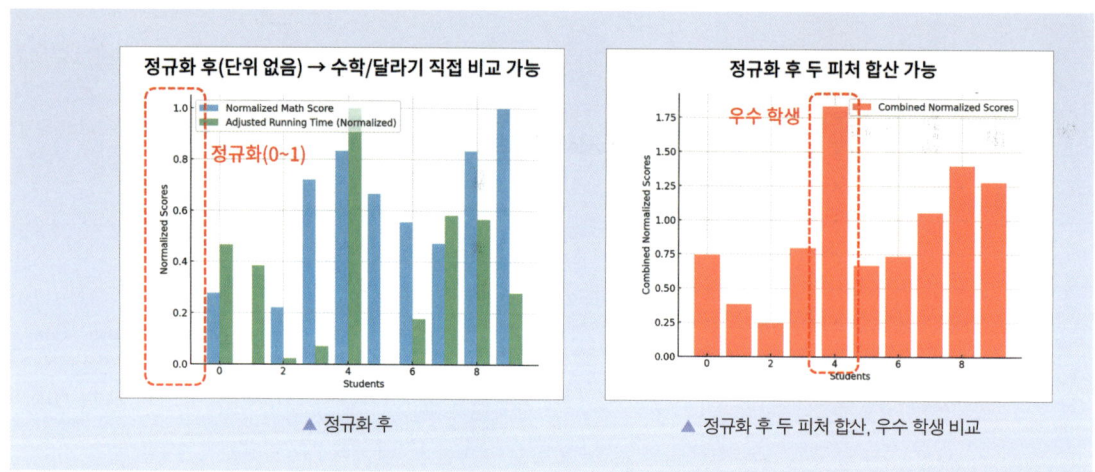

▲ 정규화 후　　　　　　　　　　　▲ 정규화 후 두 피처 합산, 우수 학생 비교

위 결과에서, 좌측 그래프에는 정규화된 데이터가 표시되어 있습니다. Y축의 범위가 0~1이고, 두 막대는 정규화된 수학 점수와 달리기 기록을 나타냅니다. 우측 그래프는 정규화된 두 값의 합입니다. 정규화를 통해 '점수'와 '초' 단위가 무차원으로 바뀌어 합산이 가능해졌습니다.

탐색적 데이터 분석(EDA)
AI와 함께 데이터 이해하기

탐색적 데이터 분석(EDA, Exploratory Data Analysis)

데이터 분석을 하는 사람들 사이에는 "Garbage In, Garbage Out(GIGO)."라는 유명한 격언이 있습니다. 이는 잘못된 데이터를 입력하면 무의미한 결과가 나온다는 의미입니다. 아무리 뛰어난 분석 도구를 사용하더라도 원본 데이터에 문제가 있다면 가치 있는 결과를 얻기 어렵습니다. 본격적인 분석에 앞서 원본 데이터 그대로 문제가 있는지 살펴보는 방법으로 탐색적 데이터 분석(EDA, Exploratory Data Analysis)을 시도해 볼 수 있습니다.

EDA는 원본 데이터를 가공하지 않고 있는 그대로 탐색하는 방법입니다. 데이터의 평균, 표준편차 등 기술 통계치와 관련된 시각화를 살펴보면 데이터의 전반적인 특성을 파악할 수 있습니다. 기술 통계는 데이터를 요약하고 설명하는 데 사용되는 통계 기법으로, 대규모 데이터를 간결하게 나타내고 데이터의 전반적인 특성을 파악하는 데 도움을 줍니다. 마치 사건을 분석하는 탐정처럼, EDA는 데이터를 세밀히 관찰하여 관계를 찾아내는 과정입니다. 이 초기 단계에서는 과도한 해석이나 추론은 피해야 합니다. EDA는 데이터 분석의 출발선인 만큼 자의적인 결론을 미리 정하지 않도록 주의하는 것이 필요합니다.

EDA는 우리가 데이터를 이해하는 데 도움을 줄 뿐만 아니라 AI가 데이터를 이해하는 데에도 중요한 역할을 합니다. 업로드한 데이터에 대해 EDA를 실행하면 AI가 데이터 특성을 파악하고 적절한 분석 방법을 제시하기도 합니다. EDA는 데이터 분석의 첫걸음으로, 챗GPT에서 EDA를 마치 '매직 키워드'처럼 사용할 수 있습니다. EDA라는 단어만으로도 챗GPT는 데이터 탐색한 결과와 시각화를 제공합니다. 이는 데이터에 대한 초기 이해를 높이고 분석의 방향성을 설정하는 데 큰 도움을 줍니다.

EDA는 데이터 분석의 '워밍업'으로 생각할 수 있습니다. 이 단계에서 우리는 데이터의 분포, 이상치, 상관관계 등을 탐색하며 데이터를 보다 깊이 이해하게 됩니다. 이러한 탐색 과정은 모델링 및 고급 분석의 기반이 되며, 데이터의 숨겨진 패턴을 발견하는 데 중요한 역할을 합니다.

> **탐색적 데이터 분석(EDA)의 주요 목적**
> 1. 데이터의 평균, 분산, 분포 패턴 등의 확인을 통해 데이터 특성 파악
> 2. 데이터의 결측값이나 이상치 파악 및 보완
> 3. 변수 간의 관계성 파악

일변량 EDA - 개별 피처의 분포와 기술 통계량

EDA는 크게 일변량 EDA 분석과 다변량 EDA 분석으로 나눌 수 있는데, 각각의 방법은 서로 다른 관점에서 데이터를 들여다보는 역할을 합니다.

일변량 EDA 분석에서는 각 변수를 독립적으로 살펴봅니다. 예를 들어, 고객 데이터를 분석한다면 나이, 소득, 구매 금액 등 각각의 변수가 어떤 분포를 보이는지, 평균이나 중앙값은 어떠한지, 특이값은 없는지 등을 꼼꼼히 확인합니다. 이는 마치 퍼즐의 각 조각을 자세히 살펴보는 것과 같습니다. 이러한 분석은 데이터를 요약하고 설명하는 데 중요한 첫 단계입니다. 데이터를 간략히 표현하면서도 핵심 정보를 제공하는 역할을 합니다.

> **일변량 EDA 분석(Univariate Analysis in EDA) 특징**
> - 각 변수를 독립적으로 심층 분석
> - 변수별 분포, 평균, 중앙값 등 기초 통계량 확인
> - 이상치 및 특이값 탐지
> - 데이터 품질 문제 조기 발견
> - 기초 데이터 요약을 통한 핵심 정보 파악

타이타닉호 생존자 데이터로 일변량 EDA를 실행해 보도록 하겠습니다.

일변량 EDA 코드 #8-3-1

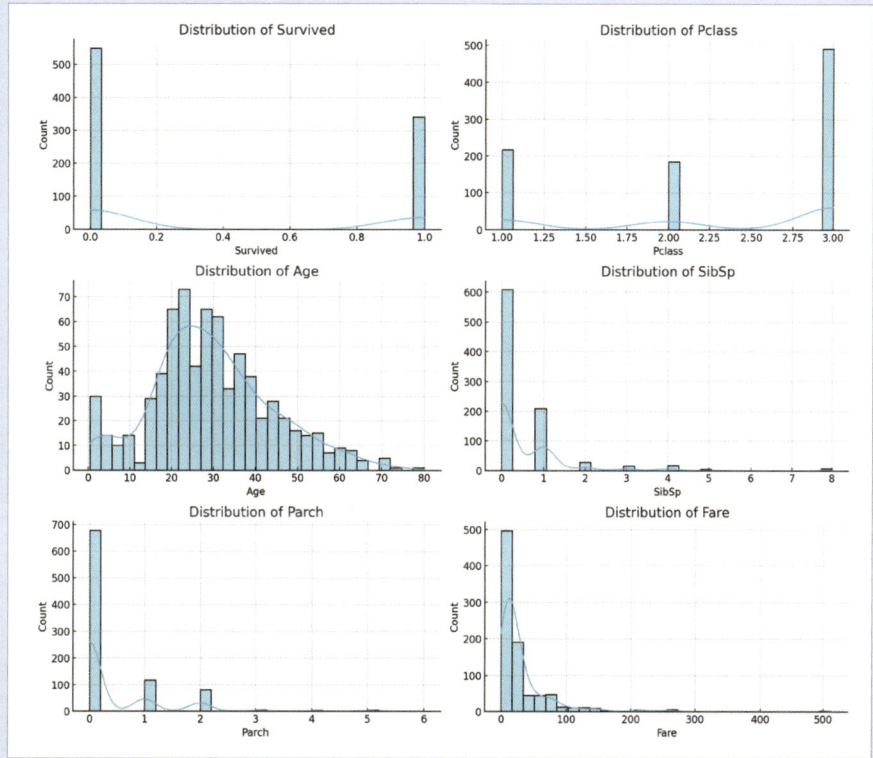

▲ 일변량 EDA로부터 데이터 분포

위 일변량 EDA는 타이타닉 데이터 세트의 각 변수에 대한 기술통계치와 분포를 보여줍니다.

- 기술통계치는 각 변수의 평균, 표준편차, 최소값, 최대값 등 다양한 통계 요약을 제공합니다.
- 분포 그래프는 각 변수의 데이터 분포를 시각화하여, 변수가 어떻게 퍼져 있는지, 이상치가 있는지 등을 쉽게 파악할 수 있습니다.

통계량	PassengerId	Survived	Pclass	Age	SibSp	Parch	Fare
Count	891	891	891	714	891	891	891
Mean	446.00	0.38	2.31	29.70	0.52	0.38	32.20
Std	257.35	0.49	0.84	14.53	1.10	0.81	49.69
Min	1	0	1	0.42	0	0	0.00
25%	223.50	0	2	20.13	0	0	7.91
50%	446	0	3	28.00	0	0	14.45
75%	668.50	1	3	38.00	1	0	31.00
Max	891	1	3	80.00	8	6	512.33

▲ 일변량 EDA 기술 통계량

타이타닉 데이터의 일변량 EDA 결과는 각 변수의 개별 특성을 잘 보여줍니다. 생존여부(Survived) 변수의 경우, 전체 승객 중 38%가 생존했음을 알려줍니다. 승객의 나이(Age)는 평균 29.7세로, 5개월(0.42세)부터 80세까지 넓게 분포되어 있습니다. 나이 데이터는 전체 891명 중 714명의 데이터만 존재하는 사실도 알 수 있습니다. 나이 데이터에서 가장 많은 결측치가 존재함을 확인할 수도 있었습니다.

이와 같이 일변량 EDA를 통해 각 변수의 통계적 특성과 분포를 파악하고 결측치나 이상치와 같은 데이터의 기본적인 특징을 확인할 수 있습니다.

다변량 EDA - 개별 변수들 사이에 상관관계

일변량 EDA 분석에 이어서 다변량 EDA 분석을 살펴보겠습니다. 일변량 EDA는 개별 데이터에 집중했다면, 다변량 EDA는 여러 변수들 사이에 관계를 살펴보는 분석입니다. 소득과 구매 금액 사이에 어떤 관계가 있는지, 나이에 따라 구매 패턴이 어떻게 달라지는지 등을 파악합니다. 이로부터 데이터에 숨어있는 관계를 발견하면 여러 활동이 가능합니다. 예를 들어, 특정 연령대에서 소득과 구매 금액 사이에 강한 상관관계가 나타난다면, 이는 해당 그룹을 대상으로 한 맞춤형 마케팅 전략을 세우는 데 도움을 줄 수 있습니다.

> **다변량 EDA 분석(Multivariate Analysis in EDA) 특징**
> - 변수 간 상호관계 및 패턴 탐색
> - 상관관계 분석을 통한 인사이트 도출
> - 복잡한 데이터 관계의 시각화
> - 변수 간 상호작용 이해
> - 종합적 데이터 해석을 통한 패턴 발견

위에서 일변량 EDA 분석에서 활용한 타이타닉호 생존자 데이터로 다변량 EDA를 실행해 보겠습니다.

다변량 EDA에서는 여러 변수를 동시에 고려하여 상관관계나 변수 간의 패턴을 탐색합니다. 타이타닉 데이터 세트에서는 생존 여부(Survived)와 관련된 주요 변수들 간의 관계를 살펴볼 수 있습니다.

우선, 두 가지 방식으로 다변량 EDA를 실행해 보겠습니다:
1. 수치형 변수 간의 상관관계 분석(상관행렬과 히트맵)
2. 범주형 변수와 생존 여부 간의 관계 분석(막대그래프)
다변량 EDA를 실행하겠습니다.

따로 언급하지 않았음에도 챗GPT는 생존 여부(Survived)가 중요하다는 사실을 인식하고 있었습니다. 데이터는 크게, 수치형 변수와 범주형 변수로 구분해서 다변량 EDA 실행을 계획했습니다. 여기에서 수치형 변수는 나이나 운임처럼 숫자로 측정되는 값을 가지는 변수를 말합니다. 더하거나 뺄 수 있는 산술 연산이 가능합니다. 그리고 연속적인 값을 가질 수 있습니다. 범주형 변수는 성별이나 선실 등급처럼 특정 범주나 그룹으로 구분되는 변수입니다. 숫자로 표현되더라도 산술 연산에 의미가 없습니다. 예를 들어, 객실의 호수 등은 숫자지만 범주형 변수입니다.

첫 번째 다변량 EDA 요청 이후에 답변에 대하여 추가로 이어서 요청하겠습니다.

다변량 EDA 추가 요청
계획대로, 1번과 2번 다변량 EDA를 실행해 줘.
1. 수치형 변수 간의 상관관계 분석   2. 범주형 변수와 생존 여부 간의 관계 분석

다변량 EDA 중 히트맵 시각화 코드 #8-3-2
수치형 변수 간의 상관관계 분석(상관행렬과 히트맵):
생존 여부와 관련된 수치형 변수 간의 상관관계를 확인하고 히트맵으로 시각화합니다.

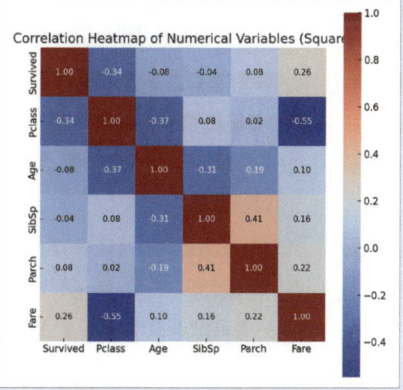
▲ 다변량 EDA로부터 상관관계 히트맵 시각화

상관 행렬 및 생존율 분석 코드 #8-3-3

범주형 변수와 생존 여부 간의 관계 분석(막대그래프):

범주형 변수(예: Sex, Pclass, Embarked)와 생존 여부 간의 관계를 분석하고 시각화합니다.

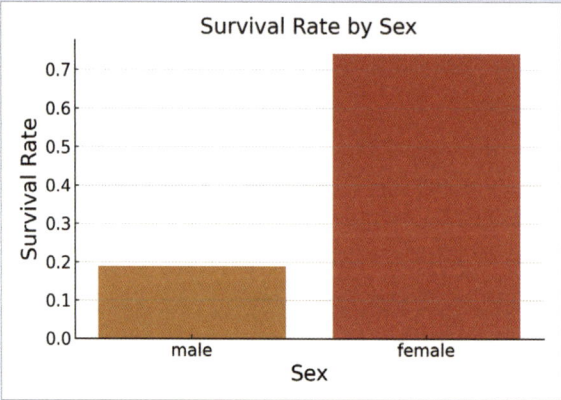

▲ 다변량 EDA 중 범주형 변수와 생존 여부 1 - 성별(Sex)

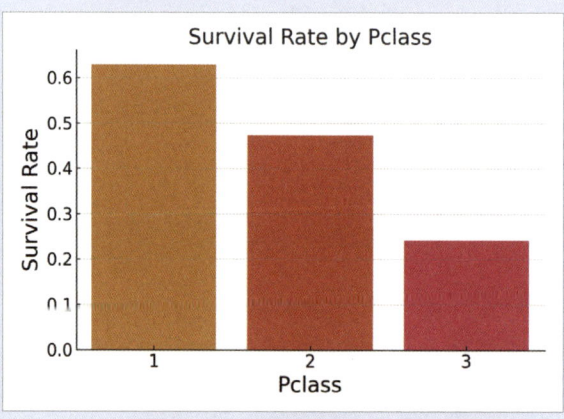

▲ 다변량 EDA 중 범주형 변수와 생존 여부 2 - Pclass(승객 등급)

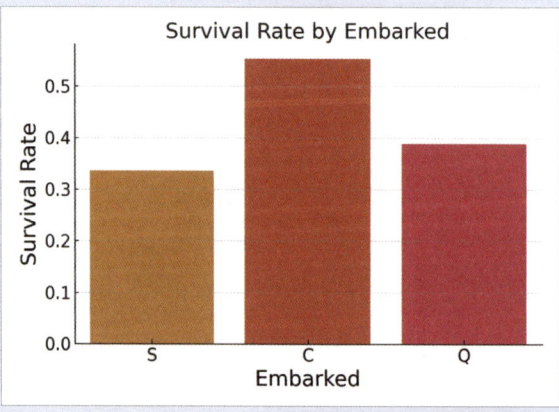

▲ 다변량 EDA 중 범주형 변수와 생존 여부 3 - Embarked(탑승 항구)

다변량 EDA를 통해 타이타닉호의 생존 여부와 다른 변수들 간의 관계를 분석했습니다. 챗GPT는 범주형 변수들과 생존율의 관계를 시각화로 보여주었습니다. 성별에 따른 생존율을 보면 여성이 74.2%로 남성(18.9%)보다 훨씬 높았습니다. 객실 등급별로는 1등급 승객의 생존율이 62.9%로 가장 높았고, 2등급 47.3%, 3등급 24.2% 순으로 나타났습니다. 탑승 항구별로는 셰르부르(Cherbourg)에서 탑승한 승객의 생존율이 55.4%로 가장 높았습니다.

지금까지 일변량 EDA와 다변량 EDA를 순차적으로 살펴보았습니다. EDA 분석만으로도 데이터의 상당 부분을 살펴볼 수 있었습니다.

결론적으로, 일변량 분석을 통해 개별 변수의 특성을 파악하고 다변량 분석으로 변수 간의 상호작용을 살펴보았습니다. 챗GPT를 활용한 EDA 분석은 코드 작성부터 결과 해석까지 전 과정을 지원하여 효과적인 데이터 탐색을 가능하게 합니다.

04

실무 데이터 분석의 현실과 기대
과소평가된 데이터 전처리

실무 데이터 분석의 80%는 데이터 전처리입니다

15년간 시뮬레이션 데이터와 씨름하면서 느낀 점은 데이터 분석의 8할은 데이터 전처리에 에너지를 쏟아야 한다는 사실입니다. '전처리'라는 용어가 주는 뉘앙스 때문인지, 데이터 전처리는 단순히 실전을 준비하는 단계로 과소평가되는 경향이 있습니다. 그러나 실무에서는 전처리가 잘못되어 다시 처음으로 돌아가는 일이 빈번합니다. 이렇게 되풀이하는 과정까지 포함하면 전체 작업의 90%가 전처리에 쓰인다고 해도 과언이 아닙니다.

현업에서 여러 팀과 협업할 때 데이터 형식은 제각각입니다. 사용하는 용어나 정의 또한 다릅니다. 결국 데이터를 정제하고 형식을 통일하는 전처리 과정을 거쳐야 합니다. 데이터를 생성하는 가상 모델에서도 계산(Solving)하고 최종 결과를 출력하는 과정(Post-processing)은 전체 과정의 10~20%에 불과합니다. 나머지 80%는 가상 모델을 생성하기 위한 전처리(Pre-processing) 단계입니다. 이것은 데이터 분석 업무의 80%가 데이터 전처리에 쓰이는 것과 일맥상통합니다. 아무리 훌륭한 모델이라도 그 모델이 만들어지는 데 사용된 가상 모델이나 입력 데이터가 쓰레기(Garbage)이면 결과 또한 쓰레기(Garbage)입니다. 그만큼 데이터를 준비하고 데이터를 전처리 하는 과정이 중요합니다.

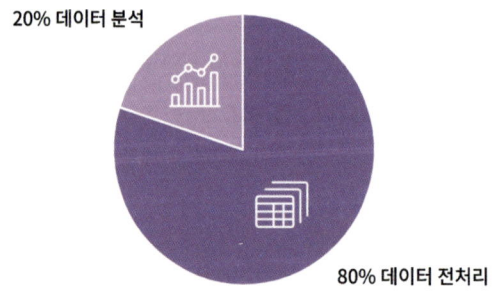

▲ 데이터 분석에서 데이터 전처리가 차지하는 비중: 80%

AI-노코드 데이터 전처리 - 데이터 전처리의 새로운 지평

데이터 전처리는 단순한 준비 단계가 아닌 데이터 분석의 핵심이자 가장 중요한 부분입니다. 이를 효율적으로 수행하기 위해서는 기술적 스킬뿐만 아니라 도메인 지식, 문제 해결 능력 그리고 엉덩이 힘까지 필요합니다. 데이터 분석이나 시뮬레이션 프로젝트를 계획할 때 이러한 현실을 반영하여 충분한 시간과 자원을 전처리 단계에 할당하는 것이 처음엔 느려 보여도 결국에는 가장 빠른 방법입니다.

이렇게 중요한 데이터 전처리 영역에서 AI는 우리와 함께 데이터 전처리를 도울 수 있습니다. 도메인 기술자가 데이터 분석의 문턱을 간신히 넘었다고 해도 또 부딪치는 난관은 데이터 전처리입니다. 데이터 분석을 시작할 때 데이터 전처리 과정을 모두 수동으로 진행해야 했기 때문입니다. 코딩에 익숙하지 않은 상태에서는 이 작업에 많은 시간과 노력이 필요합니다. "그럴거면 그냥 예전 방식대로 하는 게 좋겠네."란 말이 나올만큼 쉽지 않습니다. 데이터 전처리와 반복되는 작업에서 AI-노코드 데이터 분석은 전환점이 되어 줄 것입니다. 코딩 없이 우리가 원하는 요청을 하면 AI는 우아한 코드를 생성해서 전처리를 도와줄 것입니다.

AI를 이용한 데이터 전처리는 복잡한 프로그래밍 지식 없이도 손쉽게 데이터를 정렬하고 데이터를 수정할 수 있습니다. 따분한 이 작업을 AI가 도와준다면, 우리들은 본연의 분석 업무에 더 집중할 수 있게 해주어 업무 효율성을 크게 높일 것입니다. 다만 데이터의 맥락을 이해하고 처리 방향을 결정하는 것은 여전히 우리의 몫입니다. 예를 들어, 데이터의 결측치를 어떻게 처리할지 판단하는 것은 여전히 도메인 기술자인 우리가 해야 할 영역입니다. 이제 우리의 추론까지도 AI가 맡을 날이 멀지 않았습니다. 추론 능력을 갖춘 AI는 복잡한 데이터 전처리 과정에서도 강력한 지원군이 될 것입니다. AI의 기술력과 전문가의 도메인 지식이 만난다면 엄청난 시너지를 발휘하면서 데이터 분석의 질적 수준은 더욱 높아질 것으로 기대됩니다. 오픈AI의 일반 모델과 추론에 특화된 최신 모델 o1과 비교해 보면 이러한 발전 방향을 더 명확하게 확인할 수 있습니다.

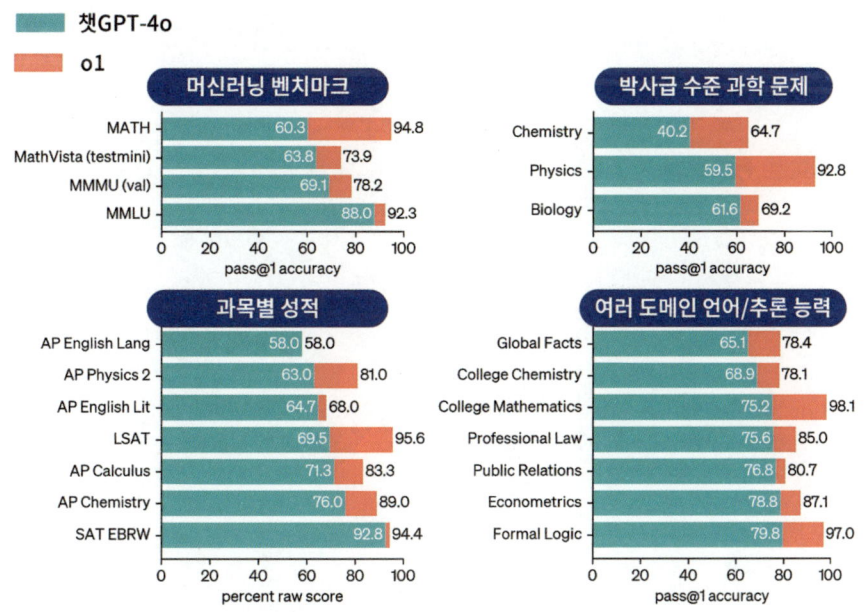

▲ 오픈AI사의 AI 모델인 챗GPT-4o와 o1(24. 12. 12 기준)

Chapter 9

3단계 - 데이터 속 패턴 찾기: AI가 사람보다 월등히 잘하는 것

"너도 나처럼 언젠가는 깨닫게 될 거야.
길을 아는 것과 그 길을 걷는 것에는 큰 차이가 있다는 것을."
– 영화 〈매트릭스〉(1999) 중

01

AI-노코드 시각화 1
정령 내가 이 그래프를 그렸단 말입니까!

이곳에 모든 시각화는 AI가 그렸습니다

데이터 분석의 마지막 단계는 데이터를 시각화하고 패턴을 찾는 과정입니다. 1단계(챕터 7)에서 문제를 발견하고 2단계(챕터 8)에서 데이터를 준비했습니다. 마지막 단계인 3단계(챕터 9)는 데이터 속 패턴을 찾는 분석 단계입니다. 그리고 분석 결과를 효과적으로 전달하기 위해 시각화하는 단계도 포함합니다. 데이터 분석과 시각화는 순차적으로 진행되지 않습니다. 데이터를 이해하고 살펴보는 모든 분석 과정에서 데이터 시각화를 동반하기 때문입니다. 따라서 시각화 기술을 단순한 출력 도구로 생각하면 잘못된 접근입니다. 올바른 시각화는 AI와 분석자에게 데이터를 보다 잘 이해할 수 있도록 돕습니다.

데이터 분석은 의사결정을 돕고, 그 결과가 행동으로까지 이어지는 것을 궁극적인 목적으로 합니다. 예를 들어, 고객 만족도를 높이기 위해 특정 서비스를 개선하거나 재고 관리 최적화로 비용을 절감하는 일련의 비즈니스 의사결정에 데이터 분석은 객관적인 근거가 됩니다.

이러한 의사결정을 실질적인 행동으로 이끌어내기 위해서는 데이터 분석 결과를 동료, 고객, 의사결정권자들에게 효과적으로 전달하고 설득하는 과정이 필수적입니다. 바로 여기서 데이터 시각화의 진정한 가치가 드러납니다. 아무리 뛰어난 분석 결과라도 복잡한 데이터와 인사이트를 직관적으로 전달하지 못한다면, 실제 행동 변화를 이끌어내기 어렵기 때문입니다. 잘 설계된 데이터 시각화는 복잡한 분석 결과를 명확하고 설득력 있게 전달함으로써 고객의 공감을 얻고 실질적인 변화를 추진하는 강력한 도구가 됩니다.

많은 실무자는 엑셀을 사용해 시각화를 만듭니다. 엑셀은 간단하고 사용이 쉽다는 장점이 있지만, 분석자의 의도를 충분히 반영하여 시각화하기에는 한계가 있는 것이 사실입니다. 기술 자료나 보고서에 사용되는 시각화는 전문 프로그램인 오리진(Origin)*을 사용하거나 혹은 코딩에 익숙한 분석자라면 매트랩(MATLAB)과 파이썬(Python)으로 코딩하여 시각화합니다.

시각화 그래프를 그리려고 해도 다시 코딩이 등장합니다. 그러나 AI를 활용하면 코딩 없이—노코드로—다양한 시각화를 간단히 생성할 수 있습니다. 지금까지도 그러했지만, 이번 챕터에서 보여드릴 모든 시각화는 AI가 그립니다.

---

* 오리진(Origin)은 과학·공학 분야의 데이터 분석과 그래프 작성을 위한 소프트웨어다. 복잡한 데이터를 손쉽게 분석하고 시각화할 수 있도록 도와준다. 연구 논문이나 기술 보고서에 필요한 수준의 그래프 제작이 가능하다.

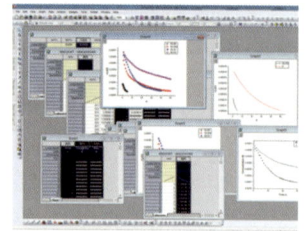
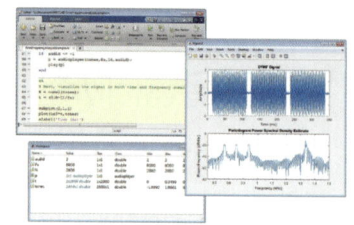
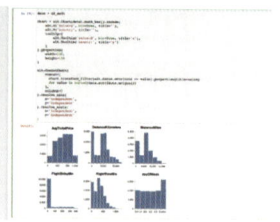

▲ 오리진, 매트랩, 파이썬(jupyter notebook) 환경에서 데이터 시각화

파이썬 시각화 라이브러리 - 맷플롯립(matplotlib)과 시본(seaborn)

화려한 시각화 뒤에 숨어있는 파이썬의 핵심 라이브러리는 맷플롯립(matplotlib)과 시본(seaborn)입니다. 파이썬에서 구동되는 이 두 라이브러리는 시각화의 양대 산맥으로, 챗GPT도 시각화 코드 생성에 주로 이 라이브러리들을 활용합니다. 더 다양한 시각화를 위해 다른 라이브러리들도 필요한데, 본격적인 설명에 앞서 라이브러리가 무엇인지 먼저 알아보겠습니다.

라이브러리는 요리책과 같습니다. 요리책은 다양한 레시피를 제공하여 요리사가 원하는 요리를 할 때, 언제든지 펼쳐서 살펴볼 수 있습니다. 같은 원리로, 맷플롯립과 시본은 스타일이 다른 요리책이라고 생각하면 이해가 쉽습니다. 데이터 분석자(요리사)는 라이브러리(요리책)를 살펴보고 원하는 시각화(요리)를 만들 수 있습니다.

생성형 AI 등장 이전에는 분석자가 적합한 라이브러리를 구글에서 검색하고 직접 학습해야만 했습니다. 알맞은 라이브러리를 찾는 것부터가 쉽지 않았고, 그것을 학습하는 데는 더 많은 시간과 노력이 필요했습니다.

하지만 생성형 AI의 등장으로 이러한 과정이 크게 달라졌습니다. 이제는 라이브러리를 직접 검색하거나 학습할 필요성이 줄어들었습니다. AI가 우리의 요구사항에 맞는 라이브러리를 선택하고, 이미 학습된 지식을 바탕으로 필요한 코드를 알아서 쓰기 때문입니다.

우리가 원하는 바를 요청하면 AI는 적절한 라이브러리를 활용해 코딩하고 결과물을 생성합니다. 코드를 실행하며 다양한 그래프를 직접 확인할 수 있어, 실습을 통해 자연스럽게 패턴과 원리를 익힐 수 있습니다. 이를 반복하다 보면, 특정 시각화가 어떤 데이터에 적합한지 직관적으로 파악할 수 있게 됩니다. 이 과정에서 우리는 AI가 생성한 결과물과 코드를 관찰하며 자연스럽게 학습할 수 있습니다. 이는 경험을 먼저하고 이해는 나중에 하는 방식으로, 과거에 이론을 먼저 익히고 경험하는 방식과는 반대됩니다. 처음에는 익숙하지 않고 어렵게 느껴질 수 있지만, AI와 함께하는 이러한 학습은 점차 자연스럽게 익숙해질 것입니다.

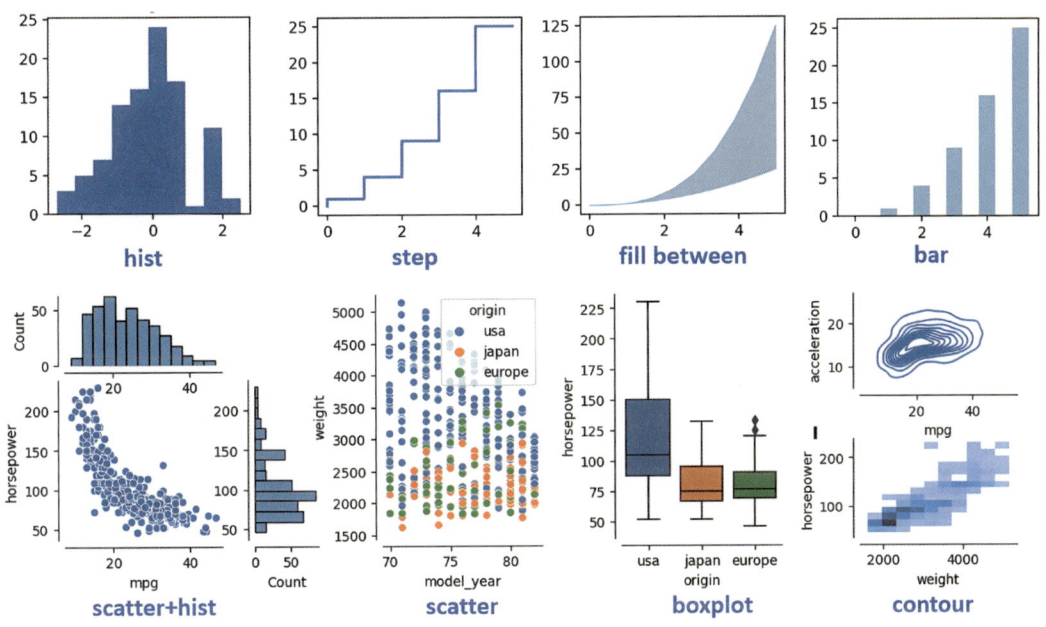

▲ 맷플롯립 라이브러리에서 제공하는 다양한 시각화

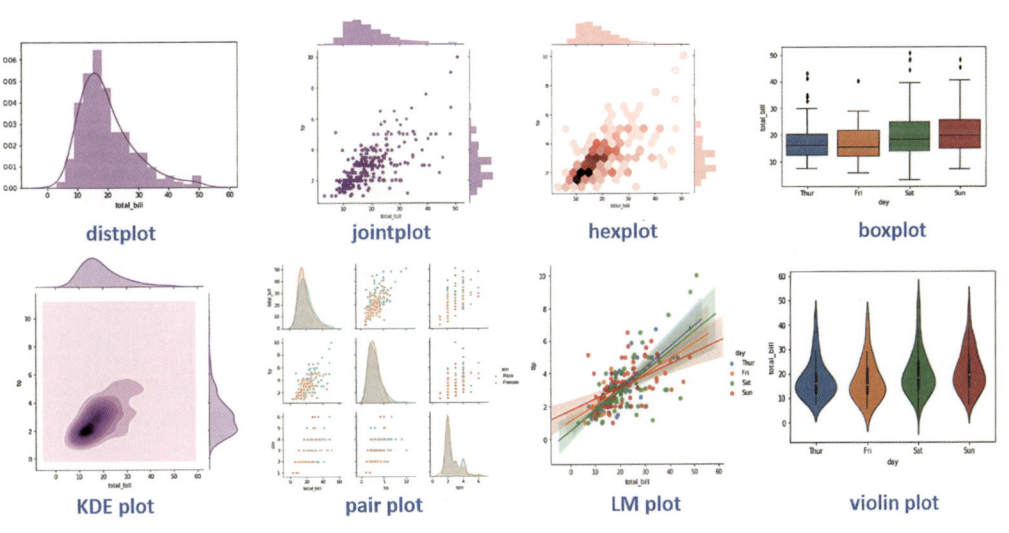

▲ 시본 라이브러리에서 제공하는 다양한 시각화

챗GPT에서 맷플롯립 시본 차트 그리기

챗GPT를 이용해 데이터를 시각화할 때 두 라이브러리의 장점을 모두 활용할 수 있습니다. 예를 들어, "연령대별 소득 데이터를 생성해 주세요."라고 요청하면, 챗GPT는 맷플롯립이나 시본으로 시각화를 생성합니다. 사용자가 원하는 라이브러리를 직접 지정해서 시각화 생성을 요청할 수도 있습니다.

맷플롯립 라이브러리를 언급해서 막대그래프 시각화를 생성해 보겠습니다.

맷플롯립 시각화
맷플롯립(matplotlib) 시각화 모듈을 이용해서 막대그래프를 시각화해 줘.

맷플롯립(matplotlib) 막대그래프 시각화 코드 #9-1-1

```python
import matplotlib as plt

plt.figure(figsize=(10, 6))
plt.bar(data_income['Age Group'], data_income['Income'], color='blue')
plt.title('Income by Age Group (Matplotlib)', fontsize=15)
plt.xlabel('Age Group', fontsize=12)
plt.ylabel('Income', fontsize=12)
plt.grid(True)
plt.show()
```

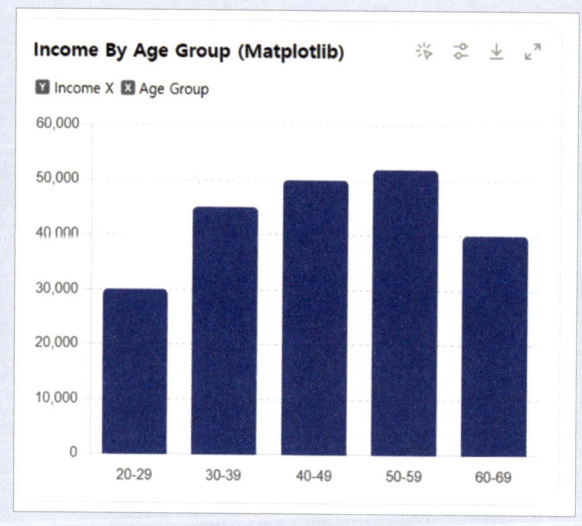
▲ 맷플롯립으로 그린 연령별 소득 차트

첫 줄에 'import matplotlib as plt'로 맷플롯립이 쓰인 것을 알 수 있습니다. 코드의 가독성과 사용 편리성을 위해 plt라는 축약을 써서 관습적으로 표현합니다. 실제 현업의 코드나 깃허브의 데이터 분석 프로젝트를 학습한 생성형 AI는 이러한 데이터 과학 분야의 코딩 관습을 자연스럽게 반영하여 코드를 생성합니다. 처음 배우는 입문자에게 짧은 코드지만 큰 도움이 될 수 있습니다. 이번엔 시본 라이브러리를 이용해서 막대그래프 시각화를 생성해 보겠습니다.

사본 시각화
시본(seaborn) 시각화 모듈을 이용해서 막대그래프를 시각화해 줘.

시본(seaborn) 막대그래프 코드 #9-1-2

```python
import seaborn as sns

plt.figure(figsize=(10, 6))
sns.barplot(x='Age Group', y='Income', data=data_income, palette='Blues_d')
plt.title('Income by Age Group (Seaborn)', fontsize=15)
plt.xlabel('Age Group', fontsize=12)
plt.ylabel('Income', fontsize=12)
plt.show()
```

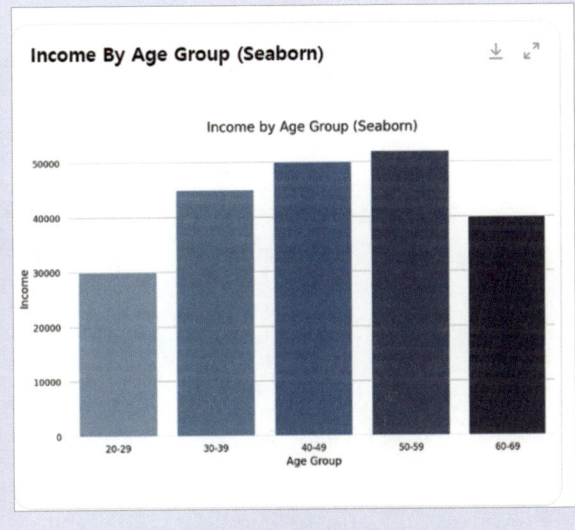

▲ 시본으로 그린 연령별 소득 차트

맷플롯립과 마찬가지로 첫 줄에 'import seaborn as sns'로 시본 라이브러리가 쓰인 것을 알 수 있습니다.

파이썬에서 맷플롯립과 시본의 사용

'맷플롯립(matplotlib) 막대그래프 시각화 코드 #9-1-1'과 '시본(seaborn) 막대그래프 코드 #9-1-2' 코드를 보면, 맷플롯립 라이브러리는 관습적으로 'plt'로 줄여 씁니다. 시본 라이브러리는 'sns'로 줄여 쓰고요. AI는 이러한 관습적인 코드를 학습하여 자연스럽게 많이 쓰이는 표현을 그대로 활용해 코딩합니다.

AI로 그래프를 그리다 보면 수정하고 싶은 부분이 생깁니다. 이때, 수정하고 싶은 요소의 키워드를 미리 알아두면 긴 설명 없이 키워드 하나로 그래프를 구체적으로 그릴 수 있습니다. 이렇게 구체적인 시각화 요청을 위해서 시각화의 주요 구성 요소를 살펴보겠습니다.

먼저, 피겨(Figure)와 액시스(Axes)에 대해 설명하겠습니다. 피겨는 그래프의 도화지와 같은 역할을 합니다. 시각화의 크기와 배경 색상을 설정하는 데 사용됩니다. 액시스는 그래프를 구성하는 주요 요소 전체를 의미합니다. 예를 들어, X-Y축 이름, 차트 제목, 범례, 눈금선 등 다양한 요소가 포함됩니다. 각 요소에 대한 세부 설명은 아래 그림에서 확인할 수 있습니다. 아래 그림을 참조하여 프롬프트에 명확히 그래프 요청 사항을 명시하면 AI가 분석자의 의도를 고민없이 명확하게 이해할 수 있습니다.

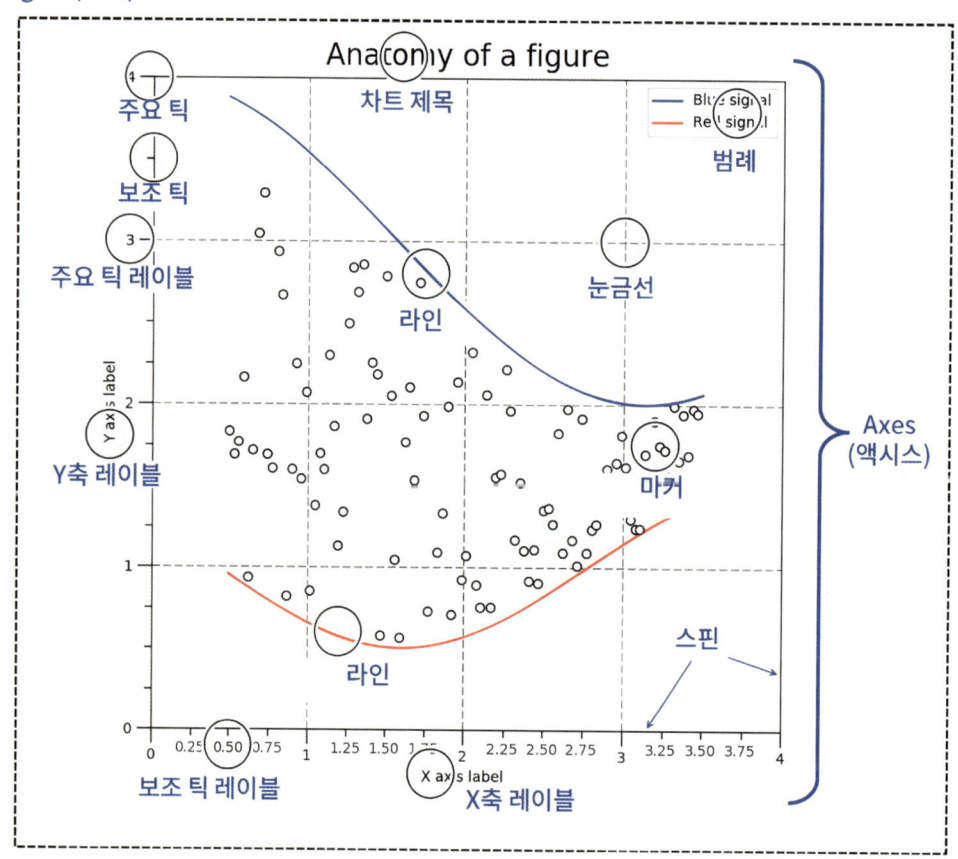

▲ 시각화 그래프를 구성하는 주요 요소 명칭

시각화 그래프를 구성하는 주요 요소 명칭의 파란 글씨를 살펴보고 챗GPT에게 구체적으로 키워드와 함께 요청하면 원하는 시각화를 얻을 수 있습니다.

시각화를 구성하는 주요 요소를 명시하여 시각화하기

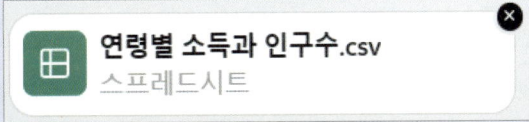

▲ 연령별 소득과 인구수 데이터 업로드

소득은 막대그래프로, 인구수는 선그래프로 그려줘.

- **차트 제목**: 나이에 따른 소득과 인구수
- **X축**: 연령대
- **Y축(좌측)**: 소득
- **Y축(우측)**: 인구수
- 데이터 라벨은 볼드체
- 범례는 우측 상단에 표시
- X,Y축 라벨 크기는 18로 해줘.
- 데이터의 위치에 숫자도 표기해 줘.
- 추가로, 연령대 30-39는 다른 색상의 막대그래프로 그려줘(소득)

※ 파일: 연령별 소득과 인구수.csv

https://github.com/M-LearnRun/Nocoding-JustAI

시각화 요소 추가 사항 입력 전 코드 #9-1-3
시각화 요소 추가 사항 입력 후 코드 #9-1-4

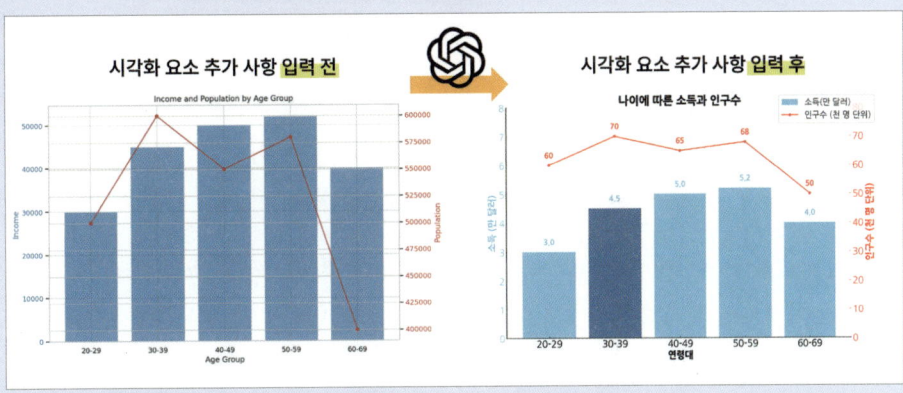

▲ 구체적인 차트 특성 명시화

02

AI-노코드 시각화 2
비교 시각화

비교 시각화는 서로 다른 대상이나 시간에 따른 차이를 나타내는 가장 일반적인 시각화 방법입니다. 데이터의 연속적인 추세를 직관적으로 비교할 수 있습니다. 특히 시계열 데이터를 표현하는 데 효과적입니다.

비교 시각화를 대표하는 네 가지 시각화
- 선그래프(Line graph)
- 막대그래프(Bar graph)
- 방사형 차트(Rader chart)
- 캔들 차트(Candlestick chart)

필요한 데이터는 아래 QR 코드로 접속하면 다운로드 받으실 수 있습니다.

https://github.com/M-LearnRun/Nocoding-JustAI

선그래프

가장 흔히 사용하는 시각화 방식 중 하나는 비교 시각화입니다. 이는 서로 다른 그룹이나 카테고리 간 차이를 명확히 보여줍니다. 특히, 선 그래프는 변화의 흐름이나 추세를 나타낼 때 사용합니다. X축은 보통 입력에 해당하는 독립 변수를, Y축에는 출력에 해당하는 종속 변수를 배치합니다.

선그래프는 시간에 따른 변화를 파악하기에도 적합합니다. 예를 들어 주식 가격, 기온 변화, 연도별 판매 등 시간 변화에 대한 추세를 나타내는데 효과적입니다. 또한, 불연속적인 특성을 지닌 디지털 데이터는 선그래프를 활용해 연속적인 추세를 효과적으로 시각화할 수 있습니다.

일별 최고 기온 변화를 나타내는 선그래프를 시각화해 보겠습니다. X축은 일별 날짜이고 Y축은 일별 최고 기온입니다. 추가적으로, 시각화 특성 요소(라인 두께, 라인 색, 마커 유/무)를 반영하겠습니다.

선그래프

▲ 선그래프 – 시간에 따른 기온 데이터 업로드

시간에 따른 기온의 변화를 선그래프로 그려줘.

- 라인은 두껍게
- 라인 색은 파란색
- 마커는 표시하지 않기

※ 파일: 선그래프 – 일일 기온_2024년 7월 시계열 데이터.csv

 선그래프 시각화 코드 #9-2-1

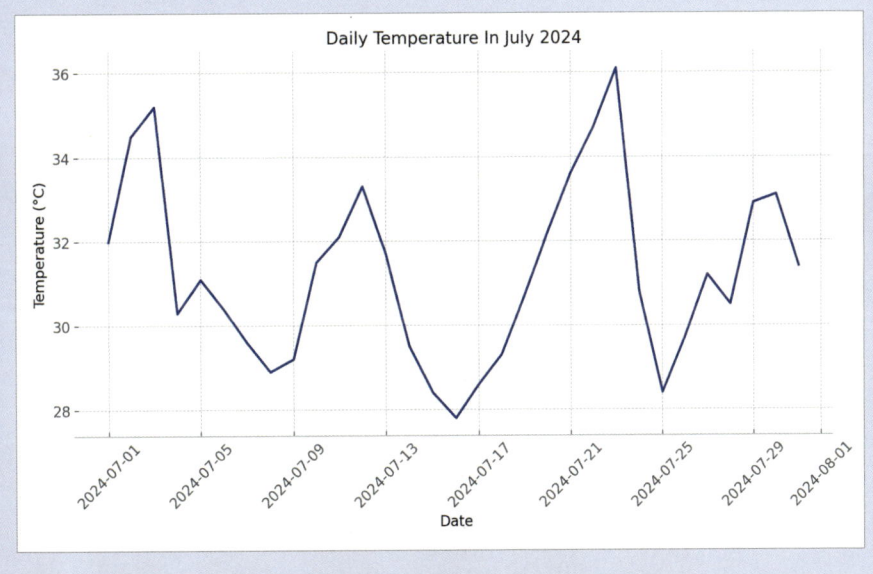

▲ 선그래프 – 시간에 따른 기온의 변화

막대그래프

막대그래프는 선그래프만큼이나 자주 사용됩니다. 선그래프가 추세나 흐름을 보여주는 데 유용하다면, 막대그래프는 범주형 데이터를 시각화하는 데 적합합니다. 국가별 인구, 각 제품의 판매량, 설문조사 응답에서 범주 간에 비교하는 데 유용합니다.

예를 들어, 국가별 제품 판매량을 남성과 여성으로 구분하여 비교할 때 막대그래프로 나타내면 직관적으로 이해하기 쉽습니다. 직접 막대그래프로 시각화해 보겠습니다.

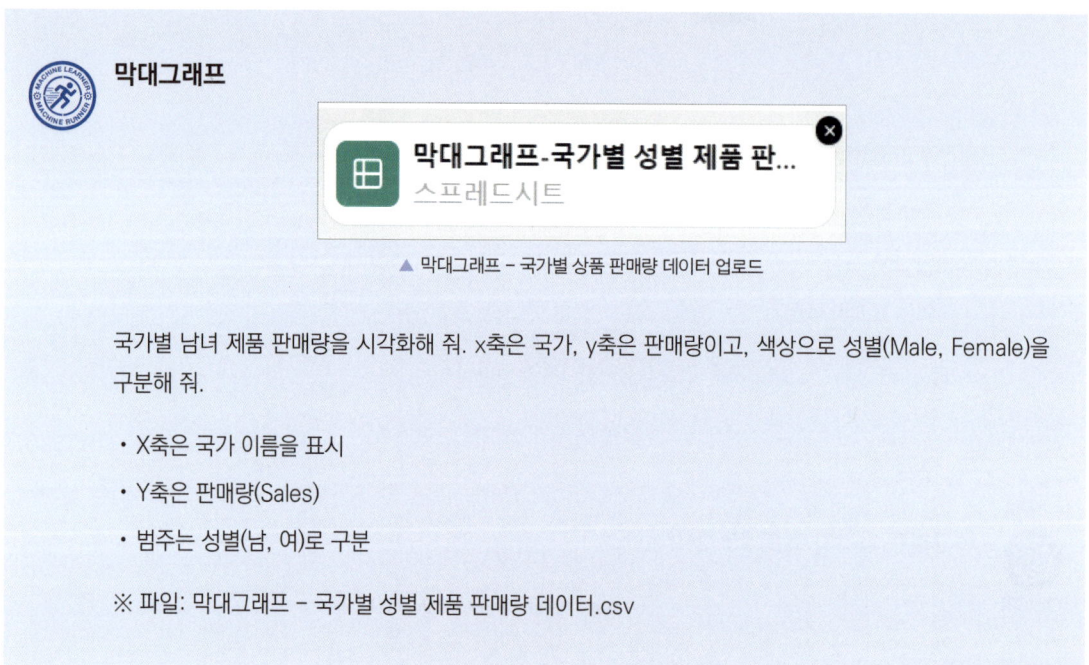

▲ 막대그래프 – 국가별 상품 판매량 데이터 업로드

국가별 남녀 제품 판매량을 시각화해 줘. x축은 국가, y축은 판매량이고, 색상으로 성별(Male, Female)을 구분해 줘.

- X축은 국가 이름을 표시
- Y축은 판매량(Sales)
- 범주는 성별(남, 여)로 구분

※ 파일: 막대그래프 – 국가별 성별 제품 판매량 데이터.csv

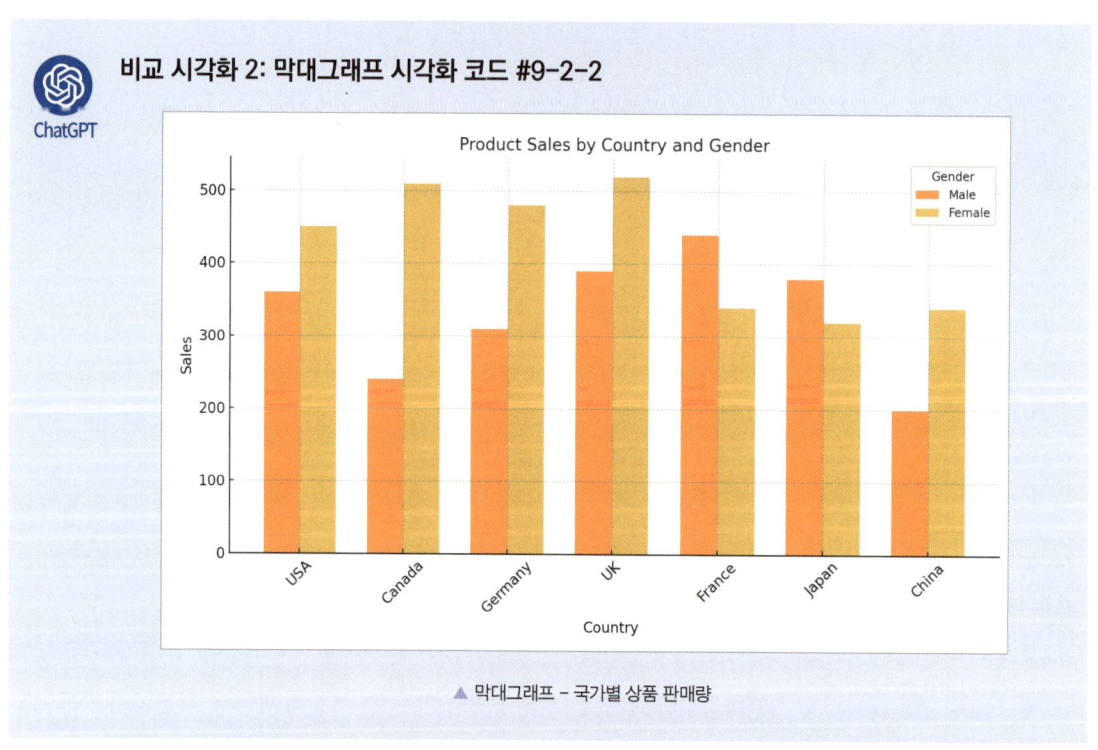

▲ 막대그래프 – 국가별 상품 판매량

X축은 국가로 하고 Y축은 각 국가의 판매량을 나타냅니다. 위 막대그래프는 각 국가에서 남성과 여성에 대한 판매량 차이를 쉽게 시각적으로 비교해 볼 수 있습니다.

선그래프와 막대그래프 중 어떤 것을 사용할지 고민된다면, 둘 다 그려보고 고르는 것을 추천합니다. 직관적으로 이해하기 쉬운 그래프를 선택하는 것이 중요합니다. 시각화는 이해를 돕기 위한 도구이니, 가능한 본인과 상대방이 쉽게 이해할 수 있는 시각화를 선택하는 것이 올바른 접근입니다.

방사형 차트

방사형 차트는 데이터의 여러 차원을 하나의 시각화로 표현할 수 있는 유용한 도구입니다. 일반적인 차트가 가로축의 1차원이나, 가로-세로축의 2차원으로 데이터를 표현한다면, 방사형 차트는 여러 축을 방사형으로 배치해 다차원 데이터를 한눈에 보여줄 수 있습니다. 특히 여러 항목 간의 균형과 차이를 직관적으로 파악하기에 적합합니다. 예를 들어 스포츠 선수의 순발력, 지구력, 근력과 같은 다양한 능력치나 제품의 성능, 가격, 디자인 등 여러 특성을 비교할 때 효과적입니다. 각 축은 데이터의 서로 다른 차원을 나타내며, 중심에서 바깥으로 갈수록 값이 커지는 특징을 가집니다. 이러한 특성 때문에 스포츠 과학뿐만 아니라 경영 분석이나 성과 평가에서도 방사형 차트는 자주 활용됩니다. 방사형 차트의 또 다른 장점은 여러 대상을 겹쳐서 표현할 수 있다는 점입니다. 예를 들어 여러 선수의 능력치를 하나의 차트에 표기하거나, 다양한 제품의 특성을 동시에 비교할 수 있습니다.

국가대표 캡틴의 피파 온라인 선수 능력치를 방사형 차트로 시각화해 보겠습니다.

▲ 국가대표 캡틴의 피파 온라인 선수 능력치

 **방사형 차트**

▲ 방사형 차트 – 국가대표 캡틴의 피파 온라인 선수 능력치 데이터 업로드

피파 온라인 캡틴 능력치를 업로드 했어. 방사형 차트(Radar Chart)를 생성해 줘.

능력치는 스피드(PAC), 슛 능력(SHO), 패스(PAS), 드리블(DRI), 수비(DEF), 피지컬(PHY)로 구성되어 있어.

- 각 능력치 값은 0에서 100 사이로 표시하자.
- 차트 제목은 'CAPTAIN'으로 써줘.

※ 파일: 방사형 차트 – 국가대표 캡틴의 피파 온라인 선수 능력치 데이터.csv

 방사형 차트 시각화 코드 #9-2-3

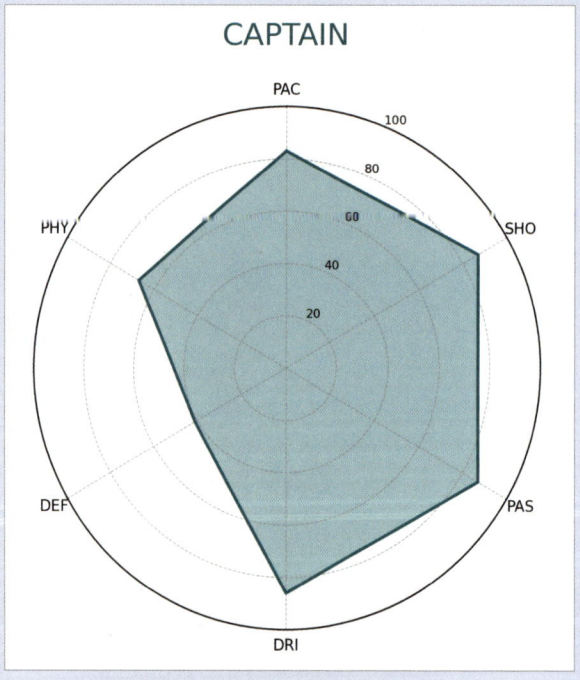

▲ 방사형 차트 – 국가대표 캡틴의 피파 온라인 능력치

이 방사형 차트는 여러 차원의 데이터를 하나로 통합하여 효과적으로 시각화합니다. 국가대표 캡틴의 피파 온라인 능력치를 스피드(PAC), 슛 능력(SHO), 패스(PAS), 드리블(DRI), 수비(DEF), 피지컬(PHY)로 구성된 총 6개의 축으로 표현했습니다.

각 축은 중심점에서 시작하여 바깥으로 갈수록 값이 커지는 구조를 가집니다. 이를 통해 선수의 능력치 분포와 강점, 약점을 한눈에 파악할 수 있습니다. 예를 들어 이 선수는 스피드와 슛 능력이 두드러지게 높은 반면, 수비와 피지컬은 상대적으로 낮은 것을 쉽게 확인할 수 있습니다.

캔들 차트

캔들 차트는 주식과 같은 금융 데이터를 시각화하는 대표적인 도구입니다. 특히 트레이더들이 투자 결정을 내릴 때 가장 많이 참고하는 차트 형태입니다. 시가(Open), 고가(High), 저가(Low), 종가(Close), 거래량(Volume)을 하나의 차트에서 보여주며, 이를 'OHLCV 데이터'라고 합니다. 이러한 정보를 통해 특정 기간의 가격 변동성과 추세를 한눈에 파악할 수 있습니다.

시장의 심리와 힘의 균형을 직관적으로 보여준다는 점에서 기술적 분석의 기초가 됩니다. 증권 시장에서의 분석은 크게 기업의 재무제표와 경영 환경을 살피는 기본적 분석과 가격 및 거래량의 패턴을 통해 향후 추세를 예측하는 기술적 분석으로 나뉩니다. 캔들 차트는 이 중 기술적 분석의 핵심 도구입니다.

캔들 차트 하나의 모양은 봉이라고 하는데, 해당 기간의 시장 상황을 압축적으로 보여줍니다. 전날보다 상승을 의미하는 양봉(한국은 빨간색, 미국은 초록색)과 하락을 의미하는 음봉(한국은 파란색, 미국은 빨간색)으로 시각화 표기됩니다. 이 봉의 길이는 변동성의 크기를 반영합니다. 또한 여러 개의 캔들이 만드는 패턴을 통해 향후 가격 움직임을 예측하는 데 도움을 줄 수 있습니다. 이러한 패턴들은 현대 데이터 기반 트레이딩에서도 중요한 참고 지표로 활용되고 있습니다.

챗GPT에서 캔들 차트를 그리기 위해서는 mplfinance 라이브러리가 필요합니다. 'mplfinance-0.12.10b0-py3-none-any.whl' 파일을 프롬프트에 업로드하고 설치 요청하겠습니다.

  캔들 차트 생성하기 위한 mplfinance 라이브러리 설치

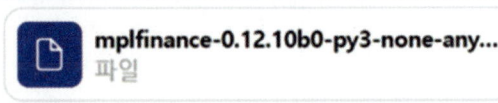

▲ mplfinance 라이브러리 설치 파일 업로드

mplfinance 라이브러리를 설치해 줘.

※ 파일: mplfinance-0.12.10b0-py3-none-any.whl

캔들 차트를 그리기 위한 mplfinance 모듈 설치 코드 #9-2-4

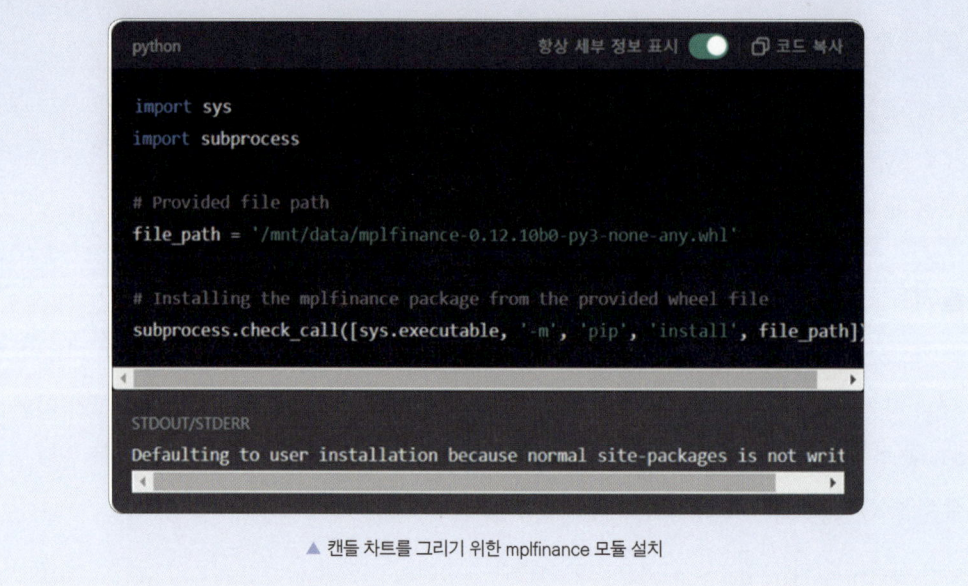

▲ 캔들 차트를 그리기 위한 mplfinance 모듈 설치

mplfinance 라이브러리를 설치했습니다. 이어서 미국 주식 중에서 애플의 최근 1년간 주식 가격 캔들 차트를 그려보겠습니다. 여기에 60일과 120일 이동평균선* 그래프를 추가하겠습니다

캔들 차트

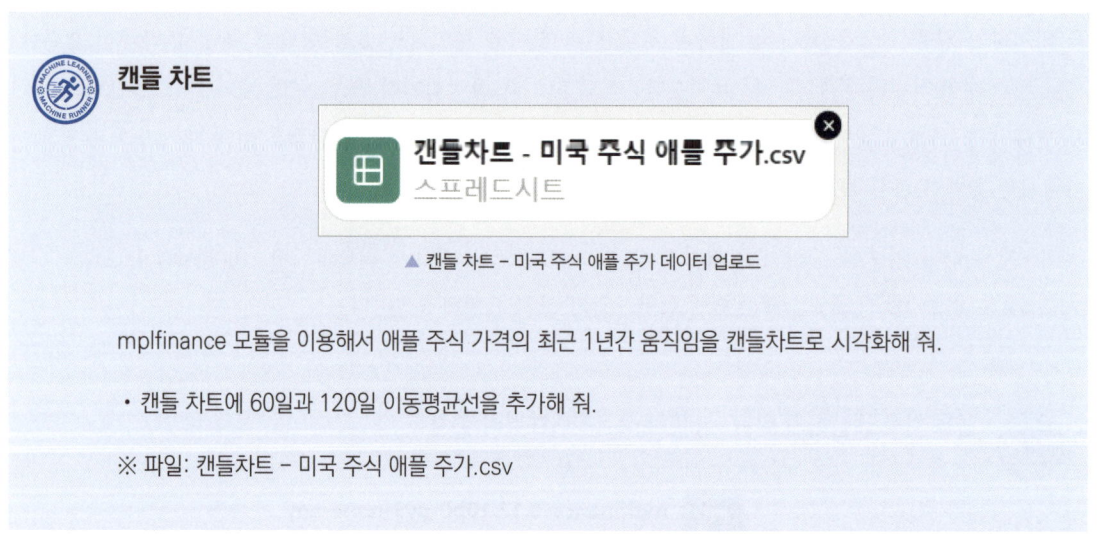

▲ 캔들 차트 – 미국 주식 애플 주가 데이터 업로드

mplfinance 모듈을 이용해서 애플 주식 가격의 최근 1년간 움직임을 캔들차트로 시각화해 줘.

- 캔들 차트에 60일과 120일 이동평균선을 추가해 줘.

※ 파일: 캔들차트 – 미국 주식 애플 주가.csv

---

* 이동평균선은 일정 기간의 평균 가격을 이어서 그린 선이다. 예를 들어 5일 이동평균선은 최근 5일간의 가격을 더해서 5로 나눈 값들을 연결한 선이다. 주가의 단기적인 등락을 부드럽게 만들어 전체적인 흐름을 보기 쉽게 해주는데, 마치 거친 파도를 잔잔하게 만드는 것과 비슷하다.

캔들 차트 시각화 코드 #9-2-5

▲ 캔들 차트 – 애플 주식 가격

첨부된 애플(티커:AAPL) 주식의 캔들 차트는 2023년 7월부터 2024년 7월까지의 주가 움직임을 보여줍니다. 캔들 차트의 가장 큰 장점은 가격의 움직임을 직관적으로 파악할 수 있다는 점입니다.

상단의 캔들스틱은 각 거래일의 시가, 고가, 저가, 종가를 하나의 막대로 표현하여 가격 변동을 한눈에 보여줍니다. 빨간색 캔들은 하락을, 초록색 캔들은 상승을 나타내며, 캔들의 길이가 길수록 변동폭이 컸음을 의미합니다.

차트에는 60일과 120일 이동평균선(파란색과 주황색 선)이 함께 표시되어 있어 중장기 추세를 파악하기 쉽습니다. 특히 2024년 초반부터 이동평균선이 상승하며 강한 상승 추세를 보여주고 있습니다.

하단의 거래량 차트는 매수·매도 세력의 강도를 보여주어 가격 변화에 대한 추가 정보를 제공합니다. 이처럼 캔들 차트는 가격, 추세, 거래량 등 다양한 정보를 하나의 차트에서 효과적으로 분석할 수 있게 해줍니다.

03

AI-노코드 시각화 3
관계 시각화

앞에서 비교 시각화 네 가지를 살펴보았습니다. 이번엔 관계 시각화 네 가지를 순차적으로 살펴보겠습니다. 이 방법은 두 개 이상의 변수 간 상관관계나 패턴을 발견하는 데 특화되어 있습니다. 이는 변수 간의 선형 및 비선형 관계, 군집 형태, 이상치 등을 파악하는 데 유용합니다. 특히 복잡한 데이터 간의 관계를 한눈에 이해할 수 있도록 돕습니다.

관계 시각화를 대표하는 네 가지 시각화
- 산점도(Scatter)
- 버블 차트(Bubble chart)
- 히트맵(Heatmap)
- 페어 플롯(Pair plot)

필요한 데이터는 아래 QR 코드로 접속하면 다운로드 받으실 수 있습니다.

https://github.com/M-LearnRun/Nocoding-JustAI

산점도

산점도는 두 변수 간의 관계를 시각화하는 유용한 도구입니다. X축과 Y축에 각각 독립 변수를 배치하여 데이터 포인트를 나타냅니다. 이 포인트들의 형태와 모습은 두 변수 간의 상관관계를 시각적으로 쉽게 파악할 수 있도록 돕습니다. 산점도는 데이터의 분포, 경향성, 그리고 두 변수 간 상관성을 확인하는 데 적합한 시각화입니다.

산점도 시각화의 예로 직원들의 근무 시간과 생산성에 대한 시각화를 살펴보겠습니다.

산점도

▲ 산점도 - 직원의 근무 시간과 생산 데이터 업로드

직원의 근무 시간과 생산성에 대하여 산점도를 그려줘.

※ 파일: 산점도 - 직원의 근무시간과 생산성 상관관계 데이터.csv

 캔들 차트 시각화 코드 #9-2-5

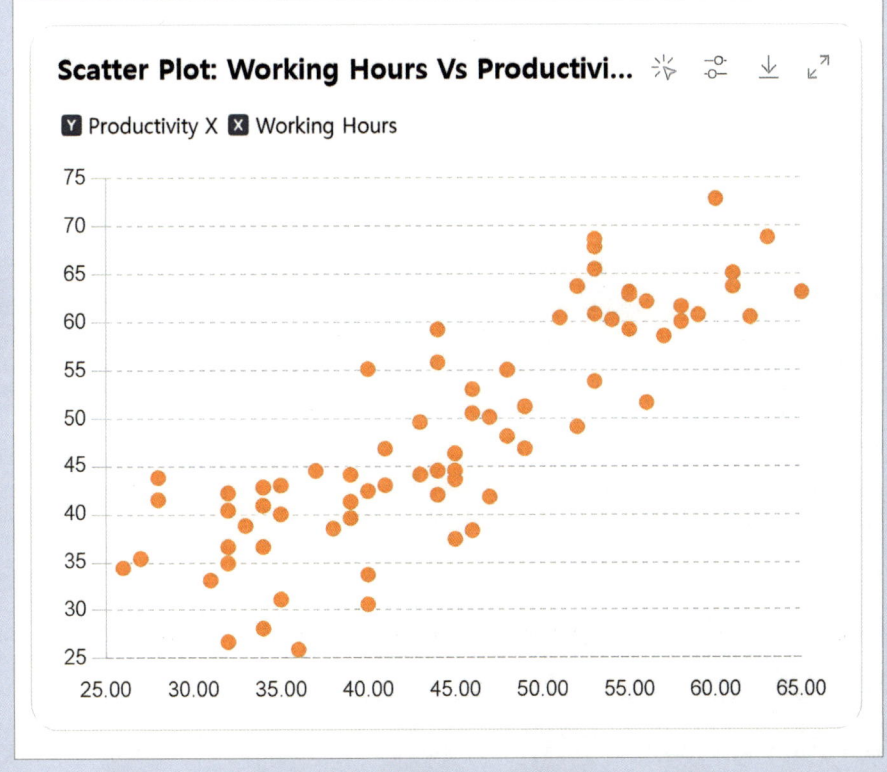

▲ 산점도: 직원의 근무 시간과 생산성의 관계

위 산점도는 전체 직원들의 주간 근무 시간과 생산성의 관계를 보여줍니다. 개별 직원의 근무 시간과 생산성 데이터만 봤다면 발견하기 어려웠을 패턴이, 모든 데이터를 점으로 찍어 한눈에 볼 때 분명한 경향성으로 나타납니다.

그래프를 보면 근무 시간이 증가할수록 생산성도 대체로 증가하는 우상향 패턴을 확인할 수 있습니다. 다만 데이터 포인트들이 완벽한 직선이 아닌 자연스러운 흩어짐을 보이는데, 이는 실제로는 다양한 요인들이 영향을 미치고 있음을 보여줍니다.

이처럼 산점도에서는 개별 데이터의 불규칙성 속에서 전체적인 패턴을 발견할 수 있습니다. 두 변수 간의 관계를 직관적으로 이해할 수 있게 해주는 단순하면서 효과적인 시각화입니다.

두 변수 간의 관계를 수치로 나타내는 상관계수

두 변수(X, Y)가 서로 '관계가 있다' 혹은 '없다'는 것만으로는 정량적으로 평가할 수 없습니다. 따라서 관계성을 나타내는 지표가 필요하며, 가장 널리 쓰이는 지표가 상관계수입니다.

챗GPT에게 상관계수를 알려달라고 하면 -1과 1 사이의 값을 알려줍니다($-1 \leq k \leq +1$). 이 상관계수는 다양한 방법으로도 표현하지만 일반적으로 피어슨(Pearson) 상관계수가 널리 사용됩니다.

두 변수가 얼마나 함께 변화하는지를 나타내며, 방향성까지 제공하기 때문에 사용이 간편합니다. +1에 가까울수록 양의 상관관계, -1에 가까울수록 음의 상관관계를 의미합니다. 0에 가까운 값은 서로 관계가 없음을 나타냅니다.

상관계수 범위(절대값)	단계
0	관계없음
0.1~0.3	약한 관계
0.4~0.6	적당한 관계
0.7~0.9	강한 관계
1	완벽하게 일치

▲ 상관계수와 유사성 정도

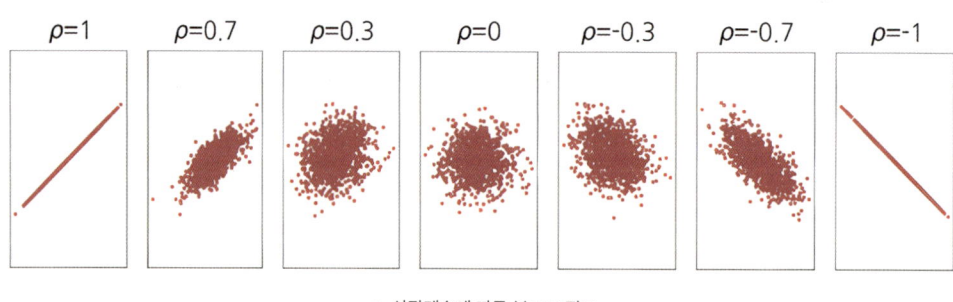

▲ 상관계수에 따른 분포도 정도

버블 차트

버블 차트는 산점도의 확장판입니다. 산점도는 두 변수의 관계를 X축과 Y축에 나타냈습니다. 버블 차트는 산점도 그래프에 추가로 Z값을 버블의 크기로 표현할 수 있습니다. 데이터의 위치는 X, Y축으로 표현되고 추가적인 Z값은 버블의 크기로 표현하여 다채로운 시각화가 가능합니다.

예를 들어, 주요 도시들의 인구 면적 그리고 GDP 간의 관계를 시각화하려면 여러 개의 그래프를 나눠 그려야 합니다. 하지만 버블 차트를 이용하면 하나의 그래프에서 보기 좋게 표현할 수 있습니다.

X축에는 인구, Y축에는 면적을 나타내고, 각 점의 크기는 GDP로 표현해 보겠습니다.

 버블 차트

▲ 버블 차트 – 인구수와 면적에 따른 GDP 데이터 업로드

각 나라에 대해서 인구수를 X, 면적을 Y 그리고 버블의 크기는 GDP로 표현하는 버블차트를 시각화해 줘.

※ 파일: 버블차트 – 도시인구_도시면적_GDP.csv

 버블 차트 시각화 코드 #9-3-2

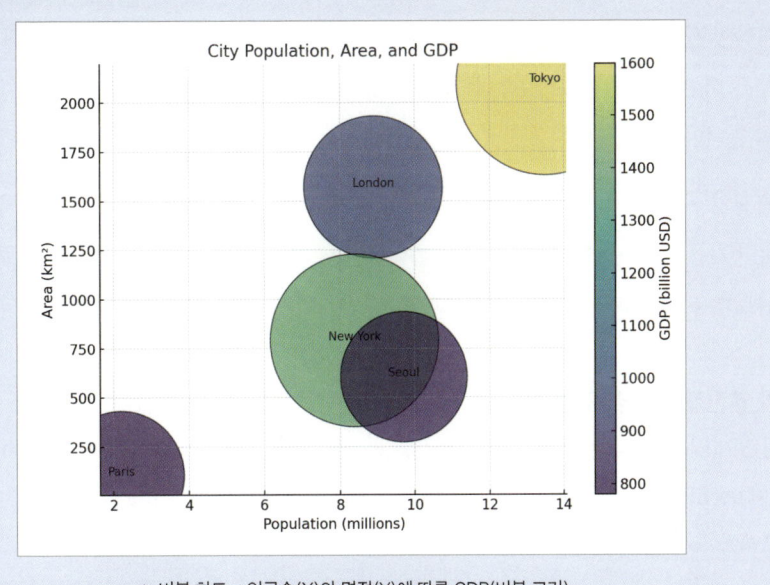

▲ 버블 차트 – 인구수(X)와 면적(Y)에 따른 GDP(버블 크기)

이 버블 차트는 주요 도시들의 인구(X축), 면적(Y축), GDP(버블 크기)를 동시에 보여줍니다. 특히, 색상과 버블의 크기로 GDP 규모를 강조했습니다. 이처럼 버블 차트는 세 가지 변수를 하나의 그래프 안에 효과적으로 표현할 수 있는 장점이 있습니다.

구체적으로 살펴보면, 도쿄는 가장 큰 GDP를 가진 도시로 노란색 버블로 표현되었고, 런던은 넓은 면적을 차지하고 있으며, 뉴욕은 중간 규모의 면적과 인구를 보여줍니다. 파리는 상대적으로 작은 면적과 인구를 가진 것으로 나타납니다. 서울은 뉴욕과 비슷한 위치에 자리잡고 있어 유사한 특성을 보입니다.

산점도가 보여주는 두 변수의 관계에 크기라는 세 번째 정보를 더함으로써, 도시들의 특성을 보다 입체적으로 비교하고 해석할 수 있게 되었습니다. 이는 여러 그래프를 따로 봐야 했던 정보를 하나의 시각화로 압축하여 직관적인 이해를 돕습니다.

히트맵

산점도는 두 변수 사이의 관계를 보여주는 차트입니다. 버블 차트는 산점도에 추가로 버블의 크기를 이용해서 또 다른 변수를 강조하여 표현한 시각화 도구입니다. 세 번째 비교 시각화는 히트맵입니다. 히트맵은 다수의 변수 사이에 관계를 한눈에 살펴볼 수 있습니다.

히트맵은 변수가 여러 개일 때, 개별 관계를 한번에 살펴볼 수 있도록 가로와 세로로 구성된 매트릭스 형태로 그려집니다. 색상으로 데이터 간의 관계를 표현하여 전체적인 관계성을 파악하는 데 매우 유용합니다. 데이터의 변수가 많고 변수 간 관계를 전혀 모를 경우, 히트맵을 먼저 살펴보면서 어떤 변수를 자세히 분석할지 우선순위를 정할 수 있습니다.

실무에서는 수많은 입력 변수와 출력 변수가 존재합니다. 이 모든 변수들을 하나씩 살펴보기 전에 전체적인 상관관계를 파악할 필요가 있습니다. 히트맵을 그려서 살펴보면, 변수들 간의 관계를 색상의 강도로 표현하여 중요한 관계를 빠르게 식별할 수 있습니다. 이는 어떤 변수들을 더 자세히 분석해야 할지 우선순위를 정하는 데 도움을 줍니다.

자동차 엔진의 여러 설계 인자 간의 상관관계를 살펴보는 실무 예시를 통해 히트맵의 활용을 알아보겠습니다. 100대의 자동차 샘플 데이터에서 엔진 출력, 연비, 배기량, 차체 무게, 가속 성능, 최고 속도로 구성된 6개 변수의 히트맵을 시각화해 보겠습니다.

자동차 엔진과 여러 설계 인자들
- 엔진 크기(Engine Size)
- 연비(Fuel Efficiency)
- 최고 속도(Top Speed)
- 엔진 블록 내구 수명(Engine Lifespan)
- 무게(Weight)
- 소음(Noise)

히트맵

▲ 히트맵 - 자동차 엔진과 주변 설계 변수 데이터 업로드

시본 라이브러리로 모든 변수에 대해서 상관계수를 포함한 히트맵을 시각화해 줘.
- 최대 1, 최소 -1이야.

※ 파일: 히트맵, 페어 플롯 - 엔진 시험 평가 데이터.csv

히트맵 시각화 코드 #9-3-3

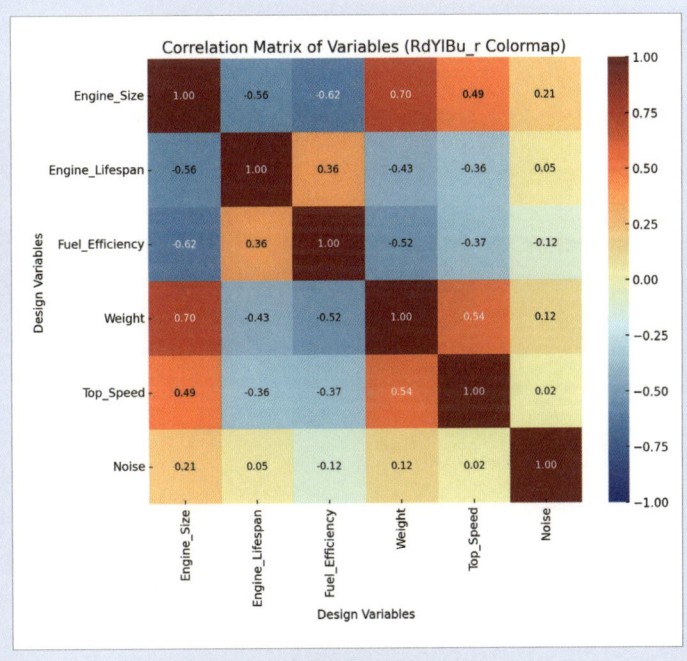

▲ 히트맵 - 자동차 엔진과 주변 설계 변수 상관관계

히트맵을 통해 자동차 설계 변수들 간의 상관관계를 한눈에 파악할 수 있습니다. 빨간색 대각선은 각 변수가 자신과 완벽한 상관관계(1.0)를 보이며, 대칭적인 구조를 이룹니다.

변수들 간의 관계를 살펴보면, 엔진 크기(Engine_Size)는 차체 무게(Weight)와 강한 양의 상관관계(0.70)를 보이는 반면, 연비(Fuel_Efficiency)와는 뚜렷한 음의 상관관계(-0.62)를 나타냅니다. 이는 엔진이 클수록 차체가 무거워지고 연비는 떨어지는 경향이 있음을 보여줍니다.

색상의 강도는 상관관계의 세기를 나타내며, 빨간색은 양의 상관관계를, 파란색은 음의 상관관계를 의미합니다. 이처럼 히트맵은 복잡한 변수들 간의 관계를 색상과 수치로 전체를 표현합니다. 이는 설계 시 고려해야 할 주요 관계들을 쉽게 파악할 수 있도록 돕습니다.

대칭을 이루는 히트맵을 축약하는 방법이 있습니다. 대칭되는 부분의 중복을 제거하고 단순화할 수 있는 히트맵 설정은 'mask=mask'입니다. 'mask=mask'는 히트맵을 그릴때 중복된 부분을 감추는 옵션입니다. 이 옵션을 직접 언급하여 다시 한 번 히트맵 시각화를 그려보겠습니다.

히트맵에서 중복되는 부분 제외

생성된 히트맵에서, 'mask=mask' 옵션을 추가해서 중복된 절반은 제외하고 다시 시각화해 줘.

mask 옵션 추가한 히트맵 시각화 코드 #9-3-4

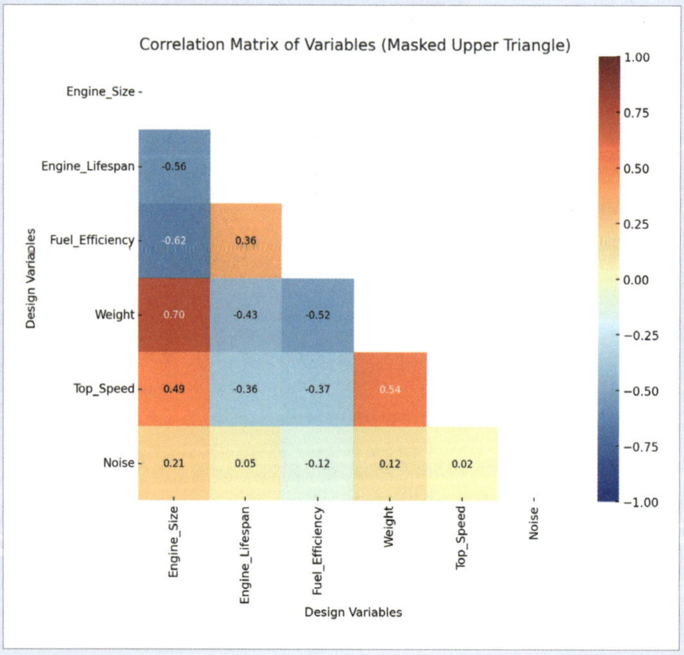

▲ 중복된 부분을 생략한 히트맵 - 'mask=mask' 옵션 켜기

이렇듯 내가 직접 코딩을 하지 않더라도 키워드만 알고 있으면, 간결하고 명확하게 챗GPT에게 작업 지시할 수 있습니다. 그래서 자주 쓰는 주요한 키워드를 알아두는 것은 효율적인 AI 활용에 있어서 보탬이 됩니다.

페어 플롯

페어 플롯은 여러 변수 간의 관계를 한눈에 보여주는 시각화 방법으로, 히트맵과 유사합니다. 히트맵은 색상으로 상관성의 높고 낮음을 표현합니다. 히트맵은 상관성을 색상으로 구분하여 직관적이지만 데이터의 개별 분포를 알 수 없다는 한계가 있습니다. 페어 플롯은 이와 같은 히트맵의 한계를 개선한 시각화입니다. 히트맵 매트릭스의 각 칸을 색상이 아닌 실제 데이터 산점도로 나타내는 것입니다.

> **페어 플롯의 구성**
> - **대각선**: 각 변수의 분포를 보여줍니다. 예를 들어, 엔진 크기의 분포, 연비의 분포 등을 한눈에 볼 수 있습니다.
> - **산점도**: 각 변수 쌍의 관계를 점으로 표시합니다. 이를 통해 선형 관계, 비선형 관계, 군집 등을 파악할 수 있습니다.
> - **상관관계**: 산점도의 패턴을 통해 변수 간의 상관관계를 시각적으로 확인할 수 있습니다. 예를 들어, 엔진 크기와 연비 사이의 음의 상관관계를 명확하게 볼 수 있습니다.

히트맵에서 사용했던 동일한 데이터로 페어 플롯을 시각화해 보겠습니다.

 페어 플롯

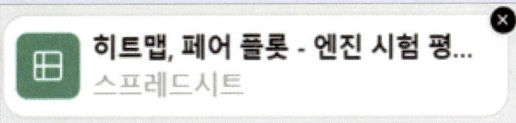

▲ 페어 플롯 – 자동차 엔진과 주변 설계 변수 데이터 업로드

시본 라이브러리를 이용하여 데이터의 변수 간 관계를 시각적으로 나타내는 페어 플롯 그려줘.
이 플롯은 변수 간 분포와 상관관계를 시각화하고 히스토그램과 산점도를 포함하자.
- 페어 플롯의 산점도 마커는 'o'모양으로 하자.

※ 파일: 히트맵, 페어 플롯 – 엔진 시험 평가 데이터.csv

페어 플롯 시각화 코드 #9-3-5

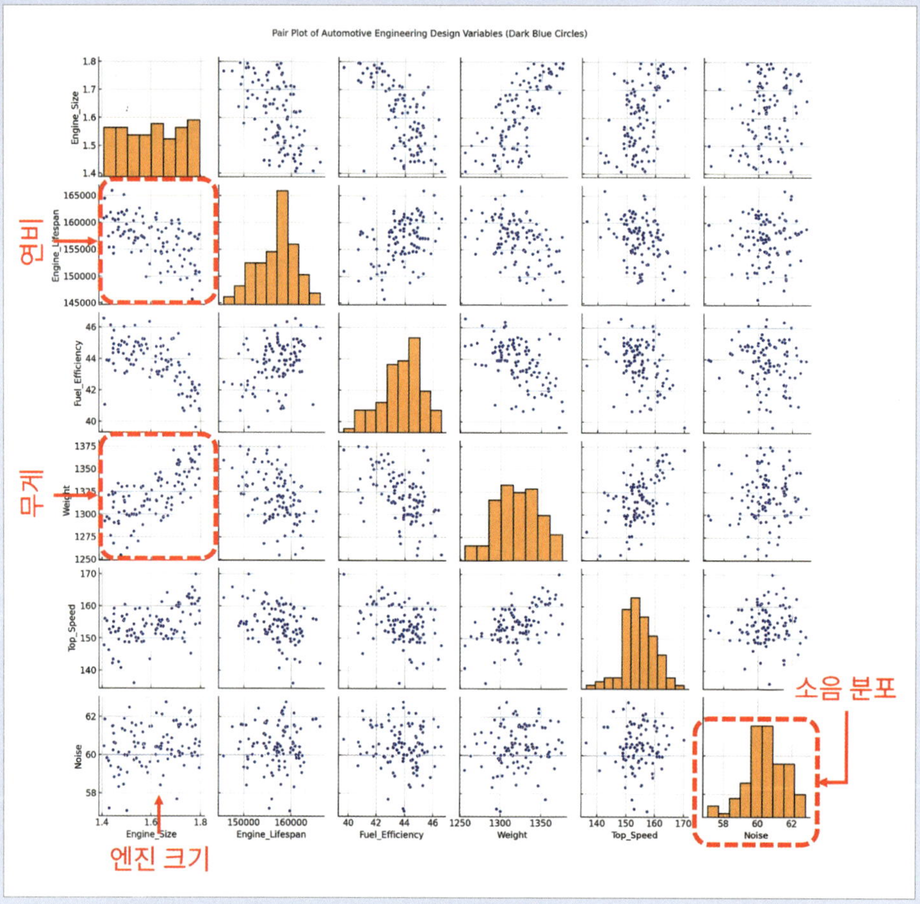

▲ 페어 플롯 – 자동차 엔진과 주변 설계 변수

이처럼 페어 플롯을 통해 자동차 설계 변수들 간의 관계를 더욱 상세하게 확인할 수 있습니다. 대각선에 위치한 히스토그램은 각 변수의 분포를 보여주는데, 예를 들어 소음(Noise)은 정규분포와 유사한 종 모양을 보이고 있습니다.

대각선을 제외한 영역의 산점도들은 두 변수 간의 구체적인 관계를 보여줍니다. 엔진 크기(Engine_Size)와 연비(Fuel_Efficiency) 사이의 뚜렷한 우하향 패턴은 엔진이 커질수록 연비가 감소하는 경향을 나타냅니다. 반면 엔진 크기와 차체 무게(Weight) 사이의 우상향 패턴은 엔진이 커질수록 무게도 증가하는 관계를 보여줍니다. 이처럼 페어 플롯은 히트맵의 단순한 상관계수 값을 넘어서, 변수들의 실제 분포와 관계의 패턴, 데이터의 군집이나 이상치까지 한눈에 파악할 수 있게 해주어 더욱 깊이 있는 데이터 분석을 가능하게 합니다.

04
AI-노코드 시각화 4
분포 시각화

분포 시각화는 데이터의 분포와 구성을 보여주는 방법입니다. 데이터가 어떻게 퍼져 있는지와 전체에서 각 부분이 차지하는 비율을 효과적으로 표현합니다. 이를 통해 데이터의 전반적인 특성을 쉽게 파악할 수 있습니다.

분포 시각화를 대표하는 세 가지 시각화

- 히스토그램(Histogram)
- 파이 차트(Pie chart)
- 트리맵(Treemap)

필요한 데이터는 아래 QR 코드로 접속하면 다운로드 받으실 수 있습니다.

https://github.com/M-LearnRun/Nocoding-JustAI

히스토그램

분포 시각화는 데이터가 어떻게 분포되어 있는지, 어떤 형태를 보이는지를 직관적으로 보여줍니다. 단순해 보이지만 데이터의 본질적 특성을 파악하는 데 매우 중요한 정보를 담고 있습니다.

히스토그램은 특히 통계 분석에서 가장 기본이 되는 시각화 도구입니다. 예를 들어 제조 현장에서는 동일한 설계로 생산하더라도 제품마다 미세한 차이가 발생할 수밖에 없습니다. 제조, 가공, 조립 등 각 공정 단계에서 발생하는 품질 변동을 히스토그램으로 나타내면, 전체적인 제품의 산포 경향을 효과적으로 파악할 수 있습니다. 특히 제조 산포를 알면 많은 것들을 할 수 있습니다. 상품의 가격도 정할 수 있고 품질 보증 기간(warranty)도 정할 수 있습니다.

자동차 전장 거리의 예시를 통해 히스토그램의 활용을 살펴보겠습니다. 1,000대의 자동차 전장 거리를 측정하여 설계 치수와의 오차를 히스토그램으로 나타내보겠습니다.

▲ 자동차의 치수

히스토그램

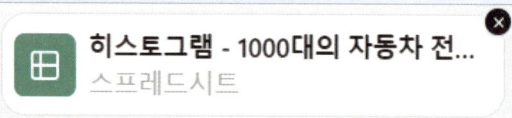

▲ 히스토그램 – 1000대의 자동차 전장 거리 오차 데이터 업로드

업로드한 파일은 1,000대의 자동차 전장 거리를 측정한 데이터야. 설계 치수의 오차를 살펴볼 수 있도록 히스토그램으로 그려줘.

※ 파일: 히스토그램 – 1,000대의 자동차 전장 거리 오차 데이터.csv

분포 시각화: 히스토그램 시각화 코드 #9-4-1

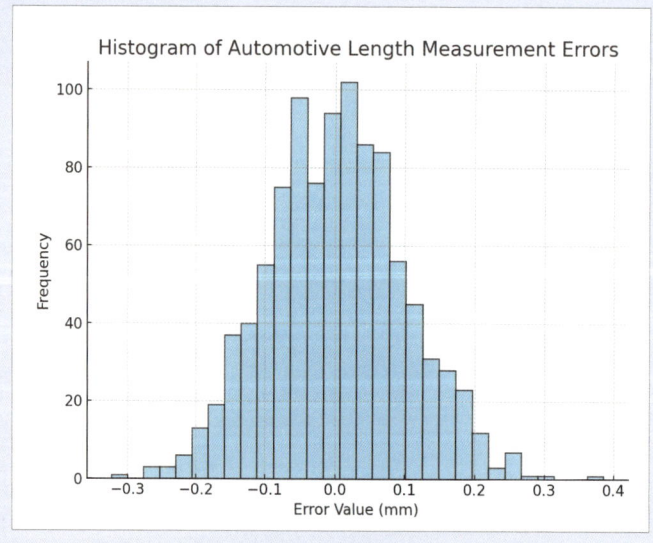

▲ 히스토그램 – 자동차 전장 거리 제조 오차 분포

이 히스토그램은 1,000대 자동차의 전장 거리 오차를 시각적으로 보여줍니다. X축은 설계 치수와의 오차값을, Y축은 각 오차 구간에 해당하는 자동차의 빈도수를 나타냅니다.

히스토그램의 형태를 보면 중앙값인 0mm를 중심으로 좌우 대칭에 가까운 종 모양을 보입니다. 이는 제조 오차가 정규 분포를 따르고 있음을 시사합니다. 대부분의 오차가 −0.2mm에서 +0.2mm 사이에 집중되어 있으며, 중심에서 멀어질수록 빈도가 점차 감소하는 것을 확인할 수 있습니다.

가장 높은 빈도를 보이는 구간은 0mm 부근으로, 이는 많은 제품이 설계 치수에 근접하게 생산되고 있음을 보여줍니다. 이러한 히스토그램 분석을 통해 제조 공정의 정밀도와 일관성을 평가할 수 있으며, 품질 관리의 기준을 설정하는 데 도움을 얻을 수 있습니다.

히스토그램은 겹치지 않는 변수의 구간을 동일한 길이로 나누어 각 구간의 값을 막대그래프로 표현한 것입니다. 이러한 구간을 빈(bin)이라고 부르며, 막대의 높이는 밀도(Frequency)를 나타냅니다. 이는 구간에 속한 데이터의 개수나 비율을 시각적으로 보여줍니다. 히스토그램을 작성할 때는 구간이 너무 적거나 많지 않도록 데이터 개수와 분포를 고려해 적절히 설정해야 합니다.

구간을 조밀하게 나눈다고 해서 정확도가 항상 높아지는 것은 아닙니다. 샘플 수와 데이터 분포를 고려하여 적절히 조정해야 유의미한 정보를 제공할 수 있습니다. 빈스(bins)의 개념은 긴 설명보다 실제 예제를 통해 확인하는 것이 더욱 직관적입니다. 빈스를 각각 5, 30, 200으로 설정하여 히스토그램을 시각화해 보겠습니다.

히스토그램의 빈스 조정

빈스(bins)를 각각 5, 30, 200으로 그려줘. 각각의 히스토그램을 순차적으로 생성해 줘.

히스토그램의 빈스(bins) 변화에 따른 시각화 코드 #9-4-2

※ 참고: 빈스(bins) 변화에 따른 챗GPT의 순차적 결과 3개를 가공하여 아래 그림과 같이 나타냈습니다.

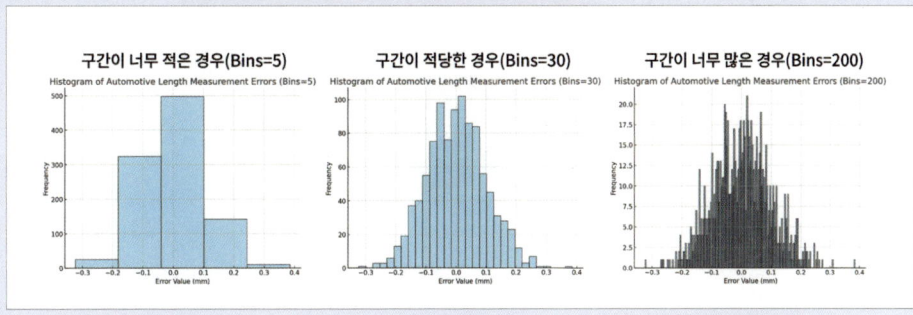

▲ 히스토그램 – 자동차 전장 거리 제조 오차 분포

파이 차트

파이 차트는 원형 그래프로도 불립니다. 범주형 변수의 구성이 단순하고 시각적으로 명확할 때 사용하기 적합합니다. 전체에서 각 부분이 차지하는 비율을 쉽게 나타낼 수 있는 시각화 방법입니다. 각 부분의 비율은 원의 중심각과 면적으로 표현되어 직관적으로 파악할 수 있습니다.

서비스 센터에서 접수된 고객 불만 유형과 비율 데이터를 파이 차트로 살펴보겠습니다.

파이 차트

아래는 서비스 센터에서 접수한 불량 유형 및 비율이야. 이 데이터를 이용해서 파이 차트를 생성해 줘.

- 도장 결함: 35%
- 조립 오류: 25%
- 부품 불량: 20%
- 전기 시스템 오류: 15%
- 기타: 5%

파이 차트 시각화 코드 #9-4-3

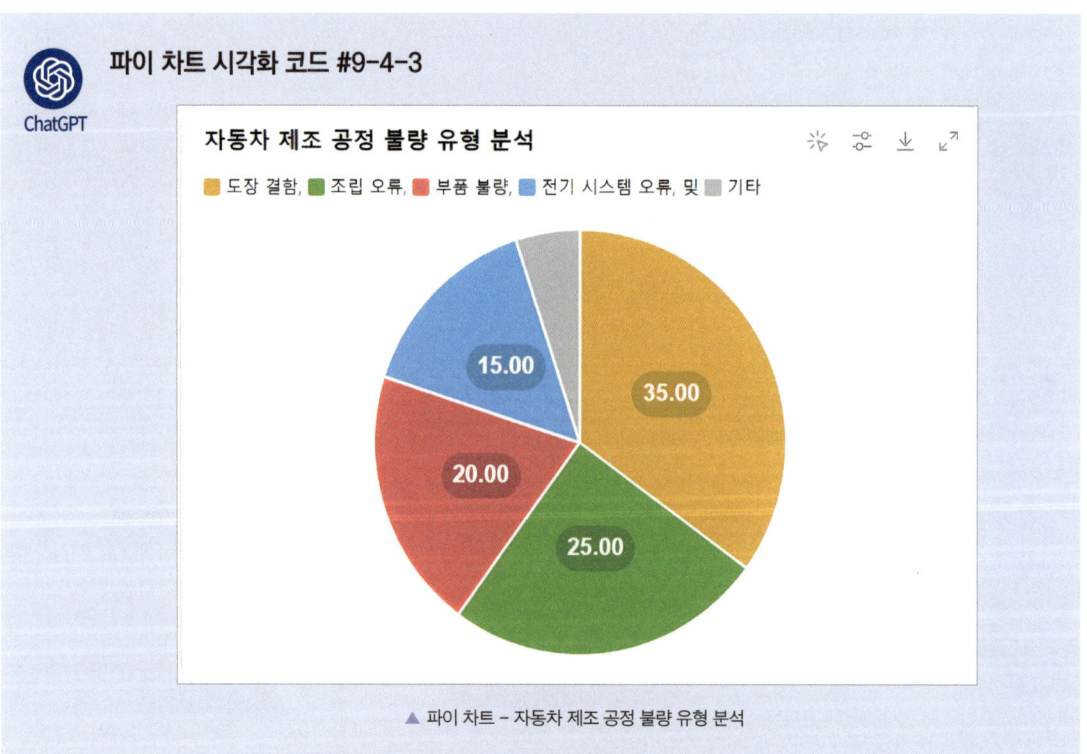

▲ 파이 차트 – 자동차 제조 공정 불량 유형 분석

이 파이 차트는 서비스 센터에 접수된 고객 불만 유형을 비율로 보여줍니다. 전체 불만 사항 중 도장 결함이 35%로 가장 큰 비중을 차지하며, 조립 오류가 25%, 부품 불량이 20%, 전기 시스템 오류가 15%를 차지합니다. 나머지 5%는 기타 문제로 분류됩니다.

각 영역을 다른 색상으로 구분하고 비율을 명확한 숫자로 표시하여, 전체에서 각 불만 유형이 차지하는 비중을 직관적으로 파악할 수 있습니다. 특히 도장 결함과 조립 오류가 전체 불만의 60%를 차지한다는 점이 시각적으로 두드러지게 나타나, 품질 개선이 필요한 핵심 영역을 쉽게 식별할 수 있습니다.

트리맵

파이 차트는 5~7개의 범주를 효과적으로 표현할 수 있지만, 그 이상의 범주는 구분하기 어렵다는 한계가 있습니다. 이런 경우 트리맵이 좋은 대안이 될 수 있습니다. 트리맵은 계층적 데이터를 직사각형 영역으로 나타내는 시각화 방법입니다. 트리맵의 각 직사각형의 크기는 데이터의 상대적 크기를, 색상은 또 다른 변수의 특성을 보여줍니다. 이러한 방식으로 트리맵은 많은 양의 데이터를 한 화면에 효율적으로 표현하는 시각화입니다. 많은 양의 데이터 분류를 한눈에 쉽게 파악할 수 있습니다.

트리맵을 시각화하기 위한 유용한 라이브러리는 스쿼리티(squarify)입니다. 이 책의 깃허브에서 'squarify-0.4.4-py3-none-any.whl'을 다운로드할 수 있습니다. 이 설치 파일을 챗GPT 프롬프트에 업로드하고 설치를 요청하겠습니다.

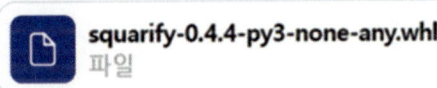

▲ 트리맵 - squarify 라이브러리 설치 파일 업로드

squarify 라이브러리를 업로드했어. 가상환경에 설치하고, 애플 주식 가격을 캔들 차트로 시각화해 줘.

※ 파일: squarify-0.4.4-py3-none-any.whl

squarify 모듈 설치 후, 미국 주식 시장의 시가총액 기준 100개 기업에 대해 주요 섹터별 트리맵 시각화 해보겠습니다.

트리맵을 그리기 위한 squarify 모듈 설치 코드 #9-4-4

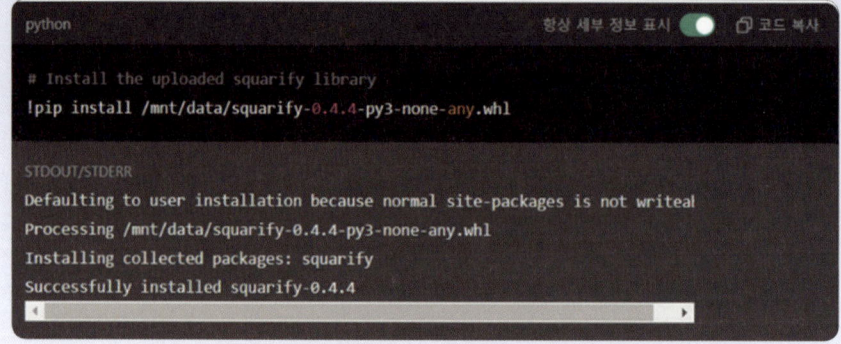

▲ 트리맵 – 트리맵을 그리기 위한 squarify 모듈 설치

챗GPT 가상환경에서 squarify 라이브러리가 정상적으로 설치된 화면입니다. 챗GPT는 pip install 명령어로 설치한 것을 알 수 있습니다. 마지막 줄을 보면, squarify 0.4.4 버전이 성공적으로 설치된 것을 확인할 수 있습니다('Successfully installed squarify-0.4.4'). 이제 이 라이브러리를 사용해서 데이터 시각화 작업을 할 수 있게 되었습니다.

트리맵

▲ 트리맵 – 미국 시가총액 상위 100위 섹터 데이터 업로드

미국 주식 시장 시가총액 상위 100위 기업과 섹터를 포함한 데이터로부터 트리맵을 시각화하자.

미국 주식 시장의 각 섹터로 구분해서 시각화해 줘.

squarify 라이브러리를 이용하자.

※ 파일: 트리맵 – 미국 시가총액 상위 100위 섹터.csv (출처: 컴퍼니스 마켓 캡, https://companiesmarketcap.com)

미국 주식 시장 시가총액 상위 100위의 섹터별 트리맵 시각화 코드 #9-4-5

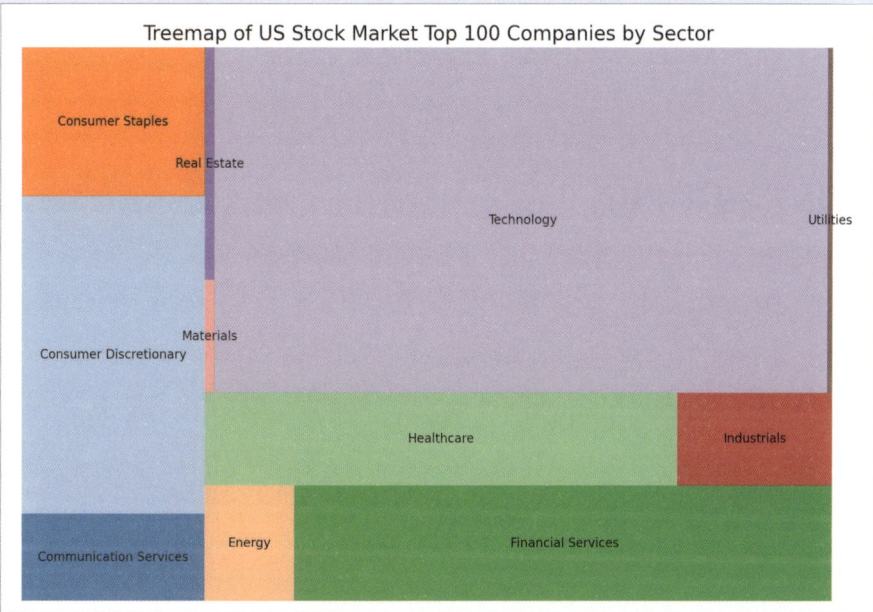

▲ 트리맵 – 미국 주식 시장 섹터별 시가총액

위 트리맵은 미국 주식 시장에서 시가총액 상위 100개 기업을 섹터별로 구분하여 시각화한 것입니다. 각 섹터의 크기는 해당 섹터에 속한 기업들의 총 시가총액에 비례합니다.

위에서 챗GPT가 생성한 트리맵 시각화는 미국 주식 시장 상위 100개 기업을 산업 섹터별로 분류된 모습을 보여줍니다. 각 직사각형의 크기는 해당 섹터가 차지하는 시가총액의 비중입니다.

이 시각화는 트리맵의 장점을 잘 보여줍니다. 10개 이상의 섹터를 효과적으로 표현하고 있으며, 각 영역의 크기를 통해 섹터 간 상대적 규모를 직관적으로 비교할 수 있습니다. 예를 들어, 기술주(Technology) 섹터가 가장 큰 면적을 차지하고 있음을 쉽게 파악할 수 있습니다. 또한, 각 섹터는 서로 다른 색상으로 구분되어 있어 많은 범주를 정돈된 형태로 구분합니다. 이는 파이 차트로는 표현하기 어려운 복잡한 구성 비율을 효과적으로 보여주는 트리맵만의 장점입니다.

05
좋은 시각화는 고래도 춤추게 한다

좋은 시각화는 단순함 그 자체다

앞에서 챗GPT를 활용한 단 한 줄의 코드 없이 프롬프트만으로 다양한 AI-노코드 데이터 시각화를 구현했습니다. 이러한 시각화 과정에서는 데이터를 시각적으로 표현하는 것과 분석자의 해석이 상호작용하며 동시에 이루어지기 때문에, 시각화와 분석 과정을 명확히 구분하기 어렵습니다. 다시 말해, 시각화 하면서 데이터의 패턴을 이해하고 추론하여 앞으로 나아가는 것이 실질적인 데이터 분석 과정입니다.

이렇게 시각화를 진행하면 데이터 분석과 해석이 자연스럽게 이루어집니다. 시각화를 생성하고 그 결과를 분석하며 해석하는 과정은 단방향이 아닌 양방향인 것입니다. 이와 같이 양방향적 흐름인 데이터 시각화는 분석가 자신의 사고를 정리하고 깊이 있는 이해를 돕는 도구일 뿐만 아니라, 도출된 인사이트를 동료나 고객과 효과적으로 공유하고 설득하기 위한 강력한 커뮤니케이션 도구가 됩니다.

도출된 분석 결과를 효과적으로 전달하기 위해서는 보고서 형태로 정리하여 공유하는 과정이 필수적입니다. 하지만 단순히 다양한 시각화를 생성하는 기술을 아는 것만으로는 부족합니다. 동료나 고객이 직관적으로 이해할 수 있는 명확한 시각화를 만드는 것이 무엇보다 중요합니다. 이제 데이터 시각화를 누구나 쉽게 이해할 수 있도록 만드는 핵심 원칙들을 살펴보겠습니다.

먼저 알아둘 것은 시각화만 잘해도 작업 흐름이 정돈됩니다. 좋은 시각화는 어려운 문제를 해결하는 데 도움을 줄 수 있습니다. 그리고 시각화를 통해 생각이 정리되면 문제 해결이 자연스럽게 이루어지기도 합니다. 그렇다면 좋은 시각화란 무엇일까요?

예를 들어 막대그래프를 살펴보면, 범주별 데이터의 차이를 한눈에 파악할 수 있어 추가 설명이 거의 필요 없습니다. 여기에 적절한 색상 선택과 간결한 라벨이 더해지면, 그래프만으로도 전달하고자 하는 메시지가 명확히 드러납니다. 이처럼 분석자의 의도가 시각화를 통해 자연스럽게 전달되는 것이 좋은 시각화의 핵심입니다. 그러려면 가능한 한 단순한 시각화가 좋습니다.

파이 차트로 예로 들면, 5~6개 이하의 카테고리만 포함하고 나머지 부수적인 항목은 줄여서 단순하게 시각화합니다. 지나치게 많은 카테고리가 포함되면 시각적으로 복잡해지고 주요 정보를 강조하기 어려워지기 때문입니다. 또한 소수점을 고려하여 총합은 반드시 100%가 되어야 시각적으로 정돈된 느낌을 줍니다.

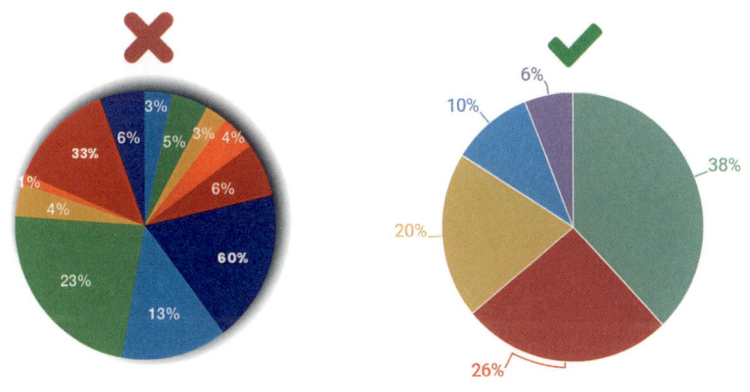

▲ 단순한 시각화를 위한 파이 차트 – 잘못된 예와 올바른 예

선그래프는 시간에 따른 데이터의 변화를 직관적으로 보여주는 데 가장 효과적인 방법입니다. 첫 번째 예시를 보면, Y축이 0에서 시작하여 정확한 비교의 기준점을 제시하고 있습니다. 그리고 단 세 개의 제품만을 표시하여 색상 구분이 명확합니다. 그래프의 간격 또한 균일하게 유지되어 있어 시간의 흐름에 따른 변화를 정확하게 파악할 수 있습니다. 이처럼 적절한 수의 데이터와 명확한 축 설정은 그래프의 가독성을 높이는 핵심 요소입니다.

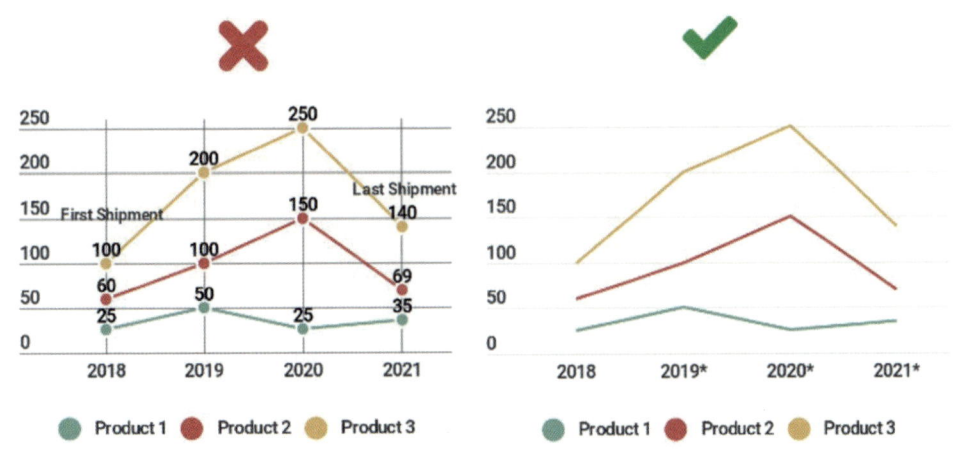

▲ 단순한 시각화를 위한 선그래프 – 잘못된 예와 올바른 예

두 번째 선그래프 예시의 경우 여섯 개의 제품 선이 한 그래프에 표시되어 있어 색상 구분이 어렵습니다. Y축이 -10에서 시작하여 데이터의 비교가 왜곡될 수 있습니다. 또한 너무 많은 정보를 한 그래프에 담으려다 보니 메시지 전달력이 현저히 떨어지는 것을 느낄 수 있습니다. 이는 선그래프 작성 시 피해야 합니다. 데이터를 둘 이상의 그래프로 나누어 표현하거나 가장 중요한 제품들만 선별하여 보여주는 것이 더 효과적일 것입니다.

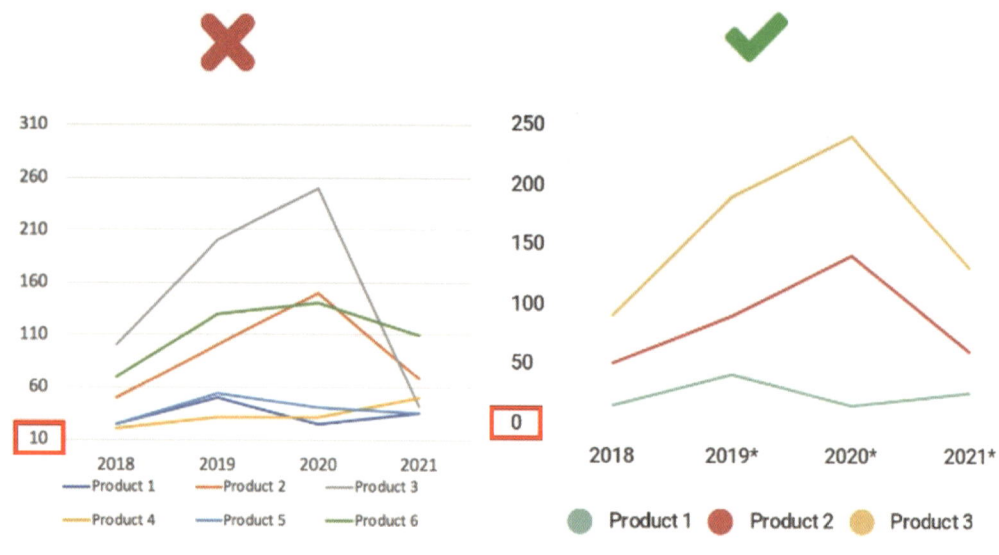

▲ 직관적인 시각화를 위한 선그래프 - 잘못된 예와 올바른 예

이처럼 선그래프 작성 시에는 목적에 맞는 데이터 선별과 명확한 시각적 구분이 중요합니다. 색상은 서로 잘 구분되도록 선택하고 필요한 경우 라벨이나 범례를 추가하여 이해를 돕는 것이 좋습니다. 또한 시간 축의 간격을 일정하게 유지하고 데이터의 특성에 따라 적절한 스케일을 선택하는 것도 중요한 고려사항입니다.

인간의 두뇌는 길이나 부피의 차이를 인식하는 데 매우 뛰어난 반면, 회전 각도를 비교하는 데는 상대적으로 어려움을 겪습니다. 이것이 바로 막대그래프가 데이터 시각화에서 가장 보편적으로 사용되는 이유입니다. 특히 여러 데이터를 비교할 때는 파이 차트보다 막대그래프가 훨씬 효과적입니다. 예를 들어 두 개의 파이 차트를 나란히 놓고 비교하는 것보다, 같은 데이터를 막대그래프로 표현하면 차이를 즉각적으로 파악할 수 있습니다.

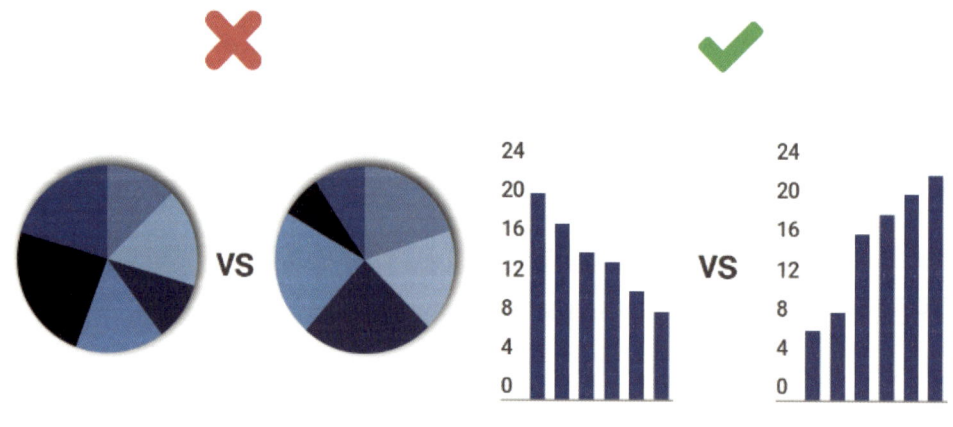

▲ 시각화 유형 선택의 중요성 - 잘못된 예와 올바른 예

좋은 시각화는 데이터가 전하는 이야기를 증폭시키는 확성기와 같습니다. 복잡하고 방대한 데이터 속에 숨어있는 핵심 패턴과 인사이트를 한눈에 볼 수 있게 만들어 줄 수 있기 때문입니다. 이는 마치 수천 개의 숫자로 이루어진 데이터 세트에서 숨어 있는 스토리를 가진 한 폭의 그림으로 재탄생하는 것과 같습니다. 아름답게 그려진 시각화는 말보다 더 큰 설득력이 있습니다. 복잡한 데이터를 단순하고 명확하게 시각화로 전달할 때, 비로소 데이터는 그 진정한 가치를 발휘할 있게 됩니다.

> "단순함은 궁극의 정교함이다(Simplicity is the ultimate sophistication)."
> - 스티브 잡스

텍스트뿐만 아니라 이미지까지 이해하는 멀티 모달 AI

AI는 데이터를 분석하는 것을 넘어 분석한 결과를 해석하고 인사이트를 제공하는 강력한 나만의 자비스가 되어 줄 수 있습니다. 기존 데이터 분석 툴은 아무리 유용하더라도 결과를 단순히 시각화하거나 나타내는 데 그쳤습니다. 해석은 전적으로 사용자의 몫이었죠. 그러나 AI는 결과를 분석하는 데 그치지 않고 이를 인간의 언어로 명확히 설명하고 해석할 수 있습니다.

예컨대, 전문가가 작성한 리포트나 기술 논문은 대부분 그래프 이미지가 포함되어 있습니다. 도메인 지식이 부족한 상태에서 전문가가 작성한 리포트와 그 안에 있는 그래프를 이해하기는 쉽지 않습니다. 극히 일부만 이해하거나 어떤 경우에는 거의 이해하지 못하기도 합니다. 챗GPT와 같은 스마트한 AI는 그래프를 보여주는 것만으로도 분석과 해설을 제공합니다. 물론 그래프에 담긴 정보에 한해서입니다.

시각화를 설명하는 게 아니라 보여주고 AI가 이해할 수 있는 것은 멀티 모달(Multi-modal)* 덕분입니다. 텍스트뿐만 아니라 그림, 동영상, 소리를 동시에 이해하고 분석할 수 있는 기술을 멀티 모달이라고 합니다.

오늘날 우리가 접하는 대부분의 정보는 텍스트, 이미지, 그래프, 도식, 영상 등 다양한 형태로 존재합니다. 이러한 데이터 환경에 서 AI가 텍스트만 이해하는 것은 한계가 있을 수밖에 없습니다. 실제로 많은 연구자들이나 실무자들이 다양한 기술 문서를 검토할 때 가장 어려워하는 부분이 바로 그래프나 도표의 해석입니다. 특히 여러 논문이나 보고서를 빠르게 검토해야 할 때, 각각의 그래프나 도표가 담고 있는 의미를 정확히 파악하는 것은 상당한 시간과 노력이 필요한 작업입니다.

이러한 문제를 해결하기 위해 최근 생성형 AI 서비스들은 멀티 모달 기능을 핵심 경쟁력으로 발전시키고 있습니다. 예를 들어 오픈AI의 최근 기술 자료를 보면 멀티 모달 AI는 단순히 텍스트 정보를 넘어서 이미지, 영상, 소리 등 다양한 형태의 데이터를 동시에 이해하고 처리할 수 있도록 발전시키고 있습니다.[43] 챗GPT와 같

---

* 멀티 모달(Multi-modal)은 여러 가지 형태의 데이터(텍스트, 이미지, 오디오, 영상 등)를 동시에 처리하고 이해하는 AI 기술이다. 예를 들어 의료 진단 시 환자의 MRI 영상, 증상 설명 텍스트, 의료 기록 등 다양한 형태의 정보를 종합적으로 분석하거나, 상품 추천 시 상품 이미지, 사용자 리뷰, 구매 이력 등을 함께 고려하는 데 활용된다.

은 생성형 AI 서비스는 이제 사용자가 제공한 그래프나 이미지에 담긴 정보를 분석하여 그 의미와 맥락을 쉽게 설명할 수 있게 되었습니다. 이처럼 멀티 모달 AI의 발전은 단순한 기술적 선택이 아닌, 현대의 데이터 환경이 필연적으로 요구하는 방향입니다.

멀티 모달 기능을 갖춘 챗GPT에게 논문에서 발췌한 그래프를 보여주며 설명을 요청해 보겠습니다.

논문 속 그래프 분석 요청
논문에 있는 그래프를 캡처 했어. 그래프를 보고 해석해 줘.

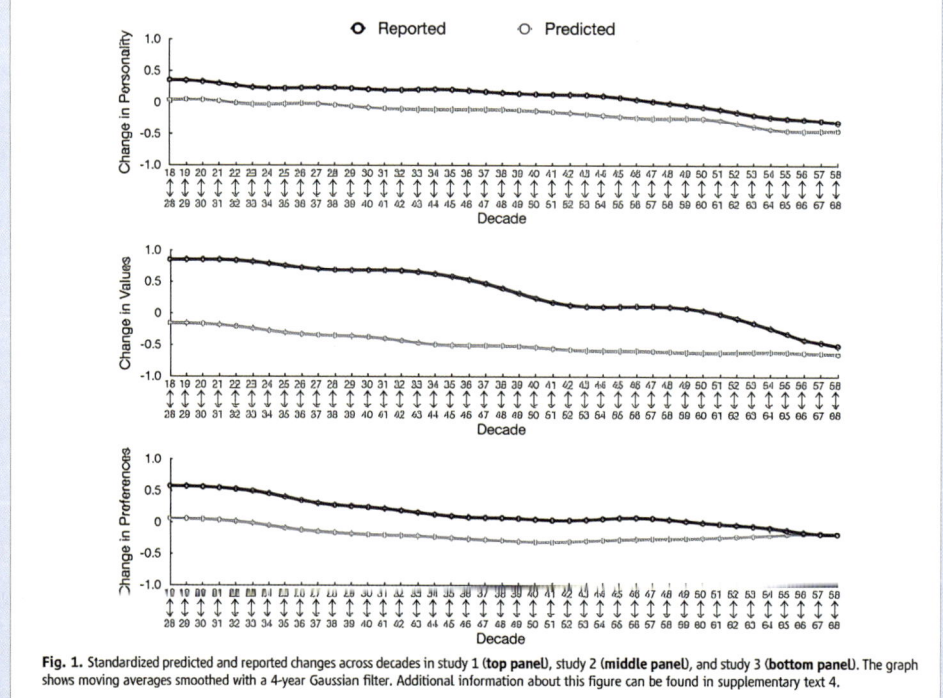

▲ 논문에서 그래프 캡처하여 프롬프트에 업로드[44]

※ 파일: (그래프 캡처 이미지)The_End_of_History_Illusion.png

https://github.com/M-LearnRun/Nocoding-JustAI

추가 설명 없을 시 답변: 제한된 답변

1. 시간에 따른 변화 경향
   - **성격**: 시간이 지남에 따라 성격의 변화는 약간의 하락세를 보입니다.
   - **가치**: 시간이 지남에 따라 가치의 변화는 꾸준히 감소합니다.
   - **선호도**: 시간이 지남에 따라 선호도의 변화도 감소합니다.

2. 연구의 목적:
   이 연구는 시간에 따른 개인의 성격, 가치, 선호도의 변화를 이해하고, 이러한 변화를 예측하는 모델의 정확성을 평가하는 것을 목표로 합니다. 실제로 보고된 데이터와 예측된 데이터를 비교함으로써 모델의 성능을 평가하고, 향후 모델 개선의 필요성을 강조합니다.

추가 정보 없이 캡처한 논문의 그래프만으로도 챗GPT는 객관적인 분석을 제공합니다. 단 한 장의 그래프로도 기본적인 해석이 가능하지만, 논문의 전체 맥락이 없다면 해석에 한계가 있을 수 있습니다. AI가 보다 정확한 분석을 위해 충분한 맥락 정보를 제공할 필요가 있습니다. 따라서 그래프 캡처와 함께 논문 전체 PDF 파일을 업로드하여 그래프에 대한 분석을 다시 요청하겠습니다. 이후 어떻게 분석이 변화하는지 살펴보겠습니다.

논문의 본문 전체를 제공하고 다시 논문 속 그래프 분석 요청

▲ 업로드한 논문(The End of History Illusion) pdf 파일 [41]

이 그래프를 포함하고 있는 논문 pdf 파일을 업로드했어.

이 논문을 읽고 위의 그래프를 다시 해석해 줘.

※ 파일: The_End_of_History_Illusion.pdf

https://github.com/M-LearnRun/Nocoding-JustAI

추가 설명 있을 시(논문 본문 제공) 답변: 우수한 해석 능력 발휘

논문의 주요 내용 요약:

이 논문, "The End of History Illusion"은 사람들이 자신들의 성격, 가치, 선호도가 미래에 크게 변하지 않을 것이라고 잘못 예측하는 경향이 있다는 내용을 다룹니다.

연구자들은 다양한 연령대의 사람들을 대상으로 조사하여 그들이 과거 10년 동안 얼마나 변했는지 보고하고, 향후 10년 동안 얼마나 변할 것이라고 예측하는지를 물었습니다.

이 결과, <u>사람들은 과거에 많은 변화를 경험했다고 보고했지만, 미래에는 큰 변화가 없을 것이라고 예측하는 경향이 있다는 결론을 내렸습니다.</u>

그래프의 상세 해석:

첨부된 그래프는 논문의 주요 연구 결과를 시각화한 것입니다. 이 그래프는 세 가지 주요 항목(성격, 가치, 선호도)에 대해 시간이 지남에 따른 변화(예측된 변화와 실제 보고된 변화)를 보여줍니다.

해석:

사람들은 미래가 앞으로 10년 동안 크게 변하지 않을 것이라고 예측하지만, 실제로는 그보다 더 많이 변합니다. 이는 사람들이 자신이 생각하는 미래 변화를 과소평가하는 또 다른 예입니다.

연구의 시사점:

- **예측 오류**: 사람들은 자신이 과거에 많은 변화를 경험했음을 알고 있지만, 미래에는 변화가 적을 것이라고 잘못 예측합니다. 이 '역사의 종말 환상'은 사람들이 자신의 현재 상태가 지속될 것이라고 믿는 경향을 보여줍니다.
- **실제 변화**: 연구 결과는 사람들이 미래의 변화를 과소평가하는 경향이 있음을 보여주며, 이는 잘못된 의사결정으로 이어질 수 있습니다. 예를 들어, 현재의 선호도가 앞으로도 계속 유지될 것이라고 잘못 믿어 미래의 기회를 과도하게 평가하는 경우가 발생할 수 있습니다.

논문의 전체 맥락을 전달하고 나니 결과 해석이 완전히 달라졌습니다. 마치 논문을 쓴 저자가 직접 등장해 차근차근 설명해 주는 듯한 느낌을 받을 만큼 챗GPT의 답변은 훌륭합니다. 제한된 데이터는 제한된 분석 결과로 이어질 수밖에 없습니다. 설명 없는 시각화 그래프 분석은 단순히 X, Y축 소개와 트렌드 설명에 그쳤습니다.

반면 전체 논문을 학습한 뒤 앞뒤 맥락을 이해하니 그래프 설명의 깊이와 수준이 상당히 높아졌습니다. 단순한 감소 추세가 아닌, '미래는 변하지 않을 거란 착각(The End of History Illusion)'이라는 맥락을 파악하고 사람들이 미래의 변화를 과소평가하는 심리적 경향까지 설명해 주었습니다. 더 나아가 이러한 현상이 의사결정에 미치는 영향에 대해 본문을 참고하여 그래프의 실질적인 의미까지 도출했습니다.

이는 데이터 시각화를 해석할 때 맥락 정보가 얼마나 중요한지를 잘 보여주는 예시입니다. 풍부한 맥락 속에서 이루어지는 분석은 단순한 트렌드 묘사를 넘어, 현상의 본질적 의미와 시사점까지 파악할 수 있게 해줍니다.

데이터 분석과 시각화뿐 아니라 결과 해석도 하는 AI

오픈AI에서 발표한 챗GPT의 초기 모델인 GPT-3.5는 많은 사람들이 사용하며 틀린 답을 마치 맞는 것처럼 답변한다는 지적을 받았습니다. 이러한 할루시네이션(Hallucination) 문제는 제한된 입력 데이터를 기반으로 출력을 생성했던 점에서 기인했습니다. 또한 GPT-3.5 모델의 학습 데이터 부족과 프롬프트 사용 경험이 적은 사용자들의 미숙함이 결합되어 AI 모델에 대한 인식 개선이 어려웠습니다. 그러나 시간이 지나며 GPT 모델이 점차 업그레이드되고 사용자들도 챗GPT 사용법에 익숙해지면서 답변의 품질이 꾸준히 향상되었습니다.

GPT-4의 발전과 함께 시작된 코드 인터프리터(Code Interpreter)는 챗GPT 내부에서 코드를 생성하고 실행까지하는 데이터 분석 전용 모듈입니다. 챗GPT는 질문에 답변하는 챗봇 기능만 있는 것은 아닙니다. 챗GPT는 코딩과 데이터 분석을 위한 기능도 지속적으로 업데이트 되고 있습니다. 2023년 7월, 오픈AI는 'ChatGPT Plus' 구독자들에게 베타 버전으로 이 기능을 선보였습니다. 사용자들이 파이썬 코드를 직접 실행하고 결과를 얻을 수 있게 해준 이 혁신적인 도구는 GPT-4.5 수준으로 평가될 만큼 획기적인 발전을 이루었습니다.

불과 몇 달도 지나지 않아, 오픈AI는 이 기능의 이름을 '고급 데이터 분석(Advanced Data Analysis)'으로 변경했습니다. 이는 단순한 이름 변경 이상의 의미를 갖습니다. 데이터 분석에 특화된 도구로서의 정체성을 더욱 명확히 한 것입니다.

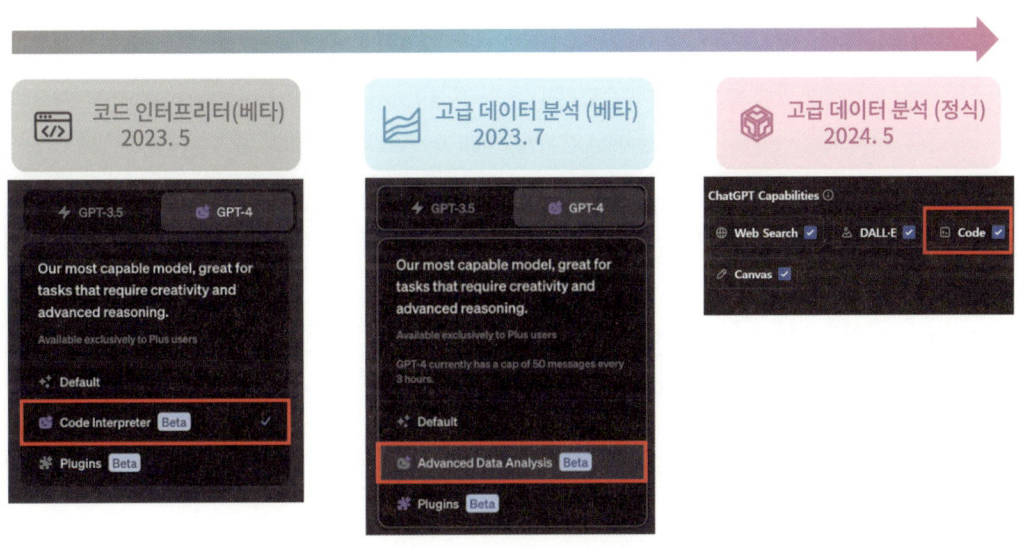

▲ GPT 코드 인터프리터와 고급 데이터 분석

2024년 5월, 오픈AI는 다시 한번 대규모 업데이트를 내놓았습니다. 이때 출시된 GPT-4o 모델에서 고급 데이터 분석 기능은 베타 버전에서 정식 버전으로 출시되었습니다. 이제 고급 데이터 분석 기능은 챗GPT의 핵심 기능으로 자리매김한 것입니다. 이후로도 오픈AI는 공식적인 업데이트 발표는 하지 않았지만, 실제 사용해본 경험에 의하면 데이터 분석 능력이 지속적으로 개선되고 있음을 강하게 체감할 수 있었습니다. 특히 텍스트, 이미지, 표 등 다양한 형태의 데이터를 함께 제공할 때 AI는 멀티 모달 기능을 활용하여 데이터를 종합적으로 분석하고 더욱 깊이 있는 인사이트를 도출해냅니다.

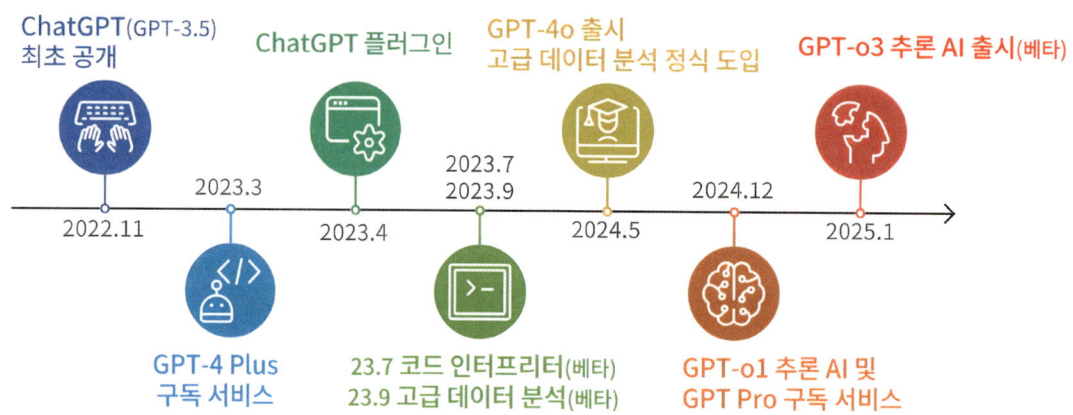

▲ 오픈AI에서 공식 발표한 챗GPT 모델 업데이트 항목

 챗GPT와 같은 AI의 등장이 데이터 분석 과정을 근본적으로 변화시키고 있음을 다양한 곳에서 목격할 수 있습니다. 예를 들어, 전통적인 코딩 방식에서 벗어나 대화형으로 AI와 긴밀하게 대화하면서 프로그래밍하는 주변 동료의 모니터는 이제 일상이 되었습니다. 진입 장벽은 점차 낮아지고 분석 퀄리티는 점점 높아지고 있다 보니 쓰지 않을 이유가 없는 것이죠. 이제 코딩에 전문 지식이 없는 사용자도 복잡한 데이터를 다룰 수 있게 되었습니다. 더욱 주목할 만한 점은 AI가 단순히 분석과 시각화를 제공하는 것을 넘어, 결과에 대한 깊이 있는 해석까지 제공한다는 것입니다. AI를 활용한 데이터 분석이 지닌 이러한 해석적 측면의 장점들을 정리해 보겠습니다.

> **AI 데이터 분석 결과에 대한 해석 장점**
>
> **1. 대화형 그 자체**
> 챗GPT를 활용한 데이터 해석은 대화형 프로세스라는 점에서 강력한 장점을 지닙니다. 사용자는 초기 분석 결과에 대해 추가적인 질문을 던지거나, 다른 관점에서의 해석을 요청할 수 있습니다. 이러한 접근 방식은 깊이 있는 분석과 다양한 시각의 해석을 가능하게 합니다.
>
> **2. 데이터 리터러시 향상**
> 챗GPT와의 상호작용은 분석자의 데이터 리터러시를 자연스럽게 향상시킵니다. 작업 중 어렵거나 생소한 단어나 개념에 부딪혀 흐름이 끊기는 경험은 누구나 해 보았을 것입니다. 이러한 경우 AI를 통해 실시간으로 질문하고 답변을 받으면서, 데이터 결과를 보다 명확히 이해할 수 있습니다. 이는 데이터 리터러시 학습과 데이터 결과 해석을 동시에 가능하게 합니다.

3. 편견과 한계 인식

챗GPT의 해석은 편견이 없습니다. AI는 외부의 영향을 받지 않고, 데이터를 있는 그대로 해석합니다. 이러한 중립적인 해석은 분석자가 사실에 기반한 판단을 내리는 데 중요한 역할을 합니다.

4. 지속적인 학습과 발전

AI 기술은 끊임없이 발전하고 있습니다. 분석자는 새로운 기능과 가능성에 대해 지속적으로 학습하고 적응함으로써 더욱 뛰어난 데이터 분석과 해석 능력을 발휘할 수 있습니다.

중국의 AI, 딥시크(DeepSeek) 충격이 던진 메시지

거대 AI 기업들이 지배하던 시장에 새로운 변화의 바람이 불어왔습니다. 중국의 스타트업, 딥시크(DeepSeek)가 일으킨 파문이 일파만파 퍼지고 있습니다. 오픈AI의 챗GPT나 앤트로픽의 클로드 같은 거대 AI 모델들이 천문학적인 비용과 자원을 투입하며 경쟁하던 시장에서 딥시크는 약 1/10의 비용만으로 충분히 경쟁력 있는 AI를 만들 수 있다는 사실을 증명했습니다. 이는 한국을 포함하여 전 세계의 AI 후발 주자들에게 희망과 함께 중국의 위협적인 기술력을 선보인 것입니다.

딥시크가 공개한 모델 중에서 특히 R1은 오픈AI의 o1 모델이 추론 과정을 공개하지 않던 것과 달리 어떻게 추론 과정을 거쳐 논리적 결론에 도달했는지 그 과정을 모두 공개했습니다. 게다가 오픈 소스로 이 모델을 전 세계에 공개했습니다. 이것은 이제 누구나 딥시크 AI 소스 코드를 다운로드 받아서 '무료'로 이용할 수 있다는 것을 의미합니다.

이러한 딥시크의 행보는 앞으로 초거대 AI뿐만 아니라, 각 분야에 특화된 소형 AI들이 우리 일상 곳곳에 스며들어 삶의 변화를 가속할 것입니다. 예를 들어 제조 현장에서 불량품을 검사하거나, 특정 전문 분야의 데이터를 분석하는 등 목적에 맞는 효율적인 AI 모델들이 속속 등장할 것입니다.

이제 AI는 더 이상 먼 미래의 이야기가 아닙니다. 딥시크의 사례가 보여주듯, AI 기술은 빠른 속도로 발전하며 우리의 일상 속으로 깊숙이 스며들고 있습니다. 특히 데이터 분석 분야에서 AI는 이미 없어서는 안 될 존재가 되어가고 있으며, 이러한 혁신의 속도는 앞으로 더욱 가속화될 것입니다.

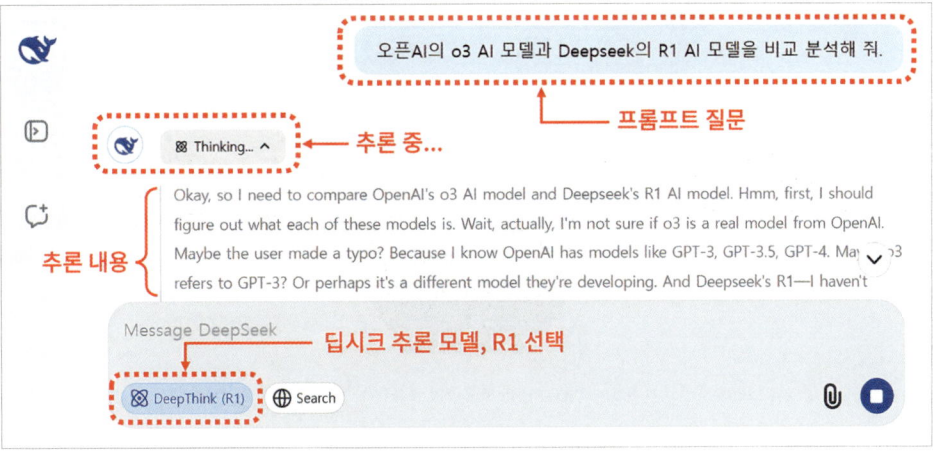

▲ 중국의 생성형 AI 딥시크가 주어진 질문에 추론하는 과정

06

실무 데이터 분석 기법
가장 유용한 데이터 분석 기법 베스트 5

베스트 1: 회귀 모델 – 복잡한 데이터를 단순하게 만들기

모든 비즈니스 분야에서 디지털 전환을 맞이하고 있습니다. 디지털 전환의 핵심은 경계를 구분하고 모듈화된 조직이나 제품을 통합하는 것입니다. 과거에는 작은 부분들의 합으로 전체를 이해하는 환원주의적 접근이 주를 이뤘습니다. 하지만 이제는 전체 시스템을 통합적으로 시뮬레이션하여 분석하는 방식으로 전환되고 있습니다. 이는 부분과 전체 사이의 경계를 허물고 시스템을 더 포괄적으로 이해하는 방법입니다.

과거의 업무 방식은 파워포인트와 엑셀로 분절된 데이터로서 연결이 되기 어려웠습니다. 분절된 데이터의 연결을 시도한 것은 V-사이클* 업무 프로세스입니다. 각 개발 단계마다 검증하고 확인하는 하나의 라인이 디지털 전환의 초석을 다졌습니다.[45]

최근에는 모든 단계가 하나로 통합된 모델 기반 시스템으로 발전하고 있습니다. 통합된 모델 기반 시스템은 작업 흐름 간의 긴밀한 연결을 바탕으로, 하나의 변경 사항이 발생하면 관련된 모든 정보가 자동으로 업데이트되는 것을 의미합니다. 더 나아가 시간 딜레이 없이 클라우드에서 실시간으로 모든 정보가 업데이트되어 현실 세계와 가상 세계의 경계가 모호해지는 디지털 트윈**까지 등장했습니다.

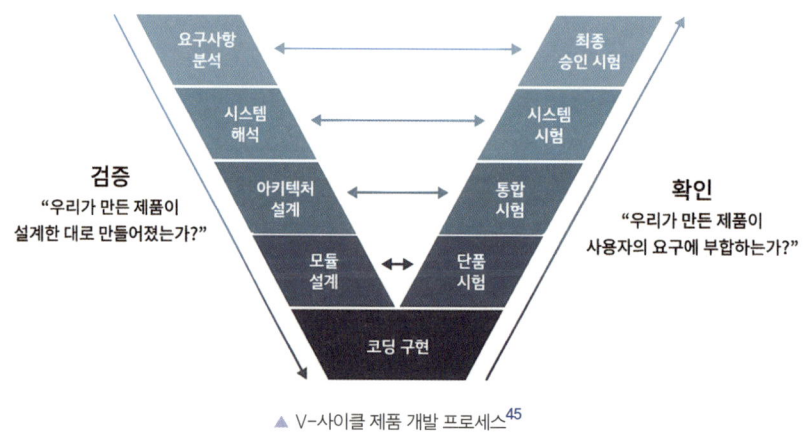

▲ V-사이클 제품 개발 프로세스[45]

* V-사이클은 제품을 개발할 때 따르는 단계별 절차이다. 먼저 전체적인 계획을 세우고, 세부 설계를 하고, 실제로 만든 다음, 각 단계마다 검사를 하면서 완성해가는 체계적인 개발 방법이다.
** 디지털 트윈(Digital Twin)은 현실 세계의 대상과 가상 세계의 복제본이 실시간으로 연결되는 기술이다. 현실의 모든 변화가 즉시 가상 모델에 반영되어 실시간 모니터링과 시뮬레이션, 즉각적인 예측이 가능한 기술이다.

문서 기반 업무 프로세스, V-사이클, 디지털 트윈까지 변화의 중심에는 데이터가 있습니다. 수년간 축적된 방대한 데이터를 바탕으로 축약된 모델을 구축하고 서로 연결이 필요합니다. 모델이 연결되고 시스템이 통합될수록, 모델은 단순하고 가벼워져야 합니다. 여기서 '가볍다'는 것은 빠르게 작동한다는 것을 의미합니다.

이러한 맥락에서 회귀 분석은 많은 쓰임새가 있습니다. 전통적인 통계 분석 기법으로서, 회귀 분석은 복잡한 시스템을 간결하고 쉽게 표현할 수 있어 여러 분야에서 널리 쓰이고 있습니다. 데이터 속에서 패턴을 찾는 가장 기본적인 방법으로 회귀 분석은 여전히 유효합니다. 그러기에 머신러닝의 가장 단순한 형태로도 간주됩니다. 실무에도 적용이 쉽고 활용 가능한 분야도 매우 다양합니다.

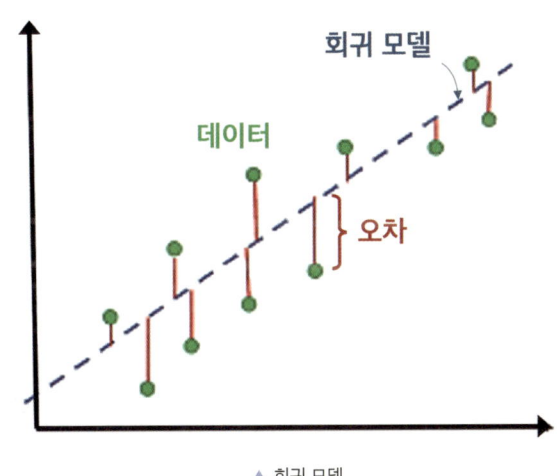

▲ 회귀 모델

회귀 분석 특징

1. **변수 간 관계 파악**: 독립변수와 종속변수 사이의 관계를 이해하고 설명합니다.
2. **예측**: 알려진 독립변수 값을 바탕으로 종속변수의 미래 값을 예측합니다.
3. **모델링 축약**: 복잡한 현상을 단순화된 수학적 모델로 표현하여 시스템을 이해하고 분석합니다.

회귀 분석 실무 문제를 AI-노코드 데이터 분석으로 살펴보겠습니다. 총 50개의 다양한 타이어 모델로부터 설계 치수가 바뀔 때 타이어 미끄럼 최대 힘을 계산할 수 있는 모델을 T자동차 회사에 제공해야 한다는 지시를 받았습니다. 가능한 정확도가 높으면서 단순한 회귀 모델 생성이 필요합니다.

그럼, 관련 데이터를 업로드하고 회귀 모델 중 가장 단순한 형태인 선형 회귀 모델링을 요청해 보겠습니다.

타이어 치수와 그 치수에 따른 버틸 수 있는 힘으로 선형 회귀 모델링 생성

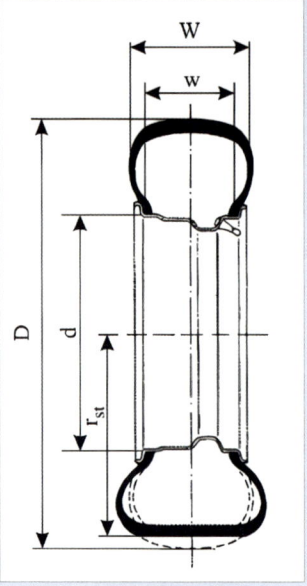

▲ 자동차 타이어 치수 [46]

▲ 타이어 설계 데이터 업로드

타이어 치수를 D, W, d, P, w, rst로 6개로 나타내자. 이 6개의 입력 변수야.
그리고 출력 변수인 Force capacity를 예측하기 위해 선형 회귀 분석을 해줘.

※ 파일: tire_models_load_capacity_Regression Analysis.csv

https://github.com/M-LearnRun/Nocoding-JustAI

 선형 회귀 모델링을 위한 데이터 업로드 코드 #9-6-1

데이터가 성공적으로 로드되었습니다. 주요 입력 변수는 D, W, P, d, w, rst이며 출력 변수는 Force capacity입니다. 선형 회귀 분석을 실행하여 Force capacity를 예측하는 모델을 생성하겠습니다.

선형 회귀 모델링 코드 #9-6-2

선형 회귀 모델 분석 결과는 다음과 같습니다.

변수	계수
D	0.0517
W	0.2433
P	0.0367
d	0.1683
w	0.2331
rst	0.2527

▲ 변수별 계수

모델 성능 평가:
- 평균 제곱 오차 (MSE): 139.46
- 결정 계수 (R^2): 0.6071

이 결과는 모델이 Force capacity를 예측하는 데 있어 약 60.7%의 설명력을 가진다는 것을 의미합니다. 추가로 다항 회귀나 특성 엔지니어링을 통해 성능을 개선할 수 있습니다. 추가 분석이 필요하다면 말씀해주세요!

단 한 줄의 요청으로 회귀 모델을 만들었습니다. 회귀 모델이 무엇인지 이해하고 실제 도메인 지식이 있으면 누구나 손쉽게 축약된 형태의 회귀 모델을 만들 수 있습니다. 모델의 성능은 Mean Squared Error(MSE)[*] 와 R-squared(R^2)[**] 로 측정합니다. MSE는 작을수록 좋고, R^2는 1에 가까울수록 회귀 모델의 설명력이 높습니다. 50개 데이터로 약 0.607, 즉 60.7% 설명력이 있다고 할 수 있습니다. 이를 이해하기 쉽게 시각화로 표현해 보겠습니다.

회귀 모델 성능 시각화

전체 데이터를 이용해서 회귀 모델과 실제 데이터 사이의 비교 그래프를 그려줘.

그리고 'Y=X 그래프'는 검정색 점선으로 그리자. 그래프 사이즈는 정사각형으로 하자.

예측과 실제를 직관적으로 살펴볼 수 있기 때문이야.

---

[*] Mean Squared Error(MSE, 평균 제곱 오차)는 예측값과 실제값의 차이를 제곱하여 평균을 낸 값이다. 0에 가까울수록 예측이 정확하다는 의미이며, 예측 오차의 실제 크기를 보여주는 지표이다.

[**] R-squared(R^2, 결정 계수)는 회귀 모델이 데이터를 얼마나 잘 설명하는지 보여주는 지표이다. 0부터 1 사이의 값을 가지며, 1에 가까울수록 모델의 설명력이 높다는 의미이다. 예를 들어, R^2값이 0.75라면, 이 모델이 데이터의 75%만큼 설명력이 있다고 해석할 수 있다.

선형 회귀 분석 시각화 코드 #9-6-3

위 그래프는 정사각형으로 그려졌으며, 파란색 점은 실제 값과 예측된 값을 나타내고, 빨간색 선은 회귀선을, 검은색 점선은 Y=X선을 나타냅니다. 이 검정색 점선은 예측된 값이 실제 값과 완전히 일치할 때의 이상적인 결과를 보여줍니다.

이 그래프를 통해 모델의 예측 성능을 더 명확히 검증할 수 있습니다. 추가 질문이나 다른 요청이 있으면 언제든지 말씀해 주세요.

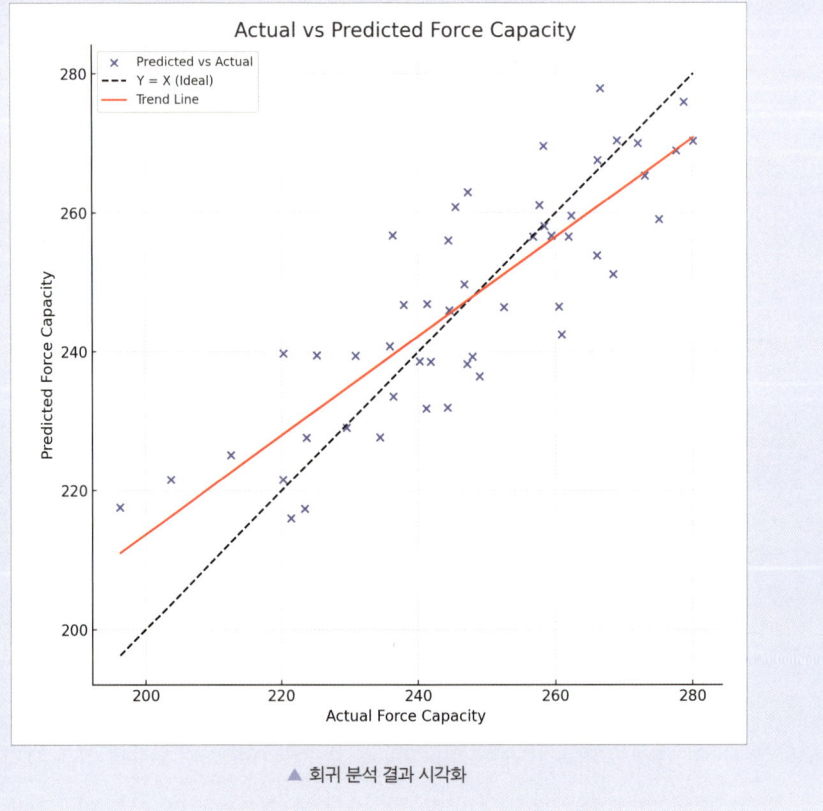

▲ 회귀 분석 결과 시각화

가로축(X축)은 실제 데이터에서 얻은 수치입니다. 그리고 세로축(Y축)은 회귀 모델이 예측한 수치입니다. 그러므로 빨간색 실선이 검정색 점선에 가까울수록 정확도가 높은 회귀 모델입니다.

베스트 2: 민감도 분석 - 수많은 변수 중 진짜 중요한 것 찾기

민감도 분석은 입력 변수들이 출력 성능에 미치는 영향의 민감함과 둔감함을 정량적으로 나타내는 기법입니다. 이를 통해 복잡한 시스템에서 어떤 요소를 조정하면 가장 효과적인지 알 수 있습니다.

위에서 언급한 대로 제품 성능에 큰 영향을 주는 '민감한' 제어 인자와 영향이 적은 '둔감한' 제어 인자가 있습니다. 이렇게 제어 인자를 구분하면 성능 개선과 최적화 작업을 더 효율적으로 진행할 수 있습니다. 이는 제한된 시간과 자원으로 최대의 효과를 얻을 수 있는 방법입니다.

민감도 분석은 각 요소의 변화에 따른 결과값의 기울기로 표현됩니다. 즉, 어떤 요소를 조금만 바꿔도 결과가 크게 달라진다면 그 요소의 기울기가 크고, 따라서 민감도가 높다고 할 수 있습니다.

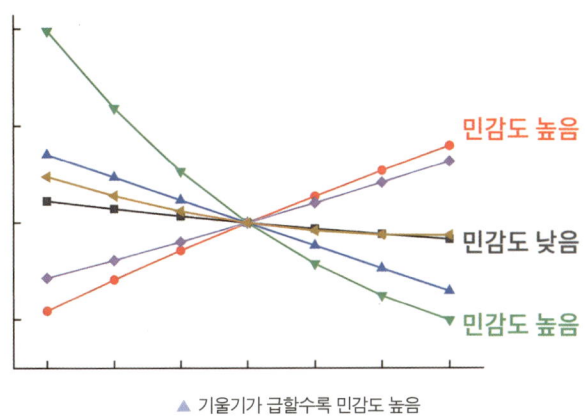

▲ 기울기가 급할수록 민감도 높음

민감도 분석 특징

1. **주요한 입력 변수 식별**: 결과에 가장 큰 영향을 미치는 입력 변수를 찾아냅니다.
2. **모델링 공간 축소**: 영향력이 적은 변수를 제외해서 모델을 단순화할 수 있습니다.
3. **불확실성 평가**: 입력 변수의 민감도와 출력 변수의 민감도로부터 신뢰 수준 범위를 상대적으로 비교할 수 있습니다.

$$\text{민감도} = \frac{\text{출력변수}}{\text{입력변수}}$$

민감도 분석 실무 문제를 AI-노코드 데이터 분석으로 접근해 보겠습니다. 반도체 제품 수명이 90은 넘어야 하는데 불량률이 늘어나고 있다고 합니다. 불량 제품을 줄이기 위해서 반도체 공정 엔지니어 김오성 수석연구원은 세 가지 공정을 살펴보고 데이터를 수집했습니다.

- A공정 데이터(포토리소그래피 피처 크기, nm)
- B공정 데이터(식각 균일성, %)
- C공정 데이터(증착 두께, nm)

A, B, C 세 공정 측정과 최종 성능 데이터인 P까지 200개 제품을 무작위로 샘플링했습니다. 이때 데이터 분석으로 공정 A, B, C 중에서 어떤 공정을 손봐서 불량률을 효과적으로 낮출 수 있을지 선택해야 합니다.

반도체 제조 공정 민감도 분석

▲ 반도체 공정 데이터 업로드

A, B, C는 입력 변수야. 그리고 'Performance'는 성능 변수*야. 입력/성능 변수는 따로 그려줘.

분포를 살피기 위한 히스토그램과 그 위에 분포 밀도 함수를 함께 표시하자.

각 데이터의 색상을 다르게 하여 범례를 포함해 줘.

※ 파일: semiconductor_processes_data_Sensitive Analysis.csv

https://github.com/M-LearnRun/Nocoding-JustAI

A, B, C 공정의 히스토그램 시각화 코드 #9-6-4

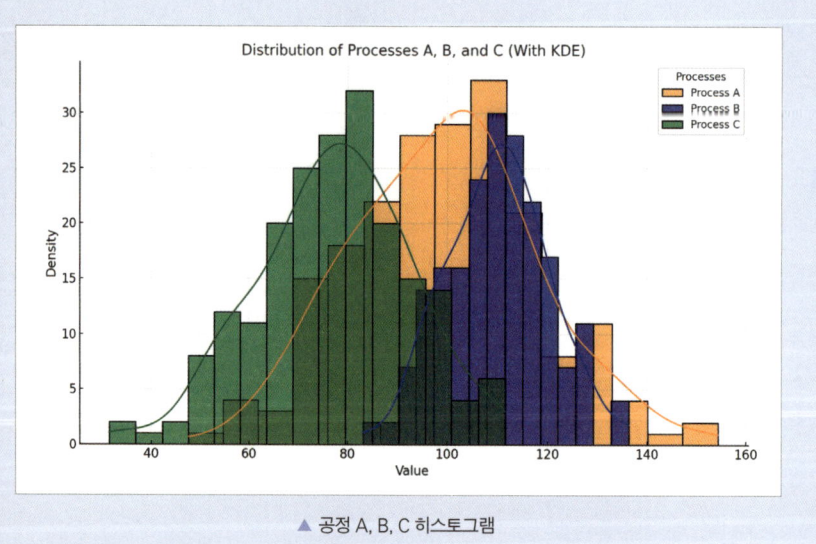

▲ 공정 A, B, C 히스토그램

---

* 성능 변수(Performance parameter)는 분석자가 가장 관심을 갖는 핵심적인 결과값을 의미한다. 예를 들어, 주식 투자를 분석한다면 수익률이, 온라인 광고를 분석한다면 클릭수가 성능 변수로 정의될 수 있다. 특히 민감도 분석에서는 이 성능 변수가 다른 입력 변수들의 변화에 얼마나 민감하게 반응하는지를 분석한다.

A, B, C 입력 변수의 분포를 살펴보았습니다. 공정 산포는 A가 가장 큽니다. 그다음으로 C가 크고 B가 가장 작은 산포를 보입니다. 공정에서 산포는 작을수록 좋습니다.

이제 성능에 영향이 큰, 다시 말해 민감도가 큰 공정을 찾아보도록 하겠습니다. 접근 방식을 단순하게 하기 위해 여러 다른 요인으로부터 독립적이라고 가정하고 입력 변수 A, B, C만 고려하겠습니다. 챗GPT에게 민감도 분석을 요청하겠습니다.

민감도 분석의 시각화

공정 A, B, C가 변화할 때, 성능 변수(P)에 대한 민감도 분석을 해 줘.

그리고 민감도를 숫자로 표기하지 말고, 직관적인 기울기로 볼 수 있도록 시각화해 줘.

민감도 분석 그래프 시각화 코드 #9-6-5

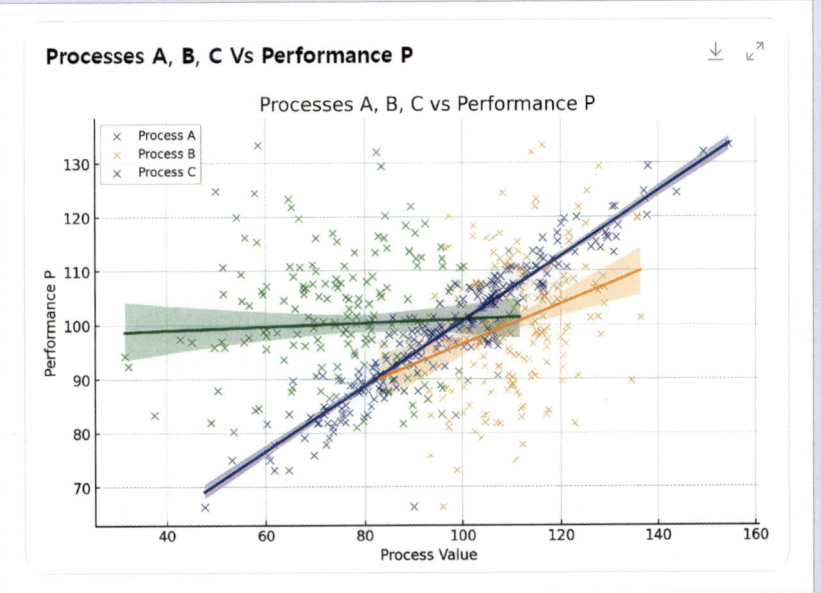

▲ 민감도 분석 그래프

위 그래프는 Process_A, Process_B, Process_C 각각에 대한 성능 변수 Performance_P와의 민감도를 시각화한 것입니다. 각 프로세스는 다른 색상으로 구분되며, 회귀선의 기울기를 통해 민감도를 직관적으로 확인할 수 있습니다. 추가 분석이나 요청이 있으면 말씀해 주세요!

'민감도 분석'이라는 키워드만으로도 보기 좋은 민감도 기울기 시각화를 얻을 수 있었습니다. 이를 통해 김오성 수석연구원은 A 공정이 성능에 가장 큰 영향을 미친다는 사실을 쉽게 파악했습니다. 따라서 A 공정에 자원을 집중하여 개선점을 찾는다면, 최소한의 노력으로 최대의 효과를 얻을 수 있을 것입니다. 다만 이러한 의사결정에는 다양한 제약조건과 비용 등 현실적인 요소들을 종합적으로 고려해야 할 것입니다.

베스트 3: 데이터 분류/군집화 - 데이터 속에 숨어 있는 패턴 발견하기

데이터 분류와 군집화는 데이터 속 패턴을 찾는 가장 대표적인 분석 방법입니다. 사람의 인식으로는 보이지 않는 패턴을 데이터 분류와 군집화가 찾아냅니다.

분류는 수집한 데이터에 이미 라벨이 붙어 있는 경우를 말합니다. 즉 같은 라벨이 붙은 그룹의 특징을 찾는 것입니다. 쉬운 예로, 남자인지 여자인지 성별을 아는 상태에서 키와 몸무게 데이터를 통해 둘 사이의 패턴을 찾을 수 있습니다. 남성과 여성의 키 분포를 보면, 키가 클수록 남성일 확률이 높을 것입니다. 이는 직관적으로 이해할 수 있을 뿐만 아니라, 데이터로부터 정량적으로 확인할 수도 있습니다.

또한 성별 추정에서 몸무게는 중요한 지표가 될 수 있습니다. 이렇게, 키와 몸무게 데이터만으로도 성별을 확률적으로 추정할 수 있습니다. 이는 패턴 인식의 대표적인 사례로, 다른 정보 없이도 신체 측정값만으로 성별을 구분할 수 있음을 보여줍니다.

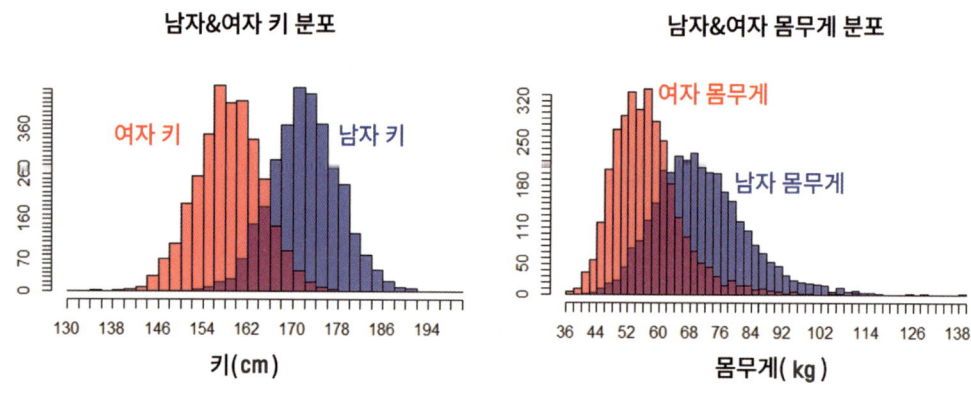

▲ 키와 몸무게 데이터로 남자 여자 패턴 인식

위의 사례와 달리 라벨이 없는 경우도 있습니다. 이때는 분류가 아니라 군집화를 합니다. 예를 들어, MBTI 성격 유형 검사는 군집화의 한 예입니다. 이는 MBTI 검사를 실시하기 전에는 자신의 MBTI를 알 수 없는 상태에서 진행되기 때문입니다. MBTI 검사를 통해 여러 문항에 답하면, 총 4가지 속성(성향, 인식, 판단, 계획) 각각에서 두 가지 수준으로 구분된 그룹에 속하게 됩니다.

MBTI는 이러한 그룹을 적절한 규칙에 따라 그룹을 식별하는 것입니다. 이와 같은 유형 구분 방법은 대량의 복잡한 데이터를 간결하게 정리하여 이해하기 쉽게 만들어 줍니다. 이렇게 만들어진 모델은 다양한 의사결정에 활용될 수 있죠. 특히 이런 패턴 기반 접근법의 장점은, 새로운 사례가 등장했을 때 기존 데이터에서 발견된 패턴을 적용하여 빠르게 판단할 수 있다는 점입니다.

▲ MBTI 심리 분류 분석 지표

측정 가능한 크기, 길이, 무게, 성별처럼 명확히 구분할 수 있는 특성이 있으면, 라벨을 붙여 분류할 수 있습니다. 그러나 데이터가 점점 복잡해지고, 빅데이터화되면서 구분이 어려운 경우가 많아지고 있습니다. 예를 들어, 고객 리뷰에서 감정의 긍정/부정 정도나 음식의 맛이 '좋다' 혹은 '나쁘다'와 같이 매우 주관적인 판단이 개입될 수 있습니다. 또는 측정 결과에 오차가 많이 섞여 있는 경우, 데이터의 패턴을 인식하기가 쉽지 않습니다. 이러한 데이터의 규모와 복잡성은 사람의 인지 수준을 훨씬 넘어섭니다. 이에 따라 데이터 기반 머신러닝을 활용한 패턴 인식 방식이 널리 사용되고 있습니다.

머신러닝이 가장 잘하는 것은 패턴을 찾는 일입니다. 여기서 패턴이란 데이터에서 반복해서 나타나는 특징이나 규칙을 말합니다. 우리가 어떤 물건이나 상황을 보고 그것을 인식할 수 있는 것도 그 대상의 특징적인 모습이나 반복되는 패턴을 학습했기 때문입니다. 머신러닝도 이와 비슷합니다. 데이터에서 특징적인 패턴들을 찾아내고 학습하는데 사람과 달리 훨씬 더 많은 데이터에서, 더 복잡한 패턴까지 찾아낼 수 있다는 장점이 있습니다. 머신러닝에서 이러한 패턴을 인식하는 방법은 크게 두 가지로 나뉩니다. 이를 개와 고양이를 구분하는 예제로 설명해 보겠습니다.

첫 번째로, 지도학습(Supervised learning)은 마치 정답을 알고 있는 선생님이 학생을 가르치는 것과 같습니다. 예를 들어, 우리가 컴퓨터에게 개와 고양이를 구분하도록 가르치고 싶다고 생각해 봅시다. 먼저, 우리는 컴퓨터에게 많은 개와 고양이 사진을 보여줍니다. 이때 각 사진에 "이건 개야." 또는 "이건 고양이야."라고 정답(라벨)을 붙여줍니다. 컴퓨터는 이 사진들을 보면서 개와 고양이의 특징을 학습합니다. 학습이 끝나면, 우리는 라벨이 없는 새로운 동물 사진을 컴퓨터에게 보여줍니다. 컴퓨터는 학습한 내용을 바탕으로 이 새로운 사진이 개인지 고양이인지 추측합니다. 이것이 정답이 주어진 데이터로 학습하고 새로운 데이터에 대해 예측하는 지도학습입니다.

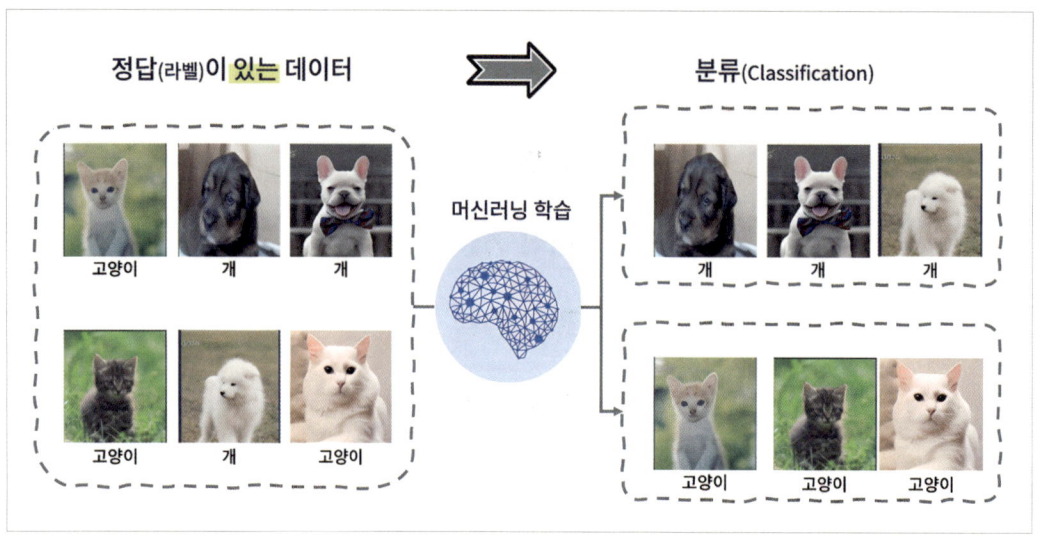

▲ 지도학습의 패턴 인식 중 데이터 분류(Classification) 방법

비지도학습(Unsupervised learning)은 학생이 스스로 공부하는 자율 학습과 같습니다. 이번에는 컴퓨터에게 개와 고양이가 무엇인지 알려주지 않습니다. 우리는 컴퓨터에게 많은 동물 사진을 보여줄 뿐입니다. 컴퓨터는 이 사진들을 분석하며 비슷한 특징을 찾기 위해 노력합니다. 특징이 발견되면 사진들을 그룹으로 묶습니다. 결과적으로 컴퓨터는 사진들을 두 개의 큰 그룹으로 나눌 수 있습니다. 우리가 보기에 한 그룹은 주로 개 사진이고 다른 그룹은 주로 고양이 사진일 것입니다. 하지만 컴퓨터는 이 그룹들을 '개'와 '고양이'라고 부르지 않고 단지 '그룹1'과 '그룹2'로 구분할 뿐입니다. 이러한 방식으로 정답 없이 데이터의 특징을 스스로 찾아 그룹 짓는 것을 비지도학습이라고 합니다.

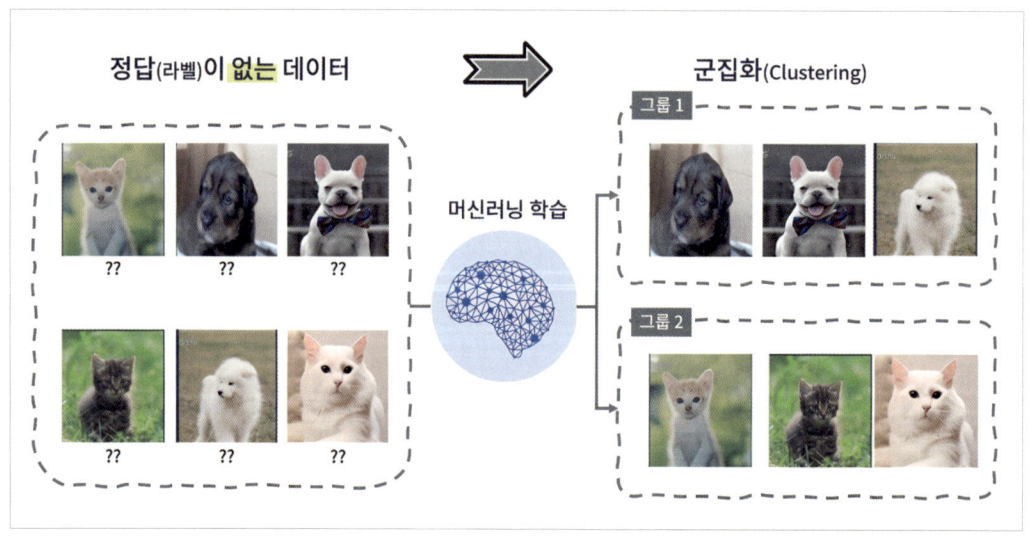

▲ 비지도학습의 패턴 인식 중 데이터 분류(Classification) 방법

446

결론적으로, 지도학습은 이미 정의된 규칙에 따라 라벨이 있는 데이터를 나누는 방법으로, 분류(Classification, 클래시피케이션)라고 합니다. 비지도학습은 라벨 없이 데이터에서 형성된 그룹을 찾아 데이터의 구조를 이해하고 패턴을 발견하는 방법으로, 군집화(Clustering, 클러스터링)라고 합니다. 두 가지 학습 방식은 각각 다른 상황에서 유용하게 사용됩니다. 지도학습은 우리가 원하는 특정 결과를 얻고자 할 때 사용하고 비지도학습은 데이터에서 숨겨진 패턴이나 구조를 발견하고자 할 때 사용합니다.

요소	분류 (Classification)[*]	군집화 (Clustering)[**]
학습 유형	지도학습	비지도학습
데이터 라벨	라벨이 있는 데이터 사용	라벨이 없는 데이터 사용
목적	데이터를 미리 정의된 클래스에 할당	데이터 내에서 자연스러운 그룹 찾기
예시 알고리즘	SVM, 의사결정 트리, 로지스틱 회귀	K-means, 계층적 군집화, DBSCAN

▲ 이미지 분류/군집화 특징

데이터 분류/군집화 특징
1. **분류 예측**: 이미 학습한 데이터를 기반으로 새로운 데이터를 분류 예측합니다.
2. **복잡한 데이터 특징 식별**: 데이터에서 특정 패턴을 파악하여 식별하고 그룹화합니다.
3. **복잡함에서 단순함으로**: 복잡한 데이터를 의사결정 할 수 있도록 간결한 규칙을 만들어냅니다.

데이터 분류/군집화 실무 문제를 AI-노코드 데이터 분석으로 시도해 보겠습니다. 프로야구 10개 구단의 선수 데이터를 수집해 출루율과 선수 연봉을 비교하여 가장 효율적인 선수 군집을 분석하겠습니다. 출루율이 높으면서 연봉이 낮은, 성과 대비 저평가된 선수를 군집화하고 우선적으로 영입해야 할 선수를 순서대로 나열해 보겠습니다.

- 선수 능력 데이터 → 출루율 = $\dfrac{\text{안타}+\text{볼넷}+\text{몸에 맞는 볼}}{\text{타수}+\text{볼넷}+\text{몸에 맞는 볼}+\text{희생플라이}}$
- 선수 가치 데이터 → **연봉**

챗GPT에 선수 연봉과 기록 데이터를 업로드하고, 최근 연봉과 출루율 데이터를 활용해 분류 머신러닝 모델을 생성하는 것을 최종 목표로 언급하겠습니다. 그리고 순차적으로 데이터 분석을 진행해 보겠습니다.

---

[*] 분류(Classification) 알고리즘의 핵심은 데이터 공간을 서로 다른 영역으로 명확히 구분하는 데 있다. 이미 라벨이 있는 데이터로 학습하여 새로운 데이터가 어떤 범주에 속하는지 예측한다. SVM은 데이터를 가장 잘 구분하는 경계선을 찾고, 의사결정 트리는 데이터를 트리 구조로 나누어 분류하며, 로지스틱 회귀는 데이터가 특정 범주에 속할 확률을 계산하는 특징을 갖는다.

[**] 군집화(Clustering) 알고리즘의 핵심은 데이터의 자연스러운 그룹을 발견하는 데 있다. 라벨 없이 데이터의 특성만을 보고 비슷한 데이터끼리 그룹화하여 패턴을 찾아낸다. K-means는 데이터를 k개의 중심점을 기준으로 묶고, 계층적 군집화는 가까운 데이터부터 차례로 묶어가며, DBSCAN은 데이터가 밀집한 영역을 찾아 군집을 형성하는 특징을 갖는다.

프로야구 선수 출루율과 연봉으로 군집화

▲ 군집화를 위한 한국 프로야구 선수 연봉과 기록 업로드

제공한 데이터를 바탕으로 '최근 연봉'과 '출루율'을 활용해 분류 머신러닝 모델을 만들고 싶어. 곧바로 시작하기 전에 순차적으로 분석을 진행하자. 먼저, 업로드한 데이터를 살펴봐.

※ 파일: batter_stats_2017_UTF.csv(출처: 프로야구 공개 기록실 데이터[47])

https://github.com/M-LearnRun/Nocoding-JustAI

 출루율과 연봉의 분포를 살펴본 결과, 다음과 같은 인사이트를 얻을 수 있습니다.

1. 출루율:

- 대다수의 출루율은 0.2에서 0.4 사이에 분포하고 있으며, 정규 분포에 가깝게 분포하고 있습니다.
- 출루율이 0인 데이터도 일부 존재하지만, 이는 실제 경기 참여가 적거나 특정 상황에 의한 값일 가능성이 있습니다.

2. 연봉:

- 연봉 분포는 비대칭적이며, 대부분의 연봉은 하위 구간에 집중되어 있고, 일부 고연봉 선수들이 존재하여 긴 꼬리를 형성하고 있습니다.
- 이러한 분포는 실제로 몇몇 스타 플레이어들이 상당히 높은 연봉을 받는 야구 선수들의 연봉 구조를 반영할 수 있습니다.

이제 데이터를 전처리하여 '출루율'과 '2018 연봉'을 활용한 분류 모델을 개발할 수 있도록 준비하겠습니다. 혹시 특별히 원하는 전처리 방법이나, 특정 분류 알고리즘이 있다면 알려주세요.

업로드한 데이터를 바탕으로, 챗GPT가 출루율과 연봉 데이터를 분석한 결과입니다. 출루율은 대부분 0.2와 0.4 사이에 분포합니다. 이는 공격하는 타자가 10번의 타격 기회를 얻었을 때, 그중 2~4번은 아웃당하지 않고 성공적으로 살아 나갈 수 있다는 의미입니다. 달리 말하면, 20%에서 40% 사이의 공격 성공률을 보인다는 뜻입니다. 분포의 모양은 정규 분포에 가깝다고 챗GPT가 언급해 주었습니다. 반면, 연봉 데이터는 출루율과 달리 비대칭적인 분포를 나타냈습니다. 대부분의 선수들의 연봉이 하위 구간에 집중되어 있고 일부 고액 연봉을 받는 선수들은 긴 꼬리에 해당하는 부분에 분포되어 있습니다.

데이터를 이해했으니, 이번에는 가장 단순한 방법을 사용해 선수를 네 개의 군집으로 나눠보겠습니다. 이를 위해 출루율과 연봉의 중앙값(median)을 기준으로 선수들을 구분할 예정입니다. 먼저, 출루율과 연봉의 중앙값을 계산한 뒤 이를 기준으로 '높고/낮은 출루율'과 '높고/낮은 연봉'으로 나누면 네 개의 그룹이 생성됩니다. 이러한 그룹 분포를 시각화하여 확인해 보도록 하겠습니다.

데이터의 중앙값을 이용한 구분짓기

이제 군집화를 할 건데, 머신러닝을 사용하지 않고 두 데이터 각각의 중앙값을 기준으로 선수를 분류해 보자.

각각의 출루율과 로그 변환된 연봉(최근)의 중앙값을 기준으로 선수를 네 개의 군집으로 분류했습니다. 각 군집별로 선수의 수는 다음과 같습니다:

- 높은 출루율, 높은 연봉: 72명
- 낮은 출루율, 낮은 연봉: 68명
- 낮은 출루율, 높은 연봉: 26명
- 높은 출루율, 낮은 연봉: 25명

이제 이 군집화를 바탕으로 추가적인 분석을 진행하거나, 시각화를 통해 결과를 더 깊이 이해할 수 있습니다. 다음에 어떤 작업을 진행하고 싶으신가요?

이제 우리가 얻은 네 그룹의 분류 결과를 시각화를 통해 더 자세히 살펴보겠습니다. 높은 출루율과 높은 연봉 그룹(72명), 낮은 출루율과 낮은 연봉 그룹(68명), 낮은 출루율과 높은 연봉 그룹(26명), 그리고 높은 출루율과 낮은 연봉 그룹(25명)의 분포 패턴을 단순 수치로 보는 것보다 그래프로 표현하면 그룹 간의 관계와 특징을 더욱 명확하게 파악할 수 있습니다. 따라서 이 데이터를 시각화하여 분석을 진행하도록 하겠습니다.

네 개의 군집을 시각화

위에 나눈 네 개의 군집을 시각화해 줘.

군집화 시각화 코드 #9-6-6

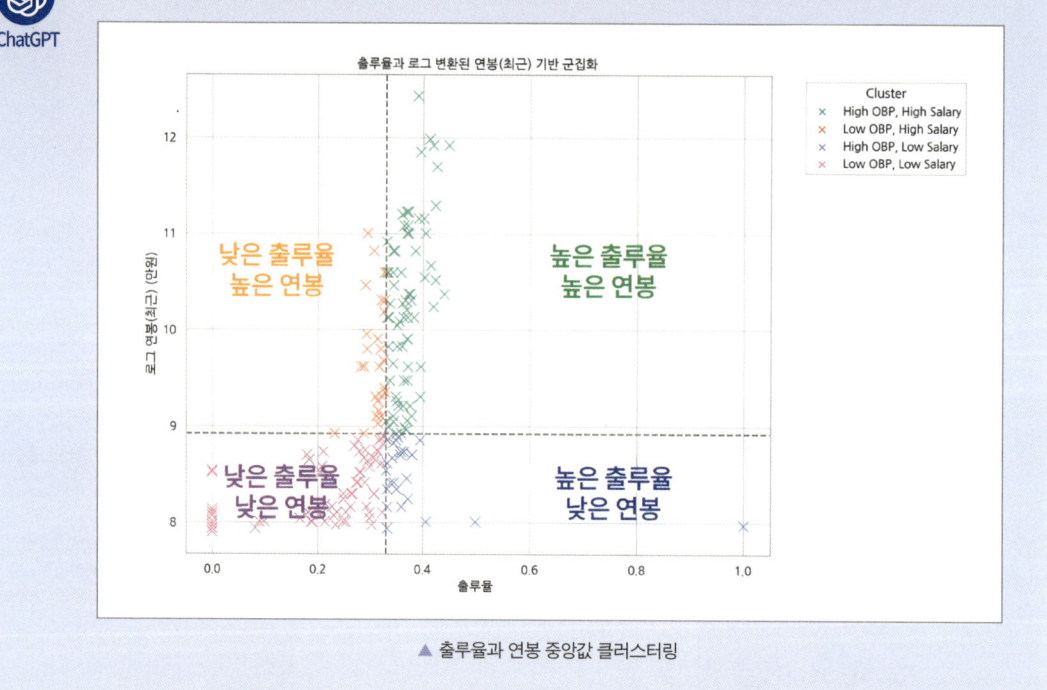

▲ 출루율과 연봉 중앙값 클러스터링

다음으로, 여러 머신러닝 기법 중에서 의사결정나무(Decision Tree)* 알고리즘을 활용해 분류를 진행해 보겠습니다. 의사결정나무는 마치 스무고개 게임처럼 일련의 질문들을 통해 답을 찾아가는 방식으로 작동하는데, 이는 우리 인간의 논리적 사고 과정과 매우 비슷해서 이해하기 쉽습니다. 또한 대부분의 머신러닝 알고리즘들이 블랙박스처럼 결과가 어떻게 나왔는지 설명하기 어려운 반면에 의사결정나무 알고리즘은 각 단계마다 어떤 기준으로 판단하고 분류했는지 명확하게 보여줍니다. 이렇게 직관적이고 설명하기 쉬운 특징 덕분에 의사결정나무는 현업에서도 널리 활용되고 있는 대표적인 머신러닝 알고리즘입니다.

의사결정나무 알고리즘으로 4개 군집으로 구분짓기

의사결정나무 알고리즘을 이용해서 선수의 출루율과 연봉을 기준으로 구분해 줘. 4개로 분류하고 어떻게 분류하게 되었는지 로직을 보여줘.

사이킷-런(scikit-learn) 모듈에 있는 의사결정나무 머신러닝 기법으로 군집화 모델을 생성해 줘.

---

* 의사결정나무(Decision Tree) 알고리즘은 데이터를 여러 단계에 걸쳐 질문하고 분류하는 방식으로 작동한다. 마치 스무고개 게임처럼 일련의 질문을 통해 답을 찾아가는 논리 구조를 따른다. 다음의 챗GPT 대답의 트리 구조 다이어그램은 대표적인 의사결정나무의 시각화다. 각 단계에서 '예' 혹은 '아니오'로 답할 수 있는 질문을 기준으로 데이터를 나누고 이와 같은 과정을 반복하며 최종 분류에 도달하는 알고리즘을 따른다.

의사결정나무 트리구조 시각화 코드 #9-6-7

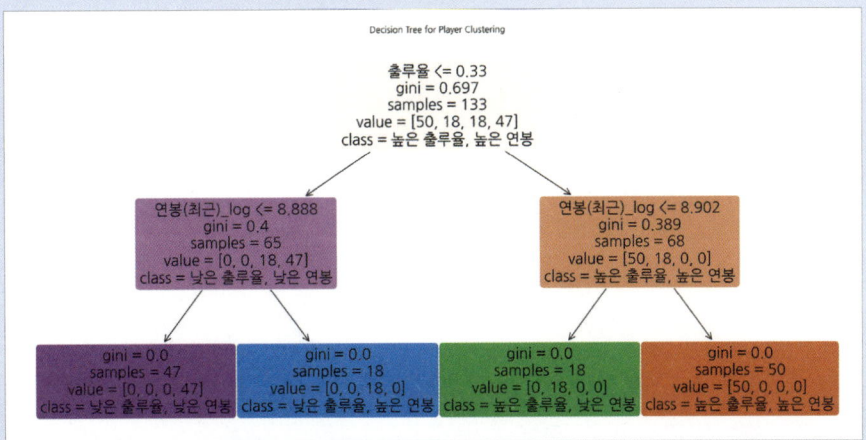

▲ 의사결정나무 트리구조 시각화

의사결정나무 군집화 시각화 코드 #9-6-8

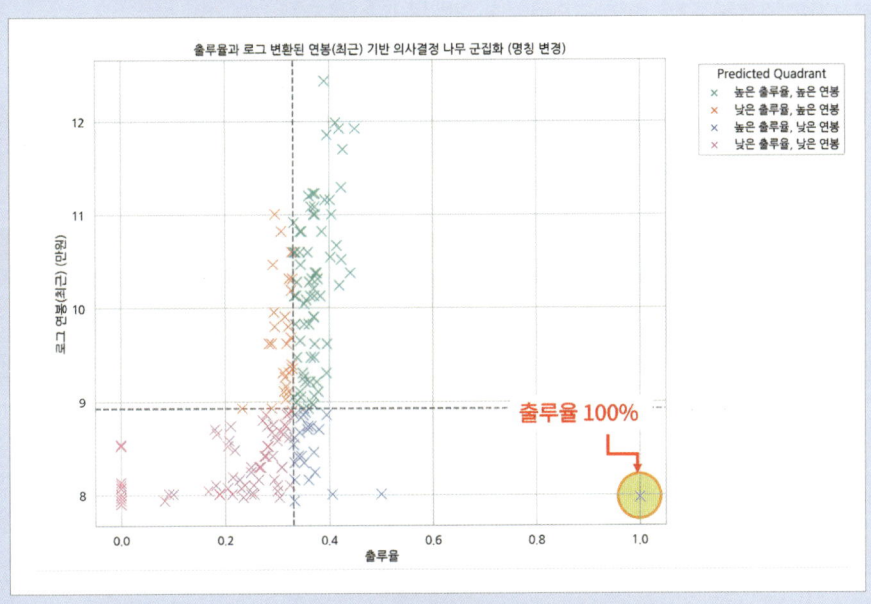

▲ 출루율과 연봉 의사결정나무 클러스터링

앞서 우리는 의사결정나무 모델을 통해 KBO 프로야구 선수들을 네 개의 군집으로 분류했습니다. 이제 우리의 주요 관심사인 저평가 선수 집단(높은 출루율, 낮은 연봉)을 살펴볼 차례입니다. 그런데 이 집단에서 일부 선수들의 출루율이 1.0(100%)로 나타난 것이 시각화에서 보입니다. 이는 실제 그 선수의 능력치로 두기에는 무리가 있습니다. 해당 선수의 경기 출전 기록을 확인해보니 경기 수가 매우 적었기 때문임을 알 수 있었습니다. 즉, 적은 샘플 수로 인해 통계적 신뢰도가 떨어지는 데이터인 것입니다.

그래서 필터를 추가하겠습니다. 전체 선수들의 경기 수 중 하위 25% 경기를 뛴 선수는 제외 처리하겠습니다.

필터링을 추가하고, 종합 순위를 정하여 컨투어 시각화하기

1. **필터링**: 필터링으로 전체 선수의 출전 경기의 하위 25% 이하인 선수들을 제외하고 다시 선수 리스트를 보여줘.
2. **종합 순위**: 선수들을 연봉과 출루율 데이터를 통해, 우수한 저평가 선수의 순위를 매겨보자. 연봉은 낮으면서 출루율은 높은 선수가 우수한 저평가 선수야.
3. **시각화**: 출루율과 로그(연봉)를 기준으로 플레이어의 순위를 나타내는 2D 등고선 그래프를 그려줘. 출루율과 연봉 데이터는 17명 필터링 된 선수들 데이터로 그려줘.

그래프에서 색상은 종합 점수를 나타내도록 하자.
색이 짙을수록 높은 순위를 의미해. X축은 출루율, Y축은 로그(연봉)로 설정해.

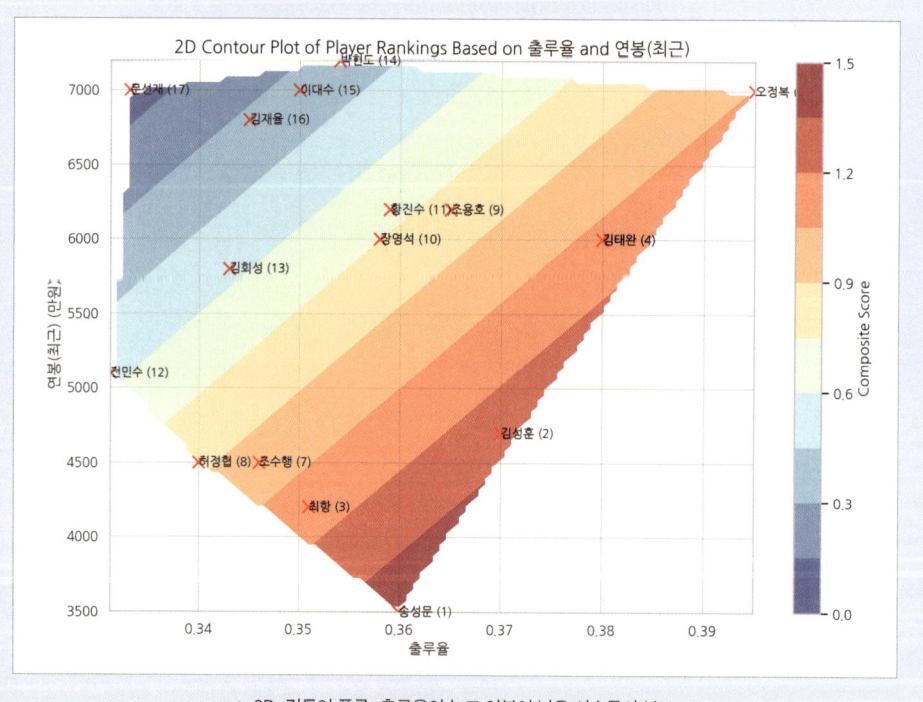

▲ 2D-컨투어 플롯: 출루율이 높고 연봉이 낮은 선수들의 분포

앞서 진행한 클러스터링을 바탕으로, 저평가 선수들의 실제 가치를 더 정확히 파악하기 위해 종합 점수화를 시도했습니다. 출루율이 높으면서 연봉이 낮은 선수일수록 높은 점수를 부여했고, 이를 2D 컨투어 플롯으로 시각화했습니다. 그래프에서 각 선수 이름 옆 괄호 안의 숫자는 종합 점수 기준 순위를 나타냅니다. 붉은 계

열로 갈수록 높은 효율성을, 파란 계열로 갈수록 낮은 효율성을 의미하므로, 오른쪽 아래 영역에 위치한 선수들이 가장 우선시 되어야 하는 영입 대상이라고 할 수 있습니다.

이와 함께 추가적으로 네 개로 구분한 군집화와 관계없이 전체 선수에 대해서도 수행해 보겠습니다.

전체 KBO 선수를 포함시켜 출루율과 연봉을 컨투어 시각화하기

출루율과 로그(연봉)를 기준으로 플레이어의 순위를 나타내는 2D 컨투어 그래프를 그려줘.

출루율과 연봉 데이터는 전체 선수 데이터를 모두 포함해서 위에 생성한 시각화와 동일한 형태로 그리자.

그래프에서 색상은 종합 점수를 나타내도록 하자.

색이 짙을수록 높은 순위를 의미해. X축은 출루율, Y축은 로그(연봉)로 설정해.

높은 출루율, 낮은 연봉 군집화 코드 #9-6-10

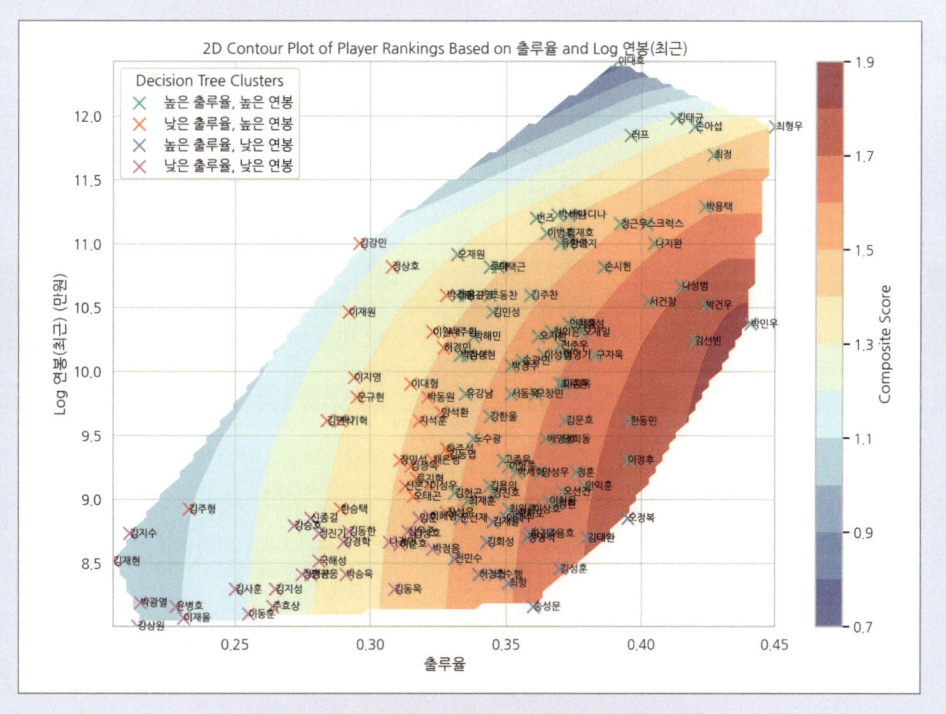

▲ 클러스터링 없이 출루율과 연봉 가중치를 부여한 2D 컨투어 플롯

이 컨투어 시각화는 모든 프로야구 선수의 출루율과 연봉 관계를 보여주는 시각화입니다. 전체적으로, 연봉이 높은 선수가 출루율도 높습니다. 이 중에서 가장 효율이 높은 선수는 2025년 NC 다이노스에서 새롭게 주장이 된 박민우 선수입니다. 반대로, 가장 효율이 낮은 선수는 조선의 4번 타자라고 불리는 이대호 선수로 분

석되었습니다. 출루율 하나만으로 선수를 평가했기에 우수한 선수라도 낮은 점수를 받을 수 있습니다. 또한 수치로 평가할 수 없는 그의 리더십이나 팀 헌신도 등은 데이터 분석으로 평가하기 어려운 것이 사실입니다. 그럼에도 데이터 분석을 통한 선수 평가는 구단의 전략적 의사결정에 중요한 통찰력을 제공합니다. 출루율과 연봉의 상관관계 분석은 선수의 출루 성공 능력과 그에 따른 보상 수준의 균형을 파악하는 데 도움을 줄 수 있음은 여전히 유효합니다.

베스트 4: 이미지 머신러닝 - 컴퓨터에게 보는 법을 가르치는 기술

인간의 감각 기관 중 가장 바쁜 감각은 시각입니다. 깨어 있는 동안 받아들이는 정보의 대부분이 눈을 통해 들어오기 때문입니다. 실제로 뇌의 거의 절반이 시각 정보를 처리하는 데 관여한다고 해도 과언이 아닙니다. 눈으로 보는 이미지 정보는 인간에게 많은 정보를 제공합니다.[48]

이미지는 단순히 사고 과정 자체만을 의미하지 않습니다. 눈을 감고 생각하면 머릿속에 여러 장면을 떠올리거나 도형을 그리며 생각을 확장하기도 합니다. 우리는 생각을 이미지로 하고 있습니다. 이것을 인지 심리학 용어로는 표상(Representation, 리프리젠테이션)이라고 합니다. 이 리프리젠테이션은 '다시(Re)'와 '보여주기(Presentation)'의 합성어로, 우리가 실제 대상을 마음속에서 다시 떠올리고 표현하는 과정을 뜻합니다.

최근 뇌 과학 연구 결과에 따르면, 인간의 정보 처리 과정, 특히 복잡한 문제 해결에서는 시각적 인지에 크게 의존한다는 것이 밝혀졌습니다.[49] 예를 들어, 어떤 문제를 해결하기 위해 우리는 머릿속에 도표나 다이어그램, 심지어는 구체적인 장면을 떠올려가며 사고를 전개합니다.

인간의 시각 능력과 이미지를 통한 사고 과정의 중요성은 컴퓨터 과학 분야에 큰 영향을 미쳤습니다. 이러한 인간의 능력을 디지털 세계에서 구현하려는 노력으로 컴퓨터 비전이라는 새로운 분야가 탄생했습니다.

컴퓨터 비전(Computer vision)의 시작은 인간이 이미지로 생각하는 것을 컴퓨터도 '인간을 따라 해 볼 수 있지 않을까' 하는 의문에서 시작합니다. 컴퓨터 비전의 궁극적인 목적은 사람의 천연지능을 모방하고 복제해서 인공적인 지능(AI)을 모델링하는 것입니다.

컴퓨터 비전 기술은 이제 일상생활 곳곳에 자연스럽게 스며들어 있습니다. 스마트폰의 얼굴 인식 잠금 해제, 소셜 미디어의 자동 태그 기능, 자율주행 자동차의 장애물 감지 등이 모두 컴퓨터 비전 기술을 기반으로 합니다. 이 기술은 우리가 인식하지 못하는 사이에 우리의 삶을 더욱 편리하고 안전하게 만들고 있습니다.

가장 일상생활에 밀접한 컴퓨터 비전 이미지 분석의 예로는 스마트폰 카메라로 문자를 인식하는 OCR(Optical Character Recognition, 광학 문자 인식)과 주차장의 번호판 인식이 있습니다. 원리는 같습니다. 학습된 이미지로부터 새로운 이미지에 있는 문자를 인식하는 것입니다. 이것이 바로 차량이 주차장에 들어오거나 나갈 때 자동으로 번호판을 읽을 수 있는 이유입니다. 과거에는 관리인이 직접 번호판을 확인하고 기록해야 했죠.

▲ 아이폰 OCR(광학 문자 인식) 기능

놀라운 점은 이러한 고급 기술을 이제 비교적 쉽게 접근하고 활용할 수 있게 되었다는 것입니다. 예를 들어, 챗GPT를 이용해 간단한 번호판 인식 시스템을 직접 구현할 수 있습니다. 물론 실제 상용화 수준의 시스템을 개발하기 위해서는 방대한 데이터 수집과 정교한 머신러닝 학습 과정이 필요합니다. 이는 각 회사의 OCR 시스템마다 인식 정확도가 다른 이유이기도 합니다. 하지만 이제는 누구나 이러한 기술의 기본 개념을 이해하고 실험해 볼 수 있는 시대가 되었습니다.

그럼 이미지 분석 머신러닝을 하기 전에 아주 단순한 개념만 나눠보도록 하겠습니다. 앞서 살펴본 자동차 타이어 설계(회귀 분석), 반도체 공정 엔지니어링(민감도 분석), 스포츠 구단 운영(패턴 인식으로 분류와 군집화)은 모두 숫자 데이터를 사용해 분석했습니다. 가로와 세로, 즉 행과 열이 정렬된 정형화 데이터로 분석했는데, 지금부터 살펴볼 이미지는 조금 난감합니다. 이미지, 형상, 음성과 같은 비정형 데이터는 얼핏 보면 숫자로 분석하기 어려워 보입니다. 하지만 이러한 데이터도 결국은 숫자로 변환할 수 있습니다. 예를 들어, 흑백 증기 기차 이미지를 10×10 격자로 나누고, 각 칸의 명암을 0(흰색)부터 10(검정)까지의 숫자로 표현하면 하나의 데이터 세트가 됩니다.

10x10 픽셀화

▲ 이미지를 숫자 데이터로 변환하여 분석하는 과정

사람의 얼굴도 픽셀을 나누면 컴퓨터가 인식할 수 있게 됩니다. 아래 이미지처럼 에이브러햄 링컨의 원본 사진을 순서대로 가로, 세로 N X M으로 분할해 보겠습니다. 그리고 픽셀 밸류를 부여하고 그것을 픽셀 매트릭스로 얻으면 이미지에 대한 분석 준비가 된 것입니다.

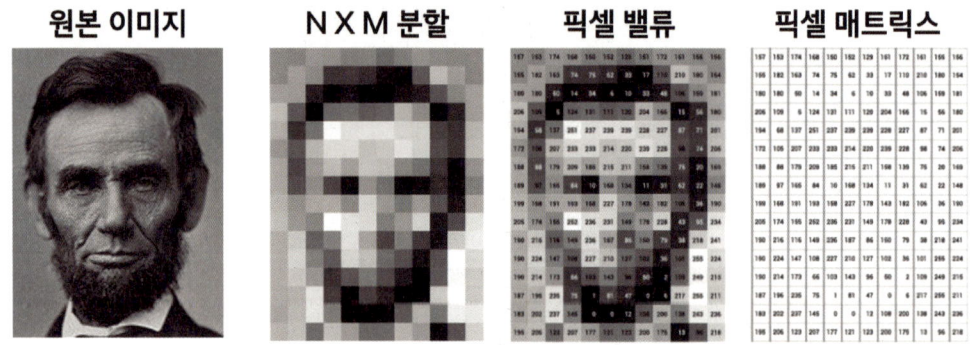

▲ 에이브러햄 링컨 사진 데이터 분석을 위한 픽셀 매트릭스

흑백 이미지는 하나의 셀에 숫자 0부터 255까지의 숫자로, 흰색에서 검정까지 표현합니다. 컬러도 마찬가지입니다. 다만, 컬러를 표현하기 위해서는 벡터 공간으로 확장됩니다. 쉽게 말해, 흑백 이미지는 0부터 255까지의 값을 가진 하나의 벡터 공간으로 표현할 수 있습니다. 그러나 컬러는 R(Red), G(Green), B(Blue) 세 개의 벡터 공간이 필요합니다. 이것은 개수가 늘어난 것일 뿐, 개념은 동일합니다.

정리하면, 이미지를 분석하기 위해 셀 하나하나에 해당하는 데이터를 숫자로 변환할 수 있습니다. 이와 마찬가지로, 컴퓨터 화면도 하나의 작은 셀마다 벡터값으로 구성된다고 볼 수 있습니다. 초창기 도스 환경에서 윈도 GUI(그래픽 유저 인터페이스)로의 전환은, 이미지 처리 기술의 혁명적인 발전을 보여주는 사례입니다. 마우스로 움직이거나 화면이 바뀌는 모든 과정은 결국 픽셀 단위에서 벡터 연산이 이루어지는 것입니다. 즉, 컴퓨터 화면이 바뀐다는 것은 컴퓨터 내부에서 벡터와 매트릭스 연산이 활발히 수행되고 있다는 의미입니다. 이것은 행렬 곱셈, 내적, 외적 등의 개념과 밀접하게 연관되어 있습니다. 이를 빠르고 효율적으로 처리하는 장치가 바로 엔비디아 그래픽 카드입니다. 그래픽 카드는 행렬 계산 전용으로 설계된 하드웨어인 것입니다.

이처럼 이미지 처리와 분석의 기본은 행렬 연산에 기반합니다. 실제로 이러한 행렬 연산을 수행하려면 기본적인 코딩 작업이 필요합니다. 우리는 노코드로 데이터 분석을 할 것이기 때문에 행렬 계산이나 구체적인 알고리즘을 다루지는 않습니다. 그럼에도 챗GPT와 프롬프트로 대화할 때, 어떻게 이미지 분석이 이루어지고 있는지 개념을 가지고 진행하는 것이 이미지 분석에 있어서 큰 도움이 됩니다. 요약하면, 이미지도 결국 숫자로 표현됩니다. 이러한 숫자들로 이루어진 행렬과 벡터를 연산하면서 이미지를 분류하고, 객체를 탐색하는 것입니다.

이미지 분류 (Image Classification) 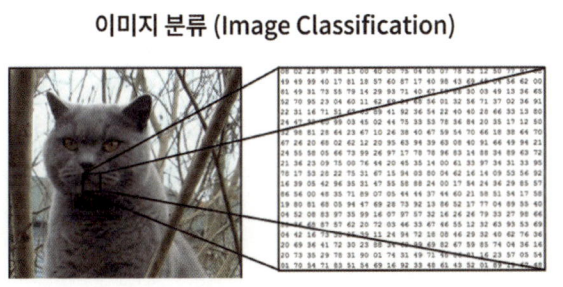 객체 탐색 (Object Detect)

▲ 이미지 분석 중 이미지 분류와 객체 탐색

이미지 머신러닝 활용

1. **객체 인식 및 식별**: 이미지나 영상에서 특정 객체나 특징을 자동으로 감지하고 분류합니다.
2. **비정형 데이터화**: 테이블 형태가 아닌 비정형 데이터를 다루고 데이터베이스를 구축할 수 있습니다.
3. **데이터 추출 및 분석**: 이미지로부터 유용한 정보를 추출하고 분석하여 인사이트를 도출합니다.

이미지 머신러닝 예제는 챕터 3 '바이오 개발자 - AI에게 보는 법을 가르치는 이미지 분류 분석'으로 대신하겠습니다. 해당 챕터에서 상세한 실무 상황과 이미지 머신러닝 생성 과정을 수록하였습니다.

베스트 5: 자연어 처리 - AI가 드디어 사람의 언어를 이해하기 시작하다

자연어 처리(NLP)*는 인간의 언어를 컴퓨터가 이해하고 처리할 수 있도록 하는 인공지능 기술입니다. NLP는 컴퓨터 과학, 언어학, 인공지능의 교차점에 있는 흥미로운 분야로, 인간의 언어를 분석하고 해석하여 의미를 추출합니다. 챗GPT의 등장 이후 NLP 기술은 최근 몇 년간 급격히 발전했습니다. 특히 대형 언어 모델(LLM: Large Language Model)의 등장은 이 분야에 큰 혁신을 가져왔습니다. LLM은 수십억 개 이상의 파라미터를 학습하여 방대한 양의 텍스트 데이터를 처리할 수 있는 모델입니다. 텍스트 생성, 번역, 요약, 질문 응답 등 다양한 자연어 처리 작업에서 뛰어난 성능을 보여줍니다.

이미지 분석도 숫자로 표현하여 분석했습니다. 마찬가지로, 우리가 일상생활에서 사용하는 말도 숫자(벡터)로 바꿔서 기계학습이 가능합니다. 텍스트 전처리, 텍스트 벡터화(수치화), 기계학습입니다. 첫 번째로, 텍스트 전처리는 분석 전에 데이터를 정리하는 과정입니다. 이 과정에서는 텍스트에서 불필요한 기호나 문장 부호를 제거하고, 대소문자를 통일하며, 불필요한 용어를 제거합니다. 이 단계는 모델이 텍스트 데이터를 더 쉽게 이해하고 처리할 수 있도록 준비하는 중요한 과정입니다. 두 번째는 텍스트를 숫자로 만드는 벡터화를 합니다. 정제된 텍스트 데이터를 벡터 형태의 수치 데이터로 변환합니다. 이후, 벡터화된 데이터를 사용해 인공지능 모델을 학습시키는 단계로 이어집니다. 이 단계에서는 머신러닝, 딥러닝 알고리즘을 적용하여 예측 모델을 생성합니다. 학습된 모델은 새로운 텍스트 데이터를 입력받아 예측이나 분류 작업을 수행할 수 있습니다.

설명이 길었지만, 간단히 말해 챗GPT와 같은 LLM AI 서비스가 등장하기 전까지 자연어 처리는 가장 고난도의 분야로 여겨졌습니다. 10년에서 20년 동안 자연어 처리에만 일생을 바친 연구자들도 많았습니다. 오픈AI의 챗GPT와 다른 AI 서비스들이 등장하면서, 자연어 처리 기술의 판도가 바뀌었습니다. 이제는 생성형 AI를 직접 개발하는 기업이나 전문 연구자가 아니라면, 자연어 처리를 따로 연구할 필요가 없어졌죠. 말 그대로, 그냥 가져다 쓰면 되는 환경이 된 것입니다. 안타까운 사실도 있습니다. 오랜 기간 준비해온 연구자나 스타트업은 대형 플랫폼의 업데이트마다 존재 이유가 사라지고 있는 상황입니다.

그러나 각자의 도메인에서 활약하고 있는 다수의 도메인 기술자에게는 누구나 손쉽게 자연어 처리를 할 수 있는 환경이 갖춰진 것이니 환영할 만합니다.

---

* 자연어 처리(NLP, Natural Language Processing)는 컴퓨터가 사람의 일상적인 언어를 이해하고 처리하는 기술이다. 문장을 분석하고, 감정을 파악하며, 질문에 답하는 등 사람의 언어를 다루는 모든 작업을 포함한다.

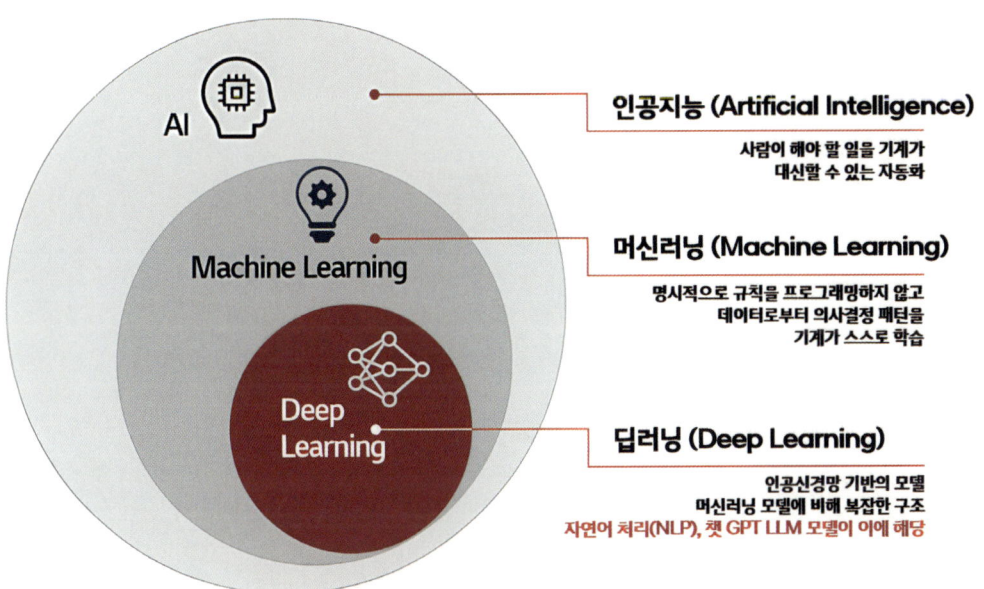

▲ AI, 머신러닝, 딥러닝, LLM, 자연어 처리(NLP) 구조

자연어 처리(NLP) 특징

1. **텍스트 분류**: 다양한 유형의 텍스트 데이터를 자동으로 분류합니다. (ex: 문서 관리, 이메일 필터링, 뉴스 기사 분류)
2. **감정 분석**: 텍스트 데이터를 분석하여 감정을 파악합니다. (ex: 소셜 미디어의 대중 트렌드 파악, 고객 리뷰 평가, 사용자 피드백 처리)
3. **자동화된 응답 생성**: 긴 텍스트를 핵심 내용으로 요약합니다. (ex: 문서 관리, 보고서 작성, 뉴스 요약)

자연어 처리의 예제는 챕터 2 '인사 담당자 – AI로 한 달 걸리던 동료 평가 하루 만에 끝내기'를 참고하시면 좋겠습니다. 해당 챕터에서 실무 상황에서의 자연어 처리 활용과 자동화 과정을 자세히 다루고 있습니다.

07

다시 생각하기
데이터 분석에서 다시 생각해 봐야 할 것들

데이터 분석은 객관적이지 않을 수 있어요

우리는 어떤 결론에 도달하면 그 결론을 지키기 위해 다른 가능성을 배제합니다. 이러한 편향된 사고는 도달한 결론이 기대했던 결과이거나 자신에게 유리할수록 더욱 강력하게 작동합니다. 실무에서 시뮬레이션 모델로 데이터 분석을 하면 손으로 데이터를 움직이고 싶은 유혹과 맞닥뜨리게 됩니다. "결과가 150에서 200으로 조금만 이동했으면 좋겠는데…."라는 식의 소심한 마음속 투쟁을 하곤 합니다. 숫자를 바꾸는 '조작'은 연구자가 양심의 가책을 느껴 하지 못하더라도, 연구자의 '의도'를 결과에 담아내는 것은 얼마든지 가능합니다.

자신의 도메인에서 다루는 데이터는 본인이 가장 잘 알기 때문에, 의도한 방향으로 결론을 내리는 것은 그리 어려운 일이 아닙니다. 분석을 진행하면서 의도를 담아내기도 하지만 아예 분석을 시작하기 전부터 편향된 생각으로 분석에 임하는 경우도 종종 생깁니다. 의뢰인으로부터 데이터 분석 요청을 받을 때, 그 혹은 그녀는 내심, "이전 모델 A와 개선 모델 B 중에서 모델 B 결과가 더 우수하게 나왔으면 좋겠네요."라고 노골적인 희망 사항을 넌지시 건네기도 합니다.

모든 직장인이 시간의 압박과 고객의 만족을 위해 쉼 없이 달리기에 오죽 급했으면 그러겠습니까. 농담 반 진담 반으로 나누는 이야기에서 분석자와 의뢰인 모두 사람이고 주관적인 존재이기에, 주관을 담는 것은 어쩌면 당연한 일입니다. 다 사람이 하는 일이기에 그 의뢰인의 마음을 데이터 분석 결과에 담아 주고 싶은 것도 데이터 분석자의 솔직한 심정입니다. 따라서, 데이터 분석은 객관적이라기보단 한 주관자가 요청하고 다른 주관자가 분석하는 데이터 분석은 주관적일 수밖에 없다는 전제가 더 적합할지도 모릅니다.

현대 사회는 거의 모든 회사가 ─최근에 더더욱─ 근거 기반(Evidencebased)과 데이터 주도적(Data driven) 의사결정 프로세스를 도입하려고 노력하고 있습니다. 근거에 입각하고 데이터 주도적인 의사결정 시스템이 객관적이고 우수한 방법인 것은 사실입니다. 그러나 현실에서는 의도한 의사결정은 이미 정해져 있고, 그 결정을 위한 근거를 찾는 경우가 많습니다. 그렇게 진행한 분석은 불 보듯 뻔하게 의도한 결론에 도달하게 됩니다. 경영 차원의 큰 결정이 아니더라도 좁게는 상사가 기획한 방향대로 결과가 나오면 빠르게 일을 잘하는 직원이 되고, 결론이 의도한 것과 반대 방향으로 나오게 되면 골칫거리를 키우는 직원으로 낙인 찍히는 안타까운 예도 있습니다. 이는 데이터 분석이 미래를 예측하는 객관적이고 타당한 수단으로 받아들이기 때문입니다.

데이터 분석 기법은 분명히 과학적인 방법을 따르고 있습니다. 그렇다고 해서 이 기법으로 탄생한 결과 또한 항상 옳고 객관적인 결과라고 할 수는 없습니다. 애덤 그랜트는 『씽크 어게인』(2021)[50]에서 확신이 들수록 천천히 다시 생각해 보기를 권합니다. 인간의 사고 과정은 생각보다 매우 쉽게 편향됩니다. 편향되어 있다는 표현이 올바른 표현일지도 모릅니다. 익숙하게 알고 있는 내용을 의심 없이 받아들여 확신하면 우리의 시야는 금세 경주마가 눈가리개를 쓴 것처럼 좁아집니다. 원하는 목적에 맞게 결과가 잘 나왔다면 오히려 우리는 의심해 보아야 합니다. 우리가 만든 데이터 분석 결과는 언제든지 틀릴 수 있습니다. 분석 결과가 진실이 아닐 가능성을 늘 염두에 두고 분석할 때, 편향을 최소화할 수 있습니다.

챗GPT와 같은 AI 서비스의 도움으로 어느 때보다 쉽고 빠르게 데이터 분석 결과를 얻어 낼 수 있습니다. 예전엔 데이터 분석을 위한 코딩의 진입장벽을 넘는 데 많은 시간과 노력을 할애했습니다. 이제는 워낙 유저 친화적인 소프트웨어 덕분에 하루면 누구나 데이터 분석을 시도해 볼 수 있습니다. 머신러닝이나 딥러닝이 특정 데이터 과학자만 하는 것이 아니란 사실도 금세 깨닫게 될 것입니다. 다시 생각할 수 있는 시간을 번 셈입니다. 빠르고 쉽게 챗GPT가 분석한 결과를 한 걸음 물러서서 다시 생각해 보는 것입니다. 우리는 다른 가능성을 늘 열어놓고 결론에 도달했을 때 종료 버튼을 누르는 게 아니라 결론을 붙잡고 오래 버텨야 합니다. 데이터 분석의 진정한 가치는 결론을 도출하는 데서 끝나는 것이 아니라 그 결론을 끊임없이 검증하고 발전시키는 데 있습니다.

한 가지 희망적인 사실은 이 어려운 과정을 혼자 끙끙대지 않고 챗GPT와 함께 분석 결과를 추론하고 공유하며 우리의 사고를 끝없이 확장시킬 수 있다는 점입니다. 예전과 다르게 AI와 다시 생각하는 과정을 원하는 만큼, 그것도 아주 깊게 이어갈 수 있게 된 것입니다. 혼자 하면 객관성을 유지하기 쉽지 않습니다. 그러므로 AI 서비스를 활용해서 가능한 객관적이고 논리적인 결과에 도달하는 것이 데이터 분석자가 해야 할 가장 핵심적인 활동입니다.

처음엔 오히려 AI와 씨름하는 시간이 혼자 해결하는 시간보다 오래 걸립니다. 그러나 결국은 이렇게 다시 생각한 데이터 분석은 데이터베이스가 쌓이고 쌓이면서 결국엔 가장 빠른 추월 차선 위에서 달리고 있는 당신을 발견하게 될 것입니다.

데이터를 고문해서 자백을 얻어내지 마세요

데이터 분석 업계에서는 데이터 마사지라는 표현이 있습니다. 데이터 마사지는 분석 결과가 의도하거나 예상한 것과 다를 때, 데이터 순서를 바꾸거나 관점을 바꿔 동일한 원본 데이터로도 전혀 다른 해석을 유도하는 편법입니다. 말 그대로 데이터를 주물러서 원하는 형상으로 빚어내는 것입니다. 데이터 마사지가 데이터 조작이라고는 할 수 없을 것입니다. 데이터 조작은 원본 데이터 자체의 숫자를 바꿔서 직접적으로 결과를 건드리는 것에 반해 데이터 마사지는 분석 기법이나 표현 방법을 달리해 의도한 결과를 보여주는 것입니다. 사실, 자기 자신을 속이는 것임에는 마사지나 조작이나 크게 다른 건 없습니다.

마사지도 도가 지나치면 고문이 됩니다. 한두 번 데이터를 이리저리 주무르는 수준을 넘어 자백할 때까지 데이터를 윽박지르듯 고문하는 지경에 이르면, 그 고문에 의한 자백에 진실이 담겨 있을 리 없겠죠.

경제학자 로널드 코스*는 "데이터를 충분히 오랫동안 고문하면 결국 자백할 것이다."라고 말했습니다. 시간이 부족하고 좋은 결과를 내고 싶은 욕심이 앞서면, 자신도 모르게 데이터 분석자가 데이터 고문관으로 변질될 수 있습니다. 초보 분석자에서 프로페셔널 분석자까지 누구나 겪게 되는 유혹이 데이터 고문입니다. 데이터를 고문하는 방법은 다음과 같은 것들이 있습니다.

첫 번째 데이터를 고문하는 방법은, 의도적으로 편향되도록 데이터를 전처리하는 것입니다. 즉, 결측치와 이상치 처리를 분석가의 의도한 방향으로 채우는 것입니다. 빈칸을 채우는 것이니 분석자에게 자유도가 생긴 것입니다. 예를 들어, 작년에 개발한 제품 A의 실험 결과와 올해 새롭게 개발한 제품 B의 실험 결과를 비교하는데 당연히 새롭게 개발한 제품 B의 결과가 우수하길 바랄 겁니다.

실험 번호	제품 A (기존 제품)	제품 B (신상품)
1	85	90
2	88	91
3	95	93 (최대치 하나 제외)
4	86	89
5	110 (최대치 하나 제외)	92

▲ 편향된 데이터 전처리

이런 경우, A의 특별히 높은 수치를 이상치로 처리하고, 제품 A와 제품 B 각각에서 최대값을 제외한 나머지 4개만 비교할 수 있습니다. 언뜻 보면 타당해 보입니다. 이런 방식으로 데이터를 전처리하면 결과가 완전히 뒤바뀝니다. 전처리 전에는 제품 A가 92.8점으로 제품 B(91점)보다 우수했습니다. 하지만 '이상치 제거'라는 명분으로 최대값들을 제외하니, 제품 A는 88.5점으로 떨어지고 제품 B는 90.5점이 되었습니다. 결국 의도한 대로 '제품 B가 더 우수하다'는 결론을 만들어낸 것입니다.

	전처리 전		전처리 후	
제품	제품 A	제품 B	제품 A	제품 B
평균 결과치	92.8	91	88.5	90.5
결론	→ 제품 A 우세		→ 제품 B 우세	

▲ 편향된 전처리에 의한 판정 뒤바뀜

---

* 로널드 코스(Ronald Coase)는 기업이 왜 존재하는지, 사람들이 왜 거래하는지를 연구한 영국의 경제학자이다. 시장에서 거래할 때 발생하는 거래비용이라는 개념을 처음 제시했으며, 이 공로로 1991년 노벨 경제학상을 받았다. 그는 복잡한 경제 현상도 꾸준히 연구하면 반드시 그 원리를 찾을 수 있다고 믿었다고 한다.

두 번째 데이터를 고문하는 방법은, 핀셋처럼 데이터를 필터링하여 선택하는 것입니다. 분석자가 의도한 방향이 아닌 데이터를 의도적으로 누락시키는 필터링을 의미합니다. 이는 숫자를 임의로 바꾸는 조작은 아니지만, 일부 데이터를 의도적으로 제외해 원하는 의사결정 방향으로 나아가는 근거 자료로 활용될 수 있습니다. 예를 들어, 미국 연준(FED, Federal Reserve System)이 발표하는 소비자 물가 지수(CPI)를 핀셋 데이터 필터링하면 상승하는 것처럼 보이게 할 수도 있고 반대로 하락하는 것처럼 보이게도 할 수 있습니다.

Month	Apr-23	May-23	Jun-23	Jul-23	Aug-23	Sep-23	Oct-23	Nov-23	Dec-23	Jan-24	Feb-24	Mar-24	Apr-24
CPI (%)	3.7	3.4	2.7	2.4	3.4	3.7	3.8	3.3	3.2	2.8	3.1	3.1	2.9

▲ 소비자 물가지수(CPI) 데이터

자사 제품 가격 인상의 정당성을 말하고 싶은 사람은 CPI 지수가 상승하는 추세를 보고 싶습니다. 투자를 권유하는 처지에선 CPI 지수가 하락하는 추세이니 적극적인 투자를 제안할 수 있습니다.

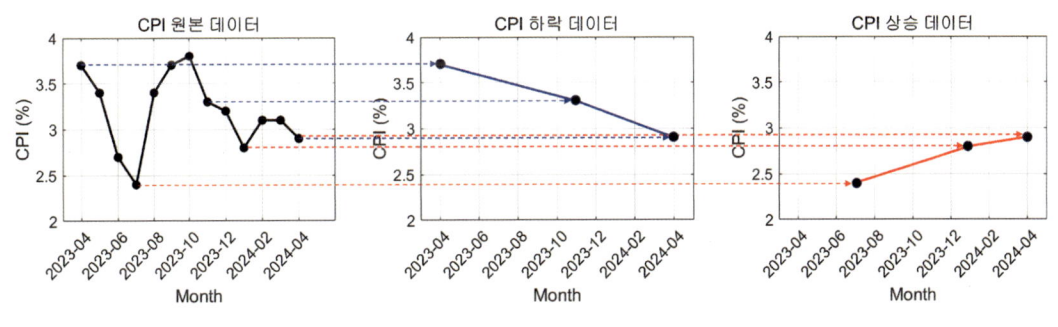

▲ 소비자 물가지수(CPI) 핀셋 데이터 필터링

한편 현실적인 필터링은 기간 데이터를 활용하는 사례입니다. 예를 들어, 주간 단위, 월 단위, 연 단위 데이터를 살펴보면 내가 원하는 그래프 모양을 취사선택할 수 있는 것이 사실입니다. 일차적으로 분석자는 이런 데이터 고문을 하지 않아야겠지만 다른 사람이 생성한 분석 결과를 읽을 때에도 유심히 살펴보아야 하겠습니다.

세 번째 데이터 고문은, 기저효과를 이용하는 것입니다. 지표(인덱스)는 많은 경우 분자와 분모로 구성됩니다. 상대적으로 비교하기 때문에 다양한 분야에서 광범위하게 활용됩니다. 예를 들어, 증권에서 PER(주가수익비율)은 기업의 당기 순이익에 대한 기업의 시가 총액으로 표현합니다. 또한 학생 백분율 성적은 전체 학생 수에 대한 등수로 표현되어 쉽게 학교 성적을 가늠할 수 있습니다. 제조 분야에서도 전체 총생산 제품에 대해 불량품 수를 불량률로 표현합니다. 제조 공장에서 가장 중요하게 살펴보는 지표 중의 하나입니다.

이처럼 많은 지표가 분자 분모로 이루어져 있다 보니 분모의 영향이 크게 작용하는 경우를 기저 효과라고 합니다. 이런 기저 효과에 따라서 표기를 증가율(%)로 하기도 하고 수치 그대로를 사용하기도 합니다. 예를 들어, 작년(기저) 대비 올해 매출 증가율이 높은 A 회사는 매출 증가율 50%를 강조할 것입니다. 반면에 매출

규모가 약 10배 이상인 B 회사는 매출 증가율로 표기하는 것보다 수치 100억을 강조해서 표기하는 것이 유리해 보입니다. 이처럼 분모에 따라 지표는 다르게 표현될 수 있습니다.

비율로 표현되는 지표들

- 상위 % = 등수 / 전체 학생 수 × 100%
- PER = 시가총액 / 당기순이익
- 불량률 % = 불량 제품 수 / 전체 생산 제품 수 × 100%

아래 제시된 두 회사 매출액 데이터를 보면, A 회사는 매출액이 50억 원 증가하여 50%의 높은 성장률을 기록했고, B 회사는 100억 원이 증가했지만 성장률은 10%에 그쳤습니다. A 회사는 성장률을, B 회사는 절대 매출 증가액을 강조하는 것이 각 회사에게 유리할 것입니다. 아래 그래프에서 이러한 차이를 시각적으로 확인할 수 있습니다.

회사	2022년 매출(억 원)	2023년 매출(억 원)	매출 성장률(%)
A 회사	100	150(+50)	50%
B 회사	1000	1100(+100)	10%

▲ 분모 수준이 다른 두 회사 매출액

이러한 차이를 그래프로도 한번 살펴보겠습니다.

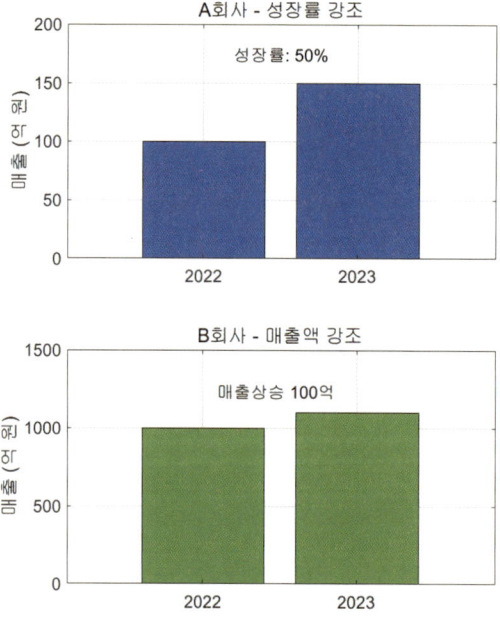

▲ 기저 효과로 성장률, 매출액 상승 강조

마지막 네 번째 데이터 고문하는 방법은, 원하는 결과가 나오도록 알고리즘의 변수를 튜닝하는 것입니다. 데이터 분석 기법은 매우 다양합니다. 다양한 기법안에서도 기법에 사용되는 파라미터가 있고 이 수치를 분석자가 바꿀 수 있습니다. 예를 들어, 회귀 분석은 대표적인 데이터 분석 기법 중에 하나입니다. 이러한 회귀 분석 방법만 하더라도 선형 회귀 모델, 다항 회귀 모델, 릿지 회귀 모델, 로지스틱 회귀 모델 등 다양한 모델이 있습니다. 이 외에도 많은 회귀 모델이 존재합니다. 이렇게 많은 회귀 모델마다 조정할 수 있는 파라미터를 가지고 있어서 어떤 모델과 어떤 파라미터를 쓰냐에 따라 데이터를 이용한 모델 결과가 어느 정도 유도될 수 있음이 짐작됩니다.

모델이 복잡해질수록 가공의 여지는 커질 수밖에 없습니다. 그리고 그 많은 파라미터를 공개하진 않기 때문에 알고리즘 변수를 계속 고문하다 보면 원하는 대로 결과를 조정할 수 있습니다. 예를 들어, 마케팅팀에서 마케팅 광고 효과가 있음을 입증하려는 목적이 있다고 합시다. 매출에 영향을 미친 영향 인자를 알아보기 위해 다음 세 가지 요인을 살펴보겠습니다.

1. 마케팅팀에서 진행한 "마케팅 광고 클릭 수 – 매출액"
2. 영업팀에서 진행한 "프로모션을 진행할 때마다 방문한 고객 수 – 매출액"
3. 회사 활동과 관련 없는 "계절성 효과 매월 – 매출액"

아래와 같이 광고 효과, 프로모션 효과 계절성 효과가 매출에 미치는 영향을 평가하기 위해 회귀 모델을 생성하여 수치화했습니다. 마케팅팀 입장에선 당연히 광고 효과가 크기를 바라는 마음에 회귀 모델의 파라미터 튜닝으로 효과를 역전시킵니다.

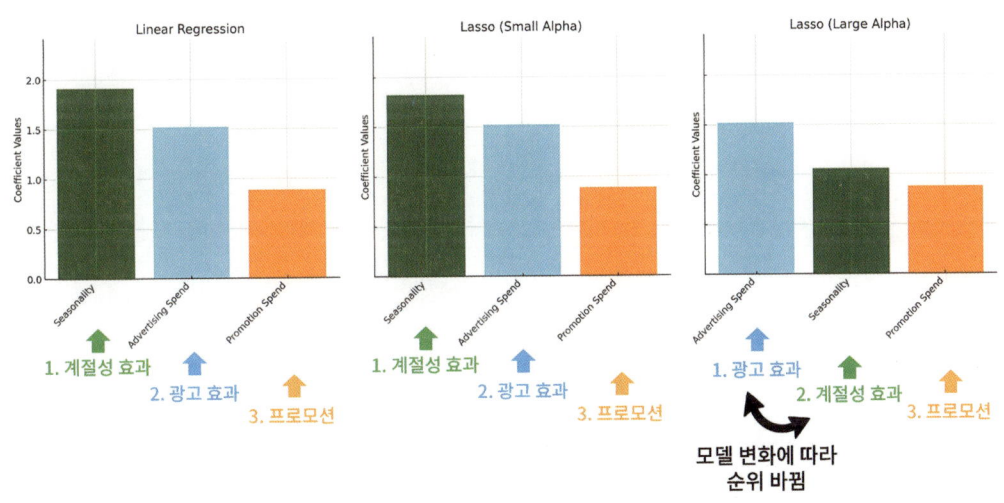

▲ 회귀 모델 튜닝으로 광고, 프로모션, 계절성 회귀 계수 변화

모델 유형	기본 선형 회귀 모델	라쏘 회귀 모델 $\alpha = 0.1$	라쏘 회귀 모델 $\alpha = 1.0$
평균 제곱 오차(MSE)	89.08	89.46	93.64
결정 계수(R^2)	0.982	0.982	0.981
광고 회귀 계수	1.52	1.52	1.52
프로모션 회귀 계수	0.89	0.89	0.88
계절성 회귀 계수	1.91	1.83	1.06

▲ 회귀 모델 파라미터 튜닝

선형 회귀 모델과 라쏘 회귀 모델 중 낮은 정규화 강도($\alpha = 0.1$)와 높은 정규화 모델($\alpha = 1$)의 회귀 계수가 역전됩니다. 마케팅팀 입장에서는 정규화 강도가 큰 라쏘 회귀 모델로 보고하고 싶을 것입니다. 추가적으로 R^2 모델 정확도는 세 모델 모두 0.98로 유사합니다.

이와 같은 데이터 고문관이 되지 않기 위한 몇 가지 방법이 있습니다. 첫 번째는 블라인드 분석입니다. 최근에 많은 기업에서 대면 면접을 블라인드 방식으로 진행하고 있습니다. 가능한 지원자의 학력과 배경을 가리고 사람 자체를 보려는 것입니다. 가능한 객관적으로 지원자를 평가하겠다는 의미가 담겨 있는 것이죠. 데이터를 다룰 때도 동일하게 블라인드 해석을 할 수 있습니다. 블라인드 면접 방식과 유사합니다. 우선 도메인 지식으로 종속 변수와 독립 변수를 선정했다면, 해석하기 전에 명칭과 의미를 가리고 분석을 수행하는 것입니다. 이렇게 하면 분석가는 오직 데이터의 결과치만 보고 해석하게 되고 기존의 상식이나 경험이 결과에 영향을 미치는 것을 최소화할 수 있을 것입니다. 이런 방식은 무의식적으로 결과를 왜곡할 수 있는 요소를 차단하고, 분석 결과의 객관성을 높이는 데 기여할 수 있습니다. 블라인드 분석이 모든 편향을 완벽히 방지할 수는 없지만, 데이터를 더욱 공정하게 다루기 위한 강력한 도구가 될 수 있습니다.

하지만 데이터 고문을 줄이는 방법이 아무리 많아도, 데이터 분석자의 마음가짐이 중요한 역할을 합니다. 데이터 분석자의 태도가 우선인 것이죠. 데이터를 다루는 사람으로서 우리는 항상 데이터를 있는 그대로 받아들이고 결과를 정직하게 해석하려는 태도를 지녀야 합니다. 이를 위해 데이터를 분석할 때는 원하는 결과를 얻기 위해 데이터를 조작하거나 해석을 왜곡하지 않겠다는 강한 윤리 기준이 필요합니다.

또한, 가능한 우리는 데이터 결과 자체를 존중하고 그 데이터 결과가 말하고자 하는 메시지를 투명하게 바라보아야 합니다. 데이터를 고문하거나 마사지하게 되면 단기적으로는 원하는 결과를 얻을 수 있을지 모르지만, 결국에는 신뢰를 잃고 더 나아가 조직 전체의 의사결정에 부정적인 영향을 미치게 됩니다. 이러한 행동은 결국 자신 스스로를 믿지 못하는 지경에 이르게 될 것입니다.

우리는 항상 "이 결과가 진실을 반영하고 있는가?"를 자문하며 데이터를 신뢰할 방법으로 다루기 위해 노력해야 합니다. 지금 당장은 다시 생각하는 시간 때문에 조금 느리고 답답하겠지만 멀리 내다보면 이 방법이 가장 빠르고 올바른 길임에는 의심의 여지가 없습니다. 이렇게 말씀드릴 수 있는 것은 본인도 데이터를 고문하면서 체득한 지혜임을 밝힙니다.

매직 그래프 눈속임에 속지 마세요

데이터의 증가와 함께 시각화 기술도 발달했습니다. 표로 작성된 데이터는 구조와 패턴을 이해하기 어렵지만, 그래프로 표현하면 정보를 단순화하고 추세나 패턴을 직관적으로 전달할 수 있습니다. 그러나 시각화 기술은 데이터의 본질을 왜곡하여 거짓말하지 않고도 상대방을 속이는 데 악용되기도 합니다. 가장 대표적인 매직 그래프 속임수는 다음과 같은 것들이 있습니다.

첫 번째 매직 그래프 주의사항은, Y축 스케일 조절입니다.

Y축의 스케일을 조정하면 데이터의 변화가 더 크거나 작아 보이게 만들 수 있습니다. 선그래프는 독립변수(X축)가 변할 때 종속변수(Y축)의 변화를 살펴보기에 적합하며 이해하기도 쉽습니다. 대표적인 사례로는 2015년 〈내셔널 리뷰〉라는 미국 잡지에서 트위터에 올려 세계적으로 알려진 그래프가 하나 있습니다.[51] 그래프를 그린 스티븐 헤이워드(Steven F. Hayward)는 지구 온도 상승에 대해 환경 문제를 정치적으로 악용하고 있다고 하면서, 지구 온도 상승은 생각보다 덜 심각하다고 강조하고 싶은 의도를 시각화에 담았습니다. 자유를 제한하는 것을 우려하며, 지구 온도 상승이 생각보다 덜 심각하다고 강조합니다. Y축을 섭씨(℃)에서 화씨(℉)로 변환하고 스케일을 조정하면 지구 온도는 상당히 안정적이고 항상성을 유지하고 있는 것처럼 보입니다.

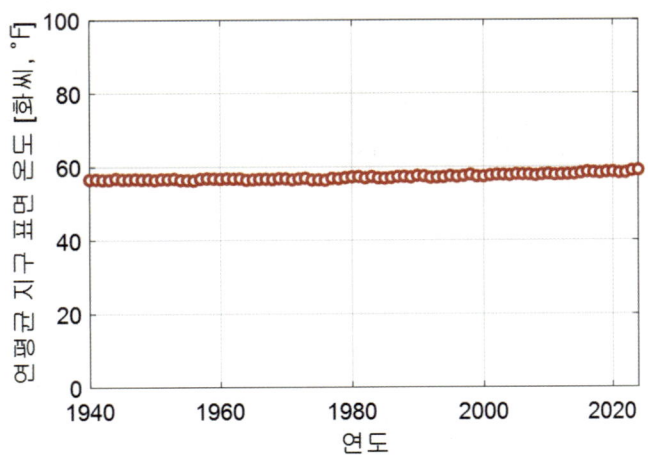

▲ 연평균 지구 표면 온도, 넓은 Y스케일

그러나 다시 화씨(℉)를 섭씨(℃)로 변환하고 축을 좁히면 지구 표면 온도가 1940년부터 2024년까지 유의미하게 상승했음을 확인할 수 있습니다. 하지만 지구 전체 지역(남극에서 아프리카 사막까지)의 평균 온도를 고려하면 온도가 가파르게 상승하고 있음을 알 수 있습니다. 이처럼 Y축 스케일만 바꿔도 우리의 인식은 크게 달라질 수 있습니다.

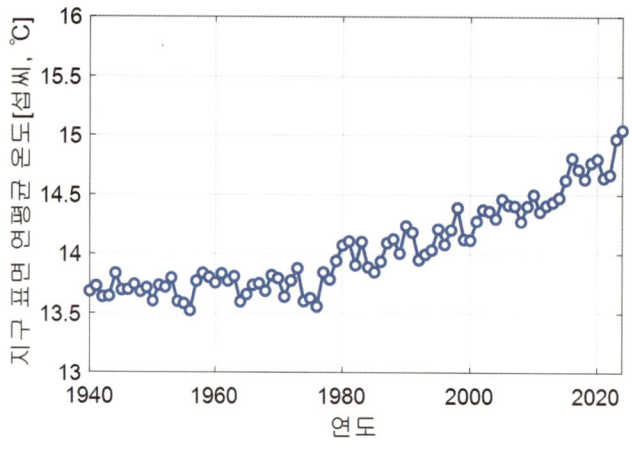

▲ 연평균 지구 표면 온도, 좁은 Y스케일

 두 번째 매직 그래프 주의 사항은, 축 간격을 불균등하게 설정하는 것입니다. 예를 들어, 2015년부터 2025년까지의 펀드 수익률 그래프를 그릴 때, 폭락했던 해는 제외하고 누적수익률만 표시합니다. 축 간격은 그대로 유지시켜 언뜻 보면 수익률이 꾸준히 우상향한 것처럼 의도적으로 착각을 유도합니다.

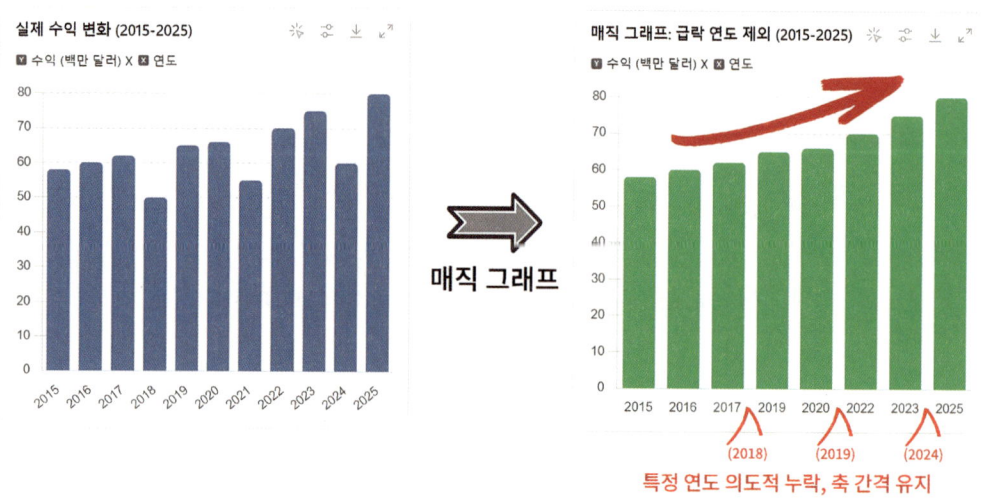

▲ 펀드 수익률, X축 간격 불균등 매직 그래프

 세 번째 매직 그래프 주의 사항은, 3D 그래프의 착시 현상입니다. 3D 그래프는 인상적이고 멋지게 보이지만, 원근법을 사용하는 치명적인 결점이 있습니다. 이는 데이터를 비교하기 어렵게 만들거나 특정 데이터를 부각하는 데 사용될 수 있음을 명심해야 합니다. 예를 들어, 3D 파이 차트는 각 조각의 크기를 왜곡하여 실제 데이터보다 비율이 더 크거나 작아 보이게 할 수 있습니다. 여기에 숫자 크기와 색상까지 강조하면 특정 상품 B를 더 부각해 원하는 메시지를 전달할 수 있습니다. 이러한 시각적 착각은 데이터의 왜곡을 초래할 수 있습니다.

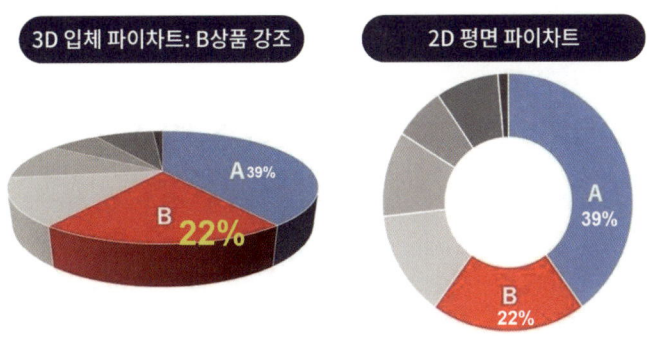

▲ 3D 그래프 왜곡 – 입체 파이차트

관계가 있다면 상관관계인지 인과관계인지 살펴보세요

데이터 분석에서 상관관계를 밝히는 것은 쉽지만, 인과관계를 밝히는 것은 매우 어려운 일입니다. 두 사건에 상관관계가 있고, 인과관계가 동시에 있을 수 있습니다. 그러나 상관관계가 있다고 해서 인과관계가 있는 것은 아닙니다. 빅데이터에서 상관관계가 밝혀진 후, 이를 억지로 인과관계로 추론하려는 사례는 많습니다. 예를 들어, 1983년에서 1993년 사이 방글라데시의 버터 생산량과 미국 주가지수 S&P 500의 수익률 사이에 강한 상관관계가 발견되었습니다. 표면적으로 이 두 변수가 밀접하게 연관된 것처럼 보이지만, 버터 생산이 S&P 500의 수익률을 유발하거나 그 반대의 경우는 있을 수 없습니다. 물론 둘 사이에 인과관계를 스토리텔링 할 수는 있습니다. 그렇다고 해서 둘 사이에 인과관계가 있다고 증명된 것은 당연히 아닙니다. 상관관계가 반드시 인과관계를 의미하지 않음을 잘 보여줍니다.

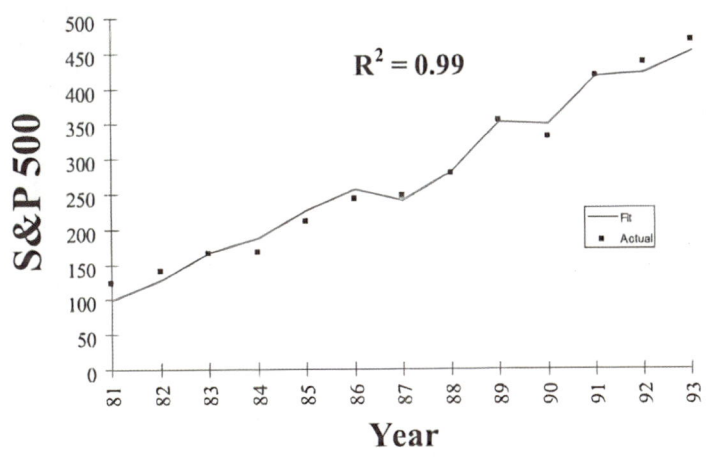

▲ 방글라데시 버터 판매량과 미국 주가 지수 상관관계

또 다른 재미있는 예가 있습니다. 너무나도 절묘해서 신비롭기까지 한 사례입니다. 니콜라스 케이지(Nicolas Cage)의 영화 출연작 수와 수영장 익사자 수는 10년간 매우 유사한 패턴을 보입니다. 한 가지 제기된 인과관계는 니콜라스 케이지가 출연한 영화들이 극장에서 흥행할 때, 사람들은 스트레스 해소나 여가 활동으로 더 자주 수영장을 찾게 되었기 때문이라고 합니다. 이러한 추론 역시 검증하기도, 반증하기도 어려운 추론입니다.

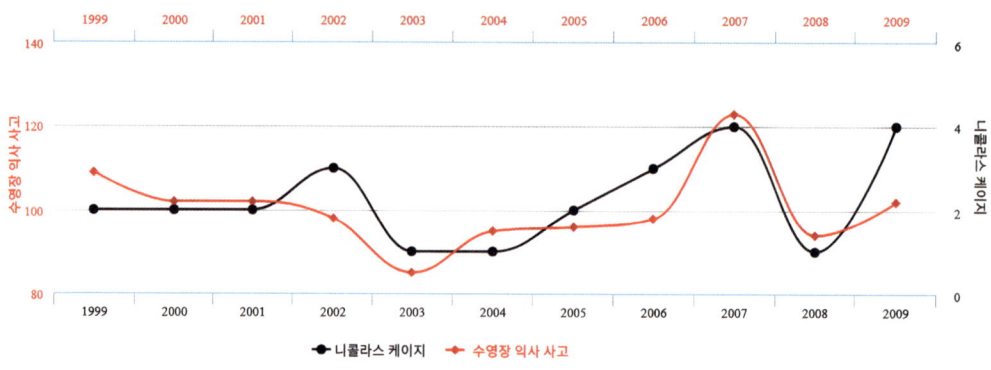

▲ 니콜라스 케이지 영화 출연작 수와 수영장 익사자 수 상관관계

마지막으로, 여름철에 아이스크림 판매량이 증가하면, 플로리다 해변에서 상어의 공격 빈도도 증가하는 현상이 발견되었습니다. 이 두 현상을 그래프로 나타내면 상관관계가 굉장히 높습니다. 하지만 '아이스크림 판매가 상어의 공격을 유발한다'는 결론을 내리는 것은 터무니없는 해석입니다. 실제로는 여름철이라는 공통요인이 두 현상에 영향을 미친 것입니다. 날씨가 더워지면 사람들이 아이스크림을 더 많이 구매하고 동시에 더 많은 사람들이 바다로 가기 때문에 상어의 공격 가능성도 증가하는 것입니다.

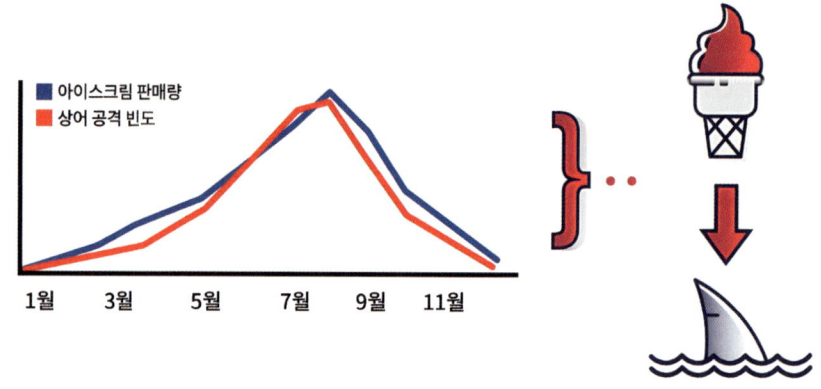

▲ 플로리다 아이스크림 판매량과 상어 공격 빈도 상관관계

상관관계를 보고 인과관계인 것처럼 지어내는 것은 쉽습니다. 반대로, 그것이 사실이 아님을 반증하는 것은 생각보다 어렵습니다. 아무리 터무니없는 말이라도 거짓임을 증명하는 것은 쉽지 않습니다. 이러한 원칙을 '브론돌리니의 법칙(Brandolini's law)'이라고 합니다. 이탈리아 엔지니어 알베르토 브란돌리니(Alberto Brandolini)가 제안한 이 원리는 "터무니없는 말을 반박하는 데 필요한 에너지는 그런 터무니없는 말을 만드는 데 필요한 에너지보다 몇십 배나 더 많이 든다."라는 뜻입니다. 따라서 인과관계를 입증하거나 반증하는

일 모두가 어려운 과제입니다.

인과관계를 입증하기 어려운 이유 몇 가지가 있습니다. 첫 번째는 다른 요인이 영향을 미쳤을 가능성입니다. 위에서 언급된 아이스크림 판매량과 상어 공격 빈도는 여름이라는 공통 요인이 작용한 결과입니다. 여름이기에 아이스크림 판매량이 늘었고, 사람들이 해변으로 수영을 많이 가면서 상어 공격 빈도도 증가한 것입니다. 두 번째는 역인과관계(reverse causality)일 가능성입니다. 예를 들어, 아이스크림 회사가 5월에 판매량이 늘어서 광고를 제작했다면, 이는 판매량 증가가 광고 제작을 유발한 것입니다.

즉, 판매량이 늘어서 광고를 한 것이지, 광고를 해서 판매량이 늘었다고 단정할 수 없습니다. 이 외에도 사회현상은 실험실처럼 실험을 통제하기 어렵기 때문에 수많은 요인이 상호 영향을 일으킵니다. 잠재적 영향 요인을 모두 파악할 수 없기 때문에 인과관계를 증명하는 일은 더욱 어렵습니다. 빅데이터로부터 결론을 추론한다고 해도, 100% 확실한 인과관계를 증명하기는 여전히 어려운 일입니다.

상관관계를 인과관계로 착각하면 의사결정에 심각한 오류를 범할 수 있습니다. 예를 들어, 주식 시장에 투자하기 위해 방글라데시의 버터 생산량을 분석하거나, 수영장 익사자를 줄이기 위해 니콜라스 케이지가 영화를 그만 찍어야 한다는 결론에 이를 수 있기 때문입니다. 또한, 상어 공격을 막기 위해 아이스크림 회사가 판매를 중단해야 한다는 터무니없는 의사결정을 하게 될 수도 있습니다.

지금까지 데이터 분석에서 다시 생각해 봐야 할 것들을 살펴보았습니다. 데이터 분석 과정에서 우리는 분석가와 의뢰인의 주관과 편향에 빠질 위험이 있음을 인지해야 합니다. 아무리 정교한 분석 기술과 방대한 데이터를 갖추었다 하더라도 그것을 다루는 사람의 자세와 윤리의식이 분석의 객관성과 신뢰성을 좌우한다는 사실을 잊어서는 안 될 것입니다.

때로는 데이터 자체의 한계로 인해 인과관계를 명확히 입증하기 어려운 경우도 있습니다. 그럴 때마다 상관관계와 인과관계를 혼동하지 않고, 겸허하게 그 한계를 인정하는 지혜가 필요합니다. 데이터에는 숫자로 환원할 수 없는 맥락과 의미가 있기에, 이를 종합적으로 바라보는 시각이 요구됩니다.

중요한 것은 분석가 자신부터가 '단정 짓지 않음'의 자세, 끝없는 의심과 물음을 던지는 자세를 견지하는 일입니다. '내가 지금 편향에 빠져 있지는 않은가?', '또 다른 가능성은 없을까'를 끊임없이 자문하며, 열린 마음으로 데이터에 접근하려 노력해야 할 것입니다. 데이터 분석의 목적은 단순히 숫자를 집계하고 법칙을 발견하는 데 그치지 않습니다. 나아가 현상의 이면을 꿰뚫어 보고 세상을 이해하는 통찰력을 기르는 데 있습니다. 이는 분석 과정 자체를 즐기고 음미할 때 비로소 가능해질 것입니다.

진정한 데이터 분석의 묘미는 스스로에 대한 끝없는 성찰과 세상을 향한 겸손한 물음에 있는 것 같습니다. 끝으로 우리 모두 AI-노코드 데이터 분석으로, 세상을 조금 더 넓게 이해하고 다양한 방식으로 소통할 수 있는 현명한 분석가로 거듭나기를 바랍니다.

[정리] 파트 3 _ 아무나 할 수 있는 AI-노코드 데이터 분석

데이터 분석의 여정은 크게 세 단계로 이뤄집니다. 첫째는 문제를 발견하는 것이고, 둘째는 데이터를 준비하는 것입니다. 셋째는 데이터 속 패턴을 찾는 것입니다. 파트 3 '아무나 할 수 있는 AI-노코드 데이터 분석'은 이 세 단계를 AI와 함께 풀어가는 방법을 다루었습니다. 특히 주목할 점은 단계마다 인간이 해야 할 일, AI가 잘하는 일 그리고 함께해야 할 일이 다르다는 것입니다.

문제를 발견하는 첫 단계는 AI보다 사람이 유일하게 잘하는 영역입니다. AI는 현장에 갈 수 없고 도메인 지식도 없으며 서로 다른 도메인을 연결하는 융합적 사고도 할 수 없기 때문입니다. 여기서 중요한 것은 현상과 문제를 구분하는 능력입니다. 현상은 결과이고, 문제는 원인입니다. 현상은 보이는 것이고, 문제는 숨겨진 것입니다. 현상은 과거의 흔적이고, 문제는 미래의 비전입니다. 현상은 주관적 느낌이고, 문제는 객관적 사실입니다. 이러한 구분은 오직 도메인 전문가만이 할 수 있습니다.

데이터를 준비하는 두 번째 단계는, AI와 사람이 함께해야 하는 영역입니다. 실무에서는 데이터 분석의 80%가 데이터 전처리에 쓰인다고 할 정도로 중요한 단계입니다. 결측치 처리, 이상치 제거, 표준화, 정규화 등 다양한 전처리 작업이 필요한데, 이제는 AI의 도움으로 코딩 없이도 이러한 작업을 수행할 수 있게 되었습니다. 다만 전처리 방향을 결정하는 것은, 여전히 도메인 전문가의 몫입니다. AI는 도구일 뿐 판단은 사람이 해야 합니다.

데이터 속 패턴을 찾는 마지막 단계는, AI가 사람보다 월등히 잘하는 영역입니다. 회귀 분석, 민감도 분석, 데이터 분류/군집화, 이미지 머신러닝, 자연어 처리 등 다양한 분석 기법을 AI는 빠르고 정확하게 수행할 수 있습니다. 특히 시각화 분야에서 AI의 능력은 더욱 빛을 발합니다. 단 한 줄의 코딩도 없이 아름다운 그래프와 차트를 만들어낼 수 있게 되었습니다.

마지막으로 전체 파트를 통틀어 다시 생각해 봐야 할 것들을 이야기했습니다. 데이터 분석은 결코 객관적이지 않을 수 있습니다. 그리고 데이터를 고문해서 자백을 얻어내서는 안 됩니다. 또한 다른 사람의 데이터 결과 시각화를 볼 때, 매직 그래프의 눈속임이 있는지 살펴볼 필요가 있다고 언급했습니다. 또한, 자신이 이런 매직 그래프를 이용해서는 안 될 것이며, 상관관계와 인과관계의 차이도 다루었습니다.

바로 이러한 복잡성과 도전 과제들이 우리에게 시사하는 바는 명확합니다. 결국 AI 시대의 데이터 분석은 인간과 AI의 협업입니다. 문제를 발견하는 것은 인간의 몫이고, 패턴을 찾는 것은 AI의 몫이며, 그 사이의 데이터 준비는 함께 해나가야 합니다. 이러한 협업이 성공적으로 이루어질 때, 우리는 비로소 데이터에 숨겨진 진정한 가치를 발견할 수 있을 것입니다.

참고문헌

[1] "시중은행 상반기 채용 반토막", 이투데이 기사(https://www.etoday.co.kr/news/view/2348711), 2024-04-09.

[2] 종로학원, "2024년도 대입 수능 표본조사 데이터", 보고서, 2024.

[3] 다케우치 가오루, 『문과생을 위한 이과 센스』, 류두진 옮김, 위즈덤하우스, 2018.

[4] 임마누엘 칸트, 『호라티우스의 서간집』, '계몽이란 무엇인가에 대한 그의 답변', 1784.

[5] 최현수, "평가, 동료에게 답을 묻다", SERI 경영 노트, 175호, 2013.

[6] 토마스 데이븐포트(Thomas Davenport), "분석 3.0(Analytics 3.0)", 하버드 비즈니스 리뷰, December 2013, HBR(https://hbr.org/2013/12/analytics-30).

[7] "빅데이터 분석이란 무엇인가?(What is big data analytics?)", IBM(https://www.ibm.com/topics/big-data-analytics).

[8] 테슬라 자율주행 시스템 소프트웨어 판매 비즈니스, TESLA(https://www.tesla.com).

[9] 김양석, 『셀프 서비스 분석』, 박영사, 2021.

[10] "요추 퇴행성 질환 진료 지침 및 연구자료(Spine Degenerative Classification)", 북미영상의학회(Radiological Society of North America, RSNA) 보고서, kaggle(https://www.kaggle.com/competitions/rsna-2024-lumbar-spine-degenerative-classification/data).

[11] "해부학 및 영상 시각화 개요 - RSNA RAIDS(Anatomy & Image Visualization Overview-RSNA RAIDS)", 캐글 베스트 데이터 분석 코드, kaggle(https://www.kaggle.com/code/abhinavsuri/anatomy-image-visualization-overview-rsna-raids).

[12] 정선근, 『백년 허리1: 진단편』, 언탱글링, 2021.

[13] "허리 디스크에 대한 의학적 분류 체계", 마이애미 신경과학 센터(https://miamineur osciencecenter.com/en/conditions/herniated-disc).

[14] 팀 페리스, 『타이탄의 도구들(Tools of titans)』, 토네이도, 2018.

[15] "래피드마이너(RapidMiner) 공개 예제 데이터 세트", 공개 데이터, ALTAIR(https://web.altair.com/ko-kr/frictionless-ai-rapidminer).

[16] 모흐드 하피지 조하(Mohd Hafizi Zohari), "전면 및 후면 유리가 부착된 자동차 바디 인 화이트의 모달 특성 조사(Modal properties investigation of car body-in-white with attached windscreen and rear screen)", Materials Science and Engineering, 2017: 257.

[17] ROSS 깃허브, 깃허브(https://github.com/petrobras/ross).

[18] "GE 항공에서 OptiStruct를 활용한 제트 엔진 설계(Engineering Jet Engines with OptiStruct at GE Aviation)", 회전체 3D 캐드, ALTAIR(https://altair.com/resource/engineering-jet-engines-with-optistruct-at-ge-aviation).

[19] "회전체 동역학", RBTS(https://www.rbts.com).

[20] ROSS 유저 가이드, ROSS(https://ross.readthedocs.io).

[21] 주피터 노트북(Jupyter Notebook) 설치 영상, 장철원 머신러닝, 유튜브(https://www.youtube.com/watch?v=qixzVaRmkgg&t=3s), 2019-10-15.

[22] 애덤 그랜트(Adam Grant), 『오리지널스』, 홍지수 옮김, 한국경제신문, 2020.

[23] 피터 드러커(Peter Drucker), 『내일을 향한 이정표(The Landmarks of Tomorrow)』, Transaction Pub, 1996.

[24] 톰 피터스(Tom Peters), 『당신이라는 브랜드 50(The Brand You 50)』, Alfred a Knopf, 1999.

[25] 송길영, 『시대예보: 핵개인의 시대』, 교보문고, 2023.

[26] 데이븐포트 토마스, "생각하며 일하기: 지식 노동자로부터 더 나은 성과와 결과를 얻는 방법" 하버드 비즈니스 스쿨 2005, INTERNET ARCHIVE(https://archive.org/details/thinkingforlivin00dave).

[27] 세계경제포럼(WEF), "2025 상위 15개 기술 예측", The Future of Jobs Report 2020, October 2020.

[28] 김용대, 『통계학개론』(제5개정판), 영지문화사, 2009.

[29] "KOSIS 100대 지표", 공개데이터, KOSIS 국가통계포탈(https://www.kosis.kr/visual).

[30] NASA의 허블 우주 망원성이 관찰한 허블 울트라 딥 필드, Wikipedia(https://en.wikipedia.org/wiki/Hubble_Ultra-Deep_Field).

[31] 그랜버그 도널드(Donald Granberg), "몬티 홀 딜레마(The Monty Hall dilemma)", Personality and social psychology bulletin, 1995: 21(7).

[32] 바조니 앤드류(Andrew Vazsonyi), "어느 문 뒤에 캐딜락이 있을까(Which Door Has the Cadillac)", Decision Line, 1999: 17.

[33] "두께 편차를 줄인 플렉시블 초박형 유리 제조 방법", Google Patents(https://patents.google.com/patent/KR101620367B1/ko).

[34] 토드 로즈, 『평균의 종말』, 정미나 옮김, 21세기북스, 2021.

[35] 제임스 우맥(James Womack), "테슬라 방식 vs. 도요타 방식", Lean Enterprise Institute 2016 보고서, Lean Enterprise Institute(https://www.lean.org/the-lean-post/articles/the-tesla-way-vs-the-toyota-way).

[36] 임병선, "2013, 2020년도 스마트폰 교체 주기 변화", 뉴스펭귄(https://www.newspenguin.com/news/articleView.html?idxno=10941).

[37] 백연식, "우리나라 스마트폰 이용자 평균 교체 주기, 2년 7개월", 미래창조과학부·한국인터넷진흥원 '2016 인터넷이용실태조사 최종보고서' 인용, Digital Today(https://www.digitaltoday.co.kr/news/articleView.html?idxno=104884), 2022-03-14.

[38] "2024 대한기계학회 챗GPT 활용 논문 쓰기 경진대회", 대한기계학회(https://ksme.or.kr/Proceedings/2024a/sub03_1.asp).

[39] 김수진, "미분방정식 수치해석 오일러 매트랩", 기계TV, 유튜브(https://www.youtube.com/watch?v=qQANfgZxdeQ), 2024-02-17.

[40] 윤진웅, "현대차·기아, 미국 전기차 시장 2위 재탈환", 더 그루(https://theguru.co.kr/news/article.html?no=61175), 2023-10-13.

[41] 조한무, "아이오닉5 vs 테슬라 모델Y 스펙 비교: 최첨단이냐 2천만원 절약이냐 갈림길", 민중의 소리(https://www.vop.co.kr/A00001551001.html), 2021-02-26.

[42] 김회승, "삼성전자 자체 개발 AI 2023 도입…챗GPT 3.5 수준", 한겨레(https://www.hani.co.kr/arti/economy/marketing/1095410.html), 2023-06-11.

[43] 알렉 래드퍼드(Alec Radford), "자연어 지도를 통해 전이 가능한 시각 모델을 학습하기(Learning Transferable Visual Models From Natural Language Supervision)", Proceedings of Machine Learning Research, 2021: 139.

[44] 조르디 퀘이드바치(Jordi Quoidbach), "역사의 종말 환상(The End of History Illusion)", Science, 2013: 339.

[45] "V-사이클 제품 개발 프로세스", 네이버 블로그(https://m.blog.naver.com/mdstec_auto/221175910910), 2018-01-02.

[46] 나세르 시나(Naser Sina), "자동차에서 비균일성 형태의 타이어 및 휠 조립체 결함의 자극 거동(Excitation Behavior of Tire and Wheel Assembly Faults in Shape of Non-uniformity in a Vehicle)", Condition Monitoring and Fault Diagnosis Conference, 2014: 8.

[47] "KBO 한국프로야구 공개 기록실 데이터", KBO(https://www.koreabaseball.com).

[48] 김욱현, "신경회로망과 시각 정보 처리", 전자통신 동향 분석, 29호, 1993.

[49] 로웨캠프(Rowekamp), "뇌의 시각 정보 처리 메커니즘: V2 영역의 교차방향 억제(How the Brain Recognizes What the Eye Sees: V2's Cross-orientation Suppression)", Nature Communications, 2017: 8.

[50] 애덤 그랜트(Adam Grant), 『싱크 어게인』, 이경식 옮김, 한국경제신문, 2021.

[51] Philip Bump, "왜 내셔널 리뷰의 글로벌 온도 그래프는 그렇게 오해의 소지가 있는가?(Why the National Review's global temperature graph is so misleading?)", 워싱턴포스트(https://www.washingtonpost.com/news/the-fix/wp/2015/12/14/why-the-national-reviews-global-temperature-graph-is-so-misleading), 2015-12-14.

Practical ChatGPT
No-Code Data Analysis at Work

| 저자협의 |
| 인지생략 |

진짜 업무에 쓰는

챗GPT 노코드
데이터 분석

1판 1쇄 인쇄 2025년 3월 5일
1판 1쇄 발행 2025년 3월 10일

지 은 이 이기복
발 행 인 이미옥
발 행 처 디지털북스
정   가 33,000원
등 록 일 1999년 9월 3일
등록번호 220-90-18139
주   소 (04997) 서울 광진구 능동로 281-1 5층 (군자동 1-4, 고려빌딩)
전화번호 (02)447-3157~8
팩스번호 (02)447-3159

ISBN 978-89-6088-478-6 (93000)
D-25-4
Copyright ⓒ 2025 Digital Books Publishing Co., Ltd